풀기쉬운 漢文 길라잡이

譯著者 素石 金鍾得

明文堂

人事莫貴於窮文
軻慈三遷徙學宮
知眞冀我以常趍
奚不爲鍊又摩哉

書 雲山 金永軾
畫 石泉 金石源
詩 素石 金鍾得

머리말

人類는 文化를 享有 할 줄 알고 文字는 우리가 享有하는 文化 속에서 重要한 核心體임은 自他가 公認한 事實이다. 바람이 불면 나무가 흔들리고 나무가 흔들리면 열매가 떨어지는 것은 自然法則이요, 文字가 있으면 글을 쓰고 써 놓은 글을 읽는 것은 人類의 文化이다. 人類 가 他類와 比較되는 것은 文化를 創造하여 享有할 줄 안다는 点이요, 文化를 創造하는 一等功臣은 文字요, 文字는 그 自體가 文化이다.

우리 民族은 일찍이 우리 文字를 갖지 못하고 이웃 나라에서 借字하여 漢字를 使用하게 되었으므로 우리 歷史와 思想 그리고 文學과 金石文이 모두 漢字로 記錄되고 우리가 날로 쓰는 言語 또한 七割 以上이 漢字化되어 漢字의 着梏에서 벗어날 수 없는 捕虜가 되어 遺棄할 수 없는 儔麗가 되어 버렸음은 모두가 周知한 바다. 그리하여 漢字를 익히고자 하여도 글자마다 여러 가지 뜻이 있고 品詞를 달리하여 쓰여지면 뜻도 또한 달라져서 익히는데 많은 時間과 어려움이 따른다. 이러한 어려움을 조금이나마 덜어주기 위하여 漢字의 重要한 機能 中 記錄하는 機能은 우리에게 이미 死藏化 되었으므로 읽고 解釋하는 機能을 極大化하기 爲하여 文章을 읽고 解釋하는 能力을 培養하는데 力点을 두고 이 책을 엮었다.

첫째로 本文이나 例文을 解釋함에 있어서 直譯을 原則으로 하고, 둘째로 漢文解釋에 障碍가 되어 왔던 文章의 構成要素를 細密하게 分析하여 主語 述語 目的語 等 21個로 分類하고, 品詞도 20個로 分類하여 文法編에 詳論하고 本文에는 品詞와 文章의 構成要素를 原文 아래쪽에 略稱記號로 병기하고 讀音을 달았으니 解讀에 도움이 되어 背光이 빛나고 이 책을 읽어주실 讀者 여러분의 一尾螢蟲과 雪窓微光도 韋編三絕의 功을 이루는 所資가 되어 줄 것입니다.

2014년 3월 일 著者

CONTENTS

第 三 課 옛글 풀어 읽기

第 四 課 文學散策

문장의 요소 및 품사의 약칭기호

문장의 요소

• 주 어 (주)	• 금 지 어 (금)	• 선 택 어 (선)
• 술 어 (술)	• 사 역 어 (사)	• 감 탄 어 (감)
• 목 적 어 (목)	• 피 동 어 (피)	• 긍 정 어 (긍)
• 보 어 (보)	• 비 교 어 (비)	• 지 시 어 (지)
• 부 사 어 (부)	• 반 어 어 (반)	• 조 사 어 (조)
• 의 문 어 (의)	• 가 정 어 (가)	• 발 어 어 (발)
• 부 정 어 (부)	• 추 정 어 (추)	• 자 동 어 (자)

품사

• 명 사	명	• 피 동 사	피동	• 부 정 사	부정
• 고유명사	고명	• 자 동 사	자	• 이중부정사	중부
• 추상명사	추명	• 부 사	부	• 금 지 사	금
• 복합명사	복명	• 관 형 사	관	• 감 탄 사	감
• 동 명 사	동명	• 조 사	조	• 발 어 사	발
• 대 명 사	대명	• 접 속 사	접	• 접 두 사	접두
• 지시대명사	지대	• 전 치 사	전	• 접 미 사	접미
• 의문대명사	의대	• 후 치 사	후	• 긍 정 사	긍
• 인칭대명사	인대	• 종 결 사	종	• 선 택 사	선
• 수 사	수	• 의문종결사	의종	• 비 교 사	비
• 형 용 사	형	• 한정종결사	한종	• 가 정 사	가
• 동 사	동	• 감탄종결사	감종	• 추 정 사	추
• 사역동사	사동	• 의 문 사	의		

第 一 課

基礎 漢文 풀어읽기

01 推句集(추구집)

推句(추구)는 大自然(대자연)과 人間(인간) 草木(초목) 禽獸(금수)의 奧妙(오묘)한 原理(원리)를 五言對句(오언대구)로 表現(표현)하여 初學者(초학자)가 暗誦(암송)하는데 便(편)하게 하였다.

天	高	日	月	明
하늘 **(천)**	높을 **(고)**	해 **(일)**	달 **(월)**	밝을 **(명)**
명사 / 주어	형용사 / 술어	명사 / 주어		형용사 / 술어

" 하늘은 높고, 해와 달은 밝다 "

> 註 天과 日, 月은 명사로 주어이며 高와 明은 형용사로 술어이다.
> 한 문장에는 주인되는 말인 주어(主語)가 있고 이를 설명하는 말로 술어(述語)가 있어야 한다.

地	厚	草	木	生
땅 **(지)**	두터울 **(후)**	풀 **(초)**	나무 **(목)**	날 **(생)**
명사 / 주어	형용사 / 술어	명사 / 주어		동사 / 술어

" 땅은 두터워, 풀과 나무가 자란다 "

春	來	梨	花	白
봄 **(춘)**	올 **(래)**	배나무 **(이)**	꽃 **(화)**	흰 **(백)**
명사 / 주어	동사 / 술어	관형사 / 주어		형용사 / 술어

" 봄이 오니, 배나무 꽃이 하얗게 피었구나 "

註 "봄이 오다" (春來)라는 주구와 관형사(冠形詞) 梨花가 주어가 되고 白이 술어가 된 "배나무 꽃이 희다" 라는 구가 종속(從屬)으로 이루어진 문구이다. 春來는 주구(主句)이고 梨花白은 종구(從句)이다.

夏	至	樹	葉	靑
여름 **(하)**	이를 **(지)**	나무 **(수)**	잎 **(엽)**	푸를 **(청)**
명사 / 주어	동사 / 술어	관형사 / 주어		형용사 / 술어

" 여름이 오니, 나뭇잎이 푸르구나 "

秋	凉	菊	黃	發
가을 **(추)**	서늘할 **(양)**	국화 **(국)**	누를 **(황)**	필 **(발)**
명사 / 주어	형용사 / 술어	명사 / 주어	형용사 / 보어	동사 / 술어

" 가을은 서늘하니, 국화가 노랗게 핀다 "

冬	寒	白	雪	來
겨울 **(동)**	찰 **(한)**	흰 **(백)**	눈 **(설)**	올 **(래)**
명사 / 주어	형용사 / 술어	관형사 / 주어		동사 / 술어

" 겨울은 춥고 흰눈이 내린다 "

月	出	天	開	眼
달 **(월)**	날 **(출)**	하늘 **(천)**	열 **(개)**	눈 **(안)**
명사 / 주어	동사 / 술어	명사 / 주어	동사 / 술어	명사 / 목적어

" 달이 뜨니, 하늘도 눈을 뜬다 (눈을 뜬 것 같다) "

註	달이 뜨다와 하늘이 눈을 떴다의 두 개의 문구가 연합(聯合)한 형태로 月出而天開眼으로 접속사 而가 있는 것으로 해석하면 편하다.

山	高	地	擧	頭
뫼 (산)	높을 (고)	땅 (지)	들 (거)	머리 (두)
주어 / 명사	술어 / 형용사	명사 / 주어	동사 / 술어	명사 / 목적어

" 산이 높으니 땅이 머리를 든 것 같고 "

人	心	朝	夕	變
사람 (인)	마음 (심)	아침 (조)	저녁 (석)	변할 (변)
관형사 / 주어		명사 / 보어		동사 / 술어

" 사람의 마음은 아침과 저녁이 다르다 "

註	人心은 관형사로 주어이며, 朝와 夕은 보어, 變은 술어이다.

山	色	古	今	同
뫼 (산)	빛 (색)	옛 (고)	이제 (금)	한가지 (동)
관형사 / 주어		명사 / 보어		명사 / 술어

" 산의 색은 옛날이나 지금이나 똑같도다 "

註	主語와 述語가 모두 명사로 이루어진 구절로 명사도 술어가 될 수 있음을 보여준다.

日	月	千	年	鏡
해 (**일**)	달 (**월**)	일천 (**천**)	해 (**년**)	거울 (**경**)
명사 / 주어		관형사 / 보어		명사 / 술어

" 해와 달은 천년(만년)(하늘과 땅의)의 거울이요 "

江	山	萬	古	屛
물 (**강**)	뫼 (**산**)	일만 (**만**)	옛 (**고**)	병풍 (**병**)
명사 / 주어		관형사 / 보어		명사 / 술어

" 강과 산은 만년의 병풍이다 "

註 萬古 : 만 년 전부터 지금까지

東	西	日	月	門
동녘 (**동**)	서녘 (**서**)	해 (**일**)	달 (**월**)	문 (**문**)
명사 / 주어		명사 / 보어		명사 / 술어

" 동쪽과 서쪽은 해와 달의 문이요 "

南	北	鴻	雁	路
남녘 (**남**)	북녘 (**북**)	기러기 (**홍**)	기러기 (**안**)	길 (**로**)
명사 / 주어		명사 / 보어		명사 / 술어

" 남과 북은 기러기 떼의 길이로다 "

十	年	燈	下	苦
열 (십)	해 (년)	등잔 (등)	아래 (하)	괴로울 (고)
관형사 / 주어		관형사 / 보어		명사 / 술어

" 십 년동안 등잔불 아래에서 공부하여 "

註 다음 구 三日馬頭榮의 主句이다.

三	日	馬	頭	榮
석 (삼)	날 (일)	말 (마)	머리 (두)	영화 (영)
관형사 / 주어		관형사 / 보어		동사 / 술어

" 삼 일동안 말을 타고 축하를 받는다 "

註 전구 十年燈下苦의 從句이다.

一	日	不	讀	書
한 (일)	날 (일)	아니 (불)	읽을 (독)	글 (서)
관형사 / 주어		부정사 / 부정어	동사 / 술어	명사 / 목적어

" 하루라도 글을 읽지 않으면 "

註 내용상 假定語가 되며 종구를 必要로 한다.

口	中	生	荊	棘
입 (구)	가운데 (중)	날 (생)	가시 (형)	가시 (극)
명사 / 주어	명사 / 보어	동사 / 술어	명사 / 목적어	

" 입안에 가시가 난다 "

註 前句의 終句이다.

江	山	萬	古	主
강 (강)	뫼 (산)	일만 (만)	옛 (고)	주인 (주)
명사 / 주어		관형사 / 보어		명사 / 술어

" 강과 산은 만고의 주인이다 "

人	物	百	年	賓
사람 (인)	물건 (물)	일백 (백)	달 (월)	손 (빈)
관형사 / 주어		관형사 / 보어		명사 / 술어

" 사람은 잠시 다녀가는 손님이다 "

註 人物 : 사람 / 百年 : 사람의 수명은 백년도 안되는 잠시란 뜻

春	北	秋	南	雁
봄 (춘)	북녘 (북)	가을 (추)	남녘 (남)	기러기 (안)
명사 / 보어	명사 / 술어	명사 / 보어	명사 / 술어	명사 / 주어

" 기러기는 봄이면 북쪽으로, 가을에는 남쪽으로 날아온다 "

朝	西	暮	東	虹
아침 **(조)**	서녘 **(서)**	저물 **(모)**	동녘 **(동)**	무지개 **(홍)**
명사 / 보어	명사 / 술어	명사 / 보어	명사 / 술어	명사 / 주어

" 무지개는 아침에는 서쪽에, 저녁에는 동쪽에 뜬다 "

日	月	籠	中	鳥
해 **(일)**	달 **(월)**	새장 **(롱)**	가운데 **(중)**	새 **(조)**
명사 / 주어		명사 / 보어		명사 / 술어

" 해와 달은 새장 속의 새와 같고 "

乾	坤	水	上	萍
하늘 **(건)**	땅 **(곤)**	물 **(수)**	위, 뜰 **(상)**	부평초 **(평)**
명사 / 주어		명사 / 보어	동사 / 술어	명사 / 목적어

" 하늘과 땅은 물 위에 뜬 부평초 같다 "

春	水	滿	四	澤
봄 **(춘)**	물 **(수)**	가득할 **(만)**	넉 **(사)**	못 **(택)**
관형사 / 주어		형용사 / 술어	관형사 / 목적어	

" 봄물은 사방의 연못에 가득하고 "

夏	雲	多	奇	峯
여름 **(하)**	구름 **(운)**	많을 **(다)**	기묘할 **(기)**	봉우리 **(봉)**
관형사 / 주어		형용사 / 술어	관형사 / 목적어	

" 여름철 구름은 기묘한 봉우리가 많다 "

秋	月	揚	明	輝
가을 **(추)**	달 **(월)**	드날릴 **(양)**	밝을 **(명)**	빛날 **(휘)**
관형사 / 주어		동사 / 술어	관형사 / 목적어	

" 가을철에 뜨는 달은 밝은 빛을 드날리고 "

冬	嶺	秀	孤	松
겨울 **(동)**	산고개 **(령)**	빼어날 **(수)**	외로울 **(고)**	소나무 **(송)**
관형사 / 주어		형용사 / 술어	관형사 / 목적어	

" 겨울 산마루에 외로운 소나무는 더욱 더 빼어난다 "

日	暮	鷄	登	塒
날 **(일)**	저녁 **(모)**	닭 **(계)**	오를 **(등)**	닭장 **(시)**
명사 / 주어	형용사 / 술어	명사 / 주어	동사 / 술어	명사 / 목적어

" 날이 저물면 닭은 닭장에 오르고 "

天	寒	鳥	入	簷
하늘 **(천)**	찰 **(한)**	새 **(조)**	들 **(입)**	처마 **(첨)**
명사 / 주어	형용사 / 술어	명사 / 주어	동사 / 술어	명사 / 목적어

" 날씨가 추워지면 새들은 처마 밑에 들어간다 "

細	雨	池	中	看
가늘 **(세)**	비 **(우)**	못 **(지)**	가운데 **(중)**	볼 **(간)**
관형사 / 주어		관형사 / 보어		동사 / 술어

" 이슬비는 못 가운데를 보고 "

微	風	木	末	知
가늘 **(미)**	바람 **(풍)**	나무 **(목)**	끝 **(말)**	알 **(지)**
관형사 / 주어		관형사 / 보어		동사 / 술어

" 미풍도 나무 끝은 알아낸다 "

松	作	迎	客	蓋
소나무 **(송)**	지을 **(작)**	맞을 **(영)**	손님 **(객)**	덮을 **(개)**
명사 / 주어	피동사 / 피동어	동사 / 술어	명사 / 목적어	명사 / 보어

" 소나무는 손님을 맞이할 지붕이 되어주고 "

月	爲	讀	書	燈
달 **(월)**	할 **(위)**	읽을 **(독)**	글 **(서)**	등잔 **(등)**
명사 / 주어	피동사 / 피동어	동사 / 술어	명사 / 목적어	명사 / 보어

" 달은 책을 읽는 등잔이 되어준다 "

桃	李	千	機	錦
복숭아 **(도)**	오얏 **(이)**	일천 **(천)**	베틀 **(기)**	비단 **(금)**
명사 / 주어		수사 / 보어	명사 / 보어	명사 / 술어

" 복숭아 꽃과 오얏 꽃은 천틀 비단 같고 "

江	山	一	畵	屛
강 **(강)**	뫼 **(산)**	한 **(일)**	그림 **(화)**	병풍 **(병)**
명사 / 주어		수사 / 보어	명사 / 보어	명사 / 술어

" 강과 산은 한 폭의 그림 병풍 같도다 "

微	雲	過	河	漢
가늘 **(미)**	구름 **(운)**	지낼 **(과)**	은하수 **(하)**	은하수 **(한)**
관형사 / 주어		동사 / 술어	명사 / 목적어	

" 엷은 구름이 은하수를 지나가고 "

疎	雨	滴	梧	桐
드물 (소)	비 (두)	적실 (적)	오동나무 (오)	오동나무 (동)
관형사 / 주어		동사 / 술어	명사 / 목적어	

" 뚝뚝 떨어지는 비는 오동잎을 적시는구나 "

註 疎雨 : 드문드문 뚝뚝 떨어지는 비

學	文	千	載	寶
배울 (학)	글월 (문)	일천 (천)	실을 (재)	보배 (보)
동명사 / 주어		관형사 / 보어		명사 / 술어

" 글을 배우는 것은 천년의 보배가 되나 "

註 千載 : 천년의 뜻

貪	物	一	朝	塵
탐할 (탐)	물건 (물)	한 (일)	아침 (조)	티끌 (진)
동사 / 술어	명사 / 목적어	관형사 / 보어		동사 / 술어

" 재물을 탐하면 하루 아침에 티끌이 된다 "

註 塵을 동사로 풀면 문맥이 통한다. 貪物은 문맥상 가정어이다.

柳	幕	鶯	爲	客
버들 **(유)**	장막 **(막)**	꾀꼬리 **(앵)**	할 **(위)**	손님 **(객)**
관형사 / 주어		명사 / 보어	피동사 / 술어	명사 / 목적어

" 버드나무 장막은 꾀꼬리를 손님으로 삼게 만들고 "

花	房	蝶	作	郞
꽃 **(화)**	방 **(방)**	나비 **(접)**	지을 **(작)**	남편 **(랑)**
관형사 / 주어		명사 / 보어	피동사 / 술어	명사 / 목적어

" 꽃송이는 나비를 신랑으로 삼게 만든다 "

山	外	山	不	盡
뫼 **(산)**	바깥 **(외)**	뫼 **(산)**	아니 **(불)**	다할 **(진)**
명사 / 주어	명사 / 보어	명사 / 술어	부정사 / 부정어	부사 / 부사어

" 산 밖에 또 산으로 산은 다함이 없고 "

路	中	路	無	窮
길 **(로)**	가운데 **(중)**	길 **(로)**	없을 **(무)**	다할 **(궁)**
명사 / 주어	명사 / 보어	명사 / 술어	부정사 / 부정어	부사 / 부사어

" 길 가운데 길, 길은 가도 가도 끝이 없도다 "

飮	酒	人	顔	赤
마실 **(음)**	술 **(주)**	사람 **(인)**	얼굴 **(안)**	붉을 **(적)**
동사 / 술어	명사 / 목적어	관형사 / 주어		형용사 / 술어

" 술을 마시면 사람의 얼굴이 붉어지고 "

食	草	馬	口	靑
먹을 **(식)**	풀 **(초)**	말 **(마)**	입 **(구)**	푸를 **(청)**
동사 / 술어	명사 / 목적어	관형사 / 주어		형용사 / 술어

" 풀을 먹은 말의 입은 푸르다 "

雨	後	山	如	沐
비 **(우)**	뒤 **(후)**	뫼 **(산)**	같을 **(여)**	머리감을 **(목)**
동사 / 술어	명사 / 보어	명사 / 주어	긍정사 / 긍정어	동사 / 술어

" 비가 온 뒤에 산은 머리 감은 것 같고 "

風	前	草	似	醉
바람 **(풍)**	앞 **(전)**	풀 **(초)**	같을 **(사)**	취할 **(취)**
동사 / 술어	명사 / 보어	명사 / 주어	긍정사 / 긍정어	동사 / 술어

" 바람 앞에선 풀포기는 술에 취한 것 같다 "

花	笑	聲	未	聽
꽃 **(화)**	웃음 **(소)**	소리 **(성)**	아닐 **(미)**	들을 **(청)**
명사 / 주어	동사 / 술어	명사 / 주어	부정사 / 술어	명사 / 목적어

" 꽃은 웃어도, 웃는 소리는 들리지 아니하고 "

> **註** 花笑而聲未聽으로 해석하면 편하다.

鳥	啼	淚	難	看
새 **(조)**	울 **(제)**	눈물 **(루)**	어려울 **(난)**	볼 **(간)**
명사 / 주어	동사 / 술어	명사 / 주어	형용사 / 술어	동사 / 목적어

" 새가 울어도, 눈물은 보기 어렵다 "

風	驅	群	飛	雁
바람 **(풍)**	몰 **(구)**	무리 **(군)**	날 **(비)**	기러기 **(안)**
명사 / 주어	동사 / 술어	관형사 / 목적어		

" 바람은 나는 기러기 떼를 몰고 가고 "

月	送	獨	去	舟
달 **(월)**	보낼 **(송)**	홀로 **(독)**	갈 **(거)**	배 **(주)**
명사 / 주어	동사 / 술어	관형사 / 목적어		

" 달은 홀로 떠나는 배를 전송하도다 "

小 園	鶯	歌	歇
적을 **(소)** 동산 **(원)**	꾀꼬리 **(앵)**	노래 **(가)**	쉴 **(헐)**
관형사 / 보어	명사 / 주어	동사 / 술어	부사 / 목적어

" 꾀꼬리는 정원에서 가끔 노래 부르고 "

> **註** 歇은 가끔, 사이사이란 뜻이 있음. 〈참고〉間歇泉

長	門	蝶	舞	多
항상 **(장)**	문 **(문)**	나비 **(접)**	춤출 **(무)**	많을 **(다)**
부사 / 부사어	명사 / 보어	명사 / 주어	동사 / 술어	부사 / 목적어

" 나비는 항상 문 앞에서 무리지어 춤추는구나 "

> **註** 多는 부사로, 무리지어로 풀이하였다. 長은 앞구 歇과 對하여 항상으로 풀이하였다.

風	窓	燈	易	滅
바람 **(풍)**	창문 **(창)**	등잔 **(등)**	쉬울 **(이)**	멸할 **(멸)**
동사 / 술어	명사 / 목적어	명사 / 주어	부사 / 부사어	동사 / 술어

" 창으로 바람이 부니 등잔불은 쉽게 꺼지고 "

月	屋	夢	難	成
달 **(월)**	집 **(옥)**	꿈 **(몽)**	어려울 **(난)**	이룰 **(성)**
동사 / 술어	명사 / 목적어	명사 / 주어	형용사 / 술어	동사 / 목적어

" 달빛이 집(방)으로 드니 꿈을 이루기가 어렵구나 "

白	鷺	千	點	雪
흰 (백)	백로 (로)	일천 (천)	점 (점)	눈 (설)
명사 / 주어		관형사 / 보어		명사 / 술어

" 백로는 천 점의 눈덩이 같고 "

黃	鶯	一	片	金
누를 (황)	꾀꼬리 (앵)	한 (일)	조각 (편)	쇠 (금)
명사 / 주어		관형사 / 보어		명사 / 술어

" 노랑 꾀꼬리는 한 조각 금덩이 같도다 "

東	西	幾	萬	里
동녘 (동)	서녘 (서)	얼마 (기)	일만 (만)	마을 (리)
명사 / 주어		의문사 / 의문어	명사 / 술어	

" 동서는 몇 만리인지 모르고 "

南	北	不	能	尺
남녘 (남)	북녘 (북)	아니 (불)	능할 (능)	자 (척)
명사 / 주어		부정사 / 부정어		동사 / 술어

" 남북은 잴 수도 없도다 "

狗	走	梅 花	落
개 (구)	달릴 (주)	매화 (매) 꽃 (화)	떨어질 (락)
명사 / 주어	동사 / 술어	명사 / 주어	동사 / 술어

" 개가 달리면, 매화꽃이 떨어지고 "

鷄	行	竹 葉	成
닭 (계)	다닐 (행)	대 (죽) 잎 (엽)	이룰 (성)
명사 / 주어	동사 / 술어	관형사 / 주어	동사 / 술어

" 닭이 다니니, 대나무 잎이 무성하도다 "

竹 筍	黃 犢	角
대 (죽) 죽순 (순)	누를 (황) 송아지 (독)	뿔 (각)
명사 / 주어	관형사 / 보어	명사 / 술어

" 죽순은 누런 송아지 뿔과 같고 "

蕨 芽	小 兒	拳
고사리 (궐) 싹 (아)	적을 (소) 어린이 (아)	주먹 (권)
관형사 / 주어	관형사 / 보어	명사 / 술어

" 고사리순은 어린 아이의 주먹 같도다 "

白	雲	山	上	蓋
흰 **(백)**	구름 **(운)**	뫼 **(산)**	위 **(상)**	덮을 **(개)**
관형사 / 주어		관형사 / 보어		동사 / 술어

" 흰 구름은 산 위를 덮고 "

明	月	水	中	珠
밝을 **(명)**	달 **(월)**	물 **(수)**	가운데 **(중)**	구슬 **(주)**
관형사 / 주어		관형사 / 보어		명사 / 술어

" 밝은 달은 물 가운데 구슬이다 "

花	紅	黃	蜂	鬧
꽃 **(화)**	붉을 **(홍)**	누를 **(황)**	벌 **(봉)**	시끄러울 **(뇨)**
명사 / 주어	동사 / 술어	관형사 / 주어		동사 / 술어

" 꽃이 만발하면, 노란 벌이 시끄럽고 "

草	綠	白	馬	嘶
풀 **(초)**	푸를 **(록)**	흰 **(백)**	말 **(마)**	울 **(시)**
명사 / 주어	동사 / 술어	관형사 / 주어		동사 / 술어

"풀이 푸르러지면 흰 말이(즐거워) 운다 "

耕	田	埋	春	色
갈 (경)	밭 (전)	묻을 (매)	봄 (춘)	빛 (색)
동사 / 술어	명사 / 목적어	동사 / 술어	관형사 / 목적어	

"밭을 갈면, 봄 빛을 묻은 것 같고"

汲	水	斗	月	光
물길을 (급)	물 (수)	말 (두)	달 (월)	빛 (광)
동사 / 술어	명사 / 목적어	동사 / 술어	관형사 / 목적어	

"물을 길으면 달빛을 한 말, 두 말 헤아리는 것 같았다"

註 斗는 동사로 쓰여 되다(헤아리다)라는 뜻이 된다.

畵	虎	難	畵	骨
그림 (화)	범 (호)	어려울 (난)	그림 (화)	뼈 (골)
동사 / 술어	명사 / 목적어	부정사 / 부정어	동사 / 술어	명사 / 목적어

"호랑이를 그리되, 뼈는 그릴 수 없고"

知	人	未	知	心
알 (지)	사람 (인)	아닐 (미)	알 (지)	마음 (심)
동사 / 술어	명사 / 목적어	부정사 / 부정어	동사 / 술어	명사 / 목적어

"사람은 사귈 수 있지만 그 마음은 알 수 없다"

秋	葉	霜	前	落
가을 (추)	잎 (엽)	서리 (상)	앞 (전)	떨어질 (락)
관형사 / 주어		명사 / 보어	명사 / 보어	동사 / 술어

" 가을철 나뭇잎은 서리가 오면 (앞에) 떨어지고 "

春	花	雨	後	紅
봄 (춘)	꽃 (화)	비 (우)	뒤 (후)	붉을 (홍)
관형사 / 주어		명사 / 보어	명사 / 보어	동사 / 술어

" 봄철에 피는 꽃은 비가 온 뒤에 더 붉어진다 "

雨	滴	沙	顔	縛
비 (우)	적실 (적)	모래 (사)	얼굴 (안)	얽을 (박)
명사 / 주어	동사 / 술어	관형사 / 주어		동사 / 술어

" 비가 내리면 모래 밭이 얼룩지고 "

風	來	水	先	動
바람 (풍)	올 (래)	물 (수)	먼저 (선)	움직일 (동)
명사 / 주어	동사 / 술어	명사 / 주어	부사 / 부사어	동사 / 술어

" 바람이 불면 물결이 먼저 움직이도다 "

吹	火	女	脣	尖
불 **(취)**	불 **(화)**	계집 **(녀)**	입술 **(순)**	뾰족할 **(첨)**
동사 / 술어	명사 / 목적어	관형사 / 주어		형용사 / 술어

" 불을 부는 여자의 입술은 뾰족하고 "

脫	弁	僧	頭	圓
벗을 **(탈)**	꼬깔 **(변)**	중 **(승)**	머리 **(두)**	둥글 **(원)**
동사 / 술어	명사 / 목적어	관형사 / 주어		동사 / 술어

" 꼬깔을 벗은 중의 머리는 둥글다 "

天	傾	西	北	邊
하늘 **(천)**	기울어질 **(경)**	서녘 **(서)**	북녘 **(북)**	갓 **(변)**
명사 / 주어	동사 / 술어	명사 / 목적어		

" 하늘은 서쪽과 북쪽 가양으로 기울어지고 "

地	卑	東	南	界
땅 **(지)**	낮을 **(비)**	동녘 **(동)**	남녘 **(남)**	경계 **(계)**
명사 / 주어	형용사 / 술어	명사 / 목적어		

" 땅은 동쪽과 남쪽 경계가 낮다 "

花	有	重	開	日
꽃 (화)	있을 (유)	거듭 (중)	열 (개)	날 (일)
명사 / 주어	형용사 / 술어	부사 / 부사어	동명사 / 목적어	

" 꽃은 다시 피는 날이 있지만 "

> 註 開日은 동명사로 "피는 날"이며 술어 有의 목적이다. 부사 重은 술어 有를 수식하여 "다시 있다"가 되며 무엇이 있는가? 목적어 "피는 날"이다. 그래서 "다시 피는 날이 있다"로 해석한다.

人	無	更	少	年
사람 (인)	없을 (무)	다시 (갱)	젊을 (소)	해 (년)
명사 / 주어	부정사 / 술어	부사 / 부사어	관형사 / 목적어	

" 사람은 젊은 시절이 다시는 없다.(다시 돌아오지 아니 한다) "

鳥	逐	花	間	蝶
새 (조)	쫓을 (축)	꽃 (화)	사이 (간)	나비 (접)
명사 / 주어	동사 / 술어	관형사 / 목적어		

" 새는 꽃 사이 나비를 쫓고 "

鷄	爭	草	中	蟲
닭 (계)	다툴 (쟁)	풀 (초)	가운데 (중)	벌레 (충)
명사 / 주어	동사 / 술어	관형사 / 목적어		

" 닭은 풀 속에 벌레를 다툰다 "

山	影	推	不	出
뫼 (산)	그림자 (영)	밀 (추)	아니 (불)	날 (출)
관형사	/ 주어	동사 / 술어	부정사 / 부정어	동사 / 술어

" 산 그림자는 밀어내면 다시 나오지 아니하나 "

> 註 不出 : 나오지 아니함.

月	光	掃	還	生
날 (월)	빛 (광)	쓸 (소)	다시 (환)	날 (생)
관형사	/ 주어	동사 / 술어	부사 / 부사어	동사 / 술어

" 달빛은 쓸어도 다시 생겨나는구나 "

鳥	喧	蛇	登	樹
새 (조)	지껴릴 (훤)	뱀 (사)	오를 (등)	나무 (수)
명사 / 주어	동사 / 술어	명사 / 주어	동사 / 술어	명사 / 목적어

" 뱀이 나무에 오르니, 새가 시끄럽게 지저귀고 "

犬	吠	客	到	門
개 (견)	개짖을 (폐)	손 (객)	이를 (도)	문 (문)
명사 / 주어	동사 / 술어	명사 / 주어	동사 / 술어	명사 / 목적어

" 손님이 문 앞에 이르니, 개가 짖는구나 "

風	來	水 面	嚬
바람 (**풍**)	올 (**래**)	물 (**수**) 얼굴 (**면**)	잦을 (**빈**)
명사 / 주어	동사 / 술어	관형사 / 주어	동사 / 술어

" 바람이 불면, 물결이 자주 일어나고 "

雨	霽	雲	始	散
비 (**우**)	비갤 (**제**)	구름 (**운**)	시작할 (**시**)	흩어질 (**산**)
명사 / 주어	동사 / 술어	명사 / 주어	동사 / 술어	동사 / 목적어

" 비가 그치니 구름이 흩어지기 시작하는구나 "

石 蹲	壯 士	拳
돌 (**석**) 걸터앉을 (**준**)	장사 (**장**) 선비 (**사**)	주먹 (**권**)
관형사 / 주어	명사 / 보어	명사 / 술어

" 언덕에 놓인 돌은 장사의 주먹 같고 "

峰 尖	文 章	筆
봉우리 (**봉**) 뾰족할 (**첨**)	글월 (**문**) 글월 (**장**)	붓 (**필**)
관형사 / 주어	명사 / 보어	명사 / 술어

" 뾰족한 봉우리는 글을 쓰는 붓과 같구나 "

高	峯	撑	天	立
높을 **(고)**	봉우리 **(봉)**	버틸 **(탱)**	하늘 **(천)**	설 **(립)**
관형사 / 주어		동사 / 보어	명사 / 목적어	동사 / 술어

" 높은 산봉우리는 하늘을 버티고 서 있고 "

長	江	割	地	去
길 **(장)**	강 **(강)**	나눌 **(할)**	땅 **(지)**	갈 **(거)**
관형사 / 주어		동사 / 보어	명사 / 목적어	동사 / 술어

" 긴 강은 땅을 나누어 흘러간다 "

野	廣	天	低	樹
들 **(야)**	넓을 **(광)**	하늘 **(천)**	낮을 **(저)**	나무 **(수)**
명사 / 주어	형용사 / 술어	명사 / 주어	형용사 / 술어	명사 / 목적어

" 들판이 넓어서, 하늘이 나무 아래 있는 것 같고 "

江	淸	月	近	人
강 **(강)**	맑을 **(청)**	달 **(월)**	가까울 **(근)**	사람 **(인)**
명사 / 주어	형용사 / 술어	명사 / 주어	형용사 / 술어	명사 / 목적어

" 강물이 맑으니, 강물에 비친 달이 사람 가까이 있다 "

鳥	宿	池	邊	樹
새 **(조)**	잘 **(숙)**	못 **(지)**	가 **(변)**	나무 **(수)**
명사 / 주어	동사 / 술어	관형사 / 목적어		

" 새는 못가 나무에서 자고 "

僧	鼓	月	下	門
중 **(승)**	두드릴 **(고)**	달 **(월)**	아래 **(하)**	문 **(문)**
명사 / 주어	동사 / 술어	관형사 / 목적어		

" 중은 달빛 아래에서 문을 두드리는구나 "

註 推敲의 語源이 생겨난 구절

水	鳥	浮	還	沒
물 **(수)**	새 **(조)**	뜰 **(부)**	돌아올 **(환)**	잠길 **(몰)**
관형사 / 주어		동사 / 술어	부사 / 부사어	동사 / 술어

" 물새는 물에서 떴다 잠겼다 하고 "

山	雲	斷	復	連
뫼 **(산)**	구름 **(운)**	끊어질 **(단)**	다시 **(부)**	연할 **(연)**
관형사 / 주어		동사 / 술어	부사 / 부사어	동사 / 술어

" 산 위에 구름은 끊어졌다 이어졌다 하는구나 "

棹	穿	波	底	月
노 (도)	뚫을 (천)	물결 (파)	밑 (저)	달 (월)
명사 / 주어	동사 / 술어	관형사 / 목적어		

" 노대는 물결 아래 달을 뚫고 "

船	壓	水	中	天
배 (선)	누를 (압)	물 (수)	가운데 (중)	하늘 (천)
명사 / 주어	동사 / 술어	관형사 / 목적어		

" 배는 물 속의 하늘을 누르도다 "

註 위 두 구는 小說 崔孤雲傳에 나온다.

世	事	琴	三	尺
세상 (세)	일 (사)	거문고 (금)	석 (삼)	자 (척)
관형사 / 주어		관형사 / 술어		

" 세상 사는 석 자 거문고 속에 있고 "

生	涯	酒	一	盃
날 (생)	물가 (애)	술 (주)	한 (일)	잔 (배)
관형사 / 주어		관형사 / 술어		

" 인생은 한 잔 술이로구나 "

西	亭	江	上	月
서녘 **(서)**	정자 **(정)**	강 **(강)**	위, 뜨다 **(상)**	달 **(월)**
관형사 / 주어		관형사 / 보어		동사 / 술어

" 서쪽 정자는 강 위에 달이 뜨고 "

東	閣	雪	中	梅
동녘 **(동)**	집 **(각)**	눈 **(설)**	가운데 **(중)**	매화 **(매)**
관형사 / 주어		관형사 / 보어		동사 / 술어

" 동쪽 정자에는 눈 속에 매화가 핀다 "

註 月과 梅는 동사로 쓰여 달이 뜨고 매화가 피다로 해석한다.

讀	書	爲	貴	人
읽을 **(독)**	글 **(서)**	될 **(위)**	귀할 **(귀)**	사람 **(인)**
동사 / 술어	명사 / 목적어	피동사 / 술어	관형사 / 목적어	

" 글을 읽으면 귀한 사람이 되게 되고 "

不	學	作	農	夫
아니 **(불)**	배울 **(학)**	지을 **(작)**	농사 **(농)**	사내 **(부)**
부정사 / 부정어	동사 / 보어	피동사 / 술어	명사 / 목적어	

" 배우지 아니하면 농부가 되게 된다 "

惜	花	愁	夜	雨
애석 **(석)**	꽃 **(화)**	근심 **(수)**	밤 **(야)**	비 **(우)**
동사 / 술어	명사 / 목적어	동사 / 술어	명사 / 보어	명사 / 목적어

" 꽃을 아끼는 마음이 간밤의 비를 원망하고 "

病	酒	怨	春	鶯
병들 **(병)**	술 **(주)**	원망 **(원)**	봄 **(춘)**	꾀꼬리 **(앵)**
동사 / 술어	명사 / 목적어	동사 / 술어	명사 / 보어	명사 / 목적어

" 봄 꾀꼬리가 원망스러워 술병이 들었구나 "

五 夜	燈	前	晝
다섯 **(오)** 밤 **(야)**	등잔 **(등)**	앞 **(전)**	낮 **(주)**
관형사 / 주어	명사 / 보어	명사 / 보어	명사 / 술어

" 깊은 밤도 등불 앞에서는 낮과 같고 "

> **註** 五夜 : 밤 시간을 다섯으로 나눔. (甲夜, 乙夜, 丙夜, 丁夜, 戊夜를 말함)

六 月	亭	下	秋
여섯 **(육)** 달 **(월)**	정자 **(정)**	아래 **(하)**	가을 **(추)**
명사 / 주어	명사 / 보어	명사 / 보어	명사 / 술어

" 더운 유월도 정자 아래에선 가을 같구나 "

鳧	耕	蒼	海	去
오리 **(부)**	갈 **(경)**	푸를 **(창)**	바다 **(해)**	갈 **(거)**
명사 / 주어	동사 / 술어	관형사 / 목적어		동사 / 술어

" 오리는 푸른 바다를 갈면서 가고 "

鷺	割	青	山	來
백로 **(노)**	나눌 **(할)**	푸를 **(청)**	뫼 **(산)**	올 **(래)**
명사 / 주어	동사 / 술어	관형사 / 목적어		동사 / 술어

" 백로는 푸른 산을 가르며 날아오는구나 "

怒	虎	誠	難	犯
성낼 **(노)**	범 **(호)**	정성 **(성)**	어려울 **(난)**	범할 **(범)**
관형사 / 주어		부사 / 부사어	부정사 / 술어	동사 / 목적어

" 성난 호랑이는 참으로 범하면 아니되고 "

飢	狗	走	隣	家
주릴 **(기)**	개 **(구)**	달릴 **(주)**	이웃 **(린)**	집 **(가)**
관형사 / 주어		동사 / 술어	관형사 / 목적어	

" 굶주린 개는 이웃집으로 달려간다 "

栗	黃	鼯	來	拾
밤 **(율)**	누를 **(황)**	박쥐 **(오)**	올 **(래)**	주울 **(습)**
명사 / 주어	형용사 / 술어	명사 / 주어	동사 / 술어	동사 / 목적어

" 밤이 익으면 박쥐가 주워가고 "

柿	紅	兒	上	摘
감 **(시)**	붉을 **(홍)**	아이 **(아)**	오를 **(상)**	딸 **(적)**
명사 / 주어	형용사 / 술어	명사 / 주어	동사 / 술어	동사 / 목적어

" 감이 빨갛게 익으면 아이들이 올라가 따는구나 "

日	暮	蒼	山	遠
날 **(일)**	저물 **(모)**	푸를 **(창)**	뫼 **(산)**	멀 **(원)**
명사 / 주어	형용사 / 술어	관형사 / 주어		형용사 / 술어

" 날이 저무니 푸른 산이 멀어지고 "

天	寒	白	屋	貧
하늘 **(천)**	찰 **(한)**	흰 **(백)**	집 **(옥)**	가난할 **(빈)**
명사 / 주어	형용사 / 술어	관형사 / 주어		형용사 / 술어

" 날씨가 추우니, 허술한 초가집이 더 가난해 보인다 "

註 白屋 : 지체가 낮거나 가난한 사람이 사는 허술한 초가집

雨	脚	尺	天	地
비 (우)	다리 (각)	잴 (척)	하늘 (천)	땅 (지)
관형사 / 주어		동사 / 술어	명사 / 목적어	

" 빗줄기는 하늘과 땅 사이를 재는 것 같고 "

雷	聲	叱	江	山
번개 (뢰)	소리 (성)	꾸짖을 (질)	강 (강)	뫼 (산)
관형사 / 주어		동사 / 술어	명사 / 목적어	

" 우뢰소리는 강산을 질타(꾸짖다)하는 것 같도다 "

山	雨	夜	鳴	竹
뫼 (산)	비 (우)	밤 (야)	울 (명)	대 (죽)
명사 / 주어	동사 / 술어	명사 / 보어	동사 / 술어	명사 / 목적어

" 산중에 비가 내리니 밤이면 대나무가 우는 것 같고 "

草	蟲	秋	入	床
풀 (초)	벌레 (충)	가을 (추)	들 (입)	평상 (상)
관형사 / 주어		명사 / 보어	동사 / 술어	명사 / 목적어

" 풀벌레는 가을이 되면 마루 밑으로 들어가는구나 "

歲	去	人 頭	白
해 (세)	갈 (거)	사람 (인) 머리 (두)	흰 (백)
명사 / 주어	동사 / 술어	관형사 / 주어	형용사 / 술어

" 세월이 가면 사람의 머리는 희어지고 "

秋	來	樹 葉	黃
가을 (추)	올 (래)	나무 (수) 잎 (엽)	누를 (황)
명사 / 주어	동사 / 술어	관형사 / 주어	형용사 / 술어

" 가을이 오면 나뭇잎은 노랗게 단풍이 든다 "

洞	深	花 意	懶
골 (동)	깊을 (심)	꽃 (화) 뜻 (의)	게으를 (뢰)
명사 / 주어	형용사 / 술어	관형사 / 주어	동사 / 술어

" 골짜기가 깊으면 꽃의 마음은 게을러 (제철을 모르고) 지고 "

山	疊	水 聲	幽
뫼 (산)	거듭 (첩)	물 (수) 소리 (성)	그윽할 (유)
명사 / 주어	형용사 / 술어	관형사 / 주어	형용사 / 술어

" 첩첩산중에서는 물소리가 그윽하구나 "

群	星	陣	碧	天
무리 **(군)**	별 **(성)**	진칠 **(진)**	푸를 **(벽)**	하늘 **(천)**
관형사 / 주어		동사 / 술어	관형사 / 목적어	

" 많은 별들은 푸른 하늘에 진을 친 것 같고 "

落	葉	戰	秋	山
떨어질 **(낙)**	잎 **(엽)**	싸울 **(전)**	가을 **(추)**	뫼 **(산)**
관형사 / 주어		동사 / 술어	관형사 / 목적어	

" 떨어지는 잎사귀는 가을 산에서 전쟁하는 것 같구나 "

靜	裡	乾	坤	大
고요할 **(정)**	속 **(리)**	하늘 **(건)**	땅 **(곤)**	큰 **(대)**
형용사 / 보어	명사 / 보어	명사 / 주어		형용사 / 술어

" 고요한 가운데 하늘과 땅(우주)이 광대한 것을 알고 "

閑	中	日	月	長
한가할 **(한)**	가운데 **(중)**	날 **(일)**	달 **(월)**	길 **(장)**
형용사 / 보어	명사 / 보어	명사 / 주어		형용사 / 술어

" 한가한 가운데 세월은 긴 것 같도다 "

白	酒	紅	人	面
흰 **(백)**	술 **(주)**	붉을 **(홍)**	사람 **(인)**	얼굴 **(면)**
관형사 / 주어		동사 / 술어	관형사 / 목적어	

" 흰 술은 사람의 얼굴을 붉게 하고 "

黃	金	黑	吏	心
누를 **(황)**	쇠 **(금)**	검을 **(흑)**	아전 **(이)**	마음 **(심)**
관형사 / 주어		동사 / 술어	관형사 / 목적어	

" 황금은 아전의 마음을 검게 하는구나 "

男	奴	負	薪	去
남자 **(남)**	남자종 **(노)**	질 **(부)**	땔나무 **(신)**	갈 **(거)**
관형사 / 주어		동사 / 술어	명사 / 목적어	동사 / 술어

" 남자 종은 땔나무를 하러 가고 "

女	婢	汲	水	來
계집 **(녀)**	여자종 **(비)**	물길을 **(급)**	물 **(수)**	올 **(래)**
관형사 / 주어		동사 / 술어	명사 / 목적어	동사 / 술어

" 여자 종은 물을 길어 오도다 "

家	貧	思	賢	妻
집 **(가)**	가난할 **(빈)**	생각 **(사)**	어질 **(현)**	아내 **(처)**
명사 / 주어	형용사 / 술어	동사 / 술어	관형사 / 목적어	

" 집안이 가난하면 어진 아내를 생각하게 되고 "

國	亂	思	良	相
나라 **(국)**	어지러울 **(난)**	생각 **(사)**	어질 **(량)**	재상 **(상)**
명사 / 주어	형용사 / 술어	동사 / 술어	관형사 / 목적어	

" 나라가 어지러우면 어진 재상을 생각하도다 "

碧	海	黃	龍	宅
푸를 **(벽)**	바다 **(해)**	누를 **(황)**	용 **(룡)**	집 **(택)**
관형사 / 보어		관형사 / 주어		명사 / 술어

" 푸른 바다는 황룡의 집이요 "

青	松	白	鶴	樓
푸를 **(청)**	소나무 **(송)**	흰 **(백)**	학 **(학)**	집 **(루)**
관형사 / 보어		관형사 / 주어		명사 / 술어

" 푸른 소나무는 백학의 집이로다 "

露	凝	千	片	玉
이슬 **(로)**	엉길 **(응)**	일천 **(천)**	조각 **(편)**	구슬 **(옥)**
동명사 / 주어		관형사 / 보어		명사 / 술어

" 엉긴 이슬은 천조각 구슬이요 "

菊	散	一	叢	金
국화 **(국)**	흩어질 **(산)**	한 **(일)**	모을 **(총)**	쇠 **(금)**
동명사 / 주어		관형사 / 보어		명사 / 술어

" 흩어진 국화는 한 무더기 금덩이로다 "

水	去	不	復	回
물 **(수)**	갈 **(거)**	아니 **(불)**	다시 **(복)**	돌아올 **(회)**
명사 / 주어	동사 / 술어	부정사 / 부정어	부사 / 부사어	동사 / 술어

" 물은 한 번 흘러가면 다시 돌아오지 못하고 "

言	出	難	更	收
말씀 **(언)**	날 **(출)**	어려울 **(난)**	다시 **(갱)**	거둘 **(수)**
명사 / 주어	동사 / 술어	부정사 / 부정어	부사 / 부사어	동사 / 술어

" 말은 한 번 하면 다시 거둘 수 없도다 "

脫	冠	翁	頭	白
벗을 **(탈)**	모자 **(관)**	늙은이 **(옹)**	머리 **(두)**	흰 **(백)**
관형사 / 주어				형용사 / 술어

" 관을 벗은 늙은이의 머리는 희고 "

開	襟	女	乳	圓
열 **(개)**	옷섶 **(금)**	계집 **(녀)**	젖 **(유)**	둥글 **(원)**
관형사 / 주어				형용사 / 술어

" 옷깃을 연 여인의 유방은 둥글도다 "

月	爲	無	柄	扇
달 **(월)**	할 **(위)**	없을 **(무)**	자루 **(병)**	부채 **(선)**
명사 / 주어	피동사 / 술어	관형사 / 목적어		

" 달은 자루 없는 부채로 만들어지고 "

星	作	絶	纓	珠
별 **(성)**	지을 **(작)**	끊을 **(절)**	갓끈 **(영)**	구슬 **(주)**
명사 / 주어	피동사 / 술어	관형사 / 목적어		

" 별은 끊어진 갓끈의 구슬처럼 흩어졌구나 "

馬	行	駒	隨	後
말 **(마)**	다닐 **(행)**	망아지 **(구)**	따를 **(수)**	뒤 **(후)**
명사 / 주어	동사 / 술어	명사 / 주어	동사 / 술어	명사 / 목적어

" 말이 앞장서니, 망아지가 뒤따라오고 "

牛	耕	犢	臥	原
소 **(우)**	갈 **(경)**	송아지 **(독)**	눌 **(와)**	들 **(원)**
명사 / 주어	동사 / 술어	명사 / 주어	동사 / 술어	명사 / 목적어

" 어미 소는 밭을 갈고, 송아지는 들판에 누워 있도다 "

月	作	雲	間	鏡
달 **(월)**	지을 **(작)**	구름 **(운)**	사이 **(간)**	거울 **(경)**
명사 / 주어	피동사 / 술어	관형사 / 목적어		

" 달은 구름 사이 거울이 되어지고 "

風	爲	竹	裡	琴
바람 **(풍)**	할 **(위)**	대 **(죽)**	속 **(리)**	거문고 **(금)**
명사 / 주어	피동사 / 술어	관형사 / 목적어		

" 바람은 대숲에 거문고가 되었구나 "

綠	水	鷗	前	鏡
푸를 (**록**)	물 (**수**)	갈매기 (**구**)	앞 (**전**)	거울 (**경**)
관형사 / 주어		명사 / 보어	부사 / 부사어	명사 / 술어

" 푸른 물은 갈매기 앞의 거울이요 "

靑	松	鶴	後	屛
푸를 (**청**)	소나무 (**송**)	학 (**학**)	뒤 (**후**)	병풍 (**병**)
관형사 / 주어		명사 / 보어	부사 / 부사어	명사 / 술어

" 푸른 소나무는 학 뒤에 병풍이구나 "

花	落	憐	不	掃
꽃 (**화**)	떨어질 (**락**)	가련할 (**련**)	아니 (**불**)	쓸 (**소**)
관형사 / 주어		형용사 / 보어	부정사 / 술어	동사 / 목적어

" 떨어진 꽃이 가련하여 쓸지 아니하고 "

月	明	愛	無	眠
달 (**월**)	밝을 (**명**)	사랑 (**애**)	없을 (**무**)	잘 (**면**)
관형사 / 주어		형용사 / 보어	부정사 / 술어	동사 / 목적어

" 밝은 달이 사랑스러워 잠들 수가 없구나 "

柳	色	黃	金	嫩
버들 **(류)**	빛 **(색)**	누를 **(황)**	쇠 **(금)**	고울 **(눈)**
관형사 / 주어		명사 / 보어		형용사 / 술어

" 버드나무 색깔은 황금처럼 아름답고 "

梨	花	白	雪	香
배 **(이)**	꽃 **(화)**	흰 **(백)**	눈 **(설)**	향기 **(향)**
관형사 / 주어		관형사 / 보어		동사 / 술어

" 배꽃은 흰 눈처럼 향기롭구나 "

月	移	山	影	改
달 **(월)**	옮길 **(이)**	뫼 **(산)**	그림자 **(영)**	바꿀 **(개)**
명사 / 주어	동사 / 술어	관형사 / 주어		동사 / 술어

" 달이 옮겨가면 산 그림자가 바뀌고 "

日	下	樓	痕	消
해 **(일)**	아래 **(하)**	집 **(루)**	흔적 **(흔)**	사라질 **(소)**
명사 / 주어	동사 / 술어	관형사 / 주어		동사 / 술어

" 해가 떨어지면 집의 흔적(그림자)도 사라진다 "

註 上이나 下가 동사로 쓰이면 上은 '올라가다' 가 되고, 下는 '내려가다' 가 된다.

鳥	飛	枝	二	月
새 (조)	날 (비)	가지 (지)	둘 (이)	달 (월)
명사 / 주어	동사 / 술어	명사 / 목적어	명사 / 술어	

" 새가 나뭇가지에 날아들면 이월이 되고 "

風	吹	葉	八	分
바람 (풍)	불 (취)	잎 (엽)	여덟 (팔)	나눌 (분)
명사 / 주어	동사 / 술어	명사 / 목적어	동사 / 술어	

" 바람이 나뭇잎에 불면 나뭇잎이 섞이어 날린다 "

註 八分 : 隷書二分(예서이분), 篆書二分(전서이분)으로 합쳐 쓴 서체로 섞였다는 뜻이다.

天	長	去	無	執
하늘 (천)	길 (장)	갈 (거)	없을 (무)	잡을 (집)
명사 / 주어	형용사 / 술어	동사 / 보어	부정사 / 술어	동사 / 목적어

" 하늘은 크고 넓어서 가서 잡을 수 없고 "

花	老	蝶	不	來
꽃 (화)	늙을 (로)	나비 (접)	아니 (불)	올 (래)
명사 / 주어	형용사 / 술어	명사 / 주어	부정사 / 술어	동사 / 목적어

" 꽃이 시들면 나비도 오지 않는도다 "

短 池	孤	草	長
짧을 (단) 못 (지)	외로울 (고)	풀 (초)	길 (장)
관형사 / 주어	형용사 / 보어	명사 / 주어	동사 / 술어

" 작은 못에는 풀이 외롭게 자라나고 "

通 市	求	利	來
통할 (통) 저자 (시)	구할 (구)	이로울 (리)	올 (래)
관형사 / 주어	동사 / 술어	명사 / 목적어	동사 / 술어

" 사통팔달한 시장에는 이득을 찾아서 모여온다 "

好	博	閑	忘	宅
좋을 (호)	도박 (박)	한가할 (한)	잊을 (망)	집 (택)
동사 / 술어	명사 / 목적어	부사 / 보어	동사 / 술어	명사 / 목적어

" 도박을 좋아하면 한가히 집안 일은 잊어버리고 "

看	章	細	覺	情
볼 (간)	글 (장)	가늘 (세)	생각할 (각)	뜻 (정)
동사 / 술어	명사 / 목적어	형용사 / 보어	명사 / 술어	명사 / 목적어

" 학문을 닦으려면 다른 생각은 하지 말아야 한다 "

無	水	立	沙	鷗
없을 **(무)**	물 **(수)**	설 **(립)**	모래 **(사)**	갈매기 **(구)**
부정사 / 부정어	명사 / 보어	동사 / 술어	명사 / 목적어	명사 / 주어

" 갈매기는 물 없는 모래 위에 서 있고 "

排	草	失	家	蟻
밀칠 **(배)**	풀 **(초)**	잃을 **(실)**	집 **(가)**	개미 **(의)**
동사 / 술어	명사 / 목적어	동사 / 술어	명사 / 목적어	명사 / 주어

" 개미는 풀이 없어지니 집을 잃어버렸구나 "

花	作	娼	女	態
꽃 **(화)**	지을 **(작)**	예쁠 **(창)**	계집 **(녀)**	모양 **(태)**
명사 / 주어	피동사 / 술어	관형사 / 목적어		

" 꽃은 예쁜 여자 모습으로 만들어지고 "

松	守	丈	夫	心
소나무 **(송)**	지킬 **(수)**	장부 **(장)**	사내 **(부)**	마음 **(심)**
명사 / 주어	동사 / 술어	관형사 / 목적어		

" 소나무는 대장부의 마음을 지키는구나 "

月	到	天	心	處
달 (**월**)	이를 (**도**)	하늘 (**천**)	마음 (**심**)	곳 (**처**)
명사 / 주어	동사 / 술어	관형사 / 목적어		

" 달은 하늘 가운데 떠오르고 "

風	來	水	面	時
바람 (**풍**)	올 (**래**)	물 (**수**)	낯 (**면**)	때 (**시**)
명사 / 주어	동사 / 술어	관형사 / 목적어		

" 바람은 수면에서 불어오는구나! "

一	般	淸	意	味
한 (**일**)	많을 (**반**)	맑을 (**청**)	생각 (**의**)	맛 (**미**)
관형사 / 술어		관형사 / 목적어		

" 입에 맞는 맛은 모두가 다 일반이지만 "

料	得	少	人	知
셀 (**요**)	얻을 (**득**)	적을 (**소**)	사람 (**인**)	알 (**지**)
관형사 / 보어		부사 / 부사어	명사 / 주어	동사 / 술어

" 재물을 얻는 방법을 터득한 것은 몇 몇 사람만 아는구나 "

馬	行	千	里	路
말 **(마)**	다닐 **(행)**	일천 **(천)**	이수 **(리)**	길 **(로)**
명사 / 주어	동사 / 술어	관형사 / 목적어		

" 말은 천리길을 달리고 "

牛	耕	百	畝	田
소 **(우)**	갈 **(경)**	일백 **(백)**	밭이랑 **(묘)**	밭 **(전)**
명사 / 주어	동사 / 술어	관형사 / 목적어		

" 소는 백묘나 되는 밭을 가는구나 "

吳	楚	東	南	坼
오나라 **(오)**	초나라 **(초)**	동녘 **(동)**	남녘 **(남)**	벌릴 **(탁)**
고유명사 / 주어		명사 / 보어		동사 / 술어

" 오나라와 초나라는 동쪽과 남쪽으로 벌려있고 "

乾	坤	日	夜	浮
하늘 **(건)**	땅 **(곤)**	날 **(일)**	밤 **(야)**	뜰 **(부)**
명사 / 주어		명사 / 보어		동사 / 술어

" 하늘과 땅은 낮과 밤으로 갈리도다 "

月	爲	大	將	軍
달 (**월**)	될 (**위**)	큰 (**대**)	장수 (**장**)	군사 (**군**)
명사 / 주어	피동사 / 술어	관형사 / 목적어		

" 달은 대장군이 되고 "

星	作	百	萬	師
별 (**성**)	지을 (**작**)	일백 (**백**)	일만 (**만**)	군사 (**사**)
명사 / 주어	피동사 / 술어	관형사 / 목적어		

" 별은 백만군사가 되는구나 "

靑	松	君	子	節
푸를 (**청**)	소나무 (**송**)	군자 (**군**)	아들 (**자**)	마디 (**절**)
관형사 / 주어		명사 / 보어		명사 / 술어

" 푸른 소나무는 군자의 절개요 "

綠	竹	烈	女	貞
푸를 (**록**)	대 (**죽**)	빛날 (**열**)	계집 (**녀**)	곧을 (**정**)
관형사 / 주어		명사 / 보어		명사 / 술어

" 푸른 대나무는 열녀의 정절이다 "

林	風	涼	不	絶
수풀 (임)	바람 (풍)	서늘할 (량)	아니 (불)	끊을 (절)
관형사 / 주어		형용사 / 술어	부정사 / 부정어	동사 / 보어

" 수풀에 부는 바람은 그침없이 시원하고 "

山	月	曉	仍	明
뫼 (산)	달 (월)	새벽 (효)	거듭 (잉)	밝을 (명)
관형사 / 주어		명사 / 보어	부사 / 부사어	형용사 / 술어

" 산에 걸린 달은 새벽이면 더욱 밝다 "

大	旱	得	甘	雨
큰 (대)	가물 (한)	얻을 (득)	달 (감)	비 (우)
관형사 / 주어		동사 / 술어	관형사 / 목적어	

" 오랜 가뭄 끝에 단비가 내리니 "

他	鄕	逢	故	人
다를 (타)	마을 (향)	만날 (봉)	옛 (고)	사람 (인)
관형사 / 주어		동사 / 술어	관형사 / 목적어	

" 타향에서 고향 사람을 만난 것 같구나 "

白	日	莫	虛	送
흰 (백)	날 (일)	말 (막)	빌 (허)	보낼 (송)
관형사 / 주어		금지사 / 금지어	부사 / 부사어	동사 / 술어

" 세월을 헛되이 보내지 마라 "

註 白日 : 구름없이 맑은 날

靑	春	不	再	來
푸를 (청)	봄 (춘)	아니 (불)	다시 (재)	올 (래)
관형사 / 주어		부정사 / 부정어	부사 / 부사어	동사 / 술어

" 젊은 시절은 다시 오지 아니한다 "

日	出	扶	桑	路
날 (일)	날 (출)	잡을 (부)	해돋는곳 (상)	길 (로)
명사 / 주어	동사 / 술어	고유명사 / 목적어		

" 해는 부상에서 떠오르고 "

註 扶桑(國) : 동쪽의 바닷속에 있다는 전설 속의 나라 이름

暮	入	若	木	枝
저물 (모)	들 (입)	같을 (약)	나무 (목)	가지 (지)
명사 / 주어	동사 / 술어	긍정사 / 긍정어	관형사 / 목적어	

" 저녁때(해)는 나뭇가지 위로 넘어가는 것 같구나 "

燕	語	雕	樑	晩
제비 **(연)**	말씀 **(어)**	독수리 **(조)**	들보 **(양)**	저물 **(만)**
명사 / 주어	동사 / 술어	명사 / 주어	명사 / 보어	동사 / 술어

" 제비가 우는 것은, 독수리가 들보에 늦게 있기 때문이요 "

鶯	啼	綠	樹	深
꾀꼬리 **(앵)**	울 **(제)**	푸를 **(록)**	나무 **(수)**	깊을 **(심)**
명사 / 주어	동사 / 술어	관형사 / 주어		형용사 / 술어

" 꾀꼬리가 우는 것은, 푸른 숲이 깊기 때문이다 "

山	深	然	後	寺
뫼 **(산)**	깊을 **(심)**	그대로 **(연)**	뒤 **(후)**	절 **(사)**
명사 / 주어	형용사 / 보어	부사 / 부사어		명사 / 술어

" 산이 깊은 연후에 절이 있고 "

花	落	以	前	春
꽃 **(화)**	떨어질 **(락)**	써 **(이)**	앞 **(전)**	봄 **(춘)**
명사 / 주어	동사 / 보어	부사 / 부사어	부사 / 부사어	명사 / 술어

" 꽃이 떨어지기 이전이기에 아직 봄이로구나 "

猿	嘯	風	中	斷
원숭이 **(원)**	휘파람 **(소)**	바람 **(풍)**	가운데 **(중)**	끊어질 **(단)**
관형사 / 주어		명사 / 보어	명사 / 보어	동사 / 술어

" 원숭이 휘파람소리가 바람소리에 끊어지고 "

漁	歌	月	下	聞
고기잡을 **(어)**	노래 **(가)**	달 **(월)**	아래 **(하)**	들을 **(문)**
관형사 / 주어		명사 / 보어	명사 / 보어	동사 / 술어

" 어부의 노래소리가 달빛 아래 들리는구나 "

山	鳥	下	廳	舍
뫼 **(산)**	새 **(조)**	아래 **(하)**	마루 **(청)**	집 **(사)**
관형사 / 주어		동사 / 술어	관형사 / 목적어	

" 산새가 집 마루까지 내려오고 "

添	花	落	酒	中
더할 **(첨)**	꽃 **(화)**	떨어질 **(락)**	술 **(주)**	가운데 **(중)**
관형사 / 주어		동사 / 술어	관형사 / 목적어	

" 머리에 꽂은 꽃이 술잔에 떨어지는구나 "

人	分	千	里	外
사람 **(인)**	나눌 **(분)**	일천 **(천)**	마을 **(리)**	바깥 **(외)**
명사 / 주어	동사 / 술어	관형사 / 목적어		

" 친구는 천리 밖에 떨어져 있고 "

興	在	一	杯	中
일어날 **(흥)**	있을 **(재)**	한 **(일)**	잔 **(배)**	가운데 **(중)**
명사 / 주어	형용사 / 술어	관형사 / 목적어		

" 흥취는 한 잔 술 가운데 있구나 "

掬	水	月	在	手
움켜쥘 **(국)**	물 **(수)**	달 **(월)**	있을 **(재)**	손 **(수)**
동사 / 술어	명사 / 목적어	명사 / 주어	형용사 / 술어	명사 / 목적어

" 한웅큼 물을 뜨니, 손 가운데 달이 있고 "

弄	花	香	滿	衣
희롱할 **(농)**	꽃 **(화)**	향기 **(향)**	가득할 **(만)**	옷 **(의)**
동사 / 술어	명사 / 목적어	명사 / 주어	형용사 / 술어	명사 / 목적어

" 꽃놀이를 하였더니 향기가 옷 속에 가득하구나 "

興	來	無	遠	近
일어날 **(흥)**	올 **(래)**	없을 **(무)**	멀 **(원)**	가까울 **(근)**
명사 / 주어	동사 / 술어	부정사 / 부정어	형용사 / 목적어	

" 즐거움은 멀고 가까움이 없이 오고 "

欲	去	惜	芳	菲
하고자할 **(욕)**	갈 **(거)**	애석할 **(석)**	꽃다울 **(방)**	향기로울 **(비)**
자동사 / 자동어	동사 / 보어	동사 / 술어	명사 / 목적어	

" 가고자하나 꽃 향기가 애석하구나 "

雲	作	千	層	峰
구름 **(운)**	지을 **(작)**	일천 **(천)**	층계 **(층)**	봉우리 **(봉)**
명사 / 주어	피동사 / 술어	관형사 / 목적어		

" 구름으로는 천 층 봉우리가 만들어지고 "

虹	爲	百	尺	橋
무지개 **(홍)**	할 **(위)**	일백 **(백)**	자 **(척)**	다리 **(교)**
명사 / 주어	피동사 / 술어	관형사 / 목적어		

" 무지개로는 백 자나 되는 다리가 만들어지는구나 "

掃	地	黃　金	出
쓸 **(소)**	땅 **(지)**	누를 **(황)**　쇠 **(금)**	날 **(출)**
동사 / 술어	명사 / 목적어	명사 / 주어	동사 / 술어

" 땅을 쓸면 황금이 나오고 "

開	門	萬　福	來
열 **(개)**	문 **(문)**	일만 **(만)**　복 **(복)**	올 **(래)**
동사 / 술어	명사 / 목적어	관형사 / 주어	동사 / 술어

" 문을 여니 만 가지 복이 들어오는구나 "

洗	硯	魚	呑	墨
씻을 **(세)**	벼루 **(연)**	고기 **(어)**	삼킬 **(탄)**	먹 **(묵)**
동사 / 술어	명사 / 목적어	명사 / 주어	동사 / 술어	명사 / 목적어

" 벼루를 씻으니 물고기가 먹물을 삼키고 "

烹	茶	鶴	避	煙
삶을 **(팽)**	차 **(다)**	학 **(학)**	피할 **(피)**	연기 **(연)**
동사 / 술어	명사 / 목적어	명사 / 주어	동사 / 술어	명사 / 목적어

" 차를 다리니 학은 연기를 피하는 구나 "

柳	塘	春	水	漫
버들 (류)	못 (당)	봄 (춘)	물 (수)	질편할 (만)
관형사 / 주어		관형사 / 보어		동사 / 술어

" 버드나무가 서 있는 연못은 봄 물이 질펀하고 "

花	塢	夕	陽	遲
꽃 (화)	언덕 (오)	저녁 (석)	볕 (양)	더딜 (지)
관형사 / 주어		관형사 / 보어		동사 / 술어

" 꽃이 핀 언덕에는 석양 볕이 더디 가는구나 "

白	蝶	紛	紛	雪
흰 (백)	나비 (접)	어지러울 (분)	날리다 (분)	눈 (설)
관형사 / 주어		형용사 / 보어	동사 / 보어	명사 / 술어

" 흰 나비는 어지럽게 날리는 눈과 같고 "

黃	鶯	片	片	金
누를 (황)	꾀꼬리 (앵)	조각 (편)	날리다 (편)	쇠 (금)
관형사 / 주어		명사 / 보어	동사 / 보어	명사 / 술어

" 노란 꾀꼬리는 조각 조각 날리는 금과 같구나 "

文	章	李	太	白
글월 **(문)**	글 **(장)**	성씨 **(이)**	클 **(태)**	흰 **(백)**
동명사 / 주어		고유명사 / 술어		

" 글을 잘 짓는 사람은 이태백 이요 "

筆	法	王	羲	之
붓 **(필)**	법 **(법)**	성씨 **(왕)**	복희 **(희)**	갈 **(지)**
동명사 / 주어		고유명사 / 술어		

" 글씨를 잘 쓰는 사람은 왕희지 이다 "

春	意	無	分	別
봄 **(춘)**	뜻 **(의)**	없을 **(무)**	나눌 **(분)**	다를 **(별)**
관형사 / 주어		부정사 / 술어	동사 / 목적어	

" (봄 날의 생각) 봄 날씨는 예측할 수가 없고 "

人	情	有	淺	深
사람 **(인)**	뜻 **(정)**	있을 **(유)**	얕을 **(천)**	깊을 **(심)**
관형사 / 주어		형용사 / 술어	명사 / 목적어	

" 사람의 정은 깊고 얕음이 있구나 "

初	月
처음 **(초)**	달 **(월)**
관형사 / 주어	

將	軍	弓
장수 **(장)**	군사 **(군)**	활 **(궁)**
관형사 / 술어		

" 초생달은 장군의 활 같고 "

流	星
흐를 **(유)**	별 **(성)**
관형사 / 주어	

壯	士	矢
장사 **(장)**	선비 **(사)**	화살 **(시)**
관형사 / 술어		

" 별똥별은 장사가 쏜 화살 같구나 "

氷	解	魚	初	躍
얼음 **(빙)**	풀 **(해)**	고기 **(어)**	처음 **(초)**	뛸 **(약)**
명사 / 주어	동사 / 술어	명사 / 주어	부사 / 부사어	동사 / 술어

" 얼음이 녹으니, 물고기가 먼저 뛰고 "

風	和	雁	欲	歸
바람 **(풍)**	화할 **(화)**	기러기 **(안)**	하고자할 **(욕)**	돌아갈 **(귀)**
명사 / 주어	형용사 / 술어	명사 / 주어	자동사 / 자동어	동사 / 술어

" 바람이 따뜻해지니 기러기는 북으로 돌아가려 하는구나 "

高	山	白	雲	起
높을 **(고)**	뫼 **(산)**	흰 **(백)**	구름 **(운)**	일어날 **(기)**
관형사 / 주어		관형사 / 보어		동사 / 술어

" 높은 산에서는 흰 구름이 일어나고 "

南	原	芳	草	綠
남녘 **(남)**	들 **(원)**	꽃다울 **(방)**	풀 **(초)**	푸를 **(록)**
관형사 / 주어		관형사 / 보어		형용사 / 술어

" 남쪽 들판에는 꽃다운 풀이 푸르구나 "

父	母	千	年	壽
아버지 **(부)**	어머니 **(모)**	일천 **(천)**	해 **(년)**	목숨 **(수)**
명사 / 주어		관형사 / 보어		명사 / 술어

" 부모님께서 오래 오래 사시기를 기원하고 "

子	孫	萬	世	榮
아들 **(자)**	손자 **(손)**	일만 **(만)**	세상 **(세)**	영화 **(영)**
명사 / 주어		관형사 / 보어		형용사 / 술어

" 자손들은 만세를 영화롭게 번성하기를 기원하네 "

竹	筍	尖	如	筆
대 **(죽)**	죽순 **(순)**	뾰족할 **(첨)**	같을 **(여)**	붓 **(필)**
명사 / 주어		형용사 / 보어	긍정사 / 술어	명사 / 목적어

" 죽순은 뾰족하기가 붓과 같고 "

松	葉	細	似	針
소나무 **(송)**	잎 **(엽)**	가늘 **(세)**	같을 **(사)**	바늘 **(침)**
관형사 / 주어		형용사 / 보어	긍정사 / 술어	명사 / 목적어

" 소나무 잎은 가늘기가 바늘 같도다 "

水	連	天	共	碧
물 **(수)**	연할 **(련)**	하늘 **(천)**	한가지 **(공)**	푸를 **(벽)**
	관형사 / 주어		부사 / 부사어	형용사 / 술어

" 수평선에 닿아있는 하늘은 물과 한 가지로 푸르고 "

風	與	月	雙	淸
바람 **(풍)**	더불 **(여)**	달 **(월)**	두 **(쌍)**	맑을 **(청)**
명사 / 주어	접속사 / 조사어	명사 / 주어	부사 / 부사어	형용사 / 술어

" 바람과 달은 쌍으로 맑고도 시원하구나 "

註 與는 명사와 명사를 이어주는 접속사이다.

曳	杖	石	鷄 鷄
끌 (예)	지팡이 (장)	돌 (석)	닭 (계) 닭 (계)
동사 / 술어	명사 / 목적어	명사 / 보어	명사 / 술어

" 지팡이를 돌 위로 끌고가니 계, 계 소리가 나고 "

伐	木	山	雉 雉
칠 (벌)	나무 (목)	뫼 (산)	꿩 (치) 꿩 (치)
동사 / 술어	명사 / 목적어	명사 / 보어	명사 / 술어

" 산 속에서 나무를 베니 치, 치하는 소리가 나는구나 "

註 鷄鷄, 雉雉는 의성어(擬聲語)이다.

蝶 翅	輕	翻	粉
나비 (접) 날개 (시)	가벼울 (경)	날 (번)	가루 (분)
관형사 / 주어	형용사 / 보어	동사 / 술어	명사 / 목적어

" 나비의 날개짓은 가볍기가 분가루가 날리는 것 같고 "

鶯 聲	巧	囀	簧
꾀꼬리 (앵) 소리 (성)	교묘할 (교)	지저귈 (전)	생황 (황)
관형사 / 주어	형용사 / 보어	동사 / 술어	명사 / 목적어

" 꾀꼬리의 울음소리는 교묘하기가 생황소리 같구나 "

五	老	峰	爲	筆
다섯 **(오)**	늙을 **(로)**	봉우리 **(봉)**	될 **(위)**	붓 **(필)**
고유명사 / 주어			피동사 / 술어	명사 / 목적어

" 오로봉을 붓으로 삼고 "

三	湘	作	硯	池
석 **(삼)**	물이름 **(상)**	지을 **(작)**	벼루 **(연)**	못 **(지)**
관형사 / 주어		피동사 / 술어	관형사 / 목적어	

" 세 강의 물줄기를 먹물로 삼는다 "

靑	天	一	張	紙
푸를 **(청)**	하늘 **(천)**	한 **(일)**	베풀 **(장)**	종이 **(지)**
관형사 / 주어		수사 / 보어	동사 / 술어	명사 / 목적어

" 푸른 하늘은 한 장의 종이를 펴놓은 것 같아 "

寫	我	腹	中	詩
쓸 **(사)**	나 **(아)**	배 **(복)**	가운데 **(중)**	글 **(시)**
동사 / 술어	관형사 / 목적어			

" 내 마음 속에 있는 시를 쓰고 싶구나 "

林	亭	秋	已	晩
수풀 **(임)**	정자 **(정)**	가을 **(추)**	이미 **(이)**	늦을 **(만)**
관형사 / 주어		명사 / 보어	부사 / 부사어	형용사 / 술어

" 숲 속의 정자에는 가을이 이미 저물어 가니 "

騷	客	意	無	窮
근심스러울 **(소)**	손 **(객)**	뜻 **(의)**	없을 **(무)**	다할 **(궁)**
명사 / 주어		명사 / 보어	부정사 / 부정어	형용사 / 술어

" 시인의 마음은 끝가는 데 없구나 "

註 騷客 : 楚나라 屈原이 離騷經(이소경)을 지은 다음부터 詩人이나 文人을 騷客이나 騷人으로 부르게 되었다.

遠	水	連	天	碧
멀 **(원)**	물 **(수)**	연할 **(연)**	하늘 **(천)**	푸를 **(벽)**
관형사 / 주어		형용사 / 술어	명사 / 목적어	형용사 / 술어

" 멀리 수평선은 하늘과 이어져 푸르기만 하고 "

霜	楓	向	日	紅
서리 **(상)**	단풍나무 **(풍)**	향할 **(향)**	해 **(일)**	붉은 **(홍)**
관형사 / 주어		동사 / 술어	명사 / 목적어	형용사 / 술어

" 서리 맞은 단풍나무는 해를 향하여 붉도다 "

山	吐	孤	輪	月
뫼 **(산)**	토할 **(토)**	외로울 **(고)**	수레바퀴 **(륜)**	달 **(월)**
명사 / 주어	동사 / 술어	관형사 / 보어		명사 / 목적어

" 산은 떨어져나온 수레바퀴 같은 달을 토해 내고 "

江	含	萬	里	風
강 **(강)**	머금을 **(함)**	일만 **(만)**	잇수 **(리)**	바람 **(풍)**
명사 / 주어	동사 / 술어	관형사 / 목적어		

" 강은 만리에서 불어오는 바람을 머금는구나 "

塞	鴻	何	處	去
변방 **(새)**	기러기 **(홍)**	어찌 **(하)**	곳 **(처)**	갈 **(거)**
관형사 / 주어		의문사 / 의문어	명사 / 보어	동사 / 술어

" 하늘 가에 뜬 기러기는 어느 곳으로 가는가? "

聲	斷	暮	雲	中
소리 **(성)**	끊을 **(단)**	저녁 **(모)**	구름 **(운)**	가운데 **(중)**
명사 / 주어	동사 / 술어	관형사 / 목적어		

" 기러기 소리만이 저녁 구름 속으로 사라지는구나 "

君	在	臣	先	死
임금 **(군)**	있을 **(재)**	신하 **(신)**	먼저 **(선)**	죽을 **(사)**
명사 / 주어	형용사 / 술어	명사 / 주어	부사 / 부사어	동사 / 술어

" 임금이 살아있는데 신하가 먼저 죽고 "

母	在	子	先	死
어머니 **(모)**	있을 **(재)**	아들 **(자)**	먼저 **(선)**	죽을 **(사)**
명사 / 주어	형용사 / 술어	명사 / 주어	부사 / 부사어	동사 / 술어

" 어머니가 살아계신데 아들이 먼저 죽는 것은 "

皆	非	臣	子	義
다 **(개)**	아니 **(비)**	신하 **(신)**	아들 **(자)**	옳을 **(의)**
부사 / 부사어	부정사 / 부정어	명사 / 주어		명사 / 술어

" 모두가 다 신하나 자식의 도리가 아니다 "

無	奈	死	於	死
없을 **(무)**	어찌 **(내)**	죽을 **(사)**	어조사 **(어)**	죽을 **(사)**
부정사 / 부정어	의문사 / 의문어	동사 / 술어	전치사 / 조사어	명사 / 술어

" 그러나 죽음에 임하여 죽는 것은 어찌할 수 없는 일이 아니겠는가! "

擊	鼓	催	人	命
칠 **(격)**	북 **(고)**	재촉할 **(최)**	사람 **(인)**	목숨 **(명)**
동사 / 술어	명사 / 목적어	동사 / 술어	관형사 / 목적어	

" 북을 쳐서, 사람의 목숨을 재촉하고 "

西	風	日	欲	斜
서녘 **(서)**	바람 **(풍)**	해 **(일)**	하고자할 **(욕)**	기울 **(사)**
명사 / 주어	동사 / 술어	명사 / 주어	자동사 / 자동어	동사 / 술어

" 서풍은 불고 해는 넘어가려 하는구나 "

黃	泉	無	客	店
누를 **(황)**	샘 **(천)**	없을 **(무)**	소 **(객)**	상점 **(점)**
관형사 / 주어		부정사 / 술어	명사 / 목적어	

" 저승에는 주막도 없다는데 "

今	夜	宿	誰	家
이제 **(금)**	밤 **(야)**	잘 **(숙)**	누구 **(수)**	집 **(가)**
관형사 / 주어		동사 / 술어	의문사 / 의문어	명사 / 목적어

" 오늘 밤은 누구 집에서 자고 갈까 "

秋	風	唯	苦	吟
가을 (추)	바람 (풍)	오직 (유)	쓸 (고)	읊을 (음)
관형사 / 주어		부사 / 부사어	부사 / 부사어	동사 / 술어

" 가을바람은 오직 쓸쓸히 부는데 "

世	路	少	知	音
세상 (세)	길 (로)	조금 (소)	알 (지)	소리 (음)
관형사 / 주어		부사 / 부사어	동사 / 술어	명사 / 목적어

" 세상 길 사는 소리...조금인들 알겠는가 "

窓	外	三	更	雨
창문 (창)	밖 (외)	석 (삼)	지날 (경)	비 (우)
관형사 / 주어		명사 / 보어		동사 / 술어

" 창 밖에는 한밤중에 비가 오는데 "

註 三更 : 밤을 다섯으로 나누어 五更이라고도 하는데 三更은 한 밤중이 된다.

燈	前	萬	里	心
등잔 (등)	앞 (전)	일만 (만)	거리 (리)	마음 (심)
관형사 / 주어		관형사 / 술어		

" 등잔 앞에 있으니 마음은 만리 밖 고향이네 "

十	五	越	溪	女
열 **(십)**	다섯 **(오)**	넘을 **(월)**	시내 **(계)**	계집 **(녀)**
		관형사 / 주어		

" 열다섯 살 꽃다운 시냇물 건너는 예쁜 아가씨 "

羞	人	無	語	別
부끄러울 **(수)**	사람 **(인)**	없을 **(무)**	말씀 **(어)**	이별 **(별)**
형용사 / 술어	명사 / 목적어	부정사 / 부정어	명사 / 보어	동사 / 술어

" 사람들이 부끄러워 말 없이 헤어져서 "

歸	來	掩	重	門
돌아갈 **(귀)**	올 **(래)**	닫을 **(엄)**	거듭 **(중)**	문 **(문)**
동사 / 보어		동사 / 술어	부사 / 부사어	명사 / 목적어

" 돌아와 문을 꼭 꼭 닫고 "

泣	向	梨	花	月
울 **(읍)**	향할 **(향)**	배나무 **(이)**	꽃 **(화)**	달 **(월)**
동사 / 술어	동사 / 보어	명사 / 보어		명사 / 보어

" 달빛 아래 하얀 배 꽃을 바라보고 눈물 흘리네 "

昨	過	永明寺
어제 **(작)**	지날 **(과)**	길 **(영)** 밝을 **(명)** 절 **(사)**
명사 / 보어	동사 / 술어	고유명사 / 목적어

" 어제 영명사 다녀오는 길에 "

暫	登	浮碧樓
잠시 **(잠)**	오를 **(등)**	뜰 **(부)** 푸를 **(벽)** 누각 **(루)**
부사 / 부사어	동사 / 술어	고유명사 / 목적어

" 잠시 부벽루에 올라 (사방을 둘러보니) "

城	空	月一片
성곽 **(성)**	빌 **(공)**	달 **(월)** 한 **(일)** 조각 **(편)**
명사 / 주어	형용사 / 술어	관형사 / 주어

" 옛 성은 비어있고, 한 조각 달과 "

石老	雲	千秋
돌 **(석)** 늙을 **(로)**	구름 **(운)**	일천 **(천)** 가을 **(추)**
관형사 / 주어	명사 / 보어	명사 / 술어

" 이끼 낀 돌이 흰 구름과 함께 천년 세월이 지났네 "

麟	馬	去	不	返
기린 (린)	말 (마)	갈 (거)	아니 (불)	돌아올 (반)
관형사 / 주어		동사 / 술어	부정사 / 부정어	동사 / 술어

" 기린과 같은 말(천리마)은 한 번 죽으면 돌아올 줄 모르고 "

天	孫	何	處	遊
하늘 (천)	손자 (손)	어찌 (하)	곳 (처)	놀 (유)
관형사 / 주어		의문사 / 의문어	명사 / 보어	동사 / 술어

" 옛 제왕의 후손은 어느 곳에서 놀고 있을까? "

長	嘯	倚	風	磴
길 (장)	휘파람 (소)	기댈 (의)	바람 (풍)	돌다리 (등)
관형사 / 주어		동사 / 술어	명사 / 목적어	명사 / 보어

" 길게 분 휘파람 소리는 돌다리 위에서 바람에 실리고 "

山	靑	江	自	流
뫼 (산)	푸를 (청)	강 (강)	스스로 (자)	흐를 (류)
명사 / 주어	형용사 / 술어	명사 / 주어	부사 / 부사어	동사 / 술어

" 산은 푸르른데 강물은 유유히 흐르는구나 "

水	國	秋	光	暮
물 **(수)**	나라 **(국)**	가을 **(추)**	빛 **(광)**	저물 **(모)**
관형사 / 보어		관형사 / 주어		형용사 / 술어

" 바닷가에는 가을 빛이 저물고 "

驚	寒	雁	陳	高
놀랠 **(경)**	찰 **(한)**	기러기 **(안)**	진칠 **(진)**	높을 **(고)**
관형사 / 주어			동사 / 술어	형용사 / 보어

" 추위에 놀란 기러기는 떼지어 높이 날아가는구나 "

憂	心	輾	轉	夜
근심할 **(우)**	마음 **(심)**	돌아누울 **(전)**	굴릴 **(전)**	밤 **(야)**
관형사 / 주어		동사 / 술어		명사 / 보어

" 쓸쓸한 마음 이리뒤적 저리뒤적 잠 못드는 밤 "

殘	月	照	弓	刀
쇠잔할 **(잔)**	달 **(월)**	비출 **(조)**	활 **(궁)**	칼 **(도)**
관형사 / 주어		동사 / 술어	명사 / 목적어	

" 넘어가는 조각 달은 궁도처럼 비추는구나 "

春	雨	細	不	滴
봄 (**춘**)	비 (**우**)	가늘 (**세**)	아니 (**불**)	빗방울 (**적**)
관형사 / 주어		형용사 / 보어	부정사 / 술어	동사 / 목적어

" 봄비는 이슬비라 방울져 내리지 아니하고 "

夜	中	微	有	聲
밤 (**야**)	가운데 (**중**)	가늘 (**미**)	있을 (**유**)	소리 (**성**)
관형사 / 주어		형용사 / 보어	형용사 / 술어	명사 / 목적어

" 밤중에는 미성만 있을 뿐이다 "

雪	盡	南	溪	漲
눈 (**설**)	다할 (**진**)	남녘 (**남**)	시내 (**계**)	넘칠 (**창**)
명사 / 주어	형용사 / 술어	관형사 / 주어		형용사 / 술어

" 눈이 녹으니, 남쪽 시냇물이 넘치고 "

草	芽	多	少	生
풀 (**초**)	싹 (**아**)	많을 (**다**)	젊을 (**소**)	날 (**생**)
관형사 / 주어		형용사 / 보어		동사 / 술어

" 풀잎의 새싹이 많이 나오는구나 "

獨	坐	無	來	客
홀로 **(독)**	앉을 **(좌)**	없을 **(무)**	올 **(래)**	손 **(객)**
부사 / 부사어	동사 / 술어	부정사 / 부정어	동사 / 술어	명사 / 목적어

" 찾아오는 손님 한 사람 없이 홀로 앉아 있으니 "

空	庭	雨	氣	昏
빌 **(공)**	뜰 **(정)**	비 **(우)**	기운 **(기)**	어지러울 **(혼)**
관형사 / 주어		관형사 / 보어		형용사 / 술어

" 텅 빈 뜰에는 비 기운만 감도는구나 "

魚	搖	荷	葉	動
고기 **(어)**	흔들 **(요)**	연꽃 **(하)**	잎 **(엽)**	움직일 **(동)**
명사 / 주어	동사 / 술어	관형사 / 목적어		동사 / 술어

" 물고기는 연꽃잎을 흔들어 움직이고 "

鵲	踏	樹	梢	翻
까치 **(작)**	밟을 **(답)**	나무 **(수)**	나무끝 **(소)**	날 **(번)**
명사 / 주어	동사 / 술어	관형사 / 목적어		동사 / 술어

" 까치는 나무 끝을 밟고 날아 오르는구나 "

琴	潤	絃	猶	響
거문고 **(금)**	윤택할 **(윤)**	줄 **(현)**	같을 **(유)**	소리 **(향)**
명사 / 주어	형용사 / 술어	명사 / 주어	부사 / 부사어	동사 / 술어

" 거문고 소리가 아름다운 것은 줄과 함께 소리가 어울리는 것인데 "

爐	寒	火	尙	存
화로 **(노)**	찰 **(한)**	불 **(화)**	오히려 **(상)**	있을 **(존)**
명사 / 보어	명사 / 주어		부사 / 부사어	형용사 / 술어

" 화로속에는 오히려 추위와 불이 함께 있구나 "

泥	途	妨	出	入
진흙 **(니)**	길 **(도)**	방해할 **(방)**	날 **(출)**	들 **(입)**
관형사 / 주어		동사 / 술어	동사 / 목적어	

" 진흙 길은 오고 가는데 방해가 되어 "

終	日	可	關	門
마침 **(종)**	날 **(일)**	옳을 **(가)**	관문 **(관)**	문 **(문)**
부사 / 부사어		긍정사 / 술어	명사 / 목적어	

" 하루종일 만에야 관문에 도착하는구나 "

02 啓蒙篇(계몽편)

首篇(수편)

上有天하고 下有地하니, 天地之間에 有人焉하고,

上	有	天	下	有	地	天地之間	有	人	焉
상	유	천	하	유	지	천 지 지 간	유	인	언
(주)명	(술)형	(목)명	(주)명	(술)형	(목)명	(주)관	(술)형	(목)명	(조)종

有萬物焉하니, 日月星辰者는 天地所係也요.

有	萬物	焉	日月星辰	者	天地	所係	也
유	만 물	언	일 월 성 진	자	천 지	소 계	야
(술)형	(목)관	(조)종	(주)명	(조)후	(보)명	(술)접두	(조)종

" 위에는 하늘이 있고 아래에는 땅이 있으니 하늘과 땅 사이에는 사람이 있고 만물이 있으니 해와 달과 별은 하늘에 매여 있는 것이요. "

○ 본문해설 ○

- 有(유) 형용사로 "있다"라는 뜻으로 술어(述語)로 쓰였다.
- 焉(언) 종결사로 "~이다"라는 긍정(肯定)의 뜻을 담고 文句의 끝에서 文句를 종결(終結)하는 助詞이다.
- 者(자) 후치(後置)조사(助詞)로 "~는" "~이란" 뜻으로 앞에 오는 말을 수식(修飾)한다.
- 之(지) 후치사로 "~의"의 뜻으로 앞에 오는 말을 수식하는 조사이다.
- 所(소) "~하는 바"란 뜻으로 접두사를 만든다. 즉 所係(소계)는 접두사(接頭辭)로 "매인 것"이란 뜻으로 쓴다.
- 也(야) 긍정의 뜻을 담은 종결사이다.
- 上(상) 主語요 有(있다)는 述語이며 天(하늘)은 술어인 有의 목적어로 "위에는 하늘이 있다"라는 文句가 이루어진다. 下有地도 같다.
- 天地之間(하늘과 땅 사이에)은 冠形詞로 主語이며, 有人焉(사람이 있다)와 有萬物焉(만물이 있다)는 有는 술어요, 人과 萬物은 목적어로 술목구조이다. 위에서 보면 한 文句는 主語와 述語가 있어야 成立됨을 알 수 있다.

江海山嶽者는 地之所載也요, 父子君臣長幼

강 해 산 악 자 지 지 소 재 야 부 부 군 신 장 유

(주)명 (조)후 (보)명 (조)후 (조)접두 (조)종 (주)명

夫婦朋友者는 人之大倫也라.

부 부 붕 우 자 인 지 대 륜 야

(주)명 (조)후 (보)명 (조)후 (술)명 (조)종

" 강과 바다와 산은 땅이 싣고 있으며, 아버지와 아들, 임금과 신하, 어른과 아이, 남편과 아내, 벗은 사람의 큰 윤리이다. "

○ 본문해설 ○

- **嶽**(악) 명사 – 큰 산
- **載**(재) 동사 – 싣다
- **君**(군) 명사 – 임금
- **臣**(신) 명사 – 신하
- **長**(장) 명사 – 어른
- **幼**(유) 명사 – 어린이
- **夫**(부) 명사 – 남편
- **婦**(부) 명사 – 아내
- **朋**(붕) 명사 – 벗
- **倫**(륜) 명사 – 인륜, 윤리, 사람이 반드시 지켜야 할 도리

以東西南北으로 定天地之方하고, 以青黃赤白黑으로

이 동 서 남 북 정 천 지 지 방 이 청 황 적 백 흑

(조)전 (주)명 (술)동 (목)관 (조)전 (주)명

定物之色하고, 以酸鹹辛甘苦로 定物之味하고,

정 물 지 색 이 산 함 신 감 고 정 물 지 미

(술)동 (목)관 (조)전 (주)명 (술)동 (목)관

以宮商角徵羽로 定物之聲하고, 以一二三四五

이 궁 상 각 치 우 정 물 지 성 이 일 이 삼 사 오

(조)전 (주)명 (술)동 (목)관 (조)전 (주)수

六七八九十百千萬億으로 總物之數하니,
육 칠 팔 구 십 백 천 만 억 총 물 지 수
(주)수 (술)동 (목)관

左首篇이다.
좌 수 편
(지)지대 (술)명

" 동서남북으로서 하늘과 땅의 방향을 정하고, 푸르고 노랗고 붉고 희고 검은 것으로 물건의 색을 정하고 신맛, 짠맛, 매운맛, 단맛, 쓴맛으로서 물건의 맛을 정하고, 궁, 상, 각, 치, 우로 물건의 소리를 정하고 일, 이, 삼, 사, 오, 육, 칠, 팔, 구, 십, 백, 천, 만, 억으로서 모든 물건의 수를 세는 것이니 이상은 수편이다. "

◎ 본문해설 ◎

- 定(정) 동사 – 정하다.
- 以(이) 전치사로 "~으로서"의 뜻으로 뒤에 오는 말을 수식한다.
- 酸(산) 명사 – 신 것
- 鹹(함) 명사 – 짠 것
- 辛(신) 명사 – 매운 것
- 苦(고) 명사 – 쓴 것
- 物(물) 명사 – 만물, 물건
- 味(미) 명사 – 맛
- 宮商角徵羽(궁상각치우)는 五音이라 부르는 음계(音階)를 말한다. 徵(치)의 독음(讀音)은 五音에서는 "치"라 읽으나 動詞로 "구하다" "부르다"로 쓰일 때에는 "징"이라 읽는다.
- 聲(성) 명사 – 소리
- 總(총) 명사 – 거느리다, 합하다 / 부사 – 모든
- 數(수) 명사 – 수 / 동사 – 셈하다, 세다
- 以東西南北 (동서남북으로서)는 主語句이고, 定(정하다)는 술어이고, 天地之方(하늘과 땅의 방향)은 관형사로 술어 定의 목적어로 述語句이다.

天篇(천편)

日出於東方하여 入於西方하니, 日出則爲晝요

일 출 어 동 방 입 어 서 방 일 출 즉 위 주

(주)명 (술)형 (조)전 (목)명 (술)동 (조)전 (목)명 (주)명 (술)동 (조)접 (술)동 (목)명

日入則爲夜이니 夜則月星著見焉하니라.

일 입 즉 위 야 야 즉 월 성 저 현 언

(주)명 (술)동 (조)접 (술)동 (목)명 (주)명 (조)접 (주)명 (술)피동 (조)종

" 해가 동쪽에서 떠서 서쪽으로 지나니
해가 뜨면 낮이 되고 해가 지면 밤이 되니 밤에는 달과 별이 나타난다. "

◎ 본문해설 ◎

- 於(어) 는 전치사로 "~에서"라는 뜻으로 뒤에 오는 말을 수식한다. 그러므로 於東方을 "동쪽에서"라고 해석하는 것이다.
- 則(즉) 은 접속사로 "~면"이라는 뜻으로 앞에 오는 말을 이어받아 뒤에 오는 말을 이어준다.
  〈예〉 日出則(해가 뜨면) 爲晝(낮이 되고)
- 爲(위) 불완전 동사로서 "~이 되다"라는 뜻으로 뒤에는 명사가 따른다. 〈예〉爲晝(낮이 되고)
- 著(저) 동사 나타나다 見(현) 동사, 나타나다, 피동으로 쓰일때에는 독음을 "현"으로 읽는다.
- 焉(언) 긍정의 뜻을 나타낸 종결사이다.

天有緯星하니, 金木水火土五星이 是也요

천 유 위 성 금 목 수 화 토 오 성 시 야

(주)명 (술)형 (목)명 (주)명 (술)지 (조)종

有經星하니 角亢氐房心尾箕斗牛女虛危室

유 경 성 각 항 저 방 심 미 기 두 우 여 허 위 실

(술)형 (목)명

壁奎婁胃昴畢觜參井鬼柳星張
벽 규 누 위 묘 필 자 삼 정 귀 유 성 장

翼軫二十八宿가 是也라.
익 진 이 십 팔 수 시 야
(주)명 (술)지 (조)종

" 하늘에는 가로놓인 별이 있으니 금성, 목성, 수성, 화성, 토성, 다섯 별이 이것이요, 세로로 놓인 별이 있으니 각수, 항수, 저수, 방수, 심수, 미수, 기수, 두수, 우수, 여수, 하수, 위수, 실수, 벽수, 규수, 누수, 위수, 묘수, 필수, 자수, 삼수, 정수, 귀수, 유수, 성수, 장수, 익수, 진수로 이십팔수가 이것이다. "

◎ 본문해설 ◎

- 緯(위) 명사로 직물의 가로 짜인 실로 씨줄을 말하며 가로로 놓인다는 뜻도 있다. 赤道를 中心으로 北緯와 南緯라 부른 것도 같은 뜻이다. 여기서는 東西로 놓인 별자리이다.
- 經(경) 명사로 직물의 세로로 짜인 실로 날줄을 말하며 세로로 놓였다는 뜻도 있다. 여기서는 南北으로 놓인 별자리이다.
- 宿(수) 명사로 별자리를 말하며 이때의 독음은 "수"이다.

一晝夜之内 有十二時하니, 十二時會而
일 주 야 지 내 유 십 이 시 십 이 시 회 이
(주)관 (술)형 (목)명 (주)명 (술)동 (조)접

爲一日요 三十日會而一月요 十有二月合
위 일 일 삼 십 일 회 이 일 월 십 유 이 월 합
(술)동 (목)명 (주)명 (술)동 (조)접 (술)명 (주)명 (술)동

而成一歲
이 성 일 세
(조)접 (술)동 (목)명

" 하루 낮과 밤 안에 열두 시가 있으니 열두 시가 모이면 하루가 되고,
삼십 일이 모이면 한달이요, 열두 달이 합하여 한 해가 된다. "

본문해설

- 晝(주) 명사 – 낮
- 夜(야) 명사 – 밤
- 會(회) 동사 – 모이다
- 而(이) 동사와 동사를 이어주는 접속사
- 成(성) 동사 – 이루어지다
- 歲(세) 명사 – 한 해, 일 년

月或有小月하니 小月則二十九日爲一月요

월 혹 유 소 월 소 월 즉 이 십 구 일 위 일 월

(주)명 (부)부 (술)형 (목)관 (주)관 (조)접 (보)명 (술)동 (목)명

歲或有閏月하니 有閏則十三月成一歲니라.

세 혹 유 윤 월 유 윤 즉 십 삼 월 성 일 세

(주)명 (부)부 (술)형 (목)명 (술)형 (목)명 (조)접 (주)명 (술)동 (목)명

" 달은 혹시 작은 달이 있으니, 달이 적으면 29일이 한 달이 되고
어떤 해에는 윤달이 있으니 윤달이 있으면 13월이 일 년이 된다. "

본문해설

- 或(혹) 부사 – 혹시
- 閏(윤) 명사 – 윤달

十二時者는 卽地之十二支也니

십 이 시 자 즉 지 지 십 이 지 야

(주)명 (조)후 (조)접 (술)관 (조)종

所謂十二支者는 子丑寅卯辰巳午

소 위 십 이 지 자 자 축 인 묘 진 사 오

(술)접두 (목)명 (조)후

未申酉戌亥也요 天有十干하니 所謂十干者는

미 신 유 술 해 야 천 유 십 간 소 위 십 간 자

(술)명 (조)종 (주)명 (술)형 (목)명 (술)접두 (목)명 (조)후

甲乙丙丁戊己庚辛壬癸也니라.

갑 을 병 정 무 기 경 신 임 계 야

(술)명 (조)종

"십이시란 곧 땅의 십이지이니 십이지라 이르는 것은 자, 축, 인, 묘, 진, 사, 오, 미, 신, 유, 술, 해요. 하늘에는 십간이 있으니 십간이라 이르는 것은 갑, 을, 병, 정, 무, 기, 경, 신, 임, 계이다."

◎ 본문해설 ◎

- 者(자) 후치사 – "~은"
- 卽(즉) 접속사 – 곧
- 支(지) 는 六甲의 아래 글자로 땅을 뜻하며 하늘을 뜻하는 干과 더불어 干支(간지)라 부르며 干은 10이요, 支는 12로 위 아래로 조합하여 甲子에서 다시 甲子로 돌아오는데 즉 回甲은 六十이 된다.
- 所謂(소위) 접두사 – 이르는 것

天之十干이 與地之十二支로 相合而爲

천 지 십 간 여 지 지 십 이 지 상 합 이 위

(주)관 (조)접 (주)관 (부)부 (술)동 (조)접 (술)동

六十甲子하니 所謂六十甲子者는 甲子

육 십 갑 자 소 위 육 십 갑 자 자 갑 자

(목)명 (술)접두 (목)명 (조)후

乙丑丙寅丁卯至壬戌癸亥是也는

을 축 병 인 정 묘 지 임 술 계 해 시 야

(술)명 (술)동 (목)명 (지)지 (조)종

" 하늘의 십간과 땅의 십이지가 서로 합하여 육십갑자가 되니, 육십갑자라 이르는 것은 갑자, 을축, 병인, 정묘에서 임술, 계해에 이르는 것이 이것이다. "

○ 본문해설 ○

- **與**(여) 접속사 – "~과"
- **相**(상) 부사 – 서로
- **合**(합) 동사 – 합하다
- **至**(지) 동사 – 이르다 / 부사 – 까지

十有二月者는 **自正月二月**로 **至十二月也**야

천 유 이 월 자 자 정 월 이 월 지 십 이 월 야

(주)명 (조)후 (부)부 (술)명 (부)부 (술)명 (조)종

一歲之中에 **亦有四時**니 **四時者**는

일 세 지 중 역 유 사 시 사 시 자

(주)관 (부)부 (술)형 (목)명 (주)명 (조)후

春夏秋冬이 **是也**라.

춘 하 추 동 시 야

(술)명 (지)지 (조)종

" 열두 달이란 정월 이월부터 십이 월까지이다.
일년 중에 또한 네 계절이 있으니 네 계절이란 봄, 여름, 가을, 겨울이 이것이다. "

○ 본문해설 ○

- **者**(자) 후치사로 윗 말에 붙어서 "~이란", "~것은" 이란 뜻을 나타낸다.
- **自**(자) 부사 – "~에서"
- **至**(지) 부사 – "~까지"
- **亦**(역) 부사 – 역시, 또한
- **是也**(시야) **是**는 지시대명사로 **四時**를 **指稱**하며 **也**는 긍정의 뜻을 가진 종결사로 "이것이다"란 뜻이다.

以十二月로 **分屬於四時**하니 **正月二月三月**은

이 십 이 월 분 속 어 사 시 정 월 이 월 삼 월

(조)전 (보)명 (술)동 (조)전 (목)명 (주)명

屬之於春하고 四月五月六月은 屬之於夏하고

속 지 어 춘 / 사 월 오 월 유 월 / 속 지 어 하

(술)접미 (조)전 (목)명 / (주)명 / (술)접미 (조)전 (목)명

七月八月九月은 屬之於秋하고

칠 월 팔 월 구 월 / 속 지 어 추

(주)명 / (술)접미 (조)전 (목)명

十月十一月十二月은 屬之於冬하니.

시 월 십 일 월 십 이 월 / 속 지 어 추

(주)명 / (술)접미 (조)전 (목)명

" 열두 달로 나누어서 네 계절에 속하게 하니
정월 이월 삼월은 봄에 속하고, 사월 오월 유월은 여름에 속하고
칠월 팔월 구월은 가을에 속하고 시월 십일월 십이월은 겨울에 속하니. "

◎ 본문해설 ◎

- 以(이) 전치사로 "~으로서", "~은"의 뜻으로 뒤에 오는 말을 수식한다.
- 於(어) 전치사로 "~에, ~에서"의 뜻으로 뒤에 오는 말을 수식한다.
- 分(분) 동사 – 나누다
- 屬(속) 동사 – 소속하다

晝長夜短而天地之氣가 大暑則爲夏하고

주 장 야 단 이 천 지 지 기 / 대 서 즉 위 하

(주)명 (술)형 (주)명 (술)형 (조)접 (주)관 / (술)관 (조)접 (술)동 (목)명

夜長晝短而天地之氣가 大寒則爲冬하니

야 장 주 단 이 천 지 지 기 / 대 한 즉 위 동

(주)명 (술)형 (주)명 (술)형 (조)접 (주)관 / (술)관 (조)접 (술)동 (목)명

" 낮이 길고 밤이 짧아서 하늘과 땅의 기운이 매우 더우면 여름이 되고,
밤이 길고 낮이 짧아서 하늘과 땅의 기운이 매우 추우면 겨울이 된다. "

○ 본문해설 ○

- 晝(주) 명사 – 낮
- 長(장) 형용사 – 길다
- 夜(야) 명사 – 밤
- 短(단) 형용사 – 짧다
- 氣(기) 명사 – 기운
- 暑(서) 명사 – 더위
- 則(즉) 접속사 – ~이면
- 爲(위) 동사 – ~이 되다
- 夏(하) 명사 – 여름
- 寒(한) 명사 – 추위, 동사 – 추워지다
- 冬(동) 명사 – 겨울

晝(낮이) 長(길다) 夜(밤) 短(짧다) 而(면) 天地之氣(하늘과 땅의 기운)
(주어) (술어) (주어) (술어) (접속사) (주어)
大暑(매우 덥다) 則(면) 爲(되다) 夏(여름)
(술어) (접속사) (술어) (목적어)

- 위 구는 주어+술어, 주어+술어, (접속사)주어+술어(접속사), 술어+목적어로 구성된 문구로 마디와 마디를 접속사가 이어주고 있음을 알 수 있다.

春秋則晝夜長短이 平均而春氣는
춘 추 즉 주 야 장 단 평 균 이 춘 기
(주)명 (조)접 (보)명 (보)형 (술)형 (조)접 (주)관

微溫하고 秋氣는 微凉하다
미 온 추 기 미 량
(부)부 (술)형 (주)관 (부)부 (술)형

" 봄과 가을은 낮과 밤의 길고 짧음이 같아서
봄 기운은 조금 따뜻하고, 가을 기운은 조금 서늘하다. "

○ 본문해설 ○

- 微(미) 부사 – 조금
- 溫(온) 형용사 – 따뜻하다
- 凉(량) 형용사 – 서늘하다

春三月이 盡則爲夏하고 夏三月이 盡則爲秋하고
춘 삼 월 진 즉 위 하 하 삼 월 진 즉 위 추
(주)관 (술)동 (조)접 (술)동 (목)명 (주)관 (술)동 (조)접 (술)동 (목)명

秋三月이 盡則爲冬하고 冬三月이 盡則復爲春하니
추 삼 월 진 즉 위 동 동 삼 월 진 즉 부 위 춘
(주)관 (술)동 (조)접 (술)동 (목)명 (주)관 (술)동 (조)접 (부)부 (술)동 (목)명

四時가 相代而歲功이 成焉이라.
사 시 상 대 이 세 공 성 언
(주)명 (부)부 (술)동 (조)접 (주)관 (술)동 (조)종

"봄의 석달이 다하면 여름이 되고, 여름 석달이 다하면 가을이 되고 가을 석달이 다하면 겨울이 되고, 겨울 석달이 다하면 다시 봄이 되어 네 철이 서로 교대하여 한 해의 공이 이루어진다."

◎ 본문해설 ◎

- 盡(진) 동사 – 다하다
- 則(즉) 접속사 – "~면"
- 爲(위) 동사 – "~이 되다"
- 相(사) 부사 – 서로
- 代(대) 동사 – 교대하다, 대신하다
- 功(공) 명사 – 공과, 공적
- 焉(언) 종결사 – "~이다"
- 復(부) 부사 – 다시

春則萬物이 始生하고 夏則萬物이 長養하고
춘 즉 만 물 시 생 하 즉 만 물 장 양
(보)명 (조)접 (주)명 (부)부 (술)동 (보)명 (조)접 (주)명 (술)동

秋則萬物이 成熟하고 冬則萬物이 閉藏하고
추 즉 만 물 성 숙 동 즉 만 물 폐 장
(보)명 (조)접 (주)명 (술)동 (보)명 (조)접 (주)명 (술)동

無非四時之功也니라 左天篇이다.
무 비 사 시 지 공 야 좌 천 편
부정 중부 (주)명 (조)후 (술)명 (조)종 (지)지 (술)명

" 봄이면 만물이 비로소 나오고, 여름이면 만물이 자라나고,
가을이면 만물이 익어서 겨울이면 만물이 닫히어 저장하니
네 계절의 공이 아닌 것이 없다. 이상은 천편이다. "

○ 본문해설 ○

- **始**(시) 부사 - 비로소, 처음으로
- **長**(장) 동사 - 자라다
- **養**(양) 동사 - 기르다
- **熟**(숙) 동사 - 익다
- **閉**(폐) 동사 - 닫다
- **藏**(장) 동사 - 저장하다
- **無非**(무비) 이중 부정사로 "~하지 아니함이 없다"라는 뜻으로 많이 쓰이는 이중 부정사이다.

地篇(지편)

地之高處는	便爲山이요,	地之低處는	便爲水니
지 지 고 처	편 위 산	지 지 저 처	편 위 수
(주)관	(사)사동 (술)동 (목)명	(주)관	(사)사동 (술)동 (목)명

水之小者는	謂川이요,	水之大者는	謂江이요
수 지 소 자	위 천	수 지 대 자	위 강
(주)관	(술)동 (목)명	(주)관	(술)동 (목)명

山之卑者는	謂丘이요,	山之峻者는	謂岡이니라.
산 지 비 자	위 구	산 지 준 자	위 강
(주)관	(술)동 (목)명	(주)관	(술)동 (목)명

" 땅의 높은 곳은 산이 되었고, 땅의 낮은 곳은 물이 되었으니
물이 작은 것은 냇물이라 부르고, 물이 큰 것은 강이라 하였고
산이 낮은 것은 언덕이라 하고, 산이 높은 것은 산등성이라 부른다. "

◎ 본문해설 ◎

- 之(지) 후치사로 앞에 오는 말을 수식하여 "~의" 뜻이다.
- 處(처) 명사 – 곳, 장소
- 低(저) 형용사 – 낮은
- 謂(위) 동사 – 말하다, 부르다. ~이라고 하다.
- 卑(비) 형용사 – 낮은
- 丘(구) 명사 – 언덕
- 峻(준) 형용사 – 높은
- 岡(강) 명사 – 산등성이
- 便(편) 은 使와 같은 사역동사로 "~을 ~하게 하다"라는 뜻으로 드물게 쓰인다. 高處便爲山을 직역하면 "높은 곳을 산이 되도록 한다"가 된다.

天下之山은 莫大於五岳이니 五嶽者는

천 하 지 산 / 막 대 어 오 악 / 오 악 자

(주)관 (비)비 (조)전 (술)명 (주)명 (조)후

泰山嵩山衡山恒山華山也요

태 산 숭 산 형 산 항 산 화 산 야

(술)고명 (조)종

天下之水는 莫大於四海니 四海者는

천 하 지 수 / 막 대 어 사 해 / 사 해 자

(주)관 (비)비 (조)전 (술)명 (주)명 (조)후

東海西海南海北海也라.

동 해 서 해 남 해 북 해 야

(술)고명 (조)종

" 하늘 아래 산은 오악보다 더 큰 것은 없으니, 오악은 태산, 숭산, 형산, 항산, 화산이요 천하의 물은 사해보다 더 큰 것은 없으니, 사해는 동해, 서해, 남해, 북해 이다. "

◎ 본문해설 ◎

- 莫(막) ~於 ~은 比較語(비교어)를 만드는 貫行句(관행구)로 "~보다 ~한 것은 없다"란 뜻으로 쓰인다.
- 莫大於五岳(막대어오악) 오악보다 더 큰 것은 없다.
- 岳(악) 명사 – 뫼, 산
- 嶽(악) 명사 –큰 뫼, 큰 산
- 五嶽(오악) 명사 – 중국에 있는 대표적인 다섯 명산

山海之氣는 上與天氣로 相交則興雲霧하며

산 해 지 기 상 여 천 기 상 교 즉 흥 운 무

(주)관 (술)동 (부)부 (주)관 (부)부 (술)동 (조)접 (술)동 (목)명

降雨雪하고 爲霜露하며 生風雷라.

강 우 설 위 상 로 생 풍 뢰

(술)동 (목)명 (술)동 (목)명 (술)동 (목)명

" 산과 바다의 기운은 위로 올라가 하늘의 기운과 더불어
서로 어울려 구름과 안개를 일으키며 비와 눈이 내리고
서리와 이슬이 되며 바람과 우뢰가 생긴다. "

○ 본문해설 ○

- 上(상) 동사 – 올라가다
- 與(여) 부사 – ~과 더불어
- 相(상) 부사 – 서로
- 交(교) 동사 – 어울리다
- 興(흥) 동사 – 일어나다
- 雲(운) 명사 – 구름
- 霧(무) 명사 – 안개
- 降(강) 동사 – 내리다
- 雪(설) 명사 – 눈
- 霜(상) 명사 – 서리
- 露(로) 명사 – 이슬
- 雷(뢰) 명사 – 천둥, 우뢰

暑氣가 蒸鬱則油然而作雲하여 沛然而

서 기 증 울 즉 유 연 이 작 운 패 연 이

(주)관 (술)동 (조)접 (부)접미 (조)접 (술)동 (목)명 (부)접미 (조)접

下雨하고 寒氣가 陰凝則露結而爲霜하고

하 우 한 기 음 응 즉 노 결 이 위 상

(술)동 (목)명 (주)관 (술)동 (조)접 (주)명 (술)동 (조)접 (술)동 (목)명

雨凝而成雪故로 春夏에 多雨露하고 秋冬에

우 응 이 성 설 고 춘 하 다 우 로 추 동

(주)명 (술)동 (조)접 (술)동 (목)명 (조)접 (주)명 (술)형 (목)명 (주)명

多霜雪하니 變化莫測者는 風雷也라.

다상설 변화막측자 풍뢰야
(술)형 (목)명 (주)동명 (술)명 (조)종

" 더운 기운이 증발하여 뭉치면 뭉게 뭉게 피어나 구름이 되어 뚝뚝 비가 쏟아지고, 찬 기운이 음침하게 엉키면 이슬이 맺히어 서리가 되고 비가 엉키면 눈이 된다. 그런 까닭에 봄과 여름에는 비와 이슬이 많고 가을과 겨울에는 서리와 눈이 많으니 변화를 예측할 수 없는 것은 바람과 우뢰다. "

본문해설

- 蒸(증) 명사 – 증기 / 동사 – 증발하다
- 鬱(울) 동사 – 울적하다, 풀숲이 우거지다, 덩어리지다
- 陰(음) 명사 – 그늘, 음침한 기운
- 油然(유연) 접미사 – 구름이 뭉게 뭉게 피어오른 모양
- 沛然(패연) 접미사 – 비가 쏟아지는 모양
- 凝(응) 동사 – 엉키다
- 結(결) 동사 – 맺다
- 故(고) 접속사 – 까닭
- 測(측) 동사 – 예측하다
- 下雨(하우) 동사 – 비가 내리다. 下(하)는 동사로 쓰여서 내리다, 내려오다가 된다.

古之聖王이 畫野分地하여 建邦設都하니

고지성왕 획야분지 건방설도
(주)관 (술)동 (목)명 (술)동 (목)명 (술)동 (목)명 (술)동 (목)명

四海之內에 其國이 有萬而一國之中에

사해지내 기국 유만이일국지중
(주)관 (지)지 (보)명 (술)형 (목)명 (조)접 (주)관

各置州郡焉하고 州郡之中에 各分鄕井焉하고

각치주군언 주군지중 각분향정언
(부)부 (술)동 (목)명 (조)종 (주)관 (부)부 (술)동 (목)명 (조)종

" 옛 날 성왕이 들판에 금을 그어 땅을 나누어 나라를 세우고 도읍을 설치하니,
사해안에 그 나라가 만개나 있으니 한나라 가운데 각기 주와 군을 두고
주와 군안에 각기 향과 정을 나누고 "

◎ 본문해설 ◎

- **畫**(획) 명사 – 금, 줄 / 동사 – 금을 긋다, 줄을 그리다.
- **野**(야) 명사 – 들
- **建**(건) 동사 – 세우다, 짓다
- **邦**(방) 명사 – 나라
- **置**(치) 동사 – 놓다, 두다
- **州**(주) 명사 – 고을이란 뜻이나 한나라를 통치하는데 통치하는 구획을 나눔에 있어 제일 큰 단위를 말함.
- **郡**(군) 명사 – 州를 다시 나눈 단위
- **鄕**(향) 명사 – 마을
- **井**(정) 명사 – 마을
- **焉**(언) 종결사 – ~이고, ~이다. 긍정의 뜻으로 끝내는 말
- **畫野分地**(획야분지) 들판에 금을 그어 땅을 나누다.

爲城郭하여 **以禦寇**하고 **爲宮室**하여 **以處人**하고

爲	城郭	以	禦	寇	爲	宮室	以	處	人
위	성 곽	이	어	구	위	궁 실	이	처	인
(술)동	(목)명	(조)전	(술)동	(목)명	(술)동	(목)명	(조)전	(술)동	(목)명

爲耒耟하여 **教民耕稼**하고 **爲釜甑**하여

爲	耒耟	教	民	耕	稼	爲	釜甑
위	뢰 거	교	민	경	가	위	부 증
(술)동	(목)명	(술)동	(목)명	(술)동	(목)동	(술)동	(목)명

教民火食하고 **作舟車**하여 **以通道路**니라.

教	民	火	食	作	舟車	以	通	道路
교	민	화	식	작	주 거	이	통	도 로
(술)동	(목)명	(술)동	(목)명	(술)동	(목)명	(조)전	(술)동	(목)명

" 성곽을 만들어 도적을 막고 집을 만들어 사람이 살게 하고,
쟁기를 만들어 백성을 가르쳐 밭 갈고 씨 뿌리고, 솥과 시루를 만들어
백성에게 음식을 익혀먹는 것을 가르치고, 배와 수레를 만들어 도로로 다니게 하였다. "

◎ 본문해설 ◎

- 爲(위) 동사로 "~이 되다", "~을 하다"의 뜻으로 홀로는 쓰이지 못하므로 뒤에 오는 말을 필요로 한다.
  〈예〉 爲城郭(위성곽) 성곽을 만들어
- 禦(어) 동사 – 방어하다, 막다
- 寇(구) 명사 – 도적
- 宮(궁) 명사 – 집
- 室(실) 명사 – 집, 방
- 處(처) 동사 – 살다
- 耒(뢰) 명사 – 따비, 쟁기
- 耟(거) 명사 – 따비, 쟁기
- 耕(경) 동사 – 밭갈다
- 稼(가) 동사 – 씨뿌리다, 곡식심다
- 釜(부) 명사 – 솥
- 甑(증) 명사 – 시루
- 通(통) 동사 – 통하다, 왕래하다, 다니다

金木水火土가 在天에 爲五星이요 在地에

금	목	수	화	토	재	천	위	오	성	재	지
		(주)명			(술)형	(목)명	(술)동	(목)명		(술)형	(목)명

爲五行이니 金은 以爲器하고 木은 以爲宮하고

위	오	행	금	이	위	기	목	이	위	궁
(술)동	(목)명		(주)명	(조)전	(술)동	(목)명	(주)명	(조)전	(술)동	(목)명

穀生於土하며 取水火爲飮食則凡人

곡	생	어	토	취	수	화	위	음	식	즉	범	인
(주)명	(술)동	(조)전	(목)명	(술)동	(목)명		(술)동	(목)명		(조)접	(부)부	(주)명

日用之物이 無非五行之物也니라.

일	용	지	물	무	비	오	행	지	물	야
	(보)관			부정	중부		(술)관			(조)종

" 금, 목, 수, 화, 토가 하늘에 있어 오성이 되고, 땅에 있어서는 오행이 되니
쇠를 가지고는 그릇을 만들고 나무를 가지고는 집을 짓고,
곡식은 흙에서 나서 물과 불을 취하여 음식을 만드니
무릇 사람이 날로 쓰는 물건이 오행으로 된 물건이 아닌 것이 없다. "

○ 본문해설 ○

- 五行(오행) 명사 – 宇宙(우주)사이에 있는 다섯 元氣(원기) 즉, 金木水火土를 말한다.
- 以爲(이위) "~으로 ~하다"
- 金以爲器(금이위기) 쇠를 가지고는 그릇을 만들다.
- 穀(곡) 명사 – 곡식
- 於(어) 전치사로 뒤에 오는 말을 수식한다.
- 穀生於土(곡생어토) 곡식은 흙에서 나오고
- 取(취) 동사 – 거두어들이다, 취하다
- 凡(범) 부사 – 무릇, 대체로
- 則(즉) 접속사 – "~면", "~니"
- 無非(무비) ~아닌 것이 없다.

五行이 固有相生之道하니 水生木하고

오행 고유 상생지도 수 생 목

(주)명 (부)부 (술)형 (목)관 (주)명 (술)동 (목)명

木生火하고 火生土하고 土生金하고 金이 復生水하니

목 생 화 화 생 토 토 생 금 금 복 생 수

(주)명 (술)동 (목)명 (주)명 (술)동 (목)명 (주)명 (술)동 (목)명 (주)명 (부)부 (술)동 (목)명

五行相生也는 無窮而人用이 不竭焉이라.

오행상생 야 무 궁 이 인 용 불 갈 언

(주)동명 (조)후 (술)부정 (목)명 (조)접 (주)명 (술)동 부정 (술)동 (조)종

" 오행은 본디 서로 태어나게 하는 도가 있으니
물이 나무를 낳고, 나무가 불을 낳고, 불은 흙을 낳고, 흙은 쇠를 낳고,
쇠가 다시 물을 낳으니, 오행이 서로 낳게 하는 것은 끝이 없고
사람이 씀에는 다함이 없다. "

○ 본문해설 ○

- 固(고) 형용사로 "단단하다"는 뜻을 가진 글자이나 여러가지 뜻으로 쓰이고 있으며, 여기서는 부사로 본디, 원래의 뜻으로 쓰였다. 같은 예를 들어보면 孟子告子章句에 仁義禮智(인의예지) 非由外鑠我也(비

유외삭아야)는 我"固"有之也(아고유지야)니라. – 어진 것과 의리와 예의 및 지혜는 밖으로 부터 들어와 나에게 녹아든 것이 아니라, "본래부터" 내가 갖고 있는 것이다. 라는 구절이 있다.

- 鑠(삭) 동사 – 쇠녹히다
- 復(복) 부사 – 다시
- 窮(궁) 명사 – 끝 / 동사 – 다하다, 마치다
- 竭(갈) 동사 – 마르다, 다하다
- 焉(언) 종결사 – ~이다

五行이 亦有相克之理하니 水克火하고

오행 역 유 상 극 지 리 수 극 화

(주)명 (부)부 (술)형 (목)관 (주)명 (술)동 (목)명

火克金하고 金克木하고 木克土하고 土復克水하니

화 극 금 금 극 목 목 극 토 토 복 극 수

(주)명 (술)동 (목)명 (주)명 (술)동 (목)명 (주)명 (술)동 (목)명 (주)명 (부)부 (술)동 (목)명

乃操其相克之權하여 能用其相生之物者는

내 조 기 상 극 지 권 능 용 기 상 생 지 물 자

(부)부 (술)동 (지)지 (부)부 (목)접미 (술)동 (부)부 (술)동 (지)지 (목)관 (조)후

是人之功也 左地篇이다.

시 인 지 공 야 좌 지 편

(지)지 (주)명 (조)후 (술)명 (조)종 (지)지 (술)명

" 오행에는 또한 서로 이기는 이치가 있으니 물은 불을 이기고, 불은 쇠를 이기며,
쇠는 나무를 이기며, 나무는 흙을 이기나, 흙은 다시 물을 이기니,
이에 그 서로 이기는 것을 잡아 저울질하여 그 상생하는 물건을 능히 사용함은
이는 사람의 공이다. 이상은 지편이다. "

◎ 본문해설 ◎

- 亦(역) 부사 – 역시, 또한
- 克之(극지) 접미사 – 이기다
- 理(이) 명사 – 이치
- 復(복) 부사 – 다시
- 乃(내) 부사 – 이에, 곧
- 操(조) 동사 – 움켜쥐다, 잡다
- 權(권) 동사 – 저울질하다
- 能(능) 부사 – 능히
- 是(시) 指示代名詞로 能用을 指稱한다.

物篇(물편)

天地生物之數가 有萬其衆而若言其

천 지 생 물 지 수 유 만 기 중 이 약 언 기

(주)관 (술)형 (목)수 (지)지 (보)명 (조)접 (가)가 (술)동 (지)지 (목)관

動植之物則草木禽獸蟲魚之屬이

동 식 지 물 즉 초 목 금 수 충 어 지 속

(목)관 (조)접 (주)관

最其較著者也라.

최 기 교 저 자 야

(부)부 (지)지 (비)비 (술)접미 (조)종

" 하늘과 땅이 낳은 생물의 수는 그 무리가 만 가지나 되지만
가령 그 동물과 식물을 말한다면 풀과 나무와 새와 짐승과 벌레와 물고기 같은
종속이 비교적 가장 뚜렷한 것들이다. "

○ 본문해설 ○

- 天(하늘) 地(땅) 生(낳은) 物(만물) 之(의) 數(수) "하늘과 땅이 낳은 만물의 수"는 주어로 관형사이다.
- 有萬(유만) 술목구조로 만개가 되다.
- 其衆(기중) 그 무리, 其는 지시대명사로 生物을 지칭한다.
- 若言(약언) 假定(가정) 삼아 말하다. 가령 말하다.
- 禽(금) 명사 – 나는 새
- 屬(속) 명사 – 부류, 종속
- 最(최) 부사 – 가장
- 較(교) 동사 – 비교하다
- 著者(저자) 접미사 – "뚜렷한 것"
- 其(기) 지시대명사로 草木禽獸蟲魚를 指稱한다.
- 最其較著者也(최기교저자야) 비교적 그것이 (풀, 나무, 새, 짐승, 벌레, 물고기) 가장 뚜렷한 것들이다.

飛者는 爲禽이요 走者는 爲獸요 鱗介者는
비 자 위 금 주 자 위 수 인 개 자
(주)동명 (술)동 (목)명 (주)동명 (술)동 (목)명 (주)동명

爲蟲魚요 根植者는 爲草木이라.
위 충 어 근 식 자 위 초 목
(술)동 (목)명 (주)동명 (술)동 (목)명

" 나는 것은 새가되고, 뛰는 것은 짐승이 되고, 비늘로 덮여있는 것은 벌레와 물고기가 되고, 뿌리가 심어진 것은 풀과 나무가 된다. "

◎ 본문해설 ◎

- 飛(비) 동사 – 날다
- 鱗(인) 명사 – 비늘
- 介(개) 동사 – 끼다, 매이다
- 根(근) 명사 – 뿌리
- 植(식) 동사 – 심다

飛禽은 卵翼이요 走獸는 胎乳하니 飛禽은 巢居하고
비 금 란 익 주 수 태 유 비 금 소 거
(주)관 (술)동 (주)관 (술)동 (주)관 (주)명 (술)동

走獸는 穴處하고 蟲魚之物化生者는
주 수 혈 처 충 어 지 물 화 생 자
(주)관 (주)명 (술)동 (주)동명

最多而亦多生於水濕之地라.
최 다 이 역 다 생 어 수 습 지 지
(부)부 (술)형 (조)접 (부)부 (술)동 (조)전 (목)관

" 나는 새는 알을 낳아 날개로 덮고, 뛰는 짐승은 새끼를 낳아 젖을 먹인다. 새는 보금자리에 살고, 뛰는 짐승은 굴에서 살며, 벌레나 물고기로 변화하여 생긴 것들이 가장 많아서 또한 많이 물이나 축축한 땅에서 산다. "

○ 본문해설 ○

- 卵(란) 명사 – 알
- 翼(익) 명사 – 날개, 동사로 쓰이면 "날개로 ~하다"
- 卵翼(란익)을 모두 동사로 해석하여 "알을 낳고 날개로 덮다."

  ※ 漢字는 한 글자가 여러가지 뜻과 품사로 쓰이는 特性이 있음에 注意하여야 한다.
- 胎(태) 명사 – 아이 주머니 / 동사 – 아이를 잉태하여 낳다.
- 乳(유) 동사 – 젖을 먹이다.
- 居(거) 동사 – 살다
- 處(처) 동사 – 거처하다, 살다
- 濕(습) 형용사 – 습기가 많은, 축축한
- 巢(소) 명사 – 집, 보금자리
- 穴(혈) 명사 – 구멍, 굴

春生而秋死者는 草也요 秋則葉脫而

춘 생 이 추 사 자 초 야 추 즉 엽 탈 이

(주)동명 (술)명 (조)종 (주)동명

春復榮華者는 木也라 其葉이 蒼翠요

춘 부 영 화 자 목 야 기 엽 창 취

(주)동명 (술)명 (조)종 (지)지 (주)명 (술)형

其花가 五色이니 其根이 深者는 枝葉이

기 화 오 색 기 근 심 자 지 엽

(지)지 (주)명 (술)관 (지)지 (주)명 (술)형 (조)후 (주)명

必茂하고 其有花者는 必有實이니라.

필 무 기 유 화 자 필 유 실

(부)부 (술)동 (지)지 (술)형 (목)명 (조)후 (부)부 (술)형 (목)명

" 봄에 태어나서 가을에 죽는 것은 풀이요.
가을이면 잎이 떨어져서 봄이면 다시 꽃이 무성해지는 것은 나무다.
그 잎이 푸르고 그 꽃이 오색이니 그 뿌리가 깊은 것은
가지와 잎이 반드시 무성하고 그 꽃이 있는 것은 반드시 열매를 맺는다. "

◎ 본문해설 ◎

- **脫**(탈) 동사 – 떨어지다
- **復**(부) 부사 – 다시
- **蒼**(창) 형용사 – 푸르다
- **深**(심) 형용사 – 깊다
- **必**(필) 부사 – 꼭, 반드시
- **葉**(엽) 명사 – 잎, 잎사귀
- **榮華**(영화) 형용사 – 꽃이 무성하다
- **翠**(취) 형용사 – 푸르다
- **枝**(지) 명사 – 가지
- **茂**(무) 형용사 – 무성하다
- **有**(유) 형용사로 "~이 있다"라는 뜻으로 술어로 많이 쓰이며 **爲**와 같이 홀로 쓰이기에는 불완전하며 **有實**에 **實**(열매)처럼 따르는 말이 있어야 한다.

虎豹犀象之屬은 在於山하고 牛馬鷄

호 표 서 상 지 속 (주)관 / 재 (술)형 어 (조)전 산 (목)명 / 우 마 계 (주)관

犬之物은 畜於家하니 牛以耕墾이요

견 지 물 (주)관 / 축 (술)동 어 (조)전 가 (목)명 / 우 (주)명 이 (조)후 경 간 (술)동

" 호랑이, 표범, 물소, 코끼리 등의 종족은 산에 있고
소, 말, 닭, 개는 집에서 기르니 소는 밭을 갈고. "

◎ 본문해설 ◎

- **虎**(호) 명사 – 호랑이
- **豹**(표) 명사 – 표범
- **犀**(서) 명사 – 물소
- **象**(상) 명사 – 코끼리
- **屬**(속) 명사 – 종속, 무리
- **畜**(축) 동사 – 기르다
- **墾**(간) 동사 – 개간하다, 밭 갈다

馬以乘載요 犬以守夜요 鷄以司晨이요

마 (주)명 이 (조)후 승 재 (술)동 / 견 (주)명 이 (조)후 수 (술)동 야 (목)명 / 계 (주)명 이 (조)후 사 (술)동 신 (목)명

犀取其角이요 象取其牙요 虎豹는 取其皮라.

서 취 기 각 / 상 취 기 아 / 호 표 / 취 기 피

(주)명 (술)동 (지)지 (목)명 / (주)명 (술)동 (지)지 (목)명 / (주)명 / (술)동 (지)지 (목)명

" 말은 싣고 타는 것이요, 개는 밤을 지키고, 닭은 새벽을 맡으며, 물소에게는 그 뿔을 취하고, 코끼리에게는 그 이빨을 취하며, 호랑이와 표범에게서는 그 가죽을 취한다. "

◎ 본문해설 ◎

- **以**(이) "~~은"의 뜻으로 후치사로 쓰여 주격을 나타낸다.
- **乘**(승) 동사 – 타다
- **馬**(마) 명사 – 말
- **司**(사) 동사 – 맏다
- **取**(취) 동사 – 취하다, 거두어 들이다
- **皮**(피) 명사 – 껍데기, 가죽
- **載**(재) 동사 – 싣다
- **守**(수) 동사 – 지키다
- **晨**(신) 명사 – 새벽
- **牙**(아) 명사 – 이빨

山林에 多不蓄之禽獸하고 川澤네 多無益之

산 림 / 다 / 불 축 지 금 수 / 천 택 / 다 / 무 익 지

(주)명 (술)형 (목)관 (주)명 (술)형 (목)관

蟲魚故로 人以力殺하고 人以智取하여 或用其

충 어 / 고 / 인 / 이 / 력 살 / 인 / 이 / 지 취 / 혹 / 용 / 기

(목)관 (조)접 (주)명 (조)후 (술)동 (주)명 (조)후 (술)동 (부)부 (술)동 (지)지

毛羽骨角하고 或供於祭祀賓客飮食之間이라.

모 우 골 각 / 혹 / 공 / 어 / 제 사 / 빈 객 음 식 지 간

(목)명 (부)부 (술)동 (조)전 (목)명 (목)관

" 산과 수풀에 기르지 아니한 새와 짐승이 많고 냇물과 연못에 쓸모없는 벌레와 고기가 많으므로 사람이 힘써서 죽이고 사람이 지혜롭게 취하여 혹은 그것들의 털, 깃, 뼈, 뿔을 쓰고 혹은 제사와 손님을 대접하는 간식으로 제공하기도 하였다. "

○ 본문해설 ○

- **澤**(택) 명사 – 연못
- **益**(익) 동사 – 보태다, 더하다 / 명사 – 이익
- **人以力殺**(인이력살) 에서 **以**는 **後置詞**로 쓰여 **主語**밑에서 ~은, ~이 의 뜻이 되며 이와 같이 **主格化**시키는 후치사로 많이 쓰인다. **以**는 이 외에도 전치사, 접속사로 쓰여 그 쓰이는 바에 따라 뜻이 달라지니 주의를 요한다. 〈문법참조〉
- **力**(력) 동사로 쓰여 "힘쓰다" 이므로 "사람이 힘써 죽이다"로 해석한다.
- **或**(혹) 부사 – 혹시, 혹은
- **祭**(제) 명사 – 제사
- **供**(공) 동사 – 바치사, 제공하다
- **祀**(사) 명사 – 제사
- **賓**(빈) 명사 – 손님
- **客**(객) 명사 – 손님
- **飮食之間**(음식지간) 관형사 – 간식

走獸之中에 **有麒麟焉**하고 **飛禽之中**에

주 수 지 중 유 기 린 언 비 금 지 중

(주)관 (조)후 (보)형 (술)형 (목)명 (조)종 (주)관 (조)후 (보)형

有鳳凰焉하고 **蟲魚之中**에 **有靈龜焉**하고

유 봉 황 언 충 어 지 중 유 영 구 언

(술)형 (목)명 (조)종 (주)관 (조)후 (보)형 (술)형 (목)관 (조)종

有飛龍焉하니 **此四物者**는 **乃物之靈異者也**라

유 비 룡 언 차 사 물 자 내 물 지 영 이 자 야

(술)형 (목)관 (조)종 (지)지 (주)관 (조)접 (술)관 (조)종

故或出於聖王之世라.

고 혹 출 어 성 왕 지 세

(조)접 (부)부 (술)동 (조)전 (목)관

“ 달리는 짐승 가운데에는 기린이 있고, 나는 새 중에는 봉황이 있으며,
벌레와 고기 중에 신령스런 거북이 있고, 날으는 용이 있으니, 이 네 가지 동물은
곧 만물의 신령스럽고 경이로운 것이라. 그런 까닭에 혹시 성왕의 세상에나 나타난다. ”

○ 본문해설 ○

- 焉(언) “~이다”란 뜻의 종결사이다.
- 靈(영) 명사 – 신령
- 龜(구) 명사 – 거북
- 此(차) 指示代名詞로 麒麟, 鳳凰, 龍, 龜를 指稱한다.
- 乃(내) 접속사 – 이에, 곧
- 異(이) 명사 – 다른 것, 특이한 것, 경이스런 것
- 於(어) 전치사로 뒤에 오는 말을 수식하여 “~의” “~에서”의 뜻임

稻粱黍稷은 **祭祀之所以供粢盛者也**요

도 량 서 직 / 제 사 지 소 이 공 자 성 자 야

(보)명 / (주)명 (조)후 (술)접두 (술)동 (목)명 (보)형 (조)후 (조)종

豆菽麰麥之穀은 **亦無非養人命之物故**로

두 숙 모 맥 지 곡 / 역 무 비 양 인 명 지 물 고

(주)관 / (부)부 부정 중부 (술)동 (목)관 (조)접

百草之中에 **穀植**이 **最重**라.

백 초 지 중 / 곡 식 / 최 중

(보)관 / (주)명 / (부)부 (술)형

“ 벼와 조와 기장과 피는 제사에 필요한 것으로
제사밥을 올리는데 성대한 것이다.
콩과 보리 등의 곡식은 또한 사람의 목숨을 기르는데 없어서는 안될 물건이므로
백 가지 풀 중에 곡식이 가장 귀한 것이다. ”

◎ 본문해설 ◎

- 稻(도) 명사 – 벼
- 粱(량) 명사 – 조
- 黍(서) 명사 – 기장
- 稷(직) 명사 – 피
- 所以(소이) 문맥상 접두사로 보아 "필요한 것" 이란 뜻
- 供(공) 동사 – 올리다, 바치다
- 粢(자) 명사 – 제사밥
- 盛(성) 명사 – 왕성한 것, 성대한 것, 중요한 것
- 豆(두) 명사 – 콩
- 菽(숙) 명사 – 콩
- 麰(모) 명사 – 보리
- 穀(곡) 명사 – 곡식
- 無非(무비) 이중부정, ~아님이 없다. 즉, 없어서는 아니된다.
- 最(최) 부사 – 가장
- 養(양) 동사 – 기르다
- 命(명) 명사 – 목숨
- 重(중) 형용사 – 무겁다, 중요하다, 귀하다

犯霜雪而不凋하고 **閱四時而長春者**는

범 상 설 이 불 조 열 사 시 이 장 춘 자

(술)동 (목)명 (조)접 (술)부정 (목)동 (술)동 (목)명사 (조)접 (주)동명

松栢也니 **衆木之中**에 **松栢**이 **最貴**라.

송 백 야 중 목 지 중 송 백 최 귀

(술)명 (조)종 (보)관 (주)명 (부)부 (술)형

" 서리와 눈이 침범해도 마르지 아니하고,
사시를 지내면서 항상 봄인 것은 소나무와 잣나무이니
여러 나무 가운데 제일 귀한 것은 소나무와 잣나무이다. "

◎ 본문해설 ◎

- 犯(범) 동사 – 범하다, 침범하다
- 霜(상) 명사 – 서리
- 凋(조) 동사 – 마르다
- 閱(열) 동사 – 겪다, 검열하다, 지나다
- 長春者(장춘자) 동명사 – 항상 봄인 것
- 貴(귀) 형용사 – 귀하다

梨栗柿棗之果는 味非不佳也나 其香이

이 율 시 조 지 과 (보)관 / 미 (주)명 비 부정 불 중부 가 (술)형 야 (조)종 / 기 (지)지 향 (주)명

芬芳故로 果以橘柚로 爲珍하고

분 방 (술)형 고 (조)접 / 과 (주)명 이 (조)후 귤 유 (보)명 / 위 (술)동 진 (목)명

" 배와 밤, 감과 대추 같은 과일은 그 맛이 아름답지 아니한 것이 없을 뿐 아니라
그 향기가 꽃다운 까닭에 과일은 귤과 유자를 보배로 삼는다. "

○ 본문해설 ○

- 梨(이) 명사 – 배
- 栗(율) 명사 – 밤
- 柿(시) 명사 – 감
- 棗(조) 명사 – 대추
- 之(지) 후치사 – ~의
- 果(과) 명사 – 과일
- 橘(귤) 명사 – 귤
- 柚(유) 명사 – 유자
- 爲(위) 동사 – ~으로 삼다
- 珍(진) 명사 – 보배
- 以(이) 후치사로 쓰여 "~이 ~은"의 뜻으로 앞에 오는 말을 **主語** 즉, **主格**으로 만든다.

〈예〉果以(과이) : 과일은

果以(과이)	橘柚(귤과 유자)	爲珍(보배로 삼다)
(주어)	(보어)	(술어)(목적어)
과일은	귤과 유자를	보배로 삼는다.

蘿葍蔓菁諸瓜之菜는 種非不多也나

나 복 만 청 제 과 지 채 (주)관 / 종 (보)명 비 부정 불 중부 다 (술)형 야 (조)종

其味辛烈故菜以芥薑으로 爲重이라.

기 (지)지 미 (주)명 신 열 (술)형 고 (조)접 채 (주)명 이 (조)후 개 강 (보)명 / 위 (술)동 중 (목)명

" 새삼 넌출과 치자꽃, 순무, 모든 오이 종류의 채소는 종류가 많지 않은 것이 아니나 그 맛이 매우 매운 까닭에 채소는 겨자와 생강을 귀중한 것으로 한다. "

○ 본문해설 ○

- 蘿(라) 명사 – 새삼넌출, 댕댕이 넌출
- 葍(복) 명사 – 치자꽃
- 蔓(만) 명사 – 넌출, 순무
- 菁(청) 명사 – 순무
- 諸(제) 부사로 之於의 合字이며 여러가지, 모든의 뜻임
- 瓜(과) 명사 – 참외, 오이
- 種(종) 명사 – 종자, 종류
- 非不(비불) 이중부정사로 無非와도 같은 뜻으로 "~아님이 없다" "~하지 않음이 없다"의 뜻임
- 其(기) 指示代名詞로 芥와 薑를 指稱한다.
- 味(미) 명사 – 맛
- 辛(신) 형용사 – 맵다
- 烈(열) 형용사 – 뜨겁다, 맵다
- 菜(채) 명사 – 채소
- 以(이) 후치사 – ~은
- 芥(개) 명사 – 겨자
- 薑(강) 명사 – 생강
- 重(중) 형용사 – 무겁다, 귀중하다

水陸草木之花는 可愛者가 甚繁而
수륙초목지화 (주)관 / 가애자 (보)동명 / 심 (부)부 / 번 (술)형 / 이 (조)접

陶淵明은 愛菊하고 周濂溪는 愛蓮하고
도연명 (주)고명 / 애 (술)동 / 국 (목)명 / 주염계 (주)고명 / 애 (술)동 / 련 (목)명

富貴繁華之人이 多愛牧丹하니 淵明은
부귀번화지인 (주)관 / 다 (부)부 / 애 (술)동 / 목단 (목)명 / 연명 (주)고명

隱者故로 人以菊花로 比之於隱者하고
은자 (술)동명 / 고 (조)접 / 인 (주)명 / 이 (조)후 / 국화 (보)명 / 비지 (술)접미 / 어 (조)전 / 은자 (목)동명

" 물과 육지의 풀과 나무의 꽃은 사랑스러운 것이 매우 많아 도연명은 국화를 사랑했고,
주염계는 연꽃을 사랑했으며, 부귀하고 번화한 사람은 모란을 많이 사랑하니,
도연명은 은자였기 때문에 사람을 국화로 은자에 비교하고 "

◎ 본문해설 ◎

- **可愛者**(가애자) 동명사 – 사랑스러운 것
- **甚**(심) 부사 – 심히
- **繁**(번) 형용사 – 번성하다, 번잡하다, 많다 / 명사 – 말배대 끈
- **而**(이) 접속사 – ~이
- **菊**(국) 명사 – 국화
- **蓮**(련) 명사 – 연꽃
- **陶淵明**(도연명) (365~427) **東晋**(동진) **江西省 九江**사람으로 사시(**私謚**)를 정절(**靖節**)이라하여 **靖節先生**이라고도 부름. 집 주변에 다섯 그루의 버드나무를 심고 즐겼다하여 **五柳先生**이라는 **別名**도 있음. 그 가 쓴 **歸去來辭**(귀거래사) **五柳先生傳**(오류선생전)은 유명하다.
- **周濂溪**(주염계) (1017~1073) **北宋**사람으로 대대로 염계(**濂溪**)가에서 살았으므로 호를 염계라 하고 이름은 돈이(**敦頤**)이며, 자는 무숙(**茂叔**)이다. 태극도설(**太極圖說**)과 통서(**通書**)를 저술하였다.
- **富貴繁華之人**(부귀번화지인) 관형사 – 부하고 귀하며 영화를 누린 사람.
- **牧丹**(목단) 명사 – 모란
- **隱**(은) 동사 – 감추다, 숨다
- **隱者**(은자) 동명사 – 이름을 밖으로 들어내지 않고 조용히 숨어사는 사람.
- **人以**(인이) **以**는 앞의 말을 **主語化**하는 후치사로 "~을"이란 뜻
- **於**(어) 전치사로 뒤에 오는 말을 수식하여, "~에" "~에서"라는 뜻
- **人以菊花比之**(인이국화비지) 사람을 국화로 비교하다.

濂溪는 **君子故**로 **人以蓮花**로 **比之於君子**하고

염 계 / 군 자 고 / 인 이 연 화 / 비 지 어 군 자

(주)고명 (술)형 (조)접 (주)명 (조)후 (보)명 (술)접미 (조)전 (목)명

牧丹은 **花之繁華者故**로 **人以牧丹**으로

목 단 / 화 지 번 화 자 고 / 인 이 목 단

(주)명 (술)관 (조)접 (주)명 (조)후 (보)명

比之於繁華富貴人이라.

비 지 어 번 화 부 귀 인

(술)접미 (조)전 (목)관

" 염계는 군자이기 때문에 사람을 연꽃으로 군자에 비교하고,
모란은 꽃이 번화하기 때문에 사람을 모란으로 번화 부귀한 사람에 비교한다. "

物之不齊는 乃物之情故로 以尋丈尺寸으로

물 지 부 제 내 물 지 정 고 이 심 장 척 촌

(주)관 (조)접 (술)관 (조)접 (조)전 (주)명

度物之長短하고 以斤兩錙銖로 稱物

탁 물 지 장 단 이 근 양 치 수 칭 물

(술)동 (목)관 (조)전 (주)명 (술)동 (목)관

之輕重하고 以斗斛升石으로 量物之多寡라.

지 경 중 이 두 곡 승 석 양 물 지 다 과

(목)관 (조)전 (주)명 (술)동 (목)관

" 물건이 고르지 아니함은 곧 물건의 사정인 까닭에 장(한 길), 척(한 자), 촌(한 치)로서 물건의 길고 짧음을 재고 근(한 근), 량(한 량), 치수로 물건의 가볍고 무거운 것을 달고 도, 곡, 승, 석으로 물건의 많고 적은 것을 헤아린다. "

○ 본문해설 ○

- 齊(제) 형용사 – 가지런하다 / 부사– 일제히
- 乃(내) 접속사 – 곧
- 情(정) 명사 – 뜻, 사정, 사실
- 尋(심) 명사 – 한 길, 키높이
- 尋丈(심장) 명사 – 한 길, 一丈
- 丈(장) 명사 – 한 길, 一丈은 六尺이다.
- 尺(척) 명사 – 길이 단위로 一尺은 33cm이다.
- 寸(촌) 명사 – 길이 단위로 一寸은 3.3cm이다.
- 度(탁) 동사 – 헤아리다, 재다, 동사로 쓰일 때는 독음이 "탁"이다.

• 以(이) 전치사 – 전치사로 쓰일 때에는 뒤에 오는 말을 수식하여 "~으로" "의" 등의 뜻으로 쓰인다.

• 以斤兩錙銖(이근량치수) 근, 량, 치, 수로

• 斤(근) 명사 – 무게 단위로 1斤은 600g이다.

• 兩(냥) 명사 – 무게 단위로 1兩은 37.5g이다.

• 錙(치) 명사 – 저울 눈금

• 銖(수) 명사 – 저울 눈금

• 稱(칭) 동사 – 저울질하다, 저울로 달다

• 輕(경) 형용사 – 가볍다

• 重(중) 형용사 – 무겁다

• 斗(두) 명사 – 량을 되는 단위로 一斗는 十升이다. 한 말, 두 말로 부르기도 한다.

• 升(승) 명사 – 량을 되는 단위로 一升은 2ℓ 이다. 한 되, 두 되로 부르기도 한다.

• 石(석) 명사 – 량의 단위로 一石은 十斗이다. 한 섬, 두 섬으로 부르기도 한다.

• 斛(곡) 량의 단위로 一斛은 十斗이다.

• 寡(과) 형용사 – 적다

算計萬物之數는 莫便於九九하니

산 계 만 물 지 수 막 편 어 구 구

(주)관 (비)비 (술)동 (조)전 (목)명

所謂九九者는 九九八十一之數也라

소 위 구 구 자 구 구 팔 십 일 지 수 야

(주)동명 (술)관

左物篇이다.

좌 물 편

(지)지 (술)명

" 만물의 수를 계산하는 데는 구구보다 더 편한 것이 없으니
구구라는 것은 구구는 팔십 일이라는 수를 말한다.
이상은 물편이다. "

○ 본문해설 ○

• 算(산) 동사 – 셈하다

• 計(계) 동사 – 세다

• 莫(막)~於(어)~ ~한 것 보다 ~한 것은 없다. 比較語를 만드는 貫行語句이다.

倫理篇(윤리편)

萬物之中에 惟人이 最靈하니 有父子之親하며

만물지중 유인 최령 유부자지친

(보)명 (주)후 (보)형 (부)부 (주)명 (부)부 (술)형 (술)형 (목)관

有君臣之義하며 有夫婦之別하며 有長幼之序

유군신지의 유부부지별 유장유지서

(술)형 (목)관 (술)형 (목)관 (술)형 (목)관

하며 有朋友之信이라.

유붕우지신

(술)형 (목)관

" 만물 가운데 오직 사람이 가장 영험하니, 아버지와 아들은 친함이 있고,
임금과 신하는 의리가 있고, 남편과 아내는 차별이 있고,
어른과 아이는 차례가 있으며, 벗과 벗은 믿음이 있느니라. "

◎ 본문해설 ◎

- 惟(유) 부사 – 오직
- 靈(령) 형용사 – 신령스럽다, 영험하다.

生我者는 爲父母요 我之所生이 爲子女요

생아자 위부모 아지소생 위자녀

(주)동명 (술)동 (목)명 (주)동명 (술)동 (목)명

父之父는 爲祖요 子之子는 爲孫이요

부지부 위조 자지자 위손

(주)관 (술)동 (목)명 (주)관 (술)동 (목)명

與我同父母者는 爲兄弟요 父母之兄弟는

여 와 동 부 모 자 위 형 제 부 모 지 형 제

(주)동명 (술)동 (목)명 (주)관

爲叔이요 兄弟之子女는 爲姪이요 子之妻는

위 숙 형 제 지 자 녀 위 질 자 지 처

(술)동 (목)명 (주)관 (술)동 (목)명 (주)관

爲婦요 女之夫는 爲婿라.

위 부 여 지 부 위 서

(술)동 (목)명 (주)관 (술)동 (목)명

" 나를 낳은 사람은 부모가 되고, 내가 낳은 것은 자녀가 되며,
아버지의 아버지는 할아버지가 되며, 아들이 낳은 아들은 손자이다.
나와 더불어 부모를 함께 한 사람은 형제가 되고, 부모의 형제는 아저씨가 되며,
형제의 자녀는 조카가 된다. 아들의 아내는 며느리가 되며, 딸의 남편은 사위가 된다. "

○ 본문해설 ○

- 爲(위) 동사 – "~이 되다" 爲는 불완전 동사로 반드시 수식하는 말이 있어야 한다. 수식하는 말은 주로 뒤에 온다.
- 之(지) 후치사 – ~의
- 所(소) 는 아랫말 앞에 붙여 쓰이는 접두사로 所生은 "낳은 것"이 된다.
- 與(여) 부사 – ~와 더불어
- 叔(숙) 명사 – 아저씨
- 姪(질) 명사 – 조카
- 婦(부) 명사 – 며느리
- 婿(서) 명사 – 사위

有夫婦然後에 有子女하니 夫婦者는

유 부 부 연 후 유 자 녀 부 부 자

(술)형 (목)명 (부)부 (술)형 (목)명 (주)명 (조)후

人道之始也라 故로 古之聖人이

인도 지 시 야 고 고지성인

(보)명 (조)후 (술)동 (조)종 (조)접 (주)관

制爲婚姻之禮하여 以重其事하니라.

제 위혼인지례 이 중 기 사

(술)동 (목)관 (조)전 (술)형 (지)지 (목)명

" 부부가 있는 다음에 자녀가 있으니 부부는 사람다운 도리의 시작이다.
그런 까닭에 옛날에 성인이 혼인의 예법을 만들어 혼인하는 일을 중하게 했다. "

◎ 본문해설 ◎

- **然後**(연후) 부사 – 그러한 다음에
- **人道**(인도) 명사 – 사람이 행하여야 할 도리
- **制**(제) 동사 – 만들다
- **以**(이) 전치사 – ~으로서, ~을
- **其**(기) 지시대명사로 **婚姻**을 지칭한다.

人非父母면 無從而生이라 且人生三歲

인 비 부모 무 종 이 생 차 인 생 삼세

(주)명 부정 (목)명 부정 (술)동 (조)접 (술)동 (조)접 (주)명 (술)동 (보)명

然後에 始免於父母之懷故로 欲盡其孝則

연후 시 면 어 부모지회 고 욕 진 기 효 즉

(부)부 (부)부 (술)동 (조)전 (목)관 (조)접 (자)자 (술)동 (지)지 (목)명 (조)접

服勤至死하고 父母沒則致喪三年하여

복 근 지 사 부모 몰 즉 치 상 삼년

(술)동 (목)동 (술)동 (목)명 (주)명 (술)동 (조)접 (술)동 (목)명 (보)명

以報其生成之恩이라

이 보 기 생성지은

(조)전 (술)동 (지)지 (목)관

" 사람은 부모가 아니면 따라 태어날 수가 없고
또한, 사람은 태어나서 세 살이 된 연후에야 비로소 부모의 품을 떠나므로
그 효도를 다하고자 하면 죽을 때까지 힘써서 복종하고 부모가 돌아가시면
삼 년동안 극진히 상을 치루어 그 낳고 기른 은혜에 보답하여야 할 것이다. "

○ 본문해설 ○

- **非**(비) 부정사 – ~이 아니면
- **從**(종) 동사 – 따르다, 좇다
- **而**(이) 동사와 동사를 이어주는 접속사
- **且**(차) 접속사 – 또
- **始**(시) 부사 – 처음으로, 비로소
- **免**(면) 동사 – 면하다
- **於**(어) 전치사 – ~에서, ~의 뜻으로 뒤에 오는 말을 수식한다.
- **於父母**(어부모) 부모의
- **懷**(회) 동사 – 품다 / 명사 – 품
- **欲**(욕) 자동사 – "하려고 하다"란 뜻으로 쓰이는 자동사로 반드시 뒤에 하려고 하는 말이 따라야 한다.
- **盡**(진) 동사 – 다하다
- **服**(복) 동사 – 복종하다
- **勤**(근) 동사 – 힘쓰다, 부지런하다
- **至**(지) 동사 – 이르다
- **沒**(몰) 동사 – 죽다, 돌아가시다
- **則**(즉) 접속사 – ~이면
- **致**(치) 동사 – 이르다, 극진히 치르다
- **喪**(상) 명사 – 상, 상사
- **成**(성) 동사 – 자라다

耕於野者는 **食君之土**하고 **立於朝者**는
경 어 야 자 식 군 지 토 입 어 조 자
(주)동명 (술)동 (목)관 (주)동명

食君之祿이니 **人**이 **固非父母則不生**이요
식 군 지 녹 인 고 비 부 모 즉 불 생
(술)동 (목)관 (주)명 (부)부 (술)부정 (목)명 (조)접 (술)부정 (목)동

亦非君則不食故로 **臣之事君**이 **如子事父**하여
역 비 군 즉 불 식 고 신 지 사 군 여 자 사 부
(조)접 (술)부정 (목)명 (조)접 (술)부정 (목)동 (조)접 (주)명 (조)후 (술)동 (목)명 (긍)긍 (주)명 (술)동 (목)명

唯義所在則舍命效忠이라.

유 의 소 재 즉 사 명 효 충

(부)부 (주)명 (술)접두 (조)접 (술)동 (목)명 (술)동 (목)명

" 들에서 밭을 가는 사람은 임금의 땅에서 나는 곡식을 먹고,
조정에 서서 벼슬하는 사람은 임금이 주는 녹을 먹고 사니,
사람이 진실로 부모가 아니면 태어나지 못하고 또한 임금이 아니면 먹고 살지 못하니
이런 까닭에 신하가 임금을 섬기는 것이 자식이 어버이를 섬기는 것과 같아서
오직 의리가 있는 곳이면 목숨을 버려서 충성을 나타낸다. "

◎ 본문해설 ◎

- **者**(자) 명사로 쓰여 "사람"이란 뜻
- **食**(식) 동사 – 먹다
- **君**(군) 명사 – 임금
- **立於朝者**(입어조자) 조정에 서 있는 사람, 즉 벼슬하는 사람
- **固**(고) 부사 – 진실로, 참으로 란 뜻 외에 구차하게, 굳어지다, 단단한 것, ~한 것은, 본래 등 여러가지 뜻으로 쓰이고 있다.
- **事**(사) 동사 – 섬기다
- **忠臣不事二君**(충신불사이군) 충신은 두 임금을 섬기지 아니한다.
- **唯**(유) 부사 – 오직
- **義**(의) 명사 – 의리
- **所在**(소재) 접두사 – 있는 곳
- **舍**(사) 동사 – 버리다
- **命**(명) 명사 – 목숨
- **效**(효) 동사 – 본받다, 나타내다

人於等輩에 **尚不可相踰**어든 **況年高於我**하고

인 어 등 배 상 불 가 상 유 황 년 고 어 아

(주)명 (조)전 (보)명 (부)부 부정 부정 (부)부 (술)동 (부)부 (주)명 (술)형 (조)전 (목)인대

官貴於我하고 **道尊於我者乎**아 **故**로

관 귀 어 아 도 존 어 아 자 호 고

(주)명 (술)형 (조)전 (목)인대 (주)명 (술)형 (조)전 (목)인대 (보)명 (조)의종 (조)접

在鄕黨則敬其齒하고 在朝則敬其爵하고

재	향당	즉	경	기	지	재	조	즉	경	기	작
(술)형	(목)명	(조)접	(술)동	(지)지	(목)명	(술)형	(목)명	(조)접	(술)동	(지)지	(목)명

尊其道而敬其德이 是禮也라.

존	기	도	이	경	기	덕	시	례	야
(술)동	(지)지	(목)명	(조)접	(술)동	(지)지	(목)명	(지)지	(술)명	(조)종

" 사람은 같은 또래에게도 오히려 서로 넘보지 못하거늘 하물며 나이가 나보다 많고 벼슬이 나보다 귀하고 도가 나보다 높은 사람에 대해서야 그런 까닭에 마을에 있을 적에는 그 나이를 공경하고 조정에 있을 적에는 그 작위를 공경하고 그 도를 높이고 그 덕을 공경하는 것, 이것이 예이다. "

본문해설

- 等(등) 형용사 – 평등한
- 等輩(등배) 명사 – 같은 또래
- 不可(불가) 부정사 – ~아니다
- 踰(유) 동사 – 넘어가다, 넘보다
- 況(황) 부사 – 하물며
- 尊(존) 동사 – 높이다 / 형용사 – 높다
- 乎(호) 의문을 나타내는 종결사
- 我者乎(아자호) 나보다 ~한테 있어서야?
- 鄕黨(향당) 명사 – 내가 태어나서 사는 마을, 옛날에 500집을 鄕이라했고, 1만 2천 500집을 黨이라 했다.
- 則(즉) 접속사 – ~이면
- 敬(경) 동사 – 공경하다
- 齒(치) 명사 – 이, 이빨이나 "나이"를 말한다.
- 朝(조) 명사 – 조정(朝廷)
- 爵(작) 명사 – 벼슬, 벼슬자리
- 是(시) 지시대명사로 尊其道而敬其德 을 指稱한다.
- 輩(배) 명사 – 패, 무리
- 尙(상) 부사 – 오히려
- 相(상) 부사 – 서로

曾子曰 君子는 以文會友 以友輔仁이라

증 자 왈 군 자 이 문 회 우 이 우 보 인

(주)고명 (술)동 (주)명 (조)전 (보)명 (술)동 (목)명 (조)전 (보)명 (술)동 (목)명

盖人不能無過而朋友가 有責善之道故로

개 인 불 능 무 과 이 붕 우 유 책 선 지 도 고

(추)추 (주)명 (술)부정 중부 (목)명 (조)접 (주)명 (술)형 (목)명 (술)접미 (목)명 (조)접

人之所以 成就其德性者는 固莫大於

인 지 소 이 성 취 기 덕 성 자 고 막 대 어

(주)명 (조)후 (부)부 (술)동 (지)지 (목)명 (조)후 (부)부 (비)비 (술)형 (조)전

師友之功이라 雖然이나 友有益友하고

사 우 지 공 수 연 우 유 익 우

(목)관 (부)부 (주)명 (술)형 (목)관

亦有損友하니 取友를 不可不端也라.

역 유 손 우 취 우 불 가 불 단 야

(부)부 (술)형 (목)관 (술)동 (목)명 (술)부정 중부 (목)형 (조)종

" 증자가 말씀하시기를
군자는 글로서 벗을 모으고, 벗으로 어짐을 도움받는다.
아마도 사람은 과실이 없을 수 없으므로 벗에게 과실이 있으면 옳은 길로 선도한다.
그런 까닭에 사람이 그 덕성을 성취하는 데는 참으로 벗과 스승의 공보다 더 큰 것은 없다.
비록 그러하나 벗에는 유익한 벗이 있고 또한 손해를 끼치는 벗이 있으니
벗을 취함에 단정히 하지 않을 수 없다. "

○ 본문해설 ○

- 曾子(증자) 孔子의 제자로 이름은 參(삼)이며, 孔子의 孫子인 子思(자사)의 스승이기도 하다.
- 以文會友(이문회우) 以는 전치사로 ~으로의 뜻으로 뒤에 오는 말을 수식한다. 글로서 벗을 모으다.
- 會(회) 동사 – 모으다
- 輔(보) 명사로는 수레덧방나무, 광대뼈이며 동사로는 "도운다"라는 뜻이다.
- 盖(개) 명사로는 덮개이며, 부사로는 대강, 대개의 뜻이고, 추정사로는 아마, 아마도 란 뜻이다.

- 人不能無過(인불능무과) 사람은 과실이 없을 수 없다. 不能도 부정사요 無도 부정사로 이중부정이다. 한문에는 이중부정구가 많이 사용됨에 주의하고 而는 접속사이므로 而이전까지 文句해석도 마침표를 찍고 접속사 이후의 구로 넘어가야 한다.
- 朋友有責善之道故(붕우유책선지도고) 벗에게 과실이 있으면 옳은 길로 선도한다. 故(그런까닭에)도 접속사이다.
- 責(책) 명사 – 과실
- 善之(선지) 접미사 – 선도한다. 之는 접미사로 앞에오는 동사를 진행형으로 만들어 준다.
- 道(도) 명사 – 옳은 길
- 朋友有責(붕우유실) "벗에게 과실이 있으면"은 主語句이고, 善之道(선지도) "옳은 길로 선도한다"는 述語句이다.
- 所以(소이) 부사 – ~하는 까닭, ~하는 바
- 莫(막)~於(어) ~한 것보다, ~한 것은 없다.
- 然(연) 접속사 – 그러나
- 損(손) 동사 – 덜어내다, 손해를 끼치다.
- 端(단) 형용사 – 단정하다
- 固(고) 부사 – 참으로
- 雖(수) 부사 – 비록
- 益(익) 동사 – 더하다, 보태다, 이롭게 하다.
- 不可不(불가불) ~하지 아니하면 아니된다.

同受父母之餘氣하여 以爲人者는 兄弟也라

동 수 부 모 지 여 기 이 위 인 자 형 제 야

(부)부 (술)동 (목)관 (조)전 (보)동명 (술)명 (조)종

且人之方幼也에 食則連牀하고 枕則同衾

차 인 지 방 유 야 식 즉 연 상 침 즉 동 금

(조)접 (주)관 (조)종 (술)동 (조)접 (술)형 (목)명 (술)동 (조)접 (술)동 (목)명

共被父母之恩者는 亦莫如我兄弟라 故로

공 피 부 모 지 은 자 역 막 여 아 형 제 고

(부)부 (술)동 (목)관 (부)부 (비)비 (술)형 (목)명 (조)접

愛其父母者는 亦必愛其兄弟라.

애 기 부 모 자 역 필 애 기 형 제

(술)동 (지)지 (목)명 (보)명 (부)부 (부)부 (술)동 (지)지 (목)명

" 함께 부모의 남은 기운을 받아 사람이 된 것이 형제이다.
또한 사람이 바야흐로 어렸을 적 먹을 적엔 상을 같이 하고 잘 적에는 같은 이불을 덮고
함께 부모의 은혜를 입은 사람은 역시 나의 형제 같음이 없으니,
그런 까닭에 그 부모를 사랑하는 사람은 또한 반드시 그 형제를 사랑할 것이다. "

◎ 본문해설 ◎

- 受(수) 동사 – 받다
- 氣(기) 명사 – 기운
- 且(차) 접속사 – 또
- 則(즉) 접속사 – ~이면
- 牀(상) 명사 – 평상, 상
- 衾(금) 명사 – 이불
- 恩(은) 명사 – 은혜
- 必(필) 부사 – 반드시
- 餘(여) 명사 – 나머지, 남은 것
- 以爲(이위) ~으로서, ~이 되다
- 方(방) 부사 – 바야흐로
- 連(연) 동사 – 이어지다, 나란히 하다.
- 枕(침) 명사 – 베개
- 共(공) 부사 – 같이, 함께
- 莫(막) 비교사 – ~한 것은 없다.
- 莫如我兄弟(막여아형제) 나의 형제와 같은 것이 없다.

宗族이 雖有親疎遠近之分이나 然이나

종 족 수 유 친 소 원 근 지 분 연

(주)명 (부)부 (술)형 (목)관 (조)접

推究其本則同是祖先之骨肉이니 苟於

추 구 기 본 즉 동 시 조 선 지 골 육 구 어

(술)동 (지)지 (목)명 (조)접 (술)형 (지)지 (목)관 (부)부 (조)전

宗族에 不相友愛則是는 忘其本也라

종 족 불 상 우 애 즉 시 망 기 본 야

(주)명 부정 (부)부 (술)동 (조)접 (지)지 (술)동 (지)지 (목)명 (조)종

人而本忘이면 家道가 漸替라.

인 이 본 망 가 도 점 체

(주)명 (조)접 (목)명 (술)동 (주)관 (부)부 (술)동

" 종족에는 비록 친하고 소홀하고 멀고 가까운 구별이 있으나
그 근본을 찾아 올라가면 이는 다 같은 선조의 골육이니,
진실로 종족이 서로 우애하지 아니하면 이는 그 근본을 잊어버림이라
사람이 근본을 잊어버리면 가도가 점점 없어진다. "

◎ 본문해설 ◎

- 宗(종) 명사 – 근본, 높은 마루, 계통
- 宗族(종족) 명사 – 근본이 같은 성씨
- 遠(원) 형용사 – 멀다
- 之(지) 후치사 – ~의
- 然(연) 접속사 – 그러나
- 究(구) 동사 – 찾다, 궁구하다
- 族(족) 명사 – 겨레, 성씨, 무리
- 疎(소) 형용사 – 성기다, 소홀하다
- 近(근) 형용사 – 가깝다
- 分(분) 동사 – 나누다
- 推(추) 동사 – 밀추다
- 推究(추구) 동사 – 이치를 미루어 찾다
- 是(시) 지시대명사 – "이것" 곧 祖先之骨肉을 지칭한다.
- 苟(구) 부사 – 진실로, 참으로
- 忘(망) 동사 – 잊어버리다
- 家道(가도) 명사 – 집안에서 지켜야 할 도리
- 漸(점) 부사 – 점점, 조금씩
- 替(체) 동사 – 바꾸다, 없어지다

父慈而子孝하며 **兄愛而弟敬**하며 **夫和而妻**

父	慈	而	子	孝하며	兄	愛	而	弟	敬하며	夫	和	而	妻
부	자	이	자	효	형	애	이	제	경	부	화	이	처
(주)명	(술)동	(조)접	(주)명	(술)동	(주)명	(술)동	(조)접	(주)명	(술)동	(주)명	(술)동	(조)접	(주)명

順하며 **事君忠而接人恭**하며 **與朋友信而**

順하며	事	君	忠	而	接	人	恭하며	與	朋友	信	而
순	사	군	충	이	접	인	공	여	붕 우	신	이
(술)동	(술)동	(목)명	(보)명	(조)접	(술)동	(목)명	(보)부	(부)부	(주)명	(술)동	(조)접

撫宗族厚면 **可謂成德君子也**라

撫	宗族	厚면	可謂	成德君子	也라
무	종 족	후	가 위	성 덕 군 자	야
(술)동	(목)명	(보)형	(긍)긍	(술)관	(조)종

“ 어버이는 자애롭고, 자식은 효도하며, 형은 동생을 사랑하고, 동생은 형을 공경하며,
남편은 온화하고, 아내는 순종하며, 임금을 충성으로 섬기고,
사람을 공손히 대하며, 벗과 더불어 서로 믿고 종족을 두텁게 쓰다듬는다면
가이 덕을 닦은 군자라 말할 수 있을 것이다. ”

◎ 본문해설 ◎

- **慈**(자) 동사 – 사랑하다, 자애롭다
- **和**(화) 동사 – 화목하다, 온화하다
- **接**(접) 동사 – 접촉하다, 대하다
- **與**(여) 부사 – ~과 더불어
- **厚**(후) 형용사 – 두텁다
- **成德君子**(성덕군자) 관형사 – 덕을 이루어낸 군자
- **敬**(경) 동사 – 공경하다
- **順**(순) 동사 – 순종하다
- **恭**(공) 부사 – 공손히
- **撫**(무) 동사 – 어루만지다, 쓰다듬다
- **可謂**(가위) 긍정사 – ~이라 말할 수 있을 것이다.

凡人稟性이 初無不善이니 愛親敬兄하며 忠君
범 인 품 성 초 무 불 선 애 친 경 형 충 군
(부)부 (주)관 (부)부 부정 중부 (술)형 (술)동 (목)명 (술)동 (목)명 (주)관

弟長之道는 皆已具於吾心之中이니 固不可
제 장 지 도 개 이 구 어 오 심 지 중 고 불 가
(주)관 (부)부 (술)동 (조)전 (목)관 (부)부 부정

求之於外面而惟在我力行而不已也라
구 지 어 외 면 이 유 재 아 역 행 이 불 이 야
(술)접미 (조)전 (목)명 (조)접 (부)부 (술)형 (목)동명 (조)접 부정 (조)한종

“ 대체로 사람이 타고난 품성이 처음에 착하지 않음이 없다.
어버이를 사랑하고 형을 공경하며 임금에게 충성하고,
어른에게 공손한 도는 모두 이미 내 마음 속에 갖추어져 있으니
진실로 외면에서 구해서는 아니되고, 오직 내가 힘써서 행하는 데 있지
다른 데 있지 않을 뿐이다. ”

◎ 본문해설 ◎

- 凡(범) 부사 – 대체로, 무릇
- 性(성) 명사 – 마음, 바탕, 성품
- 無不(무불) 이중부정으로 ~하지 아니함이 없다
- 長(장) 명사 – 어른
- 已(이) 부사 – 벌써, 이미
- 固(고) 부사 – 참으로, 진실로
- 已也(기야) 한정종결사 – ~할 뿐이다
- 不已也(불이야) 다른 데 있지 않을 뿐이다.
- 稟(품) 명사 – 품성
- 初(초) 부사 – 처음
- 弟(제) 동사 – 공경하다 / 명사 – 동생
- 皆(개) 부사 – 모두
- 具(구) 동사 – 갖추다
- 惟(유) 부사 – 오직
- 在我力行(재아역행) 내가 힘써 행하는 데 있다.

人非學問이면 固難知其何者가 爲孝며

인 비 학 문 고 난 지 기 하 자 위 효

(주)명 (술)부정 (목)명 (부)부 (술)부정 (목)동 (지)지 (의)의 (조)후 (술)동 (목)명

何者가 爲忠이며 何者가 爲弟며 何者가

하 자 위 충 하 자 위 제 하 자

(의)의 (조)후 (술)동 (목)명 (의)의 (조)후 (술)동 (목)명 (의)의 (조)후

爲信故로 必須讀書窮理하여 求觀於

위 신 고 필 수 독 서 궁 리 구 관 어

(술)동 (목)명 (조)접 (부)부 (술)동 (목)명 (술)동 (목)명 (보)동 (술)동 (조)전

古人하며 體驗於吾心하여 得其一善하여

고 인 체 험 어 오 심 득 기 일 선

(목)관 (술)동 (조)전 (목)관 (술)동 (지)지 (목)관

勉行之則孝弟忠信之節이 自無不合於

면 행 지 즉 효 제 충 신 지 절 자 무 불 합 어

(부)부 (술)접미 (조)접 (주)관 (부)부 부정 중부 (술)형 (조)전

天敍之則矣라.

천 서 지 칙 의

(목)관 (조)종

" 사람이 학문을 하지 않으면 진실로 그 어떤 것이 효가 되고, 어떤 것이 충성이 되고, 그 어떤 것이 공경이 되고, 그 어떤 것이 신용이 되는 것인지 알기 어려우므로 반드시 책을 읽고 이치를 궁구하여 옛 사람을 보고 구하여 내 마음에서 체험하여 그 한가지 잘 할 수 있는 것을 체득하여 힘써서 행하면 효, 제, 충, 신의 예절이 스스로 하늘이 베푸는 법칙에 맞지 아니한 것이 없다. "

◎ 본문해설 ◎

- 非(비) 부정사 – ~이 아니다
- 難(난) 부정사 – 어렵다
- 須(수) 부사, 반드시
- 觀(관) 동사 – 보다
- 一善(일선) 명사 – 한 가지라도 잘 하는 것
- 節(절) 명사 – 예절
- 則(칙) 명사 – 법칙(法則)
- 固(고) 부사 – 진실로
- 何(하) 의문사 – 어떤, 무엇
- 窮(궁) 동사 – 궁구하다, 찾다
- 善(선) 동사 – 잘하다
- 勉(면) 부사 – 힘써서
- 叙(서) 동사 – 베풀다. 敍와 同
- 矣(의) 종결사로 긍정의 뜻을 나타낸다. ~이다.
- 難知(난지) "알기 어렵다"는 爲孝에서 爲信까지 수식한다.
- 無不(무불) 은 이중부정으로 ~하지 아니함이 없다.

收斂心身은 莫切於九容이니 所謂九容

수 렴 심 신 막 절 어 구 용 소 위 구 용

(술)동 (목)명 (비)비 (술)동 (조)전 (목)명 (술)접두 (목)명

者는 足容重하며 手容恭하며 目容端하며

자 족 용 중 수 용 공 목 용 단

(조)후 (주)관 (술)형 (주)관 (술)형 (주)관 (술)형

口容止하며 聲容靜하며 頭容直하며

구 용 지 성 용 정 두 용 직

(주)관 (술)형 (주)관 (술)형 (주)관 (술)형

氣容肅하며 立容德하며 色容莊이라.

氣	容	肅	立	容	德	色	容	莊
기	용	숙	입	용	덕	색	용	장
(주)관		(술)형	(주)관		(술)형	(주)관		(술)형

" 마음과 몸을 거두어 들이는 데는 아홉가지 용태보다 절실한 것은 없다. 아홉가지 용태라 이르는 것은 발(모양)은 무겁게 하고, 손은 공손히 하며, 눈은 단정히 하고, 입은 다물며, 목소리는 조용히 하며, 머리는 반듯하게 들고, 내품는 기운은 엄숙하게 할 것이며, 서 있는 모양은 덕성스럽게 하며, 안색은 장엄하게 해야 하는 것이다. "

○ 본문해설 ○

- 收(수) 동사 – 거두어 들이다
- 莫(막)~於(어) ~보다 ~한 것은 없다.
- 重(중) 형용사 – 무겁다
- 端(단) 형용사 – 단정하다
- 靜(정) 형용사 – 조용하다
- 肅(숙) 형용사 – 엄숙하다
- 斂(렴) 동사 – 거두어 들이다
- 容(용) 명사 – 모양
- 恭(공) 형용사 – 공손하다
- 止(지) 형용사 – 멈추어 서다, 다물다
- 直(직) 형용사 – 곧다
- 莊(장) 형용사 – 장엄하다

進學益智는 莫切於九思니 所謂九思

進	學	益	智	莫	切	於	九	思	所	謂	九	思
진	학	익	지	막	절	어	구	사	소	위	구	사
(술)동	(목)명	(술)동	(목)명	(비)비	(술)동	(조)전	(목)명		(술)접두		(목)명	

者는 視思明하며 聽思聰하며 色思溫하며

者	視	思	明	聽	思	聰	色	思	溫
자	시	시	명	청	사	총	색	사	온
(조)후	(주)명	(술)동	(목)형	(주)명	(술)동	(목)형	(주)명	(술)동	(목)형

貌思恭하며 言思忠하며 事思敬하며 疑思問하며

貌	思	恭	言	思	忠	事	思	敬	疑	思	問
모	사	공	언	사	충	사	사	경	의	사	문
(주)명	(술)동	(목)형	(주)명	(술)동	(목)명	(주)명	(술)동	(목)동	(주)명	(술)동	(목)동

忿思難하며 見得思義라. 左倫理篇이다.

분 사 난 견 득 사 의 좌 윤 리 편

(주)명 (술)동 (목)형 (주)관 (술)동 (목)명 (지)지 (술)명

" 배워나가 지혜를 더하는 데에는 아홉가지를 생각하는 것 보다
더 긴요한 것이 없으니 이른바 구사라는 것은,
보는 것은 분명하게 볼 것을 생각하며, 듣는 것은 총명하게 들을 것을 생각하며,
안색은 온화하게 할 것을 생각하고, 태도는 공손하게 할 것을 생각하고,
윗 사람을 섬기는 것은 공경할 것을 생각하고, 의심하는 것은 물을 것을 생각하며,
분한 일은 뒤에 닥칠 재난을 생각하고, 이익을 볼 때에는 의리를 생각한다.
이상은 윤리편이다. "

○ 본문해설 ○

- 進學(진학) 동사 - 배워 나가다
- 智(지) 명사 - 지혜
- 思(사) 동사 - 생각하다
- 廳(청) 동사 - 듣다
- 色(색) 명사 - 안색
- 貌(모) 명사 - 모양, 태도
- 切(절) 형용사 - 간절하다, 긴요하다
- 事(사) 동사 - 섬기다
- 疑(의) 동사 - 의심하다 / 명사 - 의문
- 忿(분) 명사 - 분한 것
- 見得(견득) 관형사 - 이득을 보는 것, 횡재를 한 것
- 益(익) 동사 - 보태다, 더하다
- 視(시) 동사 - 보다
- 明(명) 형용사 - 분명하다
- 聰(총) 형용사 - 총명하다
- 溫(온) 형용사 - 따뜻하다, 온화하다
- 恭(공) 형용사 - 공손하다
- 忠(충) 형용사 - 충실하다
- 敬(경) 동사 - 공경하다
- 問(문) 동사 - 묻다
- 難(난) 명사 - 환란, 재난, 곤란한 일

03 明心寶鑑(명심보감)

繼善篇(계선편)

子曰爲善者는 天報之以福하고,

子	曰	爲善者	天	報之	以	福
자	왈	위 선 자	천	보 지	이	복
(주)고명	(술)동	(주)동명	(보)명	(술)접미	(조)전	(목)명

爲不善者는 天報之以禍니라.

爲不善者	天	報之	以	禍
위 불 선 자	천	보 지	이	화
(주)동명	(보)명	(술)접미	(조)전	(목)명

" 공자가 말씀하시기를 착한 일을 한 사람은 하늘이 복으로써 보답하고,
착하지 아니한 일을 한 사람은 하늘이 재앙으로써 갚아준다. "

○ 본문해설 ○

- 子曰(자왈) 子는 고유명사로 孔子이며 主語이다. 曰은 동사로 述語이며 "孔子가 말씀하시다"로 文句가 끝난다.
- 爲善者(위선자) 爲는 不完全動詞로 "~을 하다"라는 뜻을 가지고 있으나 뒤에 반드시 명사를 따르게 한다. 여기서는 善(선)이란 명사가 붙어서 "착한 일을 하다"가 된다. 者(자)는 명사로 사람이란 뜻으로 쓰여 爲善者는 動名詞로 "착한 일을 한 사람"이란 뜻으로 主語로 쓰였다.
- 天(천) 명사로 "하늘"이란 뜻으로 爲善者의 補語로 쓰였다.
- 報之(보지) 접미사로 "보답하다", "갚다"란 뜻으로 述語로 쓰였다.
- 以(이) 전치사로 "~으로"란 뜻으로 쓰였다.
- 福(복) 명사로 "복"이란 뜻이며 禍(화)는 명사로 "재앙"이란 뜻으로 목적어로 쓰였다.
- 不(불) 부정사로 "아니하다"란 뜻으로 善(선)을 부정하였다.

漢昭烈이 將終에 勅後主曰勿以善

한 소 열	장	종	칙	후 주	왈	물	이	선
(주)고명	(술)자	(목)명	(술)동	(목)명	(술)동	(금)금	(조)전	(주)명

小而不爲하고 勿以惡小而爲之하라.

소	이	불	위	물	이	악	소	이	위 지
(술)형	(조)접	부정	(술)동	(금)금	(조)전	(주)명	(술)형	(조)접	(술)접미

" 촉한(蜀漢)의 유비(劉備)가 죽음에 이르러 아들 유선(劉禪)에게 칙서를 내려
말하기를, 착한 것이 작다고 행하지 아니함이 없어야하고
악한 것이 작다고 행하여서는 아니된다고 하였다.
아무리 작은 선행이라도 반드시 행하고 아무리 작은 악행이라도 행하지 마라 "

◎ 본문해설 ◎

- 漢昭烈(한소열) 蜀漢(촉한)의 유비의 諡號(시호)로 이 장의 주어이다.
- 將(장) 자동사 – 하려하다
- 終(종) 동사 – 마치다, 끝내다 / 명사 – 죽엄
- 勅(칙) 동사 – 칙서를 내리다
- 後主(후주) 유비의 아들 유선의 경칭
- 勿(물) 금지사 – ~하지 마라
- 而(이) 접속사 – 동사와 동사, 동사구와 동사, 풀이말과 풀이말을 이어주는 접속사이다.
  명사와 명사, 체언과 체언을 이어주는 접속사 與와 상대적이다.
- 勿以善小而不爲(물이선소이불위) – 以善(착한 것이) 小而(작다고) 不爲(행하지 아니함)을 勿이 "~하지 마라"라고 금지시키고 있다.

莊子曰一日不念善이면 諸惡이 皆自起니라.

장 자	왈	일 일	불	념	선	제 악	개 자	기
(주)고명	(술)동	(보)명	부정	(술)동	(목)명	(주)관	(부)부	(술)동

" 장자가 말씀하시기를 하루라도 착한 것을 생각하지 아니하면
모든 악한 것이 모두 스스로 일어나느니라. "

○ 본문해설 ○

- **莊子**(장자) 춘추전국시대 사상가로 이름은 **周**(주), **老子**(노자)의 자연무위 사상을 계승 발전시켰으며 **道家**(도가)를 대표하며 나비의 꿈(**蝴蝶夢**)은 유명하다.
- **一日不念善**(일일불념선) '하루라도 착한 것을 생각하지 아니한다면' 이라는 가정구이며, **諸惡**이 **皆自起**(모든 악한 것이 모두 스스로 일어난다)는 **從句**인 술어구이다.
- **念**(념) 동사 – 생각하다
- **惡**(악) 명사 – 악한 것
- **起**(기) 동사 – 일어나다
- **諸**(제) 부사 – 모두
- **皆**(개) 부사 – 모두
- **諸惡**(제악) 관형사 – 모든 악한 것

太公曰見善如渴하고 **聞惡如聾**하라.

太公	曰	見	善	如	渴	聞	惡	如	聾
태 공	왈	견	선	여	갈	문	악	여	롱
(주)고명	(술)동	(술)동	(목)명	(술)금	(목)명	(술)동	(목)명	(술)금	(목)명

又曰善事는 **須貪**하고 **惡事**는 **莫樂**하라.

又	曰	善事	須	貪	惡事	莫	樂
우	왈	선 사	수	탐	악 사	막	락
(조)접	(술)동	(주)관	(부)부	(술)동	(주)관	(금)금	(목)동

" 강태공이 말씀하시기를 착한 것을 보면 목이 마른 것 같이 하고,
악한 것을 듣거든 귀가 먹은 것 같이 하라.
또 말씀하시기를 착한 일은 반드시 탐을 내고 악한 일은 즐겨하지 마라."

○ 본문해설 ○

- **太公**(태공) 지금부터 3,000여년전 **周**(주)나라 **文王**과 **武王**을 도와 **周**나라를 부흥시킨 **姜太公**(강태공) **太公望**(태공망) **呂尚**(여상)임.
- **見**(견) 동사 – 보다
- **渴**(갈) 명사 – 갈증
- **如**(여) 긍정사 – ~과 같이하다

- 見善如渴(견선여갈) 착한 것을 보면 목마른 것 같이 하고…善은 목적어이고 見은 술어이며 渴은 목적어이고 如는 긍정사로 술어이다.
- 聞(문) 동사 – 듣다
- 聾(롱) 명사 – 귀머거리
- 善事(선사) 관형사 – 착한 일
- 貪(탐) 동사 – 탐내다
- 惡(악) 명사 – 악한 것
- 又(우) 접속사 – 또
- 須(수) 부사 – 반드시
- 善事須貪(선사수탐) '착한 일은 반드시 탐을 내고' 에서 善事는 주어이고 貪은 술어이다. 須는 부사로 동사이며 술어인 貪을 수식하고 있다.
- 莫(막) 금지사로 勿과 같이 "~하지 마라"하는 뜻으로 많이 쓰인다.
- 樂(락) 동사 – 즐거워하다

馬援曰終身行善이라도 善猶不足이요

마 원 왈 종 신 행 선 　 선 유 부 족

(주)고명 (술)동 (주)관 (술)동 (목)명 　 (주)명 (부)부 (술)부정 (목)명

一日行惡이라도 惡自有餘니라.

일 일 행 악 　 악 자 유 여

(주)관 (술)동 (목)명 　 (주)명 (부)부 (술)형 (목)명

" 마원이 말씀하시기를 일생을 두고 착한 일을 하여도 착한 것은 오히려 부족하고 하루 악한 일을 하여도 악한 것은 스스로 남음이 있느니라. "

○ 본문해설 ○

- 終身(종신) 관형사 – 일생
- 行(행) 동사 – ~을 하다
- 善(선) 명사 – 착함
- 終身行善(종신행선) 일생동안 착한 일을 하더라도, 가정구로 主句이다.
- 猶(유) 부사 – 오히려
- 善猶不足(선유부족) 착한 것이 오히려 부족하다. 종신선행의 從句이다. 善은 주어이고 猶는 부사로서 부정사로 술어인 不과 그의 목적어인 足을 수식하고 있다.
- 自(자) 부사 – 스스로
- 有(유) 형용사 – 있다

• 餘(여) 명사 – 남음

• 惡自有餘(악자유여) 악한것은 스스로 남음이 있다. 이 구역시 一日行惡의 從句이다. 惡은 주어이고 自는 부사로 술어인 有를 수식하고 餘는 술어의 목적어이다.

司馬溫公曰 積金以遺子孫이라도
사 마 온 공 왈 적 금 이 유 자 손
(주)고명 (술)동 (술)동 (목)명 (조)후 (술)동 (목)명

未必子孫이 能盡守요
미 필 자 손 능 진 수
부정 (주)명 (부)부 (술)동

積書以遺子孫이라도 未必子孫이 能盡讀이니
적 서 이 유 자 손 미 필 자 손 능 진 독
(술)동 (목)명 (조)후 (술)동 (목)명 부정 (주)명 (부)부 (술)동

不如積陰德於冥冥之中以爲子孫之計也니라.
불 여 적 음 덕 어 명 명 지 중 이 위 자 손 지 계 야
(비)비 (술)동 (목)관 (조)전 (보)관 (조)접 (술)동 (목)관 (조)종

" 사마온공이 말씀하시기를, 황금을 모아서 자손에게 물려주더라도
자손이 능히 다 지키지 못할것이요. 책을 모아서 자손에게 물려 주더라도
자손이 능히 다 읽지 못할 것이니, 남이 모르는 가운데 덕을 쌓아서
자손을 위한 계교로 삼느니만 같지 못하느니라. "

○ 본문해설 ○

• 司馬溫公(사마온공) 北宋 한림학사 司馬光(사마광) 1019~1086

• 積(적) 동사 – 쌓다, 모으다

• 遺(유) 동사 – 남겨주다, 물려주다

• 積金以遺子孫(적금이유자손) 황금을 모아서 자손에게 물려주다. 積金(황금을 모은 것)은 술목구조이고 以는 후치사로 '~으로서' 이며 遺는 동사로 술어이며 子孫은 遺의 목적어이다.

• 未必(미필) 부정사 – ~하지 못한다.

• 能(능) 부사 – 능히

• 盡(진) 부사 – 모두, 다 • 守(수) 동사 – 지키다

• 未必子孫能盡守(미필자손능진수) 자손이 능히 다 지키지 못하다. 未必은 부정사로 구두에서 子孫能盡守를 부정한다. 子孫은 주어이고 守는 동사로 술어이다. 能과 盡은 부사로 동사인 守를 수식한다.

• 書(서) 명사 – 글, 책 • 讀(독) 동사 – 읽다

• 不如(불여) 비교사 – "~과 같지 아니하다", "~한만 못하다"로 비교를 나타내는 비교사로 문장을 비교어로 만든다.

• 陰德(음덕) 관형사 – 나타나지 아니한 공덕, 숨은 공덕

• 冥(명) 형용사 – 어두운, 남이 모르는 • 計(계) 명사 – 셈하는 것, 헤아리는 것, 계교

• 於(어) 전치사 – "~에"의 뜻으로 바로 뒤에 오는 말을 수식한다. 여기서는 冥冥을 수식하여 "남이 모르는 가운데에"로 해석한다.

• 不如(불여) 는 積陰德於冥冥之中과 以爲子孫之計也의 두 구를 비교하여 비교어를 만들고 있다.

• 積(적) 술어로 陰德을 수식하여 (덕을 쌓아)이며 덕을 쌓으되 보어인 冥冥之中(남이 모르는 가운데)가 쌓는 방법을 보충하여 준다.

• 以爲子孫之計也(이위자손지계야) 에서 以는 접속사로 쓰였으며 爲는 동사이며 술어로 '~이 되다'의 뜻으로 쓰여 뒤에 오는 子孫之計也을 수식하여 자손을 위한 계교가 된다.

景行錄曰 恩義를 廣施하라

경 행 록 왈 은 의 광 시

(주)고명 (술)동 (주)명 (보)형 (술)동

人生何處不相逢이랴 讐怨을 莫結하라

인 생 하 처 불 상 봉 수 원 막 결

(주)명 (술)동 (의)의 (목)명 (술)부정 (부)부 (목)동 (주)관 (금)금 (술)동

路逢狹處면 難回避니라.

노 봉 협 처 난 회 피

(주)명 (술)동 (목)관 (술)부정 (목)동

" 경행록에 이르기를 은혜와 의리를 넓게 베풀어라.
사람이 어느 곳에 살던지 서로 만나지 아니하랴. 원수와 원한을 맺지 마라.
길이 좁은 곳에서 만나면 돌아서 피하기 어려우니라. "

◎ 본문해설 ◎

- 景行錄(경행록) 큰 길을 걷고 바른 행실을 하라는 글을 모은 책
- 景(경) 명사 – 밝음
- 恩(은) 명사 – 은혜
- 廣(광) 형용사 – 넓다
- 何(하) 의문사 – 어찌, 어디
- 相(상) 부사 – 서로
- 讐(수) 명사 – 원수
- 莫(막) 금지사 – ~하지 마라
- 路(로) 명사 – 길
- 難(난) 부정사 – 어렵다
- 避(피) 동사 – 피하다
- 錄(록) 동사 – 취하다, 기록하다
- 義(의) 명사 – 의리
- 施(시) 동사 – 베풀다
- 處(처) 명사 – 곳 / 동사 – 살다
- 逢(봉) 동사 – 만나다
- 怨(원) 명사 – 원한 / 동사 – 원망하다
- 結(결) 동사 – 맺다
- 狹(협) 형용사 – 좁다
- 回(회) 동사 – 돌아가다
- 恩義(은의)를 廣施(광시)하라 – 은혜와 의리를 넓게 베풀어라.
  恩(은혜)와 義(의리)는 명사로 主語이며 施(베풀다)는 동사로 述語이고 廣(넓게)는 형용사로 술어 施를 수식하는 도움말(補語)이다.
- 人生何處不相逢(인생하천불상봉)이라 讐怨(수원)을 莫結(막결)하라.
  사람이 어느 곳에 살던지 서로 만나지 아니하랴. 원수와 원한을 맺지 마라. 人(사람)은 명사로 주어이며 生(살다)는 동사로 술어이다. 何(어느)는 의문사로 명사이면서 술어로 生(살다)의 목적어인 處(곳)을 의문화하여 "사람이 어느 곳에 살던지"가 된다. 不(아니하다)는 부정사로 부사 相과 목적어 逢(서로 만나다)를 부정하여 "서로 만나지 아니하랴"로 푼다. 讐(원수)와 怨(원한)은 주어이고 結(맺다)은 술어이며 莫(~하지마라)는 금지어로 술어인 結(맺다)을 수식하여 "원수와 원한을 맺지 마라"로 해석한다.
- 路逢狹處(노봉협처)면 難回避(난회피) 길이 좁은 곳에서 만나면 돌아서 피하기가 어려우니라.
  路(길)은 명사로 주어이고 逢(만나다)는 동사로 술어이다. 狹處(좁은 곳)은 술어의 목적어가 되어 "길이 좁은 곳에서 만나면"으로 主句가 되고 難回避(돌아서 피하기가 어렵다)는 술어구로 從句가 되는 것이다.

莊子曰 於我善者을 我亦善之하고

장 자	왈	어	아	선	자	아	역	선	지
(주)고명	(술)동	(조)전	(주)인대	(술)동	(목)명	(주)인대	(부)부	(술)접미	

於我惡者도 我亦善之니라 我旣於人에

어 아 악 자 아 역 선 지 아 기 어 인

(조)전 (주)인대 (술)동 (목)명 (주)인대 (부)부 (술)접미 (주)인대 (부)부 (조)전 (보)명

無惡이면 人能於我에 無惡哉니라.

무 악 인 능 어 아 무 악 재

(술)부정 (목)명 (주)명 (부)부 (조)전 (보)인대 (술)부정 (목)명 (조)종

" 장자가 말씀하시기를 나에게 착하게 한 사람을 나도 역시 착하게 대하고,
나에게 악하게 한 사람도 나는 역시 착하게 대하느니라.
내가 이미 남에게 악하지 아니하면 남도 능히 나에게 악하게 하지 아니할 것이니라. "

○ 본문해설 ○

- 於(어) 전치사 – ~에게
- 我(아) 인칭대명사 – 나
- 善(선) 동사 – 착하게 하다
- 亦(역) 부사 – 역시
- 惡(악) 동사 – 악하게 하다
- 旣(기) 부사 – 이미
- 無(무) 부정사 – ~이 아니다. 술어로 쓰였다.
- 哉(재) 종결사 – 긍정의 의미를 지닌 "~이다"로 해석한다.
- 於我善者(어아선자) – 나에게 착하게 한 사람

  於(에게)는 전치사로 뒤에 오는 我(나)를 수식하여 "나에게"라는 뜻이 된다. 我(나)는 주어이고 善(착하게 하다)는 술어이며 者(사람)은 目的語이다.
- 我亦善之(아역선지) – 나도 또한 착하게 대하고

  我(나)는 주어이며 亦(역시)는 부사로 다음에 오는 동사이며 술어인 善(착하게 하다)을 수식한다. 之(지)는 접미사로 동사 밑에 있을 경우 "~하게 하다"라는 뜻으로 동사를 진행태로 만든다.
- 我旣於人(아기어인)에 無惡(무악)이면 – 내가 이미 남에게 악하지 아니하면

  이구는 "~이 ~한다면" 식의 文意上假定語(문의상가정어)의 前提(전제)구이다.

  人은 "남" 으로 해석해야 문맥이 통하는 경우가 많으니 유의하여야 한다.
- 人能於我(인능어아)에 無惡哉(무악재)니라 – 남도 능히 나에게 악하지 아니할 것이니라는 위 前提句에 對한 從句이다.

東岳聖帝垂訓曰
동 악 성 제 수 훈 왈
(주)고명 (술)동 (목)명 (술)동

一日行善이라도 福雖未至나 禍自遠矣오
일 일 행 선 복 수 미 지 화 자 원 의
(주)명 (술)동 (목)명 (주)명 (부)부 부정 (목)동 (주)명 (부)부 (술)동 (조)종

一日行惡이라도 禍雖未至나 福自遠矣니
일 일 행 악 화 수 미 지 복 자 원 의
(주)명 (술)동 (목)명 (주)명 (부)부 부정 (목)동 (주)명 (부)부 (술)동 (조)종

行善之人은 如春園之草하여 不見其長이라도
행 선 지 인 여 춘 원 지 초 불 견 기 장
(주)관 (술)금 (목)관 부정 (술)동 (지)지 (목)명

日有所增하고 行惡之人은 如磨刀之石하야
일 유 소 증 행 악 지 인 여 마 도 지 석
(보)명 (술)형 (목)접두 (주)관 (술)금 (목)관

不見其損이라도 日有所虧니라.
불 견 기 손 일 유 소 휴
부정 (술)동 (지)지 (목)명 (보)명 (술)형 (목)접두

" 동악성제가 내린 훈계에 이르기를, 하루 착한 일을 할지라도 복은 비록 이르지 아니하나 재앙은 스스로 멀어지고 하루 악한 일을 할지라도 재앙은 비록 이르지 아니하나 복은 스스로 멀어지니 착한 일을 행한 사람은 봄동산에 풀과 같아서 그 자라는 것이 보이지 않을지라도 날로 더해지는 것이 있고, 악한 일을 행한 사람은 칼을 가는 숫돌과 같아서 그 닳아 없어지는 것이 보이지 않을지라도 날로 닳아 없어지는 것이 있느니라. "

◎ 본문해설 ◎

- 東岳(동악) 중국의 다섯 명산 五岳中하나로 東쪽에 있는 (태산)임.

• **聖帝**(성제) 태산을 관장하는 신령(**神靈**)스러운 **神**으로서 하늘에서는 옥황상제가 다스리고 땅에서는 동악성제가 다스린다고 함.

• **垂訓**(수훈) **垂**는 드리우다, 내리다의 뜻이고, **訓**은 가르치다의 뜻으로 후에세 내린 교훈을 말하며 술목구조이다.

• **福**(복) 명사 – 복
• **未**(미) 부정사 – 아님
• **禍**(화) 명사 – 재앙
• **遠**(원) 동사 – 멀어지다
• **如**(여) 긍정사 – ~과 같다.
• **園**(원) 명사 – 동산
• **雖**(수) 부사 – 비록
• **至**(지) 동사 – 이르다, 오다
• **自**(자) 부사 – 스스로
• **矣**(의) 종결사 – ~이다의 뜻으로 긍정을 나타냄.
• **春**(춘) 명사 – 봄
• **長**(장) 명사 – 자라나는 것
• **所**(소) 의존명사로 접두사를 만들어 "~한 바, ~것"의 뜻이 된다.
• **所增**(소증) 접두사 – 더해지는 것
• **損**(손) 명사 – 없어지는 것
• **虧**(휴) 동사 – 이즈러지다, 없어지다
• **磨**(마) 동사 – 갈다
• **有**(유) 형용사 – 있다
• **所虧**(소휴) 접두사 – 없어지는 것

• **一日行善**이라도 **福雖未至**나 **禍自遠矣**오 – 하루 착한 일을 할지라도 복은 비록 이르지 아니하나 재앙은 스스로 멀어지고, **一日**(하루) **行**(~하다) **善**(착한 일)은 **主句**이고, **福**(복) **雖**(비록) **未至**(이르지 아니하다)와 **禍**(재앙) **自**(스스로) **遠矣**(멀어지고)의 두 구는 **從句**이다.

• **行善之人**은 **如春園之草**하여 **不見其長**이라도 **日有所增**하고 – 착한 일을 행한 사람은 봄동산에 풀과 같아서 그 자라는 것이 보이지 않을지라도 날로 더해지는 것이 있고, **行善之人**(착한 일을 행한 사람)은 관형사로 **主語**이고, **如春園之草**(봄동산에 풀과 같다)는 술어구이다. **不見其長**(그 자라는 것이 보이지 아니하다) 前句의 **草**를 설명해주는 술목구로서 **其**(기)는 **指示代名詞**로 **草**를 지칭한다. **日有所增**(날로 더해지는 바가 있다) 이 구 역시 전 구의 **長**을 보충 설명해 주는 술목구이다.

子	曰	見	善	如	不	及	見	不	善	如	探	湯하라
자	왈	견	선	여	불	급	견	불	선	여	탐	탕
(주)고명	(술)동	(술)동	(목)명	(술)긍	부정	(목)동	(술)동	부정	(목)명	(긍)긍	(술)동	(목)명

" 공자께서 말씀하시기를, 착한 것을 보면 미치지 못한 것 같이 하고
착하지 아니한 것을 보면 끓는 물을 더듬는 것과 같이 하라. "

◎ 본문해설 ◎

- 及(급) 동사 – 이르다, 미치다
- 湯(탕) 동사 – 물 끓이다 / 명사 – 끓는 물
- 探(탐) 동사 – 찾다, 더듬다

天命篇(천명편) 中(중)에서

子曰 順天者는 存하고 逆天者는 亡하니라.

子	曰	順天者	存	逆天者	亡
자	왈	순 천 자	존	역 천 자	망
(주)고명	(술)동	(주)관	(술)동	(주)관	(술)동

" 공자가 말씀하시기를, 하늘의 뜻을 따르는 사람은 살아남고 하늘의 뜻을 거스르는 사람은 멸망한다. "

◎ 본문해설 ◎

- 順(순) 동사 – 따르다
- 逆(역) 동사 – 거스르다
- 存(존) 동사 – 존재하다, 살다
- 亡(망) 동사 – 멸망하다 / 형용사 – 없다
- 順天者는 冠形詞로 하늘의 뜻을 따르는 사람이란 뜻으로 主語이다. 存은 동사로 살다라는 뜻으로 述語이다.

子曰 獲罪於天이면 無所禱也라.

子	曰	獲	罪	於	天	無	所禱	也
자	왈	획	죄	어	천	무	소 도	야
(주)고명	(술)동	(술)동	(목)명	(조)전	(보)명	(술)부정	(목)접두	(조)종

" 공자께서 말씀하시기를, 하늘에서 죄를 얻으면 빌 곳이 없느니라. "

◎ 본문해설 ◎

- 獲(획) 동사 – 얻다
- 禱(도) 동사 – 빌다, 기도하다
- 所禱(소도) 접두사 – 빌 곳
- 也(야) 종결사 – "~이다"의 뜻으로 쓰이는 긍정을 나타내는 종결사이다.
- 獲罪於天(하늘에서 죄를 얻는다면)은 主句이면서 前提句이며, 無所禱也(빌 곳이 없다)는 술어구이면서 從句이다.

順命篇(순명편) 中(중)에서

子曰 死生이 有命이요 富貴在天이니라.

子	曰	死生	有	命	富貴	在	天
자	왈	사 생	유	명	부 귀	재	천
(주)고명	(술)동	(주)명	(술)형	(목)명	(주)명	(술)형	(목)명

" 공자께서 말씀하시기를, 죽고 사는 것은 명에 있는 것이요,
부자가 되는 것이나 귀하게 되는 것은 하늘에 달려 있느니라. "

◎ 본문해설 ◎

- 死(사) 명사 – 죽음
- 生(생) 명사 – 삶
- 有(유) 형용사 – 있다
- 命(명) 명사 – 명, 운수
- 富(부) 명사 – 부자
- 貴(귀) 명사 – 귀한 것
- 在(재) 형용사 – 있다
- 死生(죽고 사는 것)은 주어요, 有(있다)는 형용사로 술어이며 命(목숨)은 有의 목적어이다. 富貴(부자나 귀한 것)은 주어이고 在(있다)는 형용사로 술어이며 天(하늘)은 술어인 在의 목적어이다.

景行錄云禍不可以倖免이요

景行錄	云	禍	不可	以	倖	免
경 행 록	운	화	불 가	이	행	면
(주)명	(술)동	(주)명	부정	(조)전	(부)부	(술)동

福不可以再求니라.

복 불 가 이 재 구
(주)명 부정 (조)전 (부)부 (술)동

" 경행록에 이르기를, 재앙은 요행히 면할 수 없고 복은 다시는 구할 수 없는 것이니라. "

본문해설

- 免(면) 동사 – 면하다
- 不(불) 부정사 – 아니다, 할 수 없다
- 不可(불가) 부정사 – 아니다, 할 수 없다
- 禍(화) 명사 – 재앙
- 再(재) 부사 – 다시
- 求(구) 동사 – 구하다
- 以(이) 조사인 전치사로 쓰여 "~으로", "~하는 것은"의 뜻으로 뒤에 오는 말을 수식한다.
- 以倖免(이행면) 요행이 면하는 것은
- 以再求(이재구) 다시 구하는 것은

孝行篇(효행편) 中(중)에서

太公曰 孝於親이면 子亦孝之하나니

태 공 왈 효 어 친 자 역 효 지
(주)고명 (술)동 (술)동 (조)전 (목)명 (주)명 (부)부 (술)접미

身既不孝면 子何孝焉이리오.

신 기 불 효 자 하 효 언
(주)명 (부)부 (술)부정 (목)명 (주)명 (의)의 (술)동 (조)의종

" 태공이 말씀하시기를, 어버이에게 효도하면 자식이 또한 효도하나니
내가 이미 효도하지 아니하면 어떻게 자식이 효도하겠는가? "

◎ 본문해설 ◎

- 孝(효) 동사 – 효도하다
- 親(친) 명사 – 어버이
- 亦(역) 부사 – 역시, 또한
- 身(신) 명사 – 몸, 자신
- 旣(기) 부사 – 이미
- 何(하) 의문사 – 어찌, 어떻게
- 焉(언) 의문종결사로 何(어찌~하리오)와 함께 의문어를 만들었다.

正己篇(정기편) 中(중)에서

太公曰 勿以貴己而賤人하고

태	공	왈	물	이	귀	기	이	천	인
(주)고명		(술)동	(금)금	(조)전	(술)동	(목)명	(조)접	(술)동	(목)명

勿以自大而蔑小하며 勿以恃勇而輕敵이니라.

물	이	자	대	이	멸	소	물	이	시	용	이	경	적
(금)금	(조)전	(주)명	(술)형	(조)접	(술)동	(목)명	(금)금	(조)전	(술)동	(목)명	(조)접	(술)동	(목)명

" 태공이 말씀하시기를, 자기를 귀하게 여기고, 남을 천하게 여기지 말고, 자기를 크게 하고 작은 것을 업신여기지 말며 용맹을 믿고서 적을 가볍게 여기지 말 것이니라. "

◎ 본문해설 ◎

- 勿(물) 금지사 – ~하지마라
- 貴(귀) 동사 – 귀하게 하다
- 己(기) 명사 – 몸, 자기
- 而(이) 접속사 – 동사와 동사, 술어와 술어를 이어준다
- 賤(천) 동사– 천하게 여기다
- 自(자) 명사 – 몸소, 자기
- 大(대) 동사 – 크게하다
- 蔑(멸) 동사 – 업신여기다
- 恃(시) 동사 – 믿다
- 勇(용) 명사 – 용맹
- 輕(경) 동사 – 가벼이 하다
- 敵(적) 명사 – 적, 적군
- 勿以貴己而賤人 – 勿은 "~을 하지마라"란 뜻으로 文句앞에서 다음에 오는 모든 사실을 금지하고 전치사 以는 "~으로써"의 뜻으로 다음에 오는 貴己(자기를 귀하게 여기다)를 수식하며 접속사 而는 "고"의 뜻으로 앞 뒤 구를 이어준다. 賤人(남을 천하게 여기다)의 賤이나 貴는 술어이다.

安分篇(안분편) 中(중)에서

景行錄云知足可樂이요 務貪則憂니라.

경행록	운	지	족	가	락	무	탐	즉	우
(주)명	(술)동	(술)동	(목)명	(술)긍	(목)동	(술)동	(목)명	(가)가	(술)동

" 경행록에 이르기를, 넉넉함을 알면 즐거워질 수 있을 것이요, 탐하기를 힘쓰면 근심을 하게 될 것이니라. "

◎ 본문해설 ◎

- 云(운) 동사 - 말하다, 이르다
- 知(지) 동사 - 알다
- 足(족) 명사 - 흡족한 것, 넉넉한 것
- 可(가) 긍정사 - ~할 수 있다
- 樂(락) 동사 - 즐거워하다
- 務(무) 동사 - 힘쓰다
- 貪(탐) 명사 - 욕심
- 則(즉) 가정사 - "~이면"의 뜻으로 가정의 뜻을 나타낸다.
- 憂(우) 동사 - 근심하다, 걱정하다
- 知足可樂(넉넉함을 알면, 즐거워질 수 있다)은 술어, 목적어 + 술어, 목적어형으로 이루어진 술목(述目)구조이다.
- 務貪則憂(탐하기를 힘쓰면 근심을 하게 된다)는 ~하면 ~하다 形으로 가정어를 만들고 있다.

知足者는 貧賤亦樂이요

지족자	빈천	역	락
(주)관	(보)명	(부)부	(술)동

不知足者는 富貴亦憂니라.

불지족자	부귀	역	우
(주)관	(보)명	(부)부	(술)동

" 넉넉함을 아는 사람은 가난하고 천하여도 역시 즐거울 것이요, 넉넉함을 알지 못하는 사람은 부자가 되고 귀하게 되어도 역시 근심할 것이니라. "

○ 본문해설 ○

• 者(자) 명사 – 사람
• 貧(빈) 명사 – 가난
• 賤(천) 명사 – 천함
• 亦(역) 부사 – 역시, 또한
• 樂(락) 동사 – 즐거워지다, 즐거워하다
• 知足者(넉넉함을 아는 사람)은 관형사로 주어이고, 貧賤(가난하고 천하여도)는 명사로 보어이며, 동사이며 술어인 樂(즐거워하다)의 뜻을 보충하여 풀어주고있다.

存心篇(존심편) 中(중)에서

景行錄云坐密室을 如通衢하고

경 행 록 운 좌 밀 실 여 통 구

(주)명 (술)동 (술)동 (목)명 (술)긍 (목)명

馭寸心을 如六馬면 可免過니라.

어 촌 심 여 육 마 가 면 과

(술)동 (목)관 (술)긍 (목)관 (긍)긍 (술)동 (목)명

" 경행록에 이르기를, 비밀스러운 방에 앉았어도 마치 네 거리에 있는 것 같이하고 작은 마음을 제어하기를 여섯 마리 말을 몰듯이 하면 허물을 면할 수 있느니라. "

○ 본문해설 ○

• 坐(좌) 동사 – 앉다
• 密(밀) 형용사 – 비밀스러운
• 室(실) 명사 – 방
• 如(여) 긍정사 – ~과 같다
• 通(통) 동사 – 통하다
• 衢(구) 명사 – 네 거리
• 馭(어) 동사 – 말을 몰다
• 寸(촌) 명사 – 마디
• 免(면) 동사 – 면하다
• 過(과) 명사 – 과실, 허물
• 坐密室(비밀스런 방에 앉다)는 주구이고, 如通衢(네 거리에 있는 것 같이)는 종구이다.
• 馭寸心(작은 마음을 제어하는 것)은 주구이며, 如六馬(여섯 마리 말을 몰듯이)와 可免過(허물을 면하다)는 종구이다.

戒性篇(계성편) 中(중)에서

景行錄云 人生이 如水하여 水一傾則不可復이요

경 행 록 운 인 생 여 수 수 일 경 즉 불 가 복

(주)명 (술)동 (주)관 (술)긍 (목)명 (주)명 (부)부 (술)동 (조)접 (술)부정 (목)동

性一縱則不可反이니 制水者는

성 일 종 즉 불 가 반 제 수 자

(주)명 (부)부 (술)동 (조)접 (부정) 부정 (술)동 (주)동명

必以堤防하고 制性者는 必以禮法이니라.

필 이 제 방 제 성 자 필 이 예 법

(부)부 (조)전 (주)명 (술)동 (주)동명 (부)부 (조)전 (주)명 (술)동

" 경행록에 이르기를, 사람의 성품은 물과 같아서 물은 한번 기울어지면 다시는 돌아올 수 없고, 성품은 한번 자리잡으면 되돌릴 수 없는 것이니 물을 제어하고자 하는 사람은 반드시 제방으로서 막고, 성품을 바로잡으려 하는 사람은 반드시 예법을 본받아야 하느니라. "

○ 본문해설 ○

- 性(성) 명사 – 본성, 성품
- 傾(경) 동사 – 기울어지다
- 復(복) 동사 – 돌아오다 / 부사 – 다시
- 縱(종) 동사 – 놓이다, 자리잡다
- 反(반) 동사 – 돌리다
- 制(제) 동사 – 막다, 제어하다
- 防(방) 동사 – 막다
- 禮(예) 명사 – 예의
- 法(법) 동사 – 본받다
- 人生(사람의 성품)은 관형사로 主語요, 如(~과 같다)는 긍정사로 술어이다.
- 水(물)은 목적어가 되어 한 구를 끝낸다.
- 堤(제) 명사 – 제방
- 水(물)은 명사로 主語이며, 一傾(한번 기울어지다)은 부사와 동사로 술어이다.
- 則(~면)은 접속사로 술어구와 술어구를 이어준다.
- 不可(~할 수 없다)는 부정사로 뒤에 오는 술어 復(돌아가다)을 부정한다.
- 制水者(물을 제어하고자 하는 사람)는 動名詞로 前提句이며, 必以堤防(반드시 제방으로 막다)은 풀이말인 判斷句이다.

忍一時之忿이면 免百日之憂니라.

인 일 시 지 분 / 면 백 일 지 우

(술)동 (목)관 / (술)동 (목)관

" 한 때의 분한 것을 참으면 백 날의 근심을 면하느니라. "

◎ **본문해설** ◎

- 忍(인) 동사 – 참다
- 之(지) 후치사 – ~의
- 忿(분) 명사 – 분함
- 免(면) 동사 – 면하다
- 憂(우) 명사 – 걱정, 근심
- 一時之忿(일시지분)은 "한 때의 분함"이란 뜻으로 **冠形詞**이며, **述語**인 동사 忍(인)의 **目的語**이다. **冠形詞**는 **修飾**하는 말과 **修飾**받는 말의 글자수가 3자 **以上**이면 **修飾**하는 말과 **修飾**받는 말 사이에 후치사인 之(지)나 于(우)가 들어간다.

勸學篇(권학편) 中(중)에서

莊子曰 人之不學은 如登天而無術하고

장 자 왈 / 인 지 불 학 / 여 등 천 이 무 술

(주)고명 (술)동 / (주)명 (조)후 (술)부정 (목)명 / (긍)긍 (술)동 (목)명 (조)접 (술)부정 (목)명

學而智遠이면 如披祥雲而覩青天하고

학 이 지 원 / 여 피 상 운 이 도 청 천

(술)동 (조)접 (주)명 (술)형 / (긍)긍 (술)동 (목)관 (조)접 (술)동 (목)관

登高山而望四海니라.

등 고 산 이 망 사 해

(술)동 (목)관 (조)접 (술)동 (목)관

" 장자가 말씀하시기를, 사람이 배우지 아니하면 재주 없이 하늘을 오르는 것 같고,
배워서 지혜가 깊으면 상서로운 구름을 헤치고 푸른 하늘을 보는 것 같고,
높은 산에 올라가 사방의 바다를 바라보는 것과 같으니라. "

○ 본문해설 ○

- 之(지) 후치사 – ~이, ~의
- 學(학) 동사 – 배우다
- 而(이) 동사와 동사를 이어주는 접속사
- 術(술) 명사 – 꾀, 재주
- 遠(원) 형용사 – 멀다, 깊다
- 披(피) 동사 – 헤치다
- 雲(운) 명사 – 구름
- 靑(청) 형용사 –푸른
- 不(불) 부정사 – ~이 아니다
- 登(등) 동사 – 오르다
- 無(무) 부정사 – 아니다, 없다
- 智(지) 명사 – 지혜
- 如(여) 긍정사 – ~하는 것 같다
- 祥(상) 형용사 – 상서롭다
- 覩(도) 동사 – 보다
- 望(망) 동사 – 바라보다
- 人之(사람이) 之는 후치사로 앞에오는 人아래에서 ~이의 뜻으로 主語이며 不學(배우지 아니하면)과 다음에 오는 無術(재주 없이)은 부정사 不과 無가 술어로 쓰인 술목구조이다.
- 如登天(하늘에 오르는 것 같다)는 긍정사 如가 登天(하늘에 오르다)라는 述目構造(술어가 먼저 오고 다음에 목적어가 있는 文形)을 肯定化한다.

禮記曰 玉不琢이면 不成器하고

예	기	왈	옥	불	탁	불	성	기
(주)명		(술)동	(주)명	(술)부정	(목)동	부정	(술)동	(목)명

人不學이면 不知義니라.

인	불	학	부	지	의
(주)명	(술)부정	(목)명	부정	(술)동	(목)명

" 예기에 이르기를, 옥은 다듬지 아니하면 그릇이 되지 못하고
사람이 배우지 아니하면 옳은 것을 알지 못하느니라. "

◎ 본문해설 ◎

- 禮記(예기) 오경(五經)중의 하나로 예의에 대하여 기술한 책
- 琢(탁) 동사 – 쪼다, 다듬다
- 成(성) 동사 – 이루다
- 器(기) 명사 – 그릇
- 義(의) 명사, 의리, 옳은 것

太公曰 人生不學이면 如冥冥夜行이니라.

태 공 왈 인 생 불 학 여 명 명 야 행

(주)고명 (술)동 (주)명 (술)동(술)부정 (목)명 (긍)긍 (부)부 (주)명 (술)동

" 태공이 말씀하시기를, 사람이 나서 배우지 아니하면,
어둡고 어두운 밤길을 가는 것과 같으니라. "

◎ 본문해설 ◎

- 冥(명) 부사– 어두운
- 夜(야) 명사 – 밤
- 行(행) 동사 – 가다

訓子篇(훈자편) 中(중)에서

漢書云黃金滿嬴이 不如敎子一經이요

한 서 운 황 금 만 영 불 여 교 자 일 경

(주)명 (술)동 (주)관 (술)형 (목)명 (비)비 (술)동 (목)명 (보)관

賜子千金이 不如敎一藝니라.

사 자 천 금 불 여 교 일 예

(술)동 (목)명 (보)관 (비)비 (술)동 (목)관

" 한서에 이르기를, 황금이 상자 속에 가득 차 있다해도 한 권의 경서로
자식을 가르치는 것만 같지 못하고, 천금을 자식에게 물려주는 것이
한 가지 재주를 가르치는 것만 같지 못하니라. "

◎ 본문해설 ◎

- 漢書(한서) 前漢의 역사를 적은 책
- 滿(만) 형용사 – 가득하다
- 嬴(영) 명사로 끝이란 뜻이나 여기서는 籯(영)명사로 "상자"라는 글자와 통용(通用)된듯하다.
- 教(교) 동사 – 가르치다
- 經(경) 五經중 한 가지란 뜻이며 五經은 詩經(시경), 書經(서경), 周易(주역), 春秋(춘추), 禮記(예기)이다.
- 賜(사) 동사 – 내리다, 주다
- 藝(예) 명사 – 기술, 학문, 재주
- 黃金滿嬴 (황금이 상자 속에 가득차 있어도)는 가정어 형을 취한 主句이며 不如(~한 것만 같지 못하다)와 教子一經(자식에게 한 권의 경서를 가르치다)는 비교어(比較語)형인 從句인 판단구이다.

至樂은		莫如讀書요				至要는		莫如教子니라.			
지	락	막	여	독	서	지	요	막	여	교	자
(주)관		(비)비		(술)동	(목)명	(주)관		(비)비		(술)동	(목)명

" 지극한 즐거움은 책을 읽는 것보다 더 좋은 것이 없고
지극히 긴요한 것으로는 자식을 가르치는 것보다 더 중요한 것은 없다. "

◎ 본문해설 ◎

- 至(지) 부사 – 지극히
- 樂(락) 명사 – 즐거움
- 要(요) 명사 – 필요한 것, 긴요한 것
- 至樂(지락) 관형사 – 지극한 즐거움
- 至要(지요) 관형사 – 지극히 긴요한 것
- 莫如(막여) 비교사 – ~한 것보다 ~한 것은 없다

省心篇(성심편) 中(중)에서

荀子曰 士有妬友則賢交不親하고

순 자 왈 사 유 투 우 즉 현 교 불 친

(주)고명 (술)동 (주)명 (술)형 (술)동 (목)명 (가)가 (주)명 (술)동 (술)부정 (목)동

君有妬臣則賢人不至니라.

군 유 투 신 즉 현 인 부 지

(주)명 (술)형 (술)동 (목)명 (가)가 (주)관 (술)부정 (목)동

" 순자가 말씀하시기를, 선비가 벗을 투기하는 일이 있으면
어진 벗을 사귀어 친해질 수 없고 임금이 신하를 투기함이 있으면
어진 사람이 찾아오지 아니하니라. "

◎ 본문해설 ◎

- 荀子(순자) BC 300년경 중국 전국시대 사상가로 이름은 況(황)이며 사람의 본성(本性)을 교정할 필요를 역설하고 성악설(性惡說)을 주장하였으며 형명법술(刑名法術)을 주장한 韓非子의 스승이기도 하다.
- 士(사) 명사 – 선비
- 有(유) 형용사 – 있다
- 妬(투) 동사 – 투기하다, 질투하다
- 則(즉) 가정사 – '~면' 의 뜻으로 가정어를 만든다.
- 賢(현) 명사 – 어진 사람
- 交(교) 동사 – 사귀다
- 親(친) 동사 – 친해지다
- 士(선비)는 주어이고 有(있다)는 술어이며 述目구조인 妬友(벗을 투기하다)는 을 수식한다.
- 士有妬友則(선비가 벗을 투기하는 일이 있으면)은 假定句로 主句이고 賢交不親(어진 벗을 사귀어 친해질 수 없다)는 判斷句로 從句이다.

立教篇(입교편) 中(중)에서

景行錄云爲政之要는 曰公與淸이요
경 행 록 운 위 정 지 요 왈 공 여 청
(주)명 (술)동 (주)관 (술)동 (술)명 (조)접 (술)명

成家之道는 曰儉與勤니라.
성 가 지 도 왈 검 여 근
(주)관 (술)동 (술)명 (조)접 (술)명

" 경행록에 이르기를, 정치를 하는데 중요한 것을 말하자면 공정함과 청렴함이요,
집을 일으키는 도리를 말하자면 검소한 것과 부지런함이니라. "

○ 본문해설 ○

- 爲(위) 동사 – ~하다
- 政(정) 명사 – 정사, 정치
- 要(요) 명사 – 긴요한 것, 중요한 것
- 公(공) 명사 – 공정한 것
- 淸(청) 명사 – 청렴 / 형용사 – 맑음
- 與(여) 접속사 – '~과 ~의' 의 뜻으로 명사와 명사를 이어주는 접속사이다.
- 淸(청) 명사 – 청렴 / 형용사 – 맑음
- 成(성) 동사 – 이루다
- 道(도) 명사 – 지켜야할 도리
- 儉(검) 명사 – 검소한 것
- 勤(근) 명사 – 근면, 부지런한 것
- 爲政之要(정치를 하는데 중요한 것은)은 冠形詞로 主語이며 曰(말하자면)은 접속사격 술어로 쓰였고 公與淸(공정함과 청렴함)은 公과 淸은 명사로 述語이며 접속사 與가 公과 淸을 이어준다.

讀書는 起家之本이요 循理는 保家之本이요
독 서 기 가 지 본 순 리 보 가 지 본
(주)관 (술)관 (주)관 (술)관

勤儉은 治家之本이요 和順은 齊家之本이니라.

근 검	치 가 지 본	화 순	제 가 지 본
(주)관	(술)관	(주)관	(술)관

" 글을 읽는 것은 집을 일으키는 근본이요 이치에 따르는 것은 집을 보존하는 근본이요
부지런하고 검소한 것은 집을 다스리는 근본이요
화목하고 공손한 것은 집안을 가지런히 하는 근본이니라. "

◎ 본문해설 ◎

- 起(기) 동사 - 일으키다
- 循(순) 동사 - 따르다
- 理(리) 명사 - 도리, 이치
- 保(보) 동사 - 보호하다, 보존하다
- 治(치) 동사 - 다스리다
- 和(화) 명사 - 화목한 것
- 順(순) 명사 - 순종하고 따르는 것
- 齊(제) 동사 - 가지런하게 하다
- 讀書(책을 읽는 것은) 관형사로 主語이고 起家之本(집을 일으키는 근본이다)는 관형사로 술어이다.
  "~은 ~이다" 식으로 관형사만으로 만들어진 주어, 술어 구조이다.

治家篇(치가편) 中(중)에서

太公曰 痴人은 畏婦하고 賢女는 敬夫니라.

태 공	왈	치 인	외	부	현 녀	경	부
(주)고명	(술)동	(주)관	(술)동	(목)명	(주)관	(술)동	(목)명

" 태공이 말씀하시기를, 어리석은 사람은 아내를 두려워하고
어진 여자는 남편을 공경하느니라. "

◎ 본문해설 ◎

- 痴(치) 형용사 – 어리석음
- 畏(외) 동사 – 두려워하다
- 婦(부) 명사 – 아내
- 賢(현) 형용사 – 어진
- 敬(경) 동사 – 공경하다
- 夫(부) 명사 – 남편
- 痴人(어리석은 사람)은 관형사로 主語이고 畏婦(아내를 두려워하다)는 述目構造의 述語句이다.

凡使奴僕에 先念飢寒이니라.

범 사 노 복 선 념 기 한

(부)부 (술)동 (목)명 (부)부 (술)동 (목)명

" 무릇 종을 부림에 먼저 주리고 추움을 생각할지니라. "

◎ 본문해설 ◎

- 凡(범) 부사 – 무릇
- 使(사) 동사 – 부리다, 쓰다
- 奴(노) 명사 – 남자 종
- 僕(복) 명사 – 여자 종
- 先(선) 부사 – 먼저
- 念(념) 동사 – 생각하다
- 飢(기) 명사 – 주림
- 寒(한) 명사 – 추위, 추움
- 凡(무릇)은 부사로 동사 使를 수식하고 使奴僕(종을 부리다)는 술목구조로 主句이고 先念飢寒(먼저 주리고 추움을 생각하다)는 부사 + 술목구조인 술어구로 從句이다.

子孝雙親樂이요 家和萬事成이니라.

자 효 쌍 친 락 가 화 만 사 성

(주)명 (술)동 (주)관 (술)동 (주)명 (술)동 (주)관 (술)동

" 자식이 효도하면 부모가 즐거워하고 집안이 화목하면 만사가 다 이루어진다. "

◎ 본문해설 ◎

- 雙(쌍) 명사 – 쌍, 두개가 하나로 짝 지음
- 親(친) 명사 – 부모

- 樂(락) 동사 – 즐거워하다
- 事(사) 명사 – 일
- 子孝(자식이 효도하면) "~이 ~하면"식의 가정어형을 취한 假定句이며, 雙親樂(부모가 즐거워한다) 前句의 從句로 판단구이다. 주어 + 술어로 이루어진 主述구조이다.

安義篇(안의편) 中(중)에서

莊子曰	兄弟는	爲手足이요	夫婦는	爲衣服이니
장 자 왈	형 제	위 수 족	부 부	위 의 복
(주)고명 (술)동	(주)명	(술)동 (목)명	(주)명	(술)동 (목)명

衣服破時엔	更得新이나	手足斷時엔	難可續이라.
의 복 파 시	갱 득 신	수 족 단 시	난 가 속
(주)동명	(부)부 (술)동 (목)명	(주)동명	부정 (긍)긍 (술)동

" 장자가 말씀하시기를, 형제는 팔과 발이요 부부는 의복이니 의복이 찢어졌을 때는 다시 새 옷으로 입을 수 있지만 손과 발이 끊어질 때에는 잇기가 어려우니라. "

◎ 본문해설 ◎

- 爲(위) "~이 되다, ~하다"의 뜻을 가지고 있는 불완전동사로 반드시 뒤에 오는 말이 있어야 동사 역할을 할 수 있는 불완전 동사이다.
- 破(파) 동사 – 깨지다, 찢어지다
- 更(갱) 부사 – 다시, 새로이
- 斷(단) 동사 – 끊어지다
- 難(난) 부정사 – 어렵다
- 續(속) 동사 – 이어지다
- 兄弟(형제) 명사 – 형과 아우
- 手足(수족) 명사 – 손과 발
- 衣服破時(의복파시) 동명사 – 의복이 찢어졌을때
- 難可續(난가속) 은 부정사 難이 긍정사 可(할 수 있다)를 부정하여 "할 수 없다"가 된다. 그래서 동사 續(잇다)를 부정하여 잇기가 어렵다로 해석한다.

遵禮篇(준례편) 中(중)에서

子曰 君子가 有勇而無禮면 爲亂하고

자 왈 군 자 유 용 이 무 례 위 란

(주)고명 (술)동 (주)명 (술)형 (목)명 (조)접 (술)부정 (목)명 (술)동 (목)명

小人이 有勇而無禮면 爲盜니라.

소 인 유 용 이 무 례 위 도

(주)명 (술)형 (목)명 (조)접 (술)부정 (목)명 (술)동 (목)명

" 공자께서 말씀하시기를, 군자가 용맹만 있고 예의가 없으면 어지럽게(세상이)되고, 소인이 용맹만 있고 예의가 없으면 도둑이 되느니라. "

◎ 본문해설 ◎

- 有(유) 형용사 – ~이 있다
- 勇(용) 명사 – 용맹
- 禮(예) 명사 – 예의
- 爲(위) 불완전동사 – ~이 되다
- 亂(란) 동사 – 어지럽게하다 / 명사 – 어지러운 것, 소란
- 盜(도) 명사 – 도둑
- 君子(군자)는 主語이고 有(있다)는 形容詞로 述語이다. 勇(용맹)은 술어인 有의 目的語이고 而는 술어나 동사를 이어주는 접속사이다.

言語篇(언어편) 中(중)에서

劉會曰 言不中理면 不如不言이니라

유 회 왈 언 부 중 리 부 여 불 언

(주)고명 (술)동 (주)명 부정 (술)동 (목)명 (비)비 (술)부정 (목)동

一言不中이면 千語無用이니라

일 언	부	중	천 어	무	용
(주)관	부정	(술)동	(주)관	(술)부정	(목)명

" 유회가 말씀하시기를, 말이 이치에 맞지 아니하면 말하지 아니한만 못하고,
한 마디 말이 맞지 아니하면 천 마디 말이 쓸데 없느니라. "

○ 본문해설 ○

- 中(중) 동사 – 맞히다, 五矢五中(오시오중) 화살 다섯 개를 쏘아 다섯 개를 다 과녁에 맞히다.
- 一言(일언) 관형사 – 한마디 말
- 理(리) 명사 – 이치
- 無用(무용) (쓸데가 없다)에서 無는 부정사인 술어로 쓰여 명사인 用(쓸모)을 목적어로 삼고 있다.
- 言不中理(언부중리) 말이 이치에 맞지 아니하면
- 不如不言(불여불언) 不如는 비교사로 ~하는 것만 못하다 라는 뜻을 가졌으므로, 말하지 아니한만 못하다로 해석한다. 여기에서 言은 "말을 하다"라는 동사로 쓰였다.

交友篇(교우편) 中(중)에서

子曰 晏平仲은 善與人交로 久而敬之로다.

자	왈	안 평 중	선	여	인 교	구	이	경 지
(주)고명	(술)동	(주)고명	(술)동	(부)부	(목)관	(부)부	(조)접	(술)접미

" 공자께서 말씀하시기를, 안평중은 사람과 더불어 사귀기를 잘하여
오래도록 존경을 받았다. "

○ 본문해설 ○

- 善(선) 동사 – ~을 잘하다
- 與(여) 부사– 더불어
- 人交(인교) 관형사 – 사람들과 사귀는 것
- 久(구) 부사 – 오래도록
- 敬之(경지) 접미사 – 존경을 받다, 동사 敬(공경하다, 존경하다)에 조사 之가 붙어서 敬을 被動化 進行態로 만들어 "존경을 받다"라는 접미사로 만들었다.

酒食兄弟는	千個有로되	急難之朋은	一個無니라.
주 식 형 제	천 개 유	급 난 지 붕	일 개 무
(주)관	(보)명 (술)형	(주)관	(보)명 (술)부정

" 술이나 음식을 먹을 때 형이니 동생이니 한 친구는 천 명이나 있지만 급하고 어려운 일이 있을 때 도와주는 친구는 하나도 없느니라. "

○ 본문해설 ○

- 酒(주) 명사 – 술
- 食(식) 명사 – 음식
- 個(개) 명사 – 낱개
- 急(급) 형용사 – 급한
- 難(난) 형용사 – 어려운
- 朋(붕) 명사 – 벗, 친구

不結子花는	休要種이오	無義之朋은	不可交니라.
불 결 자 화	휴 요 종	무 의 지 붕	불 가 교
(주)관	(금)금 (부)부 (술)동	(주)관	(술)부정 (목)동

" 열매를 맺지 않는 꽃은 반드시 심지 말 것이요, 의리가 없는 벗은 사귀지 말지니라. "

○ 본문해설 ○

- 子(자) 명사 – 자식, 열매
- 要(요) 부사 – 반드시, 꼭
- 休(휴) "~하지 마라"의 뜻으로 쓰이는 勿이나 莫과 같은 금지사이다.

- 種(종) 동사 – 심다, 씨뿌리다
- 義(의) 명사 – 의리
- 朋(붕) 명사 – 벗
- 交(교) 동사 – 사귀다
- 不結子花(불결자화) 관형사 – 열매를 맺지 않는 꽃으로 主語이다.
- 休要種(휴요종) 금지사 休(하지마라)가 要種(꼭 심다)를 修飾하여 "꼭 심지 마라"로 해석한다.

孝行續篇(효행속편) 中(중)에서

都氏는 家貧至孝라 賣炭買肉하여 無闕

都	氏	家	貧	至	孝	賣	炭	買	肉	無	闕
도	씨	가	빈	지	효	매	탄	매	육	무	궐
(주)고명		(주)명	(술)형	(술)동	(목)명	(술)동	(목)명	(술)동	(목)명	부정	(술)동

母饌이더라 一日은 於市에 晩而忙歸러니

母	饌	一	日	於	市	晩	而	忙	歸
모	찬	일	일	어	시	만	이	망	귀
(목)관		(보)관		(조)전	(목)명	(부)부	(조)접	(부)부	(술)동

" 도씨는 집은 가난하였으나 효성이 지극하여 숯을 팔아서 고기를 사서 어머님의 반찬을 빠짐없이 하였다. 하루는 장에서 늦게 바쁘게 돌아오는데... "

◎ 본문해설 ◎

- 貧(빈) 형용사 – 가난하다
- 孝(효) 명사 – 효도 / 형용사 – 효성스러워
- 炭(탄) 명사 – 숯
- 肉(육) 명사 – 살고기
- 饌(찬) 명사 – 반찬
- 晩(만) 부사 – 늦게, 저물어
- 歸(귀) 동사 – 돌아오다
- 至(지) 동사 – 지극하다, 지성스럽게 하다
- 賣(매) 동사 – 팔다
- 買(매) 동사 – 사다, 구입하다
- 闕(궐) 동사 – 비다, 거르다
- 於(어) 전치사 – ~에서
- 忙(망) 부사 – 바쁘게, 분주하게

鳶忽攫肉이어늘 都悲號至家하니 鳶旣投肉於庭이니라

鳶	忽	攫	肉	都	悲	號	至	家	鳶	旣	投	肉	於	庭
연	홀	확	육	도	비	호	지	가	연	기	투	육	어	정
(주)명	(부)부	(술)동	(목)명	(주)고명	(부)부	(보)동	(술)동	(목)명	(주)명	(부)부	(술)동	(목)명	(조)전	(보)명

" 솔개가 홀연히 고기를 낚아채 가서 도씨는 슬피 울면서 집에 당도하니 솔개는 이미 고기를 뜰에 던져 놓았더라. "

◎ 본문해설 ◎

- 鳶(연) 명사 – 솔개
- 忽(홀) 부사 – 갑자기, 홀연히
- 攫(확) 동사 – 후리치다, 움켜쥐다, 낚아채다
- 悲(비) 부사 – 슬피
- 號(호) 동사 – 울다, 소리쳐 크게 울다
- 至(지) 동사 – 이르다, 도착하다
- 旣(기) 부사 – 이미
- 投(투) 동사 – 던지다
- 於(어) 전치사 – "~에"의 뜻으로 뒤에 오는 말을 수식한다.
- 於庭(어정) 뜰에

一日은 母病索非時之紅柿어늘

一日	母	病	索	非時之紅柿
일 일	모	병	색	비 시 지 홍 시
(보)관	(주)명	(술)동	(술)동	(목)관

" 하루는 어머니가 병이 나서 때가 아닌 홍시를 찾거늘... "

◎ 본문해설 ◎

- 病(병) 명사 – 병 / 동사 – 병이나다
- 索(색) 동사 – 찾다
- 非(비) 부정사 – ~이 아니다
- 紅(홍) 형용사 – 붉은
- 柿(시) 명사 – 감
- 非時之紅柿(비시지홍시) 관형사 – 때 아닌 홍시, 관형사는 명사처럼 한 單語로 쓰인다.

都彷徨柿林하다 **不覺日昏**이러니

도	방 황	시 림	불	각	일 혼
(주)고명	(술)동	(목)관	부정	(술)동	(목)관

有虎屢遮前路하고 **以示乘意**라

유	호	누	차	전 로	이	시	승 의
(술)형	(목)명	(부)부	(술)동	(목)관	(조)접	(술)동	(목)관

都乘至百餘里山村하여 **訪人家投宿**이러니

도	승	지	백 여 리 산 촌	방	인 가	투 숙
(주)고명	(보)동	(술)동	(목)관	(술)동	(목)관	(술)동

" 도씨는 감나무 숲 속을 방황하다가 날이 저무는 줄 알지 못하였는데 호랑이가 여러 차례 가는 길을 가로막고 타라는 뜻을 보이는지라, 도씨는 타고서 백여 리 떨어진 산속 마을에 이르러 사람이 사는 집을 찾아서 잠을 자게 되었는데... "

◎ 본문해설 ◎

- 彷(방) 동사 – 헤매다, 방황하다
- 徨(황) 동사 – 헤매다, 방황하다
- 覺(각) 동사 – 깨닫다, 느끼다
- 昏(혼) 명사 – 저물다
- 虎(호) 명사 – 호랑이
- 屢(누) 부사 – 여러차례
- 遮(차) 동사 – 가로막다
- 路(로) 명사 – 길
- 以(이) 접속사 – ~하고
- 示(시) 동사 – 보이다
- 乘意(승의) 관형사 – 타라고 하는 뜻, 示의 목적어로 씀
- 訪(방) 동사 – 찾다, 방문하다
- 投宿(투숙) 동사 – 머물러 자다
- 都(도씨)는 **主語**이고 彷徨(방황)은 **述語**이며 柿林(감나무 숲)은 **目的語**로 **漢文**에서 흔히 쓰이는 주어 + 술어 + 목적어 **順**으로 또는 우리말과는 달리 술어 + 목적어 **順**으로 엮어진 **述語, 目的語形** 구조이다. 다음 구도 같은 **構造**이다.

俄而主人이 饋祭飯而有紅柿都喜問

아 이 주 인 궤 제 반 이 유 홍 시 도 희 문

(부)부 (조)접 (주)명 (술)동 (목)관 (조)접 (술)형 (목)명 (주)고명 (보)동 (술)동

柿之來歷하고 且述己意한대

시 지 내 력 차 술 기 의

(목)관 (조)접 (술)동 (목)관

" 얼마 안되어 주인이 제사밥을 차려 주었는데 홍시가 있었다.
도씨는 기뻐하여 홍시의 내력을 묻고 또한 자기의 뜻을 말하였더니... "

◎ 본문해설 ◎

- 俄(아) 부사 – 잠시
- 饋(궤) 동사 – 먹이다, 먹을 것을 주다
- 祭(제) 명사 – 제사
- 飯(반) 명사 – 밥
- 且(차) 접속사 – 또
- 而(이) 동사와 동사, 동사와 형용사 즉, 술어와 술어를 이어주는 접속사다.
- 述(술) 동사 – 말하다, 기술하다
- 己(기) 명사 – 몸, 자기 자신
- 祭飯(제반) 관형사 – 제삿밥
- 己意(기의) 관형사 – 자기 뜻

答曰 亡父嗜柿故로 每秋擇柿二百個하여

답 왈 망 부 기 시 고 매 추 택 시 이 백 개

(술)동 (주)관 (술)동 (목)명 (조)접 (주)관 (술)동 (목)명 (보)수

藏諸窟中而至此五月則完者不過七八이다가

장 제 굴 중 이 지 차 오 월 즉 완 자 불 과 칠 팔

(술)동 (조)전 (목)관 (조)접 (술)동 (지)지 (목)명 (조)접 (주)관 (술)부정 (목)동 (보)수

今得五十個完者

금 득 오 십 개 완 자

(부)부 (술)동 (목)수 (보)관

" 대답해 말하기를 돌아가신 아버지께서 감을 즐겨하신 까닭에 매년 가을에 감 이백 개를 가려서 굴 속에 저장해 두면 이 오월에 이르면 완전한 것이 일곱, 여덟개를 넘지 아니하더니, 이번에는 완전한 것을 오십 개를 얻게되어... "

◎ 본문해설 ◎

- 亡(망) 동사 – 죽다, 죽은
- 嗜(기) 동사 – 좋아하다, 즐기다
- 柿(시) 명사 – 감
- 故(고) 접속사 – ~한 까닭에
- 擇(택) 동사 – 가리다, 선택하다
- 藏(장) 동사 – 저장하다
- 窟(굴) 명사 – 굴
- 此(차) 지시대명사로 지금 五月을 指稱한다.
- 則(즉) 접속사 – ~이면
- 完(완) 형용사 – 온전하다, 완전하다
- 完者(완자) 관형사 – 완전한 것
- 得(득) 동사 – 얻다
- 諸(제) 는 之於의 合字로서 "~에"의 뜻으로 전치사로 쓰였다.
- 不過(불과) 는 지나다, 넘치다 라는 뜻의 동사인 過가 목적어로 쓰이고 부정사 不이 술어로 쓰여 넘지 아니하다로 해석한다.

故로 心異之러니 是天感君孝라하고

고 심 이 지 시 천 감 군 효

(조)접 (주)명 (술)접미 (지)지 (주)명 (술)동 (목)관

遺以二十顆어늘 都謝出門外하니 虎尚俟伏이라

유 이 이 십 과 도 사 출 문 외 호 상 사 복

(술)동 (조)접 (목)명 (주)고명 (보)동 (술)동 (목)관 (주)명 (부)부 (술)동 (목)동

乘至家하니 曉鷄喔喔이러라 後에 母以天命으로

승 지 가 효 계 악 악 후 모 이 천 명

(보)동 (술)동 (목)명 (주)관 (술)형 (부)부 (주)명 (조)후 (보)명

終에 都有血淚더라.

종 도 유 혈 루

(술)동 (주)고명 (술)형 (목)관

" 그런 까닭에 마음 속에 이를 이상히 여겼더니 이는 하늘이 그대의 효성에 감동한 것이라 하고 스무 개를 주거늘 도씨는 감사의 인사를 전하고 문 밖에 나오니 호랑이는 아직도 엎드리어 기다리고 있는지라. 호랑이를 타고 집에 돌아오니 새벽 닭이 울더라. 뒤에 어머니께서 천수를 다하고 돌아가시니 도씨는 피눈물을 흘리더라. "

◎ 본문해설 ◎

- 異(이) 형용사 – 다르다, 이상하다
- 之(지) 는 후치사로 앞에오는 말을 進行形으로 만들어 접미사가 된다.
- 異之(이지) 접미사 – 이상하게 여기다
- 是(시) 指示代名詞로 前句의 今得五十個完者를 指稱한다.
- 感(감) 동사 – 감동하다
- 遺(유) 동사 – 주다, 주었다
- 謝(사) 동사 – 사례하다
- 鷄(계) 명사 – 닭
- 天命(천명) 명사 – 하늘이 내려준 목숨
- 淚(루) 명사 – 눈물
- 君(군) 인칭대명사 – 자네, 그대
- 顆(과) 명사 – 덩어리, 알맹이
- 曉(효) 명사 – 새벽
- 喔(악) 형용사 – 닭 울음 소리
- 終(종) 동사 – 끝내다, 마치다, 죽다
- 俟(사) 동사 – 기다리다

廉義篇(염의편) 中(중)에서

高句麗平原王之女가 幼時에 好啼러니

고 구 려 평 원 왕 지 녀 유 시 호 제

(주)관 (보)관 (술)동 (목)동명

王이 戱曰로 以汝로 將歸于愚溫達하리라

왕 희 왈 이 여 장 귀 우 우 온 달

(주)명 (보)동 (술)동 (조)전 (보)인대 (자)자 (술)동 (목)관

" 고구려 평원왕의 딸이 어릴 적에 울기를 잘하더니 왕이 장난삼아 말하기를 너를 장차 바보 온달에게 시집보내겠다고 하였다. "

◎ 본문해설 ◎

- 幼(유) 형용사 – 어리다
- 啼(제) 동사 – 울다
- 以(이) 전치사 – ~을, ~로써
- 將(장) 자동사 – 하려하다
- 愚(우) 형용사 – 어리석은
- 好(호) 동사 – 좋아하다
- 戲(희) 동사 – 놀리다, 장난하다, 조롱하다
- 汝(여) 인칭대명사 – 너
- 歸于(귀우) 또는 于歸(우귀) 동사 – 시집가다
- 愚溫達(우온달) 관형사 – 바보 온달

及長에 **欲下嫁于上部高氏**한대 **女以王不可**

及	長	欲	下	嫁	于	上	部	高	氏	女	以	王	不	可
급	장	욕	하	가	우	상	부	고	씨	여	이	왕	불	가
(술)동	(목)명	(자)자	(술)동		(조)전	(목)명				(주)명	(조)접	(주)명	부정	

食言으로 **固辭**하고 **終爲溫達之妻**하다.

食	言	固	辭	終	爲	溫	達	之	妻
식	언	고	사	동	위	온	달	지	처
(술)동	(목)명	(보)형	(술)동	(부)부	(술)동	(목)관			

" 딸이 어른이 되매 신하인 상부고씨에게 시집보내고자 하였으나 딸이 왕으로서 약속을 어기는 것은 옳지않다 하여 굳게 사양하고 끝내 온달의 처가 되었다. "

◎ 본문해설 ◎

- 及(급) 동사 – 미치다, 이르다
- 長(장) 명사 – 어른 / 동사 – 자라다
- 欲(욕) 자동사 – 하려고 하다
- 下嫁(하가) 동사 – 공주나 옹주가 신하에게 시집가는 것
- 于(우) 전치사 – ~에게
- 以(이) 접속사 – ~은, ~이
- 不可(불가) 부정사 – ~할 수 없다
- 固(고) 형용사 – 단단하다, 굳세다
- 食言(식언) 관형사 – 말한 것을 먹어버리다, 약속을 지키지 아니하다.
- 辭(사) 동사 – 사양하다
- 終(종) 부사 – 끝내
- 爲(위) 동사 – ~이 되다
- 之(지) 후치사 – ~의
- 妻(처) 명사 – 아내
- 女以王不可食言 딸(女) 이(以) 왕(王)으로서 약속을 어기는 것은(食言) 옳지않다(不可)

盖溫達이 家貧하여 行乞養母러니 時人이
개 온 달 가 빈 행 걸 양 모 시 인
(추)추 (주)고명 (주)명 (술)형 (술)동 (목)동 (술)동 (목)명 (주)관

目爲愚溫達也라 一日은 溫達이 自山中으로
목 위 우 온 달 야 일 일 온 달 자 산 중
(술)동 (술)동 (목)관 (조)종 (보)관 (주)고명 (부)부 (보)관

負楡皮而來하니
부 유 피 이 래
(술)동 (목)관 (조)접 (술)동

" 아마 온달이 집이 가난하여 다니면서 빌어다가 어머니를 봉양하니
그때 사람들이 보고 온달을 바보라고 한 것이다.
하루는 온달이 산에서 느릅나무 껍질을 짊어지고 돌아오니... "

◎ 본문해설 ◎

- 盖(개) 蓋(개)의 俗字, 명사 – 덮개, 뚜껑 / 부사 – 대개, 대강, 대체로 / 동사 – 덮다, 지붕에 이엉을 덮다의 뜻으로 쓰이며, 文章의 첫 머리에 推定語로 많이 쓰이는데 그 뜻은 어쩌면, 대강, 아마, 아마도 等이다.
- 貧(빈) 동사 – 가난하다
- 家(가) 명사 – 집
- 行(행) 동사 – 다니다
- 乞(걸) 동사 – 빌어먹다
- 行乞(행걸) 관형사 – 다니면서 빌어먹다
- 養(양) 동사 – 봉양하다
- 時人(시인) 관형사 – 그때 사람
- 目(목) 명사 – 눈 / 동사 – 보다
- 自(자) 부사 – ~에서
- 負(부) 동사 – 짊어지다
- 楡(유) 명사 – 느릅나무
- 皮(피) 명사 – 껍질
- 而(이) 접속사 – 負楡皮(느릅나무 껍질을 짊어지다)라는 動詞句와 來(오다)라는 動詞를 이어주고 있다.

王女訪見曰 吾乃子之匹也라하고
왕 녀 방 견 왈 오 내 자 지 필 야
(주)관 (술)동 (주)인대 (조)접 (보)인대 (조)후 (술)명 (조)종

乃賣首飾以買田宅器物하여 頗富하고

乃	賣	首飾	以	買	田宅器物	頗	富
내	매	수 식	이	매	전 택 기 물	파	부
(부)부	(술)동	(목)관	(조)접	(술)동	(목)명	(부)부	(술)명

多養馬以資溫達하여 終爲顯榮하니라.

多	養	馬	以	資	溫達	終	爲	顯榮
다	양	마	이	자	온 달	종	위	현 영
(보)형	(술)동	(목)명	(조)접	(술)동	(목)고명	(부)부	(술)동	(목)관

" 왕의 딸이 찾아와 보고 말하기를, 「나는 당신의 배필」이라 하고 이내 머리장식을 팔아 밭과 집이며 살림살이를 사서 마침내 부자가 되고 말을 많이 길러서 온달의 밑천이 되어 끝내 이름이 나타나고 영화롭게 되었느니라. "

◎ 본문해설 ◎

- 訪(방) 동사 – 찾아오다
- 子(자) 2인칭 대명사 – 자네, 당신
- 乃(내) 부사 – 이에, 마침내
- 首(수) 명사 – 머리
- 買(매) 동사 – 사다, 구입하다
- 器(기) 명사 – 그릇, 도구
- 養(양) 동사 – 기르다
- 資(자) 동사 – 밑천, 자본으로 삼다
- 榮(영) 명사 – 영화
- 吾(오) 인칭대명사 – 나
- 匹(필) 명사 – 짝, 배필
- 賣(매) 동사 – 팔다
- 飾(식) 명사 – 장식물
- 宅(택) 명사 – 집
- 頗(파) 부사 – 자못, 마침내
- 以(이) 접속사 – ~하므로서
- 顯(현) 동사 – 나타내다
- 顯榮(현영) 관형사 – 이름을 날리고 영화롭게 된 것
- 吾乃子之匹也(나는 당신의 배필이다) 여기서 乃는 접속사이고 之는 ~의 뜻을 가진 후치사이다.

勸學篇(권학편) 中(중)에서

朱子曰 勿謂今日不學而有來日하며

주 자 왈 물 위 금 일 불 학 이 유 내 일

(주)고명 (술)동 (금)금 (술)동 (주)명 (술)부정 (목)명 (조)접 (술)형 (목)명

勿謂今年不學而有來年하라 日月逝矣라

물 위 금 년 불 학 이 유 내 년 일 월 서 의

(금)금 (술)동 (주)명 (술)부정 (목)명 (조)접 (술)형 (목)명 (주)명 (술)동 (조)종

歲不我延이니 嗚呼老矣라 是誰之愆고

세 불 아 연 오 호 노 의 시 수 지 건

(주)명 부정 (보)인대 (술)동 (감)감 (술)동 (조)종 (지)지 (술)관

" 주자가 말씀하시기를, 오늘 배우지 아니하고 내일이 있다고 말하지 말 것이며,
금년에 배우지 아니하고 내년이 있다고 말하지 말라.
날과 달은 가기만 하고 세월은 나에게 시간을 늘려주지 않으니리..
아! 늙었도다. 이것이 누구의 허물인고 라고 하였다. "

○ 본문해설 ○

- 朱子(주자) 南宋의 大儒로 이름은 熹이다.
- 勿謂(물위) 말하지 마라
- 矣(의) 긍정의 뜻을 담은 종결사로 ~이다
- 延(연) 동사 – 미치다, 늘리다, 늦다
- 是(시) 지시대명사 – 不學과 老를 지칭(指稱)한다.
- 愆(건) 명사 – 허물
- 誰之愆(수지건) 관형사 – 어떤 사람의 허물
- 勿(물) 금지사 – 하지마라
- 逝(서) 동사 – 가다
- 歲(세) 명사 – 해, 세월
- 嗚呼(오호) 감탄사 – 슬프다, 아!
- 誰(수) 의문대명사 – 누구
- 之(지) 후치사 – ~의

少年은 易老하고 學難成하니 一寸光陰이라도

소 년 이 노 학 난 성 일 촌 광 음

(주)명 (술)형 (목)명 (주)명 (술)부정 (목)동 (주)관

不可輕하라 **未覺池塘春草夢**인대

불 가 경 / 미 각 지 당 춘 초 몽

(술)부정 (목)형 / 부정 (술)동 (목)관

階前梧葉이 **已秋聲**이라.

계 전 오 엽 / 이 추 성

(주)관 / (부)부 (술)관

" 소년은 늙기 쉽고 학문은 이루기 어려우니 짧은 시간이라도 가벼이 하지 마라.
연못가에 봄풀이 아직 꿈을 깨지 아니하였는데
섬돌 앞에 오동나뭇잎이 벌써 가을 소리를 내는구나. "

◎ 본문해설 ◎

- **易**(이) 형용사 – 쉽다
- **光陰**(광음) 명사 – 시간
- **輕**(경) 형용사 – 가볍다
- **覺**(각) 동사 – 깨닫다
- **塘**(당) 명사 – 연못
- **階**(계) 명사 – 층계, 섬돌
- **聲**(성) 명사 – 소리
- **難**(난) 부정사 – 어렵다
- **不可**(불가) 부정사 – ~하지 못한다.
- **未**(미) 부정사 – ~아니다, 아직
- **池**(지) 명사 – 연못
- **夢**(몽) 명사 – 꿈
- **已**(이) 부사 – 이미, 벌써

第 二 課

文法探究

01 品詞(품사)

單語(단어)가 文章(문장)을 形成(형성)하는데 어떤 役割(역할)을 하고 있는가를 性格別(성격별)로 分類(분류)하여 놓은 것을 品詞(품사)라고 한다.

漢文에는 名詞(명사), 代名詞(대명사), 數詞(수사), 形容詞(형용사), 動詞(동사), 副詞(부사), 冠形詞(관형사), 助詞(조사), 疑問詞(의문사), 禁止詞(금지사), 接續詞(접속사), 感歎詞(감탄사), 發語詞(발어사), 假定詞(가정사), 接頭詞(접두사), 接尾詞(접미사), 肯定詞(긍정사), 否定詞(부정사), 推定詞(추정사), 選擇詞(선택사), 比較詞(비교사), 自動詞(자동사) 等이 있다.

1. 名詞 (명사)

事物의 이름을 나타내는 낱말을 名詞라 하고 명사는 文章에서 主語나 述語와 目的語나 補語로 널리 쓰인다.

山(산)	淸(청)
주어 명사 산	술어 형용사 푸르다

山은 명사로 主語이며, 淸은 형용사로 述語이다.

我(아)	來(래)	於(어)	釜山(부산)
주어 인칭대명사 나	술어 동사 오다	조사어 전치사 ~에서	목적어 고유명사 부산

나는 부산에서 왔다.
我는 1인칭 대명사로 主語이며 來는 동사로 述語이다.
釜山은 고유명사로 來의 目的語이다.

彼(피)	人(인)	也(야)	予(여)	人(인)	也(야)
주어 인칭대명사 그 사람	술어 명사 사람	조사어 종결어 ~이다	주어 인칭대명사 나	술어 명사 사람	조사어 종결어 ~이다

原毁韓愈(원훼한유)
그 사람도 사람이고, 나도 사람이다.

漢江(한강)	江(강)	也(야)
주어 고유명사 한강	술어 명사 강	조사어 종결사 ~이다

한강은 강이다.
江은 명사로 述語로 쓰였다.

가. 普通名詞 (보통명사)

산(山), 강(江), 나무(木), 풀(草), 사람(人), 호랑이(虎), 새(鳥), 돌(石), 바위(岩) 등과 같이 같은 종류에 두루 쓰이는 명사를 보통명사라고 한다.

나. 固有名詞 (고유명사)

백두산(白頭山), 한강(漢江), 소나무(松), 잣나무(栢), 배추(白菜), 미나리(芹), 홍길동(洪吉童)과 같이 사람의 이름이나 특정한 사물에만 고정하여 불리운 명사를 고유명사라 한다.

다. 抽象名詞 (추상명사)

사랑(愛), 희망(希望), 용(龍), 혼(魂), 귀신(神)과 같이 형상은 없으나 낱낱의 형상에서 공통으로 뽑아 모아 결정한 생각(抽象的槪念)을 나타내는 명사를 추상명사라고 한다.

라. 複合名詞 (복합명사)

川魚(천어), 書冊(서책), 木馬(목마)와 같이 두 개의 명사가 합쳐져서 만들어 낸 명사를 복합명사라고 한다.

마. 動名詞 (동명사)

유성(流星) – 떨어지는 별, 주마(走馬) – 달리는 말, 비조(飛鳥) – 나는 새, 개문자(開門者) – 문을 여는 사람, 탄금대(彈琴臺) – 거문고 타는 집, 사자(蛇者) – 뱀 잡는 사람과 같이 동사가 명사화된 품사를 동명사라고 한다.

2. 代名詞 (대명사)

사람이나 事物의 이름을 대신하여 指稱하는 品詞를 대명사라하며 주로 主語, 目的語, 補語로 쓰인다.

가. 一人稱代名詞 (1인칭대명사)

일인칭대명사는 "나"를 指稱하는 것으로 我(아), 吾(오), 予(여), 余(여), 己(기), 台(태), 俺(암), 僕(복), 儂(농), 喒(잠) 等이 있다.

○ 我가 主語와 補語로 쓰인 例

"我(아)" 對曰(대왈) 無(무) 違(위)

我(아)	對曰(대왈)	無(무)	違(위)
주어 인칭대명사 나	술어 동사 대답하다	금지어 금지사 하지마라	보어 동사 어기다

論語爲政(논어위정)
"나는" 대답해 말하기를 어기는 일이 없는 것이라 하였다.

孟孫(맹손)	問(문)	孝(효)	於(어)	"我(아)"
주어	술어	목적어	조사어	보어
고유명사	동사	명사	전치사	인칭대명사
맹손	묻다	효도	~에게	나

論語爲政(논어위정)
맹손이 효도에 대하여 "나에게" 물었다.

○ 吾가 主語로 쓰인 例

"吾(오)"	與(여)	回(회)	言(언)	終日(종일)	不(불)	違(위)	如(여)	愚(우)
주어	조사어	주어	술어	보어	부정어	술어	긍정어	보어
인칭대명사	접속사	고유명사	동사	접두사	부정사	동사	형용사	형용사
나	와	안회	말하다	해가지도록	아니하다	어기다	~같다	어리석다

論語爲政(논어위정)
"나(孔子)"와 안회는 하루종일 말해도 마치 어리석은 듯이 거스르는 바가 없다.

○ 余가 主語로 쓰인 例

"余"家(여가)	貧(빈)	耕植(경식)	不足(부족)	以(이)	自給(자급)
주어	술어	주어	부정어	조사어	술어
관형사	형용사	동명사	부정사	전치사	명사
내 집	가난하다	갈고 심는것	~없다	~데	자급

歸去來辭 陶淵明(귀거래사 도연명) _ "내" 집은 가난하여 갈고 심는 것을 자급할 수가 없었다.

○ 予가 主語로 쓰인 例

"予(여)"	一人(일인)	有(유)	罪(죄)	無(무)	以(이)	爾萬方(이만방)
주어	보어	술어	목적어	술어	조사어	목적어
인칭대명사	관형사	형용사	명사	부정사	전치사	관형사
나	한 사람	있다	죄	없다	~의	너의 천하 백성

書傳湯誥(서전탕고) _ "나" 한 사람에게 죄가 있을 뿐이지 너의 천하 백성에겐 죄가 없다.

己가 補語로 쓰인 例

歸(귀)	罪(죄)	於(어)	"己(기)"
술어	목적어	조사어	보어
동사	명사	전치어	인칭대명사
돌리다	죄	~에게	나

大寶箴張蘊古(대보잠장온고)
모든 죄는 "나"에게 돌리고...

台가 主語로 쓰인 例

"台(태)"	小子(소자)	將(장)	天命(천명)	明(명)	威(위)	不(불)
주어	보어	자동어	주어	술어	목적어	부정어
인칭대명사	명사	자동사	관형사	동사	명사	부정사
나	소자	하려한다	하늘의 명령	밝히다	위엄	아니하다

敢(감)	赦(사)
부사어	술어
부사	동사
감히	용서하다

書傳仲虺(서전중훼)
"나" 소자(湯)는 하늘의 명령을 위엄있게 밝혀 감히(桀)을 용서하지 않으려 한다.

俺이 主語로 쓰인 例

"俺(암)"	幼時(유시)	嘗(상)	遊(유)	貴地(귀지)
주어	부사어	부사어	술어	목적어
인칭대명사	부사	부사	동사	관형사
나	어릴적	일찍이	놀다	귀하의 땅

於于野談義州兵將金漢英柳夢寅(어우야담의주병장김한영유몽인) _ "나는" 어릴 적에 일찍이 귀하의 땅을 유람하였습니다.

僕이 主語로 쓰인 例

"僕(복)"	聞之(문지)	戲(희)	爲(위)	絶句(절구)
주어	술어	보어	술어	목적어
인칭대명사	접미사	동사	동사	명사
나	듣고서	장난삼아	하다	절구

破閑集上李仁老
(파한집상이인로)
나도 듣고서 장난삼아 절구를 지었다.

"僕(복)"	與(여)	隴西湛之(농서담지)	嘗(상)	讀(독)	書(서)	於(어)
주어	조사어	주어	부사어	술어	목적어	조사어
인칭대명사	접속사	고유명사	부사	동사	명사	전치사
나	와	농서담지	일찍이	읽다	책	에서

此(차)

{지시어 / 지시대명사 / 여기}

破閑集上李仁老(파한집상이인로)
나와 농서담지(농서 사람 담지)는 일찍이 이 곳에서 책을 읽었다.

나. 二人稱代名詞 (2인칭 대명사)

2인칭 대명사는 1인칭 대명사 "나"의 상대방인 "너", "당신"을 指稱한 것으로 爾(이), 汝(여), 女(여), 而(이), 若(약), 乃, 迺(내), 子(자), 君(군), 伱, 尒, 你(이) 等이 있다.

○ 爾가 補語로 쓰인 例

王(왕) 曰(왈) 嗟(차) "爾(이)" 萬方有衆(만방유중)

王	曰	嗟	爾	萬方有衆
주어 명사 왕	술어 동사 말하다	감탄어 감탄사 아!	보어 인칭대명사 너희	보어 명사 천하백성

書傳湯誥(서전탕고)
왕(湯)이 감탄하여 말하였다.
"너희" 천하백성들아

○ 汝가 目的語로 쓰인 例

成王(성왕) 以(이) 桐葉(동엽) 與(여) 小弱弟(소약제) 戲(희)

成王	以	桐葉	與	小弱弟	戲
주어 고유명사 주나라 성왕	조사어 전치사 ~을	주어 명사 오동잎	술어 동사 주다	목적어 관형사 어린동생	보어 동사 장난삼아

曰(왈) 以(이) 封(봉) "汝(여)"

曰	以	封	汝
술어 동사 말하다	지시어 지시대명사 이 것	술어 동사 봉한다	목적어 인칭대명사 너

桐葉封弟辯 柳宗元(동엽봉제변 유종원)
성왕(주나라 무왕의 아들)이 오동잎을 어린 동생에게 주면서 장난삼아 말하기를 "너를" 봉(唐땅에)한다.

○ 女가 主語로 쓰인 例

子(자) 曰(왈) 女(여) "器(기)" 也(야)

子	曰	女	器	也
주어 명사 공자	술어 동사 말하다	주어 인칭대명사 너	술어 명사 그릇	조사어 종결사 ~다

論語公冶長(논어공야장)
공자께서 "너"(賜)는 그릇이다 라고 말하였다.

> 子貢이 問曰賜也는 何如있고하니 子曰女는 器也니라. 曰何器也있고 曰瑚璉也니라.
> 자 공 　 문 왈 사 야 　 하 여 　 　 자 왈 여 　 기 야 　 왈 하 기 야 　 왈 호 련 야

◎ 본문해설 ◎

자공(子貢)은 공자님의 제자이며 이름은 사(賜)이다. 자공이 "사는 어떠합니까" 하고 스스로를 평해달라고 孔子님께 말하니 공자께서 말씀하시기를 "너는 그릇이다"라고 하였다. 자공이 다시 "무슨 그릇입니까"하고 묻자 호련이라고 말씀하셨다.

호련(瑚璉)은 종묘에 쓰는 그릇으로 기장과 피로지은 밥을 담는 그릇으로 으뜸이 되는 그릇이다. 하(夏)나라에서는 瑚라하였고 상(商)나라에서는 璉이라고 불렀다. 즉, 器(그릇)이란 유용한 인재라는 뜻이다.

"女(여)"	弗(불)	能(능)	救(구)	與(여)
주어 인칭대명사 너	부정어 부정사 못하다	부사어 부사 능히	술어 동사 구하다	조사어 의문종결사 ~가?

論語八佾(논어팔일)
"네"가 능히 구할 수 없겠느냐?

◎ 女가 補語로 쓰인 例

子(자)	曰(왈)	由(유)	誨(회)	"女(여)"	知之(지지)	乎(호)
주어 고유명사 공자	술어 동사 말하다	목적어 고유명사 중유	술어 동사 가르치다	보어 인칭대명사 너	목적어 동명사 아는 것	조사어 의문종결사 ~할까

論語爲政(논어위정) _ 공자께서 중유(仲由)에게 말씀하셨다. "너"에게 앎이 무엇임을 가르쳐줄까?

◎ 본문해설 ◎

- 由는 孔子님의 제자로 姓은 仲이며, 字는 子路 또는 季路라고 한다.
- 誨(회) 동사 – 가르치다
- 知之(지지) 동명사 – 앎, 아는 것, 지식
- 뒷절은 誨앞에 主語, 我가 생략되어 있다. 한문에서 주어가 생략되는 경우가 종종 있다.

◎ 女가 目的語로 쓰인 例

吾(오)	語(어)	"女(여)"
주어 인칭대명사 나	술어 동사 말하다	목적어 인칭대명사 너

論語陽貨(논어양화)
내가 "너"에게 말하마.

○ 而가 主語로 쓰인 例

"而(이)"	忘(망)	越人(월인)	之(지)	殺(살)	而父(이부)	邪(야)
주어	술어	주어	조사어	술어	목적어	조사어
인칭대명사	동사	관형사	후치사	동사	관형사	의문종결사
너	잊다	월나라 사람	~이	죽이다	너의 아버지	~는가

十八史略(십팔사략) _ "너는" 월나라 사람이 너의 아버지를 죽인 것을 잊어버렸는가?

抑(억)	"而(이)"	强(강)	與?(여)
조사어	주어	술어	조사어
접속사	인칭대명사	형용사	의문종결사
아니면	너	강하다	~한가

中庸十章(중용십장)
아니면 "네가" 강한가?

"而(이)"	母(모)	婢(비)
주어	보어	술어
인칭대명사	명사	명사
너	어머니	종

戰國策趙策(전국책조책)
"너의" 어머니는 종이다

且(차)	"而(이)"
조사어	주어
접속사	인칭대명사
또한	너

論語微子(논어미자)
또한 "그대가"

○ 若이 補語로 쓰인 例

與(여)	"若(약)"	芧(저)	朝(조)	三(삼)	而(이)	暮(모)	四(사)
술어	보어	목적어	주어	술어	조사어	주어	술어
동사	인칭대명사	명사	명사	명사	접속사	명사	명사
주다	너	도토리	아침	세 개	~고	저녁	네 개

足(족)	乎?(호)
긍정어	조사어
긍정사	의문종결사
만족하다	~는가

列子黃帝(열자황제)
내가 "너에게" 도토리를 주되 아침엔 세 개, 저녁에는 네 개를 주면 만족하겠는가?

○ 본문해설 ○

宋나라 狙公(저공)이 원숭이를 기르면서 먹이를 줄여야 할 형편이 되어 원숭이에게 먹이를 아침에 3개, 저녁에 4개를 준다고 하였더니 모든 원숭이들이 모두 일어나 성을 내었다. 잠시 후 다시 아침에 4개, 저녁에 3

개를 주면 만족하겠는가? 하고 물었더니 모든 원숭이들이 모두 엎드려 기뻐하였다는 **列子**의 **黃帝編**에있는 이야기이다. (**與若芧朝三而暮四足乎? 衆狙皆起而怒俄而曰 與若芧朝四暮三足乎? 衆狙皆伏而喜**)

○ 若이 目的語로 쓰인 例

吾(오) 語(어) "若(약)"

吾(오)	語(어)	"若(약)"
주어 인칭대명사 나	술어 동사 말하다	목적어 인칭대명사 너

莊子人間世(장자인간세)
나는 "너"에게 말하겠다.

○ 若이 主語로 쓰인 例

吾翁(오옹)	卽(즉)	"若(약)"	翁(옹)
주어 관형사 나의 아버지	조사어 접속사 곧	주어 인칭대명사 너	술어 명사 아버지

史記 項羽本紀(사기 항우본기)
나의 아버지가 곧 "너의" 아버지이다.

○ 본문해설 ○

• **翁**(옹) 명사 – 늙은이, 아버지

"若(약)"	之(지)	盜(도)	私心(사심)
주어 인칭대명사 당신	조사어 후치사 ~의	술어 동사 도둑질	목적어 관형사 사심

列子天瑞(열자천서)
"당신의" 도둑질은 사심으로 한 것인가

"若(약)"	毒(독)	之(지)	乎?(호)
주어 인칭대명사 당신	술어 동사 싫어하다	지시어 지시대명사 그일	조사어 의문종결사 ~는가

捕蛇者說 柳宗元(포사자설 유종원)
"당신은" 그 일을 싫어하는가?

○ 본문해설 ○

• **之**(지) 는 **指示代名詞**로 **前文**에 나오는 포사(**捕蛇**) 뱀 잡는 일을 **指稱**한다.
• **乎**(호) 는 **疑問終決詞**로 이 **句**를 의문어로 만들었다.

"若(약)"	入(입)	室(실)	取(취)	金(금)
주어	술어	목적어	술어	목적어
인칭대명사	동사	명사	동사	명사
너	들어가다	방	취하다	돈

史記越王句踐世家(사기월왕구천세가)
"네가" 방에 들어가 돈을 가져 가거라.

"若(약)"	之(지)	夢(몽)	眞(진)	邪?(야)
주어	조사어	보어	술어	조사어
인칭대명사	후치사	명사	형용사	의문종결사
당신	~의	꿈	참되다	~가

列子周穆王(열자주목왕)
"당신"의 꿈이 참된 것일까?

虞(우)	兮!(혜)	虞(우)	兮!(혜)	奈(내)	"若(약)"	何?(하)
주어	감탄어	주어	감탄어	의문어	주어	의문어
고유명사	감탄사	고유명사	감탄사	의문사	인칭대명사	의문사
우미인	여	우미인	여	어찌	너	어찌

史記項羽本紀(사기항우본기) _ 우미인이여, 우미인이여 "너를" 어찌할 것이냐?

乃가 主語로 쓰인 例

"乃(내)"	祖(조)	成湯(성탕)
주어	보어	술어
인칭대명사	명사	고유명사
너	조상	탕 임금

書傳微子之命(서전미자지명)
"너의" 조상 탕 임금이

"乃(내)"	不(불)	良(량)	于(우)	言(언)
주어	부정어	술어	조사어	목적어
인칭대명사	부정사	형용사	전치사	명사
너	아니하다	옳다	에	말

書傳說命中(서전열명중)
"네" 말이 옳지 못하면

子가 述語로 쓰인 例

二三(이삼)	"子(자)"	也(자)
주어	술어	조사어
수사	인칭대명사	종결사
둘, 셋	자네	~다

論語先進(논어선진)
둘, 셋 "자네" 들이다

子가 主語로 쓰인 例

"子(자)"	奚(해)	不(불)	爲(위)	政?(정)
주어	의문어	부정어	술어	목적어
인칭대명사	의문사	부정사	동사	명사
선생님	어찌	아니하다	하다	정치

論語爲政(논어위정)
"선생님께선" 어찌하여 정치는 하지 않으십니까?

你가 主語로 쓰인 例

"你(이)"	國(국)	人(인)	治(치)	幾(기)	經?(경)
주어	보어	보어	술어	의문어	목적어
인칭대명사	명사	명사	동사	의문사	명사
너	나라	사람	다스리다	몇 가지	경서

於于野談燕讀 論語 柳夢寅(어우야담연독 논어 유몽인)
"너희" 나라 사람은 몇 가지 경서를 공부하는가?

你가 目的語로 쓰인 例

憐(인)	"你(이)"	新羅(신라)
술어	목적어	주어
동사	인칭대명사	고유명사
가엾게 여기다	너희	신라

三國史記 新羅本紀 文武王十一年
(삼국사기 신라본기 문무왕십일년)
"너희"를 가엾게 여겨 신라를~

並(인)	乞(기)	"你(이)"	新羅(신라)	永(이)	安逸(안일)
부사어	술어	목적어	주어	부사어	술어
부사	동사	인칭대명사	고유명사	부사	형용사
아울러	주다	너희	신라	영원히	편안하게하다

三國史記 新羅本紀 文武王十一年(삼국사기 신라본기 문무왕십일년) _
(백제 땅을(前文)) 아울러 "너희"에게 주어 신라를 영원히 편안하게 할 것이다.

본문해설

- 乞(걸) 은 동사로 求乞하다로 쓰일 때는 독음이 "걸"이요, 동사로 與(주다)로 쓰일 때는 독음이 "기"이다.

君이 主語로 쓰인 例

使(사)	"君(군)"	之(지)	子孫(자손)
사역어	주어	조사어	보어
사역동사	인칭대명사	후치사	명사
하여금	자네	~의	자손

思亭記陳師道(사정기진사도)
"자네"의 자손들로 하여금

다. 三人稱代名詞 (3인칭 대명사)

3인칭 대명사는 제3자를 指稱한 것으로 彼(피), 渠(거), 伊(이), 夫(부) 等이 있다.

○ 彼가 主語로 쓰인 例

“彼(피)”	人(인)	也(야)	予(여)	人(인)	也(야)
주어	술어	조사어	주어	술어	조사어
인칭대명사	명사	종결사	대명사	명사	종결사
그 사람	사람	~이다	나	사람	이다

原毁韓愈(원훼한유)
“그 사람”도 사람이고
나도 사람이다.

○ 渠가 補語로 쓰인 例

君相之位(군상지위)	皆(개)	“渠輩(거배)”	爲之(위지)	奈何?(내하)
주어	부사어	보어	술어	의문어
관형사	부사	인칭대명사	동사	의문사
임금과 재상의 자리	모두	그 들	~하다	어찌하나

金史(금사) _ 임금과 재상의 자리는 모두 “그들”이 차지하니 어찌하면 좋을까?

○ 본문해설 ○

- 人稱代名詞뒤에 輩(배), 等(등), 曹(조), 屬(속), 儕(제)가 붙으면 複數가 된다.
- 吾等(오등) 우리들
- 若曹(약조) 너희들
- 汝等(여등) 너희들
- 汝儕(여제) 너희들
- 女屬(여속) 너희들
- 彼等(피등) 그 들

○ 渠가 主語로 쓰인 例

“渠(거)”	欲(욕)	食(식)	一日(일일)	三食(삼식)	故(고)	屈(굴)
주어	자동어	술어	보어	목적어	조사어	술어
인칭대명사	자동사	동사	명사	명사	접속사	동사
그 분	하려한다	먹다	하루	세 끼	그래서	구부리다

三指(삼지)	我(아)	欲(욕)	食(식)	一日(일일)	五時(오시)	故(고)
목적어	주어	자동어	술어	보어	목적어	조사어
명사	인칭대명사	자동사	동사	명사	명사	접속사
세 손가락	나	하려한다	먹다	하루	다섯 끼	그래서

屈(굴)	五指(오지)
술어	목적어
동사	명사
구부리다	세 손가락

於于野談 詔使識人 柳夢寅(어우야담 조사식인 유몽인)
"그 이는" 하루 세 끼를 드시고자 하기 때문에 그래서 세 손가락을 구부린 것이고, 나는 하루 다섯 끼를 먹어야 하기에 그래서 다섯 손가락을 구부린 것입니다.

"渠(거)"	何(하)	敢(감)	唐突(당돌)	作(작)	惡聲(오성)
주어	의문어	부사어	보어	술어	목적어
인칭대명사	의문사	부사	형용사	동사	명사
저것	어찌	감히	당돌	내다	나쁜소리

於于野談術士黃轍 柳夢寅(어우야담술사황철 유몽인) _ "저것이" 어찌 감히 나쁜 소리를 내는 것이냐

○ 伊가 主語로 쓰인 例

一雨(일우)	三日(삼일)	"伊(이)"	誰(수)	之(지)	力?(력)
술어	목적어	주어	의문어	조사어	술어
접두사	명사	인칭대명사	의문대명사	후치사	명사
한 번 내린 비	삼 일	그	누구	~의	힘

喜雨亭記蘇軾(희우정기소식) _ 한 번 비가 내리면 3일이 나오니 "그" 누구의 힘일까?

○ 夫가 主語로 쓰인 例

非(비)	"夫(부)"	人(인)	爲(위)	慟(통)	而(이)	誰(수)	爲?(위)
부정어	주어	보어	술어	목적어	조사어	의문어	술어
부정사	인칭대명사	명사	동사	동명사	접속사	의문대명사	동사
아니다	그 이	사람	위하여	슬퍼하는 것	~고	누구	위하다

論語先進(논어선진) _ 그 사람을 위하여 슬퍼하지 아니하고 누구를 위하여 슬퍼할 것인가?

"夫(부)"	人(인)	不(불)	言(언)	言(언)	必(필)	有(유)	中(중)
주어	보어	술어	목적어	술어	부사어	술어	목적어
인칭대명사	명사	부정사	명사	동사	부사	형용사	명사
그 이	사람	아니하다	말	말하다	반드시	있다	맞음

論語先進(논어선진) _ "그" 사람이 말을 아니할찌언정 말을 하면 반드시 맞는 바가 있을 것이다.

라. 不定稱代名詞 (부정칭 대명사)

呼稱이 定하여 지지 아니한 대명사를 부정칭대명사라고 하며 或(혹), 某(모) 等이 있다.

○ 或이 主語로 쓰인 例

"或(혹)"	進以經(진이경)	世(세)	"或(혹)"	退以存(퇴이존)	身(신)
주어 대명사 어떤 사람	술어 동사 나아가 다스리다	목적어 명사 세상	주어 대명사 어떤 사람	술어 동사 물러나 보존하다	목적어 명사 몸

秦少游字敍陳師道(진소유자서진사도) _ "어떤 사람은" 나아가 세상을 다스리고, "어떤 사람은" 물러나 몸을 보존하였다.

"或(혹)"	謂(위)	孔子(공자)
주어 대명사 어떤 사람	술러 동사 말하다	목적어 고유명사 공자

論語爲政(논어위정)
"어떤 사람" 이 공자님께 말하였다.

○ 某가 主語로 쓰인 例

"某(모)"	在(재)	公之宇下(공지우하)	非(비)	一日(일일)
주어 대명사 아무개	술어 형용사 있다	목적어 관형사 공의 제자	술어 부정사 아니다	목적어 명사 하루

爲人求薦書韓愈(위인구천서한유) _ "아무개"가 공의 제자로 있는 지가 하루 날이 아닌데

마. 疑問代名詞 (의문대명사)

의문의 뜻을 나타내는 대명사를 의문대명사라고 한다. 의문대명사로는 孰(숙), 誰(수) 等이 있으며, 疑問語를 만든다.

"孰(숙)"	知(지)	賦斂之毒(부렴지독)	有(유)	甚(심)	蛇者(사자)	乎?(심)
의문어 의문대명사 어느 사람	술어 동사 알다	주어 관형사 과세의 해독	술어 형용사 있다	비교어 명사 심함	보어 동명사 뱀 잡는 것	조사어 의문종결사 ~가

捕蛇者說 柳宗元(포사자설 유종원) _ 과세의 해독이 뱀을 잡는 것보다 심함이 있다는 것을 "어느 사람"이 알겠는가?

師(사)	與(여)	商(상)	也(야)	"孰(숙)"	賢?(현)
주어 고유명사 사	조사어 접속사 ~와	주어 고유명사 상	조사어 접속사 ~는	의문어 의문대명사 어느 사람	술어 형용사 어질다

論語先進(논어선진)
사와 상은 "어느 사람"이 더 어집니까?

◎ 본문해설 ◎

- 師(사) 孔子의 弟子로 子張(자장)의 이름임.
- 商(상) 孔子의 弟子로 子夏(자하)의 이름임.

身(신)	與(여)	貨(화)	"孰(숙)"	多(다)
주어 명사 몸	조사어 접속사 ~과	주어 명사 돈	의문어 의문대명사 어느 것	술어 형용사 귀하다

楚簡老子第五章(초간노자제오장)
몸과 돈은 "어느 것"이 더 귀한가?

◎ 본문해설 ◎

- 多(다) 형용사 – 많다, 비싸다, 귀하다

"誰(수)"	能(능)	紀(기)	傳(전)	之(지)	邪(야)
의문어 의문대명사 어느 사람	부사어 부사 능히	술어 동사 기록하다	목적어 명사 전기	조사어 후치사 ~을	조사어 의문종결사 ~가

與韓愈論史書 柳宗元
(여한유논사서 유종원)
"어느 사람"이 능히 전기(역사)를 기록할 수 있겠습니까?

"誰(수)"	能(능)	盡(진)	善(선)
의문어 의문대명사 어느 사람	부사어 부사 능히	술어 동사 다하다	목적어 명사 착함

與韓荊州書 李白
(여한형주서 이백)
"어느 사람"이 능히 착함을 다하리요?

千載(천재)	"誰(수)"	賞(상)
주어 명사 천년	의문어 의문대명사 어떤 사람	술어 동사 감상하다

北山移文孔稚圭
(북산이문공치규)
천년을 두고 "어떤 사람"이 감상해 줄까?

바. 指示代名詞 (지시대명사)

지시대명사란 事物이나 사람 場所 等을 이것은 ~하고 저것은 ~하다 라고 指稱하는 대명사이다. 지시대명사로는 其(기), 此(차), 是(시), 斯(사), 厥(궐), 之(지), 旃(전), 焉(언), 諟(시), 以(이) 等이 있다.

其

子(자)	曰(왈)	道(도)	"其(기)"	不(불)	行(행)	矣(의)	夫(부)
주어	술어	목적어	지시어	술어	목적어	조사어	감탄어
고유명사	동사	명사	지시대명사	부정사	동사	종결사	감탄사
공자	말하다	도	그도	아니하다	행하다	~다	아!

中庸五章(중용오장) _ 孔子께서 도에 대하여 말씀하시기를 그 도는 아마도 행하여지지 못할 것 같구나!

본문해설

- 夫(부) 구말에서 感嘆詞로 쓰여 안타까움을 나타낸다.

子(자)	曰(왈)	舜(순)	"其(기)"	大(대)	知(지)	也(야)	與(여)
주어	술어	목적어	지시어	부사어	술어	조사어	조사어
고유명사	동사	고유명사	지시대명사	부사	명사	종결사	의문종결사
공자	말하다	순임금	순임금	크게	지혜	이다	~는가

上同六章(상동육장) _ 孔子님께서 순임금에 대하여 말씀하셨다."순임금"은 크게 지혜로운 분이 아니겠는가?

본문해설

- 與(여) 의문종결사로 문장을 의문화시켰으며 **孔子**는 순임금이 묻기를 좋아하고 천박한 사람의 말도 살피기를 좋아하시며 나쁜 것은 숨기고 좋은 것은 들추게 하였으며 양끝을 잡아 그 가운데(중용)를 백성에게 적용하시였기에 (**好問而好察邇言**하시며 **隱惡**이 **揚善**하며 **執其兩端**하야 **用其中於民**하다.) 순임금은 크게 지혜로운 분이 아니겠는가? 라고 하였다.

大德(대덕)	必(필)	得(득)	"其(기)"	位(위)
주어	부사어	술어	지시어	목적어
관형사	부사	동사	지시대명사	명사
큰 덕망	반드시	얻다	큰 덕망에 맞는	자리

中庸十七章(중용십칠장)
큰 덕망은 반드시 "그 덕망에 합당한" 자리를 얻으며

此

臣(신)	有(유)	大罪(대죄)	而(이)	主(주)	弗(불)	禁(금)	"此(차)"
주어	술어	목적어	조사어	주어	술어	목적어	지시어
명사	형용사	관형사	접속사	명사	부정사	동사	지시대명사
신하	있다	큰죄	~데	임금	아니하다	금하다	금하지 아니한 것

大失(대실)	也(야)
술어 관형사 큰 실수	조사어 종결사 ~다

孤憤韓非子(고분한비자)
신하에게 큰 죄가 있는데도 임금이 금하지 아니한 것은 "금지하지 아니한 것" 이것이 큰 실수이다.

○ 본문해설 ○

- 而(이) 접속사 – 동사(구)와 동사(구)를 이어주는 접속사이다.

○ 是

不(불)	愛(애)	人之身(인지신)	"是(시)"	以(이)	不(불)	憚(탄)
부정어 부정사 아니하다	술어 동사 아끼다	목적어 관형사 남의 몸	지시어 지시대명사 남의 몸을 아끼지 아니한 것	조사어 접속사 ~은	부정어 부정사 아니하다	술어 동사 꺼리다

擧(거)	其身(기신)	以(이)	賊(적)	人之身(인지신)
술어 동사 들다	목적어 관형사 자기몸	조사어 접속사 ~서	술어 동사 해치다	목적어 관형사 남의 몸

墨子兼愛篇(묵자겸애편) _ 남의 몸을 아끼지 아니한 것은 이는 자기 몸 드는 것을 꺼려하지 아니하고 남의 몸을 해치는 것이다.

嗟呼(차호)	風俗(풍속)	頹弊(퇴폐)	如(여)	"是(시)"
감탄어 감탄사 아! 슬프다	주어 명사 풍속	술어 동사 무너지고 기울어지다	보어 형용사 같다	지시어 지시대명사 이것

小學善行(소학선행)
아! 슬프도다 풍속무너지고 기울어짐이 "이와 같으니"

○ 본문해설 ○

- 是(시) 가 指稱하는 것은 前章에 나오는 食非多品(먹을 것이 여러 가지로 많지 않으면) 器皿滿案(그릇과 접시가 상에 가득하지 아니하면) 人爭非之(사람들이 다투어 그르다고 한다) 等이다.

○ 斯

後之覽者(후지남자)	亦(역)	將(장)	有(유)	感(감)	於(어)	"斯(사)"
주어 관형어 뒷날에 보는 사람	부사어 부사 또 한	자동어 자동사 하려하다	술어 형용사 있다	목적어 명사 감회	조사어 전치사 ~에	지시어 지시대명사 이(난정기)

文(문)

文
보어 명사 글

蘭亭記 王羲之(낙정기 왕희지)
뒷날 이 글을 보는 사람도 또한 "이 글" (난정기)에 감회 있게 하고자 한다.

○ 厥

"厥(궐)"	父(부)	菑(치)	"厥(궐)"	子(자)
지시어 지시대명사 그	주어 명사 아비	술어 동사 밭을 갈다	지시어 지시대명사 그	주어 명사 아들

書傳大誥(서전대고)
그 아비가 갈아 논 밭에 그 아들이

○ 본문해설 ○

• 菑(치)는 명사로 쓰일 때는 따비(밭을 파고 가는 농기구) 밭(田)이란 뜻이고, 동사로 쓰일 때에는 밭을 갈다 혹은 밭을 개간 한다는 뜻으로 쓰인다. 菑를 "재앙"의 뜻으로 쓸 때는 "재"로 읽는다.

○ 之

人之生(인지생)	也(야)	直(직)	罔(망)	"之(지)"	生(생)	幸(행)
주어 관형사 사람의 생리 (生理)	조사어 후치사 ~는	술어 명사 곧 다	부정어 부정사 없다	지시어 지시대명사 이것(直)	주어 명사 생리(生理)	부사어 부사 요행이

而(이)	免(면)
조사어 접속사 ~이	술어 동사 면하다

論語雍也(논어옹야)
사람의 生理(本性)는 곧은 것이다.
곧지 아니한 생리는 요행이 액운을 면한 것이다.

○ 본문해설 ○

• 指示代名詞 "之"는 直을 指稱한다.

曷(갈)	不(불)	爲(위)	飮之(음지)	"之(지)"	易(이)	也?(야)
반어어 의문사 어찌	부정어 부정사 아니하다	술어 동사 하다	목적어 접미사 물을 마시는 것	지시어 지시대명사 물을 마시듯이	보어 형용사 쉬운	조사어 의문종결사 ~는가?

原道韓愈(원도한유) _ "물을 마시듯이" 쉬운 물 마시는 일을 어찌하여 하지 아니하겠는가?

○ 본문해설 ○

• 指示代名詞 "之"는 爲飮之를 指稱한다.

○ 諟

顧(고) "諟(시)" 天之明命(천지명명)

{ 술어 / 동사 / 돌아보다 } { 지시어 / 지시대명사 / 하늘의 밝은 명 } { 목적어 / 관형사 / 하늘의 밝은 명 }

大學傳一章(대학전일장)
"이" 하늘의 밝은 命(명)을 돌아 본다

○ 본문해설 ○

- 命(명) – ① 하늘이 主體가 된 삶에 對한 意志 = 목숨
  ② 하늘의 밝은 意志 = 命令

3. 數詞 (수사)

사물(事物)의 수효(數爻)와 량(量)을 나타내는 품사로 명사처럼 쓰이나 홀로 쓰이는 경우는 드물고 주로 다른 품사의 앞뒤에 붙어 쓰인다.

○ 名詞 앞에 쓰인 例

- 百尺竿頭(백척간두) _ 백 척이 되는 장대 끝
- 千丈斷崖(천장단애) _ 천 길 낭떠러지
- 百歲老人(백세노인) _ 백 살노인
- 三十五歲(삼십오세) _ 서른 다섯 살

○ 名詞 뒤에 쓰인 例

- 列車十兩(열차십량) _ 열차 열 칸
- 倚子一個(의자일개) _ 의자 한 개
- 年二十五(연이십오) _ 나이 25살

○ 動詞 뒤에 쓰인 例

- 新制二十八字(신제이십팔자) _ 새로 28자를 만들어
- 步行十里(보행십리) _ 십리를 걸어서

補語로 쓰인 例

人(인) "一(일)" 能之(능지) 己(기) 百(백) 之(지)

人(인)	一(일)	能之(능지)	己(기)	百(백)	之(지)
주어 명사 남	보어 수사 한가지	술어 접미사 능하게 하다	주어 인칭대명사 나	보어 수사 백가지	술어 동사 능하게 하다

中庸二十章(중용이십장) _ 남이 한 가지를 능하게 하면 나는 백 가지를 능하게 한다.

본문해설

- 能(능) 은 형용사로 능하다인데 뒤에 접미사 之(지)에 依하여 進行態(진행태) 動詞로 轉成되어 "능하게 하다"란 뜻이 된다. 후단의 之(지)는 앞에 能이 생략되었다.

目的語로 쓰인 例

回(회) 也(야) 聞(문) "一(일)" 以(이) 知(지) "十(십)"

回(회)	也(야)	聞(문)	一(일)	以(이)	知(지)	十(십)
주어 고유명사 안회	조사어 후치사 는	술어 동사 듣다	목적어 수사 하나	조사어 접속사 면	술어 동사 알다	목적어 수사 열

論語公冶長(논어공야장)
안회는 하나를 들으면 열을 알고

본문해설

- 回(회) 는 고유명사로 孔子의 弟子 顔回임.

冠刑詞(관형사)가 되어 主語로 쓰인 例

"三"代之治(삼대지치)

三代之治
주어 관형사 삼대(三代)의 정치

藥戒張耒(약계장뢰)
三代(夏(하)殷(은)周(주))의 정치

數詞와 數詞사이에 有字가 쓰인 例

子(자) 曰(왈) 吾(오) "十有五(십유오)" 而(이) 志(지) 於(어) 學(학)

子(자)	曰(왈)	吾(오)	十有五(십유오)	而(이)	志(지)	於(어)	學(학)
주어 고유명사 공자	술어 동사 말하다	주어 인칭대명사 나	보어 수사 열 다섯	조사어 접속사 ~에	술어 동사 뜻을두다	조사어 전치사 ~에	목적어 명사 학문

論語爲政(논어위정) _ 孔子께서 말씀하셨다. 나는 열 다섯살에 학문에 뜻을 두었다.

◎ 본문해설 ◎

• 有(유) 에는 우리말로 "하고"라는 뜻 외에 별다른 뜻이 있다고 볼 수 없다.

堯典(요전) 曰(왈) "二十有八(이십유팔)" 載(재)

堯典	曰	二十有八	載
주어 명사 요전	술어 동사 이르다	보어 수사 이십팔	보어 명사 년(해)

孟子萬章上(맹자만장상)
요전에 이르기를 "이십 팔"년

◎ 본문해설 ◎

• 堯典(요전) 은 書傳에 있는 編名(편명)이다.

朞(기) "三百有六旬有六日(삼백유육순유육일)" 以(이) 閏月(윤월)

朞	三百有六旬有六日	以	閏月
주어 명사 한 돌(1년)	술어 (수사+명사) 복합명사 삼백육십육 일	조사어 접속사 과	보어 명사 윤달

定(정) 四時(사시) 成(성) 歲(세)

定	四時	成	歲
술어 동사 정하다	목적어 명사 네 계절	술어 동사 이루다	목적어 명사 해

書傳堯典(서전요전)
일년은 "삼백육십육"일과 윤달로서
네 계절을 정하여 한 해를 이룬다.

◎ 본문해설 ◎

• 旬(순) 은 십일(十日)을 뜻하며 한 달(月)을 上, 中, 下, 旬으로 나눈다.

4. 形容詞 (형용사)

事物의 形象이나 狀態(상태) 및 性質(성질)을 나타내는 품사를 형용사라 하며 述語(술어)나 補語(보어)로 쓰이며 冠形詞(관형사)를 만들어 명사처럼 쓰인다.

◎ 述語로 쓰인 例

山(산) "高(고)" 水(수) "淸(청)"

山	高	水	淸
주어 명사 산	술어 형용사 높다	주어 명사 물	술어 형용사 맑다

산은 "높고" 물은 "맑다".

木(목) "在(재)" 山(산) 馬(마) "在(재)" 肆(사)

木	在	山	馬	在	肆
주어 명사 나무	술어 형용사 있다	목적어 명사 산	주어 명사 말	술어 형용사 있다	목적어 명사 시장

爲人求薦書 韓愈(위인구천서 한유) _ 나무는 산에 있고, 말은 시장에 있다.

擧世(거세) 皆(개) "濁(탁)" 我(아) 獨(독) "淸(청)"

擧世	皆	濁	我	獨	淸
주어 관형사 온 세상	부사어 부사 모두	술어 형용사 탁하다	주어 인칭대명사 나	부사어 부사 홀로	술어 형용사 맑다

漁父辭屈原(어부사굴원) _ 온 세상이 모두 "혼탁한데' 나 홀로 "깨끗하다".

○ 冠形詞를 만들어 主語로 쓰인 例

"淸風(청풍)" 徐(서) 來(래) 水波(수파) 不(불) 興(흥)

淸風	徐	來	水波	不	興
주어 관형사 맑은 바람	부사어 부사 천천히	술어 동사 오다	주어 관형사 물결	부정어 부정사 아니하다	술어 동사 일어나다

前赤壁賦蘇軾(전적벽부소식) _ "맑은 바람"이 천천히 불어오니 물결도 일어나지 아니하다.

○ 본문해설 ○

• 明月(명월)-밝은 달, 香草(향초)-향기로운 풀, 大魚(대어)-큰 물고기, 瑞雲(서운)-상서로운 구름 等은 形容詞(형용사)가 名詞(명사) 앞에 붙어서 만들어진 冠形詞(관형사)이다.

5. 動詞 (동사)

事物(사물)의 움직임을 나타내는 말을 動詞라고 하며 動詞는 主로 述語(술어)로 쓰이나 목적어로도 쓰이며 冠形詞(관형사)나 動名詞(동명사)가 되어 명사처럼 쓰인다. 특히, 否定詞나 자동사가 술어인 경우네는 목적어로 쓰이며, 自動詞는 自動語를 만든다.

가. 動詞의 쓰임

主語를 修飾하는 述語로 쓰인 例

龍(용)	"見(현)"	於(어)	閼英井(알영정)
주어	술어	조사어	목적어
명사	동사	전치사	고유명사
용	나타나다	에	알영못

三國史記 新羅本紀 始祖五年
(삼국사기 신라본기 시조오년)
용(주어)이 알영못에 나타났다.

臣(신)	之(지)	未(미)	"解(해)"	一(일)	也(야)
주어	조사어	부정어	술어	보어	조사어
명사	후치사	부정사	동사	수사	종결사
신하	이	못하다	풀다	하나	~다

後出師表 諸葛亮
(후출사표 제갈량)
신(주어)이 이해하지 못할 한 가지입니다.

吾(오)	"嗟(차)"	爾(이)	之(지)	爲(위)	生(생)
주어	술어	주어	조사어	술어	목적어
인칭대명사	동사	인칭대명사	후치사	동사	명사
나	슬퍼하다	너	~의	하는 것	삶

憎蒼蠅賦 歐陽修
(증창승부 구양수)
나는 네가 살아있는 것을 슬퍼하노라

目的語를 修飾하는 述語로 쓰인 例

舅(구)	"奪(탈)"	母志(모지)
주어	술어	목적어
명사	동사	관형사
외삼촌	빼앗다	어머니 뜻

陳情表 李密(진정표 이밀)
외삼촌이 어머니의 뜻을 빼앗았다.

齊(제)	"攻(공)"	宋(송)
주어	술어	목적어
고유명사	동사	고유명사
제나라	공격하다	송나라

韓非子 說林(한비자 설림)
제나라가 송나라를 공격하였다.

先(선)	"齊(제)"	其(기)	家(가)
부사어	술어	지시어지시	목적어
부사	동사	대명사	명사
먼저	가지런히하다	자기 집	집

大學經一章(대학경일장)
먼저 자기 집부터 가지런히 한다.

月(월)	"出(출)"	於(어)	東山之上(동산지상)
주어	술어	조사어	목적어
명사	동사	전치사	관형사
달	뜨다	~에서	동산 위

前赤壁賦蘇軾(전적벽부소식)
달은 동산 위에서 떠오르고

동사化된 접미사가 目的語를 修飾하는 述語로 쓰인 例

"筆之(필지)" 於(어) 其(기) 書(서)

筆之	於	其	書
술어 접미사 기록하다	조사어 전치사 ~에	지시어 지시대명사 그	목적어 명사 책

原道韓愈(원도한유)
그 책에 기록하였다.

본문해설

- 之(지) 는 접미사로 명사인 筆(붓)을 동사인 기록하다로 轉成(전성)시켰다.
- 其(기) 는 지시대명사로 孔子家語(공자가어)를 지칭한다.

動詞가 述語의 目的語로 쓰인 例

英靈(영령) 之(지) "來(래)" "歆(흠)"

英靈	之	來	歆
주어 명사 신령	조사어 후치사 ~은	술어 동사 오다	목적어 동사 흠향하다

弔意帝文 金宗直(조의제문 김종직)
신령께서는 "오셔서" "흠향하소서"

後(후) "値(치)" "傾覆(경복)"

後	値	傾覆
부사어 부사 뒤에	술어 동사 만나다	목적어 동사 기울어 넘어지다

出師表 諸葛亮(출사표 제갈량)
뒤에 나라가 "기울어 넘어질" 지경을 "만나서"

"求(구)" "明(명)" 湯武之功名(탕무지공명)

求	明	湯武之功名
술어 동사 구하다	목적어 동사 밝히다	보어 관형사 탕왕과 무왕의 공과 명예

荀子彊國(순자강국)
탕왕과 무왕의 공과 명예를
"구하여" "밝히다"

補語를 修飾하는 述語로 쓰인 例

"表(표)" 以(이) "聞(문)"

表	以	聞
보어 명사 표	조사어 후치사 ~로	술어 동사 아뢰다

陳情表 李密(진정표 이밀)
"표(表)로서" "아뢰옵니다"

본문해설

- 表(표) 는 文(문)이나 書(서)와 通(통)하는 뜻이다.

否定詞인 述語의 目的語로 쓰인 例

不(불) "行(행)" 矣(의)

不	行	矣
술어 부정사 아니하다	목적어 동사 행하여지다	조사어 종결사 ~이다

中庸五章(중용오장)
~은 행하여지지 아니할 것이다.

主(주) 弗(불) "禁(금)" 此(차) 大失(대실) 也(야)

主	弗	禁	此	大失	也
주어 명사 임금	술어 부정사 아니하다	목적어 동사 금하다	지시어 지시대명사 이것	술어 관형사 큰 실수	조사어 종결사 ~이다

孤憤韓非子(고분한비자) _ 임금께서 금하지 아니한 것 이것이 큰 실수이다.

不能(불능) "從(종)" 焉(언)

不能	從	焉
술어 부정사 못하다	목적어 동사 따르다	조사어 종결사 ~다

後赤壁賦蘇軾(후적벽부소식)
따르지 못하였다.

自動詞가 述語인 目的語로 쓰인 例

欲(욕) "渡(도)" 無(무) 梁(량)

欲	渡	無	梁
술어 자동사 하고자 하다	목적어 동사 건너다	술어 부정사 없다	목적어 명사 다리

三國史記 高句麗本紀
(삼국사기 고구려본기)
"건너고자" 하였으나 다리가 없었다.

無(무) 欲(욕) "速(속)"

無	欲	速
금지어 금지사 하지마라	술어 자동사 하려고하다	목적어 동사 속히 하다

論語子路(논어자로)
속히 하려 하지 마라.

나. 動詞의 三態

자동태(自動態)	피동태(被動態)	사동태(使動態)
~하다 옷(衣)을 입다	~이 되었다 옷(衣)을 입히다	~하도록 하다 옷(衣)을 입게 하다
동작이 다른데 미치지 아니하고 스스로에게 한정	동작이 외부로부터 미쳐 들어옴	동작이 외부에 미쳐 행동하도록 함
자동사를 사용하여 동작이 스스로에게 한정	피동조동사가 다음에 오는 동사를 피동사화하여 피동태가 됨	사역조동사가 다음에 오는 동사를 사역동사화 하여 사동태가 됨
자동사 落(락), 來(래), 流(류), 走(주), 飛(비), 鳴(명) 등 사용	피동조동사 見(견), 被(피), 爲(위), 동사 + 於 등 사용	사역조동사 敎(교), 使(사), 令(령), 作(작), 以(이), 便(편) 등 사용

〈 **자동태(自動態) 例** 〉

- 果落(과락) 과일이 떨어지다
- 春來(춘래) 봄이 왔다
- 水流(수류) 물이 흐르다
- 馬走(마주) 말이 달린다
- 鳥飛(조비) 새가 날다
- 鳥鳴(조명) 새가 운다

〈 **피동태(被動態) 例** 〉

- 見疑(견의) 의심을 받다
- 見惡(견오) 미움을 받다
- 被殺(피살) 죽임을 당하다
- 爲諸侯(위제후) 제후가 되었다
- 制於人(제어인) 남에게 제압당하다
- 忠而被謗(史記)(충이피방) 충성을 다하고도 비방을 당하다. 謗(방) 헐뜯다, 비방하다
- 厚者爲戮 薄者見疑(후자위륙 박자견의) 사이가 두터운 사람은 죽임을 당하고, 사이가 엷은 사람은 의심을 받는다. 〈說難韓非子〉
- 厚(후) 두텁다
- 戮(륙) 죽이다
- 薄(박) 엷다
- 疑(의) 의심하다

〈 **사동태(使動態) 例** 〉

- 若教回首却嫣然(약교회수각언연) 그로 하여금 고개 돌려 웃게 한다면
- 若(약) 만약
- 却(각) 물리치다, 물러가다 란 뜻을 가진 글자이나 여기선 若~却으로 만약~한다면의 뜻으로 쓰였다.
- 嫣(언) 예쁘다, 웃다
- 作乂(작예) 다스려지게 하였다
- 以業諸侯(이업제후) 제후들의 업이 되게 한다
- 賢婦令夫貴(현부령부귀) 현명한 지어미는 지아비를 귀하게 만든다. 〈明心寶鑑〉
- 賢(현) 어질다
- 婦(부) 지어미
- 夫(부) 지아비
- 貴(귀) 귀하다
- 使衆人入罪(사중인입죄) 여러 사람으로 하여금 죄를 짓게 만들다. 〈三國史記 列傳劒君〉

다. 自動詞 (자동사)

자동사는 **文句**의 앞에서 **主動者**가 앞으로 하고자 하는 바를 **文章** 속에 나타나게 하는 **動詞**로서 **自動語**를 만든다. 자동사로는 欲(욕), 將(장), 請(청), 願(원), 庶(서), 冀(기) 等이 있다.

欲의 用例

"欲(욕)"	渡(도)	無(무)	梁(량)
술어	목적어	술어	목적어
자동사	동사	부정사	명사
하려고 하다	건너다	없다	다리

三國史記 高句麗本紀
(삼국사기 고구려본기)
"건너고자" 하였으나 다리가 없었다.

"欲(욕)"	鎭(진)	倭兵(왜병)
자동어	술어	목적어
자동사	동사	명사
하고자 하다	진압하다	왜군

三國遺事 萬波息笛
(삼국유사 만파식적)
왜병을 진압 "하고자 하여"

"欲(욕)"	明(명)	明德(명덕)	於(어)	天下者(천하자)
자동어	술어	목적어	조사어	보어
자동사	동사	관형사	전치사	명사
하고자 하다	밝히다	밝은 덕	~에	천하, 사람

大學經一章(대학경일장) _ 밝은 덕을 천하에 "밝히고자" 하는 사람

"欲(욕)"	食(식)	一日(일일)	五時(오시)
자동어	술어	보어	목적어
자동사	동사	명사	명사
하고자 하다	먹다	하루	다섯 끼니

於于野談 柳夢寅
(어우야담 유몽인)
하루에 다섯 끼를 "먹고자 하여"

將의 用例

"將(장)"	旁礴(방박)	萬物(만물)	以(이)	爲(위)	一(일)
자동어	술어	목적어	조사어	술어	목적어
자동사	동사	명사	접속사	동사	명사
하려하다	크게 버물려서	만물	~서	하다	하나

莊子逍遙遊(장자소요유) _ 만물을 크게 버물려서 하나가 되게 "하려고 한다"

"將(장)" 嫁(가) 於(어) 衛(위)

將	嫁	於	衛
자동어 자동사 하려 하다	술어 동사 가다	조사어 전치사 ~로	목적어 고유명사 위나라

列子天瑞(열자천서)
위나라로 "가려고 하였다"

請의 用例

"請(청)" 致(치) 天下(천하)

請	致	天下
자동어 자동사 원하여 바라다	술어 동사 맡아서 다스리다	목적어 명사 천하

莊子逍遙遊(장자소요유)
천하를 맡아서 다스려 줄 것을 "원하였다"

願의 用例

"願(원)" 陛下(폐하) 託(탁) 臣(신) 以(이) 討(토) 賊(적)

願	陛下	託	臣	以	討	賊
자동어 자동사 원하여 하고자 하다	주어 명사 폐하	사역어 사역동사 ~하게 하다	보어 명사 신하	부사어 부사 ~으로서	술어 동사 토벌하다	목적어 명사 적군

出師表 諸葛亮(출사표 제갈량) _ 폐하께서는 신으로 적을 토벌하도록 하여 주시기를 "원하여 바라나이다"

"願(원)" 爲(위) 諸君(제군) 快(쾌) 戰(전)

願	爲	諸君	快	戰
자동어 자동사 ~하겠다	술어 동사 위하여	목적어 명사 제군	술어 형용사 통쾌하게	목적어 명사 싸움

三國史記 項羽本紀
(삼국사기 항우본기)
제군을 위하여 통쾌하게 싸워 "주겠다"

庶의 用例

"庶(서)" 竭(갈) 駑鈍(노둔) 攘除(양제) 姦兇(간흉)

庶	竭	駑鈍	攘除	姦兇
자동어 자동사 ~하려고 하다	술어 동사 다하다	목적어 명사 노둔함	술어 동사 밀쳐내버리다	목적어 명사 흉악한 무리

出師表 諸葛亮(출사표 제갈량) _ 노둔한 힘을 다하여 흉악한 무리를 "밀쳐내 버리려고 합니다"

◎ 冀의 用例

"冀(기)" 英靈(영령) 之(지) 來(래) 歆(흠)

冀(기)	英靈(영령)	之(지)	來(래)	歆(흠)
자동어	주어	조사어	술어	목적어
자동사	명사	후치사	동사	동사
~하기를 바라다	신령	~은	오다	흠향하다

弔意帝文 金宗直

(조의제문 김종직)

신령께서는 오셔서 흠향하시기 "바라나이다"

6. 副詞 (부사)

부사는 行動(행동)과 形狀(형상), 時間(시간)의 狀態(상태)를 修飾(수식)하는 품사로서 主로 動詞와 形容詞를 수식하나 명사나 부사를 수식하기도 하며 文章의 句(구)나 節(절)을 수식하는 品詞이다.

◎ 動詞를 修飾하는 例

新沐者(신목자) "必(필)" 彈(탄) 冠(관)

新沐者(신목자)	必(필)	彈(탄)	冠(관)
주어	부사어	술어	목적어
관형사	부사	동사	명사
새로 머리 감은 이	반듯이	털다	갓

漁父辭屈原(어부사굴원)

새로 머리감은 이는 반듯이 갓을 털고

◎ 본문해설 ◎

- "부사" 必(필)이 "동사" 彈(탄)을 수식한다.

"數數(삭삭)" "來往(내왕)"

數數(삭삭)	來往(내왕)
부사어	술어
부사	동사
자주 자주	오고가다

三國遺事 太宗春秋公

(삼국유사 태종춘추공)

자주 자주 오고 가다

◎ 본문해설 ◎

- "부사" 數(삭)이 "동사" 來往(내왕)을 수식한다.

◎ 形容詞를 修飾하는 例

奢子(사자) 心(심) "常(상)" "貧(빈)"

奢子(사자)	心(심)	常(상)	貧(빈)
주어	보어	부사어	술어
관형사	명사	부사	형용사
사치스런 사람	마음	항상	가난하다

明心寶鑑(명심보감)

사치스러운 사람의 마음은 항상 가난하다.

본문해설

- "부사" 常(상)이 "형용사" 貧(빈)을 수식한다.

"漸(점)" 不(불) 喜(희) "鬧(뇨)"

漸(점)	不(불)	喜(희)	鬧(뇨)
부사어	부정어	술어	목적어
부사	부정사	동사	형용사
점점	아니하다	좋아하다	시끄러움

答韋中立書 柳宗元
(답위중립서 유종원)
점점 시끄러운 것은 좋아하지 않게 되었다.

본문해설

- "부사" 漸(점)이 "형용사" 鬧(뇨)를 수식한다.

目(목) 容(용) "必(필)" "端(단)"

目(목)	容(용)	必(필)	端(단)
주어	보어	부사어	술어
명사	명사	부사	형용사
눈	모양	반드시	단정하다

四子小學(사자소학)
눈 모양(가짐)은 반드시 단정하여야 하고

본문해설

- "부사" 必(필)이 "형용사" 端(단)을 수식한다.

惟(유) 人(인) "最(최)" "貴(귀)"

惟(유)	人(인)	最(최)	貴(귀)
부사어	주어	부사어	술어
부사	명사	부사	형용사
오직	사람	가장	귀하다

童蒙先習(동몽선습)
오직 사람이 가장 귀하다

본문해설

- "부사" 最(최)가 "형용사" 貴(귀)를 수식한다.

名詞를 修飾하는 例

"雖(수)" "賁育(분육)" 不(불) 行(행) 能(능)

雖(수)	賁育(분육)	不(불)	行(행)	能(능)
부사어	주어	부정어	술어	부사어
부사	고유명사	부정사	동사	부사
비록	분육	없다	하다	능히

韓非子安危(한비자안위)
비록 힘이 센 분육이라 할지라도 능히 할 수 없을 것이다.

본문해설

- "부사" 雖(수)이 "고유명사" 賁育(분육 : 중국 上代 힘센 장사)을 수식한다.

求(구) 無不(무불) 獲者(획자) "惟(유)" "書(서)" 乎(호)

求(구)	無不(무불)	獲者(획자)	惟(유)	書(서)	乎(호)
술어	부정어	목적어	부사어	술어	종결어
동사	부정사	동명사	부사	명사	종결사
추구하다	않음이 없다	얻는 것	오직	책	다

李君山房記蘇軾(이군산방기소식) _ 추구하여 얻지 못함이 없는 것은 오직 책이다

◎ 본문해설 ◎ • "부사" 惟(유)가 "명사" 書(서)를 수식한다.

"常與(상여)" "朱蒙(주몽)" 遊戲(유희)

常與(상여)	朱蒙(주몽)	遊戲(유희)
부사어	주어	술어
부사	고유명사	동사
항상, 더불어	주몽	놀다

三國遺事 高句麗(삼국유사 고구려)
金蛙(금와)는 항상 주몽과 더불어 즐겁게 놀았다.

◎ 본문해설 ◎ • "부사" 常(상)과 與(여)가 "고유명사" 朱蒙(주몽)을 수식한다.

"惟(유)" "人(인)" 最(최) 貴(귀)

惟(유)	人(인)	最(최)	貴(귀)
부사어	주어	부사어	술어
부사	명사	부사	형용사
오직	사람	가장	귀하다

童蒙先習(동몽선습)
오직 사람이 가장 귀하다

◎ 본문해설 ◎ • "부사" 惟(유)가 "명사" 人(인)을 수식한다.

◎ 副詞를 修飾하는 例

"漸漸(점점)" "疾(질)" 走(주)

漸漸(점점)	疾(질)	走(주)
부사어	부사어	술어
부사	부사	동사
점점	빨리	달리다

점점 빨리 달린다.

◎ 본문해설 ◎ • "부사" 漸漸(점점)이 "부사" 疾(질)을 수식한다.

鮑叔(포숙) "終(종)" "善(선)" 遇之(우지)

鮑叔(포숙)	終(종)	善(선)	遇之(우지)
주어	부사어	부사어	술어
고유명사	부사	부사	접미사
포숙아	끝내	잘	대우하다

史記管晏列傳(사기관안열전)
포숙아는 끝내 잘 대우(관중)하였다.

◎ 본문해설 ◎ • "부사" 終(종)이 "부사" 善(선)을 수식한다.

文章의 句를 修飾하는 例

"況(황)" "生馬(생마) 乎?(호)"

況(황)	生馬(생마)	乎?(호)
부사어	주어	조사어
부사	관형사	의문종결사
하물며	산 말	~가

戰國策(전국책)
하물며 살아있는 말은 어떡하겠습니까?

본문해설

• "부사" 況(황)이 生馬乎(생마호)란 의문구를 수식한다.

"雖(수)" "不能(불능) 至(지)"

雖(수)	不能(불능)	至(지)
부사어	부정어	술어
부사	부정사	동사
비록	못하다	이르다

史記孔子世家(사기공자세가)
비록 이르지는 못하나

본문해설

• "부사" 雖(수)가 不能至(불능지)라는 술어구를 수식한다.

文章의 節을 修飾한 例

"俄(아)" 而(이) 主人(주인) 饋(궤) 祭飯(제반)

俄(아)	而(이)	主人(주인)	饋(궤)	祭飯(제반)
부사어	조사어	주어	술어	목적어
부사	접속사	관형사	동사	관형사
잠시	~에	주인	주다	제사 밥

明心寶鑑 孝行
(명심보감 효행)
잠시 뒤에 주인이 제사 밥을 주었다.

본문해설

• "부사" 俄(아)가 主人饋祭飯(주인궤제반)이란 절을 수식한다.

"常(상)" 欺(기) 鮑叔(포숙) 鮑叔(포숙) 終(종) 善(선) 遇之(우지)

常(상)	欺(기)	鮑叔(포숙)	鮑叔(포숙)	終(종)	善(선)	遇之(우지)
부사어	술어	목적어	주어	부사어	부사어	술어
부사	동사	고유명사	고유명사	부사	부사	접미사
항상	속이다	포숙아	포숙아	끝내	잘	대우하다

史記管晏列傳(사기관안열전) _ 항상(管仲), 포숙아(鮑叔牙)를 속였다. 그러나 포숙아는 관중을 끝내 잘 대우하여 주었다.

본문해설

• "부사" 常(상)은 欺鮑叔과 鮑叔終善遇之란 두 節을 수식한다.

"必(필)" 不(불) 傷害(상해) 無罪之民(무죄지민)

必(필)	不(불)	傷害(상해)	無罪之民(무죄지민)
부사어	부정어	술어	목적어
부사	부정사	동사	관형사
반드시	아니하다	해치다	죄없는 백성

荀子正論(순자정론)
반드시 죄없는 백성을 해치지 아니한다.

본문해설

• "부사" 必은 文節全體를 수식하고 있다.

◎ 擬態副詞로 쓰여 動詞를 修飾한 例

"驅(구)" 馬(마) "悠悠(유유)"

驅	馬	悠悠
술어	목적어	부사어
동사	명사	부사
몰다	말	느릿느릿

詩傳國風鄘(시전국풍용)
느릿느릿 말을 몰아

○ 본문해설 ○

- "의태부사" 悠悠(유유)가 "동사" 驅(구)를 수식한다.

◎ 擬聲副詞로 쓰여 動詞를 修飾한 例

"伐(벌)" 木(목) "丁丁(정정)" 鳥(조) "鳴(명)" "嚶嚶(앵앵)"

伐	木	丁丁	鳥	鳴	嚶嚶
술어	목적어	부사어	주어	술어	부사어
동사	명사	부사	명사	동사	부사
베다	나무	쩌렁쩌렁	새	울다	앵앵

詩傳國風小雅(시전국풍소아) _ 나무베는 소리가 쩌렁쩌렁하고 새 우는 소리는 앵앵거리는구나

○ 본문해설 ○

- "의성부사" 丁丁(정정)은 동사 伐(벌)을 수식하고, "의성부사" 嚶嚶(앵앵)은 동사 鳴(명)을 수식한다.

◎ 時間과 時期를 나타내는 時間副詞

시간부사로는 終(종-끝내), 俄(아-잠시), 今(금-이제), 旣(기-이미), 初(초-처음), 先(선-먼저), 後(후-뒤에), 方(방-방금), 須(수-잠깐), 嘗(상-일찍이) 等이 있다.

鮑叔(포숙) "終(종)" 善(선) 遇之(우지)

鮑叔	終	善	遇之
주어	부사어	부사어	술어
고유명사	부사	부사	접미사
포숙아	끝내	잘	대우하다

史記管晏列傳(사기관안열전)
포숙아는 (관중)을 "끝내" 잘 대우하여 주었다.

"俄(아)" 而(이) 主人(주인) 饋(궤) 祭飯(제반)

俄	而	主人	饋	祭飯
부사어	조사어	주어	술어	목적어
부사	접속사	관형사	동사	관형사
잠시	~에	주인	주다	제사밥

明心寶鑑 孝行
(명심보감 효행)
잠시 뒤에 주인이 제사밥을 주었다.

"今(금)" 天下(천하) 三(삼) 分(분)

今	天下	三	分
부사어	주어	보어	술어
부사	명사	명사	동사
지금	천하	셋	나누다

出師表 諸葛亮(출사표 제갈량)
"지금" 천하는 셋으로 나누어졌다.

"旣(기)" 無(무) 叔伯(숙백)

旣	無	叔伯
부사어	술어	목적어
부사	부정사	명사
이미	없다	숙부, 백부

陳情表 李密(진정표 이밀)
"이미" 숙부도 백부도 없다.

"先(선)" 入(입) 南(남)

先	入	南
부사어	술어	목적어
부사	동사	명사
먼저	침공	남방

後出師表 諸葛亮(후출사표 제갈량)
"먼저" 남방을 침공하다.

"後(후)" 値(치) 傾(경) 覆(복)

後	値	傾覆
부사어	술어	목적어
부사	동사	동사
뒤에	만나다	기울어 넘어지다

出師表 諸葛亮(출사표 제갈량)
"뒤에" 나라가 기울어 넘어질 지경을 만나서

"方(방)" 是(시) 時(시) 劉氏(유씨) 旣(기) 安(안) 矣(의)

方	是	時	劉氏	旣	安	矣
부사어	지시어	보어	주어	부사어	술어	조사어
부사	지시대명사	명사	고유명사	부사	명사	종결사
바로	이	때	유방	이미	안정	~다

高祖論 蘇洵(고조론 소순) _ "바로" 이 때에는 한나라는 이미 안정되었다.

7. 冠形詞 (관형사)

형용사(形容詞)나 동사(動詞), 수사(數詞)가 명사 앞에서 명사를 수식(修飾)하여 명사의 꼴을 바꾼 품사를 관형사라하며 명사처럼 쓰인다.

○ 形容詞의 修飾을 받은 例

"黃" 菊

황	국
형용사	명사
노란국화	

"白" 玉

백	옥
형용사	명사
하얀구슬	

"大" 樹

대	수
형용사	명사
큰 나무	

"青" 山

청	산
형용사	명사
푸른 산	

動詞의 修飾을 받은 例 (※동사의 수식을 받은 관형사는 동명사로도 통한다.)

"流	水"	"走	馬"	"落	花"
유	수	주	마	낙	화
동사	명사	동사	명사	동사	명사
흐르는 물		달리는 말		떨어진 꽃잎	

數詞의 修飾을 받은 例

"百	川"	"千	軍"	"萬	馬"
백	천	천	군	만	마
수사	명사	수사	명사	수사	명사
여러줄기 냇물		많은 군사		수 많은 말	

主語로 쓰인 例

"落花(낙화)"	難(난)	上(상)	枝(지)
주어	보어	술어	목적어
관형사	형용사	동사	명사
떨어진 꽃	어렵다	올리다	가지

五燈會元(오등회원)
"떨어진 꽃잎은" 가지에 올려 놓기 어렵다.

"百川(백천)"	異(이)	源(원)	皆(개)	歸(귀)	于(우)	海(해)
주어	술어	목적어	부사어	술어	조사어	목적어
관형사	형용사	명사	부사	동사	전치사	명사
여러 냇물	다르다	근원	모두	돌아가다	~로	바다

淮南子(회남자) _ "여러냇물"은 근원은 다르지만 모두 바다로 돌아간다.

主語와 目的語로 쓰인 例

"大樹(대수)"	下(하)	無(무)	"美草(미초)"
주어	보어	술어	목적어
관형사	명사	형용사	관형사
큰 나무	밑	없다	고운 풀

說苑(설원)
"큰 나무" 밑에는 "고운 풀"이 없다.

冠形詞가 二音節 以上이면 그 사이에 之나 于가 들어간다.

給(급) "上下之衣食(상하지의식)" 及(급) 吉凶之費(길흉지비)

給	上下之衣食	及	吉凶之費
술어 동사 주다	목적어 관형사 위 아래 옷과 밥	조사어 접속사 ~과	목적어 관형사 길사와 흉사의 비용

小學嘉言(소학가언) _ "위 아래 옷과 음식과" "길사와 흉사의 비용을" 주다.

問(문) "柿之來歷(시지내력)"

問	柿之來歷
술어 동사 묻다	목적어 관형사 감의 내력

明心寶鑑 孝行續篇(명심보감 효행속편)
"감(홍시)에 대한 내력을" 묻고

口(구) 乃(내) "心之門(심지문)"

口	乃	心之門
주어 명사 입	조사어 접속사 곧	술어 관형사 마음의 문

菜根譚洪自誠(채근담홍자성)
입은 곧 "마음의 문이다"

"有達于理者(유달우이자)" 得(득) 不(불) 恐(공) 而(이) 畏(외) 乎?(호)

有達于理者	得	不	恐	而	畏	乎?
주어 관형사 이치에 통달한 사람	긍정어 긍정사 하다	술어 부정사 아니하다	목적어 동사 겁내다	조사어 접속사 ~고	술어 동사 두려워하다	조사어 의문종결사 ~가?

送薛存義序柳宗元(송설존의서유종원) _ "이치에 통달한 사람"이라면 두려워하며 겁내지 않을 수 있겠습니까?

8. 助詞 (조사)

助詞란 다른 말의 위나 아래 또는 사이 **文句**나 **文章**의 끝에서 그 관계나 뜻을 도와서 **文章**의 **構成內容**을 더욱 **明確**히 하여주는 품사를 조사라고 한다. **助詞**는 하는 일에 따라서 **前置詞**(전치사), **後置詞**(후치사), **終結詞**(종결사), **疑問終結詞**(의문종결사), **接續詞**(접속사), **限定終結詞**(한정종결사), **感嘆終結詞**(감탄종결사) **等**이 있다.

가. 前置詞 (전치사)

명사나 대명사 또는, 명사구 앞에서 뒤에 오는 말의 관계를 **明瞭**(명료)하게 하여 주는 조사를 전치사라고 한다. 전치사로는 **於**(어), **于**(우), **乎**(호), **以**(이) **等**이 쓰인다.

○ 於는 場所와 位置를 나타내는 데 쓰여진다.

見(견) 執事(집사) "於(어)" 益州(익주)

見	執事	於	益州
술어 동사 만나다	목적어 명사 집사	조사어 전치사 에서	보어 고유명사 익주

上田樞密書蘇洵(상전추밀서소순)
선생님을 익주"에서" 만나뵈오니

○ 본문해설 ○ • 執事(집사) 일을 담당한 사람, 선생님을 높이 부르는 말

少時(소시) 讀(독) 書(서) "於(어)" 廬山五老峰(여산오로봉)

少時	讀	書	於	廬山五老峰
부사어 부사 젊어서	술어 동사 읽다	목적어 명사 책	조사어 전치사 에서	보어 고유명사 여산오로봉

下(하) 白石菴(백석암)

下	白石菴
보어 형용사 아래	보어 고유명사 백석암

山房記 蘇軾(산방기 소식)
젊어서 여산오로봉 아래 백석암"에서" 공부하였다.

子路(자로) 宿(숙) "於(어)" 石門(석문)

子路	宿	於	石門
주어 고유명사 자로	술어 동사 묵다	조사어 전치사 에서	목적어 고유명사 석문

論語憲問(논어헌문)
자로가 석문"에서" 묵었다.

見(견) 殺(살) "於(어)" 齊(제) 也(야)

見	殺	於	齊	也
술어 피동사 당하다	목적어 명사 죽임	조사어 전치사 에서	보어 고유명사 제나라	조사어 종결사 ~이다

爭臣論韓愈(쟁신론한유)
제나라에서 죽임을 당하였다.

○ 於는 時間이나 時代를 나타내는 데도 쓰인다.

士(사) 之(지) 生(생) "於(어)" 是(시) 時(시)

士	之	生	於	是	時
주어 명사 선비	조사어 후치사 ~은	술어 형용사 살았던	조사어 전치사 에서	지시어 지시대명사 이	목적어 명사 시대

李君山房記蘇軾
(이군산방기소식)
이 시대"에" 살았던 선비들은

至(지) "於(어)" 老死(노사) 不(불) 識(식) 兵革(병혁)

至	於	老死	不	識	兵革
보어 동사 이르다	조사어 전치사 에	주어 관형사 늙어죽음	부정어 부정사 못하다	술어 동사 알다	목적어 명사 군사, 갑옷

表忠觀碑蘇軾
(표충관비소식)
늙어서 죽음"에" 이르도록 전쟁을 알지 못한다.

於는 比較를 나타내는 데 쓰인다.

賢(현)	"於(어)"	古人(고인)	遠(원)	矣(의)
술어	조사어	목적어	부사어	조사어
형용사	전치사	관형사	부사	종결사
현명하다	~보다	옛날 사람	훨씬	~다

錢塘勤上人詩集序蘇軾
(전당근상인시집서소식)
옛날 사람"보다" 훨씬 현명하였다.

尤(우)	長(장)	"於(어)"	詩(시)
부사	술어	조사어	목적어
부사어	동사	전치사	명사
더욱	잘하다	~을	시

錢塘勤上人詩集序蘇軾
(전당근상인시집서소식)
"시를" 더욱 잘 지었다.

何(하)	以(이)	異(이)	"於(어)"	昔(석)
의문어	조사어	술어	조사어	목적어
의문사	후치사	형용사	전치사	명사
무엇	~이	다르다	~과	옛날

子長遊贈蓋邦式馬存
(자장유증갑방식마존)
무엇이 "옛날과" 다르겠는가?

無(무)	望(망)	民(민)	之(지)	多(다)	"於(어)"	隣國(인국)	也(야)
금지어	술어	주어	조사어	술어	조사어	목적어	조사어
금지사	동사	명사	후치사	형용사	전치사	관형사	종결사
하지마라	바라다	백성	~이	많다	보다	이웃 나라	~다

孟子梁惠王(맹자양혜왕) _ 백성이 "이웃 나라보다" 많아지기를 바라지 마십시오.

於는 事物이나 狀況을 指稱하는 데 쓰인다.

有(유)	志(지)	"於(어)"	學(학)
술어	목적어	조사어	보어
형용사	명사	전치사	명사
있다(두다)	뜻	~에	학문

稼說送同年張琥蘇軾
(가설송동년장호소식)
"학문에" 뜻을 두었다.

無(무)	所用(소용)	"於(어)"	世(세)
술어	목적어	조사어	보어
부정사	접두사	전치사	명사
없다	쓸 데	~에	세상

李君山房記蘇軾
(이군산방기소식)
"세상에" 쓸 데가 없으니

問(문)	名(명)	"於(어)"	余(여)
술어	목적어	조사어	보어
동사	명사	전치사	인칭대명사
묻다	이름	~에게	나

思亭記陳師道
(사정기진사도)
그 이름을 "나에게" 물었다.

問(문)	"於(어)"	不(불)	能(능)
술어	조사어	술어	목적어
동사	전치사	부정사	명사
묻다	~에게	아니하다	유능함

論語泰伯(논어태백)
"무능한 사람에게" 묻고

今(금)	"於(어)"	其(기)	書(서)	觀之(관지)
부사어	조사어	지시어	주어	술어
부사	전치사	지시대명사	명사	접미사
지금	~을	그	책	보면

子長遊贈蓋邦式馬存
(자장유증갑방식마존)
지금 "그 책을" 보면

爲(위)	人君(인군)	止(지)	"於(어)"	仁(인)
술어	목적어	술어	조사어	목적어
동사	관형사	동사	전치사	명사
되다	남의 임금	머무르다	~에	어짐

大學傳三章(대학전삼장)
남의 임금이 되어서는 "어진 상태에" 머물러야 한다.

好謀之士(호모지사)	敗(패)	"於(어)"	謀(모)
주어	술어	조사어	목적어
관형사	동사	전치사	명사
꾀를 부리는 사람	망하다	~로	꾀

書五代郭崇韜傳後張耒
(서오대곽숭도전후장뢰)
꾀를 잘 부리는 사람은 "꾀로" 망하고

好辯之士(호변지사)	敗(패)	"於(어)"	辯(변)
주어	술어	조사어	목적어
관형사	동사	전치사	명사
말 잘하는 사람	망하다	~로	말

書五代郭崇韜傳後張耒
(서오대곽숭도전후장뢰)
말을 잘하는 사람은 "말로" 망한다.

○ 于도 於처럼 場所와 位置를 나타내는 데 쓰인다.

伯夷叔齊(백이숙제)	餓(아)	"于(우)"	首陽山之下(수양산지하)
주어	술어	조사어	목적어
고유명사	동사	전치사	관형사
백이와 숙제	굶어죽다	~에서	수양산 아래

論語季氏(논어계씨) _ 백이숙제는 수양산 "아래에서" 굶어죽었다.

○ 본문해설 ○

- **伯夷叔齊**(백이숙제) 는 **孤竹君**(고죽군)의 두 아들로 백이가 형이요, 숙제가 아우이다.
- **殷**(은)나라 **紂**(주)왕이 난정을 펼치니 은나라 제후국인 **周**(주)나라 **武王**(무왕)이 무력혁명을 일으키려 하자 이를 제지하려 하였으나 실패하자 주나라 곡식은 먹지 않겠다고 수양산에 들어가 고사리를 꺾어 먹다가 굶어죽었다.

交(교)	交(교)	黃鳥(황조)	止(지)	"于(우)	桑(상)"
부사어	술어	주어	술어	조사어	목적어
부사	동사	명사	동사	전치사	명사
서로 서로	벗을 삼아	꾀꼬리	머무르다	~에	뽕나무

詩傳國風唐(시전국풍당)
꾀꼬리 벗을 지어
"뽕나무에" 앉았구나!

遷客騷人(천객소인)	多(다)	會(회)	"于(우)	此(차)"
주어	부사어	술어	조사어	지시어
명사	부사	동사	전치사	지시대명사
귀양 온 사람, 시인	많이	모이다	~에	이 곳

岳陽樓記范仲淹(악양루기범중엄)
귀양 온 사람과 시인들이
"이 곳에" 많이 모여들었다.

◎ 본문해설 ◎

- 騷人(소인) 은 楚(초)나라 屈原(굴원)이 離騷經(이소경)을 지은 다음부터 詩人이나 隱遁文人(은둔문인)을 騷人(소인)이라 부르게 되었다.

○ 于도 於처럼 比較를 나타내는 데 쓰인다.

飮(음)	酒(주)	不(불)	醉(취)	甚(심)	"于(우)	活(활)	埋(매)"
술어	목적어	부정어	술어	술어	조사어	부사어	술어
동사	명사	부정사	동사	형용사	전치사	부사	동사
마시다	술	아니하다	취하다	힘들다	보다	산 채로	묻히다

晋書劉伶傳(진서유령전) _ 술을 마시고 취하지 않기란 산채로 묻히는 것"보다" 힘들다.

○ 于도 於처럼 事物이나 狀況 等을 指稱하는 데 쓰인다.

自(지)	六經(육경)	下(하)	之(지)	"于(우)	諸子百氏(제자백씨)"
술어	목적어	부사어	술어	조사어	목적어
동사	명사	부사	동사	전치사	명사
시작하여	육경	아래로는	이르다	~에	제자 백가

答李推官書張耒(답이추관서장뢰) _ 육경으로 시작하여 아래로는 "제자 백가에" 이르기까지

◎ 본문해설 ◎

- 六經(육경) 詩經(시경), 書經(서경), 易經(역경), 春秋(춘추), 禮記(예기), 樂經(악경) 혹은 악경 代身 周禮(주례)
- 諸子百氏(제자백씨) 춘추전국시대 一家(일가)의 학설을 제창한 여러 학자의 학설

士(사) 見(견) "于(우)" 大父(대부)

士	見	于	大父
주어 명사 선비	술어 동사 만나다	조사어 전치사 ~을	목적어 명사 대부

上林秀州書陳師道
(상임수주서진사도)
선비가 "대부를" 만나려면

○ 乎도 時代나 時間을 나타내는 데 쓰인다.

志(지) "乎(호)" 古(고)

志	乎	古
주어 명사 뜻	조사어 전치사 ~에	술어 명사 옛

荀子天論(순자천론)
뜻을 "옛것에" 두었다.

○ 乎도 於나 于처럼 장소나 위치를 나타내는 데 쓰인다.

充(충) "乎(호)" 天地間(천지간)

充	乎	天地間
술어 동사 채우다	조사어 전치사 ~에	목적어 명사 하늘 땅 사이

上樞密韓太尉書蘇轍
(상추밀한태위서소철)
"하늘과 땅 사이에" 가득차서

○ 乎도 比較를 나타내는 데 쓰인다.

莫大(막대) "乎(호)" 尊(존) 親(친)

莫大	乎	尊	親
비교어 형용사 더 큰 것은 없다	조사어 전치사 ~보다	술어 동사 높이다	목적어 명사 어버이

孟子萬章(맹자만장)
어버이를 "높이는 것보다" 더 큰 것은 없다.

道(도) 莫大(막대) "乎(호)" 仁義(인의)

道	莫大	乎	仁義
주어 명사 도	비교어 형용사 더 큰 것은 없다	조사어 전치사 ~보다	보어 명사 어짐과 의리

送浮屠文暢師序韓愈
(송부도문창사서한유)
도는 "어짐과 의리보다" 더 큰 것은 없다.

莫見(막현) "乎(호)" 隱(은) 莫見(막현) "乎(호)" 微(미)

莫見	乎	隱	莫見	乎	微
비교어 형용사 더 잘 나타나는 것은 없다	조사어 전치사 ~보다	보어 명사 숨은 것	비교어 형용사 더 잘 나타나는 것은 없다	조사어 전치사 ~보다	보어 명사 작은 것

中庸一章(중용일장) _ "숨은 것보다" 더 잘 나타나는 것은 없고, "작은 것보다" 더 잘 나타나는 것은 없다.

罪(죄) 莫厚(막후) “乎(호)” 甚(심) 欲(욕)

罪	莫厚	乎	甚	欲
주어	비교어	조사어	부사어	보어
명사	형용사	전치사	부사	명사
죄	더 무거운 것이 없다	보다	심한	욕심

楚簡老子十章(초간노자십장)
죄는 “심한 욕심보다” 더 무거운 것이 없다.

乎는 事物이나 狀況을 나타내는 데 쓰인다.

聲(성) 不(불) 絶(절) “乎(호)” 耳(이)

聲	不	絶	乎	耳
주어	술어	목적어	조사어	보어
명사	부정사	동사	전치사	명사
음악	아니하다	끊어지다	에서	귀

管仲論蘇洵(관중론소순)
음악이 “귀에서” 끊어지지 아니하고

今(금) 拜(배) “乎(호)” 上(상)

今	拜	乎	上
부사	술어	조사어	목적어
부사어	동사	전치사	명사
지금은	절하다	에서	당 위

論語子罕(논어자한)
지금은 “당 위에서” 배례하니

素(소) 富貴(부귀) 行(행) “乎(호)” 富貴(부귀)

素	富貴	行	乎	富貴
부사	주어	술어	조사어	목적어
부사어	형용사	동사	전치사	형용사
본래	부귀	행세하다	~로	부귀

中庸十四章(중용십사장)
본래부터 부귀하여서는 “부귀한 처지로” 행세하며

好(호) 學(학) 近(근) “乎(호)” 知(지)

好	學	近	乎	知
술어	목적어	술어	조사어	목적어
동사	명사	형용사	전치사	명사
좋아하다	학문	가깝다	~에	아는 것

中庸二十章(중용이십장)
배우기를 좋아하는 것은 “아는 것에” 가깝고

榮辱之責(영욕지책) 在(재) “乎(호)” 己(기)

榮辱之責	在	乎	己
주어	술어	조사어	목적어
관형사	형용사	전치사	명사
영예와 굴욕의 책임	있다	에게	자기

韓非子大體(한비자대체)
영예와 굴욕의 책임은 “자기에게” 있다.

나. 後置詞 (후치사)

후치사는 다른 품사의 뒤에 붙어서 그 뜻을 더해주고 앞의 말과의 관계를 나타내는 **役割**을 하여주는 **助詞**를 후치사라고 한다. 후치사에는 **之**(지), **者**(자), **也**(야), **乎**(호), **以**(이) **等**이 있다.

之는 所有의 뜻을 나타내는 데 쓰인다.

天子(천자) "之(지)" 宰相(재상)

天子	之	宰相
주어 명사 천자	조사어 후치사 ~의	술어 명사 재상

上田樞密書蘇洵
(상전추밀서소순)
"천자의" 재상이

國(국) "之(지)" 語音(어음) 異(이) 乎(호) 中國(중국)

國	之	語音	異	乎	中國
주어 명사 나라	조사어 후치사 ~의	보어 명사 말, 소리	술어 형용사 다르다	조사어 전치사 ~에	목적어 고유명사 중국

訓民正音
(훈민정음)
"나라의" 말과 소리가
중국과 달라

仁(인) 人(인) "之(지)" 安(안) 宅(택) 也(야)

仁	人	之	安	宅	也
보어 명사 어짐	주어 명사 사람	조사어 후치사 ~의	부사어 부사 편안한	술어 명사 집	조사어 종결사 ~다

孟子離婁(맹자이루)
어짐은 "사람의" 편안한 집이요

中也者(중야자) 天下(천하) "之(지)" 大(대) 本(본) 也(야)

中也者	天下	之	大	本	也
보어 관형사 중용	주어 명사 천하	조사어 후치사 ~의	부사어 부사 커다란	술어 명사 근본	조사어 종결사 ~라

中庸一章(중용일장) _ 중용은 "천하의" 큰 근본이다.

之는 時代나 時間을 나타내는 데 쓰인다.

古(고) "之(지)" 君子(군자)

古	之	君子
주어 명사 옛날	조사어 후치사 ~의	술어 명사 군자

田表聖奏議書蘇軾(전표성주의서소식)
"옛날의" 군자는

今(호) "之(지)" 學者(학자)

今	之	學者
주어 명사 지금	조사어 후치사 ~의	술어 명사 학자

李君山房記蘇軾(이군산방기소식)
"오늘날의" 학자는

之는 主格으로도 쓰인다.

物(물)	“之(지)”	不(부)	全(전)	物(물)	“之(지)”	理(리)	也(야)
주어	조사어	술어	목적어	주어	조사어	술어	조사어
명사	후치사	부정사	형용사	명사	후치사	명사	종결사
만물	~이	아니하다	온전하다	만물	~의	이치	~다

評甫文集後書陳師道(평보문집후서진사도) _ “만물이” 온전하지 못한 것은 “만물의” 이치이다.

者는 主로 主格으로 쓰인다.

誠(성)	“者(자)”	天地(천지)	道(도)	也(야)
주어	조사어	보어	술어	조사어
명사	후치사	명사	명사	종결사
정성	~은	하늘, 땅	도	~다

中庸二十章(중용이십장)
“정성은” 하늘과 땅의 도리이다.

聞(문)	也(야)“者(자)”	色(색)	取(취)	仁(인)	而(이)	行(행)	違(위)
주어	조사어	보어	술어	목적어	조사어	보어	술어
명사	후치사	명사	동사	명사	접속사	명사	동사
소문	이란, 것	얼굴	취하다	어짐	~고	행동	그르게 하다

論語顔淵(논어안연) _ “소문이란 것”은 얼굴로 인(仁)을 취하고 행동은 그르게 한다.

成(성)	室屋(실옥)	“者(자)”	匠氏(장씨)	之(지)	功(공)	也(야)
술어	목적어	조사어	주어	조사어	술어	조사어
동사	명사	후치사	명사	후치사	명사	종결사
짓다	집	~것	목수	~의	공	~다

進學解韓愈(진학해한유) _ “집을 짓는 것”은 목수의 공이요

者는 指示格으로 쓰인다.

修(수)	身(신)	在(재)	正(정)	其(기)	心(심)	“者(자)”
술어	목적어	보어	술어	지시어	목적어	조사어
동사	명사	형용사	동사	지시대명사	명사	후치사
닦다	몸	있다	바르게 하다	그	마음	하는 것

大學傳七章(대학전칠장) _ 몸을 닦는 것이 그 마음을 바르게 “하는 것”에 있다는 것은

致(치)	知(지)	在(재)	格(격)	物(물)	"者(자)"
술어 동사 이르다	목적어 명사 지혜	보어 형용사 있다	술어 동사 접하다	목적어 명사 사물	조사어 후치사 하는 것

大學傳五章(대학전오장)
지혜에 이름이 사물을 접"하는 것"에 있다는 것은

坐(좌)	井(정)	而(이)	觀(관)	天(천)	曰(왈)	天(천)	小(소)	"者(자)"
술어 동사 앉다	목적어 명사 우물	조사어 접속사 ~서	술어 동사 보다	목적어 명사 하늘	술어 동사 말하다	주어 명사 하늘	술어 형용사 작다	조사어 후치사 ~것

原道韓愈(원도한유) _ 우물 속에 앉아서 하늘을 보고 하늘이 작다고 "하는 것"은

者는 時代와 時間을 나타내는 데 쓰인다.

古(고)	"者(자)"	言(언)	之(지)	不(불)	出(출)
보어 명사 옛날	조사어 후치사 ~에	주어 명사 말	조사어 후치사 ~이	부정어 부정사 아니하다	술어 동사 나오다

論語里仁(논어이인)
"옛날에" 말이 나오지 아니한 것은

也는 主格으로 많이 쓰인다.

中(중)	"也(야)"	養(양)	不(불)	中(중)
주어 명사 덕을 갖춘 사람	조사어 후치사 ~은	술어 동사 기르다	부정어 부정사 못한	목적어 명사 덕을 갖춘 사람

孟子離婁(맹자이루)
덕을 갖춘 "사람이" 덕을 갖추지 못한 사람을 길러주고

回(회)	"也(야)"	聞(문)	一(일)	以(이)	知(지)	十(십)
주어 고유명사 안회	조사어 후치사 ~는	술어 동사 듣다	목적어 수사 하나	조사어 후치사 ~면	술어 동사 알다	목적어 수사 열

論語公冶長(논어공야장) _ "안회(顔回)는" 하나를 들으면 열을 안다.

市之無虎(시지무호)	"也(야)"	明(명)	矣(의)
주어 관형사 시장에 호랑이가 없는 것	조사어 후치사 것	술어 형용사 명백하다	조사어 종결사 ~다

韓非子內儲說(한비자내저설)
시장에 호랑이가 "없는 것"은 명백하다.

吾(오) 少(소) "也(야)" 有(유) 志(지) 於(어) 學(학)

吾	少	也	有	志	於	學
주어 고유명사 나	술어 형용사 어릴적	조사어 후치사 ~에	술어 동사 두었다	목적어 명사 뜻	조사어 전치사 ~에	보어 명사 배움

稼說送同年張琥蘇軾(가설송동년장호소식) _ 나는 "어릴 적에 배움에 뜻을 두었다.

乎가 후치사로 쓰일 때에는 呼格 等으로 쓰인다.

子(자) 曰(왈) 參(삼) "乎(호)" 吾(오) 道(도)

子	曰	參	乎	吾	道
주어 고유명사 공자	술어 동사 말하다	보어 고유명사 삼	조사어 후치사 ~아	주어 인칭대명사 나	술어 명사 도

論語里仁(논어이인)
孔子께서 말씀하시기를 "삼아" 나의 도는

본문해설

- 參(삼) 曾子(증자)의 이름, 孔子의 弟子로 孔子의 孫子인 子思에게 學問을 傳授하였음.

以는 主格이나 假定 및 原因의 表現 및 ~는 ~고, ~면의 뜻으로 쓰인다.

吾(오) "以(이)" 仲(중)

吾	以	仲
주어 인칭대명사 나	조사어 후치사 ~가	보어 고유명사 관중

管仲論蘇洵(관중론소순)
"내가" 관중이라면

仲(중) "以(이)" 爲(위) 威公(위공) 果(과) 能(능) 不(불) 用(용)

仲	以	爲	威公	果	能	不	用
주어 고유명사 관중	조사어 후치사 은	술어 동사 ~하다	보어 고유명사 위공	부사어 부사 과연	부사어 부사 능히	부정어 부정사 아니하다	술어 동사 등용하다

三子(삼자) 矣(의) 乎?(호)

三子	矣	乎
목적어 관형사 세 사람	조사어 종결사 ~다	조사어 의문종결사 ~가

管仲論蘇洵(관중론소순)
"관중은" 위공이 과연 능히 세 사람을 등용하지 않으리라고 여겼을까요?

본문해설

- 管仲(관중) 齊(제)나라 桓公(환공)의 大夫(宰相)
- 三子(삼자) 豎刁(수조), 易牙(역아), 開方(개방)으로 제나라 桓公의 内侍이다.

• 威公(위공) 관중이 섬긴 제나라 桓公(환공)을 달리 위공이라 부른 것인데 宋나라 欽宗(흠종)의 이름이 桓(환)인 까닭에 이 글을 쓴 宋나라 사람이 이를 諱(휘)하여 위공이라 한 것이다.

民(민)	"以(이)"	所好(호소)	好之(호지)
주어 명사 백성	조사어 후치사 ~이	보어 접두사 좋아하는 것	술어 접미사 좋아하다

大學傳十章(대학전십장)
"백성이" 좋아하는 것을 좋아하며

吾(오)	"以(이)"	女(여)	爲(위)	死(사)	矣(의)
주어 인칭대명사 나	조사어 후치사 가	보어 인칭대명사 너	술어 피동사 하다	목적어 명사 죽임	조사어 종결사 ~다

論語先進(논어선진)
내가 너를 죽게 하였구나

是(시)	"以(이)"	三代之治(삼대지치)
지시어 지시대명사 이것	조사어 후치사 이	주어 관형사 삼대의 다스림

藥戒張耒(약계장뢰)
"이런 것이" 삼대의 다스림이

○ 본문해설 ○

• 三代(삼대) 夏(하), 殷(은), 周(주) 세 나라

晉(진)	"以(이)"	老莊(노장)	亡(망)	梁(양)	"以(이)"	佛(불)	亡(망)
주어 고유명사 진나라	조사어 후치사 는	보어 고유명사 노자, 장자	술어 동사 망하다	주어 고유명사 양나라	조사어 후치사 는	보어 고유명사 불교	술어 동사 망하다

六一居士集序蘇軾(육십거사집서소식) _ "진나라는" 老子(노자), 莊子(장자)로 망하고 "양나라는" 불교로 망하였다.

○ 본문해설 ○

• 老(노) 고유명사 – 老子(노자)(400 B.C) 춘추시대 사람으로 道家의 시조이다. 성은 李이며 이름은 耳(이)이고, 자는 聃(담), 또는 伯陽(백양)으로 楚(초)나라 사람이다. 유가를 배격하고 태고의 황제시대를 배경으로 무위자연설을 주장하였다.

• 莊(장) 고유명사 – 莊子(장자) 이름은 周(주)이며 맹자와 동시대 사람으로 노자의 무위자연설을 발전시켜 孔子의 사상을 반박하고 개인의 安心(안심) 立命(입명)을 문제 삼았다.

伯諸侯者(백제후자)	"以(이)"	土(토)	則(즉)	大(대)	"以(이)"	力(력)
주어	조사어	주어	조사어	술어	조사어	주어
관형사	후치사	명사	접속사	형용사	후치사	명사
제후의 우두머리	~는	땅	~이	크다	~고	힘

則(즉)	强(강)
조사어	술어
접속사	형용사
~이	강하다

晉文公問守原議 柳宗元(진문공문수원의 유종원)
제후의 우두머리는 "땅이 크고" "힘이 강해야" 한다.

聞(문)	一(일)	"以(이)"	知(지)	十(십)
술어	목적어	조사어	술어	목적어
동사	수사	후치사	동사	수사
듣다	하나	~면	알다	열

論語公冶長(논어공야장)
하나를 들으면 열을 안다.

吾(이)	"以(이)"	身(신)	守之(수지)
주어	조사어	보어	술어
인칭대명사	후치사	명사	접미사
나	~는	몸	간수하다

四菩薩閣記蘇軾(사보살각기소식)
나는 몸으로 간수하겠다.

다. 終結詞 (종결사)

文章의 맨 끝에서 그 **文句**를 끝맺음하는 **品詞**를 종결사라고 한다. 종결사는 그 **文句**의 뜻을 **斷定**, **疑問化**, **感嘆**, **限定**한다.

○ 斷定 뜻을 나타내는 종결사

→ 단정의 뜻을 지닌 종결사로는 **也**(야), **矣**(의), **焉**(언) **等**이 있다.

此(차)	自然之理(자연지이)	"也(야)"
주어	술어	조사어
지시대명사	관형사	종결사
이 것	자연의 이치	~다

朋黨論歐陽修(붕당론구양수)
이는 자연의 "이치이다"

不通之論(불통지론)	"也(야)"
술어	조사어
관형사	종결사
통할 수 없는 논리	~다

縱囚論歐陽修(종수론구양수)
통할 수 없는 "논리이다"

連(연)	花(화)	之(지)	君子者(군자자)	"也(야)"
주어	보어	조사어	술어	조사어
명사	명사	후치사	관형사	종결사
연 꽃	꽃	~의	군자	~다

愛蓮說周敦頤(애련설주돈이)
연꽃은 꽃의 "군자이다"

義(의)	人(인)	之(지)	正(정)	路(로)	"也(야)"
주어	보어	조사어	보어	술어	조사어
명사	명사	후치사	형용사	명사	종결사
정의	사람	~의	올바른	길	~다

孟子離婁(맹자이루)
정의는 사람의 올바른 "길이다"

仲尼(중니)	天下(천하)	聖人(성인)	"也(야)"
주어	보어	술어	조사어
고유명사	명사	명사	종결사
공자	온 세상	성인	~다

韓非子五蠹(한비자오두)
孔子는 천하에 "성인이다"

天下(천하)	治(치)	"矣(의)"
주어	술어	조사어
명사	동사	종결사
온 세상	다스리다	~다

朋黨論歐陽修(붕당론구양수)
천하는 "다스려진다"

然(연)	已(이)	無(무)	救(구)	"矣(의)"
조사어	부사어	술어	목적어	조사어
접속사	부사	부정사	동사	종결사
그러나	이미	~없다	구제하다	~다

朋黨論歐陽修(붕당론구양수)
그러나 이미 구제받지 못하게"된 것이다"

可謂(가위)	勤(근)	"矣(의)"
술어	목적어	조사어
긍정사	명사	종결사
말 할 수 있다	근면	~다

進學解韓愈(진학해한유)
부지런하다고 "말할 수 있을 것이다"

方(방)	是(시)	時(시)	劉氏(유씨)	旣(기)	安(안)	"矣(의)"
부사어	지시어	보어	주어	부사어	술어	조사어
부사	지시대명사	명사	고유명사	부사	형용사	종결사
바로	이것	때	유방	이미	안정하다	~다

高祖論蘇洵(고조론소순) _ 바로 이 때에는 한나라가 이미 "안정되었다"

孔子孟軻之目(공자맹가지목)	將(장)	不(불)	瞑(명)	於(어)	"地下(지하)"	"矣(의)"
주어 관형사 공자와 맹자의 눈	자동어 자동사 할 것이다	부정어 부정사 아니하다	술어 동사 어두워지다	조사어 전치사 ~에서	목적어 명사 땅 속	조사어 종결사 ~다

上田樞密書蘇洵(상전추밀서소순)
공자, 맹자의 눈은 땅 속에서도 어두워지지 아니할 것이다.
(눈을 감지 못할 것이다.)

我(아)	知之(지지)	"矣(의)"
주어 인칭대명사 나	술어 접미사 알고 있다	조사어 종결사 ~다

中庸四章(중용사장)
나는 "알고 있었다"

蓋(개)	二客(이객)	之(지)	不能(불능)	從(종)	"焉(언)"
부사어 부사 그런데도	주어 관형사 두 손님	조사어 후치사 ~은	술어 부정사 못하다	목적어 동사 따르다	조사어 종결사 ~다

後赤壁賦蘇軾(후적벽부소식)
그런데도 두 손님은
나를 따르지 "못하였다"

尙(상)	有(유)	老成人(노성인)	"焉(언)"
부사어 부사 오히려	술어 형용사 있다	목적어 관형사 노련하고 성숙한 사람	조사어 종결사 ~다

管仲論蘇洵(관중론소순)
오히려 노련하고 성숙한 사람이
"있었다"

疑問을 나타내는 종결사

→ 의문종결사로는 乎(호), 邪(야), 耶(야), 那(나), 歟(여), 與(여), 哉(재), 焉(언) 等이 있다.

求(구)	明(명)	湯武之功名(창무지공명)	可(가)	"乎?(호)"
술어 동사 구하다	목적어 동사 밝히다	보어 관형사 탕왕과 무왕의 공명	긍정어 긍정사 가능	조사어 의문종결사 ~가?

荀子彊國(순자강국) _ 탕왕과 무왕의 공명(공과와 명예)을 구하여 밝힌다는 것이 "가능한 일이겠습니까?"

赤壁之遊(적벽지유)	樂(락)	"乎?(호)"
주어 관형사 적벽놀이	술어 형용사 즐겁다	조사어 의문종결사 ~가?

後赤壁賦蘇軾(후적벽무소식)
적벽놀이는 "즐거웠습니까?"

廐(구) 焚(분) 子(자) 退朝(퇴조) 曰(왈) 傷人(산인) “乎?(호)”

주어	술어	주어	술어	술어	목적어	조사어
명사	동사	고유명사	형용사	동사	관형사	의문종결사
마굿간	불타다	공자	조정에서 돌아와	말하다	다친사람	있는가?

論語鄕黨(논어향당) _ 마굿간이 불에 탔는데 공자께서 조정에서 돌아와 “상한 사람이 있느냐?”라고 물으셨다.

欲(욕) 爲(위) 吉人(길인) “乎?(호)” 欲(욕) 爲(위) 凶人(흉인) “乎?(호)”

자동어	술어	목적어	조사어	자동어	술어	목적어	조사어
자동사	동사	관형사	의문종결사	자동사	동사	관형사	의문종결사
하려고 하다	되다	착한 사람	~가?	하려고 하다	되다	흉한 사람	~가?

小學嘉言(소학가언) _ 착한 사람이 “되고자 하는가?” 흉한 사람이 “되고자 하는가?”

謂(위) 禽獸(금수) 曰(왈) 人(인) 可(가) “乎?(호)”

술어	주어	술어	목적어	긍정어	조사어
동사	명사	동사	명사	긍정사	의문종결사
가리키다	새와 짐승	말하다	사람	가능하다	~가?

原人韓愈(원인한유) _ 새나 짐승을 가리켜 사람이라고 “말해도 되겠는가?”

治亂(치란) 天(천) “邪?(야)”

주어	술어	조사어
관형사	명사	의문종결사
다스려지고 어지러운 것	하늘	~가?

荀子天論(순자천론)
다스려지고 어지러운 것이 하늘에 “달려있는 것일가?”

其(기) 行事(행사) 類(류) 君子(군자) “邪?(야)”

주어	술어	술어	목적어	조사어
지시대명사	관형사	동사	명사	의문종결사
그 분	한 일	비교하다	군자	~가?

與孟簡尙書書韓愈
(여맹간상서서한유)
그 분이 한 일이 군자와 비길 만 합니까?

果(과) 是(시) “邪?(야)” 非(비) “邪?(야)”

부사어	술어	조사어	술어	조사어
부사	명사	의문종결사	명사	의문종결사
과연	옳은 것	~다	그른 것	~가?

答韋中立書 柳宗元
(답위중립서 유종원)
과연 옳은 것인가? 그른 것인가?

其(기) 殆(태) 無(무) 儒(유) “邪?(야)”

주어	술어	술어	목적어	조사어
지시대명사	명사	부정사	명사	의문종결사
그	위태한 것	없다	유학자	~가?

荀子彊國(순자강국)
그처럼 위태한 것이 유학자가 없어서일까요?

誰(수) 能(능) 紀(기) 傳(전) 之(지) "邪?(야)"

誰	能	紀	傳	之	邪?
의문어	부사어	술어	목적어	조사어	조사어
의문대명사	부사	동사	명사	후치사	의문종결사
누가	능히	기록하다	전기	~을	~가?

與韓愈論史書 柳宗元 (여한유론사서 유종원)
누가 능히 전기를 기록할 수 있겠는가?

縶(집) 威公之手足(위공지수족) "耶?(야)"

縶	威公之手足	耶?
술어	목적어	조사어
동사	관형사	의문종결사
매다	위공의 손과 발	~가?

管仲論蘇洵(관중론소순)
위공의 손과 발을 매어둘 수 있을 것인가?

無(무) 人(인) 收拾(수습) 理(리) 則(즉) "那?(나)"

無	人	收拾	理	則	那?
부정어	주어	술어	보어	조사어	조사어
부정사	명사	동사	명사	후치사	의문종결사
없다	사람	수습하다	이유	~가	~가?

石鼓歌韓愈 (석고가한유)
수습할 사람이 없는 이유가 무엇일까?

往往(왕왕) 鬼哭(귀곡) 天陰(천음) 聞(문) 傷(상) 心(심) 哉!(재)

往往	鬼哭	天陰	聞	傷	心	哉!
부사어	주어	보어	술어	술어	목적어	조사어
부사	관형사	관형사	동사	동사	명사	감탄종결사
종종	귀신우는 소리	흐린 날	들린다	아프다	마음	나 !

秦(진) "歟?(여)" 漢(한) "歟?(여)"

秦	歟?	漢	歟?
보어	조사어	보어	조사어
고유명사	의문종결사	고유명사	의문종결사
진나라	~가?	한나라	~가?

弔古戰場文李華(조고전장문이화)
날이 흐리면 종종 귀신 우는 소리가 들린다. 마음이 아프구나! 진나라 때였을까? 한나라 때였을까?

無懷氏之民(무회씨지민) "歟?(여)" 葛天氏之民(갈천씨지민) "歟?(여)"

無懷氏之民	歟?	葛天氏之民	歟?
주어	조사어	주어	조사어
관형사	의문종결사	관형사	의문종결사
무회씨의 백성	~가?	갈천씨의 백성	~가?

五柳先生傳陶淵明(오류선생전도연명) _ 무회씨 시대 사람인가? 갈천씨 시대 사람인가?

○ 본문해설 ○

• 無懷氏(무회씨), 葛天氏(갈천씨) 中國太古적 제왕

南方(남방)	之(지)	强(강)	與?(여)	北方(북방)	之(지)	强(강)	與?(여)
주어 명사 남쪽	조사어 후치사 ~이	술어 형용사 강하다	조사어 의문종결사 ~가?	주어 명사 북쪽	조사어 후치사 ~이	술어 형용사 강하다	조사어 의문종결사 ~가?

中庸十章(중용십장) _ 남쪽이 강한가? 북쪽이 강한가?

求之(구지)	與?(여)	抑(억)	與之(여지)	與?(여)
술어 접미사 구하다	조사어 의문종결사 ~가?	조사어 접속사 아니면	술어 접미사 주다	조사어 의문종결사 ~가?

論語學而(논어학이)
구할 것인가? 아니면 줄 것인가?

文王(문왕)	不足(부족)	法(법)	與?(여)
주어 고유명사 문왕	술어 부정사 부족하다	목적어 동사 본받다	조사어 의문종결사 ~가?

孟子公孫丑(맹자공손추)
문왕은 본받기에 부족하다는 것입니까?

可以(가이)	爲道之士(위도지사)	乎哉?(호재)
술어 긍정사 할 수 있다	목적어 관형사 도를 터득한 선비	조사어 의문종결사 ~가?

爭臣論韓愈(쟁신론한유)
도를 터득한 선비라고 할 수 있겠습니까?

果(과)	何(하)	人(인)	哉?(재)
부사어 부사 과연	의문어 의문사 어떤	술어 명사 사람	조사어 의문종결사 ~가?

與孟簡尙書書韓愈
(여맹간상서서한유)
과연 어떤 사람입니까?

烏(오)	能(능)	得(득)	其(기)	心服(심복)	哉?(재)
의문어 의문사 어찌	부사어 부사 능히	술어 긍정사 하게하다	지시어 지시대명사 그 들	목적어 관형사 성심을 다하여 순종하는 것	조사어 의문종결사 ~가?

晉文公問守原義 柳宗元(진문공문수원의 유종원) _ 어찌 능히 그들을 충심으로 기뻐하며 성심을 다하여 순종(心悅誠服)하게 할 수 있겠는가?

今(금)	安(안)	在(재)	哉?(재)
부사어 부사 지금	의문어 의문사 어디	술어 형용사 있다	조사어 의문종결사 ~가?

前赤壁賦蘇軾
(전적벽부소식)
지금은 어디에 있을까?

在人者(재인자)	吾(오)	何(하)	知(지)	"焉?(언)"
보어	주어	의문어	술어	조사어
관형사	인칭대명사	의문사	동사	의문종결사
남의 일	나	어떻게	알다	~가?

上田樢密書蘇洵
(상전추밀서소순)
남의 일을 내가 어떻게 알겠는가?

又(우)	何(하)	加(가)	"焉?(언)"
부사어	의문어	술어	조사어
부사	의문사	동사	의문종결사
또한	무엇	더하다	~가?

論語子路
(논어자로)
또한 무엇을 더하겠습니까?

○ 限定을 나타내는 종결사

⟶ 한정을 나타내는 종결사로는 耳(이), 爾(이), 而(이) 等이 있다.

在(재)	此(차)	"耳(이)"
술어	지시어	조사어
형용사	지시대명사	한정종결사
있다	이 것	뿐이다

荀子天論(순자천론)
이것에 있을 "뿐이다"

有(유)	管仲(관중)	則(즉)	三子者(삼자자)	三匹夫(삼필부)	"耳(이)"
술어	목적어	조사어	주어	술어	조사어
형용사	고유명사	접속사	관형사	관형사	한정종결사
있다	관중	~면	세사람	세필부	뿐이다

管仲論蘇洵(관중론소순) _ 관중이 있으면 세 사람은 세 필부일 "뿐이다"

○ 본문해설 ○

• 管仲(관중) 春秋時代 齊나라 大夫로 이름은 夷吾(이오) 字는 仲이다. 친구 鮑叔(포숙)의 추천으로 제나라 桓公(환공)의 재상이 되어 제환공을 覇者(패자)로 만들었다.

便便(변변)	言(언)	唯(유)	謹(근)	"爾(이)"
술어	목적어	부사어	술어	조사어
동사	명사	부사	형용사	한정종결사
가려서 하다	말	오직	삼가하다	뿐이다

論語鄕黨(논어향당)
가려서 말을 하되 오직 "삼가할 뿐이다"

彼(피)	自(자)	塵(진)	苦(고)	其(기)	心(심)	"爾(이)"
주어 인칭대명사 그는	부사어 부사 스스로	술어 명사 티끌 세상	목적어 부사 쓰디쓴	지시어 지시대명사 그	보어 명사 마음	조사어 한정종결사 뿐이다

菜根譚洪自誠(채근담홍자성) _ 그는 스스로 그 마음을 쓰디쓴 티끌 세상이라고 하였을 "뿐이다"

室(실)	是(시)	遠(원)	"而(이)"
주어 명사 집	부사어 부사 사실로	술어 형용사 멀다	조사어 한정종결사 뿐이다

論語子罕(논어자한)
집이 사실은 "멀었을 뿐이다"

木彊之人(목강지인)	而(이)	止(지)	"耳(이)"
주어 관형사 나무처럼 강직한 사람	조사어 접속사 ~에	술어 동사 그치다	조사어 한정종결사 뿐이다

高祖論蘇洵(고조론소순)
나무처럼 강직한 사람에 그치었을 "뿐이다"

感嘆을 나타내는 종결사

⟶ 감탄을 나타내는 종결사로는 哉(재), 夫(부), 也(야), 乎(호), 兮(혜) 等이 있다.

仲尼(중니)	亟(극)	稱(칭)	於(어)	水(수)	曰(왈)	水(수)	"哉!(재)"
주어 고유명사 공자	부사어 부사 자주	술어 동사 가르켜	조사어 전시사 ~을	목적어 명사 물	술어 동사 말하다	보어 명사 물	조사어 감탄종결사 ~여!

水(수)	"哉!(재)"
보어 명사 물	조사어 감탄종결사 ~여!

孟子離婁下(맹자이루하)
공자께서 자주 물을 가리켜 "물이여!, 물이여!" 하셨다.

子(자)	曰(왈)	孝(효)	"哉!(재)"
주어 고유명사 공자	술어 동사 말하다	목적어 명사 효성	조사어 감탄종결사 ~여!

論語先進(논어선진)
공자께서 말씀하시기를 "효성스럽도다!"

大(대)	"哉!(재)"	問(문)
술어 형용사 크다	조사어 감탄종결사 ~하다!	보어 명사 물음

論語八佾(논어팔일)
크도다! 그 물음이

子(자)	在(재)	川上(천상)	逝者(서자)	如(여)	斯(사)	"夫!(부)"
주어 고유명사 공자	술어 형용사 있다	목적어 명사 강 위	주어 관형사 가는 것	술어 형용사 같다	지시어 지시대명사 이(강물)	조사어 감탄종결사 ~하구나!

論語子罕(논어자한) _ 공자께서 강 위에 서서 가는 것은 "물과 같구나!"

顏淵(안연)	曰(왈)	惜(석)	"乎!(호)"
주어 고유명사 안연	술어 동사 말하다	술어 동사 애석하다	조사어 감탄종결사 ~구나!

論語子罕(논어자한)
안연이 말하였다. 아~ "애석하구나!"

惜(석)	"也!(야)"
술어 동사 애석하다	조사어 감탄종결사 ~구나!

左傳(좌전)
"애석하구나!"

杖(장)	"兮!(혜)"	杖(장)	"兮!(혜)"
술어 명사 지팡이	조사어 감탄종결사 ~이여	술어 명사 지팡이	조사어 감탄종결사 ~이여

桃竹杖引杜甫(도죽장인두보)
"지팡이여!" "지팡이여!"

○ 終結詞의 겹침

⟶ 종결사가 겹치면 그 뜻이 더 강조되는데 그 뜻은 겹치는 종결사 중 대체로 맨 뒤 글자의 뜻을 따른다. 겹치는 종결사로는 **也已**(야이), **而已**(이이), **焉耳**(언이), **焉耳矣**(언이의), **而已矣**(이이의), **也已矣**(야이의) 等이 있고, **矣乎**(의호)처럼 종결사 뒤에 의문종결사가 붙어서 의문어를 만들기도 한다.

其(기)	終(종)	"也已(야이)"
지시어 지시대명사 그	술어 동사 마치다	조사어 한정종결사 뿐이다

論語陽貨(논어양화)
그 마침일 "뿐이다"

○ 본문해설 ○

- **其**(기) 지시대명사 – **前句**에 나오는 **年四十而見惡焉**(나이 40세에 미움을 받으면)을 지칭한다.

斯(사) 亦(역) 不足(부족) 畏(외) "也已(야이)"

斯	亦	不足	畏	也已
지시어	부사어	부정어	술어	조사어
지시대명사	부사	부정사	동사	한정종결사
이 것	또한	없다	두려워하다	뿐이다

論語子罕(논어자한)
이것 또한 두려울 것이 없을 "뿐이다"

◎ 본문해설 ◎

- 斯(사) 지시대명사 - 前句에 나오는 後生四十五十而無聞焉(후배가 나이 40세, 50세가 되어도 소문이 나지 않으면)을 지칭한다.

夕食(석식) 齕(흘) 蔔匏(복포) "而已(이이)"

夕食	齕	蔔匏	而已
주어	술어	목적어	조사어
관형사	동사	명사	한정종결사
저녁밥	씹다	치자꽃, 박	뿐이다

小學善行(소학선행)
저녁밥은 차로 마시는 치자꽃과 박일 "뿐이다"

辯(판) 其(기) 君子(군자) 小人(소인) "而已(이이)"

辯	其	君子	小人	而已
술어	지시어	목적어	목적어	조사어
동사	지시대명사	명사	명사	한정종결사
판단하다	그 가	군자	소인	뿐이다

朋黨論歐陽修
(붕당론구양수)
그들이 군자인지 소인인지 구별하는 것 "뿐입니다"

恭(공) 己(기) 正(정) 南(남) 面(면) "而已矣(이이의)"

恭	己	正	南	面	而已矣
부사어	주어	술어	술어	목적어	조사어
부사	명사	동사	동사	명사	한정종결사
공손히	몸	바르게 하다	남쪽을 향하다	얼굴	뿐이다

論語衛靈公(논어위령공) _ 공손히 몸을 바르게 하고 얼굴을 남으로 향하였을 "뿐이다"

不(부) 占(점) "而已矣(이이의)"

不	占	而已矣
술어	목적어	조사어
부정사	명사	한정종결사
아니하다	점	뿐이다

論語子路(논어자로)
점치지 않을 "뿐이다"

斯(사) 已(이) "而已矣(이이의)"

斯	已	而已矣
지시어	술어	조사어
지시대명사	동사	한정종결사
이것	그치다	따름이다

論語憲問(논어헌문)
이것에 그칠 "따름이다"

可謂(가위) 明(명) "而已矣(이이의)"

可謂	明	而已矣
술어 긍정사 할 수 있다	목적어 명사 밝음	조사어 한정종결사 뿐이다

論語顔淵(논어안연)
밝다고 할 수 있을 뿐이다

聞(문) 六言(육언) 六蔽(육폐) "矣(의)" "乎?(호)"

聞	六言	六蔽	矣	乎?
술어 동사 듣다	목적어 관형사 여섯 말	목적어 관형사 여섯 가리움	조사어 종결사 ~아	조사어 의문종결사 ~가?

論語陽貨(논어양화)
여섯 말과 여섯 가리움을 들어 보았는가?

○ 본문해설 ○

- 六言(육언) 好人(호인), 好知(호지), 好信(호신), 好直(호직), 好勇(호용), 好剛(호강)
- 六蔽(육폐) 愚(우), 蕩(탕), 賊(적), 絞(교), 亂(란), 狂(광)

六言처럼 되기를 좋아하나 배우기를 좋아하지 아니하면 六蔽가 된다.

라. 接續詞 (접속사)

접속사란 單語(단어)와 單語, 句節(구절)과 句節, 單語와 句節을 이어주는 품사를 말한다. 접속사는 그 수효도 많고 쓰임새도 다양한 편이다.

名詞, 固有名詞, 代名詞, 數詞를 서로 이어주고 비슷한 뜻을 지닌 句節을 서로 이어주는 접속사로는 與(여), 及(급), 曁(기) 等이 있다.

○ 與

—> 與(여)는 主로 명사, 대명사, 고유명사를 서로 이어준다.

富(부) "與(여)" 貴(귀) 是(시) 人(인) 之(지) 所欲(소욕)

富	與	貴	是	人	之	所欲
주어 명사 부	조사어 접속사 ~와	주어 명사 귀	지시어 지시대명사 이 것	보어 명사 사람	조사어 후치사 ~이	술어 접두사 바라는 것

論語里仁(논어이인) _ 부"와"귀, 이는 사람이 바라는 것이다.

今(금) 吾(오) "與(여)" 文暢(문창)

今	吾	與	文暢
부사어 부사 지금	주어 인칭대명사 나	조사어 접속사 ~와	주어 고유명사 문창(승려이름)

送浮屠文暢師序韓愈
(송부도문창사서한유)
지금 나"와" 문창스님은

桀(걸) "與(여)" 紂(주) 也(야)

桀	與	紂	也
술어 고유명사 걸왕	조사어 접속사 ~과	술어 고유명사 주왕	조사어 종결사 ~다

孟子離婁(맹자이루)
걸왕"과" 주왕이다.

燒(소) 車(거) "與(여)" 船(선)

燒	車	與	船
술어 동사 불태우다	목적어 명사 수레	조사어 접속사 ~와	목적어 명사 배

送窮文韓愈(송궁문한유)
수레"와" 배를 불태우다.

水(수) "與(여)" 月(월)

水	與	月
목적어 명사 물	조사어 접속사 ~과	목적어 명사 달

前赤壁賦蘇軾
(전적벽부소식)
물 "과" 달

硯(연) "與(여)" 筆(필)

硯	與	筆
주어 명사 벼루	조사어 접속사 ~와	주어 명사 붓

家藏古硯銘唐庚
(가장고연명당경)
벼루 "와" 붓

○ 及과 曁

→ 及(급)과 曁(기)는 여러 개의 **單語**로 이루어진 **主語句**나 **目的語句**를 이어주고 及(급)의 앞에 오는 **句**가 **主句**기 되고 뒤에 오는 **句**가 **從句**가 되는 경우가 많다.

弟(제) 公權(공권) "及(급)" 群從弟(군종제)

弟	公權	及	群從弟
보어 명사 아우	주어 고유명사 공권	조사어 접속사 ~과	주어 관형사 여러 4촌 아우

小學善行(소학선행)
아우공권"과" 여러 4촌 아우

給(급) 上下之衣食(상하지의식) "及(급)" 吉凶之費(길흉지비)

給	上下之衣食	及	吉凶之費
술어 동사 주다	목적어 관형사 위 아래 옷과 밥	조사어 접속사 ~과	목적어 관형사 길사와 흉사의 비용

小學嘉言(소학가언) _ 위 아래 옷이며 밥"과" 길사와 흉사의 비용을 주며

取(취) 論語(논어) 孟子(맹자) 韓子(한자) "及(급)" 其他(기타)

取	論語 孟子 韓子	及	其他
술어 동사 모으다	목적어 고유명사 논어, 맹자, 한자	조사어 접속사 ~와	보어 명사 기타

聖人賢人之文(성인현인지문)

聖人賢人之文
목적어 관형사 성인과 현인의 글

논어, 맹자, 한자 "와" 기타 성인과 현인의 글을 모아

◎ 본문해설 ◎

• 韓子(한자)는 韓愈(한유)를 높이어 부르는 말이다.

上官大父(상관대부) "及(급)" 靳尚(근상) 妬毁之(투훼지)

上官大父	及	靳尚	妬毁之
주어 명사 상관 대부	조사어 접속사 ~와	주어 고유명사 근상	술어 접미사 투기하고 헐뜯다

離騷經序文朱熹(이소경서문주희) _ 상관 대부"와" 근상이 투기하고 헐뜯어

◎ 본문해설 ◎

• 上官(상관) 벼슬이 높은 사람

• 靳尚(근상) 楚(초)나라 大夫

郡刺使(군자사) "暨(기)" 內外遠近庶民(내외원근서민)

郡刺使	暨	內外遠近庶民
주어 명사 군수	조사어 접속사 ~와	주어 관형사 안과 밖 멀고 가까운 백성

擊蛇笏銘石介(격사홀명석개)

군자사"와" 안과 밖 멀고 가까운 백성이

有形之前(유형지전) "暨(기)" 四達無窮之外(사달무궁지외)

有形之前	暨	四達無窮之外
주어 관형사 만물의 형체가 생겨나기 이전	조사어 접속사 ~와	주어 관형사 사방에 이르는 끝없는 외부 세계

獨樂園記司馬光(독락원기사마광) _ 만물의 형체가 생겨나기 이전"과" 사방에 이르는 끝없는 외부 세계

動詞, 形容詞, 副詞를 서로 이어주고 비슷한 뜻을 지닌 句와 節을 서로 이어주는 接續詞로는 而(이), 則(즉), 且(차), 又(우), 也(야) 等이 있다.

○ 而

→ 而(이)는 主로 動詞와 述語를 서로 이어준다

好(호)	士(사)	“而(이)”	榮(영)
술어 동사 좋아하다	목적어 명사 선비	조사어 접속사 ~하여	술어 명사 영화

荀子君道(순자군도)
선비를 “좋아하여”
영화(번영)로웠다.

先(선)	行(행)	其(기)	言(언)	“而(이)”	後(후)	從之(종지)
부사어 부사 먼저	술어 동사 행하다	지시어 지시대명사 그	보어 명사 말	조사어 접속사 ~고	부사어 부사 뒤에	술어 접미사 행한 것을 말한다

論語爲政(논어위정) _ 그 말에 앞서 “행하고” 뒤에 행한 것에 따라 말한다.

有(유)	馬十乘(마십승)	棄(기)	“而(이)”	違之(위지)
술어 형용사 있다	목적어 명사 말 40마리	술어 동사 버리다	조사어 접속사 ~고	술어 접미사 떠나다

論語公冶長
(논어공야장)
말 40마리가 있었는데
“버리고” 떠났다.

勢(세)	不(부)	同(동)	“而(이)”	理(이)	同(동)
주어 명사 형세	부정어 부정사 아니다	술어 형용사 같다	조사어 접속사 ~만	주어 명사 이치	술어 형용사 같다

送薛存義序柳宗元
(송설존의서유종원)
형세는 “다르지만” 이치는 같다.

仕(사)	宦(환)	“而(이)”	至(지)	將相富貴(장상부귀)	“而(이)”	歸(귀)	故鄕(고향)
술어 동사 벼슬살이를 하다	목적어 명사 벼슬	조사어 접속사 ~서	술어 동사 이르다	목적어 명사 장군 재상 부귀	조사어 접속사 ~서	술어 동사 돌아오다	목적어 명사 고향

相州書錦堂記歐陽修(상주서금당기구양수)
벼슬길에 나아가“서” 장군이 되고 재상이 되어서 부귀하여져“서”
고향에 돌아오다.

往(왕)	“而(이)”	問之(문지)
술어 동사 가서	조사어 접속사 ~서	술어 접미사 물으니

藥戒張耒(약계장뢰)
가“서” 물으니

坐(이) "而(이)" 問(이) 其(이) 故(이)

坐	而	問	其	故
술어 동사 앉아	조사어 접속사 ~서	술어 동사 묻다	지시어 지시대명사 그	목적어 명사 까닭

藥戒張耒(약계장뢰)
앉아"서" 그 까닭을 물으니

率(솔) "獸(수)" 而(이) 食(식) 人(인) 也(야)

率	獸	而	食	人	也
술어 동사 이끌다	목적어 명사 짐승	조사어 접속사 ~서	술어 동사 먹다	목적어 명사 사람	조사어 종결사 ~다

孟子梁惠王(맹자양혜왕)
짐승을 이끌어"서" 사람을 먹게 하는 것이다.

臨(임) 溪(계) "而(이)" 漁(어) 溪(계) 深(심) "而(이)" 魚(어) 肥(비)

臨	溪	而	漁	溪	深	而	魚	肥
술어 동사 나아가	목적어 명사 시내	조사어 접속사 ~서	술어 동사 고기를 잡다	주어 명사 냇물	술어 형용사 깊다	조사어 접속사 ~서	주어 명사 고기	술어 형용사 살찌다

釀泉(양천) 爲(위) 酒(주) 泉(천) 冽(열) "而(이)" 酒(주) 香(향)

釀泉	爲	酒	泉	冽	而	酒	香
주어 고유명사 양천샘물	술어 동사 ~을 하다	목적어 명사 술	주어 명사 샘물	술어 형용사 차다	조사어 접속사 ~서	목적어 명사 술	술어 명사 향기

醉翁亭記歐陽修(취옹정기구양수) _ 시냇가에 나아가"서" 고기를 낚으니 시냇물이 깊어"서", 고기는 살이 찌고 양천 샘물로 술을 담그니 샘물이 차"서" 술이 향기롭네

主로 理由와 條件을 나타내는 접속사로 쓰인 則

君子(군자) 不(부) 重(중) "則(즉)" 不(불) 威(위)

君子	不	重	則	不	威
주어 명사 군자	부정어 부정사 아니하다	술어 형용사 무겁다	조사어 접속사 ~면	술어 부정사 ~없다	목적어 명사 위엄

論語學而(논어학이)
군자가 무겁지 아니하"면" 위엄이 없다.

失(실) 衆(중) "則(즉)" 失(실) 國(국)

失	衆	則	失	國
술어 동사 잃다	목적어 명사 백성, 대중	조사어 접속사 ~면	술어 동사 잃다	목적어 명사 나라

大學傳十章(대학전십장)
백성(대중)을 잃으"면" 나라를 잃는다.

身(신)	有(유)	所忿懥(소분치)	"則(즉)"	不得(부득)	其(기)	正(정)
주어 명사 몸에	술어 형용사 있다	목적어 접두사 분하고 성낸 것	조사어 접속사 ~면	부정어 부정사 못한다	지시어 지시대명사 몸(을 지칭)	술어 형용사 바르다

大學傳七章(대학전칠장) _ 몸에 분해하고 성낸 바가 "있으면" 몸을 바르게 하지 못한다.

思(사)	而(이)	不(불)	學(학)	"則(즉)"	殆(태)
술어 동사 생각하다	조사어 접속사 ~고	부정어 부정사 아니하다	술어 동사 배우다	조사어 접속사 ~면	술어 형용사 위태롭다

論語爲政(논어위정)
생각만 하고 배우지 "아니하면" 위태로우니라.

來(래)	百工(백공)	"則(즉)"	財用(재용)	足(족)
술어 동사 들어오다	목적어 관형사 여러가지 기술자	조사어 접속사 ~면	보어 접미사 재물을 쓰는 것	술어 형용사 풍족

中庸二十章(중용이십장)
여러가지 재주를 가진 기술자가 "들어오면" 재물을 쓰는 것이 풍족하고

正(정)	己(기)	而(이)	不(불)	求(구)	於(어)	人(인)	"則(즉)"	無(무)	怨(원)
술어 동사 바르게하다	목적어 명사 자기 몸	조사어 접속사 ~서	부정어 부정사 아니하다	술어 동사 요구하다	조사어 전치사 ~에게	목적어 명사 남	조사어 접속사 ~면	부정어 부정사 없다	술어 동사 원망을 받다

中庸十四章(중용십사장) _ 자기 몸을 바르게 하고서 남에게 요구하지 아니하"면" 원망을 받지 아니한다.

假定을 나타내는 접속사로 쓰인 則

行(행)	三軍(삼군)	"則(즉)"	誰(수)	與?(여)
술어 동사 통솔하다	목적어 명사 삼군	조사어 접속사 ~면	의문어 의문대명사 누구	조사어 의문종결사 인가?

論語述而(논어술이)
삼군을 통솔"한다면" 누구와 함께 하겠습니까?

何(하)	爲(위)	"則(즉)"	民(민)	服?(복)
의문어 의문사 어떻게	술어 동사 ~하다	조사어 접속사 ~면	주어 명사 백성	술어 동사 복종하다

論語爲政(논어위정)
"어떻게 하면" 백성이 복종하겠습니까?

則은 斷定을 나타내기도 하는 접속사이다.

器(기) 滿(만) "則(즉)" 溢(일)

器	滿	則	溢
주어	술어	조사어	술어
명사	형용사	접속사	동사
그릇	차다	~면	넘친다

明心寶鑑 省心篇(명심보감 성심편)
그릇은 "가득차면 넘친다"

無(무) 禮(예) "則(즉)" 亂(란)

無	禮	則	亂
술어	목적어	조사어	술어
부정사	명사	접속사	동사
없으면	예의	~면	어지럽게 한다

論語泰伯(논어태백)
예의가 없으면 "어지럽게 한다"

哭(곡) "則(즉)" 不(불) 歌(가)

哭	則	不	歌
술어	조사어	부정어	술어
명사	접속사	부정사	동사
곡	~면	아니하다	노래부르다

論語述而(논어술이)
곡을 하고는 "노래부르지 아니한다"

則은 앞과 뒤의 動作을 이어준다.

入(입) "則(즉)" 孝(효) 出(출) "則(즉)" 弟(제)

入	則	孝	出	則	弟
보어	조사어	술어	보어	조사어	술어
동사	접속사	동사	동사	접속사	동사
들어오다	~면	효도하다	나가면	~면	공경하다

論語學而(논어학이)
"들어오면" 효도하고 "나가면" 어른을 공경한다.

且는 「~하고」의 뜻으로 동작과 전후사를 서로 이어준다.

使(사) 驕(교) "且(차)" 吝(인)

使	驕	且	吝
사역어	술어	조사어	술어
사역동사	동사	접속사	동사
하게하다	교만하다	~고	인색하다

論語泰伯(논어태백)
"교만하고" 인색하게 되면

使(사) 有(유) 勇(용) "且(차)" 知(지) 方(방) 也(야)

使	有	勇	且	知	方	也
사역어	술어	목적어	조사어	술어	목적어	조사어
사역동사	형용사	명사	접속사	동사	명사	종결사
하게 하다	있다	용기	~고	알다	방향	~다

論語先進(논어선진) _ "용기가 있게 하고" 방향을 알게 한다.

問(문)	柿之來歷(시지내력)	"且(차)"	述(술)	己意(기의)
술어	목적어	조사어	술어	목적어
동사	관형사	접속사	동사	관형사
묻다	감의 내력	~고	말하다	자기 뜻

明心寶鑑 孝行續編(명심보감 효행속편) _ "감(홍시)에 대한 내력을 묻고" 자기 뜻을 말하였다.

和樂(화락)	"且(차)"	耽(탐)
술어	조사어	술어
동사	접속사	동사
화락하다	~고	기뻐하다

中庸十五章(중용십오장)
"화락하고" 기뻐하다.

得(득)	忍(인)	"且(차)"	忍(인)
긍정어	술어	조사어	술어
긍정사	동사	접속사	동사
하다	참다	~고	참다

明心寶鑑 戒性篇
(명심보감 계성편)
"참고" 참아라.

○ 又는 附加의 뜻을 가지고 앞뒤 말을 이어준다.

旣(기)	富(부)	矣(의)	"又(우)"	加(가)	焉?(언)
부사어	술어	조사어	조사어	술어	조사어
부사	동사	종결사	접속사	동사	의문종결사
이미	부자가 되다	~다	또한	더하다	~가?

論語子路(논어자로)
이미 부자가 되었는데 "또" 무엇을 더할 것인가?

索(색)	酒食(주식)	"又(우)"	人(인)	付(부)	書信(서신)	不可(불가)
술어	목적어	조사어	주어	술어	목적어	부정어
동사	관형사	접속사	명사	동사	명사	부정사
찾다	술과 밥	또한	남	보낸	편지	~마라

開坼(개탁)
술어
동사
열다

范益謙 座右銘(범익겸 좌우명)
술과 밥을 탐하여 찾거나 "또한" 남이 보낸 편지를 열어 보지 마라.

重(중)	不可(불가)	負(부)	"又(우)"	迫(박)	於(어)	賊(적)
부사어	부정어	술어	조사어	술어	조사어	목적어
부사	부정사	동사	접속사	동사	전치사	명사
무거워서	없다	짊어지다	또한	몰려오다	~은	도적

四菩薩閣記蘇軾(사보살각기소식) _ 무거워서 짊어지지 못하고 또한 도적은 급박하게 몰려와서

治之(치지)	禁(금)	姦(간)	"又(우)"	明(명)	於(어)	此(차)
보어	술어	목적어	조사어	술어	조사어	지시어
접미사	동사	명사	접속사	형용사	전치사	지시대명사
다스림	금하다	간사한 것	또한	명백하다	~와	이 것

韓非子備内(한비자비내) _ 다스림으로 간사함을 금하는 것은 "또한" 이것(물이 불을 이기는 것)처럼 명백하다.

◎ 본문해설 ◎

- 此(차) 는 지시대명사로 前文에 나오는 물이 불을 이기는 것을 지칭한다.

◎ 也

→ 也(야)는 (~하여도)란 뜻으로 술어와 술어를 이어주고 비슷한 성질의 사물을 연속으로 이어주는 데 쓴다.

家(가)	和(화)	貧(빈)	"也(야)"	好(호)
주어	술어	보어	조사어	술어
명사	형용사	형용사	접속사	형용사
집	화목하다	가난하다	하여도	좋다

明心寶鑑 省心篇

(명심보감 성심편)

집안이 화목하면 가난"하여도" 좋다.

君臣(군신)	"也(야)"	父子(부자)	"也(야)"	夫婦(부부)	"也(야)"	昆弟(곤제)
주어	조사어	주어	조사어	주어	조사어	주어
명사	접속사	명사	접속사	명사	접속사	명사
임금과 신하	~와	아버지와 아들	~과	남편과 아내	~와	형과 아우

"也(야)"	朋友交(붕우교)	"也(야)"	天下之達道(천하지달도)	也(야)
조사어	주어	조사어	술어	조사어
접속사	명사	접속사	관형사	종결사
~와	붕우의 사귐	~은	천하의 도를 통달한 것	~이다

中庸二十章(중용이십장) _ 임금과 신하"와" 아버지와 아들"과" 남편과 아내"와" 형과 아우"와" 붕우의 사귐"은" 천하의 도를 통달한 것이다.

天地之道(천지지도)	博(박)	"也(야)"	厚(후)	"也(야)"	高(고)	"也(야)"
주어	술어	조사어	술어	조사어	술어	조사어
관형사	형용사	접속사	형용사	접속사	형용사	접속사
천지의 도	넓다	~고	두텁다	~고	높다	~고

明(명)	"也(야)"	悠(유)	"也(야)"	久(구)	也(야)
술어	조사어	술어	조사어	술어	조사어
형용사	접속사	형용사	접속사	동사	종결사
밝다	~고	유연하다	~고	오래가다	~이다

中庸二十六章(중용이십육장) _ 하늘과 땅과 도는 넓"고" 두텁"고" 밝"고" 유연하"고" 오래가는 것이다.

國家(국가)	有(유)	九經(구경)	曰(왈)	修(수)	身(신)	"也(야)"
주어 명사 나라	술어 형용사 있다	목적어 관형사 아홉 가지 법도	술어 동사 말을 하다	술어 동사 닦다	목적어 명사 몸	조사어 접속사 ~과

尊(존)	賢(현)	"也(야)"	親(친)	親(친)	"也(야)"	敬(경)	大臣(대신)
술어 동사 존경하다	목적어 명사 어진 이	조사어 접속사 ~과	술어 동사 친히 하다	술어 동사 친족	조사어 접속사 ~과	술어 동사 공경하다	목적어 명사 대신

"也(야)"	體(체)	羣臣(군신)	"也(야)"	子(자)	庶民(서민)	"也(야)"
조사어 접속사 ~과	술어 동사 한 몸이되다	목적어 관형사 여러 신하	조사어 접속사 ~과	술어 동사 자식처럼 여기다	목적어 명사 백성	조사어 접속사 ~과

來(래)	百工(백공)	"也(야)"	柔(유)	遠人(원인)	"也(야)"
술어 동사 오게 하다	목적어 관형사 여러 기술자	조사어 접속사 ~과	술어 동사 부드럽게 하다	목적어 관형사 먼 곳에 사는 사람	조사어 접속사 ~과

懷(회)	諸侯(제후)	也(야)
술어 동사 품다	목적어 명사 제후	조사어 종결사 ~이다

中庸二十章(중용이십장) _ 나라에는 아홉 가지 법도가 있으니 이를 일러 말하자면 몸을 닦는 것"과", 어진 이를 존경하는 것"과", 친족과 하나되는 것"과", 대신을 공경하는 것"과", 여러 신하를 내 몸처럼 여기는 것"과", 모든 백성을 자식처럼 여기는 것"과", 여러 기술자를 나라 안으로 들어오게 하는 것"과", 먼데 사람을 부드럽게 대하는 것"과", 제후들을 품어주는 것이다.

○ 主語와 述語를 이어주거나 句나 節을 이어주는 접속사

⟶ 亦(역), 卽(즉), 乃(내), 雖(수), 以(이) 等이 있다.

丘(구)	"亦(역)"	恥之(치지)
주어 고유명사 공자	조사어 접속사 또한	술어 접미사 부끄러워하다

論語公冶長(논어공야장)
공자님도 "또한" 부끄러워하였다.

○ 본문해설 ○

• **恥之**(치지) 는 형용사 **恥**을 접미사 **之**가 **他動詞化**하였다.

賜也(사야)	"亦(역)"	有(유)	惡(오)	乎?(호)
주어 고유명사 자공(子貢)	조사어 접속사 또한	술어 형용사 있다	목적어 명사 미워하는 것	조사어 의문종결사 ~가?

論語陽貨(논어양화)
사야 "또한" 미워하는 것이 있느냐?

人(인)	"亦(역)"	疑之(의지)
주어 명사 남	조사어 접속사 또한	술어 접미사 의심한다

明心寶鑑 省心篇
(명심보감 성심편)
남도 "또한" 의심한다.

雖(수)	多(다)	"亦(역)"	奚(해)	以(이)	爲(위)
부사어 부사 비록	술어 형용사 많다	조사어 접속사 또한	의문어 의문사 무엇	조사어 전치사 ~을	술어 동사 ~하다

論語子路(논어자로)
비록 많으나 "또한" 무엇을 하겠느냐?

非(비)	"高(고)"	亦(역)	非(비)	遠(원)
술어 부정사 아니하다	목적어 형용사 높다	조사어 접속사 또한	술어 부정사 아니하다	목적어 형용사 멀다

明心寶鑑 天命篇
(명심보감 천명편)
높지도 아니하고 "또한" 멀지도 않다.

教(교)	民(민)	七年(칠년)	"亦(역)"	可以(가이)	"卽(즉)"	戎(융)	矣(의)
술어 동사 가르치다	목적어 명사 백성	보어 관형사 칠년	조사어 접속사 또한	술어 긍정사 ~할 수 있다	조사어 접속사 곧	목적어 명사 군사	조사어 종결사 ~다

論語子路(논어자로) _ 백성을 칠 년 동안 가르치면 "또한" "곧" 군사로 내세워 쓸 수 있다.

不(불)	風(풍)	"卽(즉)"	雨(우)
술어 부정사 아니하다	목적어 동사 바람이 불다	조사어 접속사 곧	술어 동사 비가오다

明心寶鑑 省心篇(명심보감 성심편)
바람이 불지 아니하여도 "곧" 비가 온다.

不(불)	病(병)	"卽(즉)"	死(사)
술어 부정사 아니하다	목적어 동사 병이 들다	조사어 접속사 곧	술어 동사 죽는다

明心寶鑑 省心篇(명심보감 성심편)
병이 들지 않아도 "곧" 죽는다.

久(구)	而(이)	不(불)	聞(문)	其(기)	香(향)	"卽(즉)"	與之(여지)	化(화)	矣(의)
부사어	조사어	부정어	술어	지시어	목적어	조사어	부사어	술어	조사어
부사	접속사	부정사	동사	지시대명사	명사	접속사	접미사	동사	종결사
오랫동안	~도	아니하다	맡다	그것	향기	곧	더불어	동화되다	~다

明心寶鑑 交友篇(명심보감 교우편)
오랫동안 그 향기를 맡지 아니하여도 "곧" 이와 더불어 동화된다.

己之道(기지도)	"乃(내)"	夫子孟軻揚雄(부자맹가양웅)	所傳之道(소전지도)	也(야)
주어	조사어	보어	술어	조사어
관형사	접속사	고유명사	접두사	종결사
나의 도	곧	공자, 맹자, 양웅	전한 도	~다

重答張籍書韓愈(중답장적서한유)
나의 도는 "곧" 공자, 맹자, 양웅이 전한 도이다.

○ 본문해설 ○

• 揚雄(양웅) 中國前漢때 儒學者며 字는 子雲이며, 成都사람이다.

學者(학자)	"乃(내)"	身(신)	之(지)	寶(보)
주어	조사어	주어	조사어	술어
동명사	접속사	명사	후치사	명사
배우는 것	곧	몸	~의	보배

明心寶鑑 勸學篇
(명심보감 권학편)
배운다는 것은 "곧" 몸의 보배요

學者(학자)	"乃(내)"	世(세)	之(지)	珍(진)
주어	조사어	주어	조사어	술어
관형사	접속사	명사	후치사	명사
배운사람	곧	세상	~의	보배

明心寶鑑 勸學篇
(명심보감 권학편)
배운 사람은 "곧" 세상의 보배다.

口(구)	"乃(내)"	心之門(심지문)	意(의)	"乃(내)"	心之足(심지족)
주어	조사어	술어	주어	조사어	술어
명사	접속사	관형사	명사	접속사	관형사
입	곧	마음의 문	뜻	곧	마음의 발

菜根譚洪自誠(채근담홍자성) _ 입은 "곧" 마음의 문이요, 뜻은 "곧" 마음의 발이다.

爾(이)	"乃(내)"	順之(순지)	于(우)	外(외)
주어	조사어	술어	조사어	목적어
인칭대명사	접속사	접미사	전치사	명사
너	곧	따르다	~에서	밖

爭臣論 韓愈
(쟁신론 한유)
너는 "곧" 밖에서 따르라.

與(여)	人(인)	忠(충)	"雖(수)"	之(지)	夷狄(이적)	不可(불가)
부사어	주어	술어	조사어	술어	목적어	부정어
부사	명사	동사	접속사	동사	명사	부정사
더불어	남	충성하다	비록	가다	오랑캐	못한다

棄(기)	也(야)
술어	조사어
동사	종결사
버리다	~이다

論語子路(논어자로)
남과 더불어 충성하면 "비록" 오랑캐 나라에 가더라도 버리지 못할 것이다.

其(기)	身(신)	不(불)	正(정)	"雖(수)"	令(령)	不(불)	從(종)
지시어	주어	부정어	술어	조사어	술어	부정어	술어
지시대명사	명사	부정사	형용사	접속사	동사	부정사	동사
그(몸이)	몸	못하다	바르다	비록	명령하다	아니하다	따르다

論語子路(논어자로) _ 그 몸이 바르지 못하면 "비록" 명령을 내려도 따르지 아니한다.

然則(연즉)	何(하)	"以(이)"	守之?(수지)
조사어	의문어	조사어	술어
접속사	의문사	접속사	접미사
그러면	어떻게	~하게	지키다

四菩薩閣記蘇軾
(사보살각기소식)
그러면 "어떻게" 지킬것 인가요?

反語語로 쓰이는 접속사

→ 然(연), 不然(불연), 抑(억), 況(황), 以(이), 是以(시이), 以是(이시), 故(고), 却(각), 然則(연즉), 然而(연이) 等이 있다.

可謂(가위)	成(성)	矣(의)	"然(연)"	公(공)	不(불)	見(견)	信(신)
긍정어	술어	조사어	조사어	부사어	부정어	피동어	목적어
긍정사	동사	종결사	접속사	부사	부정사	피동사	명사
할 수 있다	성공하다	~다	그러나	공적으로	못하다	~받다	신임

於(어)	人(인)
조사어	보어
전치사	명사
~에게	남

進學解韓愈(진학해한유)
성공하였다 할 수 있다. "그러나" 공적으로 남에게 신임을 받지 못하고

夫市之無虎(부시지무호)	也(야)	明(명)	矣(의)	“然(연)”	三人(삼인)
주어	조사어	술어	조사어	조사어	주어
관형사	후치사	명사	종결사	접속사	관형사 ·
자네 시장에 호랑이가 없는 것	~것	명백	~다	그러나	세 사람

言(언)	而(이)	成(성)	虎(호)
술어	조사어	술어	목적어
동사	접속사	동사	명사
말하다	~로서	있는 것이 된다	호랑이

韓非子內儲說(한비자내저설)
자네 시장에 호랑이가 없는 것은 명백하다. “그러나” 세 사람이 (있다고) 말하면 호랑이는 시장에 나온 것이 된다.

象犀珠玉之富(상서주옥지부)	甲(갑)	于(우)	天下(천하)	“然(연)”
주어	술어	조사어	목적어	조사어
관형사	형용사	전치사	명사	접속사
상아와 물소뿔과 진주와 보석의 부	제일	~에	천하	그러나

終(종)	不(불)	失(실)	臣節(신절)
부사어	부정어	술어	목적어
부사	부정사	동사	관형사
끝내	아니하다	잃어버리다	신하의 절조

表忠觀碑蘇軾(표충관비소식)
상아와 물소뿔과 진주와 보석의 부는 천하에 제일이었으나 “그러나” 끝내 신하의 절조를 잃지 않았다.

工業(공업)	不(불)	著(저)	於(어)	時(시)	“然(연)”	誼(의)	嘗(상)
주어	부정어	술어	조사어	보어	조사어	주어	부사어
명사	부정사	동사	전치사	명사	접속사	고유명사	부사
공적과 업적	아니하다	나타나다	~에	시대	그러나	가의	일찍이

建言(건언)
술어
동사
건의하다

田表聖奏議書蘇軾(전표성주의서소식)
공적과 업적이 그 시대에는 드러나지 않았으나 “그러나” 가의는 일찍이 건의하여

◎ 본문해설 ◎

• 賈誼(가의) 漢나라 初 賦의 作家

天子(천자)	“不然(불연)”	歸之(귀지)	造物(조물)
주어	조사어	술어	목적어
명사	접속사	접미사	명사
천자	그렇지 않다	돌리다	조물주

喜雨亭記蘇軾
(희우정기소식)
천자는 “그렇지 않다”하고 조물주에게 돌리네

北方(북방)	之(지)	强(강)	與?(여)	"抑(억)"	而(이)	强(강)	與?(여)
주어 명사 북방	조사어 후치사 ~이	술어 형용사 강하다	조사어 의문종결사 ~한가?	조사어 접속사 아니면	주어 인칭대명사 네	술어 형용사 강하다	조사어 의문종결사 ~한가?

中庸十章(중용십장) _ 북방이 강한가? "아니면" 네가 강한가?

硜硜然(경경연)	小人(소인)	哉(재)	"抑(억)"	亦(역)	可以(가이)
부사어 접미사 딱딱한	술어 관형사 소인	조사어 종결사 ~구나	조사어 접속사 그러나	조사어 접속사 또한	긍정어 긍정사 할 수 있다

爲(위)	次(차)	矣(의)
술어 동사 되다	목적어 명사 다음	조사어 종결사 ~이다

論語子路(논어자로)
딱딱한 소인이로구나 "그러나" 또한 다음은 될 것이다.

求之(구지)	與?(여)	"抑(억)"	與之(여지)	與?(여)
술어 접미사 요구하다	조사어 의문종결사 ~인가?	조사어 접속사 아니면	술어 접미사 주다	조사어 의문종결사 ~인가?

論語學而(논어학이)
요구하는 것인가? "아니면" 주려는 것인가?

盛德者(성덕자)	之(지)	辭讓(사양)	"況(황)"	於(어)	愈者(유자)
주어 관형사 성덕한 사람	조사어 후치사 ~도	술어 동사 사양하다	조사어 접속사 하물며	조사어 전치사 ~에게	주어 고유명사 한유

哉(재)
조사어 종결사 ~이다

重答張籍書韓愈(중답장적서한유)
성덕한 사람도 사양하는 데 "하물며" 한유 같은 사람에 있어서야!

此(차)	失(실)	"況(황)"	臣(신)	駑下(노하)	何(하)	能必(능필)	勝(승)
지시어 지시대명사 이처럼	술어 동사 실패하다	조사어 접속사 하물며	주어 명사 신	술어 접미사 노둔한	의문어 의문사 어찌	부사어 부사 능히, 반드시	술어 동사 이기다

出師表諸葛亮(출사표제갈량)
이와 같이 실패하였는데 "하물며" 노둔한 신(제갈량)이 능히 꼭 이긴다 하겠습니까?

古人(고인)	秉(병)	燭(촉)	夜(야)	游(유)	良(양)	有(유)	以(이)
주어 관형사 옛날 사람	술어 동사 잡다	목적어 명사 촛불	보어 명사 밤	술어 동사 놀다	부사어 부사 좋은	술어 형용사 있다	목적어 지시대명사 병촉야유의 이유

也(야)	“況(황)”	陽春(양춘)	召(소)	我(아)
조사어 종결사 ~이다	조사어 접속사 하물며	주어 관형사 따뜻한 봄날	술어 동사 부르다	목적어 인칭대명사 나

春夜桃李園李白(춘야도리원이백)
옛날 사람이 촛불을 잡고 밤에 노는 것은 좋은 이유가 있어서이다. “하물며” 따뜻한 봄날이 나를 부르는데야!

不(불)	憚(탄)	擧其身(거기신)	“以(이)”	賊(적)	人之身(인지신)
술어 부정사 아니하다	목적어 동사 꺼려하다	보어 관형사 자기 몸 드는 것	조사어 접속사 ~서	술어 동사 해치다	목적어 관형사 남의 몸

墨子兼愛篇(묵자겸애편) _ 자기 몸 드는 것을 꺼려하지 “아니하고서” 남의 몸을 해친다.

花(화)	落(락)	“以(이)”	前(전)	春(춘)
주어 명사 꽃	술어 동사 떨어지다	조사어 접속사 까닭에	부사어 부사 앞이니	술어 명사 봄

推句(추구)
꽃이 떨어지지 “않으니” (꽃이 떨어지기 앞인 까닭에) 봄이로다.

能(능)	明(명)	其(기)	德(덕)	“是以(시이)”	地(지)	無(무)	四方(사방)
부사어 부사 능히	술어 동사 밝히다	지시어 지시대명사 그	목적어 명사 덕	조사어 접속사 으로서	주어 명사 땅	술어 부정사 없다	목적어 명사 사방

上秦皇逐客書李斯(상진황축객서이사) _ 능히 그 덕을 밝힐 수 “있음으로서” 땅은 사방이 끝이 없다.

○ 본문해설 ○

- 其(기) 指示代名詞로서 前文의 王子不卻衆庶(왕자는 여러 사람을 물리치지 아니한다)를 지칭한다.

余(여)	自(자)	度(탁)	不能(불능)	長守(장수)	此(차)	也(야)
주어 대명사 나	부사어 부사 스스로	술어 동사 헤아리다	부정어 부정사 할 수 없다	목적어 관형사 오래 간수하는 것	지시어 지시대명사 이 그림	조사어 후치사 ~을

“是以(시이)”	予(여)	子(자)
조사어 접속사 ~므로	술어 동사 주다	목적어 인칭대명사 당신

四菩薩閣記蘇軾(사보살각기소식)
내 스스로 헤아려 본 즉 이 그림을 오래 간수할 수 없으“므로” 당신에게 드립니다.

○ 본문해설 ○

• 此(차) 指示代名詞로 前文의 四菩薩(사보살) 그림을 지칭한다.

不(불) 愛(애) 人之身(인지신) "是以(시이)" 不(불) 憚(탄)

{부정어 부정사 아니하다} {술어 동사 아끼다} {목적어 관형사 남의 몸} {조사어 접속사 까닭에} {부정어 부정사 아니하다} {술어 동사 꺼려하다}

擧其身(거기신)

{보어 관형사 자기 몸 드는 것}

墨子兼愛篇(묵자겸애편)
남의 몸을 아껴주지 않는 "까닭에" 자기 몸 드는 것을 꺼려하지 않는다.

吾(오) "以是(이시)" 知(지) 二宗之聖(이종지성) 也(야)

{주어 인칭대명사 나} {조사어 접속사 이 때문에} {술어 동사 알다} {목적어 관형사 두 임금이 성인인 것} {조사어 종결사 ~다}

田表聖奏議書蘇軾(전표성주의서소식) _ 나는 " 이 때문에" 두 임금이 성인인 것을 알게 되었다.

○ 본문해설 ○

• 二宗(이종) 은 宋나라 太宗과 眞宗을 말한다.

不得不(부득불) 事(사) 也(야) "故(고)" 爲人臣子(위인신자)

{이중부정어 부정사 하지 않을 수 없다} {술어 동사 섬기다} {조사어 종결사 ~이다} {조사어 접속사 그런 까닭에} {주어 동명사 남의 신하가 된 사람}

窺覘(규점) 其(기) 君心(군심) 也(야)

{술어 동사 엿보다} {지시어 지시대명사 그(섬기는 임금)} {목적어 관형사 임금의 마음} {조사어 종결사 ~다}

韓非子備內說(한비자비내설)
(그 임금을)섬기지 않을 수 없다 "그런 까닭에" 남의 신하된 사람은 그가 섬기는 임금의 마음을 엿보는 것이다.

河海(하해) 不(불) 擇(택) 細流(세류) "故(고)" 能(능) 就(취)

{주어 명사 강과 바다} {부정어 부정사 아니하다} {술어 동사 가리다} {목적어 관형사 실개천} {조사어 접속사 때문에} {부사어 부사 능히} {술어 동사 이루어내다}

其(기)	深(심)
지시어	목적어
지시대명사	명사
그	깊이

上秦皇逐客書李斯(상진황축객서이사)
강과 바다는 실개천도 가리지 않기"때문에" 능히 그 깊이를 이루어 낼 수가 있다.

日月之光(일월지광)	所不照(소부조)	"故(고)"	晝夜(주야)	亡(무)	辯(판)
주어	술어	조사어	주어	부정어	술어
관형사	접두사	접속사	명사	부정사	동사
햇빛과 달빛	비치지 아니한 곳	그런 까닭에	낮과 밤	없다	구별하다

列子周穆王(열자주목왕) _ 햇빛과 달빛이 비치지 아니한 곳이라 그런 까닭에 낮과 밤의 구분이 없다.

居(거)	人世上(인세상)	"却(각)"	是(시)	出(출)	人間(인간)
술어	목적어	조사어	지시어	술어	목적어
동사	관형사	접속사	지시대명사	동사	명사
살다	인간세상	도리어	이는	벗어나다	인간 세상

明心寶鑑安分篇(명심보감 안분편) _ 인간 세상에 산다고 하나 이는 "도리어" 인간 세상에서 벗어나게 될 것이다.

"然則(연즉)"	何(하)	以(이)	守之?(수지)
조사어	의문어	조사어	술어
접속사	의문사	후치사	접미사
그러면	어떻게	~하게	지키다

四菩薩閣記蘇軾(사보살각기소식)
그러면 어떻게 지킬것 인가요?

9. 疑問詞 (의문사)

疑問詞란 사람이나 사물 또는 사정(事情)에 의문을 나타내는 말을 의문사라고 한다. 의문사에는 誰(수), 孰(숙), 安(안), 惡(오), 焉(언), 胡(호), 奚(해), 曷(갈), 何(하), 寧(영), 遐(하), 豈(기), 盍(합), 詎(거), 庸(용), 奈(내), 蓋(개) 等이 있고, 두 글자 이상으로 된 의문사로는 , 何如(하여), 如何(여하), 如之何(여지하), 無乃(무내), 奈何(내하), 何以(하이), 何若(하약), 奚若(해약) 等이 있다.

○ 誰는 사람을 指稱하여 "누구냐"고 물을 때 쓴다.

子(자)	行(행)	三軍(삼군)	"誰(수)"	與?(여)
주어	술어	목적어	의문어	조사어
고유명사	동사	명사	의문대명사	의문종결사
(공자)선생님	통솔하다	삼군	어느 사람	~가?

論語述而(논어술이)
선생님께서 3군을 통솔하신다면 "어느 사람"과 함께 하시겠습니까?

○ 본문해설 ○

- 三軍(삼군) 一軍이 1만2천5백명이므로 3만7천5백명이다.

作(작)	亭(정)	者(자)	"誰?(수)"	山之僧(산지승)	智仙(지선)	也(야)
술어	목적어	보어	의문어	주어	술어	조사어
동사	명사	명사	의문대명사	관형사	고유명사	종결사
세우다	정자	사람	누구	이산스님	지선	~다

醉翁亭記歐陽修(취용정기구양수) _ 정자를 세운 사람은 "누구"인가요? 이산 스님 지선이라오.

非(비)	夫人(부인)	之(지)	爲(위)	慟(통)	而(이)	"誰(수)"	爲?(위)
부정어	주어	조사어	술어	목적어	조사어	의문어	술어
부정사	명사	후치사	동사	명사	접속사	의문대명사	동사
아니하다	이 사람	~을	~하다	애통	~고	누구	~하다

論語先進(논어선진) _ 이 사람을 애통해하지 아니하고 "누구"를 애통해 하겠습니까?

○ 본문해설 ○

- 夫(부) 는 발어사로 쓰이거나 "대저" 등의 뜻이 있으나 여기서는 지시대명사 역할을 하여 **前句**에 나오는 顔淵(안연), 이름은 回(회)를 지칭한 것으로 본다. 朱熹의 **註**에도 夫人을 顔淵(안연)이라 하였다.

○ 孰은 사람이나 事物을 比較하여 물을 때 쓴다.

子貢(자공)	問(문)	師(사)	與(여)	商(상)	也(야)	"孰(숙)"	賢?(현)
주어	술어	주어	조사어	주어	조사어	의문어	술어
고유명사	동사	고유명사	접속사	고유명사	후치사	의문대명사	형용사
자공	묻다	자장(子張)	~와	자하(子夏)	~은	누가	어질다

論語先進(논어선진) _ 자공이 물었다. 자장과 자하는 "누가" 어집니까?

季康子(계강자)	問(문)	弟子(제자)	"孰(숙)"	爲(위)	好(호)	學?(학)
주어	술어	목적어	의문어	술어	보어	목적어
고유명사	동사	명사	의문대명사	동사	형용사	명사
계강자	묻다	제자	누가	~하다	좋다	학문

論語先進(논어선진) _ 계강자가 물었다. 제자들 가운데 "누가" 학문을 좋아합니까?
또는 계강자가 제자들에 대하여 묻기를 "누가" 학문을 좋아합니까? 라고 풀어도 좋다.

禮(예)	與(여)	食(식)	"孰(숙)"	重?(중)
주어 명사 예의	조사어 접속사 ~와	주어 명사 먹는 것	의문어 의문대명사 어느 것	술어 명사 중요

孟子告子下(맹자고자하)
예의와 먹는 것은 "어느 것"이 중요합니까?

我(아)	"孰(숙)"	與(여)	城北徐公(성북서공)	美?(미)
주어 대명사 나	의문어 의문대명사 누가	조사어 접속사 ~와	주어 광형사 성북서공	술어 형용사 아름답다

戰國策齊策
(전국책제책)
나와 성북서공은 누가 더 아름다운가?

○ 본문해설 ○

- 我與城北徐公孰美?의 倒置形으로 볼 수도 있으나 "孰與(숙여)"를 慣用語로 보아 "~하는 것이 ~하는가?"로 해석하는 것이 妥當하다고 본다.

百姓(백성)	不足(부족)	君(군)	"孰與(숙여)"	足?(족)
주어 명사 백성	술어 명사 부족	주어 명사 임금	의문어 의문사 무엇이	술어 형용사 풍부하다

論語顏淵(논어안연)
백성들이 모자라는 데 임금은 "무엇이" 풍부하겠는가?

○ 安, 惡, 焉, 胡, 奚, 曷은 의문부사로 "어찌", "어떻게"의 뜻으로 의문사로 쓴다.

"安(안)"	得(득)	猛士(맹사)	兮!(혜)
의문어 의문사 어떻게	술어 동사 얻다	목적어 관형사 용감한 장수	감탄어 감탄종결사 ~가!

大風歌劉邦(대풍가유방)
"어떻게"하면 용감한 장수를 얻을 수 있을 것이냐!

"安(안)"	能(능)	有(유)	國?(국)
의문어 의문사 어찌	부사어 부사 능히	술어 형용사 있다	목적어 명사 나라

六韜三略武韜文伐
(육도삼략무도문벌)
"어찌" 능히 나라가 있다 하겠습니까?

莊生(장생)	"安(안)"	得(득)	與?(여)	蝴蝶(호접)	而(이)	飛揚?(비양)
주어 고유명사 장자	의문어 의문사 어떻게	술어 긍정사 되다	조사어 의문종결사 ~가?	목적어 명사 나비	조사어 접속사 ~서	술어 동사 날아오르다

憎蒼蠅賦歐陽修(증창승부구양수) _ 장자(莊子)는 "어떻게" 나비가 되어 날아오를 수 있었을까?

○ 본문해설 ○

• 莊子(장자)의 齊物論(제물론)에 장주는 꿈에 나비가 되었다(莊周夢爲蝴蝶)이라는 글이 있다.

"惡(오)" 得(득) 爲(위) 有道之士(유도지사) 乎哉?(호재)

惡(오)	得(득)	爲(위)	有道之士(유도지사)	乎哉?(호재)
의문어	긍정어	술어	목적어	조사어
의문사	긍정사	동사	관형사	의문종결사
어떻게	가능하다	하다	도를 터득한 선비	~가?

爭臣論韓愈(쟁신론한유) _ "어떻게" 도를 터득한 선비라 할 수 있겠습니까?

"焉(언)" 知(지) 餓死(아사) 塡(전) 溝壑?(구학)

焉(언)	知(지)	餓死(아사)	塡(전)	溝壑?(구학)
의문어	보어	주어	술어	목적어
의문사	동사	관형사	동사	명사
어찌	알다	굶어죽다	메우다	도랑 골짜기

醉時歌杜甫(취시가두보)
굶어죽어서 도랑이나 골짜기를 메우게 될지 "어찌" 알겠는가?

"胡(호)" 不(불) 爲(위) 人之喜?(인지희)

胡(호)	不(불)	爲(위)	人之喜?(인지희)
의문어	부정어	술어	목적어
의문사	부정사	동사	관형사
어찌	아니하다	하다	사람이 좋아하는 짓

憎蒼蠅賦歐陽修
(증창승부구양수)
"어찌"하여 사람들이 좋아하는 짓을 하지 못하느냐?

"奚以(해이)" 之(지) 九萬里(구만리) 而(이) 南(남) 爲?(위)

奚以(해이)	之(지)	九萬里(구만리)	而(이)	南(남)	爲?(위)
의문어	술어	목적어	조사어	주어	술어
의문사	동사	관형사	접속사	명사	동사
어떻게	가다	구만리	~서	남	향하다

莊子消遙遊(장자소요유) _ "어떻게" 구만 리를 가서 남쪽을 향하여 갈 수 있단 말인가?

"奚(해)" 不(불) 爲(위) 政?(정)

奚(해)	不(불)	爲(위)	政?(정)
의문어	부정어	술어	목적어
의문사	부정사	동사	명사
어찌	아니하다	하다	정치

論語爲政(논어위정)
"어찌" 정치는 하지 않으십니까?

"曷(갈)" 爲(위) 不(불) 及?(급)

曷(갈)	爲(위)	不(불)	及?(급)
의문어	술어	부정어	목적어
의문사	동사	부정사	동사
어찌	하다	못하다	미치다

族譜序蘇洵(족보서소순)
"어찌하여" 미치지 못하는가?

○ 본문해설 ○

• 曷不爲及?의 倒置形이다.

“曷(갈)”	若(약)	是(시)	而(이)	可以(가이)	持(지)	國(국)	乎?(호)
의문어	가정어	지시어	조사어	긍정어	술어	목적어	조사어
의문사	가정사	지시대명사	접속사	긍정사	동사	명사	의문종결사
어떻게	만약	失政을 지칭	~고	~하다	지탱하다	나라	~는가?

荀子彊國篇(순자강국편) _ 만약 이렇게 실정(失政)을 하여 가지고 “어떻게” 나라를 지탱할 수 있겠는가?

○ 何는 사람이나 物件 또는 理由나 時間을 묻는 의문사로 쓴다.

其(기)	故(고)	“何(하)”	也?(야)
지시어	주어	의문어	조사어
지시대명사	명사	의문사	의문종결사
그	까닭	무엇	~인가?

家藏古硯銘唐庚(가장고연명당경)
(벼루의 나이를 햇수로 세는 그 까닭이 “무엇”인가요?

○ 본문해설 ○

- 其(기)는 지시대명사로 **硯之壽以世計**(연지수이세계) “벼루의 나이는 햇수로 센다”라는 **前文**을 지칭한다.

伯夷叔齊(백이숙제)	“何(하)”	人(인)	也?(야)
주어	의문어	술어	조사어
고유명사	의문사	명사	의문종결사
백이, 숙제	어떤	사람	~인가?

論語述而(논어술이)
백이와 숙제는 “어떤” 사람인가?

湯武(탕무)	“何(하)”	得(득)	也?(야)
주어	의문어	술어	조사어
고유명사	의문사	동사	의문종결사
탕왕, 무왕	어떻게	얻다	~는가?

荀子彊國篇(순자강국편)
탕왕과 무왕은 천하를 “어떻게” 얻었는가?

人(인)	之(지)	所惡(소오)	“何(하)”	也?(야)
주어	조사어	보어	의문어	조사어
명사	후치사	접두사	의문사	의문종결사
사람	~이	싫어하는 것	무엇	~인가?

荀子彊國篇(순자강국편)
사람이 싫어하는 것은 “무엇”인가?

始(시)	於(어)	“何(하)”	時(시)
부사어	조사어	의문어	술어
부사	후치사	의문사	명사
처음	~이	어느	시대

諱辯韓愈(휘변한유)
처음(시작)이 “어느” 시대입니까?

此(차) “何(하)” 聲(성) 也?(야)

此(차)	“何(하)”	聲(성)	也?(야)
지시어	의문어	술어	조사어
지시대명사	의문사	명사	의문종결사
소리를 지칭	무슨	소리	~인가?

秋聲賦歐陽修(추성부구양수)
이 소리가 “무슨” 소리입니까?

寧, 遐, 豈, 詎, 庸, 奈는 의문부사로 “어찌”, “어떻게”의 뜻으로 의문사로 쓴다.

“寧(영)” 知(지) 白首之心?(백수지심)

“寧(영)”	知(지)	白首之心?(백수지심)
의문어	술어	목적어
의문사	동사	관형사
어찌	알다	늙은이의 마음

騰王閣序王勃(등왕각서왕발)
“어찌” 늙은이의 마음을 알 수 있겠는가?

重華(중화) 一(일) 去(거) “寧(영)” 復(복) 得?(득)

重華(중화)	一(일)	去(거)	“寧(영)”	復(복)	得?(득)
주어	부사어	술어	의문어	부사어	술어
고유명사	부사	동사	의문사	부사	동사
순임금	한 번	가다	어찌	다시	얻다

桃源行王安石(도원행왕안석) _ 한 번 가버린 순임금이 “어찌” 다시 얻을(돌아올)수 있겠는가?

“寧(영)” 顧(고) 身?(신)

“寧(영)”	顧(고)	身?(신)
의문어	술어	목적어
의문사	동사	명사
어찌	돌아보다	몸

古長城吟王翰(고장성음왕한)
“어찌” 내 몸을 돌볼 수 있겠는가?

“遐(하)” 不(불) 謂?(위)

“遐(하)”	不(불)	謂?(위)
의문어	부정어	술어
의문사	부정사	동사
어찌	아니하다	고하다

詩傳小雅隰桑(시전소아습상)
“어찌” 고하지 않겠는가?

“豈(기)” 不(불) 爾(이) 思?(사)

“豈(기)”	不(불)	爾(이)	思?(사)
의문어	부정어	목적어	술어
의문사	부정사	인칭대명사	동사
어찌	아니하다	너	생각하다

論語子罕(논어자한)
“어찌” 너를 생각함이 아니겠는가?

“豈(기)” 憂(우) 其(기) 流?(류)

“豈(기)”	憂(우)	其(기)	流?(류)
의문어	술어	지시어	목적어
의문사	동사	지시대명사	명사
어찌	근심하다	그	흐름

六韜三略兵道(육도삼략병도)
“어찌” 그 흐름을 근심하겠습니까?

"詎(거)" 有(유) 薪者(신자) 邪?(야)

{의문어 의문사 어찌} {술어 형용사 있다} {목적어 명사 나무꾼} {조사어 의문종결사 ~까?}

列子周穆王(열자주목왕)
"어찌" 땔나무꾼이었겠습니까?

汝(여) "庸(용)" 知(지) 汝(여) 子(자) 迷(미) 乎?(호)

{주어 인칭대명사 당신} {의문어 의문사 어찌} {술어 동사 알다} {주어 인칭대명사 너} {보어 명사 자식} {술어 동사 미치다} {조사어 의문종결사 ~가?}

列子周穆王(열자주목왕) _ 당신은 "어찌" 당신의 자식이 미친 것을 아는가?

盍은 何不의 合字로 (어찌 ~하지 않겠는가?)의 뜻으로 의문사로 쓴다.

子(자) "盍(합)" 爲(위) 我(아) 言之?(언지)

{주어 인칭대명사 그대} {의문어 의문사 어찌 ~하지 않겠는가?} {술어 동사 ~하다} {목적어 인칭대명사 나} {술어 접미사 말하다}

孟子公孫丑下(맹자공손추하)
그대는 나를 위하여 "어찌" 조언하지 "아니하겠는가?"

"盍(합)" 歸(귀) 乎(호) 來?(래)

{의문어 의문사 어찌~ 하지 않겠는가?} {술어 동사 돌아가다} {조사어 전치사 ~에} {목적어 명사 오는 것(고향)}

孟子盡心下(맹자진심하)
"어찌" 고향에 돌아가지 "아니하겠는가?"

何如는 단순한 물음에, 如何는 수량을 헤아리는 물음에 쓴다.

今(금) 之(지) 從(종) 政者(정자) "何如?(하여)"

{부사어 부사 지금} {조사어 후치사 ~에} {술어 동사 종사하다} {목적어 관형사 정치하는 사람} {의문어 의문사 어떠한가?}

論語子路(논어자로)
지금의 정치에 종사하는 사람은 "어떠합니까?"

鄕人(향인) 皆(개) 好之(호지) "何如?(하여)"

{주어 관형사 마을 사람} {부사어 부사 모두} {술어 접미사 좋아하다} {의문어 의문사 어떠한가?}

論語子路(논어자로)
마을 사람들이 모두 좋아하면 "어떻습니까?"

旣(기) 見(견) 君子(군자) 其(기) 樂(락) "如何?(여하)"

旣(기)	見(견)	君子(군자)	其(기)	樂(락)	"如何?(여하)"
부사어	술어	목적어	지시어	보어	의문어
부사	동사	명사	지시대명사	명사	의문사
이미	보다	군자	그	즐거움	얼마인가?

詩傳小雅隰桑(시전소아습상) _ 이미 군자를 뵈었으니 그 즐거움이 "얼마인가?"

伐(벌) 柯(가) "如何?(여하)"

伐(벌)	柯(가)	"如何?(여하)"
술어	목적어	의문어
동사	명사	의문사
베다	도끼자루	얼마나?

詩傳豳風伐柯(시전유풍벌가)
도끼자루 "얼마나" 벨까?

如之何는 "어떻게 하면"의 뜻으로 의문사로 쓴다.

"如之何(여지하)" 則(즉) 可?(가)

"如之何(여지하)"	則(즉)	可?(가)
의문어	조사어	긍정어
의문사	접속사	긍정사
어떻게 하면	~면	좋다

孟子梁惠王上(맹자양혜왕상)
"어떻게 하면" 좋겠습니까?

或(혹) 曰(왈) 陋(누) "如之何?(여지하)"

或(혹)	曰(왈)	陋(누)	"如之何?(여지하)"
주어	술어	보어	의문어
인칭대명사	동사	형용사	의문사
어떤 사람	말하다	더럽다	어떻게 하시렵니까?

論語子罕(논어자한)
어떤 사람이 더럽다고 말하는데 "어떻게 하시렵니까?"

無乃는 慣用疑問詞로 "~이 아닐까"하는 뜻으로 쓴다.

"無乃(무내)" 天工(천공) 令(령) 鬼(귀) 守?(수)

"無乃(무내)"	天工(천공)	令(령)	鬼(귀)	守?(수)
의문어	보어	사역어	주어	술어
의문사	관형사	사역동사	명사	동사
~이 아닐까?	하늘의 공교	~로 하게하다	귀신	지키다

後石鼓歌蘇軾(후석고가소식) _ 하늘의 공교함이 귀신으로 하여금 지키게 "한 것이 아닐까요?"

"無乃(무내)" 傷(상) 于(우) 德(덕) 而(이) 費(비) 於(어) 辭(사) 乎?(호)

"無乃(무내)"	傷(상)	于(우)	德(덕)	而(이)	費(비)	於(어)	辭(사)	乎?(호)
의문어	술어	조사어	목적어	조사어	술어	조사어	목적어	조사어
의문사	동사	전치사	명사	접속사	동사	전치사	명사	의문종결사
~아니겠는가?	손상하다	~을	덕	~서	소비하다	~을	말	~가?

爭臣論韓愈(쟁신론한유) _ 덕을 손상하여 말을 허비하는 것이 "아니겠습니까?"

"無乃(무내)" 爾(이) 是(시) 過(과) 與?(여)

無乃	爾	是	過	與
의문어	주어	지시어	술어	종결사
의문사	인칭대명사	지시대명사	명사	의문종결사
아니겠는가?	너	이것	과실	~는가?

論語季氏(논어계씨)
이것은 너의 잘못이 "아니겠느냐?"

"無乃(무내)" 不可(불가) 乎?(호)

無乃	不可	乎
의문어	술어	조사어
의문사	동사	의문종결사
아니겠는가?	옳지않게 하다	~냐?

小學稽古(소학계고)
옳지않게 한 것이 "아니겠느냐?"

奈何는 "어찌", "어떻게", "어떤"의 뜻으로 의문사로 쓴다.

守(수) 土(토) "奈何(내하)"

守	土	奈何
술어	목적어	의문어
동사	명사	의문사
지키다	영토	어떻게 하는가?

六韜三略守土(육도삼략수토)
영토를 지키려면 "어떻게 합니까?"

練士之道(연사지도) "奈何(내하)"

練士之道	奈何
주어	의문어
관형사	의문사
군사 훈련의 방법	어떠한가?

六韜三略練士(육도삼략연사)
군사훈련의 방법이란 "어떤 것입니까?"

"奈何(내하)" 非(비) 金石之質?(금석지질)

奈何	非	金石之質
의문어	부정어	보어
의문사	부정사	관형사
어찌	아니다	쇠와 돌의 바탕

秋聲賦歐陽修(추성부구양수)
"어찌" 쇠나 돌 같은 바탕이 아니면서

何以, 何若, 奚若은 "어찌", "무엇이", "어떻게"의 뜻으로 의문사로 쓴다.

"何以(하이)" 別(별) 乎?(호)

何以	別	乎
의문어	술어	조사어
의문사	동사	의문종결사
어떻게	분별하다	~는가?

論語爲政(논어위정)
"어떻게" 분별합니까?

"何以(하이)" 利(이) 吾國?(오국)

何以	利	吾國
의문어	술어	목적어
의문사	동사	관형사
어떻게	이롭게하다	내 나라

孟子梁惠王上(맹자양혜왕상)
"어떻게" 내 나라를 이롭게 하겠습니까?

"何以(하이)" 異(이) 於(어) 鄒(추) 敵(적) 楚(초) 哉?(재)

何以	異	於	鄒	敵	楚	哉?
의문어 의문사 무엇이	술어 형용사 다르다	조사어 전치사 ~가	주어 고유명사 추나라	술어 동사 적으로 삼다	목적어 고유명사 초나라	조사어 의문종결사 ~는가?

孟子梁惠王上(맹자양혜왕상) _ 작은 추나라가 큰 초나라를 적으로 삼는 것과 "무엇이" 다르겠습니까?

顔淵之爲人(안연지위인) 也(야) "何若?(하약)"

顔淵之爲人	也	何若?
주어 관형사 안연의 됨됨이	조사어 후치사 ~는	의문어 의문사 어떠한가?

안연의 됨됨이는 "어떠합니까?"

安과 惡

→ 目的語로 쓰일 때에는 場所를, 副詞語로 쓰일 때에는 "어찌"의 뜻으로 의문을 나타낸다.

當時(당시) 數子(수자) 今(금) "安(안)" 在?(재)

當時	數子	今	安	在?
부사어 부사 그 때	주어 관형사 그 분들	부사어 부사 지금	의문어 의문사 어디에	술어 형용사 있다

磨崖碑後張耒(마애비후장뢰)
그 때 그 분들은 지금 "어디에" 있는가?

子(자) 將(장) "安(안)" 之?(지)

子	將	安	之?
주어 인칭대명사 자네	자동어 자동사 하려하다	의문어 의문사 어디로	술어 동사 가다

說苑(설원)
자네는 "어디로" 가려고 하는가?

其(기) 失(실) "安(안)" 在?(재)

其	失	安	在?
지시어 지시대명사 그	주어 명사 실수	의문어 의문사 어디	술어 형용사 있다

六韜三略擧賢(육도삼략거현)
그 실수가 "어디"에 있는가?

朕(짐) 乘(승) 千里馬(천리마) 獨先(독선) "安(안)" 之?(지)

朕	乘	千里馬	獨先	安	之?
주어 대명사 내가	술어 동사 타다	목적어 관형사 천리마	부사어 부사 홀로, 먼저	의문어 의문사 어디	술어 동사 가다

通鑑漢紀太宗孝文皇帝(통감한기태종효문황제) _ 내가 천리마를 타고 홀로 먼저 "어디"를 가리오?

公等(공등) "安(안)" 在?(재)

{주어 / 명사 / 공등은} {의문어 / 의문사 / 어디에} {술어 / 형용사 / 있다}

通鑑漢紀世宗孝武皇帝

(통감한기세종효무황제)

공등은 "어디에" 있는가?

食之(식지) 甚(심) 不足者(부족자) 其(기) 咎(구) "安(안)" 在?(재)

{주어 / 접미사 / 먹는 것} {부사어 / 부사 / 심히} {보어 / 관형사 / 부족한 것} {지시어 / 지시대명사 / 그} {주어 / 명사 / 허물} {의문어 / 의문사 / 어디에} {술어 / 형용사 / 있다}

通鑑漢紀太宗孝文皇帝(통감한기태종효문황제) _ 먹을 것이 심히 부족한 것은 그 허물이 "어디에" 있는 것인가?

○ 蓋가 "아마도"란 뜻으로 推測을 나타내는 의문사로 쓰이기도 한다.

太史公(태사공) 曰(왈) 吾(오) 聞之(문지) 周生(주생) 曰(왈) 舜目(순목)

{주어 / 고유명사 / 사마천} {술어 / 동사 / 말하다} {주어 / 인칭대명사 / 나} {술어 / 접미사 / 들으니} {주어 / 고유명사 / 주선생} {술어 / 동사 / 말하다} {주어 / 관형사 / 순임금의 눈}

"蓋(개)" 重(중) 瞳子(동자) 又(우) 聞(문) 項羽(항우) 亦(역) 重(중)

{의문어 / 의문사 / 아마도} {술어 / 명사 / 두 개} {목적어 / 명사 / 동사} {조사어 / 접속사 / 또} {술어 / 동사 / 듣다} {주어 / 고유명사 / 항우} {조사어 / 접속사 / 역시} {술어 / 명사 / 두 개}

瞳子(동자)

{목적어 / 명사 / 동사}

史記項羽本紀(사기항우본기)

태사공이 말하기를 내가 듣기로는 주선생이 순임금의 눈은 "아마도" 눈동자가 두 개 일 것이고 또한 항우도 역시 눈동자가 두 개 일 것이라고 말하는 것을 들었다고 하였다.

○ 본문해설 ○

- 太史公(태사공) 歷史를 記錄하는 官職으로 漢나라 武帝때 史記를 쓴 司馬遷이다.
- 周生(주생) 漢나라 때 儒學者인 듯하나 그 이름 등은 確實하지 아니하다.

10. 否定詞 (부정사)

否定詞는 事物의 有無와 是非를 否定하고 行爲를 禁止하는 品詞로서 "~이 없다", "~이 아니다", "~을 하지마라" 等의 뜻으로 쓰이며 不(불), 無(무), 非(비), 未(미), 毋(무), 亡(무), 罔(망), 莫(막), 勿(물), 弗(불), 休(휴) 等이 있고, 두 글자로 된 否定詞로는 不以(불이), 不足(부족), 不敢(불감), 不可(불가), 不得(부득), 不能(불능), 不爲(불위), 無以(무이), 無所(무소), 無得(무득), 無足(무족), 未必(미필), 未足(미족), 未之(미지), 未敢(미감), 未可(미가), 亡以(무이), 莫敢(막감) 等이 있다.

不은 "~이 없다", "못하다", "아니하다"의 뜻으로 부정사로 쓴다.

朋友(붕우)	交(교)	而(이)	"不(불)"	信(신)	乎?(호)
주어 명사 벗	술어 동사 사귀다	조사어 접속사 ~서	술어 부정사 없다	목적어 명사 믿음	조사어 의문종결사 ~가?

論語學而(논어학이)
벗을 사귀면서 믿음이 "없는가?"

君子(군자)	"不(불)"	重(중)	則(즉)	"不(불)"	威(위)
주어 명사 군자	술어 부정사 없다	목적어 명사 신중	조사어 접속사 ~면	술어 부정사 없다	목적어 명사 위엄

論語學而(논어학이)
군자가 신중함이 "없으면" 위엄이 "없다."

"不(불)"	敬(경)	何以(하이)	別(별)	乎?(호)
부정어 부정사 없다	주어 명사 공경	의문어 의문사 무엇이	술어 형용사 다르다	조사어 의문종결사 ~는가?

論語學而(논어학이)
공경스러움이 "없다면" 무엇이 다르겠는가?

孰(숙)	"不(부)"	知(지)	禮?(예)
주어 의문대명사 누가	부정어 부정사 모른다	술어 동사 알다	목적어 명사 예의

論語八佾(논어팔일)
누가 예의를 "모른다" (없다) 하겠는가?

"不(불)"	好(호)	犯(범)	上(상)
술어 부정사 아니하다	목적어 동사 좋아하다	술어 동사 거스르다	목적어 명사 윗사람

論語學而(논어학이)
윗사람 거스르는 것을 좋아하지 "아니한다"

患(환) “不(부)” 知(지) 人(인) 也(야)

患	不	知	人	也
술어	부정어	술어	목적어	조사어
동사	부정사	동사	명사	종결사
근심한다	못하다	알다	남	~다

論語學而(논어학이)
남을 알아보지 “못한 것을” 걱정한다.

君子(군자) “不(불)” 器(기)

君子	不	器
주어	술어	목적어
명사	부정사	명사
군자	아니다	그릇

論語爲政(논어위정)
군자는 한 가지 용도로 쓰이는 그릇이 “아니다”

奚(해) “不(불)” 爲(위) 政(정)

奚	不	爲	政
의문어	부정어	술어	목적어
의문사	부정사	동사	명사
어찌	아니하다	하다	정치

論語學而(논어학이)
어찌하여 정치를 하지 “않으십니까?

馬(마) “不(불)” 進(진)

馬	不	進
주어	술어	목적어
명사	부정사	동사
말	아니하다	나아가다

論語雍也(논어옹야)
말이 나아가지 “아니한다”

子(자) “不(불)” 語(어) 怪力亂神(괴력란신)

子	不	語	怪力亂神
주어	부정어	술어	목적어
고유명사	부정사	동사	관형사
공자	아니하다	말하다	괴이한 힘과 어지러운 귀신

論語述而(논어술이)
공자님은 괴이한 힘과 어지러운 귀신은 말하지 “아니하였다”

無는 “~없다”의 뜻으로 부정사로 쓴다.

天下(천하) 有(유) 道(도) 則(즉) 見(현) “無(무)” 道(도) 則(즉) 隱(은)

天下	有	道	則	見	無	道	則	隱
주어	술어	목적어	조사어	술어	부정어	보어	조사어	술어
명사	형용사	명사	접속사	동사	부정사	명사	접속사	동사
천하	있다	도	~면	나타나다	없다	도	~면	숨는다

論語泰伯(논어태백) _ 천하에 도가 있으면 나타나고 도가 없으면 숨는다.

“無(무)” 伐(벌) 善(선)

無	伐	善
부정어	술어	목적어
부정사	동사	명사
없다	자랑하다	착함

論語公冶長(논어공야장)
착함을 자랑함이 “없다”

"無(무)"	所禱(소도)	也(야)
술어	목적어	조사어
부정사	접두사	종결사
없다	기도할 곳	~다

論語八佾(논어팔일)
기도할 곳이 "없다"

見(견)	義(의)	不(불)	爲(위)	"無(무)"	勇(용)	也(야)
술어	목적어	부정어	술어	술어	목적어	조사어
동사	명사	부정사	동사	부정사	명사	종결사
보다	옳은 일	아니하다	하다	없다	용기	~다

論語爲政(논어위정) _ 옳은 일을 보고도 실행하지 아니함은 용기가 "없는 것이다"

大車(대거)	"無(무)"	輗(예)	小車(소거)	"無(무)"	軏(월)	其(기)
주어	술어	목적어	주어	술어	목적어	지시어
관형사	부정사	명사	관형사	부정사	명사	지시대명사
큰 수레	없다	멍에	작은 수레	없다	멍에	그것

何以(하이)	行之(행지)	哉?(재)
의문어	술어	조사어
의문사	접미사	의문종결사
어떻게	가다	~다

論語爲政(논어위정)
큰 수레도 멍에가 "없고" 작은 수레에도 멍에가 "없으니" 그 수레가 어떻게 갈 수 있단 말인가?

"軍(군)"	無(무)	百疾(백질)
주어	술어	목적어
명사	부정사	관형사
군대	없어지다	백 가지 질병

孫子行軍(손자행군)
군대에는 백 가지 질병이 "없어지고"

○ 無는 "~아니하다"의 뜻으로 부정사로 쓴다.

君子(군자)	食(식)	"無(무)"	求(구)	飽(포)	居(거)	"無(무)"	求(구)	安(안)
주어	보어	부정어	술어	목적어	보어	부정어	술어	목적어
명사	명사	부정사	동사	명사	명사	부정사	동사	명사
군자	먹는 것	아니하다	구하다	배부르게 먹는 것	사는 것	아니하다	구하다	편안한 것

論語學而(논어학이) _ 군자는 먹는 것에 배부르게 먹는 것을 구하지 "아니하고" 사는 것에는 편안하기를 구하지 아니한다.

貧(빈)	而(이)	"無(무)"	諂(첨)	富(부)	而(이)	"無(무)"	驕(교)
보어	조사어	부정어	술어	보어	조사어	부정어	술어
형용사	접속사	부정사	동사	형용사	접속사	부정사	동사
가난하다	~도	아니하다	아첨하다	부자로 살다	~도	아니하다	교만하다

論語學而(논어학이) _ 가난하게 살아도 아첨하지 "아니하며" 부자로 살아도 교만하지 "아니한다."

非는 "아니다"라는 뜻으로 부정사로 쓴다.

"非(비)" 其(기) 罪(죄) 也(야)

非	其	罪	也
부정어 부정사 아니다	지시어 지시대명사 그 의	술어 명사 죄	조사어 종결사 ~이다

論語公冶長(논어공야장)
그의 죄가 "아니다."

"非(비)" 公事(공사)

非	公事
부정어 부정사 아니다	주어 관형사 공적인 일

論語雍也(논어옹야)
공적인 일이 "아니면"

"非(비)" 敢(감) 後(후) 也(야)

非	敢	後	也
부정어 부정사 아니다	부사어 부사 감히	술어 동사 뒤떨어지다	조사어 종결사 ~이다

論語雍也(논어옹야)
감히 뒤떨어지려 함이 "아니다"

天(천) 亡(망) 我(아) "非(비)" 用兵之罪(용병지죄) 也(야)

天	亡	我	非	用兵之罪	也
주어 명사 하늘	술어 동사 망하게 하다	목적어 인칭대명사 나	부정어 부정사 아니다	술어 관형사 군사를 잘 못 부린 죄	조사어 종결사 ~이다

史記項羽本紀(사기항우본기) _ 하늘이 나를 망하게 하였지 군사를 잘 못 부린 죄가 "아니다"

我(아) "非(비)" 生而知之者(생이지지자)

我	非	生而知之者
주어 인칭대명사 나	부정어 부정사 아니다	술어 관형사 나면서부터 깨달은 사람

論語述而(논어술이)
나(孔子)는 나면서부터 깨달은 사람이 "아니다"

본문해설

- 孔子님은 옛 것을 좋아하여 신속히 구한 사람(好古敏以求之者也)이라고 하였다.

"非(비)" 主(주) 之(지) 佐(좌)

非	主	之	佐
부정어 부정사 아니다	주어 명사 임금	조사어 후치사 ~을	술어 동사 돕다

孫子用間(손자용간)
임금을 도운 게 "아니다"

回(회)	也(야)	“非(비)”	助(조)	我(아)	者(자)	也(야)
주어	조사어	부정어	술어	목적어	보어	조사어
고유명사	후치사	부정사	동사	대명사	명사	종결사
안회	~는	아니다	돕다	나	사람	~이다

論語先進(논어선진) _ 안회는 나를 돕는 사람이 “아니다”

“非(비)”	禮(예)	勿(물)	視(시)
부정어	주어	부정어	술어
부정사	명사	금지사	동사
아니다	예의	마라	보다

論語顏淵(논어안연)
예의가 “아니면” 보지 마라.

“非(비)”	德(덕)	不(불)	純(순)	形勢(형세)	弱(약)	也(야)
부정어	주어	부정어	술어	주어	술어	조사어
부정사	명사	부정사	형용사	명사	형용사	종결사
아니다	덕	아니다	순수하다	형세	약하다	~이다

史記漢興以來諸侯王年表序(사기한흥이래제후왕년표서) _ 덕이 불순한 것이 “아니라” 형세가 약한 것이다.

“非(비)”	其(기)	鬼(귀)	而(이)	祭之(제지)	諂(첨)	也(야)
부정어	지시어	주어	조사어	주어	술어	조사어
부정사	지시대명사	명사	접속사	접미사	동사	종결사
아니다	그	구신	~면서	제사 지내는 것	아첨하다	~이다

論語爲政(논어위정) _ 자기 귀신도 “아닌데” 제사 지내는 것은 아첨하는 것이다.

“非(비)”	我(아)	罪(죄)
부정어	주어	술어
부정사	대명사	명사
아니다	나	죄

梓人傳柳宗元(재인전유종원)
나의 죄가 “아니다”

理(이)	“非(비)”	吾業(오업)	也(야)
주어	부정어	술어	조사어
명사	부정사	관형사	종결사
다스리는 것	아니다	내 일	~이다

種樹郭駝傳柳宗元
(종수곽탁타전유종원)
다스리는 것은 나의 일이 “아니다”

“非(비)”	疾(질)	純戎狄(순융적)	也(야)
부정어	술어	목적어	조사어
부정사	동사	관형사	종결사
아니다	미워하다	순수한 오랑캐	~이다

王子不治夷狄論蘇軾
(왕자불치이적론소식)
순수한 오랑캐를 미워하는 것이 “아니다”

未는 "~하지 못하다"의 뜻으로 不足과 未決의 意味를 內包한 부정사로 쓰인다.

"未(미)"	之(지)	有(유)	也(야)
부정어	조사어	술어	조사어
부정사	후치사	형용사	종결사
아니하다	~다	있다	~이다

孫子作戰, 論語學而(손자작전, 논어학이)
아직 있지 "아니하다"
※未之를 한 個(개) 부정사로 보아도 무방하다.

"未(미)"	見(견)	其(기)	止(지)	也(야)
부정어	술어	지시어	목적어	조사어
부정사	동사	지시대명사	명사	종결사
못하다	보다	그	멈춤	~이다

論語子罕(논어자한)
아직도 그 멈춤을 보지 "못하였다"

吾(오)	"未(미)"	見(견)	剛者(강자)
주어	부정어	술어	목적어
인칭대명사	부정사	동사	관형사
나	못하다	보다	강직한 사람

論語公冶長(논어공야장)
나는 아직 강직한 사람은 보지 "못하였다"

生(생)	生(생)	所資(소자)	"未(미)"	見(현)	其(기)	述(술)
주어	술어	목적어	부정어	술어	지시어	목적어
명사	동사	접두사	부정사	동사	지시대명사	명사
삶	나오게 하다	필요한 물자	아니하다	나타나다	그	재주

歸去來辭陶淵明(귀거래사도연명) _ 살아가는데 필요한 물자(쌀이나 돈)를 나오게 하는 재주가 아직 나오지 "아니하여"

"未(미)"	聞(문)	好學者(호학자)	也(야)
부정어	술어	목적어	조사어
부정사	동사	관형사	종결사
못하다	듣다	학문을 좋아하는 사람	~이다

論語雍也(논어옹야)
학문을 좋아하는 사람은 아직 듣지 "못하였다"

知(지)	己(기)	則(즉)	"未(미)"	也(야)
술어	목적어	조사어	부정어	조사어
동사	명사	접속사	부정사	종결사
알다	자기	~가	못하다	~이다

上張僕射書韓愈
(상장복야서한유)
나를 아는 사이가 "아니다"

臣(신)	之(지)	"未(미)"	解(해)	六(육)	也(야)
주어	조사어	부정어	술어	목적어	조사어
명사	후치사	부정사	동사	수사	종결사
신	~이	못하다	풀다	여섯	~이다

後出師表諸葛亮
(후출사표제갈량)
신이 풀지 "못한" 여섯번째 입니다.

“未(미)”	見(견)	蹈(도)	仁(인)	而(이)	死者(사자)	也(야)
부정어	술어	술어	목적어	조사어	보어	조사어
부정사	동사	동사	명사	접속사	관형사	종결사
못하다	보다	밟다	어진 것	~서	죽은 사람	~이다

論語衛靈公(논어위령공) _ 어진 것을 밟고 죽은 사람은 아직 보지 “못하였다”

毋는 “~이 없다”의 뜻으로 부정사로 쓴다.

子(자)	絶(절)	四(사)	“毋(무)”	意(의)	“毋(무)”	必(필)	“毋(무)”	固(고)
주어	술어	목적어	부정어	주어	부정어	주어	부정어	주어
고유명사	동사	수사	부정사	명사	부정사	명사	부정사	명사
공자	끊다	네 가지	없다	사사로운 뜻	없다	필히 하고자함	없다	고집

“毋(무)”	我(아)
부정어	주어
부정사	인칭대명사
없다	나

論語子罕(논어자한)
공자가 네 가지를 끊으시니 사사로운 뜻이 없고, 기필코 하고자 함도 “없고”, 고집하고자 함도 “없고”, 나라고 하는 것도 “없다”

“毋(무)”	徒(도)	使(사)	母子(모자)	爲(위)	太子(태자)
부정어	보어	술어	목적어	술어	주어
부정사	명사	사역동사	명사	동사	명사
없다	무리	되게하다	모자	되다	태자

所魚肉(소어육)	也(야)
목적어	조사어
접두사	종결사
밥(먹이)	~이다

史記晉世家(사기진세가)
모자가 한 무리가 되게 하여 태자의 밥이 되는 일은 “없을 것이다”

亡는 “~이 없다”의 뜻으로 부정사로 쓴다.

人(인)	皆(개)	有(유)	兄弟(형제)	我(아)	獨(독)	“亡(무)”
주어	부사어	술어	목적어	주어	부사어	부정어
명사	부사	형용사	명사	인칭대명사	부사	부정사
사람	모두	있다	형제	나	홀로	없다

論語顔淵(논어안연) _ 사람들은 모두 형제가 있는데 나만 홀로 형제가 “없다”

今(금)	也(야)	或(혹)	是(시)	以(이)	"亡(무)"	也(야)
부사어	조사어	부사어	지시어	조사어	부정어	조사어
부사	접속사	부사	지시대명사	후치사	부정사	종결사
이제	~에	혹시	이 것	~이	없다	~이다

論語陽貨(논어양화) _ 이제는 혹시 이것이 "없어졌다"

◎ 본문해설 ◎

• 是(시)는 前文에 나오는 子曰古者民有三疾(공자가 말하기를 옛날 사람들에게는 세 가지 병폐가 있었다)를 지칭한다. 三疾(삼질)이란 1. 狂(광) – 광폭한 품성 2. 矜(긍) – 자긍심이 강한 것 3. 愚(우) – 우직한 고집이다.

寒暑(한서)	"亡(무)"	辯(판)
주어	부정어	술어
명사	부정사	동사
춥고 더운 것	없다	구별하다

列子周穆王(열자주목왕)
춥고 더운 구별이 "없다"

焉(언)	能(능)	爲(위)	"亡(무)"
의문어	부사어	술어	목적어
의문사	부사	동사	부정사
어찌	능히	하다	없다

論語子張(논어자장)
어찌 능히 "없다" 하겠는가?

欲(욕)	天下(천하)	"亡(무)"	寒(한)
자동어	주어	술어	목적어
자동사	명사	부정사	명사
하고자 하다	천하	없다	추위

通鑑漢紀太宗孝文皇帝
(통감한기태종효문황제)
천하에 추위가 "없고자" 하나

晝夜(주야)	"亡(무)"	辯(판)
주어	술어	목적어
명사	부정사	동사
낮과 밤	없다	구분하다

列子周穆王(열자주목왕)
낮과 밤의 구분이 "없다"

夷狄(이적)	之(지)	有(유)	君(군)	不如(불여)	諸夏(제하)	之(지)
주어	조사어	술어	목적어	비교어	주어	조사어
명사	후치사	형용사	명사	비교사	명사	후치사
오랑캐	~에	있다	임금	~한 것만 못하다	중화	~에

"亡(무)" 也(야)

亡(무)	也(야)
부정어 부정사 없다	조사어 종결사 ~이다

論語八佾(논어팔일)
오랑캐 나라에 임금 있는 것이 중화의 나라에 임금 "없는" 것만 못하다.

○ 罔은 "~이 없다", "아니다"의 뜻으로 부정사로 쓴다.

子(자) 曰(왈) 人之生(인지생) 也(야) 直(직) "罔"之生(망지생) 也(야)

子(자)	曰(왈)	人之生(인지생)	也(야)	直(직)	"罔"之生(망지생)	也(야)
주어 고유명사 공자	술어 동사 말하다	주어 관형사 사람의 생리	조사어 후치사 ~는	술어 형용사 바르다	주어 관형사 바르지 "아니한" 생리	조사어 후치사 ~는

幸(행) 而(이) 免(면)

幸(행)	而(이)	免(면)
부사어 부사 요행이	조사어 접속사 ~이	술어 동사 면하다

論語雍也(논어옹야)
공자께서 말씀하시기를 사람의 生理는 바른 것이다. 바르지 "아니한" 생리(本性)는 요행이 재앙을 면한 것이다.
※罔을 부정사로 之를 지시대명사로 生을 명사(목적어)로 풀어도 좋다.

四方之民(사방지민) "罔(망)" 不(불) 敬畏(경외)

四方之民(사방지민)	"罔(망)"	不(불)	敬畏(경외)
주어 관형사 온 세상 백성	부정어 부정사 없다	부정어 부정사 아니하다	술어 동사 존경하고 두려워하다

史記魯周公世家
(사기노주공세가)
온 세상 백성이 존경하고 두려워하지 않음이 "없다.

○ 莫은 "~아니다", "~하지 못하다", "~이 없다"의 뜻으로 부정사로 쓴다.

何(하) "莫(막)" 由(유) 斯(사) 道?(도)

何(하)	"莫(막)"	由(유)	斯(사)	道?(도)
의문어 의문사 어찌	부정어 부정사 아니하다	술어 동사 경유하다	지시어 지시대명사 이	목적어 명사 바른 길

論語雍也(논어옹야)
어찌하여 이 길(사람이 걸어야 할 바른 길)을 경유하지 "아니하는가?"

"莫(막)" 難(난) 於(어) 軍爭(군쟁)

"莫(막)"	難(난)	於(어)	軍爭(군쟁)
부정어 부정사 없다	비교어 비교사 ~보다 어려운 것	조사어 후치사 ~보다	주어 명사 승리를 다투는 것

孫子軍爭(손자군쟁)
싸워서 승리를 다투는 것보다 더 어려운 것은 "없다"

"莫(막)" 知(지) 所之(소지)

"莫(막)"	知(지)	所之(소지)
부정어 부정사 못하다	술어 동사 알다	목적어 접두사 가는 곳

孫子九地(손자구지)
가는 곳을 알지 "못한다"

"莫(막)"	敢(감)	不(불)	敬(경)
부정어 부정사 없다	부사어 부사 감히	부정어 부정사 아니하다	술어 동사 공경하다

論語子路(논어자로)
감히 공경하지 아니함이 "없다"

"莫(막)"	知(지)	子(자)	也(야)
부정어 부정사 못하다	술어 동사 알다	목적어 명사 선생님	조사어 종결사 ~이다

論語憲問(논어헌문)
선생님을 알지 "못한" 것이다.

弗은 "못하다", "아니다"의 뜻으로 부정사로 쓴다.

參(삼)	"弗(불)"	敏(민)	何(하)	足(족)	以(이)	知之(지지)	乎?(호)
주어 고유명사 증삼	부정어 부정사 못하다	술어 형용사 총명하다	의문어 의문사 어찌	부사어 부사 넉넉히	조사어 후치사 ~이	술어 접미사 알다	조사어 의문종결사 ~는가?

孝經開宗明義章(효경개종명의장) _ 증삼(曾參)이 총명하지 "못한 데" 어찌 넉넉히 알 수 있겠습니까?

본문해설

• 子曰參(자왈삼)先王有至德要道(선왕유지덕요도)以訓天下民(이훈천하민)用和睦(용화목)上下亡怨(상하무원)女知之乎(여지지호)

孔子께서 曾參에게 말하기를 선대의 성왕들께서는 지극한 덕과 사람이 반드시 실천하여야 할 도를 갖추고 계셨으며 그로써 천하만민을 가르쳐 백성들이 서로 화목하게 하고 윗 사람이나 아랫 사람이 원망이 없었다. 너는 이를 알고 있느냐? 라는 공자님의 물음에 대한 증삼의 답이 윗 글이다.

臣(신)	有(유)	大罪(대죄)	而(이)	主(주)	"弗(불)"	禁(금)	此(차)
주어 명사 신하	술어 형용사 있다	목적어 관형사 큰 죄	조사어 접속사 ~데	주어 명사 임금	술어 부정사 아니하다	목적어 동사 엄단하다	지시어 지시대명사 이는

大失(대실)	也(야)
술어 관형사 큰 실책	조사어 종결사 ~이다

韓非子孤憤(한비자고분)
신하에게 큰 죄가 있었는데 임금이 엄단하지 "아니함은" 이는 큰 실책입니다.

女(여) "弗(불)" 能(능) 救(구) 與?(여)

女	弗	能	救	與
주어 인칭대명사 너	부정어 부정사 없다	부사어 부사 능히	술어 동사 구하다	조사어 의문종결사 ~는가?

論語八佾(논어팔일)
네가 능히 구원할 수 "없겠는가?"

擊之(격지) "弗(불)" 中(중)

擊之	弗	中
술어 접미사 공격하다	부정어 부정사 아니하다	보어 명사 명중

列子黃帝(열자황제)
공격하였으나 명중되지 "아니하였다"

天子(천자) 微(미) "弗(불)" 正(정) 能(능)

天子	微	弗	正	能
주어 명사 천자	술어 형용사 미약하다	부정어 부정사 못하다	술어 동사 바르게 하다	부사어 부사 능히

史記漢興以來諸侯年表序
(사기한흥이래제후년표서)
천자가 미약하여 능히 바르게 "하지 못하였다"

問(문) 其(기) 名(명) "弗(불)" 告(고)

問	其	名	弗	告
술어 동사 묻다	지시어 지시대명사 그	목적어 명사 이름	부정어 부정사 아니하다	술어 동사 고하다

史記晉世家(사기진세가)
그 이름을 물었으나 대답하지 "아니하였다"

吾(오) "弗(불)" 許(허) 也(야)

吾	弗	許	也
주어 인칭대명사 나	술어 부정사 아니하다	목적어 동사 허락하다	조사어 종결사 ~이다

列子中尼(열자중니)
나는 허락하지 "아니하였다"

○ 不以는 "아니다", "못하다"의 뜻으로 부정사로 쓴다.

"不以(불이)" 禮節之(예절지)

不以	禮節之
부정어 부정사 못하다	술어 접미사 예의로 절도하다

論語學而(논어학이)
예의로 절도치 "못하면"

"不以(불이)" 兵車(병거)

不以	兵車
부정어 부정사 아니하다	보어 명사 군사력

論語憲問(논어헌문)
군사력으로 하지 "아니하고"

君子(군자) "不以(불이)" 言(언) 擧(거) 人(인)

君子	不以	言	擧	人
주어 명사 군자	부정어 부정사 아니하다	보어 명사 말	술어 동사 천거하다	목적어 명사 사람

論語衛靈公(논어위령공)
군자는 말로 사람을 천거하지 "아니한다"

動之(동지) "不以(불이)" 禮(예)

動之	不以	禮
술어 접미사 행동하다	부정어 부정사 아니하다	보어 명사 예

論語衛靈公(논어위령공)
행동을 예로서 하지 "아니하면"

○ 不足은 "~이 없다"의 뜻으로 부정사로 쓴다.

文獻(문헌) "不足(부족)" 故(고) 也(야)

文獻	不足	故	也
주어 명사 문헌	부정어 부정사 없다	술어 명사 까닭	조사어 종결사 ~이다

論語八佾(논어팔일)
문헌이 "없기" 때문이다.

"不足(부족)" 畏(외) 也已(야이)

不足	畏	也已
부정어 부정사 없다	술어 동사 두려워하다	조사어 한정종결사 ~일 뿐이다

論語子罕(논어자한)
두려워함이 "없을" 뿐이다.

"不足(부족)" 觀(관) 也已(야이)

不足	觀	也已
부정어 부정사 없다	술어 동사 보다	조사어 한정종결사 ~일 뿐이다

論語泰伯(논어태백)
볼 것이 "없을" 뿐이다.

"不足(부족)" 憂(우) 也(야)

不足	憂	也
부정어 부정사 없다	술어 동사 걱정하다	조사어 한정종결사 ~일 뿐이다

通鑑後秦紀始皇帝下
(통감후진기시황제하)
걱정할 것이 "없다"

○ 不敢은 "~이 아니다", "~이 없다", "못하다"의 뜻으로 부정사로 쓴다.

"不敢(불감)" 言(언) 利害(이해)

不敢	言	利害
부정어 부정사 없다	술어 동사 말하다	목적어 명사 이해

列子皇帝(열자황제)
이해(이익과 손해)를 말할 수 "없다"

寒(한) "不敢(불감)" 襲(습)

寒(한)	不敢(불감)	襲(습)
주어 형용사 춥다	부정어 부정사 아니하다	술어 동사 옷을 끼워 입다

小學明倫(소학명륜)
추워도 옷을 끼워입지 "아니하며"

"不敢(불감)" 窺(규) 兵(병) 於(어) 山東(산동)

不敢(불감)	窺(규)	兵(병)	於(어)	山東(산동)
부정어 부정사 못하다	술어 동사 넘보다	보어 명사 군사	조사어 전치사 ~을	목적어 고유명사 산동

通鑑周記范雎說秦王
(통감주기범수설진왕)
군사로 산동을 넘보지 "못한다"

"不敢(불감)" 晝(주) 見(견)

不敢(불감)	晝(주)	見(견)
부정어 부정사 못하다	주어 명사 낮	술어 동사 보다

史記范雎傳(사기범수전)
낮에는 보지 "못한다"

不可는 "~이 없다", "못하다"의 뜻으로 부정사로 쓴다.

先(선) 爲(위) "不可(불가)" 勝(승)

先(선)	爲(위)	不可(불가)	勝(승)
부사어 부사 먼저	술어 동사 하다	부정어 부정사 못하다	목적어 동사 이기다

孫子軍形(손자군형)
먼저 이기지 "못하게" 한다.

"不可(불가)" 處(처)

不可(불가)	處(처)
부정어 부정사 없다	술어 동사 살다

列子周穆王(열자주목왕)
살 수가 "없다"(거처할 수가 "없다")

"不可(불가)" 行(행) 也(야)

不可(불가)	行(행)	也(야)
부정어 부정사 없다	술어 동사 행세하다	조사어 종결사 ~이다

論語學而(논어학이)
행세할 수 "없을 것이다"

"不可(불가)" 得(득) 也(야)

不可(불가)	得(득)	也(야)
부정어 부정사 없다	술어 동사 얻다	조사어 종결사 ~이다

列子說符(열자설부)
얻을 수가 "없다"

○ 不得은 "아니다", "못하다", "없다"의 뜻으로 부정사로 쓴다.

圍(위)	孔子(공자)	於(어)	野(야)	"不得(부득)"	行(행)
술어 동사 호위되다	보어 고유명사 공자	조사어 전치사 ~에서	목적어 명사 들판	부정어 부정사 없었다	술어 동사 가다

史記孔子世家(사기공자세가) _ 공자님이 들판에서 포위되어 갈 수가 "없었다"

勇者(용자)	"不得(부득)"	獨(독)	進(진)
주어 관형사 용감한 병사	부정어 부정사 못한다	부사어 부사 홀로	술어 동사 진격하다

孫子軍爭(손자군쟁)
용감한 병사도 홀로는 진격하지 "못한다"

使(사)	敵人(적인)	"不得(부득)"	至者(지자)	害之(해지)	也(야)
사역어 사역동사 하여금 하게하다	주어 관형사 적군	부정어 부정사 못하다	술어 동명사 도착하는 것	술어 접미사 해롭다	조사어 종결사 ~이다

孫子虛實(손자허실) _ 적군으로 하여금 이르지(도착) "못하게" 하는 것은 해로운 것이다.

安(안)	往(왕)	而(이)	"不得(부득)"	貧賤(빈천)	哉?(재)
의문어 의문사 어디	술어 동사 가다	조사어 접속사 ~도	부정어 부정사 아니하다	술어 형용사 가난하고 천하다	조사어 의문종결사 ~는가?

通鑑文侯(통감문후) _ 어디를 가더라도 가난하고 천하지 "아니하겠는가?"

"不得(부득)"	爲(위)	孝(효)	矣(의)
부정어 부정사 없다	술어 동사 하다	목적어 명사 효도	조사어 종결사 ~다

小學明倫(소학명륜)
효자라 할 수 "없다"

○ 不能은 "없다", "아니다"의 뜻으로 부정사로 쓴다.

哀樂(애락)	"不能(불능)"	移(이)
주어 명사 슬픔과 즐거움	부정어 부정사 할 수 없다	술어 동사 옮기다

列子中尼(열자중니)
슬픔과 즐거움은 옮길 수 "없다"

口(구) "不能(불능)" 言(언)

주어	부정어	술어
명사	부정사	동사
입	할 수 없다	말하다

列子湯問(열자탕문)
입으로 말 할 수 "없다"

"不能(불능)" 不(불) 少(소) 衰(쇠)

부정어	부정어	부사어	술어
부정사	부정사	부사	형용사
할 수 없다	못하게 하다	조금	쇠약하다

小學嘉言(소학가언)
조금 쇠약하지 못하게는 할 수 없다.

賜(사) 能辯(능변) 而(이) "不能(불능)" 訥(눌)

주어	술어	조사어	부정어	술어
고유명사	접두사	접속사	부정사	동사
사	말을 잘하다	~나	아니하다	더듬다

列子中尼(열자중니)
사는 말을 잘하되 더듬지는 "아니하며"

不爲는 "아니다"의 뜻으로 부정사로 쓴다.

見(견) 日月(일월) "不爲(불위)" 明目(명목)

술어	목적어	술어	목적어
동사	명사	부정사	관형사
보다	해와 달	아니다, 없다	밝은 눈

孫子軍形(손자군형)
해와 달을 볼 수 있다고 밝은 눈을 가졌다고 할 수 없다.

無以는 "아니다", "없다", "못한다"의 뜻으로 부정사로 쓴다.

予(여) "無以(무이)" 知(지) 其(기) 實(실)

주어	부정어	술어	지시어	목적어
인칭대명사	부정사	동사	지시대명사	명사
나	못한다	알다	그	사실

列子力命(열자역명)
나는 그 사실을 알지 "못한다"

不(불) 學(학) 詩(시) "無以(무이)" 言(언)

부정어	술어	목적어	술어	목적어
부정사	동사	명사	부정사	명사
아니하면	배우다	시	못한다	말

論語季氏(논어계씨)
시를 배우지 아니하면 말을 하지 "못한다"

不(불) 知(지) 禮(예) "無以(무이)" 立(입) 也(야)

부정어	술어	목적어	술어	목적어	조사어
부정사	동사	명사	부정사	명사	종결사
못하면	알다	예	없다	설 자리	~이다

論語堯曰(논어요왈)
예를 알지 못하면 설 자리가 "없다"

朕躬(짐궁)	有(유)	罪(죄)	"無以(무이)"	萬方(만방)
주어	술어	목적어	술어	목적어
관형사	형용사	명사	부정사	명사
짐의 몸	있다	죄	아니다	만방

論語堯曰(논어요왈)
죄는 짐의 몸에 있지 만방에 있는 것이 "아니다"

漢軍(한군)	至(지)	"無以(무이)"	渡(도)
주어	술어	술어	목적어
관형사	동사	부정사	동사
한나라 군사	오다	못한다	건너다

史記項羽本紀(사기항우본기)
한나라 군사가 오더라도 건너오지는 "못한다"

從者(종자)	"無以(무이)"	異(이)	於(어)	驅(구)	羣羊(군양)	而(이)
주어	부정어	술어	조사어	술어	목적어	조사어
명사	부정사	형용사	전치사	동사	관형사	접속사
합종	아니하다	다르다	~것	몰다	양 떼	~서

攻(공)	猛虎(맹호)
술어	목적어
동사	관형사
공격하다	사나운 호랑이

通鑑周紀赧王(통감주기난왕)
합종(合從)이라는 것은 양 떼를 몰아서 사나운 호랑이를 공격하는 것과 다르지 "아니하다"

◎ 본문해설 ◎

- **從**(종) 이란 **蘇秦**(소진)이 **主張**한 **合從說**(합종설)로서 **南北**의 힘이 약한 여섯 나라(**韓, 魏, 趙, 燕, 齊, 楚**)가 힘을 합쳐 **西**쪽의 힘이 강한 **秦**나라를 대항해야 **生存**할 수 있다는 주장이며, **反對**로 **張儀**(장의)는 힘이 센 진나라를 섬겨야 살아남을 수 있다고 **連衡說**(연횡설)을 주장하였다. 윗 글은 **張儀**가 **楚**나라 **王**에게 한 말이다.

◎ 無所는 "없다", "아니다"의 뜻으로 부정사로 쓴다.

財物(재물)	"無所(무소)"	取(취)
주어	부정어	술어
명사	부정사	동사
재물	없다	취하다

通鑑漢紀太祖高皇帝上
(통감한기태조고황제상)
재물은 취한 것이 "없었다"

"無所(무소)"	變更(변경)
부정어	술어
부정사	동사
없다	변경하다

通鑑漢紀孝惠皇帝
(통감한기효혜황제)
변경함이 "없었다"

無得은 "없다", "아니다"의 뜻으로 부정사로 쓴다.

中尼(중니)	日月(일월)	也(야)	"無得(무득)"	而(이)	踰(유)	焉(언)
주어	술어	조사어	부정어	조사어	술어	조사어
고유명사	명사	접속사	부정사	접속사	동사	종결사
공자	해와 달	~라서	없다	~서	넘어가다	~다

論語子張(논어자장) _ 孔子님은 해와 달이어서 넘어갈 수가 "없느니라"

"無得(무득)"	入(입)	茶肆酒肆(다사주사)
부정어	술어	목적어
부정사	동사	명사
없다	들어가다	찻집, 술집

小學善行(소학선행)
찻집이나 술집에 들러감이 "없다"

無足은 "없다", "아니다"의 뜻으로 부정사로 쓴다.

"無足(무족)"	憂者(우자)
부정어	술어
부정사	동명사
없다	걱정할 것

通鑑漢紀太宗孝文皇帝下
(통감한기태종효문황제하)
걱정할 것이 "없다"

未必은 "아니다", "없다"의 뜻으로 부정사로 쓴다.

人(인)	"未必(미필)"	無(무)	獸心(수심)
주어	부정어	술어	목적어
명사	부정사	부정사	관형사
사람	아니다	없다	짐승의 마음

列子皇帝(열자황제)
사람이라고 짐승의 마음이 없는 것이 "아니다"

禽獸(금수)	"未必(미필)"	無(무)	人心(인심)
주어	부정어	술어	목적어
명사	부정사	부정사	관형사
새나 짐승	아니다	없다	사람의 마음

列子皇帝(열자황제)
새나 짐승이라고 사람의 마음이 없는 것이 "아니다"

吾之言(오지언)	"未必(미필)"	非(비)	迷(미)
주어	부정어	부정어	술어
관형사	부정사	부정사	동사
내가 한 말	없다	아니하다	미혹하다

列子周穆王(열자주목왕)
내가 한 말이 미혹되지 아니하였다고 할 수 "없다"

◎ 未足은 "없다", "아니다"의 뜻으로 부정사로 쓴다.

"未足(미족)" 與(여) 議(의) 也(야)

未足(미족)	與(여)	議(의)	也(야)
부정어 부정사 없다	부사어 부사 더불어	술어 동사 의논하다	조사어 종결사 ~이다

論語里仁(논어이인)
더불어 의논할 것이 "없다"

"未足(미족)" 爲(위) 異(이) 也(야)

未足(미족)	爲(위)	異(이)	也(야)
부정어 부정사 아니다	술어 동사 하다	목적어 명사 다른 것	조사어 종결사 ~이다

列子湯問(열자탕문)
다른 것이라 할 것이 "아니다"

◎ 未之는 "못하다", "아니다"의 뜻으로 부정사로 쓴다.

"未之(미지)" 能(능) 行(행)

未之(미지)	能(능)	行(행)
부정어 부정사 못하다	부사어 부사 능히	술어 동사 실행하다

論語公冶長(논어공야장)
능히 실행하지 "못한다"

"未之(미지)" 有(유) 也(야)

未之(미지)	有(유)	也(야)
부정어 부정사 아니하다	술어 형용사 있다	조사어 종결사 ~이다

列子說符(열자설부)
있지 "아니하다"

◎ 未敢은 "없다", "아니다", "못하다"의 뜻으로 부정사로 쓴다.

"未敢(미감)" 先(선) 言(언)

未敢(미감)	先(선)	言(언)
부정어 부정사 못하다	부사어 부사 먼저	술어 동사 말하다

列子楊朱(열자양주)
먼저 말하지 "못하였다"

◎ 未可는 "없다", "아니다"의 뜻으로 부정사로 쓴다.

"未可(미가)" 以(이) 語(어) 道(도) 也(야)

未可(미가)	以(이)	語(어)	道(도)	也(야)
부정어 부정사 없다	조사어 접속사 ~을	술어 동사 말하다	목적어 명사 도	조사어 종결사 ~이다

列子說符(열자설부)
도를 말할 수 "없다"

"未可(미가)" 幾(기) 也(야)

未可(미가)	幾(기)	也(야)
부정어 부정사 아니다	술어 동사 기대하다	조사어 종결사 ~다

列子皇帝(열자황제)
기대할 수 있는 것이 "아니다"

○ 亡以는 "없다", "아니다"의 뜻으로 부정사로 쓴다.

河曲智叟(하곡지수) "亡以(무이)" 應(응)

河曲智叟(하곡지수)	亡以(무이)	應(응)
주어 관형사 하곡의 지혜로운 늙은이	부정어 부정사 못하다	술어 동사 대답하다

列子湯問(열자탕문)
하곡의 지혜로운 늙은이는 대답할 게 "없었다"

○ 莫敢은 "없다", "아니다"의 뜻으로 부정사로 쓴다.

上(상) 好(호) 禮(례) 則(즉) 民(민) "莫敢(막감)" 不(불) 敬(경)

上(상)	好(호)	禮(례)	則(즉)	民(민)	莫敢(막감)	不(불)	敬(경)
주어 명사 윗 사람	술어 동사 좋아하다	목적어 명사 예의	조사어 접속사 ~면	주어 명사 백성	부정어 부정사 없다	부정어 부정사 아니하다	술어 동사 공경하다

論語子路(논어자로) _ 윗사람이 예의를 좋아하면 백성이 공경하지 아니할 수 "없다"

○ 不定詞의 겹쳐쓰임(二重否定)

→ 부정사가 겹쳐쓰여지면 이중부정이 되어 "~을 하지 아니할 수 없다"라는 말이 되어 "~을 한다"라는 말로 肯定化된다.

君子(군자) "無所不(무소불)" 用(용) 其(기) 極(극)

君子(군자)	無所不(무소불)	用(용)	其(기)	極(극)
주어 명사 군자	부정어 이중부정사 하지않음이 없어야 한다	술어 동사 쓰다	지시어 지시대명사 그	목적어 명사 최선의 방법

大學傳二章(대학전이장) _ 군자는 새롭게 하는 최선의 방법을 "쓰지 않음이 없어야 한다"

○ 본문해설 ○

• 其(기) 는 지시대명사로 前文에 나오는 維新를 지칭한다. 윗 글을 肯定化시키면 군자는 새롭게 하는 최선의 방법을 써야 한다. (君子用其極)로 같은 뜻인데 無所不로 二重否定을 하여 語勢를 强하게 만든 것이다.

冉求(염구) 曰(왈) "非不(비불)" 說(열) 子之道(자지도)

冉求(염구)	曰(왈)	"非不(비불)"	說(열)	子之道(자지도)
주어 고유명사 염구	술어 동사 말하다	부정어 이중부정사 않음이 없다	술어 동사 좋아하다	목적어 관형사 선생(孔子)님의 도

論語雍也(논어옹야) _ 염구는 선생님(공자)의 도를 "좋아하지 아니한 것이 없다"고 말하였다.

"不得不(부득불)" 救入(구입)

"不得不(부득불)"	救入(구입)
부정어 이중부정사 아니할 수 없다	술어 접미사 구하러 들어가다

韓非子有度(한비자유탁)
구하러 들어가지 "아니할 수 없다"

"不敢不(불감불)" 搏(박)

"不敢不(불감불)"	搏(박)
부정어 이중부정사 아니할 수 없다	술어 동사 치다

韓非子有度(한비자유탁)
치지 "아니할 수 없다"

"莫敢不(막감불)" 敬(경)

"莫敢不(막감불)"	敬(경)
부정어 이중부정사 아니할 수 없다	술어 동사 공경하다

論語子路(논어자로)
공경하지 "아니할 수 없다"

君子(군자) "不可以不(불가이불)" 修(수) 身(신)

君子(군자)	"不可以不(불가이불)"	修(수)	身(신)
주어 명사 군자	부정어 이중부정사 아니할 수 없다	술어 동사 닦다	목적어 명사 몸

中庸二十章
(중용이십장)
군자는 몸을 닦지
"아니할 수 없다"

11. 禁止詞 (금지사)

行動을 禁止시키는 命令을 내리는 품사를 금지사라 하며 금지사로는 毋(무), 亡(무), 莫(막), 勿(물), 休(휴), 不(불), 無(무) 等이 있고 이들은 '~을 하지마라' 라고 금지 명령을 내린다.

“毋(무)„	妄(망)	言(언)
금지어 금지사 하지마라	부사어 부사 망녕되게	술어 동사 말하다

史記項羽本紀(사기항우본기)
망녕되게 말하지 마라.

“毋(무)„	友(우)	不如己者(불여기자)
금지어 금지사 하지마라	술어 동사 벗을 삼다	목적어 관형사 자기보다 못난 사람

論語子罕(논어자한)
자기보다 못한 사람과는 벗하지 마라.

“毋(무)„	怠(태)
금지어 금지사 하지마라	술어 동사 게으르다

史記秦本紀(사기진본기)
게으르지 마라.

“亡(무)„	忝(첨)	爾(이)	所生(소생)
금지어 금지사 하지마라	술어 동사 욕되게 하다	주어 인칭대명사 너	술어 접두사 태어나게 한 부모

孝經士人章(효경사인장)
너를 태어나게 한 부모를 욕되게 하지 마라.

“莫(막)„	負(부)	兼官之責(겸관지책)	於(어)	君(군)
금지어 금지사 하지마라	술어 동사 지우다	주어 관형사 겸관의 책임	조사어 전치사 에게	목적어 명사 임금

韓非子用人
(한비자용인)
겸관의 책임을 임금에게 지우지 "마라"

“莫(막)„	怨(원)	天(천)
금지어 금지사 하지마라	술어 동사 원망하다	목적어 명사 하늘

明心寶鑑省心篇(명심보감성심편)
하늘을 원망하지 마라.

非(비)	禮(예)	“勿(물)„	視(시)
부정어 부정사 아니면	주어 명사 예의	금지어 금지사 하지마라	술어 동사 보다

論語顏淵(논어안연)
예가 아니면 보지 마라.

"勿(물)" 擊(격) 堂堂之陳(당당지진)

勿(물)	擊(격)	堂堂之陳(당당지진)
금지어 금지사 하지마라	술어 동사 공격하다	목적어 관형사 당당한 진터

孫子軍爭(손자군쟁)
당당한 진터는 공격 "하지마라."

待(대) 而(이) "勿(물)" 攻(공)

待(대)	而(이)	勿(물)	攻(공)
술어 동사 기다리다	조사어 접속사 ~고	금지어 금지사 하지마라	술어 동사 공격하다

孫子火攻(손자화공)
기다리고 공격 "하지마라"

"勿(물)" 聞(문) 一鳥(일조) 弄(농) 聲(성)

勿(물)	聞(문)	一鳥(일조)	弄(농)	聲(성)
금지어 금지사 하지마라	술어 동사 듣다	목적어 관형사 한마리 새	술어 동사 희롱하다	목적어 명사 소리

采根譚洪自誠(채근담홍자성)
한 마리의 새소리만 듣고 소리를 희롱하려 "하지마라"

急(급) 擊(격) "勿(물)" 失(실)

急(급)	擊(격)	勿(물)	失(실)
부사어 부사 급히	술어 동사 공격하다	금지어 금지사 하지마라	보어 명사 실수

史記項羽本紀(사기항우본기)
급히 공격하되 실수 "하지마라"

"勿(물)" 謂(위) 無知(무지)

勿(물)	謂(위)	無知(무지)
금지어 금지사 하지마라	술어 동사 말하다	목적어 관형사 무지

大寶箴張蘊古(대보잠장온고)
무지하다고 말 "하지마라"

王(왕) 請(청) "勿(물)" 疑(의)

王(왕)	請(청)	勿(물)	疑(의)
주어 명사 왕	술어 동사 청하다	금지어 금지사 하지마라	술어 동사 의심하다

孟子梁惠王上(맹자양혜왕상)
청하옵건대 왕께서는 의심 "하지 마십시오"

左右(좌우) 皆(개) 曰(왈) 不可(불가) "勿(물)" 聽(청)

左右(좌우)	皆(개)	曰(왈)	不可(불가)	勿(물)	聽(청)
주어 명사 좌우	부사어 부사 모두	술어 동사 말하다	목적어 부정사 불가	금지어 금지사 ~마라	술어 동사 듣다

孟子梁惠王上(맹자양혜왕상) _ 좌우에서 모두 불가하다 말해도 "듣지 마십시오"

汝(여)	“休(휴)”	嗔(진)
주어	금지어	술어
인칭대명사	금지사	동사
너	하지마라	성내다

明心寶鑑省心篇
(명심보감성심편)
너는 “성내지 마라.”

“休(휴)”	與(여)	少人(소인)	仇讐(구수)
금지어	부사어	주어	술어
금지사	부사	명사	동사
하지마라	더불어	소인	원수를 맺다

采根譚洪自誠(채근담홍자성)
소인과 더불어 원수를 “맺지 마라.”

不結子花(부결자화)	“休(휴)”	要(요)	鍾(종)
주어	금지어	부사어	술어
관형사	금지사	부사	동사
열매를 맺지 않는 꽃	하지마라	반드시	심다

明心寶鑑交友(명심보감교우)
열매를 맺지 않는 꽃은 반드시 “심지 마라”

“不(불)”	患(환)	人之不知己(인지부지기)
금지어	술어	목적어
금지사	동사	관형사
하지마라	걱정하다	남이 나를 알아주지 아니한 것

論語學而(논어학이)
남이 나를 알아주지 아니한다고 “걱정하지 마라.”

“不(불)”	患(환)	無位(무위)
금지어	술어	목적어
금지사	동사	접두사
하지마라	걱정하다	지위가 없는 것

論語里仁(논어이인)
지위가 없다고 “걱정하지 마라.”

“無(무)”	友(우)	不如己者(불여기자)
금지어	술어	목적어
금지사	동사	관형사
하지마라	벗을 사귀다	자기보다 못한 사람

論語學而(논어학이)
자기보다 못한 사람과는 “벗하지 마라.”

12. 感歎詞 (감탄사)

아! 하고 기쁨과 슬픈 감정을 나타내는 품사를 감탄사라고 한다.

감탄사로는 嗚呼(오호), 噫(희), 嘻(희), 吁(우), 嗟夫(차부), 嗟乎(차호), 嗟呼(차호), 于嗟(우차), 嗟(차), 嗟哉(차재), 於(오), 於戲(오호), 戲(호), 惡(오), 咨(자), 唉(애), 等이 있고 兮(혜)나 哉(재)는 語尾(어미)에서 감탄의 뜻을 나타낸다.

"嗚呼!(오호)" 尚生(상생) 不(부) 存(존)

嗚呼	尚生	不	存
감탄어	주어	부정어	술어
감탄사	관형사	부정사	형용사
아!	죽지않고 사는 것	아니하다	있다

北山移文孔稚圭 (북산이문공치규)
"아!" 죽지않고 사는 것은 이 세상에 있지 아니하고

"嗚呼!(오호)" 勝地(승지) 不(불) 常(상)

嗚呼	勝地	不	常
감탄어	주어	부정어	술어
감탄사	관형사	부정사	형용사
아!	이름난 경치	아니하다	항상 같다

騰王閣序王勃(등왕각서왕발)
"아!" 이름난 경치는 항상 같지 아니하고

"嗚呼噫嘻!(오호희희)" 吾(오) 想(상) 夫(부) 北風(북풍) 振(진) 漠(막)

嗚呼噫嘻	吾	想	夫	北風	振	漠
감탄어	주어	술어	발어어	보어	술어	목적어
감탄사	인칭대명사	동사	발어사	관형사	동사	명사
아! 아! 아!	나	상상하다	–	북풍	몰아치다	사막

弔古戰場文李華(조고전장문이화) _ "아! 아! 아!" 나는 북풍이 사막을 휘몰아치는 것을 상상해 본다.

顔淵(안연) 死(사) 子(자) 曰(왈) "噫!(희)" 天(천) 喪(상) 予(여)

顔淵	死	子	曰	噫	天	喪	予
주어	술어	주어	술어	감탄어	주어	술어	목적어
고유명사	동사	고유명사	동사	감탄사	명사	동사	인칭대명사
안연	죽다	공자	말하다	아!	하늘	버리다	나

天(천) 喪(상) 予(여)

天	喪	予
주어	술어	목적어
명사	동사	인칭대명사
하늘	버리다	나

論語先進(논어선진)
안연이 죽거늘 공자께서 아! 하늘이 나를 버렸구나! 하늘이 나를 버렸구나! 하시며 슬퍼하였다.

"噫!(희)" 後之人(후지인)

噫	後之人
감탄어	주어
감탄사	관형사
아!	후세 사람

原道韓愈(원도한유)
"아!" 후세 사람이

先生(선생) **曰**(왈) "**吁!**(우)" **子**(자) **來**(래) **前**(전)

先生	曰	吁!	子	來	前
주어	술어	감탄어	주어	술어	목적어
명사	동사	감탄사	인칭대명사	동사	명사
선생	말하다	아!	자네	오라	앞

進學解韓愈
(진학해한유)
선생께서는 아! 자네 앞으로 나오게라고 하셨다.

"**嗟夫!**(차부)" **使**(사) **六國**(육국) **各**(각) **愛**(애) **其**(기) **人**(인)

嗟夫!	使	六國	各	愛	其	人
감탄어	사역어	주어	부사어	술어	지시어	목적어
감탄사	사역동사	관형사	부사	동사	지시대명사	명사
아!	하게하다	여섯나라	각각	아끼다	그	백성

阿房宮賦杜牧(아방궁부두목) _ 아! 여섯 나라가 각기 그 백성을 아끼었더라면

"**嗟乎!**(차호)" **風俗**(풍속) **頹弊**(퇴폐) **如**(여) **是**(시)

嗟乎!	風俗	頹弊	如	是
감탄어	주어	술어	보어	지시어
감탄사	명사	동사	형용사	지시대명사
아!	풍속	무너지다	같다	이것

小學善行(소학선행)
아! 풍속의 무너짐이 이와 같으니

◎ 본문해설 ◎

• 是(시) 는 지시대명사로 前章에 나오는 食非多品(먹을 것이 여러 종류로 많지 않으면) 器皿非滿案(그릇과 접시가 상 위에 가득하지 아니하면) 人爭非之(사람들이 다투어 그르다고 한다)를 指稱한다.

"**嗟乎!**(차호)" **一人之心**(일인지심) **千萬人之心**(천만인지심)

嗟乎!	一人之心	千萬人之心
감탄어	주어	술어
감탄사	관형사	관형사
아!	한 사람의 마음	천만 사람의 마음

阿房宮賦杜牧(아방궁부두목) _ 아! 한 사람의 마음은 천만 사람의 마음이다.

"**于嗟!**(우차)" **洵兮!**(순혜) **不**(불) **我**(아) **信**(신) **兮!**(혜)

于嗟!	洵兮!	不	我	信	兮!
감탄어	보어	부정어	주어	술어	감탄사
감탄사	명사	부정사	인칭대명사	동사	감탄종결사
아!	해로(偕老)하자던 믿음	못하다	나	지키다	~네!

詩傳國風邶擊鼓(시전국풍패격고) _ 아! 함께 늙자던 믿음이여! 내가 지키지 못하네!

父(부) **曰**(왈) "**嗟**(차)" **予子**(여자) **行**(행) **役**(역)

父	曰	嗟	予子	行	役
주어	술어	감탄어	주어	술어	목적어
명사	동사	감탄사	관형사	동사	명사
아버지	말하다	아!	내 아들	나가다	요역

詩傳國風魏陟岵(시전국풍위척호) _ 아버지 말하기를 아! 내 아들 요역에 나가서

"嗟哉!(차재)	董生(동생)
감탄어	보어
감탄사	고유명사
아!	동생

小學善行(소학선행)
"아!" 동생이여!

◎ 본문해설 ◎

- 董生(동생) 淮水(회수)와 淝水(비수) 사이에서 義를 행한 隱士(은사)이다.

楚狂接輿(좌광접여)	歌(가)	而(이)	過(과)	孔子(공자)	曰(왈)
주어	술어	조사어	술어	목적어	술어
고유명사	동사	접속사	동사	고유명사	동사
초나라 미치광이 접여	노래부르다	~면서	지나가다	공자	말하다

鳳(봉)	"兮!(혜)"	鳳(봉)	"兮!(혜)"
보어	감탄어	보어	감탄어
명사	감탄종결사	명사	감탄종결사
봉황	~구나!	봉황	~구나!

論語微子(논어미자)
초나라 거짓 미치광이 접여가 노래부르며 공자 곁을 지나다 말하기를 봉황새로구나! 봉황새로구나!

滄浪之水(창랑지수)	淸(청)	"兮(혜)"	可以(가이)	濯(탁)	吾纓(오영)
주어	술어	감탄어	긍정어	술어	목적어
관형사	형용사	감탄종결사	긍정사	동사	관형사
창랑의 물	맑다	면 아	할 수 있고	씻다	나의 갓끈

漁父辭屈原(어부사굴원) _ 창랑의 물이 맑으면! 나의 갓끈을 씻을 수 있으며

虞(우)	"兮(혜)"	虞(우)	"兮(혜)"	奈(내)	若(약)	何?(하)
주어	감탄어	주어	감탄어	의문어	술어	조사어
고유명사	감탄종결사	고유명사	감탄종결사	의문사	인칭대명사	의문종결사
우미인	이여	우미인	이여	어찌	너	~가?

史記項羽本紀(사기항우본기) _ 우미인이여! 우미인이여! 너를 어찌할거나?

"唉(애)"	豎子(수자)	不足(부족)	與(여)	謨(모)
감탄어	주어	부정어	부사어	술어
감탄사	명사	부정사	부사	동사
에이!	더벅머리 어린 종	없다	더불어	도모하다

史記項羽本紀
(사기항우본기)
에이! 어린 애하고는 함께 일을 도모할 수가 없구나!

子(자) 曰(왈) 賢(현) "哉(재)" 回(회) 也(야)

子(자)	曰(왈)	賢(현)	哉(재)	回(회)	也(야)
주어고유	술어	술어	감탄어	보어	조사어
명사	동사	형용사	감탄종결사	명사	후치사
공자	말하다	어지다	도다!	안회	~는

論語雍也(논어옹야)
공자께서 말씀하시기를 어지도다! 안회는

"大哉(대재)" 聖人之道(성인지도)

大哉(대재)	聖人之道(성인지도)
감탄어	술어
감탄사	관형사
크도다!	성인의 도

中庸二十七章
(중용이십칠장)
크도다! 성인의 도여!

"大哉(대재)" 堯(요) 之(지) 爲(위) 君(군) 也(야)

大哉(대재)	堯(요)	之(지)	爲(위)	君(군)	也(야)
감탄어	주어고유	조사어	술어	목적어	조사어
감탄사	명사	후치사	동사	명사	종결사
크도다!	요임금	의	되다	임금	~여

中庸二十七章
(중용이십칠장)
크도다! 요임금의 임금됨이여!

林放(임방) 問(문) 禮之本(예지본) 子(자) 曰(왈) "大哉(대재)" 問(문)

林放(임방)	問(문)	禮之本(예지본)	子(자)	曰(왈)	大哉(대재)	問(문)
주어	술어	목적어	주어	술어	감탄어	보어
고유명사	동사	관형사	고유명사	동사	감탄종결사	명사
임방	묻다	예의 근본	공자	말하다	크도다!	물음

論語八佾(논어팔일) _ 임방이 예의 근본에 대하여 물으니 공자께서 말씀하시기를 크도다! 그 물음이

13. 發語詞 (발어사)

발어사는 글월의 시작이나 句나 節을 바꿀 때 한 호흡을 멈추어 讀音의 韻致를 더하는 품사로서 文章을 解釋하는 데에는 影響을 주지 아니한다.

발어사로는 夫(부), 且夫(차부), 故夫(고부), 今夫(금부), 若夫(약부), 維(유), 姑(고) 等이 있으나 夫(부)가 主로 쓰인다.

"夫(부)" 興亡治亂之迹(흥망치란지적) 爲人君者(위인군자) 可以(가이)

夫(부)	興亡治亂之迹(흥망치란지적)	爲人君者(위인군자)	可以(가이)
발어어	보어	주어	술어
발어사	관형사	관형사	긍정사
-	일어나고 없어지고 다스려지고 어지러운 자취	남의 임금된 사람	~으로 삼다

鑑(감)	矣(의)
목적어	조사어
명사	종결사
거울	~이다

朋黨論歐陽修(붕당론구양수)
일어나고 없어지고, 다스려지고, 어지러웠던 자취를 남의 임금된 사람은 거울로 삼아야 할 것이다.

“夫(부)”	傲(오)	天子之命吏(천자지명리)	不(불)	聽(청)	其(기)	言(언)
발어어	부사어	주어	부정어	술어	지시어	목적어
발어사	부사	관형사	부정사	동사	지시대명사	명사
–	방자하게	천자의 명을 받은 관리	아니하다	듣다	그	말

鰐魚文韓愈(악어문한유) _ 천자의 명을 받은 관리에게 방자하게 그(천자의 명을 받은 관리)의 말을 듣지 아니하며

“夫(부)”	聞也者(문야자)	色(색)	取(취)	仁(인)	而(이)	行(행)	違(위)
발어어	주어	보어	술어	목적어	조사어	주어	술어
발어사	동명사	명사	동사	명사	접속사	명사	동사
–	소문이라는 것	얼굴	취하다	어짐	~고	행동	그르게 하다

論語顔淵(논어안연) _ 소문이란 것은 얼굴로 어짐을 취하고 행동은 그르게 하니

“夫(부)”	垂(수)	泣(읍)	不(불)	欲(욕)	刑者(형자)	仁(인)	也(야)
발어어	술어	목적어	부정어	술어	목적어	술어	조사어
발어사	동사	명사	부정사	자동사	접미사	동사	종결사
–	흘리다	눈물	아니하다	하고자 하다	벌을 주는 것	어짐	~이다

然而(연이)	不可不(불가불)	刑者(형자)	法(법)	也(야)
조사어	부정어	술어	보어	조사어
접속사	이중부정사	접미사	명사	종결사
그러나	하지 않을 수 없다	형을 집행하는 것	법	~이다

韓非子五蠹(한비자오두) _ 눈물을 흘리면서 형을 집행하려 하지 아니함이 인(仁)이다. 그러나 형을 집행하지 않을 수 없는 것이 법(法)이다.

“夫(부)”	召(소)	我(아)	者(자)
발어어	술어	목적어	보어
발어사	동사	대명사	명사
–	부르다	나	사람

論語陽貨(논어양화)
나를 부른 사람은

"夫(부)" 前世之主(전세지주)

夫(부)	前世之主(전세지주)
발어어	주어
발어사	관형사
–	앞 세대의 임금

朋黨論歐陽修(붕당론구양수)
앞 세대의 임금이

"且夫(차부)" 水之積(수지적) 也(야) 不(불) 厚(후) 則(즉) 其(기) 大(대) 舟(주) 也(야) 無(무) 力(력)

且夫(차부)	水之積(수지적)	也(야)	不(불)	厚(후)	則(즉)	其(기)
발어어	주어	조사어	술어	목적어	조사어	지시어
발어사	관형사	후치사	부정사	형용사	접속사	지시대명사
–	물의 쌓임	~이	아니하면	두텁다	~면	그

大(대)	舟(주)	也(야)	無(무)	力(력)
술어	목적어	조사어	술어	목적어
형용사	명사	후치사	부정사	명사
크다	배	~면	없다	띄울 힘

莊子逍遙游(장자소요유)
물의 쌓임이 두텁지 아니한 즉 그 배가 크면 띄울 힘이 없고

"故夫(고부)" 知(지) 効(효) 一官(일관)

故夫(고부)	知(지)	効(효)	一官(일관)
발어어	주어	술어	목적어
발어사	명사	동사	관형사
–	지식	해내다	한관직

莊子逍遙游(장자소요유)
지식이 한 관직을 맡아서 해낼 만하고

"今夫(금부)" 顓臾(전유) 固(고) 而(이) 近(근) 於(어) 費(비)

今夫(금부)	顓臾(전유)	固(고)	而(이)	近(근)	於(어)	費(비)
발어어	주어	부사어	조사어	술어	조사어	목적어
발어사	고유명사	부사	접속사	형용사	전치사	고유명사
–	전유	굳게	~게	가깝다	~에	비땅

論語季氏(논어계씨) _ 전유가 굳게 비땅에 가까이 있으니

"若夫(약부)" 乘(승) 天地之正(천지지정) 而(이) 御(어) 六氣之辯(육기지판)

若夫(약부)	乘(승)	天地之正(천지지정)	而(이)	御(어)
발어어	술어	목적어	조사어	술어
발어사	동사	관형사	접속사	동사
–	타다	하늘과 땅의 바른 정기	~고	다스리다

六氣之辯(육기지판)
목적어
관형사
여섯가지 기운의 판별

莊子逍遙游(장자소요유)
하늘과 땅의 바른 정기를 타고 여섯가지 기운의 판별을 다스려

◎ **본문해설** ◎

- 六氣(육기) – 寒(한)추운 것, 署(서)더운 것, 燥(조)마른것, 濕(습)습한 것, 風(풍)바람, 火(화)불 또는 陰(음), 陽(양), 風(풍), 雨(우), 晦(회), 明(명)

"維(유)" 歲次(세차) 丙寅四月乙丑朔三十日甲午(병인4월을축삭30일갑오)

維	歲次	丙寅四月乙丑朔三十日甲午
발어어 발어사 –	보어 명사 햇수의 차례	보어 명사 병인 4월을축삭 30일 갑오일

漢陽情人李郎(한양정인이랑)

漢陽情人李郎
주어 관형사 한양 낭군 이서방

烏有蘭傳作者未詳(오유란전작자미상)
햇수의 차례는 병인년 4월 을축삭30일 갑오일에 한양낭군 이서방이

"姑(고)" 奪(탈) 衆工之斧斤刀鉅(중공지부근도거)

姑	奪	衆工之斧斤刀鉅
발어어 발어사 –	술어 동사 빼앗다	목적어 관형사 여러 목수의 도끼와 칼과 톱

梓人傳柳宗元
(재인전유종원)
여러 목수들의 도끼와 칼과 톱을 빼앗아

"姑(고)" 養(양) 其(기) 心(심)

姑	養	其	心
발어어 발어사 –	술어 동사 보양하다	지시어 지시대명사 –	목적어 명사 마음

上歐陽內翰書蘇洵
(상구양내한서소순)
그러한 생각으로 마음을 보양하여

◎ **본문해설** ◎

- 其(기) 는 前文의 往者衆君子之進於朝其始也必有善人(옛날에 여러 군자가 조정에 진출하게 되는 데는 그 처음에 반드시 좋은 사람이 있었다)는 것을 지칭한다.

14. 接頭辭 (접두사)

어떤 말이 다른 말 앞에 붙어서 그 말의 뜻이 다르게 만들어진 품사를 접두사라고 한다.

○ 所에 依한 접두사

→ 依存名詞 "所"는 動詞나 形容詞앞에 붙어서 그 말을 명사로 만들어 쓰이게 한다.

無(무) "所用(소용)" 心(심)

無	所用	心
부정어 부접사 없으면	술어 접두사 쓰는 것	보어 명사 마음

論語陽貨(논어양화)
마음 "쓰는 데" 없이

본문해설

• 의존명사 所(소)가 동사 用(용 : 쓰다)를 수식하여 접두사가 되어 명사(쓰는 것, 쓰는데, 쓰임)로 쓴다.

民(민) 以(이) "所好(소호)" 好之(호지)

民	以	所好	好之
주어 명사 백성	조사어 후치사 ~이	보어 접두사 좋아하는 것	술어 접미사 좋아한다

大學傳十章(대학전십장)
백성이 "좋아하는 것"을 좋아한다

"所貴(소귀)" 乎(호) 人者(인자)

所貴	乎	人者
보어 접두사 귀한 것	조사어 전치사 ~에	주어 관형사 사람

童夢先習(동몽선습)
사람에게 "귀한것"은 형용사 貴가 所에 依해 명사화되었다.

明王(명왕) 之(지) "所操者(소조자)" 六(육)

明王	之	所操者	六
주어 관형사 총명한 군주	조사어 후치사 ~가	술어 접두사 잡고있는 것	목적어 수사 여섯

管子任法(관자임법)
총명한 군주가 "잡고있는 것" 여섯

無에 依한 접두사

→ 否定詞 "無"는 動詞앞에 붙어서 그 동사를 명사로 쓰이게 한다.

問(문) 孝(효) 子(자) 曰(왈) "無違(무위)"

問	孝	子	曰	無違
술어 동사 묻다	보어 명사 효도	주어 고유명사 공자	술어 동사 말하다	보어 접두사 어기지 않는 것

論語爲政(논어위정)
효도에 대하여 물으니 공자께서 "어기지 않는 것"이라고 말하였다.

"無用(무용)" 用(용)

無用	用
주어 접두사 쓸데없는 것	술어 동사 쓰이다

破閑集李仁老
(파한집이인로)
"쓸데없는 것"으로 쓰이다

15. 接尾詞(접미사)

어떤 말이 다른 말 뒤에 붙어서 그 말의 뜻이 다르게 만들어진 품사를 접미사라고 한다. 접미사로는 之(지), 然(연), 以(이), 者(자) 等이 있다.

○ 접미사로 쓰인 之는 명사를 동사로 轉成한다

唯(유) 民(민) "歌之(가지)"

唯	民	歌之
부사어	주어	술어
부사	명사	접미사
오로지	백성	노래 부른다

管子形勢(관자형세)
오로지 백성들은 "노래 부른다"

○ 본문해설 ○

- 歌(가) 노래(명사) → 노래 부르다(동사)

"筆之(필지)" 於(어) 其(기) 書(서)

筆之	於	其	書
술어	조사어	지시어	목적어
접미사	전치사	지시대명사	명사
기록하다	~에	그	책

原道韓愈(원도한유)
그 책에 "기록하였다"

○ 본문해설 ○

- 筆(필) 붓(명사) → 기록하다(동사)
- 其(기)는 지시대명사로 公子家語(공자가어)를 지칭한다

積(적) 諸(제) 庭中(정중) 而(이) "火之(화지)"

積	諸	庭中	而	火之
술어	조사어	목적어	조사어	술어
동사	전치사	관형사	접속사	접미사
쌓다	~에	마당가운데	~고	불사르다

於于野談 城皇神과 金孝元, 柳夢寅(어우야담 성황신과 김효원, 유몽인)
마당 가운데 쌓아놓고 불살랐다

○ 본문해설 ○

- 火(화) 불(명사) → 불사르다 (동사)

脫(탈) 而(이) 炊(취) 飯(반) 洗(세) 而(이) "冠之(관지)"

脫	而	炊	飯	洗	而	冠之
술어 동사 벗다	조사어 접속사 ~서	술어 동사 밥짓다	목적어 명사 밥	술어 동사 씻다	조사어 접속사 ~서	술어 접미사 갓으로 쓰다

於于野談 李之菡奇行 柳夢寅(어우야담 이지함기행 유몽인) _ 벗어서 밥을 짓고 씻어서 갓으로 썼다

본문해설

- 冠(관) 갓(명사) → 갓으로 쓰다(동사)

寒(한) 則(즉) "衣之(의지)"

寒	則	衣之
가정어 형용사 추우면	조사어 접속사 ~면	술어 접미사 옷을 입다

鍾玉傳 睦台林(종옥전 목태림)
추우면 "옷을 입혀주고"

본문해설

- 衣(의) 옷(명사) → 옷을 입혀주다(동사)
- 之(지) 外에 전성품사를 만드는 접미사로는 然(연), 以(이), 者(자) 等이 있다. 接尾詞에 依한 轉成品詞 참조

접미사로 쓰인 之는 동사를 進行態로 만들어 준다

仲尼(중니) 深(심) "憂之(우지)"

仲尼	深	憂之
주어 고유명사 공자	부사어 부사 깊이	술어 접미사 걱정하니

王子不治夷狄論蘇軾
(왕자불치이적론소식)
공자께서 깊이 "걱정하시어"

往(왕) 而(이) "問之(문지)"

往	而	問之
술어 동사 가다	조사어 접속사 ~서	술어 접미사 물으니

藥戒張耒(약계장뢰)
찾아가서 "물으니"

坐(좌) 而(이) 共(공) "食之(식지)"

坐	而	共	食之
술어 동사 앉다	조사어 접속사 ~서	부사어 부사 함께	술어 접미사 먹으며

小學善行(소학선행)
앉아서 함께 "먹으며"

접미사로 쓰인 之는 동사를 能動이나 他動으로 만들어 준다

"誠之者(성지자)" 人(인) 之(지) 道(도) 也(야)

誠之者	人	之	道	也
보어 동명사 정성스러워지는 것	주어 명사 사람	조사어 후치사 ~의	술어 명사 도리	조사어 종결사 ~다

中庸二十章(중용이십장)
"정성스러워지는 것"은
사람의 도리이다

본문해설

• 명사 誠(정성) 이 접미사 之(지)에 依하여 "능동사"가 되었고 다시 접미사 者(자)에 依하여 동명사가 되었다.

子壻(자서) 善(선) 謀(모) 而(이) 吳(오) "戮之(육지)"

子壻	善	謀	而	吳	戮之
주어 고유명사 자서	부사어 부사 잘	술어 동사 책모하다	조사어 접속사 ~나	주어 고유명사 오나라	술어 접미사 죽음을 당하다

韓非子難言(한비자난언) _ 伍子胥는 책모를 잘 하였으나 오나라에서 "죽음을 당하였다"

본문해설

• 子胥(자서) 성은 伍이며 이름은 員이다. 楚나라 사람으로 吳나라 왕 합려를 섬겨 초나라를 쳐서 크게 이겼다.

합려의 아들 夫差가 즉위 한뒤에는 부차를 도와 越나라을 쳐서 크게 이겼다. 월왕 句踐이 和解를 청하니 夫差가 허락하였다. 子胥는 夫差에게 월나라와의 화해를 철회하라고 하였으나 오왕부차는 듣지 않았다. 이때 吳나라 太宰(태재) 嚭(비)가 월나라의 뇌물을 받고 子胥를 모함하여 죽게 되었다

子胥가 죽으면서 내눈을 빼서 東門에 달아놓으라 내 월나라가 쳐들어와 오나라가 망하는 것을 보리라 라고 하였다. 子胥가 죽은뒤 九년만에 오나라는 월나라에게 멸망하고 말았다.

긍정사 然

⟶ 긍정사 然이 접미사가 되어 명사, 형용사, 동사를 ~한것같이, ~하듯이란 뜻으로 형용사로 만든다.

天下(천하) "蕭然(소연)"

天下	蕭然
주어 명사 천하	술어 접미사 쓸쓸하게

六一居士集序蘇軾(육일거사집서소식)
천하가 쓸쓸하게

"戞然(알연)"	長(장)	鳴(명)
보어	부사어	술어
접미사	부사	동사
창이 부딪히듯이	길게	울다

後赤壁賦蘇軾(후적벽부소식)
끼-익 끼-익 창이 부딪히듯이 길게울며

"快然(쾌연)"	若(약)	未(미)	始(시)	有疾者(유질자)
술어	긍정어	부정어	부사어	보어
접미사	긍정사	부정사	부사	관형사
상쾌하였다	같지	않게	처음부터	병이있는사람

藥戒張耒 (약계장뢰)
처음부터 병이 있는 사람
같지않게 상쾌하다

其(기)	口(구)	"隱然(은연)"
지시어	주어	보어
지시대명사	명사	접미사
그	입	숨긴 듯이

秦少游字敍陳師道
(진소유자서진사도)
그 입이 "숨긴 듯이~"

"斷然(단연)"	自(자)	爲(위)	一家之文(일가문야)	也(야)
보어	부사어	술어	목적어	조사어
접미사	부사	동사	관형사	종결사
끊듯이	스스로	~하다	독창적 문장	~다

上歐陽內翰書蘇洵(상구양내한서소순) – "끊듯이" 스스로 독창적인 문장을 이루어냈다.

16. 肯定詞 (긍정사)

긍정사란 부정사의 **反對**말로서 사물의 실태와 **存否**를 긍정하여 주는 품사이다.

긍정사로는 **可**(가), **如**(여) **是**(시), **得**(득), **足**(족), **若**(약), **諾**(약), **爾**(이), **然**(연), **兪**(유), **可以**(가이), **可謂**(가위), **謂之**(위지)등이 있다. 「**用例**는 문장의 구성요소중 긍정어 참조」

17. 選擇詞 (선택사)

여러 가지 **事案中**에서 어떤 **選擇**을 **要求**하는 **品詞**를 **選擇詞**라고한다.

선택사에는 어느것, 어느사람을 선택하는 **誰**(수), **孰**(숙), **孰與**(숙여)가 있고 **比較詞** "**與其**" 뒤에오는 **寧**(영), **不如**(불여), **豈若**(기약), **孰若**(숙약), **何與**(하여), **孰與**(숙여), **孰如**(숙여) 등이 ~하는 것보다 ~하는 것이 낫다라는 뜻으로 쓰인다. 「**用例**는 선택어 참조」

18. 比較詞 (비교사)

어떤 **主體**를 다른 것과 **比較**하여 **質**과**量**의 적고 많음과 **性質**의 **優劣**을 **比較**하는 말로써 비교사로는 **不如**(불여), **不若**(불약), **莫如**(막여), **未若**(미약) 등이 있고 **慣用句**로는 **與其**(여기) ~ ○○○이 있다. 「**比較語** 참조」

19. 假定詞 (가정사)

假想의 **條件**을 **設定**하는 **品詞**를 **假定詞**라고 하며 가정사로는 **若**(약), **如**(여), **鄕**(향), **苟**(구), **設**(설), **向**(향), **嚮**(향), **若敎**(약교), **若使**(약사), **如使**(여사) 등이 만약~한다면의 뜻으로 쓰이고 **微**(미)는 아니면, **則**(즉)은 ~한다면,~이면의 뜻으로 **無**(무), **不有**(불유)는 ~이 없다면, **雖**(수)는 비록~하더라도 **縱**(종)은 설사,설령의 뜻으로 가정사로 쓰인다 또한 불완전동사 **爲**(위)가 가정사로 쓰이기도 한다. 「가정어 참조」

20. 推定詞 (추정사)

혹시,아마도의 뜻으로 **推測**을 나타내는 품사를 추정사라고 한다.

추정사로는 **蓋**(개), **或**(혹), **庶幾**(서기), **庶**(서), **幾**(기), **恐**(공), **率**(솔) 등이 있다. 「추정어 참조」

02 文章의 構成要素(문장의 구성요소)

自動車 한 대를 만드는데 핸들 타이어 其他 各種 附屬品이 必要한것처럼 한 文章을 構成하는데도 많은 要素를 必要로한다.

첫째로는 文章의 主人이 되는 ①主語와 主語의 動線을 說明하는 ②述語와 述語가 修飾하는標的이 되는 ③目的語와 其他修飾을 補充하여주는 ④補語 및 ⑤副詞語와 文章의 特異性을 나타내는 ⑥疑問語 ⑦否定語 ⑧禁止語 ⑨使役語 ⑩被動語 ⑪比較語 ⑫反語語 ⑬假定語 ⑭推定語 ⑮選擇語 ⑯感嘆語 ⑰肯定語 ⑱指示語 ⑲助詞語 ⑳發語語 ㉑自動語 等이 있다

1. 主語(주어)와 2. 述語(술어)

主語란 文章의 主體나 主人이 되는 말을 主語라 하고 述語란 主語나 補語 및 目的語 其他 文章의 構成要素가 어떻어떻하게 어떻하다라고 說明하는 말을 述語라고한다.

主語가 될수 있는 品詞로는 名詞, 代名詞, 固有名詞, 數詞, 冠形詞, 動名詞, 指示代名詞, 接頭詞 等이 있고, 述語로 쓰이는 品詞는 動詞, 形容詞, 名詞, 冠形詞, 動名詞, 固有名詞, 副詞, 否定詞, 肯定詞, 接尾詞 等이 있다

天(천) 高(고)

天	高
주어 명사 하늘	술어 형용사 높다

推句集(추구집)
하늘은 높고

日月(일월) 明(명)

日月	明
주어 명사 해,달	술어 형용사 밝다

推句集(추구집)
해와 달은 밝다

"兄弟之子(형제지자)" 猶(유) "我子(아자)" 也(야)

兄弟之子	猶	我子	也
주어 관형사 형제의 자식	보어 형용사 같다	술어 관형사 내 자식	조사어 종결사 ~다

擊蒙要訣居家章李珥
(격몽요결거가장이이)
형제의 자식은 나의 자식과 같으니라

"用兵之法(용병지법)"	十(십)	則(즉)	"圍之(위지)"
주어 관형사 전쟁을 하는 방법	보어 수사 열배	가정어 가정사 ~면	술어 접미사 포위하다

孫子兵法謀攻篇
(손자병법모공편)
전쟁을 하는 방법은 병력이 열 배면 포위하고

◎ 본문해설 ◎

- 用兵(용병) 동사 – 군사를 부리다
- 用兵之法(용병지법) 관형사로 전쟁을 하는 방법
- 十(십) 수사 – 十培을 뜻함
- 則(즉) 가정사 – ~이면
- 圍之(위지) 접미사 – 포위하다. 접미사 之는 앞의 수식하는 동사를 進行態로 만들어준다.

"天下(천하)"	有(유)	道(도)	則(즉)	見(현)	"無(무)"	道(도)	則(즉)	隱(은)
주어 명사 천하	술어 형용사 있다	목적어 명사 도	조사어 접속사 ~면	술어 동사 나타나다	술어 부정사 없으면	목적어 명사 도	조사어 접속사 ~면	술어 동사 숨는다

論語泰伯(논어태백) – 천하(세상)에 도가 있으면 나타나고 도가 없으면 숨는다.

"無(무)"	所禱(소도)	也(야)
술어 부정사 없다	목적어 접두사 기도할 곳	조사어 종결사 ~이다

論語八佾(논어팔일)
기도할 곳이 없다.

"軍(군)"	"無(무)"	百疾(백질)
주어 명사 군사	술어 부정사 없다	목적어 관형사 백가지 질병

孫子行軍(손자행군)
군사에겐 백가지 질병이 없고

3. 目的語 (목적어) 와 4. 補語 (보어)

目的語란 述語가 表現하고자하는 行爲의 對象인 事物, 時代, 人物, 場所, 事件 等을 目的語라 하며 述語나 主語의 說明으로 不足한 內容을 補充說明하여 修飾하는 글을 補語라 한다.

道之大原(도지대원)	出(출)	于(우)	"天(천)"
주어 관형사 도의 큰 근원	술어 동사 나오다	조사어 전치사 ~에서	목적어 명사 하늘

通鑑漢紀世宗孝武皇帝
(통감한기세종효무황제)
도의 큰 근원은 "하늘"에서 나온다.

月(월) 出(출) 於(어) "東山之上(동산지상)"

주어	술어	조사어	목적어
명사	동사	전치사	관형사
달	뜬다	~에서	동쪽산위

前赤壁賦 蘇軾
(전적벽부 소식)
달은 "동쪽산위"에서 뜬다

蘇子(소자)與(여)客(객) "泛舟(범주)" 遊(유) 於(어) "赤壁之下(적벽지하)"

주어			보어	술어	조사어	목적어
고유명사	접속사	명사	동사 명사 (술목구조)	동사	전치사	관형사
소동파	와	손님	배를 띄우고	놀다	에서	적벽의 아래

前赤壁賦 蘇軾(전적벽부 소식) – 蘇東坡와 손님은 "적벽아래"에서 배를 띄우고 놀았다.

○ 본문해설 ○

- 蘇子(소자) – (1036-1101) 이름은 軾(식), 호는 東坡(동파)로 四川省사람이다 아버지 蘇洵(소순) 아우 蘇轍(소철)과 더불어 北宋三蘇라 불리어진 문호이다.
- 與(여) 접속사로 명사와 명사를 이어준다.
- 泛舟(범주) "배를 띄우다"로 술어 遊가 어떻게 놀았는가를 보충설명해 주는 보어이다.
- 赤壁之下(적벽지하) 는 술어 遊가 어디에서 놀았는가를 설명해 주는 목적어이다.

歐陽子(구양자) 歿(몰) "十有餘年(십유여년)"

주어	술어	보어
고유명사	동사	관형사
구양수	죽다	십여년

六一居士集序蘇軾
(육일거사집서소식)
구양수가 죽은 지 십여년

○ 본문해설 ○

- 歐陽子(구양자) – (1007-1072) 이름은 歐陽修(구양수), 호는 醉翁(취옹) 또는 六一居士(육일거사)이며 唐宋八大家의 한사람.
- 十有(십유) 有는 古文의 수사에 종종 붙어 있는 글자이나 별다른 뜻은 없고, 그저 貫用으로 쓰이는 지는 알수없다.

吾十有五而志於學 (論語爲政) "나는 열다섯 살에 학문에 뜻을 두다."
오 십 유 오 이 지 어 학 논 어 위 정

朞三百有六旬有六日 (書經, 堯典) "일년은 삼백육십육일"
기 삼 백 유 육 순 유 육 일 서 경 , 요 전

"飛鳴(비명)" 而(이) 過(과) 我(아) 者(자)

飛鳴	而	過	我	者
보어 동사 동사 날다 내다	조사어 접속사 ~하면서	술어 동사 지나다	목적어 대명사 나	조사어 후치사 ~것

後赤壁賦蘇軾
(후적벽부소식)
소리내며 날아 내 곁을 지나 간 것이

◎ 본문해설 ◎

- 而(이) 접속사 동사와 동사를 이어준다.

"壬戌之秋七月既望(임술지추칠월기망)" 蘇子(소자)與(여) 客(객)

壬戌之秋七月既望	蘇子	與	客
보어 관형사 임술년의 가을 7월16	주어 고유명사 소동파	조사어 접속사 와	주어 명사 손님

"泛舟(범주)" 遊(유) 於(어) 赤壁之下(적벽지하)

泛舟	遊	於	赤壁之下
보어 동사 명사 띄우다 배	술어 동사 놀다	조사어 전치사 에서	목적어 관형사 적벽의 아래

清風(청풍) 徐(서) 來(래) 水波(수파) 不(불) 興(흥)

清風	徐	來	水波	不	興
주어 관형사 맑은바람	부사어 부사 천천히	술어 동사 불어오다	주어 명사 물결	술어 부정사 아니하다	목적어 동사 일어나다

前赤壁賦蘇軾(전적벽부소식) _ 임술년 가을 7월 16일 蘇東坡와 손님은 적벽아래에서 배를 띄우고 노는데 맑은 바람이 서서히 불어오고 물결은 일어나지 아니하였다.
壬戌之秋七月既望은 主語를 修飾하는 補語이고 나머지 보어 泛舟는 述語遊를 수식하는 보어구이다.

5. 副詞語 (부사어)

부사어란 說明語(述語)앞에서 動詞,形容詞,副詞,文句,文章를 修飾하는 글월의 구성 要素를 부사어라고 한다.

通者(통자) "常(상)" 制(제) 人(인)

通者	常	制	人
주어 관형사 통달한사람	부사어 부사 항상	술어 동사 다스리다	목적어 명사 남

荀子(순자)
통달한 사람은 "항상" 남을 다스린다

◎ 본문해설 ◎

- 부사어 常이 술어로 동사인 制를 수식하고 있다.

新沐者(신목자) "必(필)" 彈(탄) 冠(관)

新沐者	必	彈	冠
주어 관형사 새로 머리를 감은 사람	부사어 부사 반드시	술어 동사 털다	목적어 명사 갓

漁父辭屈原(어부사굴원)
새로 머리를 감은 사람은 "반드시" 갓을 턴다.

◎ 본문해설 ◎

- 부사어 必이 술어이며 동사인 彈을 수식하였다

奢者心(사자심) "常(상)" 貧(빈)

奢者心	常	貧
주어 관형사 마음이 사치스런 사람	부사어 부사 항상	술어 형용사 가난함

明心寶鑑(명심보감)
마음이 사치스런 사람은 "항상" 가난하다.

◎ 본문해설 ◎

- 부사어 常이 술어로 형용사인 貧을 수식하였다.

金剛山(금강산) "甚(심)" 美(미)

金剛山	甚	美
주어 고유명사 금강산	부사어 부사 매우	술어 형용사 아름답다

금강산은 "매우" 아름답다.

◎ 본문해설 ◎

- 부사어 甚이 술어로 형용사인 美를 수식하고 있다.

"漸漸(점점)" "疾(질)" 走(주)

漸漸	疾	走
부사어 부사 점점	부사어 부사 빨리	술어 동사 달리다

"점점" "빨리" 달린다.

◎ 본문해설 ◎

- 부사어 漸漸과 疾이 술어로 동사인 走를 수식하고 부사어인 漸漸이 부사어 疾도 수식한다.

南豊先生(남풍선생) "旣(기)" 敍(서) 其(기) 文(문)

南豊先生	旣	敍	其	文
주어 고유명사 남풍선생	부사어 부사 이미	술어 동사 서문을 쓰다	지시어 지시대명사 그	목적어 명사 글

王平補文集後序陳師道(왕평보문집후서진사도) _ 남풍선생은 "이미"그 글의 서문을 썼다.

◎ 본문해설 ◎

- 부사어 旣가 술어구 敍其文을 수식한다.
- 南豊先生(남풍선생) 호는 後山居士(후산거사)이며 北宋 江蘇省(강소성) 徐州(서주)사람인 陳師道(1053-1101)의 스승이며 古文의 大家 敍(서)동사, 서문을 쓰다.

"常(상)" 欺(기) 飽叔(포숙) 飽叔(포숙) "終善(종선)" 遇之(우지)

常	欺	飽叔	飽叔	終善	遇之
부사어 부사 항상	술어 동사 속이다	목적어 고유명사 포숙아	보어 고유명사 포숙아	부사어 부사 끝내, 잘	술어 접미사 대우하다

不以(불이) 爲(위) 言(언)

不以	爲	言
부정어 부정사 아니하다	술어 동사 하다	목적어 명사 말

史記管晏列傳(사기관안열전)
"항상"(관중)은 포숙아를 속였다. ※주어관중이 생략
포숙아는 "끝내"(관중을)"잘" 대우하고 ※목적어관중 생략
(속인 것)을 말하지 아니하였다. ※欺가 생략

◎ 본문해설 ◎

- 부사어 常은 문장 전체를 수식하고 있다.

"須臾(수유)" 客(객) 去(거) 予(여) 亦(역) 就(취) 睡(수)

須臾	客	去	予	亦	就	睡
부사어 부사 잠시후	주어 명사 손님	술어 동사 가다	주어 대명사 나	접속어 접속사 역시	술어 동사 들다	목적어 명사 잠

後赤壁賦蘇軾(후적벽부소식) _ "잠시 후"손님은 가고 나 역시 잠이 드니

◎ 본문해설 ◎

- 부사어 須臾가 문장 전체를 수식한다.

6. 疑問語 (의문어)

물음과 의문을 나타내는 文形을 의문어라고 하는데 의문어에는 다음과 같은 형태가 있다.

가. 疑問詞에 依한 疑問語

의문사(疑問詞)인 誰(수), 孰(숙), 安(안), 惡(오), 胡(호), 何(하), 奚(해), 曷(갈), 焉(언), 寧(영), 遐(하), 豈(기) 等에 依하여 疑問語를 만든다.

○ 의문사 誰는 누구 어는 사람의 뜻으로 의문어를 만든다.

子(자)	行(행)	三軍(삼군)	"誰(수)"	與?(여)
주어 인칭대명사 선생님	술어 동사 통솔하다	목적어 명사 삼군	의문어 의문대명사 누구	조사어 의문종결사 ~가?

論語述而(논어술이)
선생님께서 3군을 통솔하신다면 누구와 함께 하시겠습니까?

作(작)	亭(정)	者(자)	"誰?(수)"
술어 동사 만들다	목적어 명사 정자	보어 명사 사람	의문어 의문대명사 누구

醉翁亭記 歐陽修
(취옹전기 구양수)
정자를 만든 사람이 누구입니까?

○ 본문해설 ○

- 作亭者는 동명사나 관형사로 보아도 좋다.

非(비)	夫人(부인)	爲(위)	慟(통)	而(이)	"誰(수)"	爲(위)
부정어 부정사 아니하다	주어 인칭대명사 이사람	술어 동사 하다	목적어 명사 애통	접속어 접속사 ~고	의문어 의문사 누구	술어 동사 애통하다

論語先進(논어선진) _ 이사람을 애통해하지 아니하고 "누구를" 애통해야 하겠는가?

○ 본문해설 ○

- 부정사 非는 접속사 而 앞에 절만 부정하고 夫는 발어사나 대저의 뜻으로 쓰이나 여기서는 전구(前句)에 나오는 안연(顔淵)을 지칭하는 지시대명사 격으로 쓰였다. 朱熹의 註에도 夫人을 안연이라 하였다.
  맨끝의 爲는 爲慟의 慟이 생략된 것이다.

의문사 孰은 누가의 뜻으로 비교를 나타내며 의문어를 만든다.

"孰(숙)"	爲(위)	好(호)	學?(학)
주어	술어	목적어	보어
의문사	동사	명사	명사
누가	~하다	좋은 것	배우기

論語先進(논어선진)
누가 배우기를 좋아합니까?

子貢(자공)	問(문)	師(사)	與(여)	商(상)	也(야)	"孰(숙)"	賢?(현)
주어	술어	주어	조사어	주어	조사어	의문어	술어
고유명사	동사	고유명사	접속사	고유명사	접속사	의문사	명사
자공	묻다	자장	과	자하	는	누가	어짊

論語先進(논어선진) _ 자공이 물었다. 자장과 자하는 "누가" 더 어짊니까?

본문해설

- 師(사) 고유명사 – 孔子의 제자인 子張의 이름
- 商(상) 고유명사 – 孔子의 제자인 子夏의 이름

禮(예)	與(여)	食(식)	"孰(숙)"	重?(중)
주어	조사어	주어	의문어	술어
명사	접속사	명사	의문대명사	형용사
예의	와	먹은 것	어는 것	무겁다

孟子告子下(맹자고자하)
예의와 먹는 것은 "어느" 것이 더 중요합니까?

我(아)	"孰(숙)"	與(여)	城北徐公(성북서공)	美(미)
주어	의문어	조사어	주어	술어
인칭대명사	의문대명사	접속사	고유명사	형용사
나	누가	와	성북서공	아름답다

戰國策齊策
(전국책제책)
나하고 성북서공은 "누가" 더 아름다운가?

본문해설

- 我與城北徐公(주어) "孰"(의문어) 美(술어)의 도치로 의문형 주술구조이다.

의문사 安이 부사어로 쓰여 "어찌" "어떻게"의 뜻으로 의문어를 만든다.

"安(안)"	得(득)	猛士(맹사)	兮?(혜)
의문어	술어	목적어	감탄어
의문사	동사	관형사	감탄종결사
어떻게	얻다	용감한 장수	~냐!

大風歌劉邦(대풍가유방)
"어떻게"하면 용감한 장수를 구할 수 있을것인가?

◎ 본문해설 ◎

• 兮(혜) 는 감탄의 뜻을 품은 종결사로 쓰인다.

"安(안)" 能(능) 有(유) 國?(국)

의문어 의문사 어찌	부사어 부사 능히	술어 동사 있다	목적어 명사 나라

六韜三略武韜文伐
(육도삼략무도문벌)
"어찌" 능히 나라가 있다 하겠습니까?

"安(안)" 用(용) 車船?(거선)

의문어 의문사 어찌	술어 동사 쓰이다	목적어 명사 수레,배

送窮文韓愈(송궁문한유)
"어찌"하여 수레와 배가 쓸 데가 있겠는가?

"安(안)" 得(득) 廣厦千萬間(광하천만간)

의문어 의문사 어떻게	술어 동사 구하다	목적어 관형사 넓고 큰 집 천만 칸

茅屋爲秋風所破歌杜甫
(모옥위추풍소파가두보)
"어떻게"하면 넓고 큰집 천만 칸을 구할 수 있을까?

◎ 의문사 安이 目的語를 指稱하면 場所를 묻는 의문사로 쓰여 의문어를 만든다.

蛇(사) 今(금) "安(안)" 在(재)

주어 명사 뱀	부사어 부사 지금	의문어 의문사 어디	술어 동사 있다

小學嘉言第五集設
(소학가언제오집설)
뱀은 지금 "어디"에 있는가?

◎ 본문해설 ◎

• 의문사 安이 술어 在의 목적어를 지칭하여 목적어로 쓰여지고있다.

梟(효) 逢(봉) 鳩(구) 鳩(구) 曰(왈) 子(자) 將(장) "安(안)" 之?(지)

주어 고유명사 올빼미	술어 동사 만나다	목적어 고유명사 비둘기	주어 고유명사 비둘기	술어 동사 말하다	주어 인칭대명사 자네	자동어 자동사 하려하다	의문어 의문사 어디	술어 동사 가다

說苑(설원) _ 올빼미가 비둘기를 만났다. 비둘기가 말하기를 자네는 "어디로" 가려고 하는가?

當時數子(당시수자)	今(금)	"安(안)"	在?(재)
주어	부사어	의문어	술어
관형사	부사	의문사	동사
그때 그사람들	지금	어디	있다

磨崖碑後張耒(마애비후장뢰)
그때 그 사람들은 지금 "어디"에 있는가?

堯(요)	"安(안)"	在?(재)
주어	의문어	술어
고유명사	의문사	동사
요임금	어디	있다

韓非子難(한비자난)
요 임금은 "어디"에 있는가?

朕(짐)	乘(승)	千里馬(천리마)	獨(독)	先(선)	"安(안)"	之(지)
주어	술어	목적어	부사어	부사어	의문어	술어
인칭대명사	동사	명사	부사	부사	의문사	동사
나	타다	천리마	홀로	먼저	어디	가다

通鑑漢紀太宗孝文皇帝(통감한기태종효문황제) _ 내가 천리마를 타고 홀로 먼저 "어디로" 가겠는가?

의문사 惡가 부사어로 쓰여 어찌, 어떻게의 뜻으로 의문어를 만든다.

君子(군자)	去(거)	仁(인)	"惡(오)"	乎(호)	成(성)	名?(명)
주어	술어	목적어	의문어	조사어	술어	목적어
명사	동사	명사	의문사	후치사	동사	명사
군자	버리다	어짊	어떻게	~게	이루다	명성

論語里仁(논어이인) _ 군자가 어짊을 버리고 "어떻게" 명성을 이룰 수가 있겠는가?

"惡(오)"	得(득)	爲(위)	有道之士(유도지사)	乎哉?(호재)
의문어	긍정어	술어	목적어	조사어
의문사	긍정사	동사	관형사	의문종결사
어떻게	있다	~하다	도를 터득한 선비	~는가

爭臣論韓愈(쟁신론한유) _ "어떻게" 도를 터득한 선비라 할 수 있겠습니까?

의문사 惡도 目的語로 쓰이면 安과 같이 場所를 나타내는 의문사로 쓰인다.

○ 의문사 胡가 부사어로 쓰여 "어찌" "어떻게"의 뜻으로 의문어를 만든다.

"胡(호)"	不(불)	爲(위)	人之喜(인지희)
의문어	부정어	술어	목적어
의문사	부정사	동사	관형사
어찌	못하다	되다	사람이 좋아하는 짓

憎蒼蠅賦歐陽修(증창승부구양수)
"어찌"하여 사람이 좋아하는 짓을 하지 아니하는가?

"胡(호)"	爲(위)	而(이)	食(사)	我(아)
의문어	술어	조사어	술어	목적어
의문사	동사	접속사	동사	인칭대명사
어찌	하다	~하여	먹이다	나

列子說符(열자설부)
"어찌"나에게 밥을 먹였는가?

○ 의문사 胡가 目的語로 쓰일때에는 何와 같이 "무엇"의 뜻을 갖는다.

○ 의문사 何는 무엇이란 뜻으로 사람이나 사물 일의 까닭을 물어 의문어를 만든다.

陛下(폐하)	說之(열지)	"何(하)"	也?(야)
주어	술어	의문어	조사어
명사	접미사	의문사	종결사
폐하	기뻐하다	무엇	~이다

上秦皇逐客書李斯
(상진황축객서이사)
폐하께서 기뻐하시는데 "무엇"때문입니까?

其(기)	故(고)	"何(하)"	也?(야)
지시어	주어	의문어	종사어
지시대명사	명사	의문사	종결사
그	까닭	무엇	~이다

家藏古硯銘唐庚
(가장고연명당경)
그 까닭이 "무엇"입니까?

先王之教者(선왕지교자)	"何(하)"	也?(야)
주어	의문어	조사어
관형사	의문사	의문종결사
선왕이 가르침이란 것	무엇	~인가

原道韓愈(원도한유)
선왕의 가르침이란 "무엇"입니까?

舜(순)	之(지)	不(불)	告(고)	而(이)	娶(취)	"何(하)"	也?(야)
주어	조사어	술어	목적어	조사어	술어	의문어	조사어
고유명사	후치사	부정사	동사	접속사	동사	의문사	의문종결사
순임금	이	아니하고	고하다	~고	장가들다	무슨	인가

孟子萬章(맹자만장) _ 순임금이 고하지 아니하고 장가든 것은 "무슨"까닭입니까?

"何(하)" 取(취) 於(어) 水(수) 也?(야)

何	取	於	水	也
의문어	술어	조사어	목적어	조사어
의문사	동사	전치사	명사	의문종결사
무엇	취하다	에서	물	인가

孟子離婁(맹자이루)
물에서 "무엇을" 취한 것입니까?

○ 의문사 何는 부사어로 쓰여 "어찌" "어떠한"의 뜻으로 의문어를 만든다.

伯夷叔齊(백이숙제) "何(하)" 人(인) 也?(야)

伯夷叔齊	何	人	也
주어	의문어	술어	조사어
고유명사	의문사	명사	의문종결사
백이숙제	어떠한	사람	인가

論語述而(논어술이)
백이숙제는 "어떤" 사람입니까?

湯武(탕무) "何(하)" 得(득) 也?(야)

湯武	何	得	也
주어	의문어	술어	조사어
고유명사	의문사	동사	의문종결사
탕왕과 무왕	어떻게	얻다	인가

荀子彊國篇(순자강국편)
탕왕과 무왕은 "어떻게"(천하를) 얻었는가?

"何(하)" 其(기) 子孫(자손) 之(지) 多(다) 賢(현) 也?(야)

何	其	子孫	之	多	賢	也
의문어	지시어	주어	조사어	술어	목적어	조사어
의문사	지시대명사	명사	후치사	형용사	명사	의문종결사
어찌	그	자손	은	많다	어진사람	인가

三槐堂銘蘇軾(삼괴당명소식) _ "어찌"그 자손은 어진 사람이 많은 것이오?

○ 본문해설 ○

- 긍정을 나타내는 종결사 **也**는 의문사 밑에서는 의문을 나타내는 종결사로도 쓰여진다.

○ 의문사 奚

→ 부사어로 쓰일 때에는 "어찌" "어떻게"의 뜻을 갖고 **目的語**로 쓰일 때에는 "무엇"의 뜻으로 의문어를 만든다.

"奚(해)" 不(불) 爲(위) 政?(정)

奚	不	爲	政
의문어	부정어	술어	목적어
의문사	부정사	동사	명사
어찌	아니	하다	정치

論語爲政(논어위정)
"어찌"정치는 하지 않으십니까?

“奚(해)”	以(이)	之(지)	九萬里(구만리)	而(이)	南(남)	爲?(위)
의문어	조사어	술어	목적어	조사어	보어	술어
의문사	후치사	동사	관형어	접속사	명사	동사
어떻게	게	가다	구만리	으로	남	하다

莊子消遙遊(장자소요유) _ “어떻게” 구만리 남쪽으로 갈 수 있단 말인가?

樂(낙)	夫(부)	天命(천명)	復(복)	“奚(해)”	疑?(의)
술어	발어어	목적어	부사어	의문어	술어
동사	발어사	명사	부사	의문사	동사
즐기다	-	천명	또	무엇	의심하다

歸去來辭陶淵明(귀거래사도연명) _ 천명을 즐기면 되지 또 “무엇을”의심하겠는가?

의문사 曷

—> 부사어로 쓰일 때는 “어찌” “어떻게”의 뜻으로 목적어로 쓰일 때에는 “무엇”의 뜻으로 의문어를 만든다.

“曷(갈)”	爲(위)	不(불)	及?(급)
의문어	술어	부정어	보어
의문사	동사	부정사	동사
어찌	하다	못하다	미치다

族譜序蘇洵(족보서소순)
“어찌”하여 미치지 못하는가?

의문사 焉은 부사어나 목적어로 쓰여 “어찌” “어떻게”의 뜻으로 의문어를 만든다.

“焉(언)”	知(지)	餓死(아사)	塡(전)	溝壑?(구학)
의문어	술어	목적어	술어	목적어
의문사	동사	관형사	동사	명사
어찌	알다	굶어죽음	막다	도랑, 골짜기

醉時歌杜甫(취시가두보)
굶어죽어서 도랑과 골짜기를 메우게 될지 “어찌” 알겠는가?

“焉(언)”	有(유)	善(선)	而(이)	不可(불가)	用(용)	者?(자)
의문어	술어	목적어	조사어	부정어	술어	목적어
의문사	동사	명사	접속사	부정사	동사	대명사
어찌	있다	좋은 것	면	~없다	쓰다	~하는 것

墨子兼愛篇(묵자겸애편) _ “어찌” 좋은 것이 있으면 쓸모가 없겠는가?

"焉(언)" 用(용) 殺?(살)

焉	用	殺
의문어 의문사 어찌	술어 동사 쓰다	목적어 명사 죽임

論語顔淵(논어안연)
"어찌" 죽이는 방법을 쓰려 합니까?

未(미) 知(지) 生(생) "焉(언)" 知(지) 死?(사)

未	知	生	焉	知	死
부정어 부정사 못하다	술어 동사 알다	목적어 명사 삶	의문어 의문사 어찌	술어 동사 알다	목적어 명사 죽임

論語先進(논어선진)
사는것도 알지 못하는데 "어찌" 죽는 것을 알리오?

○ 의문사 寧은 어찌 어떻게의 뜻으로 부사어나 목적어로 쓰여 의문어를 만든다.

"寧(영)" 知(지) 白首之心?(백수지심)

寧	知	白首之心
의문어 의문사 어찌	술어 동사 알다	목적어 관형사 노인의 마음

滕王閣序王勃(등왕각서왕발)
"어찌" 노인의 마음을 알겠는가?

"寧(영)" 獨(독) 如(여) 此而(차이) 已?(이)

寧	獨	如	此而	已
의문어 의문사 어찌	부사어 부사 단지	술어 형용사 같다	지시어 지시대명사 이것	조사어 한정종결사 뿐이다

上宰上第三書韓愈
(상재상제삼서한유)
"어찌" 단지 이와 같이 할 뿐이겠습니까?

○ 본문해설 ○

- 지시대명사 此는 前文의 足數及門(자주 문전에 발을 드리다)을 지칭한다.

重華(중화) 一去(일거) "寧(영)" 復(복) 得?(득)

重華	一去	寧	復	得
주어 고유명사 순임금	술어 동사 한번 가다	의문어 의문사 어떻게	부사어 부사 다시	술어 동사 얻다

桃源行王安石
(도원행왕안석)
순임금은 가버렸는데 "어떻게" 다시 올수있을까?

"寧(영)" 顧(고) 身?(신)

寧	顧	身
의문어 의문사 어찌	술어 동사 돌아보다	목적어 명사 내 몸

古長城吟王翰(고장성음왕한)
"어찌" 내 몸을 돌아볼 수 있을까?

의문사 遐, 豈는 의문사로 어찌 어떻게의 뜻으로 의문어를 만든다.

"遐(하)" 不(불) 謂(위) 矣?(의)

遐	不	謂	矣
의문어 의문사 어찌	부정어 부정사 아니하다	술어 동사 고하다	조사어 의문종결사 는가

詩經小雅隰桑(시경소아습상)
"어찌"하여 말하지 아니하는가?

본문해설

• 心乎愛矣(심호애의) 마음속 깊이 사랑하면서 遐不謂矣(하불위의) 어찌하여 말하지 아니하는가?
中心藏之(중심장지) 마음속 간직한 채 何日忘之(하일망지) 어느 날에 잊으려나!

"豈(기)" 不(불) 爾(이) 思?(사)

豈	不	爾	思
의문어 의문사 어찌	부정어 부정사 아니하다	주어 인칭대명사 너	술어 동사 생각하다

論語子罕(논어자한)
"어찌" 너를 생각함이 아니겠느냐

"豈(기)" 憂(우) 其(기) 流?(류)

豈	憂	其	流
의문어 의문사 어찌	술어 동사 근심하다	지시어 지시대명사 그	목적어 명사 흐름

六韜三略兵道(육도삼략병도)
"어찌" 그 흐름을 근심하겠습니까?

나. 疑問詞와 疑問終結詞에 依한 疑問語

구두에는 의문사를 구미에 의문종결사를 배치하여 의문어를 만든다.

"詎(거)" 有(유) 薪者(신자) 耶?(야)

詎	有	薪者	耶
의문어 의문사 어찌	술어 동사 있다	목적어 명사 나무꾼	조사어 의문종결사 겠는가

列子周穆王(열자주목왕)
"어찌" 땔나무꾼이 있었겠습니까?

"庸(용)" 知(지) 汝子(여자) 迷(미) 乎?(호)

庸	知	汝子	迷	乎
의문어 의문사 어찌	술어 동사 알다	주어 관형사 당신, 아들	술어 명사 미친 것	조사어 의문종결사 ~인가

列子周穆王(열자주목왕)
"어찌" 알겠는가? 당신 아들이 미친 것을?

“寧(영)”	有(유)	種(종)	乎?(호)
의문어 의문사 어찌	술어 동사 있다	목적어 명사 종자	조사어 의문종결사 는가

史記陳涉世家(사기진섭세가)
“어찌” 종자가 따로 있겠는가?

“誰(수)”	能(능)	紀(기)	傳(전)	之(지)	耶?(야)
의문어 의문대명사 누가	부사어 부사 능히	술어 동사 기록하다	목적어 명사 전기	조사어 후치사 을	조사어 의문종결사 ~는가

與韓愈論史書柳宗元
(여한유논사서유종원)
누가 능히 전기를 쓸 수 있겠습니까?

“烏(오)”	能(능)	得(득)	其(기)	心服(심복)	哉?(재)
의문어 의문사 어찌	부사어 부사 능히	술어 동사 하게하다	지시어 지시대명사 제후	목적어 명사 심복	조사어 의문종결사 ~는가

晉文公問守原議 柳宗元(진문공문수원의 유종원) _ “어찌” 능히 제후가 심복이 되게 할 수 있겠습니까?

◎ 본문해설 ◎

- 其(기) 지시대명사로 전문에 나오는 伯諸侯(제후의 우두머리)을 지칭한다.

“烏(오)”	有(유)	所謂(소위)	施(시)	恩德(은덕)	與(여)	夫(부)
의문어 의문사 어찌	술어 동사 있다	목적어 접두사 이른바	술어 동사 베풀다	목적어 명사 은덕	조사어 접속사 ~고	발어어 발어사 또한

知(지)	信義(신의)	者(자)	“哉?(재)”
술어 동사 알다	목적어 명사 신의	조사어 후치사 ~하는 것	조사어 의문종결사 ~는가

縱囚論歐陽修(종수론구양수)
“어찌” 은덕을 베풀고 또한 신의를 알았다는 것을 이른 바(말한 바)가 있었다고 할수있겠는가?

今(금)	“安(안)”	在(재)	“哉?(재)”
부사어 부사 지금	의문어 의문사 어디	술어 동사 있다	조사어 의문종결사 ~일까

前赤壁賦蘇軾(전적벽부소식)
지금 “어디에” 있을까요?

"豈(기)" 不(불) 偉(위) "哉?(재)"

豈(기)	不(불)	偉(위)	哉?(재)
의문어	부정어	술어	조사어
의문사	부정사	동사	의문종결사
어찌	아니다	위대하다	~는가

秦少游字叙陣師道
(진소유자서진사도)
"어찌" 위대하지 아니하겠는가?

"豈(기)" 唯(유) 形骸(형해) 有(유) 聾盲(농맹) "哉?(재)"

豈(기)	唯(유)	形骸(형해)	有(유)	聾盲(농맹)	哉?(재)
의문어	부사어	주어	술어	목적어	조사어
의문사	부사	명사	형용사	명사	의문종결사
어찌	오직	몸뚱이	있다	귀머거리, 장님	~는가

莊子逍遙遊(장자소요유) _ "어찌" 오직 몸뚱이에만 귀머거리와 장님이 있다 하겠는가?

"孰(숙)" 能(능) 窮之(궁지) "哉?(재)"

孰(숙)	能(능)	窮之(궁지)	哉?(재)
의문어	부사어	술어	조사어
의문대명사	부사	접미사	의문종결사
누가	능히	궁구하다	~는가

孫子兵勢篇(손자병세편)
"누가" 능히 알아낼 수 있을 것인가?

○ 본문해설 ○

- 窮之(궁지) 궁구하다, 알아내다

"安(안)" 知(지) 吾(오) 今(금) 之(지) 死(사) 不(불) 愈(유) 昔之生(석지생) "乎(호)"

安(안)	知(지)	吾(오)	今(금)	之(지)	死(사)	不(불)	愈(유)
의문어	술어	주어	부사어	조사어	술어	부정어	술어
의문사	동사	인칭대명사	부사	후치사	동사	부정사	형용사
어찌	알다	나	지금	에	죽다	아니하다	낫다

昔之生(석지생)	乎(호)
목적어	조사어
관형사	의문종결사
전생의 삶	~는가

列子天瑞第一(열자천서제일)
내가 지금 죽는 것이 전생의 삶 보다 낫지 아니함을 "어찌" 알겠는가?

○ 본문해설 ○

- 吾今之死는 주술구조로 "내가 지금 죽는 것" 이라는 한 절이고 不愈昔之生은 술목구조로 "전생의 삶이 낫지 아니하다" 라는 한 절로 安知~乎(어찌 알겠는가?)가 두 절을 묶어서 의문어로 만들었다.

在(재)	人(인)	者(자)	吾(오)	"何(하)"	知(지)	"焉?(언)"
술어	목적어	조사어	주어	의문어	술어	조사어
동사	명사	후치사	인칭대명사	의문사	동사	의문종결사
있다	남	~하는 것	나	어떻게	알다	~는가

上田樞密書蘇洵(상전추밀서소순) _ 남에게 있는 일을 내가 "어떻게" 알겠습니까?

다. 疑問終結詞에 依한 疑問語

疑問終結詞 那(나), 邪(야), 歟(여), 乎(호), 哉(재), 耶(야), 與(여)에 依하여 疑問語를 만든다.

無(무)	人(인)	收拾(수습)	理(리)	則(즉)	"那?(나)"
부정어	주어	술어	보어	조사어	조사어
부정사	명사	동사	명사	후치사	의문종결사
아니하다	사람	수습하다	이유	가	~인가

石鼓歌韓愈(석고가한유)
사람들이 수습하지 아니한 이유가 무엇일까?

其(기)	殆(태)	無(무)	儒(유)	"邪?(야)"
지시어	술어	술어	목적어	조사어
지시대명사	동사	부정사	명사	의문종결사
진나라	위태롭게되다	없다	유학자	~인가

荀子彊國篇(순자강국편)
진(秦)나라가 위태롭게 된 것이 유학자가 없어서일까요?

◎ 본문해설 ◎

- 지시대명사 其는 前文入秦何見(진나라에 들어가 무엇을 보았소)以下를 지칭하는 진나라를 지칭한다.

此(차)	古戰場(고전장)	也(야)	嘗(상)	覆(복)	三軍(삼군)
주어	술어	조사어	부사어	술어	목적어
지시대명사	관형사	종결사	부사	동사	명사
이곳	옛 전쟁터	이다	일찍	전멸하다	삼군

往往(왕왕)	鬼(귀)	哭(곡)	天陰(천음)	則(즉)	聞(문)	傷(상)	心(심)
부사어	주어	술어	보어	조사어	술어	술어	목적어
부사	명사	동사	관형어	후치사	동사	동사	명사
종종	귀신	울다	흐린날	면	들린다	아프다	가슴

哉(재)	秦(진)	"歟?(여)"	漢(한)	"歟?(여)"
조사어	주어	조사어	주어	조사어
감탄종결사	고유명사	의문종결사	고유명사	의문종결사
~나!	진나라	귀신인가	한나라	귀신인가

弔古戰場文李華(조고전장문이화) _ 이곳은 옛날 전쟁터이다. 일찍히 삼군이 전멸당했다. 날씨가 흐린날 이면 종종 귀신울음소리가 들린다. 아! 가슴이 아프구나! 진나라 귀신 울음소리일까? 한나라 귀신 울음소리일까?

無懷氏之民(무회씨지민)	"歟?(여)"	葛天氏之民(갈천씨지민)	"歟?(여)"
주어 관형사 무회씨의 백성	조사어 의문종결사 ~일까	주어 관형사 갈천씨의 백성	조사어 의문종결사 ~일까

五柳先生傳陶淵明(오류선생전도연명) _ 무회씨 시대 사람입니까? 갈천씨 시대 사람입니까?

본문해설

- 無懷氏葛天氏 中國太古적의 전설적 제왕

赤壁之遊(적벽지유)	樂(락)	"乎?(호)"
주어 관형사 적벽놀이	술어 동사 즐거워하다	조사어 의문종결사 ~는가

後赤壁賦蘇軾(후적벽부소식)
적벽놀이가 즐거웠습니까?

廐(구)	焚(분)	子(자)	退(퇴)	朝(조)	曰(왈)	傷人(상인)	"乎?(호)"
주어 명사 마굿간	술어 동사 불타다	주어 고유명사 공자	술어 동사 돌아오다	목적어 명사 조정	술어 동사 말하다	목적어 관형사 다친 사람	조사어 의문종결사 ~는가

論語鄕黨(논어향당) _ 마숙간이 불에 탔거늘, 공자께서 조정에서 돌아와서 물으시기를 다친 사람은 없는가? 라고 하셨다.

若(약)	毒之(독지)	"乎?(호)"
주어 인칭대명사 그대	술어 접미사 싫어하다	조사어 의문종결사 ~는가

捕蛇者說柳宗元
(포사자설유종원)
그대는 싫어하는가?

移易(이역)	其心(기심)	"哉?(재)"
술어 동사 바꾸다	목적어 관형사 그마음	조사어 의문종결사 ~겠는가

爭臣論韓愈(쟁신론한유)
그의 마음을 바꿀 수 있겠는가?

縶(집)	威公之手足(위공지수족)	“耶?(야)”
술어 동사 잡아매다	목적어 관형사 위공의 손과 발	조사어 의문종결사 ~는가

管仲論蘇洵(관중론소순)
위공의 손과 발을 잡아맬 수 있겠는가?

南方(남방)	之(지)	强(강)	“與?(여)”	北方(북방)	之(지)	强(강)	“與?(여)”
주어 명사 남방	조사어 후치사 ~이	술어 형용사 강하다	조사어 의문종결사 ~한가	주어 명사 북방	조사어 후치사 ~이	술어 형용사 강하다	조사어 의문종결사 ~한가

中庸十章(중용십장) _ 남방이 강한가? 북방이 강한가?

求之(구지)	“與?(여)”	抑(억)	與之(여지)	“與?(여)”
술어 접미사 구하다	조사어 의문종결사 ~는가	조사어 접속사 아니면	술어 접미사 주다	조사어 의문종결사 ~는가

論語學而(논어학이)
무엇을 요구하는 것인가? 아니면 무엇을 주려고 하는 것인가?

라. 結合된 疑問詞에 依한 疑問語

奈何(내하), **何哉**(하재), **何若**(하약), **若何**(약하), **奚若**(해약)과 같이 의문사가 겹치거나, **何如**(하여), **如何(如之何)**(여하)여지하, **何由**(하유), **何爲**(하위), **何以**(하이), **胡爲**(호위), **何故**(하고) 等과 같이 의문사와 다른 품사가 결합된 의문사에 **依**하여 의문어를 만든다.

吾(오)	將(장)	與(여)	楚人(초인)	戰(전)	彼(피)	衆(중)	我(아)
주어 인칭대명사 나	자동어 자동사 하려하다	부사어 부사 더불어	보어 관형어 초나라 사람	술어 동사 싸우다	주어 인칭대명사 그사람,적	술어 형용사 많다	주어 인칭대명사 나

寡(과)	爲之(위지)	“奈何?(내하)”
술어 형용사 적다	술어 접미사 ~하다	의문어 의문사 의문사

韓非子難(한비자난)
나는 장차 초나라와 전쟁을 하려하는데 적은 많고, 나는 적은데 “어떻게 하면 되겠는가?”

守(수)	土(토)	“奈何?(내하)”
술어 동사 지키다	목적어 명사 영토	의문어 의문사 의문사

六韜三略守土(육도삼략수토)
영토를 지키려면 “어떻게 합니까?”

"奈何(내하)"	非(비)	金石之質(금석지질)	欲(욕)	與(여)	草木(초목)
의문어	부정어	주어	술어	부사어	목적어
의문사	부정사	관형어	자동차	부사	명사
어찌	아니다	금석의 바탕	하고자 하다	더불어	풀, 나무

而(이)	爭(쟁)	榮?(영)
조사어	술어	목적어
접속사	동사	명사
과	다투다	영화

秋聲賦歐陽修(추성부구양수)
"어찌" 쇠나 돌의 바탕도 아니면서 풀과 나무와 더불어 영화를 다투는 것입니까?

竹(죽)	似(사)	賢(현)	"何哉?(하재)"
주어	술어	목적어	의문어
명사	동사	명사	의문사
대나무	닮다	어진사람	왜

養竹記白居易(양죽기백거이)
대나무는 어진 사람을 닮았다하는데 "왜 그럴까요?"

其(기)	故(고)	"何哉?(하재)"
지시어	보어	의문어
지시대명사	명사	의문사
그	까닭	무엇

朋黨論歐陽修(붕당론구양수)
그 까닭이 "무엇입니까?"

顔淵(안연)	之(지)	爲(위)	人(인)	也(야)	"何若?(하약)"
주어	조사어	술어	목적어	조사어	의문어
고유명사	후치사	동사	명사	접속사	의문사
안연	의	~되다	사람	~이	어떠한가

안연의 사람됨은 "어떠합니까?"

○ 본문해설 ○

- 顔淵(안연) 은 고유명사 孔子제자로 이름은 回이며 字는 子淵이며 顔은 성이다.

子貢(자공)	問(문)	曰(왈)	賜(사)	也(야)	"何如?(하여)"
주어	술어	술어	목적어	조사어	의문어
고유명사	동사	동사	고유명사	접속사	의문사
자공	묻다	말하다	사	는	어떠한가

論語公冶長(논어공야장) _ 자공이 물었다 말하기를 사는 "어떠합니까?"

○ 본문해설 ○

- 子貢(자공) 은 고유명사 孔子제자로 이름은 賜(사)이다.

"何以(하이)" 別(별) 乎?(호)

何以(하이)	別(별)	乎?(호)
의문어	술어	조사어
의문사	동사	의문종결사
어떻게	분별하다	~인가

論語爲政(논어위정)
"어떻게" 분별하겠습니까?

王(왕) 曰(왈) "何以(하이)" 利(이) 吾國?(오국)

王(왕)	曰(왈)	何以(하이)	利(이)	吾國?(오국)
주어	술어	의문어	술어	목적어
명사	동사	의문사	동사	관형사
왕	말하다	어떻게	이롭게하다	내나라

孟子梁惠王上(맹자양혜왕상)
왕은 말하기를 "어떻게" 하면 내 나라를 이롭게 하시겠습니까?

年饑(년기) 用不足(용부족) "如之何?(여지하)"

年饑(년기)	用不足(용부족)	如之何?(여지하)
주어	술어	의문어
관형사	접두사	의문사
흉년	쓸것이 없다	어찌하나

論語顔淵(논어안연)
흉년이 들어 용도가 없으니 "어찌 합니까?"

子(자) 曰(왈) 不(불) 曰(왈) "如之何(여지하)" "如之何(여지하)" 者(자)

子(자)	曰(왈)	不(불)	曰(왈)	如之何(여지하)	如之何(여지하)	者(자)
주어	술어	부정어	술어	의문어	의문어	보어
고유명사	동사	부정사	동사	의문사	의문사	명사
공자	말하다	아니하다	말하다	어찌하나	어찌하나	사람

吾(오) 未(미) "如之何(여지하)" 也已矣(야이의)

吾(오)	未(미)	如之何(여지하)	也已矣(야이의)
주어	부정어	의문어	조사어
인칭대명사	부정사	의문사	한정종결사
나	못하다	어찌하다	~할뿐이다

論語衛靈公(논어위령공)
공자가 말씀하셨다 "어찌하나 어찌하나" 하면서 말하지 아니한 사람은 나도 "어찌하지" 못할뿐이다.

◎ 본문해설 ◎ • 깊이 생각하지 아니한 사람은 성인도 어찌할 수 없다는 교훈이다.

"何爲(하위)" 其(기) 莫(막) 知(지) 子(자) 也?(야)

何爲(하위)	其(기)	莫(막)	知(지)	子(자)	也?(야)
의문어	지시어	부정어	술어	목적어	조사어
의문사	지시대명사	부정사	동사	인칭대명사	종결사
어찌	그	못하다	알다	선생님	~다

論語憲問(논어헌문)
"어찌하여" 선생님을 알지 못하는가?

夫子(부자) "何爲?(하위)"

夫子(부자)	何爲?(하위)
주어	술어
명사	의문사
선생님	어찌하다

論語憲問(논어헌문)
선생께선 "어찌하고" 계시오?

“胡爲(호위)” 乎(호) 來(래) 哉?(재)

胡爲	乎	來	哉
의문어	조사어	술어	조사어
의문사	후치사	동사	의문종결사
어찌	~여	오다	~가

秋聲賦歐陽修(추성부구양수)
“어찌하여” 오는 것인가?

마. 盍字에 依한 疑問語

盍은 何不의 合字로 어찌 아니하는가? 라는 뜻으로 의문어를 만든다.

子(자) 曰(왈) “盍(합)” 各(각) 言(언) 爾志?(이지)

子	曰	盍	各	言	爾志
주어	술어	의문어	부사어	술어	목적어
고유명사	동사	의문사	부사	동사	관형사
공자	말하다	어찌	각각	말하다	너의 뜻

論語雍也(논어옹야)
공자가 말씀하셨다 “어찌하여” 각각 너의 뜻을 말하지 “아니하는가?”

子(자) “盍(합)” 爲我(위아) 言之?(언지)

子	盍	爲我	言之
주어	의문어	보어	술어
인칭대명사	의문사	동명사	접미사
그대	어찌	나를 위하여	말하다

孟子公孫丑下(맹자공손추하)
그대는 “어찌하여” 나를 위해 조언하지 “아니하는가?”

“盍(합)” 歸(귀) 乎(호) 來?(래)

盍	歸	乎	來
의문어	술어	조사어	목적어
의문사	동사	전치사	명사
어찌	돌아가다	에	고향

孟子盡心下(맹자진심하)
“어찌” 고향에 돌아가지 “아니하겠는가?”

◦ 본문해설 ◦

- 來(래) 는 동사로 “오다” 라는 뜻이 있지만 “돌아오다” 즉 본래의 자리로 “돌아오다” 라는 뜻 때문에 “고향” 으로 해석한다

바. 直問에 依한 疑問語

動詞問字에 依하여 의문어를 만든다.

請(청) “問(문)” 爲人君?(위인군)

請	問	爲人君
보어	술어	목적어
동사	동사	동명사
청하여	묻다	남의 임금되는 것, 임금노릇하는 것

荀子君道篇(순자군도편)
청하여 묻겠습니다. 임금노릇은 어떻게 하는 것입니까?

사. 慣用語에 依한 疑問語

慣用語 無乃(무내)는 "~이 아닐까?" 하는 뜻으로 의문사로 쓰여 의문어를 만든다.

"無乃(무내)"	天工(천공)	令(영)	鬼(귀)	守?(수)
의문어	보어	사역어	주어	술어
의문사	관형어	사역동사	명사	동사
아닐까	하늘의 공교	하여금	귀신	지키다

後石鼓歌蘇軾(후석고가소식)
하늘의 공교함이 귀신으로 하여금 "지키게 한 것이 아닐까요?"

"無乃(무내)"	傷(상)	于(우)	德(덕)	而(이)	費(비)	於(어)	辭(사)	乎?(호)
의문어	술어	조사어	목적어	조사어	술어	조사어	목적어	조사어
의문사	동사	전치사	명사	접속사	동사	전치사	명사	의문종결사
아닐까	상하다	을	덕	고	소비하다	을	말	~인가

爭臣論韓愈(쟁신론한유)
덕을 손상하고 말을 "허비하는 것이 아니겠습니까?"

君(군)	"無乃(무내)"	爲(위)	不(불)	好士(호사)	乎?(호)
주어	의문어	술어	부정어	목적어	조사어
명사	의문사	동사	부정사	동명사	의문종결사
임금	아닐까	하다	아니하다	선비를 좋아하다	~인가

列子說符(열자설부) _ 임금께서는 선비를 "좋아하지 않으시는 것이 아닐까요?"

"無乃(무내)"	不可(불가)	乎?(호)
의문어	부정어	조사어
의문사	부정사	의문종결사
아닐까	옳지않다	~는가

小學稽古(소학계고)
"옳지 않게 한 것이 아니겠느냐?"

"無乃(무내)"	爾(이)	是(시)	過(과)	與?(여)
의문어	주어	지시어	술어	조사어
의문사	인칭대명사	지시대명사	명사	의문종결사
아닐까	너	그것	과오	~인가

論語季氏(논어계씨)
그것은 너의 "잘못이 아니겠느냐?"

7. 否定語 (부정어)

부정어란 사람, 사물, 상태, 동작을 부정하는 文形으로 不(불), 無(무), 非(비), 未(미), 毋(무), 亡(무), 罔(망), 莫(막), 弗(불), 不以(불이), 不足(부족), 不敢(불감), 不可(불가), 不得(부득), 不能(불능), 不爲(부위), 無以(무이), 無所(무소), 無得(무득), 無足(무족), 未必(미필), 未足(미족), 未之(미지), 未敢(미감), 未可(미가), 亡以(무이), 莫敢(막감) 等의 부정사를 사용하여 부정어를 만든다.

부정사 不은 없다, 모른다, 못하다, 아니다의 뜻으로 부정어를 만든다.

朋友(붕우)	交(교)	而(이)	"不(불)"	信(신)	乎?(호)
주어 명사 벗	술어 동사 사귀다	조사어 접속사 서	부정어 부정사 없다	술어 명사 믿음	조사어 의문종결사 ~는가

論語學而(논어학이)
벗을 사귀면서 벗과 믿음이 "없는가?"

君子(군자)	"不(부)"	重(중)	則(즉)	"不(불)"	威(위)
주어 명사 군자	부정어 부정사 아니하면	술어 형용사 무겁다	조사어 접속사 면	부정어 부정사 없다	술어 명사 위엄

論語學而(논어학이)
군자가 무겁지 "아니하면" 위엄이 "없다."

孰(숙)	"不(부)"	知(지)	禮(례)
주어 의문사 누가	부정어 부정사 모르다	술어 동사 알다	목적어 명사 예의

論語八佾(논어팔일)
누가 예의를 "모른다" 하겠는가?

患(환)	"不(부)"	知(지)	人(인)	也(야)
술어 동사 근심하다	부정어 부정사 못하다	술어 동사 알다	목적어 명사 남	조사어 종결사 이다

論語學而(논어학이)
남을 알아보지 "못함을" 근심하다.

馬(마)	"不(부)"	進(진)	也(야)
주어 명사 말	부정어 부정사 아니하다	술어 동사 나가다	조사어 종결사 이다

論語雍也(논어옹야)
말이 나가지 "아니"하다.

◉ 부정사 無는 없다, 아니다의 뜻으로 부정어를 만든다.

天下(천하)	有(유)	道(도)	則(즉)	見(현)	"無(무)"	道(도)	則(즉)	隱(은)
주어 명사 천하	술어 형용사 있다	목적어 명사 도	조사어 접속사 면	술어 동사 나타나다	술어 부정사 없다	목적어 명사 도	조사어 접속사 ~면	술어 동사 숨는다

論語泰伯(논어태백) _ 천하에 도가 있으면 나타나고 천하에 도가 "없으면" 숨는다.

◎ 본문해설 ◎

- 부정사나 긍정사도 술어로 쓰이며 동사도 목적어로 쓰인다. 술어의 목적어는 일반적으로 명사나 형용사 또는 명사와 꼭 같은 역할을 하는 "관형사", "접두사", "동명사" 등이다.
  동사의 역할을 하는 "접미사", 긍정사", "부정사"가 술어로 쓰인 글에서는 목적어만 뒤따라 쓰인다는 점을 간과해서는 아니된다. 예를 들면 윗글에서 交而不信 이나 君子不重에서 부정사 不은 부정사로 쓰여 술어 信과 重을 부정하였다. 그러나 부정사 不를 술어로 쓰고 술어인 信과 重을 목적어로 바꾸어 쓰더라도 하등하자가 없고 문장이 주어, 술어, 목적어 순으로 배열되여 문장을 해석하는데 매우 편하다.

君子	不	重	不	信	不	進
주어 명사	술어 부정사	목적어 형용사	술어 부정사	목적어 명사	술어 부정사	목적어 동사

그러나 부정사가 술어와 목적어를 동시에 부정하는 경우에는 술어로 쓸수 없다 不知禮나 不知人의 경우다.

"無(무)"	伐(벌)	善(선)
부정어 부정사 없다	술어 동사 자랑하다	목적어 명사 착함

論語公冶長(논어공야장)
착한 것을 자랑함이 "없다"

"無(무)"	所禱(소도)	也(야)
술어 부정사 없다	목적어 접두사 빌 곳	조사어 종결사 ~다

論語八佾(논어팔일)
빌 곳이 "없다"

見(견)	義(의)	"不(불)"	爲(위)	"無(무)"	勇(용)	也(야)
술어 동사 보다	목적어 명사 정의	부정어 부정사 아니하다	보어 동사 행동하다	술어 부정사 없다	목적어 명사 용기	조사어 종결사 이다

論語爲政(논어위정) _ 정의를 보고도 나서지 “아니함은” 용기가 “없는” 것이다.

大車(대거)	“無(무)”	輗(예)	小車(소거)	“無(무)”	軏(월)
주어	술어	목적어	주어	술어	목적어
관형사	부정사	명사	관형사	부정사	명사
큰수레	없다	멍에	작은수레	없다	멍에

論語爲政(논어위정) _ 큰수레도 멍에가 “없고” 작은수레도 멍에가 “없다”

軍(군)	“無(무)”	百疾(백질)
주어	술어	목적어
명사	부정사	관형사
군사	없다	백가지 질병

孫子行軍(손자행군)
군사에겐 백가지 질병이 “없고”

君子(군자)	食(식)	“無(무)”	求(구)	飽(포)
주어	술어	부정어	술어	목적어
명사	동사	부정사	동사	형용사
군자	먹다	아니하다	구하다	배부르다

論語學而(논어학이)
군자는 식사를 하되 배부르게 먹는 것을 구하지 “아니한다”

貧(빈)	而(이)	“無(무)”	諂(첨)	富(부)	而(이)	“無(무)”	驕(교)
술어	조사어	술어	목적어	술어	조사어	술어	목적어
형용사	접속사	부정사	동사	형용사	접속사	부정사	동사
가난하다	도	아니하다	아부하다	부하다	면서	아니하다	교만하다

論語學而(논어학이) _ 가난해도 아부하지 “아니하고”, 부유해도 교만하지 “아니한다”

○ 부정사 非는 “아니다” 라는 뜻으로 부정어를 만든다.

“非(비)”	其(기)	罪(죄)
부정어	주어	술어
부정사	지시대명사	명사
아니다	그사람	죄

論語公冶長(논어공야장)
그 사람의 죄가 “아니다”

“非(비)”	戰(전)	之(지)	罪(죄)	也(야)
부정어	주어	조사어	술어	조사어
부정사	명사	후치사	명사	종결사
아니다	싸움	~을	잘못	이다

史記項羽本紀(사기항우본기)
싸움을 잘못한 죄가 “아니다”

我(아) "非(비)" 生而知之者(생이지지자)

我	非	生而知之者
주어 인칭대명사 나	술어 부정사 아니다	목적어 관형사 나면서 아는 사람

論語述而(논어술이)
나는 날때부터 안 사람이 "아니다"

"非(비)" 主(주) 之(지) 佐(좌) 也(야)

非	主	之	佐	也
부정어 부정사 아니다	주어 명사 임금	조사어 후치사 을	술어 동사 돕다	조사어 종결사 이다

孫子用間篇(손자용간편)
임금을 도운게 "아니다"

回(회) 也(야) "非(비)" 助(조) 我(아) 者(자) 也(야)

回	也	非	助	我	者	也
주어 고유명사 안회	조사어 후치사 는	부정어 부정사 아니다	술어 동사 돕다	목적어 인칭대명사 나	보어 명사 사람	조사어 종결사 이다

論語先進(논어선진) _ 회는 나를 돕는 사람이 "아니다"

○ 본문해설 ○

• 回(회) 는 孔子의 제자 顔回(안회)이며, 字는 子淵(자연)이다.

"非(비)" 我(아) 罪(죄)

非	我	罪
부정어 부정사 아니다	주어 인칭대명사 나	술어 명사 죄

梓人傳柳宗元(재인전유종원)
나의 죄가 "아니다"

○ 부정사 未 ~하지못하다, 아니하다의 뜻으로 부정어를 만든다.

吾(오) "未(미)" 見(견) 好(호) 德(덕) 如(여) 好色者(호색자)

吾	未	見	好	德	如	好色者
주어 인칭대명사 나	부정어 부정사 못하였다	술어 동사 보다	술어 동사 좋아하다	목적어 명사 덕	술어 형용사 같이	목적어 관형사 여색을 좋아하는 사람

論語子罕(논어자한) _ 여색을 좋아하는 사람과 같이 덕을 좋아하는 것을 나는 아직 보지 "못하였다"

吾(오) "未(미)" 見(견) 剛者(강자)

吾	未	見	剛者
주어 인칭대명사 나	부정어 부정사 못하였다	술어 동사 보다	목적어 관형사 강직한 사람

論語公冶長(논어공야장)
나는 아직 강직한 사람은 보지 "못하였다"

"未(미)"	見(현)	其(기)	術(술)
부정어 부정사 아니하다	술어 동사 나타나다	지시어 지시대명사 그	목적어 명사 재주

歸去來辭陶淵明(귀거래사도연명)
살아가는데 필요한 재물이나 곡물을 버는 재주가 생겨나지 "아니하였다"

◎ 본문해설 ◎

- 其(기) 지시대명사로 **前文**에 나오는 **生生所資**을 지칭하는 바, **生生**은 삶을 사는것이요, **所資**는 사는데 필요한 재물이다.

"未(미)"	聞(문)	好學者(호학자)	也(야)
부정어 부정사 못하였다	술어 동사 듣다	목적어 관형사 학문을 좋아하는 사람	조사어 종결사 ~다

論語雍也(논어옹야)
학문을 좋아하는 사람이 있다는 말을 듣지 "못하였다"

"未(미)"	見(견)	蹈仁而死者(도인이사자)	也(야)
부정어 부정사 못하겠다	술어 동사 보다	목적어 동명사 어진 것을 밟아서 죽은 사람	조사어 종결사 ~다

論語衛靈公(논어위령공)
어진 것을 밟아서 죽은 사람은 보지 "못하였다"

臣(신)	之(지)	"未(미)"	解(해)	六(육)	也(야)
주어 명사 신	조사어 후치사 이	부정어 부정사 못하다	술어 동사 풀다	목적어 수사 여섯	조사어 종결사 이다

後出師表諸葛亮
(후출사표제갈량)
신이 풀지 "못한" 여섯 번째 입니다

◎ 부정사 毋는 "~이없다"의 뜻으로 부정어를 만든다.

子(자)	絶(절)	四(사)	"毋" 意(무의)	"毋" 必(무필)	"毋" 固(무고)
주어 고유명사 공자	술어 동사 끊다	목적어 수사 네 가지	보어 부정사, 명사 사사로운 뜻도 없고	보어 부정사, 부사 기필코 하고자 함도 없으며	보어 부정사, 명사 고집도 없고

"毋" 我(무아)
보어 부정사, 대명사 나라고 함도 없다

論語子罕(논어자한)
공자가 네가지를 끊으시니 사사로운 뜻이 "없고" 기필하고자 함도 "없고" 고집하고자 함도 "없고" 나라고 하는 것도 "없다"

"毋(무)"	徒(도)	使(사)	母子(모자)	爲(위)	太子(태자)	所魚肉(소어육)	也(야)
부정어	술어	사역어	목적어	술어	보어	목적어	조사어
부정사	동사	사역동사	명사	동사	명사	접두사	종결사
없다	무리를 이루다	하여금	모자	되다	태자	밥	~다

史記晉世家(사기진세가)
모자로 하여금 한무리가 되어 태자의 밥이 되게는 하는 일은 "없을 것이다"

○ 본문해설 ○

- 徒(도) 는 동사로 쓰여 무리를 이루다의 뜻으로 술어이다.
- 所魚肉(소어육) 은 접두사로 물고기와 살고기로 먹이가 되는 것, 곧 밥

○ 부정사 亡는 "~없다"의 뜻으로 부정어를 만든다.

人(인)	皆(개)	有(유)	兄弟(형제)	我(아)	獨(독)	"亡(무)"
주어	부사어	술어	목적어	주어	부사어	부정어
명사	부사	동사	명사	인칭대명사	부사	부정사
사람	모두	있다	형제	나	유독	없다

論語顔淵(논어안연) _ 사람들은 모두 형제가 있는데 나만 유독 "없다"

古者(고자)	民(민)	有(유)	三疾(삼질)	今也(금야)	或(혹)	是(시)	之(지)	"亡(무)"
부사어	주어	술어	목적어	부사어	부사어	지시어	조사어	부정어
시간부사	명사	동사	관형사	시간부사	부사	지시대명사	후치사	부정사
옛날에	백성	있다	세가지 병통	지금엔	혹	이것	이	없다

論語陽貨(논어양화)
옛날에 백성에게 세가지 병통이 있더니 지금엔 혹시 이것이 "없다"

○ 본문해설 ○

- 古者(고자)와 今也(금야)는 시간을 나태어 내는 부사어로 문장의 요소가 된다. 是(시)는 지시대명사로 三疾(삼질)을 지칭한다.
- 三疾은 1) 狂(광) 광폭한 품성, 2) 矜(긍) 자긍심이 강한 것, 3) 愚(우) 우직한 고집을 말한다.

寒署(한서)	"亡(무)"	辯(판)
주어 명사 춥고 더움	부정어 부정사 없다	술어 동사 구별하다

列子周穆王(열자주목왕)
춥고 더운 구별이 "없다"

○ 부정사 罔은 ~이 없다, 아니다 뜻으로 부정어를 만든다.

人之生(인지생)	也(야)	直(직)	"罔(망)"	之(지)	生(생)	也(야)
주어 관형사 사람의 生理	조사어 後置詞 ~는	술어 명사 곧은 것	부정어 부정사 없다	지시어 지시대명사 곧음	주어 명사 生理	조사어 後置詞 ~는

幸(신)	而(이)	免(면)
부사어 부사 요행히	조사어 접속사 이	술어 동사 면하다

論語雍也(논어옹야)
사람의 生理는 곧은 것이다. 곧지 "아니한" 生理는 요행히 면한 것이다.

○ 본문해설 ○

- 罔之生(망지생) 의 之는 指示代名詞로 直을 지칭하여 곧지 아니한 生理로 해석하여야 하고 부정사 罔은 直生을 부정한다.

四方地民(사방지민)	"罔不(망불)"	敬畏(경외)
주어 관형사 사방의 백성	부정어 이중부정사 않음이 없다	술어 동사 두려워하고 존경하다

史記魯周公世家
(사기노주공세가)
사방의 백성이 존경하고 두려워하지 아니함이 "없었다"

○ 부정사 莫은 아니다, 없다, 하지못하다의 뜻으로 부정어를 만든다.

何(하)	"莫(막)"	由(유)	斯(사)	道?(도)
의문어 의문사 어찌	부정어 부정사 아니하다	술어 동사 경유하다	지시어 지시대명사 이	목적어 명사 길

論語雍也(논어옹야)
어찌하여 이길을 경유하지 "아니하는가?"

"莫(막)"	知(지)	所之(소지)
부정어 부정사 못하다	술어 동사 알다	목적어 접두사 가는곳

孫子九地篇(손자구지편)
가는 곳을 알지 "못한다"

民(민) "莫(막)" 敢(감) 不(불) 敬(경)

民(민)	莫(막)	敢(감)	不(불)	敬(경)
주어 명사 백성	부정어 부정사 없다	부사어 부사 감히	부정어 부정사 아니하다	술어 동사 공경하다

論語子路(논어자로)
백성들이 감히 공경하지 아니할 수 "없었다"

○ 부정사 弗은 아니다, 못하다의 뜻으로 부정어를 만든다.

參(삼) "弗(불)" 敏(민) 何(하) 足(족) 以(이) 知(지) 之(지) 乎?(호)

參(삼)	弗(불)	敏(민)	何(하)	足(족)	以(이)	知(지)	之(지)	乎?(호)
주어 고유명사 증삼	부정어 부정사 못하다	술어 동사 민첩하다, 총명하다	의문어 의문사 어찌	부사어 부사 족히	조사어 후치사 하게	술어 동사 알다	조사어 후치사 ~수	조사어 의문종결사 ~는가

孝經開宗明義章(효경개종명의장)
증삼이 총명하지 "못한데" 어찌 족히 알 수 있겠습니까?

○ 본문해설 ○

• 參(삼)은 孔子제자 曾參(증삼)이며, 높히어 曾子라고 부른다.

臣(신) 有(유) 大罪(대죄) 而(이) 主(주) "弗(불)" 禁(금) 此(차) 大失(대실) 也(야)

臣(신)	有(유)	大罪(대죄)	而(이)	主(주)	弗(불)	禁(금)	此(차)	大失(대실)	也(야)
주어 명사 신하	술어 형용사 있다	목적어 관형어 큰죄	조사어 접속사 데	주어 명사 임금	부정어 부정사 아니하다	술어 동사 엄단하다	지시어 지시대명사 이는	술어 관형사 큰실책	조사어 종결사 이다

韓非子孤憤(한비자고분)
신하에게 큰 죄가 있는데 임금이 엄단하지 "아니함은" 이는 임금의 큰 실책이다.

女(여) "弗(불)" 能(능) 救(구) 與?(여)

女(여)	弗(불)	能(능)	救(구)	與?(여)
주어 인칭대명사 너	부정어 부정사 없다	부사어 부사 능히	술어 동사 구하다	조사어 의문종결사 ~가

論語八佾(논어팔일)
네가 능히 구할 수 "없겠는가?"

擊之(격지) "弗(불)" 中(중)

{술어 접미사 치다} {부정어 부정사 아니하다} {보어 명사 명중}

列子黃帝(열자황제)
쳤으나 명중되지 "아니"하였다.

○ 부정사 不以는 아니하다, 못하다의 뜻으로 부정어를 만든다.

"不以(불이)" 禮(예) 節之(절지)

{부정어 부정사 아니하다} {주어 명사 예의} {술어 접미사 절제하다}

論語學而(논어학이)
예로서 절제하지 "아니하면"

君子(군자) "不以(불이)" 言(언) 擧(거) 人(인)

{주어 명사 군자} {부정어 부정사 아니하다} {보어 명사 말} {술어 동사 천거하다} {목적어 명사 사람}

論語衛靈公(논어위령공)
군자는 말로 사람을 천거하지 "아니한다"

"不以(불이)" 兵車(병거) 管仲(관중) 之(지) 力(역) 也(야)

{부정어 부정사 아니하다} {보어 명사 군사, 수레} {주어 고유명사 관중} {조사어 후치사 의} {술어 명사 힘} {조사어 종결사 이다}

論語憲問(논어헌문) _ 군사력으로 하지 "아니한 것은" 관중의 힘이다.

○ 본문해설 ○

- 管仲(관중) 고유명사 – 齊나라 재상

○ 부정사 不足은 없다의 뜻으로 부정어를 만든다.

文獻(문헌) "不足(부족)" 故(고) 也(야)

{주어 명사 문헌} {부정어 부정사 없다} {술어 명사 때문} {조사어 종결사 이다}

論語八佾(논어팔일)
문헌이 "없기" 때문이다.

其(기) 餘(여) "不足(부족)" 觀(관) 也已(야이)

{지시어 지시대명사 그} {주어 명사 나머지} {부정어 부정사 없다} {술어 동사 보다} {조사어 한정종결사 ~뿐이다}

論語泰伯(논어태백)
그 나머지는 볼 것이 "없을" 뿐이다.

斯(사) 亦(역) "不足(부족)" 畏(외) 也已(야이)

{지시어 지시대명사 이것} {부사어 부사 역시} {부정어 부정사 없다} {술어 동사 두려워하다} {조사어 한정종결사 ~뿐이다}

論語子罕(논어자한)
이 역시 두려울 것이 "없을" 뿐이다.

"不足(부족)" 憂(우) 也(야)

{부정어 부정사 없다} {술어 동사 걱정하다} {조사어 종결사 이다}

通鑑後秦紀始皇帝下
(통감후진기시황제하)
걱정할 것이 "없다"

부정사 不敢은 없다, 아니다의 뜻으로 부정어를 만든다.

"不敢(불감)" 言(언) 利害(이해)

{부정어 부정사 없다} {술어 동사 말하다} {목적어 명사 이해}

列子黃帝(열자황제)
이해를 말할 수 "없다"

寒(한) "不敢(불감)" 襲(습)

{주어 명사 추위} {부정어 부정사 아니하다} {술어 동사 옷을 겹쳐 입다}

小學明倫(소학명륜)
추워도 옷을 겹쳐 입지 "아니하다"

"不敢(불감)" 窺(규) 兵(병) 於(어) 山東(산동)

{부정어 부정사 못하다} {술어 동사 넘보다} {보어 명사 군사} {조사어 전치사 을} {목적어 고유명사 산동}

通鑑周紀范雎說秦王
(통감주기범수설진왕)
군사로 산동을 넘보지 "못한다"

"不敢(불감)" 晝(주) 見(견)

{부정어 부정사 못하다} {주어 명사 낮} {술어 동사 보다}

史記范雎傳(사기범수전)
낮에는 보지 "못한다"

부정사 不可는 없다, 못하다의 뜻으로 부정어를 만든다.

先(선) 爲(위) "不可(불가)" 勝(승)

先(선)	爲(위)	不可(불가)	勝(승)
부사어	술어	부정어	목적어
부사	동사	부정사	명사
먼저	하다	못하게	승리

孫子軍形篇(손자군형편)
먼저 승리하지 "못하게" 한다.

"不可(불가)" 處(처)

不可(불가)	處(처)
부정어	술어
부정사	동사
없다	거처하다

列子周穆王(열자주목왕)
거처할 수가 "없다"

"不可(불가)" 行(행) 也(야)

不可(불가)	行(행)	也(야)
부정어	술어	조사어
부정사	동사	종결사
없다	행세하다	이다

論語學而(논어학이)
행세할 수 "없을" 것이다.

"不可(불가)" 得(득) 也(야)

不可(불가)	得(득)	也(야)
부정어	술어	조사어
부정사	동사	종결사
없다	얻다	이다

列子說符(열자설부)
얻을 수가 "없을" 것이다.

부정사 不得은 아니다, 없다, 못하다의 뜻으로 부정어를 만든다.

圍(위) 孔子(공자) 於(어) 野(야) "不得(부득)" 行(행)

圍(위)	孔子(공자)	於(어)	野(야)	不得(부득)	行(행)
술어	주어	조사어	목적어	부정어	술어
동사	고유명사	전치사	명사	부정사	동사
포위되다	공자	에서	들판	없다	가다

史記孔子世家(사기공자세가) _ 공자가 들판에서 포위되어 갈 수가 "없었다"

"勇者(용자)" 不得(부득) 獨(독) 進(진)

勇者(용자)	不得(부득)	獨(독)	進(진)
주어	부정어	부사어	술어
관형사	부정사	부사	동사
용감한 병사	못한다	홀로	진격하다

孫子軍爭篇(손자군쟁편)
용감한 병사도 홀로는 진격하지 "못한다"

使(사) 敵人(적인) "不得(부득)" 至者(지자) 害之(해지) 也(야)

使	敵人	不得	至者	害之	也
사역어 사역동사 하여금	주어 명사 적	부정어 부정사 못하게	보어 동명사 이르는 것	술어 접미사 해로워지다	조사어 종결사 이다

孫子虛實篇(손자허실편) _ 적으로 하여금 이르지 "못하게" 하는 것은 해로운 것이다.

◎ 본문해설 ◎

- 害之(해지) 동사 害를 접미사 之가 진행태로 만들어 "해로워지다"라는 뜻이 된다.

安(안) 往(왕) 而(이) "不得(부득)" 貧賤(빈천) 哉?(재)

安	往	而	不得	貧賤	哉?
의문어 의문사 어디	술어 동사 가다	조사어 접속사 ~이나	부정어 부정사 아니다	보어 명사 가난, 천함	조사어 의문종결사 ~는가

通鑑文候(통감문후) _ 어디를 간들 가난하고 천하지 "아니하겠는가?"

◎ 본문해설 ◎

- 의문사 安이 목적어로 쓰여 장소를 가리킴으로 어디로 푼다.

◎ 부정사 不能은 없다, 아니다의 뜻으로 쓰여 부정어를 만든다.

哀樂(애락) "不能(불능)" 移(이)

哀樂	不能	移
주어 명사 슬픔과 즐거움	부정어 부정사 없다	술어 동사 옮기다

列子仲尼(열자중니)
슬픔과 즐거움은 옮길 수 "없다"

口(구) "不能(불능)" 言(언)

口	不能	言
주어 명사 입	부정어 부정사 없다	술어 동사 말하다

列子湯問(열자탕문)
입으로 말할 수 "없다"

賜(사) 能(능) 辯(변) 而(이) "不能(불능)" 訥(눌)

賜	能	辯	而	不能	訥
주어 고유명사 사	부사어 부사 능히	술어 동사 말을 잘하다	조사어 접속사 ~나	부정어 부정사 아니하다	술어 동사 말을 더듬다

列子仲尼(열자중니)
사는 능히 말을 잘하되 더듬지는 "아니한다"

◎ 본문해설 ◎

- 賜(사) 고유명사 – 孔子의 제자

부정사 不爲는 아니다의 뜻으로 부정어를 만든다.

見(견)	日月(일월)	"不爲(불위)"	明(명)	目(목)
술어 동사 보다	목적어 명사 해와 달	부정어 부정사 아니다	술어 형용사 밝다	목적어 명사 눈

孫子軍形篇(손자군형편)
해와 달을 본다고 눈이 밝은 것이 "아니다"

부정사 無以는 없다, 아니다, 못한다의 뜻으로 부정어를 만든다.

予(여)	"無以(무이)"	知(지)	其(기)	實(실)
주어 인칭대명사 나	부정어 부정사 못한다	술어 동사 알다	지시어 지시대명사 그	목적어 명사 사실

列子力命(열자역명)
나는 그 사실을 알지 "못한다"

不(불)	學(학)	詩(시)	"無以(무이)"	言(언)
부정어 부정사 아니하면	술어 동사 배우다	목적어 고유명사 시경	부정어 부정사 없다	술어 동사 말하다

論語季氏(논어계씨)
시경을 배우지 아니하면 남과 더불어 말을 할 수 "없다"

不(부)	知(지)	言(언)	"無以(무이)"	知(지)	人(인)
부정어 부정사 없으면	술어 동사 알다	목적어 명사 말	부정어 부정사 없다	술어 동사 알다	목적어 명사 남(그사람)

論語堯曰(논어요왈) _ 남의 말을 듣고 착하고 그른 것을 판단할 수 없으면 그 사람이 착한가 그른가를 판단할 수 "없다"

朕躬(짐궁)	有(유)	罪(죄)	"無以(무이)"	萬方(만방)
주어 관형사 짐의 몸	술어 형용사 있다	목적어 명사 죄	부정어 부정사 아니다	술어 명사 천하, 만방

論語堯曰(논어요왈) _ 짐의 몸에 있는 죄는 천하만방에 있는 것이 "아니다"

漢軍(한군)	至(지)	"無以(무이)"	渡(도)
주어 관형사 한나라 군사	술어 동사 오다	부정어 부정사 못한다	술어 동사 건너다

史記項羽本紀(사기항우본기)
한나라 군사가 오더라도 건너지는 "못할" 것이다.

◎ 본문해설 ◎

- 윗글은 主述+主述構造로 뒷절에 主語 漢軍이 생략되어 있다 漢軍至, 無以漢軍渡로 해석하면 윗글을 푸는데 도움이 된다.

從者(종자) "無以(무이)" 異(이) 於(어) 驅(구) 羣羊(군양) 而(이)

從者	無以	異	於	驅	羣羊	而
주어 고유명사 합종	부정어 부정사 아니하다	술어 형용사 다르다	조사어 전치사 과	술어 동사 몰다	목적어 관형사 양떼	조사어 접속사 ~서

攻(공) 猛虎(맹호)

攻	猛虎
술어 동사 공격하다	목적어 관형사 사나운 호랑이

通鑑周紀赧王(통감주기난왕)
합종(合從)이란 양떼를 몰아 사나운 호랑이를 공격하는 것과 다르지 "아니하다"

◎ 본문해설 ◎

- 從者(종자) 란 蘇秦이 주장한 合從說이다.

不(부) 知(지) 命(명) "無以(무이)" 爲(위) 君子(군자).

不	知	命	無以	爲	君子
부정어 부정사 못하면	술어 동사 알다	목적어 명사 천명	부정어 부정사 없다	술어 동사 되다	목적어 명사 군자

論語堯曰(논어요왈) _ 천명(天命)을 알지 못하면 군자가 될 수 "없다"

◎ 부정사 無所는 없다, 아니다의 뜻으로 부정어를 만든다.

財物(재물) "無所(무소)" 取(취)

財物	無所	取
주어 명사 재물	부정어 부정사 없다	술어 동사 취하다

通鑑漢紀太祖高皇帝上
(통감한기태조고황제상)
재물은 취한 것이 "없다"

擧事(거사) "無所(무소)" 變更(변경)

擧事	無所	變更
주어 관형사 도모하는 일	부정어 부정사 없다	술어 동사 변경

通鑑漢紀孝惠皇帝
(통감한기효혜황제)
도모하는 일을 변경함이 "없다"

○ 부정사 無得은 없다, 아니다의 뜻으로 부정어를 만든다.

仲尼(중니) 日月(일월) 也(야) "無得(무득)" 踰(유) 焉(언)

仲尼	日月	也	無得	踰	焉
주어 고유명사 공자	술어 명사 해와 달	조사어 종결사 이다	부정어 부정사 없다	술어 동사 넘어가다	조사어 종결사 이다

論語子張(논어자장) _ 공자님은 해와 달이다. 공자님을 넘어설 수는 "없다"

○ 본문해설 ○

- 윗글도 뒷절의 주어가 생략된 것으로 보고 仲尼日月也, 仲尼無得踰焉 으로 풀면 主述+主述이 되어 해석하기에 편하다.

"無得(무득)" 入(입) 茶肆酒肆(다사주사)

無得	入	茶肆酒肆
부정어 부정사 없다	술어 동사 들어가다	목적어 명사 찻집, 술집

小學善行(손자군형편)
찻집이나 술집에는 들어간 적이 "없다"

○ 부정사 無足은 없다, 아니다의 뜻으로 부정어를 만든다.

滎陽以東(형양이동) "無足(무족)" 憂者(우자)

滎陽以東	無足	憂者
주어 고유명사 형양 동쪽	부정어 부정사 없다	술어 동명사 걱정할 것

通鑑漢紀太宗孝文皇帝下(통감한기태종효문황제하)
형양 동쪽은 걱정할 것이 "없다"

○ 본문해설 ○

- 滎陽(형양) 고유명사 – 중국 낙양 부근의 지명

○ 부정사 未必은 아니다, 없다의 뜻으로 부정어를 만든다.

人(인) "未必" 無(미필무) 獸心(수심)

人	未必無	獸心
주어 명사 사람	부정어 이중부정사 아니다, 없다	술어 관형사 짐승의 마음

列子黃帝(열자황제)
사람이라고 짐승의 마음이 없는 것이 "아니다"

○ 본문해설 ○

- 未必無(미필무) 는 이중부정으로 긍정이 된다, 즉 사람도 짐승 마음이 있다 가된다.

禽獸(금수) "未必" 無(미필무) 人心(인심)

禽獸(금수)	"未必" 無(미필무)	人心(인심)
주어 명사 새와 짐승	부정어 이중부정사 아니다, 없다	술어 관형사 사람의 마음

列子黃帝(열자황제)
새나 짐승이라고 사람의 마음이 없는 것이 "아니다"

吾之言(오지언)	"未必" 非(미필비)	迷(미)
주어 관형사 내말	부정어 이중부정사 아니다, 없다	술어 동사 미혹되다

列子周穆王(열자주목왕)
내말이 미혹되지 아니하였다고 할 수 "없다"

부정사 未足은 없다, 아니다의 뜻으로 부정어를 만든다.

恥惡衣惡食者(치악의악식자)	"未足(미족)"	與(여)	議(의)	也(야)
주어 관형사 나쁜 옷과 음식을 부끄러워하는 사람	부정어 부정사 없다	부사어 부사 더불어	술어 동사 의논하다	조사어 종결사 ~이다

論語里仁(논어이인) _ 나쁜 옷과 나쁜 음식을 부끄러워하는 사람과는 더불어 의논할 것이 "없다"

본문해설

- 恥(치) 동사 – 부끄러워하다
- 惡(악) 형용사 – 나쁜

"未足(미족)"	爲(위)	異(이)
부정어 부정사 없다	술어 동사 하다	목적어 명사 다른 것

列子湯問(열자탕문)
다른 것이라 할 수 "없다"

부정사 未之는 아니다, 못한다라는 뜻으로 부정어를 만든다.

子路(자로)	有(유)	聞(문)	"未之(미지)"	能(능)	行(행)
주어 고유명사 자로	술어 동사 있다	목적어 명사 들음	부정어 부정사 못하다	부사어 부사 능히	술어 동사 실행하다

論語公冶長(논어공야장) _ 자로는 들음이 있었으나 능히 실행하지는 "못하였다"

본문해설

- 子路(자로) 고유명사 – 孔子제자

非由此道者(비유차도자)	“未之(미지)”	有(유)	也(야)
주어	부정어	술어	조사어
동명사	부정사	형용사	종결사
이도에 말미암지아니한 것	아니하다	있다	~다

列子說符(열자설부)
이도에 말미암지 아니한 것은 있지 “아니하였다”

○ 부정사 未敢은 없다, 아니다, 못한다의 뜻으로 부정어를 만든다.

吾(오)	怪之(괴지)	久(구)	矣(의)	“未敢(미감)”	先(선)	言(언)
주어	술어	부사어	조사어	부정어	부사어	술어
인칭대명사	접미사	부사	종결사	부정사	부사	동사
나	괴이하게 생각하다	오래되다	~다	못하다	먼저	말하다

列子楊朱(열자양주) _ 내가 괴이하게 생각한 지 오래되었으나 내가 먼저 말하지 “못하였다”

○ 부정사 未可는 없다, 아니다의 뜻으로 부정어를 만든다.

“未可(미가)”	以(이)	語(어)	道(도)	也(야)
부정어	조사어	술어	목적어	조사어
부정사	전치사	동사	명사	종결사
없다	~수	말하다	도리	~다

列子說符(열자설부)
도리를 말할 수 “없다”

○ 본문해설 ○

- 以語道也는 語以道也로 전치사 以가 도치된 것으로 볼 수 있다.

求(구)	至智(지지)	“未可(미가)”	幾(기)	也(야)
술어	목적어	부정어	보어	조사어
동사	관형사	부정사	동사	종결사
구하다	지극한 지혜	아니다	기대하다	이다

列子黃帝(열자황제)
지극한 지혜를 구하는 것은 기대할 수 있는 것이 “아니다”

○ 부정사 亡以는 없다, 아니다의 뜻으로 부정어를 만든다.

河曲智叟(하곡지수)	“亡以(무이)”	應(응)
주어	부정어	술어
관형사	부정사	동사
하곡의 지혜로운 늙은이	없다	대답하다

列子湯問(열자탕문)
하곡의 지혜로운 늙은이는 대답할 말이 “없었다”

부정사 莫敢은 없다, 아니다의 뜻으로 부정어를 만든다.

上(상)	好(호)	禮(례)	則(즉)	民(민)	"莫敢" 不(막감불)	敬(경)
주어	술어	목적어	조사어	주어	부정어	술어
명사	동사	명사	접속사	명사	이중부정사	동사
윗사람	좋아하다	예의	면	백성	없다, 아니하다	공경하다

論語子路(논어자로) _ 윗사람이 예의를 좋아하면 백성이 공경하지 아니할수 "없다"

8. 禁止語 (금지어)

금지어란 無(무), 毋(무), 亡(무), 莫(막), 勿(물), 休(휴) 等의 禁止詞를 사용하여 행위를 금지시키게 하는 문형을 금지어라 한다.

금지사 無에 依한 금지어

"無(무)"	使(사)	仁者(인자)	主(주)	財(재)
금지어	사역어	주어	술어	목적어
금지사	사역동사	관형사	동사	명사
하지마라	하여금	어진사람	주관하다	재물

六韜三略中略
(육도삼략중략)
어진 사람으로 하여금 재물을 주관하게 "하지마라"

"無(무)"	友(우)	不(불)	如己者(여기자)
금지어	술어	부정어	목적어
금지사	동사	부정사	관형어
하지마라	벗을삼다	못하다	자기와 같은 사람

論語學而(논어학이)
나만 못한 사람과는 벗을 삼지 "마라"

主(주)	曰(왈)	"無(무)"	戰(전)
주어	술어	금지어	술어
명사	동사	금지사	명사
임금	말하다	하지마라	전쟁

孫子地形篇(손자지형편)
임금이 말하기를 전쟁은 "하지 마라"

"無(무)"	終食之間(종식지간)	違(위)	仁(인)
금지어	주어	술어	목적어
금지사	동명사	동사	명사
하지마라	먹는 것을 마치는 사이	어기다	어짐

論語里仁(논어이인)
밥을 먹는 사이에도 어짐을 어기지 "마라"

"無(무)" 爲(위) 小人儒(소인유)

無	爲	小人儒
금지어 금지사 하지마라	술어 동사 되다	목적어 관형사 작은선비

論語雍也(논어옹야)
작은 선비는 되지 "마라"

若(약) "無(무)" 聲(성)

若	無	聲
주어 인칭대명사 너	금지어 금지사 하지마라	술어 동사 말하다

史記陣丞相世家
(사기진승상세가)
너는 아무말 "하지마라"

금지사 毋에 依한 금지어

"毋(무)" 妄(망) 言(언)

毋	妄	言
금지어 금지사 하지마라	부사어 부사 망녕되게	술어 동사 말하다

史記項羽本紀
(사기항우본기)
망녕되게 말 "하지마라"

"毋(무)" 友(우) 不(불) 如己者(여기자)

毋	友	不	如己者
금지어 금지사 하지마라	술어 동사 벗을삼다	부정어 부정사 아니하다	보어 관형사 나와 같은 사람

論語子罕(논어자한)
나만 못한 사람과는 벗을 삼지 "마라"

"毋(무)" 令(령) 敗(패) 群(군)

毋	令	敗	群
금지어 금지사 하지마라	사역어 사역동사 하게하다	술어 동사 망하다	목적어 명사 무리

史記平準書(사기평준서)
무리(양떼)가 망하도록 "하지마라"

금지사 亡에 의한 금지어

"亡(무)" 念(념) 爾祖(이조)

亡	念	爾祖
금지어 금지사 하지마라	술어 동사 기리다	목적어 관형사 너의 조상

孝經開宗明義章
(효경개종명의장)
너의 조상을 잊지 "마라"

"亡(무)" 忝(첨) 爾所生(이소생)

亡	忝	爾所生
금지어 금지사 하지마라	술어 동사 부끄럽게 하다	목적어 동명사 너를 낳아줌

孝經士人章(효경사인장)
너를 낳아준 부모를 부끄럽게 "하지 마라"

금지사 莫에 依한 금지어

“莫(막)”	怨(원)	天(천)
금지어	술어	목적어
금지사	동사	명사
하지마라	원망하다	하늘

明心寶鑑省心篇
(명심보감성심편)
하늘을 원망하지 “마라”

“莫(막)”	負(부)	兼官之責(겸관지책)	於(어)	君(군)
금지어	술어	목적어	조사어	보어
금지사	동사	관형사	전치사	명사
하지마라	지우다	겸관의 책임	에게	임금

韓非子用人
(한비자용인)
겸관의 책임을 임금에게 지우지 “마라”

人生(인생)	“莫(막)”	作(작)	婦人身(부인신)
주어	금지어	술어	보어
관형사	금지사	동사	관형사
사람으로 태어나다	하지마라	만들어지다	여자몸

太行路白居易
(태행로백거이)
사람으로 태어나되 여자몸으로는 태어나지 “마라”

금지사 勿에 依한 금지어

非(비)	禮(예)	“勿(물)”	視(시)
부정어	주어	금지어	술어
부정사	명사	금지사	동사
아니면	예의	하지마라	보다

論語顔淵(논어안연)
예가 아니면 보지 “마라”

“勿(물)”	擊(격)	堂堂(당당)	之(지)	陳(진)
금지어	술어	부사어	조사어	목적어
금지사	동사	부사	후치사	명사
하지마라	공격하다	당당한	한	진영

孫子軍爭篇
(손자군쟁편)
당당한 진은 공격하지 “마라”

己(기)	所不欲(소불욕)	“勿(물)”	施(시)	於(어)	人(인)
주어	보어	금지어	술어	조사어	목적어
명사	접두사	금지사	동사	전치사	명사
자기	하기싫은 것	하지마라	하도록 하다	에게	남

論語顔淵(논어안연) _ 자기가 하기 싫은 것은 남에게 하도록 “하지마라”

○ 본문해설 ○

• 所(소) 는 ~하는 것이란 뜻으로 뒤에 오는말을 수식하여 접두사를 만들어서 명사처럼 쓰인다.

急(급)	擊(격)	"勿(물)"	失(실)
부사어	술어	금지어	술어
부사	동사	금지사	동사
급히	공격하다	하지마라	실수하다

史記項羽本紀
(사기항우본기)
급히 공격하여 실수 "하지마라"

"勿(물)"	謂(위)	無知(무지)
금지어	술어	목적어
금지사	동사	관형사
하지마라	말하다	무지

大寶箴張藴古
(대보잠장온고)
무지하다 말 "하지마라"

王(왕)	請(청)	"勿(물)"	疑(의)
주어	자동어	금지어	술어
명사	자동사	금지사	동사
왕	청하다	하지마라	의심하다

孟子梁惠王(맹자양혜왕)
왕께 청하옵니다 왕께서는 의심하지 "마십시오"

左右(좌우)	皆(개)	曰(왈)	不可(불가)	"勿(물)"	聽(청)
주어	부사어	술어	부정어	금지어	술어
명사	부사	동사	부정사	금지사	동사
좌우	모두	말하다	불가	하지마라	듣다

孟子梁惠王(맹자양혜왕) _ 좌우에서 모두 불가하다 하더라도 듣지 "마십시오"

"勿(물)"	聞(문)	一鳥(일조)	弄(농)	聲(성)
금지어	술어	목적어	술어	목적어
금지사	동사	관형어	동사	명사
하지마라	듣다	한 마리새	희롱하다	소리

菜根譚洪自誠
(채근담홍자성)
한 마리의 새소리를 듣고 소리를 희롱하려 "하지마라"

過(과)	則(즉)	"勿(물)"	憚(탄)	改(개)
주어	조사어	금지어	술어	목적어
명사	접속사	금지사	동사	명사
허물	은	하지마라	꺼리다	고치는 것

論語學而(논어학이)
허물이 있으면 허물을 고치는 것을 꺼려 "하지마라"

금지사 休에 依한 금지어

"休(휴)" 少人(소인) 與(여) 仇讐(구수)

休(휴)	少人(소인)	與(여)	仇讐(구수)
금지어 금지사 하지마라	주어 명사 소인	부사어 부사 더불어	술어 동사 원수를 맺다

菜根譚洪自誠
(채근담홍자성)
소인과 더불어 원수를 맺지 "마라"

不結子花(불결자화) "休(휴)" 要(요) 種(종)

不結子花(불결자화)	休(휴)	要(요)	種(종)
주어 관형사 열매를 맺지 아니한 꽃	금지어 금지사 하지마라	부사어 부사 반드시	술어 동사 심다

明心寶鑑交友
(명심보감교우)
열매를 맺지 아니한 꽃은 반드시 심지 "말라"

汝(여) "休(휴)" 嗔(진)

汝(여)	休(휴)	嗔(진)
주어 인칭대명사 너	금지어 금지사 하지마라	술어 동사 성내다

明心寶鑑省心篇
(명심보감성심편)
너는 성내지 "마라"

9. 使役語 (사역어)

사역어란 주동이 되는 **主體**가 다른 사람, 사물에게 어떤 동작을 하게 하는 **文形**을 사역어라 한다.
사역어는 **使**(사), **令**(령), **敎**(교), **遣**(견), **便**(편), **俾**(비), **用**(용), **託**(탁) **等**의 사역동사를 사용하여 주로 사역어를 만들고 문맥 내용상 사역어가 되게하여 사역어를 만들기도 한다.

사역동사 使에 依한 사역어

"使(사)" 天下之士(천하지사) 退(퇴) 而(이) 不敢(불감) 西(서) 向(향)

使(사)	天下之士(천하지사)	退(퇴)	而(이)	不敢(불감)	西(서)	向(향)
사역어 사역동사 하게하다	주어 관형사 천하의 선비	술어 동사 물러나다	조사어 접속사 서	부정어 부정사 못하게	주어 명사 서쪽	술어 동사 향하다

上秦皇逐客書李斯(상진황축객서이사) _ 천하의 선비들로 하여금 물러나 서쪽을 향하지 "못하게 하였다"

"使(사)" 敵人(적인) 自(자) 至者(지자)

使(사)	敵人(적인)	自(자)	至者(지자)
사역어 사역동사 하게하다	주어 명사 적	부사어 부사 스스로	술어 동명사 오게하는 것

孫子虛實篇(손자허실편)
적으로 하여금 스스로 "오게하는 것이다"

“使(사)”	王(왕)	天下(천하)
사역어	술어	목적어
사역동사	명사	명사
되게하다	왕이 되다	천하

韓非子五蠹(한비자오두)
천하의 임금이 “되어서”

“使(사)”	人神骨(인신골)	俱(구)	淸(청)	也(야)
사역어	주어	부사어	술어	조사어
사역동사	관형사	부사	형용사	종결사
하게하다	사람의 정신과 뼈속	함께	맑다	~이다

菜根譚洪自誠
(채근담홍자성)
사람의 정신과 뼈속까지 맑게 “만든다”

登(등)	高(고)	“使(사)”	人心(인심)	曠(광)
술어	목적어	사역어	주어	술어
동사	명사	사역동사	관형사	동사
오르다	높은 곳	하게하다	사람 마음	비다

菜根譚洪自誠
(채근담홍자성)
높은 곳에 오르면 사람의 마음을 “비게 한다”

○ 사역동사 令에 依한 사역어

“令(령)”	一歲(일세)	一相(일상)	見(견)
사역어	주어	보어	술어
사역동사	관형어	관형사	동사
하게하다	일년	서로 한번	만나다

七夕歌張耒(칠석가장뢰)
일년에 서로 한 번 “만나도록 하였다”

“令(령)”	天下父母心(천하부모심)	不(부)	重(중)	生男(생남)	重(중)	生女(생여)
사역어	주어	부정어	술어	목적어	술어	목적어
사역동사	관형사	부정사	형용사	동명사	형용사	동명사
하게하다	천하부모의 마음	아니하다	중하게	아들 낳은 것	중하게	딸 낳은 것

長恨歌白居易(장한가백거이)
천하 부모들 마음으로 하여금 아들 낳은 것을 중히 여기지 아니하고 딸 낳은 것을 중히 “여기게 하였다”

當(당)	“令(령)”	飮食(음식)	均(균)
부사어	사역어	주어	술어
부사	사역동사	명사	동사
마땅히	하게하다	마시고 먹는 것	고르게 하다

明心寶鑑正己篇(명심보감정기편)
마땅히 먹고 마시는 것은 고르게 “하여야 하느니라”

"令(령)" 人(인) 賤(천)

令(령)	人(인)	賤(천)
사역어 사역동사 하게하다	주어 명사 남	술어 동사 천대하다

明心寶鑑省心篇
(명심보감성심편)
남이 천대를 하게 "하느니라"

"令(령)" 半(반) 濟(제) 擊之(격지)

令(령)	半(반)	濟(제)	擊之(격지)
사역어 사역동사 하게하다	주어 명사 절반	술어 동사 건너다	술어 접미사 공격하라

孫子行軍篇
(손자행군편)
"반쯤 건너오도록 하여" 공격하라

"令(령)" 上下(상하) 昏(혼)

令(령)	上下(상하)	昏(혼)
사역어 사역동사 하게하다	주어 명사 위아래	술어 동사 어지럽히다

六韜三略上略
(육도삼략상략)
위 아래를 "어지럽게 하여라"

"令(령)" 一人(일인) 行(행) 前(전)

令(령)	一人(일인)	行(행)	前(전)
사역어 사역동사 하게하다	주어 관형사 한 사람	술어 동사 가다	목적어 명사 앞

史記高祖本紀
(사기고조본기)
한 사람을 앞서 "가게 하였다"

鄭子陽(정자양) 卽(즉) "令(령)" 官(관) 遺之(유지) 粟(속)

鄭子陽(정자양)	卽(즉)	令(령)	官(관)	遺之(유지)	粟(속)
주어 고유명사 정나라 자양	부사어 부사 곧	사역어 사역동사 하게하다	보어 명사 관리	술어 접미사 보내다	목적어 명사 곡식

列子說符(열자설부) _ 정나라 자양이 곧 관리로 하여금 곡식을 "보내게 하였다"

○ 본문해설 ○

- 子陽(자양) 정나라 재상 혹은 군주라고도 한다.
- 粟(속) 명사 – 조이나 곡식을 총칭하기도 한다.

"令(령)" 人心神(인심신) 駘蕩(태탕)

令(령)	人心神(인심신)	駘蕩(태탕)
사역어 사역동사 하게하다	주어 명사 사람의 마음과 정신	술어 형용사 고달프고 방탕하다

彩根譚洪自誠
(채근담홍자성)
사람의 마음과 정신을 고달프고 방탕 "하게 만든다"

사역동사 教에 依한 사역어

曲(곡)	罷(파)	常(상)	"教(교)"	善才(선재)	服(복)
주어	술어	부사어	사역어	주어	술어
명사	동사	부사	사역동사	관형사	동사
곡조	끝나다	항상	하게하다	재사	감복하다

琵琶行白居易
(비파행백거이)
한 곡조가 끝나면 항상 재사들을 감복케 "하였다"

若(약)	"教(교)"	回(회)	首(수)
주어	사역어	술어	목적어
인칭대명사	사역동사	동사	명사
당신	하게하다	돌리다	머리

續麗人行蘇軾
(속여인행소식)
당신의 고개를 "돌리게 하여"

是(시)	周公(주공)	"教(교)"	王(왕)	遂(수)	過(과)	也(야)
지시어	주어	사역어	보어	술어	목적어	조사어
지시대명사	고유명사	사역동사	고유명사	동사	명사	종결사
이는	주공	하게하다	성왕	수행하다	과실	~이다

桐葉封弟辯柳宗元(동엽봉제변유종원) _ 이는 주공이 성왕에게 잘못을 수행하도록 "한 것이다"

본문해설

• 周公(주공) 은 周나라 武王의 동생이며, 무왕의 아들인 성왕의 작은 아버지이다.

"教(교)"	吾(오)	伐(벌)	也(야)
사역어	주어	술어	조사어
사역동사	인칭대명사	동사	종결사
하게하다	나	베다	이다

列子說符(열자설부)
나로 하여금 (오동나무)베게 "한 것이다"

사역동사 便, 遣에 依한 사역어

壘麴(루국)	"便(편)"	築(축)	糟丘臺(조구대)
주어	사역어	술어	목적어
관형사	사역동사	동사	관형사
쌓인 누룩	하게하다	쌓다	술지게미 언덕누대

襄陽歌李白
(양양가이백)
쌓이는 누룩으로 술지게미 언덕 누대를 쌓게 "하리라"

"便(편)"	喚起(환기)	許多(허다)	幽趣(유취)
사역어	술어	부사어	목적어
사역동사	동사	부사	관형사
하게하다	불러 일으키다	허다한	그윽한 정취

菜根譚洪自誠
(채근담홍자성)
허다한 정취를 그윽히 불러 일으키게 "하였다"

"遣(견)"	從者(종자)	懷璧間行先歸(회벽간행선귀)
사역어 사역동사 하게하다	주어 명사 하인	술어 동사(구) 구슬을 품고 사잇길로 먼저 돌아가다

史記藺相如傳(사기인상여전)
하인으로 하여금 구슬을 품고 사잇길로 먼저 돌아가게 "하다"

◎ 본문해설 ◎

- 懷(회) 동사 – 품다
- 壁(벽) 명사 – 구슬
- 間行(간행) 동명사 – 사잇길로 가다
- 歸(귀) 동사 – 돌아가다
- 藺相如(인상여) 전국시대 趙(조)나라 재상 윗글은 和氏璧(화씨벽)이란 寶玉(보옥)에 관한 秦(진)나라 소혜왕과 인상여 사이에 있었던 일단면이다.
  趙나라 장수 廉頗(염파)와의 사이에 일어난 負荊請罪(부형청죄)라는 四字成語는 유명하다.

獨(독)	"遣(견)"	沛公(패공)	入(입)	關(관)
부사어 부사 홀로	사역어 사역동사 하게하다	주어 고유명사 패공	술어 동사 들어가다	목적어 고유명사 함곡관

范增論蘇軾(범중론소식)
패공(유방)으로 하여금 홀로 함곡관에 들어가게 "하였다"

◎ 사역동사 俾에 依한 使役語

廣(광)	集(집)	文士(문사)	"俾之(비지)"	修撰(수찬)
부사어 부사 널리	술어 동사 모으다	목적어 명사 문사	사역어 사역동사 하게하다	술어 동사 모아 꾸미다

三國史記新羅本紀眞興王六年(삼국사기신라본기진흥왕육년) _ 널리 글 잘하는 선비를 모아 국사를 꾸미게 하였다

堦伯(계백)	"俾(비)"	脫(탈)	胄(주)
주어 고유명사 계백장군	사역어 사역동사 하게하다	술어 동사 벗기다	목적어 명사 투구

三國史記新羅本紀太宗武烈王七年(삼국사기신라본기태종무열왕칠년)
계백장군은 (官狀 일명 官昌)의 투구를 "벗기게 하였다."

人之彦聖(인지언성)	而(이)	違之(위지)	"俾(비)"	不(불)	通(통)
주어 관형사 남의 착함과 어짐	조사어 접속사 ~을	술어 접미사 어긋나게하다	사역어 사역동사 하게하다	부정어 부정사 못하게 하다	술어 동사 통달하다

大學傳十章(대학전십장) _ 남의 착함과 어짐을 어긋나게 하여 출세하지 "못하도록 하다."

命(명)	老臣(노신)	"俾之(비지)"	編集(편집)
술어	목적어	사역어	술어
동사	관형사	사역동사	동사
명령하다	늙은 신하	하게하다	편집하다

進三國史記表金富軾
(진삼국사기표김부식)
늙은 신하에게 명령하여 삼국사기를 "편집하도록 하였다"

以자에 依한 의미상 사역어

"以(이)"	資(자)	敵國(적국)
사역어	술어	목적어
사역동사	명사	관형사
하게하다	자산	적국

上秦皇逐客書李斯
(상진황축객서이사)
적국의 자산이 "되게 하다"

"以(이)"	業(업)	諸侯(제후)
사역어	술어	목적어
사역동사	명사	명사
하게하다	일	제후

上秦皇逐客書李斯
(상진황축객서이사)
제후들의 일이 "되게 한다"

"以(이)"	弱(약)	天下之民(천하지민)
사역어	술어	목적어
사역동사	형용사	관형사
하게하다	약하다	천하백성

過秦論賈誼
(과진론가의)
천하의 백성을 약하게 "만들었다"

사역동사의 뜻을 지닌 用자에 依한 사역어

百穀(백곡)	"用(용)"	成(성)
주어	사역어	술어
관형사	사역동사	동사
백가지 곡식	하게하다	잘되다

書經洪範(서경홍범)
백가지 곡식이 잘되게 "하고"

"用(용)"	顧畏(고외)	于(우)	民嵒(민암)
사역어	술어	조사어	목적어
사역동사	동사	전치사	관형사
하게하다	두렵게 돌아보다	을	백성의 고충

書經召誥(서경소고)
백성의 고충을 두렵게 돌아보도록 "하게 하고"

民(민)	"用(용)"	和睦(화목)
주어	사역어	술어
명사	사역동사	동사
백성	하게하고	화목하게하다

孝經開宗明義章
(효경개종명의장)
백성들이 화목 "하게 하고"

○ 사역동사 託에 依한 사역어

"託(탁)"	臣(신)	以(이)	討(토)	賊(적)
사역어	주어	조사어	술어	목적어
사역동사	명사	후치사	동사	명사
하게하다	신하	~이	토벌하다	적

出師表諸葛亮(출사표제갈량)
신(제갈량)이 적을 토벌하도록 "하여 주십시오"

"託(탁)"	遺(유)	響(향)	於(어)	悲風(비풍)
사역어	술어	목적어	조사어	보어
사역동사	동사	명사	전치사	관형사
하게하다	남기다	메아리	~에	서글픈 바람

赤壁賦蘇軾(적벽부소식)
서글픈 바람속에 메아리쳐 남겨 "지도록 하다"

"託(탁)"	於(어)	羣臣之家(군신지가)	也(야)
사역어	조사어	목적어	조사어
사역동사	전치사	관형사	종결사
하게하다	~에	여러 신하의 집	~다

韓非子有度(한비자유탁)
여러신하의 집에 맡겨져 "있게한 것이다"

10. 被動語 (피동어)

피동어란 어떤 主體가 다른 주체에 依하여 動作을 받게되는 文形을 피동어라 한다.

피동의 뜻을 지닌 글자 見(견), 爲(위), 被(피), 用(용) 等에 依하여 만들어지거나 動詞와 後置詞, 於, 乎, 于, 之 等이 合하여 만들어지며, 作자 등이 사용되어 의미상 피동어를 만들기도 한다.

○ 피동의 의미를 지닌 피동사 見자에 의한 피동어

無(무)	罪(죄)	"見(견)"	誅(주)	功(공)	不(불)	賞(상)
부정어	주어	피동어	술어	주어	부정어	술어
부정사	명사	피동사	명사	명사	부정사	명사
없다	죄	당하다	죽임	공	아니하다	상

古長城吟王翰(고장성음왕한) _ 죄없는 사람이 죽임을 "당하고" 공있는 사람에게 상을 주지 아니한다.

人(인)	皆(개)	以(이)	“見(견)„	侮(모)
주어	부사어	조사어	피동어	목적어
명사	부사	접속사	피동사	명사
사람	모두	가	당하다	수모

荀子正論篇(순자정론편)
사람이 모두가 수모를 “당하면”

今(금)	是(시)	溪(계)	獨(독)	“見(견)„	辱(욕)
부사어	지시어	주어	부사어	피동어	목적어
부사	지시대명사	명사	부사	피동사	명사
지금	냇물	냇물	유독	당하다	치욕

愚溪詩序柳宗元
(우계시서유종원)
지금 이 냇물이 유독히 치욕을 “당하다”

衆人(중인)	皆(개)	醉(취)	我(아)	獨(독)	醒(성)	是(시)	以(이)
주어	부사어	술어	주어	부사어	술어	지시어	조사어
관형사	부사	동사	인칭대명사	부사	동사	지시대명사	후치사
모든 사람	모두	취하다	나	홀로	술깨다	이	까닭

“見(견)„	放(방)
피동어	술어
피동사	동사
당하다	쫓겨나다

漁父辭屈原(어부사굴원)
모든 사람이 다 취해 있는데 나 홀로 깨어있어 이런 까닭에 쫓겨남을 “당하였소”

“見(견)„	棄(기)	於(어)	其(기)	妻(처)
피동어	술어	조사어	지시어	목적어
피동사	동사	전치사	지시대명사	명사
당하다	버리다	에게	그	처

相州晝錦堂記歐陽修
(상주주금당기구양수)
그 아내에게 버림을 “받고서”

愛人者(애인자)	必(필)	“見(견)„	愛(애)	也(야)	而(이)
주어	부사어	피동어	목적어	조사어	조사어
관형사	부사	피동사	명사	종결사	접속사
남을 사랑하는 사람	반드시	받다	사랑	~이다	또한

惡人者(오인자)	必(필)	“見(견)„	惡(오)	也(야)
주어	부사어	피동어	목적어	조사어
관형사	부사	피동사	명사	종결사
남을 미워하는 사람	반드시	받다	미움	~다

墨子兼愛篇(묵자겸애편) _ 남을 사랑하는 사람은 반드시 남에게 사랑을 “받고”
남을 미워하는 사람은 반드시 남에게 미움을 “받는다”

嫗子(구자)	何爲(하위)	"見(견)"	殺?(살)
주어	의문어	피동어	목적어
관형사	의문사	피동사	명사
할미 아들	어떻게하여	당하다	죽음

史記高祖本紀
(사기고조본기)
할미의 아들이 어찌하여 죽임을 "당하였습니까?"

"見(견)"	殺(살)	於(어)	齊(제)
피동어	술어	조사어	목적어
피동사	동사	전치사	고유명사
당하다	죽이다	에서	제나라

爭臣論韓愈
(쟁신론한유)
제나라에서 죽임을 "당하였다"

피동의 의미를 지닌 爲자에 依한 피동어

"爲(위)"	辱(욕)	故(고)	鬭(투)	也(야)
피동어	목적어	부사어	술어	조사어
피동사	명사	부사	동사	종결사
당하다	치욕	때문에	투쟁하다	~다

荀子正論篇(순자정론편)
치욕을 "당했기" 때문에 투쟁한다.

본문해설

- 鬭 = 鬪 = 鬦 모두 다 싸울 투 字이다.

無(무)	"爲(위)"	人(인)	所容(소용)
금지어	피동어	주어	목적어
금지사	피동사	명사	접두사
하지마라	받다	남	관용

明心寶鑑正己篇
(명심보감정기편)
남에게 관용을 "받지" 마라.

"爲(위)"	人(인)	所制(소제)
피동어	주어	목적어
피동사	명사	접두사
당하다	남	제재

史記項羽本紀(사기항우본기)
남에게 제재를 "당한다"

"爲(위)"	天下(천하)	笑者(소자)
피동어	주어	목적어
피동사	명사	동명사
되다	천하	웃음거리

過秦論賈誼(과진론가의)
천하에 웃음거리가 "되었다"

"爲(위)"	太子(태자)	所魚肉(소어육)	也(야)
피동어	주어	목적어	조사어
피동사	명사	접두사	종결사
되다	태자	생선과 살코기 밥	~다

史記晉世家(사기진세가)
태자의 밥이 "되었다"

借(차)	人(인)	利器(이기)	則(즉)	"爲(위)"	人(인)	所害(소해)
술어	주어	목적어	조사어	피동어	주어	목적어
동사	명사	관형사	접속어	피동사	명사	접두사
빌려주다	남	날카로운 연장	면	입다	남	손해입는 것

六韜三略守土(육도삼략수토) _ 남에게 칼날을 빌려주는 것은 남에게 해를 "입는" 것이다.

◎ 본문해설 ◎

• 所(소) 는 접두사로서 뒤에 오는 글자에 따라서 여러 가지 뜻을 갖게된다.
所害(소해)-해를 입는 것, 所生(소생)-후손, 所領(소령)-영토, 所歷(소력)-지난내력, 所負(소부)-신세를 짐, 所費(소비)-드는 비용, 所事(소사)-볼일

"爲(위)"	秦將王翦(진장왕전)	所戮(소육)	者(자)	也(야)
피동어	주어	목적어	조사어	조사어
피동사	고유명사	접두사	후치사	종결사
당하다	진나라 장수 왕전	죽음	을	~다

史記項羽本紀(사기항우본기) _ 진나라 장수 왕전에게 죽임을 "당하였다"

◎ 파동의 의미를 지닌 被자에 依한 피동어

我(아)	若(약)	"被(피)"	人(인)	罵(매)
주어	가정어	피동어	보어	목적어
인칭대명사	가정사	피동사	명사	명사
나	만약	얻어먹다	남	욕설

明心寶鑑戒性篇
(명심보감계성편)
내가 만약 다른 사람으로부터 욕을 "얻어먹더라도"

◎ 술어 + 於 + 乎 + 于 + 之 + 목적어에 依한 피동어

季子(계자)	不(불)	禮(예)	於(어)	其(기)	嫂(수)
주어	부정어	술어	조사어	지시어	목적어
고유명사	부정사	명사	전치사	지시대명사	명사
계자	못하다	예	부터	그	형수

相州書錦堂記歐陽修(상주주금당기구양수) _ 계자는 그 형수에게 푸대접을 "받았다"

○ 본문해설 ○

- 季子(계자) 는 合從說을 주창한 蘇秦의 아들

必(필) 擒(금) 於(어) 人(인)

必	擒	於	人
부사어 부사 반드시	술어 동사 사로잡히다	조사어 전치사 에게	목적어 명사 적

孫子行軍篇(손자행군편)
반드시 적에게 사로 "잡힐 것이다"

○ 피동의 의미를 지닌 作자에 依한 피동어

萬邦(만방) "作(작)" 乂(예)

萬邦	作	乂
주어 명사 만방	피동어 피동사 하여지다	술어 동사 다스리다

書經益稷(서경익직)
만방이 "다스려졌다."

松(송) "作(작)" 迎(영) 客(객) 蓋(개)

松	作	迎	客	蓋
주성 명사 소나무	피동어 피동사 하여지다	술어 동사 맞이하다	목적어 명사 손님	보어 명사 지붕

推句集(추구집)
소나무는 손님을 맞이할 지붕이 "되어준다."

11. 比較語 (비교어)

어떤 한 가지 주체를 다른 것과 비교하여 그 성질이나 양의 많고 적음과 성질의 우열을 비교하는 문형을 비교어라고 한다.

○ ~보다, ~한 것은 없다는 뜻의 부정사 莫과 전치사 於, 乎, 于가 합쳐서 만든 비교어

在地者(재지자) "莫(막)" 明(명) "於(어)" 水火(수화)

在地者	莫	明	於	水火
주어 동명사 땅에 있는 것	부정어 부정사 없다	술어 형용사 밝다	조사어 전치사 보다	목적어 명사 물과 불

荀子天論篇(순자천론편) _ 땅에 있는 것으로 물과 불보다 더 밝은 것은 없다.

福(복)	“莫(막)„	福(복)	“於(어)„	少事(소사)
주어	부정어	술어	조사어	목적어
명사	부정사	형용사	전치사	관형사
복	없다	복되다	보다	일 적음

菜根譚洪自誠(채근담홍자성)
복은 일 적은 것보다 더 복된 것은 없다.

“莫(막)„	大(대)	“於(어)„	五岳(오악)
부정어	술어	조사어	목적어
부정사	형용사	전치사	명사
없다	크다	보다	오악

啓蒙篇地篇(계몽편지편)
산은 오악보다 더 큰 것은 없다.

“莫(막)„	難(난)	“於(어)„	軍爭(군쟁)
부정어	술어	조사어	목적어
부정사	형용사	전치사	관형어
없다	어렵다	보다	전쟁

孫子軍爭篇(손자군쟁편)
전쟁에서 이기는 것보다 더 어려운 일은 없다.

“莫(막)„	大(대)	“於(어)„	孝(효)
부정어	술어	조사어	목적어
부정사	형용사	전치사	명사
없다	크다	보다	효도

孝經聖治章(효경성치장)
효도하는 것보다 더 큰 것은 없다.

“莫(막)„	大(대)	“乎(호)„	與(여)	人(인)	爲善(위선)
부정어	술어	조사어	부사어	보어	목적어
부정사	형용사	전치사	부사	명사	동명사
없다	크다	보다	더불어	사람	착한일을 하는 것

孟子公孫丑(맹자공손추) _ 사람들과 더불어 착한 일을 하는 것보다 더 큰 것은 없다.

“莫(막)„	大(대)	“乎(호)„	禮義(예의)
부정어	술어	조사어	목적어
부정사	형용사	전치사	명사
없다	크다	보다	예의

孝經聖治章(효경성치장)
예의보다 더 큰 것은 없다.

道(도)	“莫(막)„	大(대)	“乎(호)„	仁義(인의)
주어	부정어	술어	조사어	목적어
명사	부정사	형용사	전치사	명사
도	없다	크다	보다	인의

送浮屠文暢師序韓愈
(송부도문창사서한유)
도는 인의보다 큰 것은 없다.

孝子之至(효자지지)	“莫(막)”	大(대)	“乎(호)”	尊親(존친)
주어 관형사 효자의 지극함	부정어 부정사 없다	술어 형용사 큰 것	조사어 전치사 보다	목적어 동명사 어버이를 높이는 것

孟子萬章(맹자만장) _ 효자의 지극함은 어버이를 높이는 것보다 큰 것은 없다.

“莫(막)”	見(현)	“乎(호)”	微(미)
부정어 부정사 없다	술어 동사 나타나다	조사어 전치사 보다	목적어 명사 작은 것

中庸一章(중용일장)
작은 것에서 드러나는 것보다 더 잘 드러나는 것은 없다.

罪(죄)	“莫(막)”	厚(후)	“乎(호)”	甚欲(심욕)
주어 명사 죄	부정어 부정사 없다	술어 형용사 두텁다	조사어 전치사 보다	목적어 관형사 욕심이 많은 것

楚簡老子十章(초간노자십장)
죄는 욕심이 많은 것보다 더 두터운 것은 없다.

형용사로 된 술어뒤에 전치사 於, 乎, 于가 와서 만들어진 비교어

“多(다)”	“於(어)”	南畎之農夫(남견지농부)
술어 형용사 많다	조사어 전치사 보다	목적어 관형사 남쪽 밭고랑의 농부

阿房宮賦杜牧(아방궁부두목)
남쪽 밭고랑의 농부보다 많다.

不(불)	“苦(고)”	“於(어)”	此(차)	矣(의)
부정어 부정사 아니하다	술어 형용사 힘들다	조사어 전치사 보다	지시어 지시대명사 이것	조사어 종결사 ~다

韓非子五蠹(한비자오두)
이것보다 힘들지는 아니하였을 것이다.

“甚(심)”	“於(어)”	水火(수화)
술어 형용사 중요하다	조사어 전치사 보다	목적어 명사 물과불

論語衛靈公(논어위령공)
물과 불보다 중요하다.

“多(다)”	“於(어)”	隣國(인국)
술어 형용사 많다	조사어 전치사 보다	목적어 관형사 이웃나라

孟子梁惠王(맹자양혜왕)
이웃 나라보다 많다.

威(위)	“彊(강)„	“乎(호)„	湯武(탕무)
주어	술어	조사어	목적어
명사	형용사	전치사	고유명사
위세	강함	보다	탕왕 무왕

荀子彊國篇(순자강국편)
위세는 탕왕이나 무왕보다 강하다.

先生之心(선생지심)	“出(출)„	“乎(호)„	日月之上(일월지상)
주어	술어	조사어	목적어
관형사	형용사	전치사	관형사
선생님의 마음	뛰어나다	보다	해와 달의 위

嚴先生祠堂記范仲淹(엄선생사당기범중엄) _ 선생님의 마음은 해와 달의 위보다 뛰어나다.

飮(음)	酒(주)	不(불)	醉(취)	“甚(심)„	“于(우)„	活埋(활매)
술어	목적어	부정어	보어	술어	조사어	목적어
동사	명사	부정사	동사	형용사	전치사	동명사
마시다	술	아니하다	취하다	어렵다	보다	생매장

晋書劉伶傳(진서유령전) _ 술을 마시고 취하지 아니하기란 산채로 묻히는 것보다 어렵다.

不如, 不若, 莫如, 未若 等의 비교사

→ 不如, 不若, 莫如, 未若 等의 비교사를 사용하여 ~하는 것이, ~하는 것보다, ~하다의 뜻으로 직접 비교하는 直比態로 만들어진 비교어

雖(수)	有(유)	知慧(지혜)	“不如(불여)„	承(승)	勢(세)
부사어	술어	목적어	비교어	술어	목적어
부사	형용사	명사	비교사	동사	명사
비록	있다	지혜	~만 못하다	타다	기세

孟子公孫丑(맹자공손추) _ 비록 지혜가 있다하나 기세를 타는 것만 못하다.

黃金百萬兩(황금백만냥)	“不如(불여)„	一(일)	敎(교)	子(각)
주어	비교어	보어	술어	목적어
관형사	비교사	수사	동사	명사
황금 백만냥	~만 못하다	하나	가르치다	아들

安重根(안중근) _ 황금 백만 냥이 한 아들을 가르치는 것만 못하다.

天時(천시) "不如(불여)" 地利(지리)

{주어 / 관형사 / 때를 하늘에 맞추다} {비교어 / 비교사 / ~만 못하다} {목적어 / 관형사 / 땅의 잇점}

孟子公孫丑(맹자공손추)
때를 하늘에 맞추는 것은 땅의 잇점에 맞추는 것만 못하다.

扶持危之功(부지위지공) "不如(불여)" 存亡之德大(존망지덕대)

{주어 / 관형사 / 위태로움을 붙잡고 지탱한 공} {비교어 / 비교사 / ~만 못하다} {목적어 / 관형사 / 망하는 것을 존속시킨 큰 덕}

韓非子說林(한비자설림) _ 위태로움을 붙잡고 지탱해준 공은 망하는 것을 존속시키게 한 큰 덕만 못하다.

知之者(지지자) "不如(불여)" 好之者(호지자)

{주어 / 관형사 / 알려고 하는 사람} {비교어 / 비교사 / ~만 못하다} {주어 / 관형사 / 좋아여기는 사람}

論語雍也(논어옹야)
알려고하는 사람은 좋아여기는 사람만 못하다.

◎ 본문해설 ◎

• 윗글은 논어옹야편의 子가 曰 知之者는 不如好之者요, 好之者는 不如樂之者란 장구인데 註에서 張敬夫가 말하기를 五穀에 비유한다면 知之者(知者)는 그를 먹을수 있음을 아는 사람이요, (知其可食者也)好之者(好者)는 먹고서 그 맛을 좋아하는 사람이며, (食而嗜之者也)樂之者(樂者)는 그 맛을 좋아하여 배부르게 먹는 사람 (嗜之而飽者也)이라 하였다.

知富(지부) "不如(불여)" 貧之無慮(빈지무려)

{주어 / 관형사 / 부를 알다} {비교어 / 비교사 / ~만 못하다} {술어 / 관형사 / 가난해도 걱정이 없는 것}

菜根譚洪自誠(채근담홍자성)
부자로 잘 사는 것을 아는 것은 가난해도 걱정이 없는 것만 못하다.

多能(다능) "不若(불약)" 無能之全眞(무능지전진)

{주어 / 관형사 / 많이 능통한 것} {비교어 / 비교사 / ~만 못하다} {술어 / 관형사 / 능통함이 없이 온전히 참됨}

菜根譚洪自誠(채근담홍자성)
많이 능통한 것은 능통함이 없이 온전하게 참된 것만 못하다.

殖(식)	而(이)	盈之(영지)	“不若(불약)”	其(기)	已(이)
술어	조사어	술어	비교어	지시어	술어
동사	접속사	접미사	비교사	지시대명사	동사
불리다	서	채우다	~만 못하다	그것	그치다

楚簡老子第七章(초간노자제칠장) _ 불리어 가득 채우는 것은 불리어 가득 채우는 것을 멈추는 것만 못하다.

◎ 본문해설 ◎

- 其(기) 지시대명사로 殖과 盈之를 지칭한다.

“莫如(막여)”	爲(위)	仁(인)
비교어	술어	목적어
비교사	동사	명사
~보다 더한 것은 없다	하다	어짊

孟子公孫丑(맹자공손추)
어진 일을 하는 것보다 더 좋은 것은 없다.

刻削之道(각삭지도)	鼻(비)	“莫如(막여)”	大(대)	目(목)	“莫如(막여)”
전제어	주어	비교어	술어	주어	비교어
관형사	명사	비교사	형용사	명사	비교사
조각을 하는 방법	코	~보다 더한 것은 없다	크게	눈	~보다 더한 것은 없다

小(소)	鼻(비)	大(대)	可(가)	小(소)	小(소)	“不可(불가)”	大(대)	也(야)
술어	주어	보어	술어	목적어	주어	술어	목적어	조사어
형용사	명사	형용사	긍정사	형용사	명사	부정사	형용사	종결사
작은	코	크면	할 수 있다	작게	작은 것	없다	크게	~다

目(목)	小(소)	可(가)	大(대)	大(대)	“不可(불가)”	小(소)	也(야)
주어	보어	술어	목적어	주어	술어	목적어	조사어
명사	형용사	긍정사	형용사	명사	부정사	형용사	종결사
눈	작으면	할 수 있다	크게	큰 것	없다	작게	~다

韓非子說林(한비자설림) _ 조각을 잘하는 방법은 코는 크게한 것보다 더 좋은 것이 없고, 눈은 작게 한 것보다 더 좋은 것이 없다. 큰 코는 작게 할 수 있지만 작은 코는 크게 할 수 없다. 작은 눈은 크게 할 수 있지만 큰 눈은 작게 할 수 없는 것이다.

“未若(미약)”	貧(빈)	而(이)	樂(락)
비교어	주어	조사어	술어
비교사	형용사	접속어	동사
~하는 것만 못하다	가난하다	도	즐기다

論語學而(논어학이)
(가난해도 아첨하지 아니하고 부해도 교만하지 아니한 것은) 가난해도 즐기는 것만 못하다.

○ 본문해설 ○

• 윗글은 子貢이 曰貧而無諂富而無驕何如? (자공이 묻기를 가난해도 아첨하지 아니하고, 부해도 교만하지 아니하면 어떻합니까?)라고한 질문에 대한 공자님의 답언이다.

○ 비교사 莫, 孰 + 형용사로 된 술어 + 지시대명사 焉에 依한 비교어

—> 이 때에 종결사 焉은 지시대명사의 기능을 겸한다.

愚(우)	“莫(막)”	“大(대)”	“焉(언)”
주어 명사 어리석음	비교어 비교사 ~보다 더 할 수 없다	술어 형용사 크다	지시어 지시대명사 이것

荀子彊國篇(순자강국편)
어리석음이 이보다 더 클 수는 없다.

○ 본문해설 ○

• 지시대명사 焉이 지시하는 이것은 前文에 나오는 欲壽而歾經也(욕수이몰경야) 오래 살고자 하면서 목을 매어 죽는다를 지칭한다.

不詳(불상)	“莫(막)”	“大(대)”	“焉(언)”
주어 명사 상서롭지못한 것	비교어 비교사 ~보다 더 할 수 없다	술어 형용사 크다	지시어 지시대명사 이것

荀子正論篇(순자정론편)
상서롭지 못하기가 이보다 더 클수는 없다.

○ 본문해설 ○

• 지시대명사 역할로 焉이 지시하는 이것은 前文에 나오는 與無上同也(여무상동야) 윗사람과 함께 어울림이 없다를 지칭한다.

榮(영)	“孰(숙)”	“大(대)”	“焉(언)”
주어 명사 영화	비교어 비교사 ~보다 더 할 수 없다	술어 형용사 크다	지시어 지시대명사 이것

荀子議兵篇(순자의병편)
영화로움이 이보다 더 클수는 없다.

○ 본문해설 ○

• 지시대명사 역할로 焉이 지시하는 이것은 前文에 나오는 高爵重祿之所加也(고작중록지소가야) 높은 작위와 많은 녹봉을 더하여 주다를 지칭한다.

비교사 孰뒤에 형용사로 된 술어를 놓아 만든 비교어

師與商也(사여상야) "孰(숙)" "賢?(현)"

師與商也	孰	賢?
주어 고유명사 자장과 자하	비교어 비교사 어느사람이	술어 형용사 어지다

論語先進(논어선진)
자장과 자하는 누가 더 현명합니까?

본문해설

- 師(사) 孔子제자인 子張(자장)의 이름
- 商(상) 孔子제자인 子夏(자하)의 이름

身與貨(신여화) "孰(숙)" "多?(다)"

身與貨	孰	多?
주어 명사 몸과돈	비교어 비교사 어느것	술어 형용사 귀하다

楚簡老子第五章
(초간노자제오장)
몸과 돈은 어느것이 더 귀할까요?

비교사 孰과 의문종결사 乎로 만든 비교어

"孰(숙)" 知(지) 賦斂之毒(부렴지독) 有(유) 甚(심) 是(시)

孰	知	賦斂之毒	有	甚	是
의문어 의문사 누가	술어 동사 알다	목적어 관형사 세금의 해독	술어 형용사 있다	부사어 부사 심하다	지시어 지시대명사 이

蛇者(사자) "乎?(호)"

蛇者	乎?
목적어 관형사 뱀잡이	조사어 의문종결사 ~가?

捕蛇者說柳宗元(포사자설유종원)
세금의 해독이 뱀잡이를 하는 이 일보다 더 심함이 있다는 것을 누가 알겠습니까?

관용구 與其 ~ 寧, 孰若에 依한 비교어

→ ~하는 것이, ~하는 것보다 낫다 라는 뜻으로 쓰이는 관용구

"與其(여기)" 不(불) 孫(손) "寧(영)" 固(고)

與其	不	孫	寧	固
비교어 비교사 보다	부정어 부정사 아니하다	보어 명사 겸손	선택어 선택사 낫다	술어 명사 고루

論語述而(논어술이)
겸손하지 아니한 것보다 고루한 것이 낫다.

“與其(여기)”	有(유)	聚斂之臣(취렴지신)	“寧(영)”	有(유)	盜臣(도신)
비교어 비교사 보다	술어 형용사 있다	목적어 관형사 가렴주구하는 신하	선택어 선택사 낫다	술어 형용사 있다	목적어 관형사 도둑질 하는 신하

大學傳十章(대학전십장) _ 가렴주구하는 신하가 있는 것보다 도둑질하는 신하가 있는 것이 낫다.

○ 본문해설 ○

- **聚**(취) 동사 – 모아드리다, 거두어드리다
- **斂**(렴) 동사 – 거두어드리다
- **有聚斂之臣**(유취렴지신) 관형사로 **苛斂**(가렴) – (세금 등을 가혹하게 받아들임), **誅求**(주구) – (관청에서 백성의 재물을 강제로 빼앗음) 이런 일을 하는 신하

禮(예)	“與其(여기)”	奢(사)	也(야)	“寧(영)”	儉(검)
주어 명사 예의	비교어 비교사 보다	술어 동사 사치하다	조사어 접속어 ~는	선택어 선택사 낫다	술어 동사 검소이하다

論語八佾(논어팔일)
예는 사치스러운 것보다는 검소한 것이 낫다.

喪(상)	“與其(여기)”	易(이)	也(야)	“寧(영)”	戚(척)
주어 명사 상사	비교어 비교사 보다	술어 동사 다스리다	조사어 접속어 ~는	선택어 선택사 낫다	술어 동사 슬퍼하다

論語八佾(논어팔일)
상은 다스리는 것보다는 슬퍼하는 것이 낫다.

○ 본문해설 ○

- **易**(이) 는 논어 **註**에 다스리는 것(**易治也**) 이라 하였다.

“與其(여기)”	譽(예)	於(어)	前(전)	“孰若(숙약)”	無(무)	毁(훼)
비교어 비교사 보다	술어 동사 칭찬하다	조사어 전치사 ~에서	목적어 명사 앞	선택어 선택사 낫다	부정어 부정사 아니하다	술어 동사 헐뜯다

於(어)	其(기)	後(후)
조사어 전치사 ~에서	지시어 지시대명사 그	목적어 명사 뒤

"與其(여기)" 樂(낙) 於(어) 身(신) "孰若(숙약)" 無(무) 憂於心(우어심)

與其	樂	於	身	孰若	無	憂於心
비교어 비교사 보다	술어 동사 편하다	조사어 전치사 ~이	목적어 명사 몸	선택어 선택사 낫다	술어 부정사 없다	목적어 관형사 마음속 근심

送李愿歸盤谷序韓愈(송이원귀반곡서한유) _ 앞에서 칭찬하는 것보다 뒤에서 헐뜯지 아니한 것이 낫고 몸이 편안한 것보다 마음 속에 근심이 없는 것이 낫다.

12. 反語語 (반어어)

반어어란 이미 확실하게 알고 있는 사실을 문구의 기세를 높이기 위하여 의문어에 의지하여 반문의 형태를 취하는 문형이다.

부사격 의문사에 依한 반어어

→ 어찌, 어떻게의 뜻으로 쓰이는 부사격 의문사 安(안), 豈(기), 何(하), 寧(영), 焉(언), 惡(오), 胡(호), 奚(해), 曷(갈)에 依한 반어어

"安(안)" 能(능) 制(제) 夷狄?(이적)

安	能	制	夷狄
반어어 의문사 어찌	부사어 부사 능히	술어 동사 제어하다	목적어 명사 오랑캐

明妃曲歐陽修(명비곡구양수)
오랑캐를 어찌 능히 제어할 수 있겠는가?

본문해설

- 明妃(명비) 고유명사 – 왕소군(王昭君)

"豈(기)" 知(지) 此(차) 聲(성) 能(능) 斷(안) 腸?(장)

豈	知	此	聲	能	斷	腸
반어어 의문사 어찌	술어 동사 알다	지시어 지시대명사 이	주어 명사 소리	부사어 부사 능히	술어 동사 끊다	목적어 명사 간장

明妃曲和王介甫(명비곡화왕개포) _ 이 소리가 능히 사람들의 간장을 끊는 것을 어찌 알 수 있었겠는가?

본문해설

- 王介甫(왕개포) 고유명사 – 왕안석(王安石)

吾(오)	"何(하)"	愛(애)	一牛?(일우)
주어 1인칭대명사 나	반어어 의문사 어찌	술어 동사 아까워하다	목적어 관형어 소 한마리

孟子梁惠王上(맹자양혜왕상)
내 어찌 한 마리 소가 아까워서 그렇겠습니까?

寧(영)	"知(지)"	江邊墳?(강변분)
반어어 의문사 어찌	술어 동사 알다	목적어 관형사 강가의 무덤

古意釋貫休(고의석관휴)
어찌 강가의 무덤이 누구 무덤인지 알 수 있겠습니까?

未(미)	能(능)	事(사)	人(인)	"焉(언)"	能(능)	事(사)	鬼?(귀)
부정어 부정사 못하다	부사어 부사 능히	술어 동사 섬기다	목적어 명사 사람	반어어 의문사 어찌	부사어 부사 능히	술어 동사 섬기다	목적어 명사 귀신

論語先進(논어선진) _ 사람도 섬기지 못하는데 어찌 귀신을 섬길 수 있겠습니까?

"惡(오)"	乎(호)	成(성)	名?(명)
반어어 의문사 어떻게	조사어 후치사 게	술어 동사 이루다	목적어 명사 명성

論語里仁(논어이인)
어떻게 명성을 이루어 낼 수 있겠습니까?

"胡(호)"	不(불)	爲(위)	人之喜?(인지희)
반어어 의문사 어찌	부정어 부정사 아니하다	술어 동사 하다	목적어 관형사 사람을 기쁘게 하는 짓

憎蒼蠅賦 歐陽修
(증창승부 구양수)
어찌하여 사람들이 좋아하는 짓을 하지 아니하는가?

"胡(호)"	禁(금)	不(불)	止?(지)
반어어 의문사 어찌	주어 명사 금령	부정어 부정사 아니하다	술어 동사 그치다

聖主得賢臣頌王襃
(성주득현신송왕포)
어찌 금령이 그치지 아니하겠는가?

奚(해)	"不(불)"	爲(위)	政?(정)
반어어 의문사 어찌	부정어 부정사 아니하다	술어 동사 하다	목적어 명사 정치

論語爲政(논어위정)
어찌하여 정치는 하지 않으신 것입니까?

"曷(갈)"	令(령)	不(불)	行?(행)
반어어 의문사 어찌	주어 명사 명령	부정어 부정사 아니하다	술어 동사 시행하다

聖主得賢臣頌王褒
(성주득현신송왕포)
어찌 명령이 행하여지지 아니하겠습니까?

"曷(갈)"	不(불)	爲(위)	飮之(음지)	之(지)	易(이)	也?(야)
반어어 의문사 어찌	부정어 부정사 아니하다	술어 동사 하다	보어 접미사 물 마시는 일	지시어 지시대명사 물을 마시듯이	보어 형용사 쉬운	조사어 의문종결사 ~는가?

原道韓愈(원도한유) _ 어찌하여 물을 마시듯이 쉬운 물 마시는 일을 하지 아니하겠는가?

◎ 본문해설 ◎

- 飮之之易(음지지이) 는 飮之는 접미사로 물 마시는 일이며 之는 지시대명사로 飮之를 지칭하여 물을 마시듯이를 보어 易가 받아서 쉬운의 뜻으로 물을 마시듯이 쉬운 물 마시는 일이 된다.

○ 의문대명사 孰誰에 依한 반어어

"孰(숙)"	能(능)	爲(위)	之(지)	大?(대)
반어어 의문대명사 어느것	부사어 부사 능히	술어 동사 하다	조사어 후치사 ~다	목적어 형용사 크다

論語先進(논어선진)
어느 것을 능히 크다 하겠습니까?

吾(오)	"誰(수)"	與(여)	歸?(귀)
주어 인칭대명사 나	반어어 의문대명사 누구	부사어 부사 함께	술어 동사 돌아가다

岳陽樓范仲淹(악양루범중엄)
나는 누구와 함께 돌아갈 수 있단 것인가?

"誰(수)"	能(능)	出(출)	不(불)	由(유)	戶?(호)
반어어 의문대명사 누가	부사어 부사 능히	술어 동사 나가다	부정어 부정사 아니하고	술어 동사 경유하다	목적어 명사 문

論語雍也(논어옹야)
누가 능히 문을 경유하지 아니하고 나갈 수 있단 말인가?

○ 의문종결사 哉, 耶, 乎, 與, 歟, 邪, 에 依한 반어어

移易(이역)	其心(기심)	“哉?(재)”
술어 동사 바꾸다	목적어 관형사 그마음	반어어 의문종결사 ~이겠는가

爭臣論韓愈(쟁신론한유)
그의 마음을 어찌 바꿀 수 있겠습니까?

縶(집)	威公之手足(위공지수족)	“耶?(야)”
술어 동사 매다	목적어 관형사 위공의 손과 발	반어어 의문종결사 ~하겠는가

管仲論蘇洵(관중론소순)
위공의 손과 발을 잡아맬 수 있겠습니까?

不(불)	亦(역)	君子(군자)	“乎?(호)”
부정어 부정사 아니하다	부사어 부사 또한	술어 명사 군자	반어어 의문종결사 ~하겠는가

論語學而(논어학이)
또한 군자라 할 수 있지 아니하겠는가?

爲(위)	仁之本(인지본)	“與?(여)”
술어 동사 되다	목적어 관형사 어짐의 근본	반어어 의문종결사 ~하겠는가

論語學而(논어학이)
어짐의 근본이 된다고 할 수 있지 아니하겠는가?

其(기)	殆(태)	無(무)	儒(유)	“邪?(야)”
지시어 지시대명사 그렇게	술어 동사 위태롭게 되다	부정어 부정사 없다	주어 명사 유학자	반어어 의문종결사 ~겠는가

荀子彊國篇(순자강국편)
그렇게 위태하게 된 것은 유학자가 없어서이겠습니까?

의문사 豈, 惡, 何, 焉과 의문종결사 哉, 耶, 乎에 依한 반어어

“豈(기)”	不(불)	賢(현)	“哉?(재)”
반어어 의문사 어찌	부정어 부정사 아니하다	술어 형용사 어질다	반어어 의문종결사 ~할수 있겠는가

韓非子難言(한비자난언)
어찌 어질지 아니하다고 할 수 있겠습니까?

“豈(기)”	止(지)	夸(과)	一時(일시)	而(이)	榮(영)	一鄕(일향)	“哉?(재)”
반어어 의문사 어찌	보어 동사 그치다	술어 동사 자랑하다	목적어 관형사 한때	접속어 접속사 고	술어 동사 영예롭다	목적어 관형사 한 고을	반어어 의문종결사 ~이겠는가

相州晝錦堂記歐陽修(상주주금당기구양수) _ 어찌 한때의 자랑과 한 고을의 영예로 그칠 뿐이겠습니까?

"豈(기)" 不(불) 哀(애) "哉?(재)"

豈(기)	不(불)	哀(애)	哉?(재)
반어어 의문사 어찌	부정어 부정사 아니하다	술어 동사 슬퍼하다	반어어 의문종결사 할수있겠는가

荀子王覇篇(순자왕패편)
어찌 슬프지 아니하다 할수 있겠습니까?

是(시) "豈(기)" 水(수) 之(지) 性(성) "哉?(재)"

是(시)	豈(기)	水(수)	之(지)	性(성)	哉?(재)
지시어 지시대명사 이것	반어어 의문사 어찌	주어 명사 물	조사어 후치사 ~의	술어 명사 본성	반어어 의문종결사 ~는가

孟子告子上(맹자고자상)
이것이 어찌 물의 본성이겠는가?

○ 본문해설 ○

- 是(시) 는 지시대명사로 前文의 搏而躍之可使過顙 물을 쳐서 뛰어오르게 하면 이마 위에까지 올라가게 할수 있고 激而行之可使在山 격렬하게 흐르게 하면 산꼭대기까지 올라가게 할 수 있다를 지칭한다.

"豈(기)" 山(산) 之(지) 性(성) "哉?(재)"

豈(기)	山(산)	之(지)	性(성)	哉?(재)
반어어 의문사 어찌	주어 명사 산	조사어 후치사 ~의	술어 명사 본성	반어어 의문종결사 ~겠는가

孟子告子上(맹자고자상)
어찌 산의 본성이겠는가?

"豈(기)" 不(부) 重(중) "耶?(야)"

豈(기)	不(부)	重(중)	耶?(야)
반어어 의문사 어찌	술어 부정사 아니하다	목적어 형용사 무겁다	반어어 의문사 ~이겠는가

上范司諫書歐陽修
(상범사간서구양수)
어찌 무겁지 아니하다고 할 수 있겠습니까?

"惡(오)" 得(득) 爲(위) 有道之士(유도지사) "乎哉?(호재)"

惡(오)	得(득)	爲(위)	有道之士(유도지사)	乎哉?(호재)
반어어 의문사 어찌	긍정어 긍정사 ~하다	술어 동사 되다	목적어 관형어 도를 터득한 선비	반어어 의문종결사 ~이겠는가

爭臣論韓愈(쟁신론한유) _ 어찌 도를 터득함이 있는 선비라 할 수 있겠습니까?

"何以(하이)" 加(가) 於(어) 孝(효) "乎?(호)"

何以	加	於	孝	乎?
반어어	술어	조사어	목적어	반어어
의문사	동사	전치사	명사	의문종결사
무엇을	더하다	~고	효도	~이겠는가

孝經聖治章(효경성치장)
효도 말고 무엇을 더할 것이 있겠습니까?

"焉(언)" 有(유) 不(불) 仁者(인자) "乎?(호)"

焉	有	不	仁者	乎?
반어어	술어	부정어	목적어	반어어
의문사	형용사	부정사	관형사	의문종결사
어찌	있다	아니하다	어진 사람	~이겠는가

孟子盡心上(맹자진심상)
어찌 어질지 아니한 사람이 있겠는가?

의문사 安, 焉, 何와 부사 能에 依한 反語語

"安(안)" "能(능)" 制(제) 夷狄?(이적)

安	能	制	夷狄?
반어어	부사어	술어	목적어
의문사	부사	동사	명사
어찌	능히	막다	오랑캐

明妃曲歐陽修(명비곡구양수)
어찌 능히 오랑캐를 막을 수 있겠는가?

"安(안)" "能(능)" 自(자) 矜?(긍)

安	能	自	矜?
반어어	부사어	부사어	술어
의문사	부사	부사	동사
어찌	능히	스스로	자랑하다

與韓荊州書李白
(여한형주서이백)
어찌 능히 스스로 자랑할 수 있겠는가?

"焉(언)" "能(능)" 繫(계) 而(이) 不(불) 食?(식)

焉	能	繫	而	不	食?
반어어	부사어	술어	조사어	부정어	술어
의문사	부사	동사	접속사	부정사	동사
어찌	능히	매달리다	~하면서	아니하다	먹다

論語陽貨(논어양화)
어찌 능히 매달려 있으면서 먹지 아니하겠는가?

◎ 본문해설 ◎

• 前文이 吾豈匏瓜也哉(오개포과야재) – 내가 어찌 표주박인가? 이다.

"焉(언)" "能(능)" 爲(위) 有?(유)

焉	能	爲	有?
반어어	부사어	술어	목적어
의문사	부사	동사	형용사
어찌	능히	~하다	있다

論語子張(논어자장)
어찌 능히 덕이 있다하겠는가?

◎ 본문해설 ◎

• 前文이 執德不弘(집덕불홍) 信道不篤(신도부돈) 덕을 잡음이 넓지 아니하고 도를 믿음이 돈독하지 아니하니로 되어 있으므로 어찌 능히 덕이 있다 하겠는가? 로 푼다.

焉(언)	能(능)	爲(위)	亡?(무)
반어어 의문사 어찌	부사어 부사 능히	술어 동사 ~하다	목적어 형용사 없다

論語子張(논어자장)
어찌 능히 덕이 없다 하겠는가?

何(하)	能(능)	必(필)	勝?(승)
반어어 의문사 어찌	부사어 부사 능히	부사어 부사 꼭	술어 동사 이기다

後出師表諸葛亮
(후출사표제갈량)
어찌 능히 꼭 이긴다 하겠습니까?

◎ 의문사 安, 烏, 豈, 焉 + 부사 + 의문종결사에 依한 反語語

安(안)	敢(감)	不(부)	盡(진)	於(어)	君候(군후)	哉?(재)
반어어 의문사 어찌	부사어 부사 감히	부정어 부정사 아니하다	술어 동사 다하다	조사어 전치사 에게	목적어 명사 군후	조사어 의문종결사 ~이겠는가

與韓荊州書李白(여한형주서이백) _ 어찌 감히 군주에게 다 말씀드리지 아니할 수 있겠습니까?

◎ 본문해설 ◎ • 君候(군후) 형주자사 韓朝宗(한조종) 公을 높여 부른말

烏(오)	能(능)	得(득)	其(기)	心服(심복)	哉?(재)
반어어 의문사 어찌	부사어 부사 능히	술어 긍정사 하게하다	지시어 지시대명사 그것	목적어 관형사 성심을 다하여 순종하는 것	조사어 의문종결사 ~이겠는가

晉文公問守原議柳宗元(진문공문수원의 유종원)
어찌 능히 그들을 충심으로 기뻐하며 성심을 다하여 순종(心悅誠服)하게 할 수 있겠는가?

豈(기)	惟(유)	民(민)	哉?(재)
반어어 의문사 어찌	부사어 부사 오직	술어 명사 사람	조사어 의문종결사 ~이겠는가

孟子公孫丑上
(맹자공손추상)
어찌 오직 사람 뿐이겠는가?

"豈(기)"	"能(능)"	爲(위)	必勝(필승)	哉?(재)
반어어 의문사 어찌	부사어 부사 능히	술어 동사 ~하다	목적어 명사 반듯이 이기는 것	조사어 의문종결사 ~겠는가

孟子公孫丑上(맹자공손추상)
어찌 능히 반드시 이긴다 하겠습니까?

"焉(언)"	"能(능)"	浼(매)	我(아)	哉?(재)
반어어 의문사 어찌	부사어 부사 능히	술어 동사 더럽히다	목적어 인칭대명사 나	조사어 의문종결사 ~겠는가

孟子萬章下(맹자만장하)
어찌 나를 더럽힐 수 있겠는가?

문맥상 反語語

予之德(여지덕)	言(언)	足(족)	聽聞?(청문)
주어 관형사 나의덕	술어 동사 말하다	술어 긍정사 만족해 하다	목적어 명사 듣기

書經商書仲虺之誥(서경상서중훼지고)
나의 덕을 말해서 듣기에 만족하겠는가?

13. 假定語 (가정어)

가정어란 가상의 조건을 설정하여 예상되는 결과를 서술하는 **文形**이다.

가정사 若, 如, 鄕이 만약~하다면 이란 가정의 뜻을 가지고 假定語를 만든다.

"若(약)"	殺(살)	其(기)	父兄(부형)	(中略)	如之何(여지하)
가정어 가정사 만약	술어 동사 죽이다	지시어 지시대명사 燕나라를 지칭	목적어 명사 아버지와 형		부사어 의문사 어찌

其(기)	可(가)	也(야)
지시어 지시대명사 燕人	술어 긍정사 옳다하다	조사어 종결사 ~이다

孟子梁惠王下(맹자양혜왕하)
"만약에" (연(燕)나라를 정벌하여 그들이) 아버지와 형을 죽인다면 어찌 연나라 사람들이 옳다고 하겠는가.

"若(약)"	備(비)	與(여)	彼(피)	協心與結盟(협심여결맹)	好(호)
가정어 가정사 만약	주어 고유명사 유비	조사어 접속사 ~과	주어 인칭대명사 그들	보어 동명사 협심하여 더불어 동맹한 것	술어 형용사 좋다

"만약" 유비가 그들과 협심하여 더불어 동맹한 것도 좋은 것이다.

"如(여)"	古(고)	之(지)	無(무)	聖人(성인)	人之類(인지류)	滅(멸)	久(구)	矣(의)
가정어	주어	조사어	술어	목적어	주어	술어	보어	조사어
가정사	명사	후치사	부정사	명사	관형사	동사	형용사	종결사
만약	옛날	~에	없었다면	성인	인류	멸망하다	오래되다	~이다

原道韓愈(원도한유)

"만약" 옛날에 성인이 없었더라면 인류가 멸망한지 오래되었을 것이다.

"如(여)"	恥之(치지)	莫如(막여)	爲(위)	仁(인)
가정어	술어	비교어	술어	목적어
가정사	접미사	비교사	동사	명사
만약	부끄러워하다	~보다 ~하다	하다	어진 일

孟子公孫丑上(맹자공손추상)

"만약" 자기가 한 일을 부끄럽게 여긴다면 어진 행동을 하는 것보다 좋은 것은 없다.

"如(여)"	有(유)	王子者(왕자자)	必(필)	世(세)	而(이)	後(후)	仁(인)
가정어	술어	목적어	부사어	보어	조사어	부사어	술어
가정사	동사	관형사	부사	명사	접속사	부사	동사
만약	나오다	어진 왕	반드시	한세대	~나	뒤에	어질어지다

論語子路(논어자로) _ "만약" 어진 왕이 나오더라도 반드시 한 세대나 지난 뒤에 어질어진다.

"如(여)"	有(유)	所譽者(소예자)	其(기)	有(유)	所試(소시)	矣(의)
가정어	술어	목적어	주어	술어	목적어	조사어
가정사	형용사	접두사	지시대명사	형용사	접두사	종결사
만약	있다	칭찬할 사람	그 사람	있다	더듬어 본 것, 시험한 것	~이다

論語衛靈公(논어위령공) _ "만약" 칭찬할 사람이 있다면 그 사람은 더듬어 본 바가 있기 때문이다.

"鄕(향)"	亡(무)	桓公(환공)	中國(중국)	其(기)	良(량)	絶(절)	矣(의)
가정어	술어	목적어	주어	지시어	부사어	술어	조사어
가정사	부정사	고유명사	고유명사	지시대명사	부사	동사	종결사
만약	없다	제환공	중국	중국	참으로	없어지다	~이다

"만약" 제나라 환공이 없었더라면 중국은 참으로 없어졌을 것이다.

가정사 苟가 "만약", "진실로"의 뜻을 가지고 假定語를 만든다.

"苟(구)"	有(유)	用我者(용아자)	朞月(기월)	而已(이이)	可(가)	也(야)
가정어 가정사 만약	술어 형용사 있다	목적어 동명사 나를 써주는 사람	보어 명사 일년	부사어 부사 ~뿐	술어 긍정사 되다	조사어 종결사 ~이다

論語子路(논어자로) _ "만약" 나를 써주는 사람이 있다면 일년 내에 해낼 수 있을 것이다.

"苟(구)"	能(능)	充之(충지)	足(족)	以(이)	保(보)	四海(사해)
가정어 가정사 참으로	부사어 부사 능히	술어 접미사 채우다	긍정어 긍정사 넉넉히	지시어 지시대명사 이것으로	술어 동사 보전하다	목적어 명사 천하

孟子公孫丑上(맹자공손추상) _ "참으로" 만약 능히 四端을 채울 수 있다면 이로써 천하를 넉넉히 보전할 수 있을 것이다.

본문해설

- 四端 : 惻隱之心(측은지심), 羞惡之心(수오지심), 辭讓之心(사양지심), 是非之心(시비지심)

가정사 若이 가상조건을 설정하고 접속사 則이 결과를 서술하여 假定語를 만든다.

"若(약)"	大王(대왕)	惠然(혜연)	歸之(귀지)	"則(즉)"	若(약)
가정어 가정사 만약	주어 명사 대왕	부사어 접미사 은혜로이	술어 접미사 돌려보내다	가정어 가정사 ~한다면	술어 형용사 ~과 같다

九牛之落一毛(구우지낙일모)	無(무)	所損(소손)	也(야)
목적어 관형사 아홉 마리 소에서 털 하나 떨어진 것	술어 부정사 없다	목적어 접두사 손해될 것	조사어 종결사 ~이다

三國史記列傳朴堤上(삼국사기열전박제상) _ "만약" 대왕께서 은혜로이 돌려 보내신다면 아홉마리 소에서 털 하나 떨어진 것 같아 아무런 손해될 바는 없을것 입니다.

"若(약)"	隱(은)	其(기)	無(무)	罪(죄)	而(이)	就(취)	死地(사지)
가정어 가정사 만약	술어 동사 측은히 여기다	지시어 지시대명사 소(牛)	술어 부정사 없이	목적어 명사 죄	조사어 후치사 ~이	술어 동사 끌려가다	목적어 관형사 죽을 곳

"則(즉)"	牛羊(우양)	何(하)	擇(택)	焉?(언)
가정어	보어	의문어	술어	조사어
가정사	명사	의문사	동사	의문종결사
~한다면	소와 양	어떤	선택하다	~것인가

孟子梁惠王上(맹자양혜왕상)
"만약" 그 소가 죄없이 죽을 곳으로 끌려간다는 것을 측은히 여긴다면 소와 양 중 어느 쪽을 선택하겠습니까?

가정사 如가 가상조건을 설정하고 가정사 則이 만약 ~한다면의 뜻으로 假定語를 만든다.

彼(피)	"如(여)"	曰(왈)	孰(숙)	可以(가이)	伐之(벌지)	則(즉)	將(장)
주어	가정어	술어	의문어	긍정어	보어	가정어	자동어
인칭대명사	가정사	동사	의문대명사	긍정사	접미사	가정사	자동사
저사람	만약	말하다	어느 사람	할 수 있다	정벌하다	~면	하려하다

應之(응지)	曰(왈)	爲(위)	天吏(천리)	"則(즉)"	可以(가이)	伐之(벌지)
보어	술어	술어	목적어	가정어	긍정어	술어
접미사	동사	동사	관형사	가정사	긍정사	접미사
대답하다	말하다	되면	하늘관리	~이면	~할 수 있다	정벌하다

孟子公孫丑下(맹자공손추하) _ 저 사람이 "만약" 어떤 사람이어야 정벌할 수 있겠냐고 묻는다면 하늘의 명을 받은 사람이면 정벌할 수 있을것이라고 대답하였을 것이다.

子(자)	"如(여)"	不(불)	言(언)	"則(즉)"	小子(소자)	何(하)	述(술)	焉?(언)
주어	가정어	술어	목적어	가정어	주어	의문어	술어	조사어
고유명사	가정사	부정사	명사	가정사	명사	의문사	동사	의문종결사
공자	만약	아니하다	말	~면	제자	무엇	말하다, 전하다	~는가?

論語陽貨(논어양화)
"만약" 선생님께서 아무 말씀도 하지 아니하시면 서희들이 무엇을 말하고자 하겠습니까?

"如(여)"	得(득)	其(기)	情(정)	"則(즉)"	哀矜(애긍)	而(이)	勿(물)	喜(희)
가정어	술어	지시어	목적어	가정어	술어	조사어	금지어	술어
가정사	동사	지시대명사	명사	가정사	동사	접속사	금지사	동사
만약	인지하다	범인	정상	~한다면	슬퍼하고 불쌍하게 여기다	~고	하지마라	기뻐하다

論語子張(논어자장)
"만약에" 범인의 범죄사실을 인지한다면 슬퍼하고 불쌍히 여길 것이며 범인을 체포한 것을 기뻐하지 마라.

◎ 본문해설 ◎

- 魯나라 大夫孟氏가 曾子의제자 陽膚(양부)를 범인을 다스리는 刑吏의 長을 삼으니 양부가 그 스승 증자에게 어떻게 일을 처리하는 것이 좋은가 묻자 증자가 이르기를 위정자들이 도를 잃고 백성들이 살 길이 없어 산산이 흩어진지가 오래되었으니 (上失其道民散久矣) 범인 체포한 것을 기뻐하지 말라고 말하였다.

“如(여)” 告(고) “則(즉)” 廢(폐) 人之大倫(인지대륜)

如(여)	告(고)	則(즉)	廢(폐)	人之大倫(인지대륜)
가정어	술어	가정어	술어	목적어
가정사	동사	가정사	동사	관형사
만약	고하다	~다면	폐지되다	사람의 큰 인륜

孟子萬章上(맹자만장상) _ “만약” 舜임금이 장가가는 것을 부모에게 고하였다면 사람의 큰 인륜인 장가를 들지 못하였을 것이다.

◎ 본문해설 ◎

- 前文에 詩云取妻如之何(시운취처여지하) 必告父母(필고부모) 詩經齊風南山篇(시경제풍남산편)에 장가들려면 어떻게 하여야 하는가? 반드시 부모에게 고하여야 한다라고 하였는데 舜之不告而娶何也(순지불고이취하야) 孟子曰 告則不得娶(맹자왈 고즉부득취) 순임금이 고하지 아니하고 장가든 까닭은 무엇입니까? 맹자 말씀하시기를 고하였다면 장가가지 못하였을 것이다가 있다.

“如(여)” 有(유) 墨名(묵명) 而(이) 儒行者(유행자) 問(문) 其(기) 名(명) “則(즉)” 非(비) 校(교) 其(기) 行(행) “則(즉)” 是(시) 可以(가이) 與之(여지) 游(유) 乎?(호)

如(여)	有(유)	墨名(묵명)	而(이)	儒行者(유행자)	問(문)	其(기)
가정어	술어	목적어	조사어	보어	술어	지시어
가정사	형용사	관형사	접속사	동명사	동사	지시대명사
만약	있다	묵자의 명분	~면서	유가의 행동을 하는 사람	묻다	墨名

名(명)	則(즉)	非(비)	校(교)	其(기)	行(행)	則(즉)
목적어	가정어	술어	술어	지시어	목적어	가정어
명사	가정사	형용사	동사	지시대명사	명사	가정사
명분	~면	그르고	따지다	儒行	행동	~면

是(시)	可以(가이)	與之(여지)	游(유)	乎?(호)
술어	긍정어	부사어	술어	조사어
형용사	긍정사	접미사	동사	의문종결사
옳으면	~하여도 되다	더불어	놀다	~가?

送浮屠文暢師序韓愈(송부도문창사서한유) _ “만약” 묵가(墨家)의 명분으로 유가(儒家)의 행동을 하는 사람이 있어 묵가의 명분에 대하여 물어본다면 명분을 비교하여보면 그르고 그 행동을 따져보면 옳다면 그 사람과 더불어 놀아도 되겠습니까?

가정사 如가 가상조건을 설정하고 접속사 也가 결과를 서술하여 假定語를 만든다.

"如(여)"	知(지)	爲君之難(위군지난)	"也(야)"	不(불)	幾(기)	乎?(호)
가정어	술어	목적어	조사어	술어	목적어	조사어
가정사	동사	관형사	접속사	부정사	형용사	의문종결사
만약	알다	임금되기 어려움	~면	아니다	가깝다	겠는가?

一(일)	言(언)	而(이)	興(흥)	邦(방)	乎?(호)
보어	술어	조사어	술어	목적어	조사어
수사	명사	접속사	동사	명사	의문종결사
한마디	말로	~서	일으키다	나라	~에

論語子路(논어자로) _ "만약" 임금되기 어려움을 안다면 한마디 말로 나라를 일으킨다는 말에 가까운 것이 아니겠습니까?

如(여)	"其(기)"	善(선)	而(이)	"莫(막)"	之(지)	違(위)	也(야)
가정어	지시어	술어	조사어	부정어	조사어	술어	조사어
가정사	지시대명사	형용사	접속사	부정사	후치사	동사	접속사
만약	前文의 言	착하다	~서	아니하다	~지	어기다	~면

不(불)	亦(역)	善(선)	乎?(호)
부정어	부사어	술어	조사어
부정사	부사	형용사	의문종결사
아니하다	또한	좋은 것	~겠는가

論語子路(논어자로)
"만약" 그 말이 착해서 어기지 아니한다면 또한 좋지 않겠는가?

"如(여)"	其(기)	不然(불연)	"也(야)	吾(오)	何(하)	憂(우)	焉?(언)
가정어	지시어	부정어	조사어	주어	의문이	술어	조사어
가정사	지시대명사	부정사	접속사	인칭대명사	의문사	동사	의문종결사
만약	前文無善人	그렇지 아니하다	~면	나	무슨	걱정하다	~겠는가?

上歐陽内翰書蘇洵(상구양내한서소순) _ "만약에" 착한 사람이 다 없어지게 된 것이 아니라면 내가 무슨 걱정을 하겠는가?

가정사 如가 가상조건을 설정하고 부사 雖가 결과를 서술하여 假定語를 만든다.

"如(여)"	君(군)	不(불)	君(군)	臣(신)	不(불)	臣(신)	父(부)
가정어	주어	부정어	술어	주어	부정어	술어	주어
가정사	명사	부정사	형용사	명사	부정사	형용사	명사
만약	임금	못하다	임금답다	신하	못하다	신하답다	아비

不(불)	父(부)	子(자)	不(불)	子(자)	"雖(수)"	有(유)	粟(속)
부정어	술어	주어	부정어	술어	부사어	술어	목적어
부정사	형용사	명사	부정사	형용사	부사	형용사	명사
못하다	아비답다	자식	못하다	자식답다	비록	있다	곡식

吾(오)	得(득)	而(이)	食(식)	諸?(제)
주어	보어	조사어	술어	지시어
인칭대명사	동사	접속사	동사	지시대명사
나	받다	~서	먹다	粟

論語顔淵(논어안연) _ ""만약" 임금이 임금답지 못하고 신하가 신하답지 못하며 아비가 아비답지 못하고 자식이 자식답지 못하다면 비록 곡식(녹으로 받은 곡식)이 있다한들 내가 그 곡식을 받아 먹을 수 있겠는가?

"如(여)"	有(유)	政(정)	"雖(수)"	不(불)	吾(오)	以(이)	吾(오)
가정어	술어	목적어	부사어	술어	목적어	지시어	주어
가정사	동사	명사	부사	부정사	인칭대명사	지시대명사	인칭대명사
만약	있다	정사	비록	아니하다	나	政	나

其(기)	與(여)	聞之(문지)
지시어	부사어	술어
지시대명사	부사	접미사
정사하는곳	함께, 참여	듣다

論語子路(논어자로)
"만약" 정사였더라면 비록 나를 정사에서 배제하였다 하더라도 나는 거기에 참여하여 들었을 것이다.

가정사 如가 가상조건을 설정하고 부사 當이 결과를 서술하여 假定語를 만든다.

"如(여)"	欲(욕)	聞(문)	浮屠之說(부도지설)	"當(당)"	自(자)	就(취)
가정어	자동어	술어	목적어	부사어	부사어	술어
가정사	자동사	동사	관형사	부사	부사	동사
만약	하고자 하다	듣다	불교의 이론	마땅히	스스로	찾아가다

其(기)	師(사)	而(이)	問之(문지)
지시어	목적어	조사어	술어
지시대명사	명사	접속사	접미사
文暢	스승	~서	묻다

送浮屠文暢師序韓愈(송부도문창사서한유)
"만약" 불교의 이론에 대하여 듣고자 한다면 마땅히 스스로 文暢의 스승을 찾아가 물었을 것이다.

○ 가정사 設이 가상조건을 설정하고 부사 亦이 결과를 서술하여 假定語를 만든다.

“設(설)”	有(유)	不幸(불행)	王(왕)	以(이)	桐葉(동엽)	戲(희)
가정어	술어	목적어	주어	조사어	보어	술어
가정사	형용사	관형사	명사	전치사	관형사	동사
만약	있어	불행	왕	~으로	오동잎	장난하다

婦寺(부시)	亦(역)	將(장)	擧(거)	而(이)	從之(종지)	乎?(호)
목적어	부사어	자동어	술어	접속어	술어	조사어
명사	부사	자동사	동사	접속사	접미사	의문종결사
부녀자와 내시	역시	하려하다	들쳐내다	~서	따르다	~겠는가

桐葉封弟辯柳宗元(동엽봉제변유종원) _ “만약” 불행스럽게도 왕이 오동잎으로 부녀자와 내시에게 장난하였다면 역시 이를 들쳐내여서 그대로 따르려고 하였겠는가?

○ 가정사 微가 가상조건을 설정하고 가정사 則이 결과를 서술하여 假定語를 만든다.

“微(미)”	此(차)	二人(이인)	“則(즉)”	天下(천하)	不(불)	歸(귀)	漢(한)
가정어	지시어	주어	가정어	주어	부정어	술어	목적어
가정사	지시대명사	관형사	가정사	명사	부정사	동사	고유명사
아니면	陳平과 張良	두사람	~면	천하	아니하다	돌아가다	한나라

高祖論蘇洵(고조론소순) _ 이 두사람이 “아니였으면” 천하가 한나라로 돌아가지 아니하였을 것이다.

○ 본문해설 ○

- 二人 : 漢高祖 유방(劉邦)의 參謀(참모)인 陳平(진평)과 張良(장량)

○ 가정사 向이 가상조건을 설정하고 가정사 則이 결과를 서술하여 假定語를 만든다.

“向(향)”	無(무)	孟氏(맹씨)	“則(즉)”	皆(개)	服(복)	左衽(좌임)
가정어	술어	목적어	가정어	부사어	주어	술어
가정사	부정사	고유명사	가정사	부사	명사	동사
만약	없다	맹자	~면	모두	옷	옷깃을 왼쪽으로 여미다

而(이)	言(언)	侏離(주리)	矣(의)
조사어	주어	술어	조사어
접두사	명사	동사	종결사
~고	말	오랑캐말을 하다	~이다

與孟簡尙書書韓愈(여맹간상서서한유)

“만약” 맹자(孟軻, 孟子) 없었더라면 모든 사람이 옷은 왼쪽으로 여미고 말은 오랑캐말을 하게 되었을 것이다.

◎ 본문해설 ◎

- 侏離(주리) – 오랑캐 말, 後漢書南蠻傳(후한서남만전)에서 나온말

◎ 가정사 嚮이 가상조건을 설정하고 가정사 則이 결과를 서술하여 假定語를 만든다.

"嚮(향)"	吾(오)	不(불)	爲(위)	斯役(사역)	"則(즉)"	久已(구이)
가정어 가정사 만약	주어 인칭대명사 나	부정어 부정사 아니하다	술어 동사 하다	목적어 지시대명사 뱀 잡는일	가정어 가정사 ~면	술어 형용사 오래되다

疾(질)	矣(의)
목적어 명사 곤궁	조사어 종결사 ~이다

捕蛇者說柳宗元(포사자설유종원)
"만약에" 내가 뱀 잡는 일을 하지 않았다면 곤궁하게 산 지가 오래되었을 것이다.

◎ 가정사 微가 "아니었더라면" 의 뜻으로 假定語를 만든다.

"微(미)"	君(군)	太子(태자)	幾(기)	廢(폐)
가정어 가정사 아니면	보어 인칭대명사 그대	주어 명사 태자	추정어 추정사 아마도	술어 동사 폐하다

史記張丞相列傳
(사기장승상열전)
그대가 "아니였다면" 태자는 아마도 폐위되었을 것이다.

"微(미)"	管仲(관중)	吾(오)	其(기)	被髮左衽(피발좌임)	矣(의)
가정어 가정사 아니면	보어 고유명사 관중	주어 인칭대명사 우리	지시어 지시대명사 오랑캐	술어 동사 머리를 이고 옷을 왼쪽으로 여미다	조사어 종결사 ~이다

論語憲問(논어헌문) _ 관중이 "아니었더라면" 우리는 오랑캐처럼 머리를 이고 옷깃을 왼쪽으로 여미게 되었을 것이다.

◎ 가정사 則이 "~한다면"의 뜻으로 假定語를 만든다.

不(불)	效(효)	"則(즉)"	治(치)	臣之罪(신지죄)
술어 부정사 없다	목적어 명사 실효	가정어 가정사 ~면	술어 동사 다스리다	목적어 관형사 신하의 죄

出師表諸葛亮
(출사표제갈량)
실효가 없으면 신의 죄를 다스리소서.

背(배)	義(의)	忘(망)	德(덕)	"則(즉)"	天人(천인)	共(공)	戮(륙)
술어 동사 배반하다	목적어 명사 의리	술어 동사 잊어버리다	목적어 명사 공덕	가정어 가정사 한다면	주어 관형사 천하 사람	부사어 부사 함께	술어 동사 죽이다

의리를 배반하고 공덕을 잊어버린다면 천하 사람이 모두 함께 죽일 것이다.

不(불)	親(친)	信(신)	"則(즉)"	言(언)	不(불)	聽(청)
부정어 부정사 아니하다	술어 동사 가깝다	목적어 명사 믿음	조사어 접속사 한다면	주어 명사 말	술어 부정사 아니하다	목적어 동사 듣다

管子大匡(관자대광) _ 믿음이 친절하지 아니한다면(믿음이 없으면) 말을 들어주지 아니한다.

國(국)	多(다)	財(재)	"則(즉)"	遠(원)	者(자)	來(래)
주어 명사 나라	술어 형용사 많다	목적어 명사 재물	가정어 가정사 한다면	부사어 부사 먼데	주어 명사 사람	술어 동사 모여든다

管子牧民(관자목민) _ 나라에 재물이 많으면 먼 데 사람이 모여든다.

君子(군자)	不(불)	重(중)	"則(즉)"	不(불)	威(위)
주어 명사 군자	술어 부정사 아니하면	목적어 명사 무게	가정어 가정사 한다면	술어 부정사 없다	목적어 명사 위엄

論語學而(논어학이)
군자가 무겁지 아니하면 위엄이 없다.

가정사 無, 不有가 "없다면"의 뜻으로 假定語를 만든다.

大車(대거)	"無(무)"	輗(예)	小車(소거)	"無(무)"	軏(월)	其(기)
주어 명사 큰수레	가정어 가정사 없으며	보어 명사 수레채	주어 명사 작은 수레	가정어 가정사 없다면	보어 명사 멍에	지시어 지시대명사 大車, 小車

何以(하이)	行之(행지)	哉?(재)
의문어 의문부사 무엇으로써	술어 접미사 굴러가다	조사어 의문종결사 ~이겠는가

論語爲政(논어위정)
큰 수레가 수레채가 없으며 작은 수레에 멍에가 없다면 그 수레가 무엇으로써 굴러가겠는가?

◎ 본문해설 ◎

- **無輗**나 **無軏**을 술목구조로 보아서 수레채가 없고 멍에가 없으면 큰 수레와 작은 수레가 어떻게 굴러가겠는가? 로 풀어서 가정어로 풀지 아니하여도 무방하다.

"不有(불유)" 佳作(가작) 何(하) 伸(신) 雅懷(아회)

不有(불유)	佳作(가작)	何(하)	伸(신)	雅懷(아회)
가정어	보어	의문어	술어	목적어
가정사	관형사	의문사	동사	관형사
없다면	좋은 시	어떻게	펼치다	그윽한 회포

春夜桃李園序 李白(춘야도리원서이백)
좋은 (詩)가 없다면 어떻게 그윽한 회포를 펼치리오.

◎ 불완전 동사 爲가 主語 아래 붙어서 가정사가 되어 假定語를 만든다.

堯(요) "爲(위)" 匹夫(필부) 不能(불능) 正(정) 三家(삼가)

堯(요)	爲(위)	匹夫(필부)	不能(불능)	正(정)	三家(삼가)
주어	가정어	보어	부정어	술어	목적어
고유명사	가정사	명사	부정사	동사	관형사
요임금	였더라면	보잘 것 없는 남자	못하다	바르게 하다	세 집

韓非子功名(한비자공명) _ 요임금이 필부였더라면 세 집도 바르게 하지 못하였을 것이다.

◎ 부사 若이나 如가 사역동사 使, 敎, 令 等과 복합사로 사용되는 경우 사역의 뜻이 없어지고 假定語가 된다.

"若敎(약교)" 回(회) 首(수) 却(각) 嫣然(언연) 陽城下蔡(양성하채)

若敎(약교)	回(회)	首(수)	却(각)	嫣然(언연)	陽城下蔡(양성하채)
가정어	술어	목적어	술어	목적어	주어
가정사	동사	명사	동사	접미사	고유명사
만약	돌리다	고개	물러나다	방긋 웃다	양성, 하채

俱(구) 風靡(풍미)

俱(구)	風靡(풍미)
부사어	술어
부사	동사
더불어	바람에 밀리어 쓰러지다

續麗人行蘇軾(속여인행소식)
"만약" 고개 돌려 물러나 방긋 웃으면 楚나라 양성, 하채 현이 더불어 바람에 밀리어 쓰러질 것이다.

◎ 본문해설 ◎

- **宋玉**의 **好色賦**(호색부)에 **嫣然一笑**, **惑陽城**, **迷下蔡**(언연일소, 혹양성, 미하채) 방긋 웃는 웃음에 양성이 현혹되고 하채가 미혹된다가 있음.
- **却**(각) 동사 – 물리치다, 물러나다
- **嫣然**(언연) 접미사 – 방긋 웃는 모습, 예쁜 모습

“若使(약사)”	天下(천하)	兼(겸)	相(상)	愛(애)	愛(애)	人(인)
가정어 가정사 만약	주어 명사 천하	보어 형용사 평등하게	부사어 부사 서로	술어 동사 사랑하다	술어 동사 사랑하다	목적어 명사 남

若(약)	愛(애)	其身(기신)
부사어 부사 같이	술어 동사 사랑하다	목적어 관형사 자기 몸

墨子兼愛篇上(묵자겸애편상)
“만약” 천하가 평등하게 서로 사랑하려면 남을 사랑하기를 자기 몸 같이 하고

“如使(여사)”	予(여)	欲(욕)	富(부)	辭(사)	十萬(십만)	而(이)
가정어 가정사 만약	주어 인칭대명사 나	술어 자동사 하려하다	목적어 명사 부자	술어 동사 버리다	목적어 명사 십만 종	조사어 접속사 ~고

受(수)	萬(만)	是(시)	爲(위)	欲(욕)	富(부)	乎?(호)
술어 동사 받다	목적어 명사 만종	지시어 지시대명사 辭十萬受萬	술어 동사 하다	자동어 자동사 하려 하다	목적어 명사 부자	조사어 의문종결사 겠는가?

“만약” 내가 부자가 되고자 한다면 십만 종의 녹을 버리고 만 종을 받는 것이 이것이 부자가 되고자 함이겠는가?

가정사 雖가 “비록~하더라도”의 뜻으로 假定語를 만든다.

“雖(수)”	有(유)	知惠(지혜)	不如(불여)	乘(승)	勢(세)
가정어 가정사 비록~하더라도	술어 형용사 있다	목적어 명사 지혜	비교어 비교사 ~만 못하다	술어 동사 타다	목적어 명사 시세

孟子公孫丑上(맹자공손추상) _ 비록 지혜가 있다하더라도 시세(時勢)를 타는 것보다 못하다.

가정사 縱이 설령, 설사~하더라도의 뜻으로 假定語를 만든다,

“縱(종)”	江東父兄(강동부형)	憐(련)	而(이)	王(왕)	我(아)
가정어 가정사 설령~하더라도	주어 관형사 강동부형	술어 동사 가련하게 여기다	조사어 접속사 ~서	술어 동사 왕노릇하다	목적어 인칭대명사 나

史記項羽本紀(사기항우본기) _ 설령, 강동부형이 가련히 여겨 나 더러 왕노릇을 하라고 한들

"縱(종)" 彼(피) 不(불) 言(언)

縱(종)	彼(피)	不(불)	言(언)
가정어 가정사 설령~하더라도	주어 인칭대명사 그들	술어 부정어 아니하다	목적어 명사 말

史記項羽本紀(사기항우본기)
설령 그들이 아무말 하지 아니하더라도

14. 推定語 (추정어)

추정어란 蓋(개), 或(혹), 庶幾(서기), 庶(서), 幾(기), 恐(공), 大率(대솔), 率(솔) 等을 사용하여 "아마도", "혹시"의 뜻으로 추측을 나타내는 추정어를 만든다.

○ 추정사 蓋에 依한 推定語

維(유) 天之命(천지명) 於(오) 穆(목) 不(불) 已(이) "蓋(개)"

維(유)	天之命(천지명)	於(오)	穆(목)	不(불)	已(이)	蓋(개)
부사어 부사 오로지	주어 관형사 하늘의 도	감탄어 감탄사 아!	보어 형용사 깊고 멀다	술어 부정어 아니하다	목적어 동사 그치다	추정어 추정사 아마도

曰(왈) 天之所以爲天(천지소이위천) 也(야)

曰(왈)	天之所以爲天(천지소이위천)	也(야)
술어 동사 말하다	목적어 관형사 하늘이 하늘이 된 까닭	조사어 종결사 ~이다

中庸二十六章(중용이십육장) _ 오로지 하늘의 도가 아! 깊고 멀어서 그치지 아니하다. (詩經周頌維天之命篇에 있는 글)라고 하는 것은 "아마도" 하늘이 하늘이 된 까닭을 말 한 것이다

用(용) 其(기) 力(력) 於(어) 仁(인) 矣乎?(의호) 我(아) 未(미)

用(용)	其(기)	力(력)	於(어)	仁(인)	矣乎?(의호)	我(아)	未(미)
술어 동사 쓰다	지시어 지시대명사 힘을 강조	목적어 명사 힘	조사어 전치사 ~에	보어 명사 인(어짐)	조사어 의문종결사 ~인가?	주어 인칭대명사 나	부정어 부정사 못하다

見(견) 力不足者(역부족자) "蓋(개)" 有(유) 之(지) 矣(의)

見(견)	力不足者(역부족자)	蓋(개)	有(유)	之(지)	矣(의)
술어 동사 보다	보어 동명사 힘이 부족한 사람	추정어 추정사 아마도	술어 형용사 있다	지시어 지시대명사 力不足者	조사어 종결사 ~이다

論語里仁(논어이인) _ 그 힘을 仁에 쓰는 사람이 있는가? 나는 인에 힘을 쓰는데 힘이 부족한 사람은 보지 못하였다. "아마도" 인에 힘을 쓰는데 힘이 부족한 사람이 있을 것이다.

禮樂征伐(예악정벌)	自(자)	諸侯(제후)	出(출)	"蓋(개)"	十世(십세)
주어	부사어	보어	술어	추정어	주어
명사	부사	명사	동사	추정사	명사
예와 풍악과 정벌	에서	제후	나오다	아마도	십세

希(희)	不(불)	失(실)	矣(의)
술어	부정어	보어	조사어
형용사	부정사	동사	종결사
드물다	아니다	잃어버리다	~이다

論語季氏(논어계씨)
예와 풍악과 남의 나라를 정벌하는 명령이 제후로부터 나온다면 "아마도" 그 나라는 십세 안에 망하지 않음이 드물 것이다.

何(하)	以(이)	異(이)	於(어)	鄒(추)	敵(적)	楚(초)	哉?(재)
의문어	조사어	술어	조사어	주어	술어	목적어	조사어
의문사	후치사	형용사	전치사	명사	동사	명사	의문종결사
무엇	~이	다르다	~과	추나라	적으로 삼다	초나라	~가?

"蓋(개)"	亦(역)	反(반)	其(기)	本(본)	矣(의)
추정어	부사어	술어	지시어	목적어	조사어
추정사	부사	동사	지시대명사	명사	종결사
아마도	역시	돌아가다	왕도	근본	~이다

孟子梁惠王上(맹자양혜왕상) _ 추나라가 초나라를 적으로 삼아 싸우려는 것과 무엇이 다르겠습까? "아마도" 역시 왕도의 근본에 돌아가야 합니다.

"蓋(개)"	其(기)	流(류)	甚(심)	下(하)	不可(불가)	以(이)	灌漑(관개)
추정어	지시어	주어	부사어	술어	부정어	조사어	술어
추정사	지시대명사	동명사	부사	형용사	부정사	전치사	동사
아마도	냇물	흐름	심히	낮게	할 수 없다	~을	물을 대다

愚溪詩序柳宗元(우계시서유종원) _ "아마"도 그 흐름이 심히 낮아 논밭에 물을 대지 못하고

召(소)	太師(태사)	曰(왈)	爲(위)	我(아)	作(작)
보어	주어	술어	술어	목적어	술어
동사	명사	동사	동사	인칭대명사	동사
부르다	악관	말하다	위하다	나	짓다

君臣相說之樂(군신상열지악) "蓋(개)" 徵招角招(징초각초)

君臣相說之樂	蓋	徵招角招
목적어 관형사 임금과 신하가 함께 즐길 음악	추정어 추정사 아마도	주어 고유명사 징초 각초

是(시) 也(야)

是	也
술어 지시대명사 군신상열지악	조사어 종결사 ~이다

孟子梁惠王下(맹자양혜왕하)
약관을 불러서 나를 위하여 임금과 신하가 함께 즐길 수 있는 음악을 지으라고 말하였다. "아마도" 징초와 각초가 임금과 신하가 함께 즐길 수 있는 음악일 것이다.

力(역) 行(행) 不或者(불혹자) "蓋(개)" 天下(천하) 一人(일인)

力	行	不或者	蓋	天下	一人
부사어 부사 힘써	술어 동사 일하다	주어 관형사 미혹이 없는 사람	추정어 추정사 아마도	보어 명사 세상	술어 명사 한 사람

而已矣(이이의)

而已矣
조사어 한정종결사 ~뿐이다

伯夷頌韓愈(백이송한유)
힘써 일하고 미혹되지 아니한 사람은 "아마도" 세상에 한 사람 뿐일 것이다.

추정사 或에 依한 推定語

吾子(오자) 好(호) 道(도) 而(이) 可(가) 吾文(오문)

吾子	好	道	而	可	吾文
주어 명사 선생	술어 동사 좋아하다	목적어 명사 도	조사어 접속사 ~하여	술어 긍정사 옳게 여기다	목적어 관형사 내 글

"或(혹)" 者(자) 其(기) 於(어) 道(도) 不(불) 遠(원) 矣(의)

或	者	其	於	道	不	遠	矣
추정어 주청사 혹시	조사어 후치사 ~라도	지시어 지시대명사 성인의 도	조사어 전치사 ~에	보어 명사 도	술어 부정어 아니하다	목적어 형용사 멀다	조사어 종결사 ~이다

答韋中立書柳宗元(답위중립서유종원) _ 선생께선 도를 좋아하여 내 글을 옳게 여기시니 "혹시"라도 그(성인의 도)도에 멀지 않은지 모르겠습니다.

"或(혹)"	異(이)	二者之爲(이자지위)	何(하)	哉?(재)
추정어	술어	목적어	의문어	조사어
추정사	형용사	관형사	의문사	의문종결사
아마도	다르다	두가지 행동	무엇	때문인가

岳陽樓記范仲淹(악양루기범중엄) _ "아마도" 두 가지 행동과 다르니 무엇 때문인가요?

"或(혹)"	生(생)	而(이)	知之(지지)	"或(혹)"	學(학)	而(이)	知之(지지)
추정어	술어	조사어	술어	추정어	술어	조사어	술어
추정사	동사	접속사	동사	부사	동사	접속사	동사
혹시	낳다	~서	알다	혹시	배우다	~서	알다

"或(혹)"	困(곤)	而(이)	知之(지지)
추정어	술어	조사어	술어
추정사	동사	접속사	동사
혹시	고심하다	~서	알다

中庸二十章(중용이십장)
"혹시" 나면서 알고, "혹시" 배워서 알고, "혹시" 고심해서 안다.

추정사 庶幾, 庶, 幾에 의한 推定語

周遊(주유)	而(이)	歷覽之(역람지)	"庶幾(서기)"	乎(호)
술어	조사어	술어	추정어	조사어
동사	접속사	동사	추정사	후치어
두루 돌아 놀다	~서	내력을 살펴보다	아마도	~도

可以(가이)	知(지)	此(차)	文(문)	矣(의)
긍정어	술어	지시어	목적어	조사어
긍정사	동사	지시대명사	명사	종결사
할 수 있다	알다	이것	글	~이다

子長遊贈蓋邦式馬存
(자장유증갑방식마존)
두루 돌아 놀며 내력을 살펴보면 "아마도" 이 글의 뜻을 알 수 있을 것이다.

吾王(오왕)	"庶幾(서기)"	無(무)	疾病(질병)	與?(여)
주어	추정어	술어	목적어	조사어
관형사	추정사	부정사	명사	의문종결사
우리왕	아마도	없다	병	~인가

孟子梁惠王下(맹자양혜왕하) _ 우리 왕은 "아마도" 병이 없으신가 보다?

拾(습)	其(기)	遺棄(유기)	以(이)	自(자)	補(보)	“庶(서)”	有(유)
술어	지시어	목적어	조사어	주어	술어	추정어	술어
동사	지시대명사	명사	접속사	명사	동사	추정사	동사
거두다	서책	버림	~서	자기	보충하다	아마도	있다

益(익)	乎?(호)
목적어	조사어
명사	의문종결사
보탬	~는가

李君山房記蘇軾(이군산방기소식)
버려진 서책을 거두어 자기를 보충한다면 “아마도” 보탬이 있는 일이 아니겠는가?

◎ 본문해설 ◎

- 其(기) 는 지시대명사로 前文에 나오는 藏書凡九千餘卷을 지칭한다.

嗣(사)	而(이)	葺之(즙지)	“庶(서)”	斯(사)	樓(루)	之(지)
술어	조사어	술어	추정어	지시어	주어	조사어
동사	접속사	접미사	추정사	지시대명사	명사	후치사
뒤를 이어~	~서	지붕을 덮다	아마도	이 누각	누각	~은

不(불)	朽(후)	也(야)
술어	목적어	조사어
부정사	동사	종결사
아니하다	썩다	~이다

黃州竹樓記王禹偁(황주죽루기왕우칭)
뒤를 이어서 지붕을 이어 준다면 “아마도” 이 누각은 썩지 않을 것이다.

今也(금야)	擧(거)	夷狄之法(이적지법)	而(이)	加之(가지)
부사어	술어	목적어	조사어	술어
부사	동사	관형사	접속사	동사
지금에	들다	오랑캐의 법	~서	놓다

先王之敎之上(선왕지교지상)	“幾(기)”	何(하)	其(기)
목적어	추정어	의문어	지시어
관형사	추정사	의문사	지시대명사
선왕의 가르침 위	아마도	어찌	오랑캐의 법을 선왕 가르침 위에 놓는 것

不(불)	胥(서)	而(이)	爲(위)	夷(이)	也?(야)
부정어	부사어	조사어	술어	목적어	조사어
부정사	부사	접속사	동사	명사	종결사
아니다	서로	~가	~되다	오랑캐	~이다

原道韓愈(원도한유) _ 지금에 오랑캐의 법을 들어서 선왕의 가르침 위에 놓으니 "아마도" 어찌 오랑캐의 법을 들어 선왕의 가르침 위에 놓는 것은 서로 오랑캐가 되는 것이 아니겠는가?

不(불)	羞(수)	也而(야이)	不(불)	相(상)	泣(읍)	者(자)	"幾(기)"
술어 부정사 아니하다	목적어 동사 부끄러워하다	조사어 접속사 ~면서	부정어 부정사 아니하다	부사어 부사 서로	술어 동사 울다	보어 명사 사람	추정어 추정사 아마도

希(희)	矣(의)
술어 형용사 드물다	조사어 종결사 ~이다

孟子離婁章下(맹자이루장하)
부끄러워하지 아니하면서 서로 울지 아니할 사람은 "아마도" 드물 것이다.

추정사 恐에 依한 推定語

欲(욕)	塵穢(진예)	視聽(시청)	"恐(공)"	雕(조)	蟲(충)	小技(소기)
자동어 장동사 하려하다	술어 동사 더럽히다	목적어 명사 눈과 귀	추정어 추정사 아마도	술어 동사 새기다	목적어 명사 벌레	보어 관형사 작은 재주

不(불)	合(합)	大人(대인)
부정어 부정사 아니하다	술어 동사 합당하다	목적어 명사 대인

與韓荊州書李白(여한형주서이백)
눈과 귀를 더럽히고자 하나 "아마도" 벌레를 새긴 작은 재주가 대인에게는 합당하지 않을 것입니다.

본문해설

- 欲塵穢視聽은 자기가 지은 글을 보아 달라는 말을 겸손하게 표현하는 글이다.
- 欲(욕) 자동사 – 하려하다
- 塵(진) 명사 – 먼지
- 穢(예) 동사 – 더럽히다
- 視(시) 동사 – 보다, 곧 눈
- 聽(청) 동사 – 듣다, 곧 귀

惡(오)	鄕原(향원)	"恐(공)"	其(기)	亂(난)	德(덕)	也(야)
술어 동사 미워하다	목적어 고유명사 향원	추정어 추정사 아마도	지시어 지시대명사 향원	술어 동사 어지럽게 하다	목적어 명사 덕	조사어 종결사 ~이다

孟子盡心下(맹자진심하) _ 향원을 미워하는 것은 "아마도" 그들이 덕을 어지럽게 하기 때문이다.

○ 본문해설 ○

- **鄕原**(향원) 말과 행실이 다르고 옛 사람을 앞세워 행실이 경박하며 아부하기를 일삼는 무리

○ 추정사 率에 依한 假定語

今(금)	之(지)	居官者(거관자)	"率(솔)"	三歲(삼세)	而(이)	一(일)	遷(천)
부사어 부사 지금	조사어 후치사 ~의	주어 관형사 벼슬살이	추정어 추정사 아마	보어 명사 삼년	조사어 접속사 ~면	부사어 부사 한번	술어 동사 옮기다

上范司諫書歐陽修(상범사간서구양수)
지금의 벼슬살이는 "아마" 3년이면 한번 자리를 옮긴다.

15. 選擇語 (선택어)

선택어란 여러 사안 중에 어떤 사안을 선택하겠는가하는 **文形**을 선택어라고 한다.

○ 선택사 誰, 孰에 依한 選擇語

行(행)	三軍(삼군)	則(즉)	"誰(수)"	與?(여)
술어 동사 통솔하다	목적어 명사 삼군	가정어 가정사 ~한다면	선택어 선택사 어느 사람	술어 동사 함께 하다

論語述而(논어술이)
삼군을 통솔한다면 "어느 사람"과 함께 하겠습니까?

獨(독)	樂(락)	樂(악)	與(여)	人(인)	樂(락)	樂(악)	"孰(숙)"	樂?(락)
부사어 부사 홀로	술어 동사 즐기다	목적어 명사 음악	부사어 부사 더불어	보어 명사 남	술어 동사 즐기다	목적어 명사 음악	선택어 선택사 어느것	술어 동사 즐겁다

孟子梁惠王下(맹자양혜왕하)
홀로 음악을 즐기는 것과 여러 사람과 더불어 음악을 즐기는 것이 "어느 것이" 더 즐겁습니까?

吾子(오자) 與(여) 子路(자로) "孰(숙)" 賢?(현)

吾子	與	子路	孰	賢
주어 대명사 자네	조사어 접속사 ~와	주어 고유명사 자로	선택어 선택사 누가	술어 형용사 어질다

孟子公孫丑上
(맹자공손추상)
자네와 자로는 "누가 더" 현명한가?

子(자) 謂(위) 子貢(자공) 曰(왈) 女(여) 與(여) 回(회) "孰(숙)" 愈?(유)

子	謂	子貢	曰	女	與	回	孰	愈
주어 고유명사 공자	술어 동사 일러	목적어 고유명사 자공	술어 동사 말하다	주어 인칭대명사 너	조사어 접속사 ~와	주어 고유명사 회	선택어 선택사 누가	술어 형용사 낫다

論語公冶長(논어공야장)
공자가 자공에게 일러 말하기를 너와 안회는 누가 "더 나으냐?"

선택사 孰與에 依한 選擇語

坐(좌) 而(이) 待之(대지) "孰與(숙여)" 伐之?(벌지)

坐	而	待之	孰與	伐之
술어 동사 앉다	조사어 접속사 ~서	술어 동사 기다리다	선택어 선택사 어느 것이 더	술어 동사 적을 치다

後出師表諸葛亮(후출사표제갈량) _ 앉아서 기다리는 것과 나아가서 적을 치는 것이 "어느 것이" 더 낫겠습니까?

陛下(폐하) 觀(관) 臣能(신능) "孰與(숙여)" 蕭何賢?(소하현)

陛下	觀	臣能	孰與	蕭何賢
주어 명사 폐하	술어 동사 보다	주어 관형사 신하의 능력	선택어 선택사 어느 것이	주어 관형사 소하의 현명

史記曹相國世家(사기조상국세가) _ 폐하가 보실 적에 소신의 능력과 소하의 현명함 가운데 "어느 것을" 고르시겠습니까?

본문해설

- 蕭規曹隨(조규조수) 소하가 만든 법규를 조삼(曹參)이 고치지 않고 따라 썼다라는 四字成語가 있다. 蕭何(소하)와 曹參(조삼)은 漢나라 惠帝(혜제) 재위(B.C 195~188)때 정승으로 소하가 죽은 후 조삼이 이어받은 명정승들이다. 윗글의 臣은 곧 曹參이다.

陳平(진평)	曰(왈)	陛下精兵(폐하정병)	"孰與(숙여)"	楚?(초)
주어	술어	주어	선택어	주어
고유명사	동사	관형사	선택사	고유명사
진평	말하다	폐하의 정병	어느 것이 더	초나라

史記陳丞相世家(사기진승상세가) _ 진평(유방의 참모)가 유방에게 말하기를 폐하의 정병과 항우의 초나라 병사는 "어느 쪽이" 더 강할까요?

沛公(패공)	曰(왈)	"孰與(숙여)"	君(군)	少長?(소장)
주어	술어	선택어	주어	술어
고유명사	동사	선택사	인칭대명사	형용사
유방	말하다	어느 것이 더	자네	어리고 장성함

史記項羽本紀(사기항우본기) _ 유방이 장량(張良)에게 말하기를, 나하고 자네는 누가 더 나이가 많은가?

~하는 것보다 차라리 ~하는 것이 낫다의 뜻인 選擇語

→ 비교사 **與其**(여기)와 선택사 **寧**(영), **不如**(불여), **豈若**(기약), **孰若**(숙약), **何與**(하여), **孰與**(숙여), **孰如**(숙여)에 **依**하여 ~하는 것보다 차라리 ~하는 것이 낫다의 뜻으로 **選擇語**를 만든다.

"與其(여기)"	奢(사)	也(야)	"寧(영)"	儉(검)
비교어	술어	조사어	선택어	술어
비교사	형용사	접속사	선택사	형용사
~보다	사치스럽다	~것	낫다	검소하다

論語八佾(논어팔일)
사치스러운 것보다는 차라리 검소한 것이 낫다.

"與其(여기)"	不孫(불손)	也(야)	"寧(영)"	固(고)
비교어	술어	조사어	선택어	술어
비교사	형용사	접속사	선택사	형용사
~보다	공손하지 못하다	~것	낫다	고루하다

論語述而(논어술이)
공손하지 못한 것보다 차라리 고루한 것이 낫다.

"與其(여기)"	有(유)	聚斂之臣(취렴지신)	"寧(영)"	有(유)	盜臣(도신)
비교어	술어	목적어	선택어	술어	목적어
비교사	형용사	관형사	선택사	형용사	관형사
~보다	있다	가렴 주구하는 신하	낫다	있다	도둑질하는 신하

大學傳十章(대학전십장) _ 苛斂誅求하는 신하가 있는 것보다는 차라리 도둑질하는 신하가 있는 것이 낫다.

“與其(여기)”	生(생)	而(이)	無義(무의)	固(고)	“不如(불여)”	烹(팽)
비교어	술어	조사어	목적어	부사어	선택어	술어
비교사	동사	접속사	관형사	부사	선택사	동사
~보다	살다	~시	의리가 없는 것	진실로	낫다	삶아죽이다

의롭지 못하게 사는 것보다는 진실로 차라리 삶아죽임을 당하는 것이 낫다.

“與其(여기)”	從(종)	辟人之士(피인지사)	也(야)	“豈若(기약)”	從(종)	辟世之士(피세지사)	哉?(재)
비교어	술어	목적어	조사어	선택어	술어	목적어	조사어
비교사	동사	관형사	접속사	선택사	동사	관형사	의문종결사
~보다	따르다	사람들 피하는 선비	~이	낫다	따르다	세상을 피하는 선비	~가?

論語微子(논어미자)
사람을 피하는 선비를 따르는 것보다 차라리 세상을 피하는 선비를 따르는 것이 낫지 않겠는가?

“與其(여기)”	樂(낙)	於(어)	身(신)	“孰若(숙약)”	無(무)	憂(우)	於(어)	其(기)	心(심)
비교어	술어	조사어	목적어	선택어	부정어	술어	조사어	지시어	목적어
비교사	형용사	전치사	명사	선택사	부정사	동사	전치사	지시대명사	명사
~보다	편안하다	~이	몸	낫다	없다	근심하다	~에	자기	마음

送李原歸盤谷序韓愈(송이원귀반곡서한유)
몸이 편안한 것보다는 차라리 자기 마음에 근심이 없는 것이 낫다.

“與其(여기)”	有(유)	譽(예)	於(어)	前(전)	“孰若(숙약)”	無(무)	毁(훼)	於(어)	其(기)	後(후)
비교어	술어	목적어	조사어	보어	선택어	술어	목적어	조사어	지시어	보어
비교사	형용사	명사	전치사	명사	선택사	부정사	동사	전치사	지시대명사	명사
~보다	하다	칭찬	에서	앞	낫다	아니하다	헐뜯다	에서	그 사람	뒤

앞에서 칭찬하는 것보다 차라리 그 사람 뒤에서 헐뜯지 아니한 것이 낫다.

○ ~하는 것보다 차라리 ~하는 것이 낫다의 뜻인 選擇語

⟶ 선택사 寧(영)과 부정사 不(불), 毋(무), 勿(물) 이나 의문사 安(안) 等에 依하여 ~하는 것보다 차라리 ~하는 것이 낫다의 뜻으로 選擇語를 만든다.

“寧(영)”	溘(합)	死(사)	以(이)	流亡(유망)	兮(혜)	余(여)
선택서 선택사 낫다	부사어 부사 갑자기	술어 동사 죽다	조사어 접속사 ~서	술어 동사 떠내려가 없어지다	감탄어 감탄사 아!	주어 인칭대명사 나

“不忍(불인)”	爲(위)	此(차)	態(태)	也(야)
부정어 부정사 아니한다	술어 동사 하다	지시어 지시대명사 의롭지 못한짓	목적어 명사 모양(짓)	조사어 종결사 ~이다

離騷經屈原(이소경굴원) _ 차라리 갑자기 죽어 떠내려가 없어져 버린 것이 낫지 아!나는 차마 의롭지 못한 짓은 할 수 없다. 바꾸어 풀면 나는 의롭지 못한 것을 하느니보다 아! 차라리 갑자기 죽어 떠내려가 없어져 버리겠다.

“寧(영)”	以義(이의)	死(사)	“不(불)”	苟幸(구행)	生(생)
선택어 선택사 낫다	부사어 부사 의롭게	술어 동사 죽다	부정어 부정사 아니한다	부사어 부사 구차하게 요행히	술어 동사 살다

縱囚論歐陽修(종수론구양수) _ 차라리 의롭게 죽는 것이 낫지 구차스럽게 요행이 살려고 하지 아니하겠다.

漢王(한왕)	笑(소)	謝(사)	曰(왈)	吾(오)	“寧(영)”	鬪(투)	智(지)
주어 고우명사 한나라 왕	술어 동사 웃으며	목적어 동사 사례하다	술어 동사 말하다	주어 인칭대명사 나	선택어 선택사 낫다	술어 동사 겨루다	보어 명사 지혜

“不(불)”	能(능)	鬪(투)	力(력)
부정어 부정사 아니하다	부사어 부사 능히	술어 동사 겨루다	보어 명사 힘

史記項羽本紀(사기항우본기)
한나라 왕(유방)이 웃으면서 사례하여 말하기를 나는 차라리 지혜로 겨루는 것이 낫지 힘으로 겨루지는 아니하겠다.

"寧(영)" 過(과) 於(어) 君子(군자) 而(이) "毋(무)"

寧	過	於	君子	而	毋
선택어 선택사 낫다	술어 동사 덕이 두터우나 낮은 벼슬자리를 주다	조사어 전치사 ~에게	보어 명사 군자	조사어 접속사 ~이	부정어 부정사 아니하다

失(실) 於(어) 小大(人)(소대(인))

失	於	小大(人)
술어 동사 덕이 엷은데 높은 벼슬 자리를 주다	조사어 전치사 ~에게	보어 명사 소인

管子立政(관자입정) _ 차라리 덕이 두터운 군자에게 낮은 벼슬자리를 주는 것이 낫지 덕이 엷은 소인에게 높은 벼슬자리는 주지 아니하겠다.

○ 본문해설 ○

• 小大의 大는 人의 誤字이며 過와 失의 의미는 다음 문장이 설명해주고 있다.

德厚而位卑者謂之過 德薄而位尊者謂之失 寧過於君子
而毋失於小大 過於君子 其爲怨淺 失於小人 其爲禍深

덕이 두터운데 벼슬자리를 낮게 주는 것을 과(過)라 하고 덕이 엷은데 벼슬자리를 높이주는 것을 실(失)이라고 한다. 덕이 엷은 소인에게 높은 벼슬자리를 주는 것보다는 차라리 덕이 두터운 군자에게 낮은 벼슬자리를 주는 것이 낫다. 덕이 두터운 군자에게 낮은 벼슬자리를 주면 그는 원망이 적지만 덕이 엷은 소인에게 높은 벼슬자리를 주면 그는 화가 깊다.

"寧(영)" 爵(작) 毋(무) 刁(조)

寧	爵	毋	刁
선택어 선택사 낫다	술어 동사 벼슬을 주다	금지어 금지사 하지 마라	술어 고유명사 조간(刁間)

史記貨殖傳(사기화식전)
차라리 벼슬을 주는 것이 낫지 조간(刁間)처럼 노예를 대우하지 마라.

○ 본문해설 ○

• 刁間(조간) 齊나라 사람으로 노예들을 예후하여 일을 부려서 큰 부자가 되었다고 한다.

"寧(영)" 爲(위) 鷄口(계구) "勿(물)" 爲(위) 牛後(우후)

寧	爲	鷄口	勿	爲	牛後
선택어 선택사 낫다	술어 동사 되다	목적어 관형사 닭입	금지어 금지사 하지 마라	술어 동사 되다	목적어 관형사 소 엉덩이

後漢書(후한서)
차라리 닭의 입이 되는 것이 낫지 소의 엉덩이는 되지마라.

“寧(영)”	赴(부)	常(상)	流(류)	而(이)	葬(장)	乎(호)
선택어	술어	부사어	목어	조사어	술어	조사어
선택사	동사	부사	동사	접속사	동사	전치사
낫다	다다르다	떳떳하게	떠내려가다	~서	장사지내다	~에

江魚腹中(강어복중)	耳(이)	又(우)	“安(안)”	能(능)
목적어	조사어	조사어	의문어	부사어
관형사	한정 종결사	접속사	의문사	부사
강 물고기 뱃속	~할 뿐이언정	또한	어찌	능히

皓皓之白(호호지백)	而(이)	蒙世(몽세)	之(지)	溫(온)
보어	조사어	주어	조사어	부사어
관형사	접속사	관형사	후치사	부사
희고 흰 결백	~서	혼탁한 세상	~에	온순한

蠖(확)	乎?(호)
술어	조사어
동사	의문종결사
자벌레가 되다	~는가?

史記屈原傳(사기굴원전)
차라리 떳떳하게 떠내려가서 강물 고기 뱃속에 장사 지내는 것이 나을 뿐이지 또 어찌 능히 희고 흰 결백한 몸으로 혼탁한 세상에 온순한 자벌레(몸을 굽혔다 폈다하면 자로 재듯이 기어가는 벌레)가 되겠는가?

16. 感歎語 (감탄어)

감탄어란 感動과 歎息을 나타내는 감탄사를 文句의 앞이나 뒤에 써서 감동과 탄식을 나타내는 文形을 感歎語라고 한다.

감탄사 噫, 嘻, 吁, 嗟, 於, 惡, 唉, 戲, 咨, 嗚呼, 烏呼, 烏, 嗟呼, 嗟夫, 嗟哉, 于嗟, 於戲, 於乎, 烏呼噫嘻 等을 文句 앞에 써서 만든 感歎語

“嘻!(희)”	菊(국)	之(지)	愛(애)	陶(도)	後(후)	鮮(선)	有聞(유문)
감탄어	주어	조사어	술어	주어	부사어	술어	목적어
감탄사	명사	후치사	동사	고유명사	부사	형용사	명사
아!	국화	~을	사랑하다	도연명	뒤에	드물다	소문

愛蓮說周敦頤(애련설주돈이) _ 아! 국화를 사랑함은 도연명 뒤에는 그런 소문이 드물었다.

“噫(희)”	微(미)	斯(사)	人(인)	吾(오)	誰(수)	與(여)	歸?(귀)
감탄어	가정어	지시어	보어	주어	의문어	부사어	술어
감탄사	가정사	지시대명사	명사	인칭대명사	의문대명사	부사	동사
아!	없었다면	옛날 어진이	사람	나	누구	본받아	살아가다

岳陽樓記范仲淹(악양루기범중엄) _ 아! 옛날에 이와 같이 어진 사람이 없었더라면 나는 어느 사람을 본받아 살아갈까?

본문해설

• 지시대명사 斯(사)는 前文의 居廟堂之高 則憂其民(거묘당지고 즉우기민) 조정의 높은 자리에 있으면 그 백성을 걱정하고 處江湖之遠 則憂其君(처강호지원 즉우기군) 물러나 멀리 강호에 살면서는 그 임금을 걱정하는 어진 사람을 지칭한다.

“噫!(희)”	天(천)	喪(상)	予(여)	天(천)	喪(상)	予(여)
감탄어	주어	술어	목적어	주어	술어	목적어
감탄사	명사	동사	인칭대명사	명사	동사	인칭대명사
아!	하늘	버리다	나	하늘	버리다	나

論語先進(논어선진) _ 아! 하늘이 나를 버렸구나. 하늘이 나를 버렸구나!

“吁!(우)”	子(자)	來(래)	前(전)
감탄어	주어	술어	목적어
감탄사	인칭대명사	동사	명사
아!	자네	오다	앞

進學解韓愈(진학해한유)
아! 자네는 앞으로 나오게

“吁!(우)”	其(기)	可(가)	敬(경)	也夫(야부)
감탄어	지시어	긍정어	술어	조사어
감탄사	지시대명사	긍정사	동사	감탄종결사
아!	세 봉우리 모양 나무토막	할 만하다	존경하다	~하구나

木假山記蘇洵
(목가산기소순)
아! 세 봉우리 모양은 존경할 만 하구나.

본문해설

• 지시대명사 其(기)는 前文에 나오는 予家有三峰(여가유삼봉) 우리집에 세 봉우리모양의 나무토막(木假山)이 있다를 지칭한다.

父(부)	曰(왈)	“嗟!(차)”	予子(여자)	行(행)	役(역)
주어	술어	감탄어	주어	술어	목적어
명사	동사	감탄사	관형사	동사	명사
아버지	말하다	아!	내아들	나가다	노력동원

詩經國風魏陟岵
(시경국풍위척호)
아버지 말씀하시기를 아! 내 아들 행역나가

○ 본문해설 ○

陟彼岵兮(척피호혜) 저 민둥산에 올라
瞻望父兮(첨망부혜) 아버님 계신곳 바라보네
父曰嗟, 予子行役(부왈차! 여자행역) 아버지 말씀하기를 아! 내 아들 행역나가
夙夜無已(숙야무이) 밤낮으로 쉴새 없겠지
上愼旃哉(상신전재) 오로지 몸조심 하기 바라시며
猶來無止(유래무지) 꼭 일없이 돌아오라 하셨네

• 朱熹는 註에서 岵(호)는 山無草木(산에 풀과 나무가 없는 것)라 하고, 上愼旃哉(상신전재)의 上(상)은 猶尙也(유상야) 오로지이며, 신전재는 祝之曰庶幾愼之哉(축지왈서기신지재) 빌며 이르기를 조심하기를 바란다 것이 아니겠는가 라고 하였다. 止(지)는 死則止而不來矣(사즉지이불래의) 죽었다면 그만이지 돌아올 수 없다. 或曰止獲也(혹왈지획야) 어떤 사람의 말로는 止는 노비로 잡힌 것이라고도 하였다.

維(유)	天之命(천지명)	"於(어)"	穆(목)	不已(불이)
부사어 부사 오직	주어 관형사 하늘의 도	감탄어 감탄사 아!	보어 형용사 깊고 멀다	술어 동사 무궁하다

詩經周頌維天之命(시경주송유천지명) _ 오직 하늘의 도는 아! 깊고도 멀어서 그치지 아니하도다.

"惡(오)"	是(시)	何(하)	言(언)	也?(야)
감탄사 감탄어 아!	지시어 지시대명사 선생님은 성인인가요	의문어 의문사 무슨	술어 명사 말	조사어 의문종결사 ~인가

孟子公孫丑上
(맹자공손추상)
아! 이것이 무슨 말인가?

○ 본문해설 ○

• 지시대명사 是(시)는 前文의 夫子旣聖矣乎?(부자기성의호) 선생님(孔子)은 이미 성인이십니까? 를 지칭한다.

"唉(애)"	豎子(수자)	不足(부족)	與(여)	謀(모)
감탄어 감탄사 에이!	주어 명사 어린애	부정어 부정사 할 수 없다	부사어 부사 더불어	술어 동사 도모하다

史記項羽本紀
(사기항우본기)
에이! 어린애하고는 함께 일을 도모할 수가 없구나.

◎ 본문해설 ◎

• 豎(수) 는 더벅머리 아이를 뜻하는 말로 항우를 비하한 말로 홍문잔치에서 유방을 살해하는데 실패한 범증이 탄식하여 한 말이다.

"嗚呼(오호)" 勝地(승지) 不(불) 常(상)

嗚呼	勝地	不	常
감탄사	주어	부정어	술어
감탄어	관형사	부정사	형용사
아!	이름난 경치	아니다	변함없다

滕王閣序王勃(등왕각서왕발)
아! 이름난 경치도 변함없는 것이 아니고.

"嗚呼(오호)" 增(증) 亦(역) 人傑(인걸) 也(야) 哉!(재)

嗚呼	增	亦	人傑	也	哉
감탄사	주어	부사어	술어	조사어	조사어
감탄어	고유명사	부사	명사	종결사	감탄종결사
아!	범증	역시	인걸	~이다	~든가

范增論蘇軾(범증론소식) _ 아! 범증은 역시 인걸이였던 것이다.

"嗚呼(오호)" 孰(숙) 知(지) 賦斂之毒(부렴지독) 有(유) 甚(심) 是(시) 蛇者(사자) 乎?(호)

嗚呼	孰	知	賦斂之毒	有	甚
감탄어	의문어	술어	목적어	술어	목적어
감탄사	의문대명사	동사	관형사	동사	명사
아!	누가	알다	세금의 피해	있다	심함

是	蛇者	乎
지시어	보어	조사어
지시대명사	관형사	의문종결사
이 뱀잡이	뱀잡이	~는가

捕蛇者說柳宗元(포사자설유종원)
아! 세금의 피해가 뱀잡이보다 더 심하다는 것을 어느 사람이 알겠는가?

"嗚呼(오호)" 愛(애) 蜀人(촉인) 之(지) 深(심)

嗚呼	愛	蜀人	之	深
감탄사	술어	목적어	조사어	부사어
감탄어	동사	관형사	후치사	부사
아!	사랑하다	촉나라 사람	~하다	깊이

張益州畵像記蘇洵(장익주화상기소순) _ 아! 촉나라 사람을 깊이 사랑하고

◎ 본문해설 ◎

• 深愛之蜀人의 도치형이다.

"烏虖(오호)"	哀(애)	哉兮(재혜)
감탄사	술어	감탄어
감탄어	동사	감탄종결사
아!	슬퍼하다	~도다

弔屈原賦賈誼(조굴원부가의)
아! 슬프도다.

"嗟呼(차호)"	孟嘗君(맹상군)	特(특)	鷄鳴(계명)	狗吠(구폐)	之(지)	雄(웅)	耳(이)
감탄어	주어	부사어	보어	보어	조사어	술어	조사어
감탄사	고유명사	부사	관형사	관형사	후치사	명사	한정종결사
아!	맹상군	단지	닭우는 소리를 잘 내는 사람	개 짖는 소리를 잘 내는 사람	~의	우두머리	뿐이다

讀孟嘗君傳王安石(독맹상군전왕안석)
아! 맹상군은 단지 닭우는 소리나 개 짖는 소리를 잘 내는 사람의 우두머리일 뿐이다.

◎ 본문해설 ◎

- 孟嘗君(맹상군) 성은 田이요 이름은 文이다. 齊나라 靖郭君 田嬰(전영)의 아들로 천하의 賢士를 賓客(빈객)으로 모아 그 수가 수천에 달하였다.
  秦(진)나라 昭王(소왕)이 그를 재상으로 초빙하였는데 蘇代(소대)라는 사람의 만류로 가지 않았다.
  그후 소왕이 다시 초빙하여 진나라 재상이 되었다. 그 뒤 그를 모함하기를 맹상군은 제나라 사람이라 진나라를 배반하고 제나라를 覇國(패국)으로 만들려고 할 것이다 라고 하여 옥에 갇히는 몸이 되었으나 옥에서 탈출하여 도망치려하는데 아직 날이 새지 않아 성문이 닫혀 있어 도망칠 수가 없었다.
  마침 이때 빈객중에 닭 우는 소리와 개 짖는 소리를 잘 내는 사람이 있어 닭 우는 소리를 내자 성 안에 모든 닭이 따라울고 개가 짖어 성문이 열리자 도망하여 맹상군은 목숨을 구할 수가 있었다.

"嗟呼(차호)"	師道之不傳(사도지부전)	也(야)	久(구)	矣(의)
감탄어	주어	조사어	술어	조사어
감탄사	관형사	접속사	동사	종결사
아!	스승의 도가 전해지지 아니한 것	~가	오래되다	~다

師說韓愈(사설한유) _ 아! 스승의 도가 전해지지 아니한 지가 오래되었구나.

"嗟呼(차호)"	一人之心(일인지심)	千萬人之心(천만인지심)	也(야)
감탄어	주어	술어	조사어
감탄사	관형사	관형사	종결사
아!	한 사람의 마음	천만 사람의 마음	~이다

阿房宮賦杜牧(아방궁부두목) _ 아! 황제 한 사람의 마음은 천만 백성의 마음이다.

"嗟呼(차호)"	風俗(풍속)	頹弊(퇴폐)	如(여)	是(시)
감탄어	주어	술어	보어	지시어
감탄사	명사	동사	형용사	지시대명사
아!	풍속	기울어지고 무너지다	같다	이것

小學善行(소학선행) _ 아! 풍속의 기울어지고 무너짐이 이와 같으니

○ 본문해설 ○

• 지시대명사 **是**(시)는 전장에 나오는 **食非多品**(식비다품) 먹을 것이 여러 종류로 많지 아니하고 **器皿非滿案**(기명비만안) 그릇과 접시가 상위에 가득하지 아니하면 **人爭非之**(인쟁비지) 사람들이 다투어 잘못되었다고 한다를 지칭한다.

"嗟夫(차부)"	使(사)	六國(육국)	各(각)	愛(애)	其(기)	人(인)
감탄어	사역어	주어	부사어	술어	지시어	목적어
감탄사	사역동사	명사	부사	동사	지시대명사	명사
아!	하게하다	여섯 나라	각각	아끼다	그 나라	백성

阿房宮賦杜牧(아방궁부두목) _ 아! 여섯 나라가 각기 그 나라 백성을 아끼였더라면

○ 본문해설 ○

• **六國**은 **趙**(조), **齊**(제), **楚**(초), **韓**(한), **魏**(위), **燕**(연) 은 전국시대 여섯 나라로 **秦**(진)나라가 통일하였다.

"嗟夫(차부)"	心痞(심비)	非(비)	下(하)	不可(불가)	已(이)
감탄어	주어	술어	목적어	술어	목적어
감탄사	명사	부정사	동사	부정사	형용사
아!	속병	아니면	내려가다	아니하다	낫다

藥戒張耒(야계장뢰) _ 아! 속병은 속의 것이 다 내려가지 아니하면 낫지 않는다.

"嗟夫(차부)"	予(여)	嘗(상)	求(구)	古仁人之心(고인인지심)
감탄어	주어	부사어	술어	목적어
감탄사	인칭대명사	부사	동사	관형사
아!	나	일찍이	살펴보다	옛날 어진 사람의 마음

岳陽樓記范仲淹(악양루기범중엄) _ 아! 나는 일찍이 옛날 어진 사람의 마음을 살펴보았는데

"嗟哉(차재)" 董生(동생)

嗟哉(차재)	董生(동생)
감탄사 감탄어 아!	주어 고유명사 동생

小學善行(소학선행)
아! 동생이여

◎ 본문해설 ◎

• 董生(동생) 은 中國 淮水(회수)와 淝水 사이에서 義(의)를 행한 隱士(은사)라고 한다.

"于嗟(우차)" 洵(순) 兮(혜) 不(불) 我(아) 信(신) 兮(혜)

于嗟(우차)	洵(순)	兮(혜)	不(불)	我(아)	信(신)	兮(혜)
감탄어 감탄사 아!	보어 명사 믿음	조사어 감탄종결사 ~여	부정어 부정사 못하다	주어 인칭대명사 나	술어 동사 지키다	감탄어 감탄종결사 ~구나!

詩經邶擊鼓(시경패격고) _ 아! 해로하자는 믿음이여! 내가 지키지 못하네.

◎ 본문해설 ◎

• 洵(순) 은 "믿는다" 라는 뜻이 前文에 있는 執子之手(집자지수) 그대 손 잡고 與子偕老(여자해로) 그대와 더불어 함께 늙으려 하였는 데를 의미한다.

"於戲(오호)" 前代帝王(전대제왕) 有(유) 盛德大業(성덕대업)

於戲(오호)	前代帝王(전대제왕)	有(유)	盛德大業(성덕대업)
감탄어 감탄사 아!	주어 관형사 전대제왕	술어 동사 이루어내다	목적어 관형사 융성한 덕망과 위대한 업적

大唐中興頌元結(대당중흥송원결) _ 아! 전대제왕이 융성한 덕망과 위대한 업적을 이루어내니

"於乎(오호)" 不(불) 顯(현) 文王之德之純(문왕지덕지순)

於乎(오호)	不(불)	顯(현)	文王之德之純(문왕지덕지순)
감탄어 감탄사 아!	부정어 부정사 아니하다	술어 동사 나타나다	목적어 관형사 문왕의 덕의 순수함

詩經周頌維天之命(시경주송유천지명) _ 아! 문왕의 덕의 순수함이여! 나타나지 아니하도다.

"烏呼噫嘻(오호희희)" 我(아) 知(지) 之(지) 矣(의)

烏呼噫嘻(오호희희)	我(아)	知(지)	之(지)	矣(의)
감탄어 감탄사 아! 아!	주어 인칭대명사 나	술어 동사 알다	조사어 후치사 ~하다	주사어 종결사 ~이다

後赤壁賦蘇軾
(후적벽부소식)
아! 아! 나는 알겠노라.

“烏呼噫嘻(오호희희)”	吾(오)	想(상)	夫(부)	北風(북풍)	振(진)	漠(막)
감탄어	주어	술어	발의어	주어	술어	목적어
감탄사	인칭대명사	동사	발어사	관형사	동사	명사
아! 아!	나	상상하다	아~	북풍	몰아치다	사막

弔古戰場文李華(조고전장문이화) _ 아! 아! 북풍이 모래 사막을 몰아치는 장면을 나는 회상해 본다.

감탄사 兮, 哉가 句文 뒤에서 만든 感歎語

滄浪之水(창랑지수)	淸(청)	“兮(혜)”	可以(가이)	濯(탁)	吾纓(오영)
주어	술어	감탄어	긍정어	술어	목적어
관형사	형용사	감탄종결사	긍정사	동사	관형사
창랑의 물	맑다	아!	할 수 있다	씻다	내 갓끈

漁父辭屈原(어부사굴원) _ 아! 창랑의 물이 맑으면 내 갓끈을 씻고

본문해설

• 滄浪(창랑) 은 漢水下流 이다.

歸去來(귀거래)	“兮(혜)”
술어	감탄어
동사	감탄종결사
돌아가자	아!

歸去來辭陶淵明(귀거래사도연명)
아! 돌아가자

楚狂接與(초광접여)	歌(가)	而(이)	過(과)	孔子(공자)	曰(왈)
주어	술어	조사어	술어	목적어	술어
관형사	동사	접속사	동사	고유명사	동사
초나라 미치광이 접여	노래하다	~면서	지나다	공자	말하다

鳳(봉)	“兮(혜)”	鳳(봉)	“兮(혜)”
보어	감탄어	보어	감탄어
명사	감탄종결사	명사	감탄종결사
봉황	아!	봉황	아!

論語微子(논어미자)
초나라 미치광이 접여가 노래 부르며 공자 곁을 지나면서 아! 봉황새로구나! 아! 봉황새로구나! 하고 말하였다.

虞(우)	“兮(혜)”	虞(우)	“兮(혜)”	奈(내)	若(약)	何?(하)
주어	감탄어	주어	감탄어	의문어	주어	의문어
고유명사	감탄종결사	고유명사	감탄종결사	의문사	인칭대명사	의문사
우미인	아!	우미인	아!	어찌	너	어떻게

史記項羽本紀(사기항우본기) _ 아! 우미인이여! 우미인이여! 너를 어떻게 할 것이냐?

大(대) "哉(재)" 聖人之道(성인지도)

大	哉	聖人之道
술어 형용사 크도다	감탄어 감탄종결사 아!	보어 관형사 성인의 도

中庸二十七章(중용이십칠장)
아! 크도다! 성인의 도여!

大(대) "哉(재)" 堯之爲君也(요지위군야)

大	哉	堯之爲君也
술어 형용사 크도다	감탄어 감탄종결사 아!	보어 관형사 요 임금의 임금됨

論語泰伯(논어태백)
아! 크도다! 요 임금의 임금됨이여!

賢(현) "哉(재)" 回(회) 也(야)

賢	哉	回	也
술어 형용사 어지도다	감탄어 감탄종결사 아!	보어 고유명사 안회	조사어 종결사 ~는

論語雍也(논어옹야)
아! 어지도다. 안회여!

◎ 본문해설 ◎

- 回(회) 는 孔子의 수제자로 성은 顔(안)이며 回(회)는 이름이요, 자는 淵(연)이며 경칭으로 顔子(안자)로 도 불리운다.

17. 肯定語 (긍정어)

긍정어(肯定語)란 부정어(否定語)에 反對되는 말로서 事物의 實態와 存否를 肯定하여주는 말이다.
긍정어(肯定語)를 만드는 긍정사(肯定詞)로는 可(가), 如(여), 是(시), 得(득), 足(족), 若(약), 諾(락, 낙), 爾(이), 然(연), 兪(유), 可以(가이), 可謂(가위), 謂之(위지), 등이 있다.

◎ 긍정사 可

→ ~하여도 된다, ~이 맞다, ~할 수 있다, 그러하다, 좋다 等의 뜻으로 긍정어를 만든다

雖(수) 與(여) 日月(일월) 爭(쟁) 光(광) "可(가)" 也(야)

雖	與	日月	爭	光	可	也
부사어 부사 비록	부사어 부사 더불어	주어 명사 해, 달	술어 동사 다루다	목적어 명사 빛	긍정어 긍정사 된다	조사어 종결사 ~다

離騷經序文 朱熹(이소경서문 주희) _ 비록 해와 달과 더불어 빛을 다루어도 될 것이다.

指(지)	山(산)	而(이)	問(문)	焉(언)	曰(왈)	山(산)	乎?(호)
술어	목적어	조사어	술어	조사어	술어	목적어	조사어
동사	명사	접속사	동사	의문종결사	동사	명사	의문종결사
가리키다	산	~면서	묻다	~가	말하다	산	~가

산을 가리키며 묻기를 저것이 산인가?

曰(일)	山(산)	“可(가)”	也(야)
술어	목적어	긍정어	조사어
동사	명사	긍정사	종결사
대답하다	산	맞다	~다

原人韓愈(원인한유)

예! 산이 맞습니다.

“可(가)”	計(계)	日(일)	而(이)	待(대)	也(야)
긍정어	술어	목적어	조사어	술어	조사어
긍정사	동사	명사	접속사	동사	종결사
~할 수 있다	세다	날자	~면서	기다리다	~이다

出師表諸葛亮

(출사표제갈량)

날짜를 세면서 기다릴 수 있을 것이다.

信(신)	“可(가)”	樂(락)	也(야)
부사어	긍정어	술어	조사어
부사	긍정사	명사	종결사
참으로	그렇다	즐거운 일	~이다

蘭亭記王羲之

(난정기왕희지)

참으로 즐거운 일이다.

“可(가)”	不(불)	懼(구)	哉?(재)
긍정어	부정어	술어	조사어
긍정사	부정사	동사	의문종결사
하다	아니하다	두려워하다	~는가?

諫院題名記 司馬光

(간원제명기 사마광)

두려워하지 않을 수 있겠는가?

孟子(맹자)	配(배)	禹(우)	“可(가)”	也(야)
주어	술어	목적어	긍정어	조사어
고유명사	동사	고유명사	긍정사	종결사
맹자	짝지우다	우임금	좋다	~이다

六一居士集序蘇軾

(육일거사집서소식)

맹자를 우임금과 짝지운다 해도 좋을 것이다.

긍정사 如

⟶ ~과 같이하다, ~과 같다 등의 뜻으로 긍정어를 만든다.

臣(신)	之(지)	事(사)	君(군)	“如(여)”	子(자)	事(사)	父(부)
주어 명사 신하	조사어 후치사 ~이	술어 동사 섬기다	목적어 명사 임금	긍정어 긍정사 같이하다	주어 명사 자식	술어 동사 섬기다	목적어 명사 어버이

啓蒙人倫篇(계몽인륜편) _ 신하가 임금 섬기기를 자식이 부모 섬기는 것과 같이 하라.

見(견)	善(선)	“如(여)”	渴(갈)
술어 동사 보다	목적어 명사 착함	긍정어 긍정사 같이하다	보어 형용사 목마름

明心寶鑑繼善篇
(명심보감계선편)
착한 일을 보면 목마른 것처럼 하다.

謹(근)	陳(진)	其(기)	事(사)	“如(여)”	左(좌)
보어 동사 삼가하게	술어 동사 말씀드리다	지시어 지시대명사 당시 상황	목적어 명사 사정	긍정어 긍정사 같다	보어 명사 다음

後出師表諸葛亮
(후출사표제갈량)
삼가 사정을 말씀드리면 다음과 같습니다.

顧(고)	草木(초목)	而(이)	“如(여)”	喪(상)
술어 동사 돌아보다	목적어 명사 풀과 나무	조사어 접속사 ~니	긍정어 긍정사 같다	보어 형용사 없는 것

北山移文孔稚圭
(북산이문공치규)
풀과 나무를 돌아보니 없는 것 같았다.

“如(여)”	聞(문)	音聲(음성)
긍정어 긍정사 같았다	술어 동사 들리다	목적어 명사 말소리

送窮文韓愈
(송궁문한유)
말소리가 들리는 것 같았다.

炳(병)	“如(여)”	也(야)
주어 명사 광채	긍정어 긍정사 같았다	조사어 종결사 ~이다

昌黎文集序李漢
(창려문집서이한)
광채가 이와 같았다.

○ 긍정사 是

⟶ 앞뒤가 일치하다, 옳다, ~하면~하다의 뜻으로 긍정어를 만든다.

五人(오인)	共(공)	會(회)	其(기)	體(체)	皆(개)	"是(시)"
주어 관형사 다섯 사람	부사어 부사 함께	술어 동사 맞추다	지시어 지시대명사 항우	목적어 명사 몸통	부사어 부사 모두	긍정어 긍정사 들어맞다

史記項羽本紀(사기항우본기) _ 다섯 사람이 함께 몸통을 맞추고 보니 들어맞았다.

天子(천자)	曰(왈)	"是(시)"
주어 명사 천자	술어 동사 말하다	긍정어 긍정사 옳다

上范司諫書歐陽修
(상범사간서구양수)
천자가 옳다고 하셨다.

顏(안)	何(하)	人(인)	哉?(재)	希之(희지)	則(즉)	"是(시)"
주어 고유명사 안회	의문어 의문사 어떤	술어 명사 사람	조사어 의문종결사 ~인가	술어 접미사 바라다	가정어 가정사 ~한다면	긍정어 긍정사 될 것이다

克己銘,呂大臨(극기명, 여대림) _ 안회는 어떤 사람입니까? 바란다면 그와 같은 사람이 될 것이다.

○ 긍정사 得

⟶ ~할수있었다, ~한 것이다의 뜻으로 긍정어를 만든다.

朱蒙(주몽)	"得(득)"	渡(도)
주어 고유명사 주몽	긍정어 긍정사 할 수 있었다	술어 동사 건너다

三國史記高句麗本紀
(삼국사기고구려본기)
주몽은 강을 건널 수 있었다.

相道(상도)	旣(기)	"得(득)"
주어 관형사 재상의 도리	부사어 부사 이미	긍정어 긍정사 일어서다

梓人傳柳宗元
(재인전유종원)
재상의 도리가 이미 일어서다.

"得(득)"	養(양)	人(인)	術(술)
긍정어 긍정사 할 수 있겠다	술어 동사 보살피다	목적어 명사 사람	보어 명사 방법

種樹郭橐駝傳柳宗元
(종수곽탁타전유종원)
사람을 보살피는 방법을 알아낼 수 있었다.

工用(공용)	相(상)	"得(득)"	也(야)
주어 명사 공인, 용구	부사어 부사 서로	긍정어 긍정사 들어맞다	조사어 종결사 ~이다

聖主得賢臣頌 王褒
(성주득현신송 왕표)
공인과 연장이 잘 들어맞은 것이다.

人馬(인마)	相(상)	"得(득)"	也(야)
주어 명사 사람, 말	부사어 부사 서로	긍정어 긍정사 들어맞다	조사어 종결사 ~이다

聖主得賢臣頌 王褒
(성주득현신송 왕표)
사람과 말이 서로 잘 들어맞은 것이다.

긍정사 足

⟶ ~할만하다, ~을 잘하다의 뜻으로 긍정어를 만든다.

亦(역)	"足(족)"	王(왕)	也(야)
부사어 부사 또한	긍정어 긍정사 할 만하다	목적어 명사 왕	조사어 종결사 ~이다

史記項羽本紀
(사기항우본기)
또한 왕노릇할 만하다.

"足(족)"	以(이)	守之(수지)	歟?(여)
긍정어 긍정사 잘하다	조사어 접속사 ~서	술어 접미사 간수하다	조사어 의문종결사 ~는가

四菩薩閣記蘇軾
(사보살각기소식)
잘 간수한다 하겠습니까?

긍정사 若, 諾

⟶ 승낙하다, ~과 같기도 하다, ~과 같다의 뜻으로 긍정어를 만든다.

"若(약)"	嘯(소)	若(약)	啼(제)
긍정어 긍정사 같다	술어 명사 휘파람	긍정어 긍정사 같다	술어 동사 울다

送窮文韓愈(송궁문한유)
휘파람 소리 같기도 하고 우는 소리 같기도 하였다.

暮(모)	入(입)	"若(약)"	木枝(목지)
주어 명사 저녁 해	술어 동사 넘어가다	긍정어 긍정사 같다	목적어 관형사 나뭇가지

推句(추구)
저녁 해는 나뭇가지 위로 넘어가는 것 같다.

긍정사 爾

⟶ 그러하다, ~이면 된다, ~이다 라는 뜻으로 긍정어를 만든다.

師(사)	云(운)	"爾(이)"	哉?(재)
주어	술어	긍정어	조사어
명사	동사	긍정사	의문종결사
스승	이르다	그러하다	~는가

答章中立書柳宗元
(답위중립서유종원)
스승께서 그러하다 하였겠는가?

司諫(사간)	七品官(칠품관)	"爾(이)"
주어	술어	긍정어
명사	명사	긍정사
사간	칠품관	~이다

上范司諫書歐陽修
(상범사간서구양수)
사간은 칠품 벼슬이다.

吾師(오사)	亦(역)	嘗(상)	云(운)	"爾(이)"
주어	부사어	부사어	술어	긍정어
관형사	부사	부사	동사	긍정사
나의 스승	또한	일찍이	말하다	그러하다

原道韓愈(원도한유)
나의 스승께서는 또한 일찍이 그러하다고 말씀하셨다.

陰陽(음양)	"爾(이)"	四時(사시)	"爾(이)"
주어	긍정어	주어	긍정어
명사	긍정사	명사	긍정사
음과 양	그러하다	사시	그러하다

列子天瑞(열자천서)
음양이 그러하고 사시가 그러하다.

不(부)	知(지)	君子(군자)	必(필)	"爾(이)"	爲(위)	不(불)	也(야)
부정어	술어	주어	부사어	긍정어	술어	부정어	조사어
부정사	동사	면사	부사	긍정사	동시	부정사	종결사
못하다	알다	군자	반드시	그러하다	하다	못하다	~이다

答陳商書韓愈(답진상서한유) _ 군자라면 반드시 그렇게 하여야 하는지, 하지 말아야 하는지 모르겠다.

긍정사 然

⟶ 그러하다, 옳다 등의 뜻으로 긍정어를 만든다.

天下(천하)	皆(개)	"然(연)"
주어	부사어	긍정어
명사	부사	긍정사
천하	모두	그러하다

送薛存義序柳宗元
(송설존의서유종원)
천하가 모두 그러하다.

比(비) 屋(옥) 皆(개) "然(연)"

比	屋	皆	然
보어	주어	부사어	긍정어
형용사	명사	부사	긍정사
같은	집	다	그러하다

黃州竹樓記 王偁偁
(황주죽루기 왕우칭)
집집마다 다 그러하다.

天子(천자) 曰(왈) "然(연)"

天子	曰	然
주어	술어	긍정어
명사	동사	긍정사
천자	말하다	옳다

上范司諫書歐陽修
(상범사간서구양수)
천자가 옳다고 하였다.

긍정사 兪

⟶ 맞다, 그러하다, 옳다 등의 뜻으로 긍정어를 만든다.

皐陶(고도) 曰(왈) "兪(유)" 師(사) 汝(여) 昌言(창언)

皐陶	曰	兪	師	汝	昌言
주어	술어	긍정어	술어	보어	목적어
고유명사	동사	긍정사	동사	인칭대명사	관형사
고도	말하다	옳다	스승으로 삼다	너	자랑스러운 말

書經益稷(서경익직) _ 고도가 말하기를 네 말이 옳다. 너의 자랑스러운 말을 스승으로 삼으리라.

긍정사 可以

⟶ ~할 수 있다 라는 뜻으로 긍정어를 만든다.

"可以(가이)" 爲(위) 錯(착)

可以	爲	錯
긍정어	술어	목적어
긍정사	동사	명사
할 수 있다	하다	숫돌

詩經小雅鶴鳴(시경소아학명)
숫돌로 쓸 수 있네.

"可以(가이)" 居(거) 子(자) 矣(의)

可以	居	子	矣
긍정어	술어	목적어	조사어
긍정사	동사	명사	종결사
할 수 있다	살다	아들	~이다

小學稽古(소학계고)
자식을 기르며 살 곳이다.

"可以(가이)" 此(차) 言(언) 進(진)

可以	此	言	進
긍정어 긍정사 할 수 있다	지시어 지시대명사 이	주어 명사 말	술어 동사 올리다

上張僕射書韓愈

(상장복사서한유)

이 말씀을 올릴 수 있을 것입니다.

"可以(가이)" 淩(능) 霄漢(소한)

可以	淩	霄漢
긍정어 긍정사 할 수 있다	술어 동사 건너다	목적어 명사 하늘

樂志論仲長統(낙지론중장통)

저 하늘을 건너서 (出宇宙之外矣) 우주 밖으로 나갈 수 있다.

"可以(가이)" 爲(위) 天下母(천하모)

可以	爲	天下母
긍정어 긍정사 할 수 있다	술어 동사 하다	목적어 관형사 천하의 근본

楚簡老子第一章

(초간노자제일장)

천하의 근본이라 할 수 있다.

○ 긍정사 可謂

→ 할수있다라는 뜻으로 긍정어를 만든다.

"可謂(가위)" 多(다) 事(사) 矣(의)

可謂	多	事	矣
긍정어 긍정사 할 수 있다	술어 형용사 많다	목적어 명사 일	조사어 종결사 ~이다

上范司諫書歐陽修

(상범사간서구양수)

일이 많다고 할 수 있다.

"可謂(가위)" 備(비) 至(지) 矣(의)

可謂	備	至	矣
긍정어 긍정사 할 수 있다	술어 동사 구비하다	목적어 명사 지극함	조사어 종결사 ~이다

南海神廟碑韓愈

(남해신묘비한유)

지극함을 구비하였다 할 수 있다.

"可謂(가위)" 雄偉(웅위) 不(불) 常者(상자) 矣(의)

可謂	雄偉	不	常者	矣
긍정어 긍정사 할 수 있다	술어 관형사 위대한 영웅	부정어 부정사 아니하다	보어 관형사 항상 있는 것	조사어 종결사 ~이다

昌黎文集序李漢(창려문집서이한) _ 항상 있지 아니한 위대한 영웅이라고 할 수 있다.

"可謂(가위)" 勤(근) 矣(의)

可謂	勤	矣
긍정어 접두사 할 수 있다	보어 명사 부지런	조사어 종결사 ~다

進學解韓愈(진학해한유)
부지런 했다고 말할 수 있다.

긍정사 謂之

⟶ "할 것이다" 라는 뜻으로 긍정어를 만든다.

吾(오) 必(필) "謂之(위지)" 學(학) 矣(의)

吾	必	謂之	學	矣
주어 인칭대명사 나	부사어 부사 반드시	긍정어 긍정사 할 것이다	술어 동명사 배운 사람	조사어 종결사 ~이다

論語學而(논어학이)
나는 반드시 배운 사람이라고 할 것이다.

18. 指示語 (지시어)

그 文章이나 그 文章의 앞에서 이미 나온 事物이나 사람, 場所 等을 指稱하는 指示代名詞를 使用하여 文章의 한가지 構成要素를 만들어 낸 文形을 指示語라고 한다.

指示語에 쓰이는 指示代名詞는 其(기), 此(차), 是(시), 斯(사), 厥(궐), 之(지), 旃(전), 焉(언), 諟(시) 等이 있다. 「用例 및 仔細한 內容은 指示代名詞 참조」

19. 助詞語 (조사어)

다른 말의 위나 아래 또는 사이, 文句나 文章의 끝에서 그 관계나 뜻을 도와서 文章의 構成, 內容을 더욱 明確히 하여 주는 문장의 구성요소를 助詞語라고 한다.

조사어에 使用되는 조사는 전치사로 사용되는 조사로 於(어), 于(우), 乎(호), 以(이) 等이 있고 후치사로 사용되는 조사로 之(지), 者(자), 也(야), 乎(호), 以(이) 等이 있으며, 종결사로 쓰이는 조사에는 단정의 뜻을 나타내는 也(야), 矣(의), 焉(언) 이 있고, 의문의 뜻을 나타내는 乎(호), 邪(야), 耶(야), 那(나), 歟(여), 與(여), 哉(재), 焉(언) 等이 있으며 한정(限定)의 뜻을 나타내는 耳(이), 爾(이), 而(이) 等이 있다.

감탄의 뜻을 나타내는 哉(재), 夫(부), 也(야), 乎(호), 兮(혜) 等이 있고, 또 겹침종결사로 也已(야이), 而已(이이), 焉耳(언이), 焉耳矣(언이의), 而已矣(이이의), 也已矣(야이의) 等이 단정이나 한정의 뜻을 나타내는데 쓰이고 矣乎(의호)는 의문어를 만든다.

접속사로 쓰이는 조사는 與(여), 及(급), 曁(기), 而(이), 則(즉), 且(차), 又(우), 也(야), 亦(역), 卽(즉), 乃(내), 雖(수), 以(이) 等이 있고, 反語語로 쓰이는 접속사는 然(연), 不然(불연), 抑(억), 況(황), 以(이), 是以(시이), 以是(이시), 故(고), 却(각), 然則(연즉), 然而(연이) 等이 있다.「仔細한 內容과 用例는 助詞 참조」

20. 發語語 (발어어)

발어어는 문장의 시작이나 句나 節을 바꿀 때 한 호흡 멈추어 讀音의 韻致를 더하여 주는 문장의 한 구성요소로써 解釋上 意味에는 影響을 주지 아니한다. 발어어에 쓰이는 발어사로는 夫(부), 且夫(차부), 故夫(고부), 今夫(금부), 若夫(약부), 維(유), 姑(고) 等이 있다.「用例는 발어사 참조」

21. 自動語 (자동어)

자동어는 자동사가 文句의 앞에서 主動者가 앞으로 하고자 하는 바를 문장 속에 나타나게 하는 한 文形으로 자동어에 사용되는 자동사로는 欲(욕), 將(장), 請(청), 願(원), 庶(서), 冀(기) 等이 있다.「用例는 自動詞 참조」

03 文章의 構造(문장의 구조)

1. 主述構造 (주술구조)

문장의 기본 짜임새의 하나로 주어가 앞에 서고 풀이말(述語)이 뒤에서 풀이하는 구조를 主述構造라고한다.

주술구조는 주어와 술어가 결합된 구조이다.

"天(천) 高(고)"

天	高
주어 명사 하늘	술어 형용사 높다

推句集(추구집)
하늘은 높다.

○ 본문해설 ○

- 주어天과 술어高가 나란히 결합된 主述구조이다.

"管仲夷吾者(관중이오자)" 潁上人(영상인) 也(야)

管仲夷吾者	潁上人	也
주어 고유명사 관중 이오	술어 관형사 영상 사람	조사어 종결사 ~다

史記管晏列傳(사기관안열전)
관중이오는 영상 사람이다.

○ 본문해설 ○

- 仲(중) 은 字요, 夷吾는 이름이다.
- 潁上(영상)은 지명으로 현(縣)이름

"天(천)" "高(고)" "日月(일월)" "明(명)"

天	高	日月	明
주어 명사 하늘	술어 형용사 높다	주어 명사 해 달	술어 형용사 밝다

推句集(추구집)
하늘은 높고 해와 달은 밝다.

"衆人(중인)" 皆(개) "醉(취)" "我(아)" 獨(독) "醒(성)"

衆人	皆	醉	我	獨	醒
주어 관형사 모든사람	부사어 부사 다	술어 동사 취하다	주어 인칭대명사 나	부사어 부사 홀로	술어 동사 깨어있다

漁父辭屈原(어부사굴원)
모든 사람이 다 취해있는데
나 홀로 깨어있으니.

※ 이상과 같이 주어 술어 구조가 두 절(節) 이상 겹쳐서 문장이 이루어지면서 주어나 술어가 겹쳐 쓰이지 아니한 문장을 복문(複文)이라 한다.

"天者(천자)" "日月星辰之主(일월성진지주) 也(야)"

天者	日月星辰之主	也
주어 명사 하늘은	술어 관형사 해와 달과 별의 주인	조사어 종결사 ~다

原人韓愈(원인한유)
하늘은 해와 달과 별의 주인이다.

"楚左尹項伯者(초좌윤항백자)" "項羽季父(항우계부) 也(야)"

楚左尹項伯者	項羽季父	也
주어 고유명사 초나라 좌윤 항백은	술어 관형사 항우의 막내 아버지	조사어 종결사 ~다

史記項羽本紀(사기항우본기) _ 초나라 좌윤 항백은 항우의 막내 아버지이다.

◎ **본문해설** ◎

- 左尹(좌윤) 벼슬이름
- 季(계) 명사 – 막내, 넷째, 伯, 仲, 叔, 季(백, 중, 숙, 계)는 형제의 태어난 순서

※ 이상과 같이 주어와 술어만으로 이루어진 문장을 단문(單文)이라고 한다.
술어가 될 수 있는 품사는 동사, 형용사, 수사 뿐만 아니라 이상과 같이 명사, 고유명사도 술어가 될 수 있음을 알 수 있다.

2. 述目構造 (술목구조)

술목구조는 술어와 목적어가 결합된 구조로 술어 뒤에 목적어가 따른다. 이는 한문의 특징이기도 하며 우리말과 다른 점이기도 하다. 술목구조 중에는 술어와 목적어 사이에 조사(助詞), 그중에도 전치사 어(於)가 들어가는 조사구조(助詞構造)가 많다.

吾國(오국) "有(유)" "聖人(성인)"

吾國	有	聖人
주어 관형사 우리나라	술어 형용사 있다	목적어 명사 성인

列子仲尼(열자중니)
우리나라에는 성인이 있다.

◎ 본문해설 ◎

- 술어 有와 목적어 聖人이 나란히 결합된 述目 구조이다.
- 有(유) 는 불완전 동사나 불완전 형용사로 쓰여 반드시 뒤에 명사를 갖게 한다.

伯牙(백아) 善(선) "鼓(고)" "琴(금)"

伯牙	善	鼓	琴
주어 고유명사 백아	부사어 부사 잘	술어 동사 타다	목적어 명사 거문고

列子湯問(열자탕문)
백아는 거문고를 잘 타고

◎ 본문해설 ◎

- 伯牙(백아) 고유명사 – 거문고의 명인

孟子(맹자) "見(견)" "梁惠王(양혜왕)"

孟子	見	梁惠王
주어 고유명사 맹자	술어 동사 만나다	목적어 고유명사 양혜왕

孟子梁惠王上
(맹자양혜왕상)
맹자가 양혜왕을 만나니

昔者聖人(석자성인) "因(인)" "陰陽(음양)" 以(이) "統(통)" "天地(천지)"

昔者聖人	因	陰陽	以	統	天地
주어 관형사 옛날 성인	술어 동사 인연으로 삼다	목적어 명사 음과 양	접속어 접속사 ~서	술어 동사 다스리다	목적어 명사 세상

列子天瑞(열자천서) _ 옛날에 성인은 음과 양을 인연으로 삼아서 세상을 다스렸다.

宅邊(택변) "有(유)" "五柳樹(오류수)"

宅邊	有	五柳樹
주어 관형사 집가	술어 형용사 있다	목적어 관형사 다섯 그루 버드나무

五柳先生傳陶淵明
(오류선생전도연명)
집가에는 다섯 그루의 버드나무가 있었다.

子路(자로) "宿(숙)" 於(어) "石門(석문)"

子路	宿	於	石門
주어 고유명사 자로	술어 동사 묵다	주사어 전치사 에서	목적어 고유명사 석문

論語憲問(논어헌문)
자로는 석문에서 묵었다.

◎ 본문해설 ◎

- 술어 宿과 목적어 石門사이에 전치사 於가 드러간 조사구조 述目 구조이다.
- 子路(자로) 고유명사 – 孔子제자
- 石門(석문) 고유명사 – 지명

"見殺(견살)"	於(어)	"齊(제)"	也(야)
술어	조사어	목적어	조사어
피동사	전치사	고유명사	종결사
죽임을 당하다	에서	제나라	~이다

爭臣論韓愈(쟁신론한유)
제나라에서 죽임을 당하다.

◎ 본문해설 ◎

- 見(견) 피동사 – ~을 당하다
- 也(야) 종결사 – ~이다의 뜻으로 긍정을 나타낸다.

農夫(농부)	相與(상여)	"抃(변)"	於(어)	"野(야)"
주어	부사어	술어	조사어	목적어
명사	부사	동사	전치사	명사
농부	서로	손뼉을 치다	에서	들판

喜雨亭記蘇軾
(희우정기소식)
농부들은 서로 서로 들판에서 손뼉을 친다.

"月(월)"	出(출)	於(어)	"東山之上(동산지상)"
주어	술어	조사어	목적어
명사	동사	전치사	관형사
달	뜨다	에서	동쪽 산 위

前赤壁賦蘇軾
(전적벽부소식)
달은 동쪽 산 위에 떠서

好辯之士(호변지사)	"敗(패)"	於(어)	"辯(변)"
주어	술어	조사어	목적어
관형사	동사	전치사	명사
말 잘하는 사람	망하다	~로	말

書五代郭崇韜傳後張耒
(서오대곽숭도전후장뢰)
말을 잘하는 사람은 말로 망한다.

伯夷叔齊(백이숙제)	"餓(아)"	于(우)	"首陽山之下(수양산지하)"
주어	술어	조사어	목적어
고유명사	동사	전치사	관형사
백이숙제	굶어죽다	에서	수양산 아래

論語季氏(논어계씨) _ 백이와 숙제는 수양산 아래에서 굶어죽었다.

述目構造에 補語가 더해질 경우에는 보어는 목적어 뒤에온다.

少時(소시) 讀(독) 書(서) 於(어)

少時(소시)	讀(독)	書(서)	於(어)
주어 명사 젊은시절	술어 동사 읽다	목적어 명사 책	조사어 전치사 에서

"廬山五老峰下白石菴之僧舍(여산오로봉하백석암지승사)"

보어
관형사
여산 오로봉 밑 백석암의 승사

李君山房記蘇軾(이군산방기소식) _ 젊은 시절 여산 오로봉 아래 백석암 절방에서 책을 읽었다.

見(견) 執事(집사) 於(어) "益州(익주)"

見(견)	執事(집사)	於(어)	益州(익주)
술어 동사 만나다	목적어 명사 선생님	조사어 전치사 에서	보어 고유명사 익주

上田樞密書蘇洵
(상전추밀서소순)
선생님을 익주에서 만나니

본문해설

- 執事(집사) 명사 – 선생님을 높이어 부르는 말
- 益州(익주) 고유명사 – 지명

04 文字의 雙用과 字義(문자의 쌍용과 자의)

1. 名詞의 雙用 (명사의 쌍용)

명사가 나란히 쓰일때에는 한자는 **動詞**로 쓰이고 한자는 **名詞**로 쓰여 **目的語**나 **主語**가 된다.

"使(사)"	"使(사)"	言之(언지)	漢王(한왕)
주어	술어	술어	목적어
명사	동사	접미사	고유명사
사자	보내다	말하다	한나라 왕

史記陣承相世家
(사기진승상세가)
사자를 보내 한왕(유방)에게 말하였다.

維(유)	天之威(천지위)	從(종)	人之欲(인지욕)	"善(선)"	"善(선)"
부사어	주어	술어	목적어	주어	술어
부사	관형사	동사	관형사	명사	동사
오직	하늘의 위엄	따르다	사람이 하고자 하는 바	착한 것	잘되게 하다

"惡(악)"	"惡(악)"	無(무)	作(작)	神(신)	羞(수)
주어	술어	부정어	사역어	주어	술어
명사	동사	부정사	사역동사	명사	동사
악한 것	잘못되게 하다	아니하다	하게 하다	신(신령)	부끄러워하다

三國史記列傳金庾信上(삼국사기열전김유신상) _ 오직 하늘의 위엄으로 사람이 하고자 하는 바를 따라 착한 것은 잘되게하고 악한 것은 잘못되게 하여 신령한 것이 부끄럽지 않게 한다.

子夏(자공)	曰(왈)	"賢(현)"	"賢(현)"	易(역)	色(색)
주어	술어	주어	술어	술어	목적어
고유명사	동사	명사	동사	동사	명사
자하	말하다	어진 사람	높여주다	바꾸다	여색

論語學而(논어학이) _ 자하가 말하였다 "어진 사람"을 존경하기를 여색을 좋아하는 것처럼 하며

○ 본문해설 ○

- **易色**(역색) 안색을 바꾸다, 여색에 홀리어 얼굴빛이 변하다.
- **子夏**(자하) **孔子**의 제자로, 성은 **卜**(복), 이름은 **商**(상)이며 **子夏**는 **字**로 **衛**(위)나라 사람이다.

齊景公(제경공)	問(문)	政(정)	於(어)	孔子(공자)	孔子(공자)
주어	술어	목적어	조사어	보어	주어
고유명사	동사	명사	전치사	고유명사	고유명사
제나라 경공	묻다	정치	~에게	공자	공자

對曰(대왈)	“君(군)”	“君(군)”	“臣(신)”	“臣(신)”	“父(부)”	“父(부)”
술어	주어	술어	주어	술어	주어	술어
동사	명사	동사	명사	동사	명사	동사
대답하다	임금	임금노릇을 잘하다	신하	신하노릇을 잘하다	아버지	아버지 노릇을 잘하다

“子(자)”	“子(자)”
주어	술어
명사	동사
아들	아들 노릇을 잘하다

論語顔淵(논어안연)

제나라 경공이 정치에 대하여 공자에게 물었다. 공자가 대답하기를 임금은 임금 노릇을 잘하여야 하고, 신하는 신하 노릇을 잘하여야 하며, 아버지는 아버지 노릇을 잘하여야 하며 아들은 아들 노릇을 잘하여야 한다고 말하였다.

◎ 본문해설 ◎

- 景公(경공) (B.C 540~487) 齊나라 靈公(영공)의 아들

倭兵(왜병)	大(대)	至(지)	王(왕)	聞之(문지)	恐(공)	不可(불가)
주어	부사어	술어	주어	술어	추정어	부정어
관형사	부사	동사	명사	접미사	추정사	부정사
왜병	많이	몰려오다	왕	듣다	아마도	못하다

適(적)	造(조)	草偶人數千(초우인수천)	“衣(의)”	“衣(의)”	持(지)
술어	술어	목적어	술어	목적어	술어
동사	동사	관형사	동사	명사	동사
대적하다	만들다	풀허수아비 수천	입히다	옷	갖게하다

兵(병)	列立(열입)	吐含山下(토함산하)
목적어	술어	목적어
명사	동사	관형사
병기	벌려세우다	토함산 아래

三國史記新羅本紀奈勿尼師今九年(삼국사기신라본기내물이사금구년)

왜군이 많이 몰려온다는 말을 왕이 듣고 아마도 대적하지 못할까 하여 풀 허수아비 수천 개를 만들어 옷을 입히고, 병기를 들리어 토함산 아래에다 벌려 세웠다.

◎ 본문해설 ◎

- 恐(공) 은 “두려워서”로 풀 수도 있으나 추정어로 보아 “아마도”로 풀었다. 「추정어 참조」

君(군)	且(차)	"使(사)"	"使者(사자)"
주어	조사어	술어	목적어
명사	접속사	동사	명사
임금	또한	보내다	사자

管子輕重(관자경중)
임금은 또한 사자를 보냈다.

夫(부)	先王(선왕)	取(취)	天下(천하)	也(야)	"術(술)"	"術(술)"
발어어	주어	술어	목적어	조사어	술어	목적어
발어사	관형사	동사	명사	접속사	동사	명사
대저	옛 성왕	얻다	천하	~은	쓰다	꾀

乎(호)	大德(대덕)	哉?(재)
조사어	보어	조사어
전치사	관형사	의문종결사
~란	큰 덕망	~인가

管子霸言(관자패언)
대저 옛날 성왕(聖王)이 천하를 얻은 것은 큰 덕망이라는 "꾀를 썼기" 때문인가?

昔人(석인)	還(환)	以(이)	不(불)	"名(명)"	"名(명)"
주어	부사어	조사어	부정어	술어	목적어
관형사	부사	전치사	부정사	동사	명사
옛날 사람	오히려	~에	없다	이름을 붙이다	이름

破閑集下李仁老(파한집하이인로) _ 옛날 사람은 오히려 이름없는 것에 이름을 붙이었다.

2. 形容詞의 雙用 (형용사의 쌍용)

形容詞가 나란히 쓰일 때에는 한자는 형용사로 쓰이고, 한자는 명사나 관형사로 쓰여 목적어가 된다.

大學之道(대학지도)	在(재)	"明(명)"	"明德(명덕)"
주어	긍정어	술어	목적어
관형사	형용사	형용사	관형사
대학의 도	있다	밝히다	밝은 덕

大學經一章
(대학경일장)
대학의 도는 밝은 덕을 밝히는 데 있다.

3. 雙用擬聲語 (쌍용의성어)

명사나 형용사가 나란히 쓰여 부사가 되어 **擬聲語**를 만든다.

圍(위) 棋(기) 子聲(자성) "丁丁(정정)" "然(연)"

圍	棋	子聲	丁丁	然
술어 동사 둘러놓다	목적어 명사 바둑	주어 관형사 돌소리	부사어 부사 쩌렁쩌렁	술어 긍정어 ~하다

黃州竹樓記王禹偁(황주죽루기왕우칭)
바둑을 둘러놓으니 돌소리가 쩌렁쩌렁하고

投(투) 壺(호) 矢聲(시성) "錚錚(쟁쟁)" "然(연)"

投	壺	矢聲	錚錚	然
술어 동사 던지다	목적어 명사 통	주어 관형사 살소리	부사어 부사 떵떵	술어 긍정사 ~하다

黃州竹樓記王禹偁(황주죽루기왕우칭)
살을 통에 던지니 살소리가 떵떵하더라.

伐(벌) 木(목) "丁丁(정정)" 鳥(조) 鳴(명) "嚶嚶(앵앵)"

伐	木	丁丁	鳥	鳴	嚶嚶
술어 동사 베다	목적어 명사 나무	부사어 부사 텅텅	주어 명사 새	술어 동사 울다	부사어 부사 앵앵

詩經小雅伐木丁丁(시경소아벌목정정) _ 텅텅 나무를 베고 앵앵 산새가 운다.

4. 雙用擬態語 (쌍용의태어)

명사가 나란히 쓰여 **擬態語**(의태어)를 만든다.

始(시) 舍之(사지) "圉圉(어어)" 焉(언) 少(소) 則(즉) "洋洋(양양)"

始	舍之	圉圉	焉	少	則	洋洋
부사어 부사 처음	술어 접미사 풀어주다	부사어 부사 어릿어릿	조사어 후치사 ~더니	부사어 부사 잠시뒤	조사어 접속사 ~엔	부사어 부사 생생하게

焉(언) 攸然(유연) 而(이) 逝(서)

焉	攸然	而	逝
조사어 후치사 ~게	부사어 부사 태연히	조사어 접속사 ~게	술어 동사 가다

孟子萬章上(맹자만장상)
처음 풀어주니 어릿어릿하더니 잠시 뒤엔 생생하게 태연히 헤엄쳐 가더라.

○ 본문해설 ○

- 圉(어) 는 마부나 마구간이란 명사이다.
- 洋(양) 은 바다라는 명사이다.

景(경) "翳翳(예예)" 以(이) 將(장) 入(입)

景	翳翳	以	將	入
주어	부사어	조사어	자동어	술어
명사	부사	후치사	자동사	동사
햇빛	뉘엿뉘엿	~이	하려하다	넘어가다

歸去來辭陶淵明(귀거래사도연명)
햇빛이 "뉘엿뉘엿"이 넘어가려 하는데

○ 본문해설 ○

• 翳(예) 는 깃양산으로 명사이다.

鴻鵠(홍혹) "鏘鏘(장장)" 唯(유) 民(민) 歌之(가지)

鴻鵠	鏘鏘	唯	民	歌之
주어	부사어	부사어	주어	술어
명사	부사	부사	명사	접미사
기러기	당당하고 늠늠하게	오직	백성	노래부른다

管子形勢(관자형세) _ 기러기 당당하고 늠늠하게 나는데 백성들은 오직 노래만 부른다.

○ 본문해설 ○

• 鏘(장) 은 옥이 구르는 소리, 옥소리라는 뜻의 명사이다.

5. 本意强調 (본의강조)

나란히 쓰인 두 글자가 모두 형용사나 동사 또는 부사로 쓰일 때에는 원래의 뜻을 더 강조한다.

安(안) 能(능) 以(이) 身之(신지) "察察(찰찰)" 受(수)

安	能	以	身之 "察察"	受
의문어	부사어	조사어	주어	술어
의문사	부사	후치사	관형사	동사
어찌	능히	~이	살피고 살핀 몸	받다

物之(물지) "汶汶(문문)" 者(자) 乎?(호)

物之 "汶汶" 者	乎?
목적어	조사어
관형사	의문종결사
더럽히고 더럽혀진 물건	~는가

漁父辭屈原(어부사굴원)
어찌 능히 살피고 살핀 깨끗한 몸으로 더럽히고 더럽힌 물건을 받을 수 있겠는가?

○ 본문해설 ○

• 察(찰) 은 살피다라는 뜻의 동사이고, 汶(문) 은 더럽히다라는 뜻의 동사이다.

安(안) 能(능) "皓皓(호호)" 之白(지백) 而(이) 蒙(몽)

安	能	皓皓之白	而	蒙
의문어 의문사 어찌	부사어 부사 능히	주어 관형사 희고 흰 깨끗함	조사어 접속사 ~으로	술어 동사 덮히다

世俗之塵埃(세속지진애) 乎?(호)

世俗之塵埃	乎
목적어 관형사 세속의 먼지	조사어 의문종결사 ~는가

漁父辭屈原(어부사굴원)
어찌 능히 "희고 흰" 깨끗한 몸으로 세속의 먼지에 덮힐 수 있겠는가?

◎ 본문해설 ◎

• 皓(호)는 희다는 뜻의 형용사이다.

"忽忽(홀홀)" 仰(앙) 天(천) 歎息(탄식)

忽忽	仰	天	歎息
부사어 부사 홀연히 맥없이	술어 동사 우러러	목적어 명사 하늘	술어 동사 탄식하다

上區陽內翰書蘇洵
(상구양내한서소순)
"홀연 맥없이" 하늘을 우러러 탄식한다.

◎ 본문해설 ◎

• 忽(홀)은 홀연히, 망연히, 맥없이 란 뜻이 있는 부사이다.

6. 동사가 나란히 쓰일 때 하나는 동명사로 쓰이고 하나는 동사로 쓰인다.

此物(차물) 久將(구장) 無 "用(무용) 用(용)"

此物	久將	無用	用
주어 관형사 이 물건	부사어 부사 오랫동안	보어 동명사 쓸데없는 것	술어 동사 쓰이다

破閑集李仁老
(파한집이인로)
이 물건은 오랫동안 "쓸데없는 것으로 쓰였다."

05 品詞의 轉成 (품사의 전성)

어떤 품사가 그 모습을 바꾸어 다름 품사로 變形되는 되는 것을 품사의 전성이라고 한다.

1. 名詞의 動詞轉成 (동사의 동사전성)

같은 글자가 나란히 쓰여진 한글자는 다른 품사로 바꾸어진 轉成 品詞

○ 명사 + 명사 → 명사 + 동사

巨(거) "椎(추)" "椎(추)" 其(기) 胸(흉) 矣(의)

巨(거)	椎(추)	椎(추)	其(기)	胸(흉)	矣(의)
주어 관형사 큰 몽둥이		술어 동사 치다	지시어 지시대명사 그의	목적어 명사 가슴	조사어 종결사 ~다

於于野談郭太虛妻柳夢寅
(어유야담곽대허처유몽인)
큰 "몽둥이로 그의 가슴을 내리치다."

○ 본문해설 ○

• 椎(추) 명사로 몽둥이인데 그 하나는 동사로 전성되여 "내리치다" 로 해석한다.

"使(사)" "使(사)" 言之(언지) 漢王(한왕)

使(사)	使(사)	言之(언지)	漢王(한왕)
주어 명사 사자	술어 동사 보내다	술어 접미사 말하다	목적어 고유명사 한나라왕

史記陳丞相世家
(사기진승상세가)
"사자를 보내어" 한나라왕(유방)에게 말하였다.

○ 본문해설 ○

• 使(사) 명사로 사자인데 그 하나는 동사로 전성되어 "보내다" 로 해석한다.

"衣(의)" "衣(의)" 持(지) 兵(병) 列立(열입) 吐含山下(토함산하)

衣(의)	衣(의)	持(지)	兵(병)	列立(열입)	吐含山下(토함산하)
술어 동사 입히다	목적어 명사 옷	술어 동사 돌고	목적어 명사 무기	술어 동사 벌려세우다	목적어 관형사 토함산 아래

三國史記新羅本紀奈勿尼師今九年(삼국사기신라본기내물이사금구년)
"옷을 입히고" 무기를 들리어 토함산 아래에 벌려세우다

◎ 본문해설 ◎

• 衣(의) 명사로 옷인데 그 하나는 동사로 전성되어 "입히다" 로 해석한다.

2. 接頭詞에 依한 轉成 (접두사에 의한 전성)

◎ 동사 → 동명사

此物(차물)	久將(구장)	無"用(무용)	用(용)"
주어	부사어	보어	술어
관형사	부사	동명사	동사
이 물건	오랫동안	쓸데없는 것	쓰이다

破閑集李仁老
(파한집이인로)
이 물건은 오랫동안 "쓸데없는 것" 으로 쓰였다.

◎ 본문해설 ◎

• 접두사 無에 依하여 동사인 用(쓰다)이 동명사로 전성되어 "쓸데없는 것"으로 해석한다.

明王(명왕)	之(지)	"所(소)" 操(조)	者(자)	六(육)	生之(생지)
주어	조사어	술어	조사어	목적어	보어
관형사	후치사	동명사	후치사	수사	접미사
총명한 군주	~가	잡고있을 권한	~것	여섯	살리고

殺之(살지)	富之(부지)	貧之(빈지)	貴之(귀지)	賤之(천지)
보어	보어	보어	보어	보어
접미사	접미사	접미사	접미사	접미사
죽이고	부자로 만들고	가난하게 만들고	귀하게 만들고	천하게 만들고

此(차)	六(육)	柄(병)	者(자)	主(주)	之(지)	"所(소)" 操(조)	也(야)
지시어	주어	술어	조사어	주어	조사어	술어	조사어
지시대명사	수사	명사	후치사	명사	후치사	동명사	종결사
이	여섯가지	권한	~은	군주	~가	잡고있을 권한	~다

管子任法(관자임법) _ 총명한 군주가 "잡고 있어야 할 권한은" 여섯 가지이다. 살리고, 죽이고, 부자로 만들고, 가난하게 만들고, 귀하게 만들고, 천하게 만드는 이 여섯 가지 권한은 군주가 "잡고 있어야 할 권한이다."

◎ 본문해설 ◎

• 접두사 所에 依하여 동사인 操(잡다, 움켜쥐다)가 동명사로 전성되어 "잡고 있어야 할 권한" 으로 해석한다.

3. 接尾詞에 依한 轉成 (접미사에 의한 전성)

접미사로는 之, 然, 以, 者 등이 있다.

○ 명사 → 동사

寒(한) 則(즉) 衣(의) "之(지)" 飢(기) 則(즉) 乳(유) "之(지)"

寒	則	衣之	飢	則	乳之
주어 명사 춥다	가정어 가정사 ~면	술어 접미사 입혀주다	주어 명사 주리다	가정어 가정사 ~면	술어 접미사 젖을 주고

鍾玉傳睦台林(종옥전목태림) _ 추우면 "입혀주고" 배고프면 "젖을 주고"

○ 본문해설 ○

- 명사인 衣(옷)가 접미사 之에 依하여 동사로 전성되어 "입혀주다" 로 해석하며 명사인 乳(젖)가 동사로 전성되어 "젖을 주다" 로 해석한다.

神人(신인) 共(공) 怒(노) 檄(격) "之(지)" 罵之(매지)

神人	共	怒	檄之	罵之
주어 명사 신과 사람	부사어 부사 함께	술어 동사 노하여	보어 접미사 격문을 보내다	술어 접미사 나무라다

三國志演義序(清)金人瑞(삼국지연의서(청)김인서) _ 신과 사람이 함께 노하여 "격문을 보내어" 나무라다.

○ 본문해설 ○

- 명사인 檄文(격문)이 접미사 之에 依하여 동사로 전성되어 "격문을 보내다" 로 해석한다.

敬(경) 一善(일선) 脫(탈) 紬衣(주의) 衣(의) "之(지)"

敬	一善	脫	紬衣	衣之
술어 동사 존경하다	목적어 고유명사 일선스님	술어 동사 벗다	목적어 관형사 명주 옷	술어 접미사 입혀주다

於于野談普雨與高僧柳夢寅(어우야담보우여고승유몽인)
일선스님을 존경하여 명주옷을 벗어서 "입혀주었다."

○ 본문해설 ○

- 명사인 衣(옷)이 접미사 之에 依하여 동사로 전성되어 "옷을 입히다" 로 해석한다.

壁上鏡裡(벽상경리) 人影(인영) 影(영) "之(지)"

壁上鏡裡	人影	影之
보어 관형사 벽위 거울 속	주어 관형사 사람 그림자	술어 접미사 비치다

崔孤雲傳作者未詳(최고운전작자미상) _ 벽위 거울 속에 사람 그림자가 "비치다."

○ 본문해설 ○

• 명사인 影(그림자)가 접미사 之에 依하여 동사로 전성되어 "비치다" 로 해석한다.

○ 之가 동사 밑에 접미사로 쓰이면 그 동사를 피동으로 만들거나 진행형으로 만든다.

天(천) 不(불) 自(자) 醉(취) 人(인) 醉(취) "之(지)"

天	不	自	醉	人	醉之
주어 명사 하늘	부정어 부정사 아니다	부사어 부사 스스로	술어 동사 취하다	주어 명사 사람	술어 접미사 취하게 하다

醒世恒言序(明)可一居士(성세항언서(명)가일거사)
하늘이 스스로 취한 것이 아니라 사람이 "취하게 만든 것이다."

○ 본문해설 ○

• 동사인 醉를 접미사 之가 피동으로 만들어 "취하게 만들다"로 되었다.

○ 형용사 → 부사

欣(흔) "然(연)" 亡(망) 食(식)

欣然	亡	食
부사어 접미사 즐거이	술어 부정사 잊어버리다	목적어 명사 밥

五柳先生傳陶淵明(오류선생전도연명)
"즐거이" 밥 먹는 것도 잊어버린다.

○ 본문해설 ○

• 명사인 欣(즐겁다)이 접미사 然에 依하여 부사로 전성되어 "즐거이" 로 해석한다.

快(쾌) "然(연)" 自(자) 得(득)

快然	自	得
부사어 접미사 유쾌히	부사어 부사 스스로	술어 동사 얻다

蘭亭記王羲之(난정기왕희지)
"유쾌히" 스스로 뜻을 얻다.

○ 본문해설 ○

• 형용사인 快(유쾌하다)가 접미사 然에 依하여 부사로 전성되어 "유쾌히" 로 해석한다.

危(위) "然(연)" 後(후) 安(안)

危然	後	安
부사어 접미사 위태로운	부사어 부사 뒤에야	술어 형용사 편안하다

後出師表諸葛亮(후출사표제갈량)
"위태로운" 뒤에야 편안하다.

○ 본문해설 ○

• 형용사인 危(위태하다)가 접미사 然에 依하여 부사로 전성되어 "위태로운" 으로 해석한다.

汪(왕) "然(연)" 出(출) 涕(제)

汪然	出	涕
부사어 접미사 줄줄이	술어 동사 흘리다	목적어 명사 눈물

捕蛇者說柳宗元(포사자설유종원)
"줄줄이" 눈물을 흘리면서

○ 본문해설 ○

• 형용사인 汪(깊고 넓음)이 접미사 然에 依하여 부사로 전성되어 "줄줄이" 로 해석한다.

○ 동사 → 부사

翕(흡) "然(연)" 隨(수) "以(이)" 定(정)

翕然	隨以	定
부사어 접미사 한결같이	부사어 접미사 따라서	술어 동사 결정하다

昌黎文集序李漢(창려문집서이한)
"한결같이" "따라시" 결정하였다.

○ 본문해설 ○

• 동사인 翕(합하다, 모으다)와 동사인 隨(따르다, 맡기다, 좇다)가 접미사 然에 依하여 "한결같이" 와 접미사 以에 依하여 "따라서" 로 전성되어 副詞化 하였다.

帝(제) 悵(창) "然(연)" 曰(왈) 當時(당시) 忩忩(총총) 吾(오)

帝	悵然	曰	當時	忩忩	吾
주어 명사 당태종	부사어 접미사 슬피	술어 동사 말하다	보어 관형사 그때	술어 동사 바쁘다	주어 인칭대명사 나

不(불) 憶(억) 也(야)

{부정어 부정사 없다} {술어 동사 기억하다} {조사어 종결사 ~다}

三國史記高句麗本紀寶藏王五年
(삼국사기고구려본기보장왕오년)
당태종이 "슬피" 말하기를 그때에는 바빠서 내가 기억할 수 없구나.

○ 본문해설 ○

• 동사 悵(슬퍼하다)는 접미사 然에 依하여 부사로 전성되어 "슬피" 로 해석한다.

悵(창) "然(연)" 失望(실망)

{부사어 접미사 슬피} {술어 동사 실망}

三國史記高句麗本紀寶藏王五年
(삼국사기고구려본기보장왕오년)
"서글피" 실망하여

悄(초) "然(연)" 而(이) 悲(비)

{부사어 접미사 쓸쓸히} {조사어 접속사 ~이} {술어 동사 슬퍼하다}

後赤壁賦蘇軾(후적벽부소식)
"쓸쓸히" 슬퍼하고

○ 본문해설 ○

• 동사 悄(근심하다)는 접미사 然에 依하여 부사로 전성되어 "쓸쓸히" 로 해석한다.

○ 명사 → 부사

戞(알) "然(연)" 長(장) 鳴(명)

{부사어 접미사 쨍그랑~} {부사어 부사 길게} {술어 동사 울다}

後赤壁賦蘇軾(후적벽부소식)
"쨍그랑 쨍그랑" 길게 울며

○ 본문해설 ○

• 명사인 戞(창)이 접미사 然에 依하여 동사로 轉成되어 擬聲副詞 "쨍그랑 쨍그랑" 이 되었다.

○ 동사 → 동명사

子(자) 在(재) 川上(천상) 曰(왈) "逝者(서자)" 如(여) 斯(사)

子	在	川上	曰	逝者	如	斯
주어	술어	목적어	술어	주어	술어	지시어
고유명사	형용사	관형사	동사	동명사	형용사	지시대명사
공자	있다	냇물 위	말하다	가는 것	같다	흐르는 물

夫(부) 不(불) 舍(사) 晝夜(주야)

夫	不	舍	晝夜
발어어	부정어	술어	목적어
발어사	부정사	동사	명사
~	아니하다	쉬다	밤낮

論語子罕(논어자한)
孔子께서 시냇물 위에 앉아 말하였다. "가는것은" 흐르는 물과 같아서 밤낮으로 쉬지 아니하는구나!

○ **본문해설** ○

- 동사인 逝(가다, 지나가다)가 접미사 者에 依하여 전성되여 動名詞 "가는 것" 이 되었다.
- 斯는 指示代名詞로 여기서는 흐르는 물을 指稱한다.

"快耳目者(쾌이목자)" 眞(진) 秦之聲(진지성) 也(야)

快耳目者	眞	秦之聲	也
주어	부사어	술어	조사어
동명사	부사	관형사	종결사
귀와 눈을 즐겁게 하는 것	참다운	진나리 소리	~이다

上秦皇逐客書李斯(상진황축객서이사) _ "귀와 눈을 즐겁게 하는" 것은 참다운 진나라 소리(노래)이다.

○ **본문해설** ○

- 술목구조인 快耳目(귀와 눈을 즐겁게 하다)이 접미사 者에 依하여 동명사로 전성되어 "귀와 눈을 즐겁게 하는 것" 이 되었다.

隕(운) 霜(상) 不(불) "殺者(살자)" 物(물) 之(지) 灾(재) 也(야)

隕	霜	不	殺者	物	之	灾	也
술어	목적어	술어	목적어	주어	조사어	술어	조사어
동사	명사	부정사	동명사	명사	후치사	명사	종결사
내리다	서리	아니하다	죽는 것	생물	~의	재앙	~다

送秦少章書張耒(송진소장서장뢰) _ 서리가 내려도 죽지 아니한 것은 생물의 재앙이다.

○ **본문해설** ○

- 동사인 殺(죽이다)가 접미사 者에 依하여 동명사로 전성되어 "죽는 것" 이 되었다.

第三課

옛글 풀어읽기

01 經書(경서)

1. 小學(소학)

小學이란 修身齊家治國平天下之本이란 理想을 實現하기 爲하여 童蒙敎育에 必要한 聖賢의 말씀과 經傳의 句節을 拔萃하여 編纂한 冊이다.

立敎篇(입교편) 中(중)에서

烈女傳에 曰古者에 婦人이 妊子면

烈女傳	曰	古	者	婦人	妊	子
열 녀 전	왈	고	자	부 인	임	자
(주)명	(술)동	(보)명	(조)후	(주)명	(술)동	(목)명

寢不側坐不邊立不蹕하며

寢	不	側	坐	不	邊	立	不	蹕
침	불	측	좌	불	변	입	불	필
(주)명	(술)부정	(목)명	(주)명	(술)부정	(목)명	(주)명	(술)부정	(목)명

" 열녀전에 말하기를 옛날에 부인이 아이를 잉태하면 잠을 잘 때에는 옆으로 자지 아니하며, 앉을 때에는 갓쪽에 앉지 아니하고, 서 있을 때에는 한쪽 발로 서지 아니한다. "

○ 본문해설 ○

- 烈女傳(열녀전) 韓나라 劉向(유향)이 쓴 傳記
- 古(고) 명사 – 옛날
- 者(자) 후치사 – ~에
- 妊(임) 동사 – 잉태하다
- 寢(침) 명사 – 잠을 잘 때
- 側(측) 명사 – 곁, 옆
- 坐(좌) 명사 – 앉아 있을 때
- 邊(변) 명사 – 변두리, 가양
- 立(입) 명사 – 서 있을 때
- 蹕(필) 동사 – 길을 치운다는 뜻인데 原本小學集注에는 "한 쪽 발로 맡긴다"偏任一足也라고 되어 있어 "한 쪽 발"로 풀었다.

不食邪味하며 **割不正**이면 **不食**하고 **席不正**이면

不	食	邪味	割	不	正	不	食	席	不	正
불	식	사 미	할	부	정	불	식	석	부	정
부정	(술)동	(목)관	(주)명	부정	(술)형	부정	(술)동	(주)명	부정	(술)형

不坐하며

不	坐
불	좌
부정	(술)동

" 사특한 맛이 있는 것은 먹지 아니하며, 쪼갠 것이 바르지 아니하면 먹지 아니하고, 자리가 바르지 아니하면 앉지 아니한다. "

◎ 본문해설 ◎

- **邪味**(사미) 관형사 – 사특한 맛
- **割**(할) 은명사로 "쪼갠 것"으로 주어이며, **正**(정) 은 형용사로 "바르다"로 술어인데 앞에 있는 부정사 **不**(불)이 이를 부정하여 "쪼갠 것이 바르지 아니하면"은 **主句**(전체구)요, **不食**(불식) 은 "먹지 아니한다"는 **從句**(판단구)이다.
- **食**(식) 동사 – 먹다
- **席**(석) 명사 – 자리
- **坐**(좌) 동사 – 앉다

目不視邪色하며 **耳不聽淫聲**하고 **夜則令瞽**로

目	不	視	邪色	耳	不	聽	淫聲	夜	則	令	瞽
목	불	시	사 색	이	불	청	음 성	야	즉	영	고
(주)명	부정	(술)동	(목)관	(주)명	부정	(술)동	(목)관	(주)명	(조)접	(술)사동	(목)명

誦詩하며 **道正事**하라.

誦	詩	道	正事
송	시	도	정 사
(술)동	(목)명	(술)동	(목)관

" 눈은 사특한 색을 보지 아니하며, 귀는 음탕한 소리를 듣지 아니하며, 밤이면 장님이 되어 시를 외우며, 바른 일을 말하여야 한다. "

◎ 본문해설 ◎

• 目(목) 명사 – 눈

• 視(시) 동사 – 보다

• 邪色(사색) 관형사 – 사특한 색

• 耳(이) 명사 – 귀

• 聽(청) 동사 – 듣다

• 淫聲(음성) 관형사 – 음탕한 소리

• 夜(야) 명사 – 밤

• 則(즉) 접속사 – ~이면

• 令(영) 사역동사 – ~이 되게 하다, 뒤에오는 명사 瞽(고)를 修飾하여 "장님이 되어서"가 된다.

• 誦(송) 동사 – 외우다, 읽다

• 道(도) 명사 – 말하다, 道는 드물게 "말하다"라는 뜻으로 동사로 쓰인다.

• 正事(정사) 관형사 – 바른 일, 좋은 일

如此則生子에 形容이 端正하며 才過人矣니라.

如	此	則	生	子	形容	端正	才	過	人	矣
여	차	즉	생	자	형 용	단 정	재	과	인	의
(긍)긍	(지)지	(조)접	(술)동	(목)명	(주)명	(술)관	(주)명	(술)형	(목)명	(조)종

" 이와 같이 하면 자식을 낳으면 얼굴이 곧고 바르며 재주가 남보다 뛰어나는 것이다. "

◎ 본문해설 ◎

• 如(여) 긍정사 – ~과 같이 하다

• 此(차) 지시대명사 – 前文에 나오는 諸事項을 指稱한다.

• 則(즉) 접속사 – ~면

• 形容(형용) 명사 – 얼굴

• 端正(단정) 관형사 – 곧고 바른 것

• 才(재) 명사 – 재주

• 過(과) 형용사 – 지나치다, 뛰어나다

• 人(인) 명사 – 남, 人은 남이란 뜻으로 많이 쓰인다.

• 矣(의) 종결사 – ~이다.

明倫篇(명륜편) 中(중)에서

孟子曰世俗所謂不孝子五니 惰其四支하여

맹 자 왈 세 속 소 위 불 효 자 오 타 기 사 지

(주)고명 (술)동 (주)관 (술)접두 (주)동명 (술)명 (술)동 (지)지 (목)명

不顧父母之養이 一不孝也오

불 고 부 모 지 양 일 불 효 야

(부정)부정 (술)동 (목)관 (주)명 (술)부정 (목)명 (조)종

" 맹자께서 말씀하시기를 세상 풍속에 불효자라고 하는 것이 다섯 가지이다. 사지를 게을리하여 부모 봉양을 돌아보지 아니한 것이 첫 번째 불효이며 "

○ 본문해설 ○

- 世俗(세속) 관형사 – 세상 풍속
- 不孝子(불효자) 동명사 – 불효라고 하는 것
- 其(기) 지시대명사 – 자기 몸을 지칭한다.
- 父母之養(부모지양) 관형사 – 부모를 봉양하는 것
- 所謂(소위) 접두사 – 말하는 것
- 惰(타) 동사 – 게으르다
- 顧(고) 동사 – 돌아보다

博奕好飮酒하여 不顧父母之養이 二不孝也오

박 혁 호 음 주 불 고 부 모 지 양 이 불 효 야

(주)명 (술)동 (술)동 (목)명 부정 (술)동 (목)관 (주)명 부정 (술)명 (조)종

好貨財私妻子不顧父母之養三不孝也라

호 화 재 사 처 자 불 고 부 모 지 양 삼 불 효 야

(술)동 (목)명 (술)동 (목)명 부정 (술)동 (목)관 (주)명 부정 (술)명 (조)종

" 도박과 바둑을 좋아하고, 술을 마시고, 부모 봉양하기를 돌아보지 아니한 것이 두번째 불효요, 돈과 재물을 좋아하고, 아내와 자식에게 사사롭게 빠져서 부모 봉양하기를 돌아보지 아니한 것이 세번째 불효이다 "

본문해설

- 博(박) 명사 – 도박
- 好(호) 동사 – 좋아하다
- 酒(주) 명사 – 술
- 財(재) 명사 – 재물
- 奕(혁) 명사 – 바둑
- 飮(음) 동사 – 마시다
- 貨(화) 명사 – 돈
- 私(사) 동사 – 간사스러워지다, 사사로이 빠지다

從	耳	目	之	欲하여	以	爲	父	母	戮이	四	不	孝	也오	
종	이	목	지	욕	이	위	부	모	육	사	불	효	야	
(술)동	(목)관				(조)접	(술)동	(목)관			(주)명	부정	(술)명	(조)종	

好	勇	鬪	狠하여	以	危	父	母가	五	不	孝	也이다.
호	용	투	한	이	위	부	모	오	불	효	야
(술)동	(목)명	(술)동	(목)형	(조)접	(술)동	(목)명		(주)명	부정	(술)명	(조)종

" 귀로 듣고 눈으로 보는 욕심에 끌리어서 부모를 욕보이는 것이 네번째 불효이며, 용맹스러운 것을 좋아하여 한악스럽게 싸워서 부모를 위태롭게 하는 것이 다섯번째 불효이다. "

본문해설

- 從(종) 동사 – 끌리다
- 耳目之欲(이목지욕) 관형사 – 귀로 듣고 눈으로 보는 욕심
- 父母戮(부모육) 관형사 – 부모를 욕보이는 것, 父母之戮에서 之가 생략되었다.
- 爲(위) 불완전동사로 뒤에 오는 명사나 관형사를 필요로 한다. 여기서는 爲父母戮으로 부모를 욕보게 되다(하다)로 爲는 ~하게 하다, ~되다 라는 뜻을 갖는다.
- 戮(육) 피동사로 죽임을 당하다, 욕을 보다 라는 뜻이 있다.
- 勇(용) 명사 – 용맹
- 鬪(투) 동사 – 싸우다
- 狠(한) 형용사 – 어그러지다, 한악하다
- 危(위) 형용사 – 위태하다

敬身篇(경신편) 中(중)에서

孔子曰君子가 無不敬也나 敬身을 爲大하니라

공 자 왈 군 자 　 무 불 경 야 　 경 신 　 위 대

(주)고명 (술)동 (주)명 　 (부정)중부 (술)동 (조)접 　 (주)관 　 (술)동 (목)명

身也者는 親之枝也니 敢不敬與?

신 야 자 　 친 지 지 야 　 감 불 경 여

(주)관 　 (주)명 (조)후 (술)명 (조)접 　 (부)부 부정 (술)동 (조)의종

" 공자께서 말씀하시기를 군자가 공경하지 아니한 것이 없으나 몸을 공경하는 것을 큰 것으로 삼느니라. 몸이라는 것은 어버이의 가지니 감히 공경하지 아니할 수 있겠는가? "

◎ 본문해설 ◎

- 無不(무불) 이중부정사 – ~하지 않을 수 없다
- 敬(경) 동사 – 공경하다
- 敬身(경신) 관형사 – 몸을 공경하는 것
- 身也者(신야자) 관형사 – 몸이란, 몸이라는 것
- 親(친) 명사 – 어버이
- 枝(지) 명사 – 가지
- 敢(감) 부사 – 감히
- 與(여) 의문종결사 – ~하겠는가?의 의문종결사를 써서 語勢를 강하게 하였다.

不能敬其身이면 是는 傷其親이요 傷其親이면

불 능 경 기 신 　 시 　 상 기 친 　 상 기 친

부정 (술)동 (지)지 (목)명 　 (지)지 　 (술)동 (지)지 (목)명 　 (술)동 (지)지 (목)명

是는 傷其本이요 傷其本이면 枝從而亡이니

시 　 상 기 본 　 상 기 본 　 지 종 이 망

(지)지 　 (술)동 (지)지 (목)명 　 (술)동 (지)지 (목)명 　 (주)명 (술)동 (조)접 (술)동

仰聖模하여 景賢範하며 述此篇하여 以訓蒙士하노라

앙 성 모 　 경 현 범 　 술 차 편 　 이 훈 몽 사

(술)동 (목)관 　 (술)동 (목)관 　 (술)동 (지)지 (목)명 　 (조)접 (술)동 (목)관

" 자기 몸을 공경하지 아니하면 이는 자신의 어버이를 해치는 것이요,
자기 어버이를 해치는 것은 이는 자신의 근본을 해치는 것이니 자기 자신의 근본을 해치면 가지도 따라서 망하게 되는 것이니 , 성인에게서 본받을 바를 우러러보며 어진 사람의 법도를 향하여 이 글을 기술하여 어린 선비를 훈계하노라"

◎ 본문해설 ◎

- **不能**(불능) 부정사 – ~을 하지 못하다
- **是**(시) 지시대명사 – **不能敬其身**을 指稱한다.
- **枝**(지) 명사 – 가지
- **仰**(앙) 동사 – 높이다, 우러러보다
- **賢範**(현범) 관형사– 어진 사람의 법도
- **景**(경) 명사 – 햇빛 / 동사 – 향하다, **原本集註陳氏曰景猶向也** "景은 **向字**와 같다"
- **述**(술) 동사 – 논하다, 기술하다
- **其**(기) 지시대명사 – 자기 자신을 指稱한다.
- **傷**(상) 동사 – 상하다, 해치다
- **從**(종) 동사 – 따르다, 따라가다
- **聖模**(성모) 관형사 – 성인에게서 본받을 바
- **篇**(편) 명사 – 글, 책

稽古篇(계고편) 中(중)에서

孟軻之母가 **其舍**이 **近墓**러니 **孟子之少也**에
맹 가 지 모 / 기 사 / 근 모 / 맹 자 지 소 야
(주)관 / (지)지 (주)명 / (술)형 (목)명 / (주)관 (조)접

嬉戲에 **爲墓間之事**하여 **踊躍築埋**어늘
희 희 / 위 묘 간 지 사 / 용 약 축 매
(주)관 / (술)동 (목)관 / (술)동

孟母曰此는 **非所居子也**라하고
맹 모 왈 차 / 비 소 거 자 야
(주)관 (술)동 (지)지 / (술)부정 (목)접두 (보)명 (조)종

" 맹자의 어머니가 그 집이 공동묘지에 가까웠는지라 맹자가 어릴 적에 장난치며 놀적에 공동묘지에서 하는 일을 하며 뛰고, 쌓고, 묻고 하거늘 맹자 어머니께서 이 곳은 아들과 살 곳이 아니다라고 말하고 "

◎ 본문해설 ◎

- 孟軻之母(맹가지모) 관형사 – 맹자의 어머니
- 其(기) 지시대명사 – 맹자 어머니를 지칭한다.
- 近(근) 형용사 – 가깝다
- 也(야) 접속사 – ~적에
- 孟子之少(맹자지소) 관형사 – 맹자가 어릴 적
- 嬉戲(희희) 관형사 – 장난치며 노는 것
- 墓間之事(묘간지사) 관형사 – 공동묘지에서 하는 일
- 踊(용) 동사 – 뛰다
- 築(축) 동사 – 쌓다
- 此(차) 지시대명사 – 이 곳(嬉戲~築埋를 指稱함.)
- 非(비) 부정사 – '~이 아니다' 로 술어이다.
- 所居(소거) 접두사 – 살 곳으로 부정사 非의 목적어이다.
- 軻(가) 맹자의 이름
- 舍(사) 명사 – 집
- 墓(묘) 명사 – 무덤, 공동묘지
- 躍(약) 동사 – 뛰다
- 埋(매) 동사 – 묻다

乃去舍市하니 其嬉戲爲賈衒하거늘

乃	去	舍	市	其	嬉	戲	爲	賈	衒
내	거	사	시	기	희	희	위	고	현
(부)부	(술)동	(목)명	(보)명	(지)지	(주)명		(술)동	(목)동	

孟母曰此非所以居子也라하고

孟	母	曰	此	非	所	以	居	子	也
맹	모	왈	차	비	소	이	거	자	야
(주)관		(술)동	(지)지	(술)부정	(목)관			(보)명	(조)종

" 곧 시장으로 이사하니 맹자는 장사꾼이 되어 물건 파는 장난놀이를 하거늘 맹자 어머니께서 이 곳은 아들과 살 곳이 아니다 라고 말하고 "

◎ 본문해설 ◎

- 乃(내) 부사 – 곧
- 去(거) 동사 – 가다, 이사하다
- 市(시) 명사 – 저자, 시장
- 賈(고) 명사 – 장사꾼, 상고
- 衒(현) 동사 – 자랑하다, 팔다, 즉, 衒鬻(현육) = 賈衒(고현) 동사 – 팔겠다고 소리높여 자랑함.
- 所以居(소이거) 관형사 – 살 곳(所之居와 같음)

乃徙舍學宮之旁하니 其嬉戱이 乃設俎豆하여
내 사 사 학 궁 지 방 기 희 희 내 설 조 두
(부)부 (술)동 (목)명 (보)관 (지)지 (주)명 (부)부 (술)동 (목)명

揖讓進退거늘 孟母曰此眞可以居子矣하고
읍 양 진 퇴 맹 모 왈 차 진 가 이 거 자 의
(술)동 (주)관 (술)동 (지)지 (부)부 (술)긍 (목)명 (보)명 (조)종

遂居之하니라
수 거 지
(부)부 (술)접미

" 곧 서당 옆으로 이사하니 맹자가 장난하여 노는 것이 곧 대접시와 나무접시 즉, 제기를 벌여 놓고 들어가고 나가면서 읍하고 사양하거늘 맹자 어머니께서 이곳은 참으로 아들과 살 수 있는 곳이라 말하고 드디어 살았느니라 "

◎ 본문해설 ◎

- 徙(사) 동사 – 이사하다
- 學宮之旁(학궁지방) 관형사 – 서당 옆
- 設(설) 동사 – 베풀다, 벌여놓다
- 俎(조) 명사 – 제기, 접시
- 豆(두) 명사 – 제기, 접시
- 俎豆之事(조두지사) 관형사 – 제사 지내는 일
- 揖(읍) 동사 – 읍하다, 두 손을 가슴에 모아 경의를 표하다.
- 讓(양) 동사 – 사양하다
- 進(진) 동사 – 나아가다, 들러가다
- 退(퇴) 동사 – 물러나다, 나가다
- 眞(진) 부사 – 참으로, 진실로
- 可以(가이) 긍정사 – ~할 수 있다
- 矣(의) 종결사 – ~이다

嘉言篇(가언편) 中(중)에서

諸葛武侯戒子書에 曰君子之行은 靜以
제 갈 무 후 계 자 서 왈 군 자 지 행 정 이
(주)관 (술)동 (주)관 (보)형 (조)후

修身이요	**儉以養德**이니	**非澹泊**이면	**無以明志**오
수 신 (술)동 (목)명	검 이 양 덕 (보)형 (조)후 (술)동 (목)명	비 담 박 (술)부정 (목)명	무 이 명 지 부정 (술)동 (목)명

非寧靜無以致遠이니라

비 영 정 무 이 치 원
(술)부정 (목)명 부정 (술)동 (목)명

" 제갈무후의 자식을 경계하는 글에 말하기를 군자의 행실은 조용하게 몸을 닦고 검소하게 덕을 기를 것이니 담백하지 아니하면 뜻을 밝힐 수 없고 평안하고 고요함이 아니면 원대함에 다다를 수 없는 것이다. "

◎ 본문해설 ◎

- 諸葛武侯戒子書(제갈무후계자서) 관형사 – "제갈무후의 자식을 경계하는 글"이란 뜻이며 主語이고 曰(왈)은 述語이다. 諸葛武侯(제갈무후)의 이름은 亮(양)이고 字는 孔明(공명)이며 諡號(시호)는 忠武(충무)이다.
- 君子之行(군자지행) 관형사 – 군자의 행실이란 뜻으로 주어로 쓰였다.
- 靜(정) 형용사 – 조용하다
- 以(이) 는 "~하게"의 뜻으로 후치사가 되어 靜以는 修身의 補語로 쓰였다.
- 修(수) 동사 – 닦다
- 儉(검) 형용사 – 검소하다
- 養(양) 동사 – 기르다
- 德(덕) 명사 – 덕, 덕망
- 非(비) 부정사 – ~아니다
- 澹泊(담박) 명사 – 욕심이 없고 마음이 깨끗함
- 無以(무이) 부정사 – ~할 수 없다. 慣用으로 부정사로 쓰임
- 明(명) 동사 – 밝히다
- 志(지) 명사 – 뜻
- 寧(영) 명사 – 편안한 것
- 致(치) 동사 – 이르다, 다다르다
- 遠(원) 명사 – 먼 곳, 원대한 것

夫學은 須靜也오 才須學也라

부 학 수 정 야 재 수 학 야

(발)발 (주)명 (부)부 (술)형 (조)종 (주)명 (부)부 (술)동 (조)종

非學이면 無以廣才오 非靜이면 無以成學이니

비 학 무 이 광 재 비 정 무 이 성 학

(술)부정 (목)동 부정 (술)동 (목)명 (술)부정 (목)형 부정 (술)동 (목)명

" 학문은 반드시 안정한 것이요, 재주는 반드시 배울 것이다.
배우지 아니하면 재주를 넓히지 못하고 안정함이 아니면 학문을 이룰 수 없으니 "

○ 본문해설 ○

- 夫(부) 발어사로 文章의 해석에는 영향을 주지 아니한다.
- 須(수) 부사 – 반드시
- 廣(광) 동사 – 넓히다

慆慢則不能研精險躁則不能理性라

도 만 즉 불 능 연 정 험 조 즉 불 능 이 성

(가)동 (가)가 부정 (술)동 (목)형 (가)관 (가)가 부정 (술)동 (목)명

年與時馳하며 意與歲去遂成枯落면

년 여 시 치 의 여 세 거 수 성 고 락

(주)명 (조)접 (주)명 (술)동 (주)명 (조)접 (주)명 (술)동 (부)부 (술)동 (목)명 (술)동

悲歎窮廬인들 將復何及也리오

비 탄 궁 려 장 복 하 급 야

(부)부 (술)동 (목)관 (자)자 (술)동 (의)의 (술)동 (조)종

" 게으르면 정밀함을 궁구할 수 없고 험하고 조급하면 성품을 다스리지 못할 것이다.
나이와 시간이 달려가고 뜻과 세월이 가고 드디어 마르고 시들어서 떨어지면
궁핍한 집에서 슬피 탄식하며 다시 돌려보려 한들 어찌 다시 돌아오리오 "

◎ 본문해설 ◎

- 慆慢(도만) 동사 – 게으르다. 慆나 慢 다 게으르다란 뜻이다
- 則(즉) 가정을 나타내는 접속사로 "~한다면 ~하다"라는 뜻으로 쓰인다.
- 不能(불능) 부정사 – ~할 수 없다. 慣用하는 부정사이다.
- 硏(연) 동사 – 연구하다, 궁구하다
- 險躁(험조) 관형사 – 험하고 조급한 것
- 性(성) 명사 – 품성, 성품
- 馳(치) 동사 – 달려나가다
- 歲(세) 명사 – 세월
- 遂(수) 부사 – 따라서, 드디어
- 落(락) 동사 – 떨어지다
- 歎(탄) 동사 – 탄식하다
- 廬(려) 명사 – 초가집, 집
- 復(복) 동사 – 되돌리다
- 及(급) 동사 – 미치다
- 精(정) 형용사 – 정교하다, 정밀하다
- 理(이) 동사 – 다스리다
- 與(여) 명사와 명사를 이어주는데 쓰이는 접속사
- 意(의) 명사 – 뜻
- 去(거) 동사 – 가다
- 枯(고) 명사 – 마르고 시든 것
- 悲(비) 부사 – 슬피
- 窮(궁) 형용사 – 궁핍하다
- 將(장) 자동사 – 하려하다
- 何(하) 의문사 – 어찌

善行篇(선행편) 中(중)에서

隋吏部尙書牛弘弟弼이 好酒而酗하더니

수 이 부 상 서 우 홍 제 필 호 주 이 후

(주)고명 (술)동 (목)명 (조)접 (술)동

嘗醉하여 射殺弘駕車牛하니 弘이 還宅하니

상 취 사 살 홍 가 거 우 홍 환 택

(부)부 (술)동 (술)동 (목)관 (주)고명 (술)동 (목)명

其妻가 迎謂弘曰叔射殺牛라 하거늘

기 처 영 위 홍 왈 숙 사 살 우

(지)지 (주)명 (보)동 (술)동 (목)고명 (술)동 (주)명 (술)동 (목)명

弘聞無所恠問이

홍 문 무 소 괴 문

(주)고명 (술)동 부정 (술)동

" 수나라 이부상서 우홍의 동생 필이 술을 좋아하여서 술버릇이 나쁘더니 드디어 취하여 우홍의 수레를 끄는 소를 쏘아 죽였다. 우홍이 집에 돌아오니 우홍의 처가 우홍을 맞이하여 일러 말하기를 아저씨(시동생)가 소를 쏘아 죽였다고 하거늘 우홍이 듣고 괴이하게 여겨 묻는 바 없이 "

◎ 본문해설 ◎

- 隋吏部尚書牛弘弟弼(수이부상서우홍제필) 고유명사 – 수나라 이부상서 우홍의 동생은 主語이고, 好酒而酗(호주의 후)는 述語이다.
- 酗(후) 동사 – 주정이 심하다
- 嘗(상) 부사 – 일찍이, 드디어
- 射殺(사살) 동사 – 쏘아 죽이다
- 弘駕車牛(홍가거우) 관형사 – 위홍의 수레를 끄는 소
- 還(환) 동사 – 돌아오다
- 宅(택) 명사 – 집
- 迎(영) 동사 – 맞이하다
- 謂(위) 동사 – 말하다, 이르다
- 無所(무소) 부정사 – ~아니하다, ~이 없다. 慣用語로 씀.
- 恠(괴) 동사 – 괴이하게 여기다. 怪(괴)와 同

直答曰作脯하라 坐定하거늘 其妻가 又曰叔

직 답 왈 작 포 좌 정 기 처 우 왈 숙

(부)부 (술)동 (술)동 (목)명 (술)동 (목)동 (지)지 (주)명 (부)부 (술)동 (주)명

射殺牛하니 大是異事요 弘曰已知라 하고

사 살 우 대 시 이 사 홍 왈 이 지

(술)동 (목)명 (부)부 (지)지 (반)관 (주)고명 (술)동 (부)부 (술)동

顏色이 **自若**하여 **讀書不輟**하더라

안 색	자 약	독 서 불 철
(주)관	(술)형	(술)동 (목)명 (술)부정 (목)동

" 바로 대답해 말하기를 포(건포)를 만들어라 하고 자리를 정하여 앉거늘
우홍의 처가 또 말하기를 아저씨가 소를 쏘아 죽였소하니
이런 것이 그렇게 크게 별다른 일이겠소! 나는 이미 알고 있었소라고 말하고
얼굴빛 하나 변하지 아니하고 침착하게 책 읽기를 그치지 아니하더라 "

◎ 본문해설 ◎

- **直**(직) 부사 – 바로
- **答**(답) 명사 – 대답
- **脯**(포) 명사 – 육포
- **大是異事**(대시이사) **大**(대)는 부사로 쓰여 크게의 뜻이며, **是**(시)는 지시대명사로 **射殺牛**를 지칭한다. **異事**(이사)는 관형사로 별다른 일이란 뜻이다. 이를 다시 풀면 "이런 것이 그렇게 크게 별다른 일이겠소"라는 **反語語**로 쓰였다.
- **已**(이) 부사 – 이미
- **自若**(자약) 형용사 – 큰 일을 당하여도 놀라지 아니하고 평상시처럼 침착함
- **輟**(철) 동사 – 그치다

2. 大學 (대학)

大學이란 **格物致知**를 **手段**으로 **修身齊家治國天下平**에 이르는 **國家政倫**의 **基幹學問**이다.
朱子는 **明明德新民止至善八字**속에 **大學一篇**의 뜻이 다 모아졌다고 말하였고, **程子**는 **大學**은 **孔氏之遺書而初學入德之門也**이며 **大學者大人之學也**라고 하였다.

經一章(경일장)

大學之道는 **在明明德**하며 **在親民**하며

대 학 지 도 / (주)관 — 재 명 명 덕 / (술)형 (술)동 (목)관 — 재 친 민 / (술)형 (술)동 (목)명

在止於至善라

재 지 어 지 선 / (술)형 (술)동 (조)전 (목)관

" 큰 학문의 길은 밝은 덕을 밝히는 데 있고 백성을 새롭게 하는 데 있으며 지극히 착함에 머무는 데 있다. "

○ 본문해설 ○

- **大學之道**(대학지도) 는 큰 학문의 길이란 뜻으로 한 **單語**이며 **冠形詞**로 **主語**이다.
  道(도)는 명사로 길(**路**)이란 뜻이나 여기서는 **抽象名詞**로 **宇宙森羅萬象**이 **推究**하는 **眞理**의 길로 보는 것이 옳을 것이다.
- **在**(재) 형용사 – "있다"라는 뜻으로 **述語**로 쓰였다. **在**의 **目的語**는 **明明德**, **親民**, **止於至善**이며 이는 모두 술목구조로 되어있고 이를 **大學**의 **三綱領**이라 한다.
- **明**(명) 동사 – 밝히다라는 뜻으로 관형사 **明德**의 **述語**로 쓰였다.
- **明德**(명덕) 관형사 – 밝은 덕
  (**程子曰明德者人之所得乎天而光明正大謂之明德**) 정자는 **明德**이란 사람이 하늘에서 얻은 것으로서 빛이 나고 밝으며 바르고 큰 것을 **明德**이라 하였고, (**朱子曰有得於天而光明正大者謂之明德**) 주자는 하늘로 부터 얻음이 있어 빛나고 밝으며 바르고 큰 것을 **明德**이라고 하였다.
  성균관대학교 **李基東**교수는 **德**의 원래 글자는 **悳**(덕)이나 곧음(**直**)과 마음(**心**)의 합체어이다. 따라서 덕(**德**)의 뜻은 "곧게 발휘될 수 있는 마음의 능력이다"라고 논설하였다.
- **親民**(친민) 관형사 – 백성을 하나되게 하는 것, 백성을 새롭게 하는 것.
  (**程子曰親當作新**)이라 하고 (**朱子曰明明德親民止於至善此八字已括盡一篇之意**) 정자는 **親**은 마땅히 새롭게 만드는 것이다 라고 하였고, 주자는 밝은 덕을 밝혀서 백성을 새롭게 하여 지극히 착함에 머물게 한다는 이 여덟 글자는 한 책의 뜻을 다 모은 것이다. 라고 하여 **親民**을 백성을 새롭게 하는 것으로 보았다.

• 止(지) 동사 – 멈추다, 멈추어 서다
• 於(어) 전치사 – ~에
• 至善(지선) 관형사 – 지극히 착한 것

(番易沈氏曰大學之體在明明德其用在新民其則用之準則在止至善) 반이 심씨가 말하기를 대학의 몸체는 밝은 덕을 밝히는 데 있고 그 쓰임은 백성을 새롭게 하는 데 있으며 그 사용하여야할 표준이 되는 것은 지극한 착함에 머무는 것에 있다 라고 하였다.

至善이란 임금은 백성을 사랑하고 신하는 충성하며 어버이는 자식을 아끼고 자식은 효도하며 어른을 공경하고 벗을 믿음으로 사귀며 어짐과 의리와 예의가 대접받는 정의 사회의 準則일 것이다.

知止而后에 有定이니 定而后에 能靜하며
지 지 이 후 유 정 정 이 후 능 정
(술)동 (목)명 (조)접 (보)부 (술)형 (목)동명 (술)동 (조)접 (보)부 (부)부 (술)형

靜而后에 能安하며 安而后에 能慮하며
정 이 후 능 안 안 이 후 능 려
(술)형 (조)접 (보)부 (부)부 (술)형 (술)형 (조)접 (보)부 (부)부 (술)동

慮而后能得이니라
려 이 후 능 득
(술)동 (조)접 (보)부 (부)부 (술)동

" 머무를 곳을 안 다음에 결정함이 있으니(머무를 곳을 정하나니) 머무를 곳을 정한 뒤에 능히 안정하며, 안정한 뒤에 능히 편안하며, 편안한 뒤에 능히 사려하며, 사려한 뒤에 능히 止 즉, 至善을 얻을 수 있는 것이다. "

◎ 본문해설 ◎

• 知(지) 동사 – 알다
• 止(지) 명사 – 머무를 곳 (朱子註, 止者當止之地卽至善之所在也)止는 마땅히 머물러야 할 땅 즉, 지극한 착함이 있는 곳
• 后(후) 부사 – 뒤에
• 定(정) 동사 – 결정하다
• 能(능) 부사 – 능히

• **靜**(정) 형용사 – 안정하다 (**朱子註, 靜謂心不妄動**) **靜**은 마음이 망령되게 움직이지 아니한 것
• **安**(안) 형용사 – 편안하다
• **慮**(려) 동사 – 생각하다, 정밀하고 상세하게 처신하다.
• **得**(득) 동사 – 얻어내다, 여기서는 머무를 곳(**止**) 즉, **至善**을 얻어낸다는 것이다.

物	**有**	**本**	**末**하고	**事**	**有**	**終**	**始**하니	**知**	**所**	**先**	**後**면
물	유	본	말	사	유	종	시	지	소	선	후
(주)명	(술)형	(목)명		(주)명	(술)형	(목)명		(술)동	(목)접두		
則	**近**	**道**	**矣**								
즉	근	도	의								
(조)접	(술)형	(목)명	(조)종								

" **物**(**事物人**)은 **本**(**明德**)과 **末**(**新民**)이 있고 **事**(**行事**)는 **終**(**能得**)과 **始**(**知止**)가 있으니 **知**(**知之**) **所先**(**明德知止**) **後**(**新民能得**) **則**(면) **近**(가깝다) **道**(**眞理**) **矣**(다) "

" 사물은 근본과 끝이 있고 일에는 시작과 끝이 있으니 앞과 뒤를 알면
도에 가깝다고 할 수 있을 것이다. "

○ 본문해설 ○

• 이 **節**은 앞의 두 **節**을 **結論**짓는 것으로 다시 정리하면 사람은 밝은 덕과 백성을 새롭게 하려는 바가 있고 일을 행함에는 머무를 곳을 알아서 지극히 착함을 얻을 수 있으니 머무를 곳을 알고 밝은 덕을 먼저 알면 뒤에 백성이 새로워지고 지극한 착함을 얻게 된다면 진리에 가깝다고 할 수 있을 것이다.
• **物**(물) 명사 – 사물이나 사람이며,
• **本**(본) 근본은 명사로 윗 글의 밝은 덕이요
• **末**(말) 끝은 명사이나 여기서는 동명사로 백성을 새롭게 하는 것이다.
• **事**(사) 명사 – 일이나 동적개념으로 하는 일이다.
• **終**(종) 명사 – 끝은 지극히 착함을 얻는 것을 말하고
• **始**(시) 명사 – 처음은 머무를 곳을 아는 것이다.

- **所先後**(소선후) 접두사 – 앞 뒤 것이나 앞의 것은 밝은 덕과 머무를 곳을 아는 것이고, 뒤의 것은 백성을 새롭게하여 지극히 착함을 얻는 것이다.
- **則**(즉) 접속사 – ~면의 뜻으로 조건이나 가정의 뜻을 나타낸다.
- **近**(근) 형용사 – 가깝다
- **道**(도) 명사 – 진리, 도리

古之欲明明德於天下者는 先治其國하고
고 지 욕 명 명 덕 어 천 하 자 선 치 기 국
(보)접미 (자)자 (술)동 (목)관 (조)전 (보)명 (부)부 (술)동 (지)지 (목)명

欲治其國者는 先齊其家하고 欲齊其家者는
욕 치 기 국 자 선 제 기 가 욕 제 기 가 자
(자)자 (술)동 (지)지 (목)명 (보)명 (부)부 (술)동 (지)지 (목)명 (자)자 (술)동 (지)지 (목)명 (보)명

先修其身하고 欲修其身者는 先正其心하고
선 수 기 신 욕 수 기 신 자 선 정 기 심
(부)부 (술)동 (지)지 (목)명 (자)자 (술)동 (지)지 (목)명 (보)명 (부)부 (술)동 (지)지 (목)명

欲正其心者는 先誠其意하고 欲誠其意者는
욕 정 기 심 자 선 성 기 의 욕 성 기 의 자
(자)자 (술)동 (지)지 (목)명 (보)명 (부)부 (술)동 (지)지 (목)명 (자)자 (술)동 (지)지 (목)명 (보)명

先致其知하니 致知는 在格物니라
선 치 기 지 치 지 재 격 물
(부)부 (술)동 (지)지 (목)명 (주)관 (술)형 (술)동 (목)명

" 옛날에 밝은 덕을 천하에 밝히고자 한 사람은 먼저 그 나라를 다스리고
그 나라를 다스리고자 하는 사람은 먼저 그 집안을 가지런히 하고
그 집안을 가지런히 하고자 하는 사람은 먼저 자기 몸을 닦고
자기 몸을 닦고자 하는 사람은 먼저 그 뜻을 정성스럽게 하고
그 뜻을 정성스럽게 하고자 하는 사람은 먼저 그 알고자 하는 바를 궁구하고
그 알고자 하는 바를 궁구하는 것은 사물의 이치을 궁구하는 데 있다. "

○ 본문해설 ○

- 古之(고지) 명사 – 古(옛날)에 후치사로 之가 붙어 접미사로 부사어가 되어 '옛날에' 의 뜻이 된다.
- 欲(욕) 자동사 – 자기 스스로 ~을 하고자 하다. 즉, 欲 뒤에오는 文句가 "하고자 하는 바다"
- 先(선) 부사 – 먼저
- 治(치) 동사 – 다스리다, 잘 다스려져 평화로움
- 齊(제) 동사 – 가지런하다, 불평함이 없게 하다
- 家(가) 명사 – 집안, 옛날에 家는 25戶로 한 동네를 뜻한다.
- 修(수) 동사 – 닦다
- 正(정) 동사 – 바르게하다
- 誠(성) 동사 – 정성스럽게 하다, 내실이 있게 하다
- 意(의) 명사 – 뜻, 뜻이란 마음에서 우러나느 것으로 만족스럽고 스스로 속임이 없는 것이어야 한다.
- 致(치) 동사 – 이르다, 도달하다, 궁구하다
- 知(지) 명사 – 아는 것, 알고 있는 것
- 致知(치지) 관형사 – 알고자 궁구하는 것
- 格物(격물) 술목구조로 사물을 접하는 것, 사물의 理致를 궁구하는 것
- 先致其知(선치기지) 란 나의 知識을 끝까지 밀고 나가서 내가 알고자 하는 바를 빠짐없이 窮究하는 것.
- 先致其知하니 致知는 在格物은 곧 格物致知란 뜻으로 사물의 理致를 관찰하여 알고자 하는 바를 궁구한다 라는 大學의 要旨이다.

  첫 머리에 古라고 말한 것은 옛날에는 修身(수신) 齊家(제가) 治國(치국) 平天下(평천하) 正心(정심) 誠意(성의) 致知(치지) 格物(격물)의 八條目으로 學問이 체계화되었는데 지금은 그러하지 않다는 점을 역설한 것이다.

物	格	而	后에	知	至하고	知	至	而	后에	意	誠하고
물	격	이	후	지	지	지	지	이	후	의	성
(주)명	(술)동	(조)접	(보)명	(주)명	(술)동	(주)명	(술)동	(조)접	(보)명	(주)명	(술)동
意	誠	而	后에	心	正하고	心	正	而	后에	身	修하고
의	성	이	후	심	정	심	정	이	후	신	수
(주)명	(술)동	(조)접	(보)명	(주)명	(술)동	(주)명	(술)동	(조)접	(보)명	(주)명	(술)동

身修而后에 家齊하고 家齊而后에 國治하고
신 수 이 후 가 제 가 제 이 후 국 치
(주)명 (술)동 (조)접 (보)명 (주)명 (술)동 (주)명 (술)동 (조)접 (보)명 (주)명 (술)동

國治而后에 天下平이니라
국 치 이 후 천 하 평
(주)명 (술)동 (조)접 (보)명 (주)명 (술)동

" 사물의 이치를 궁구한 뒤에 지혜가 이루어지고, 지혜가 이루어진 뒤에 뜻이 정성스러워지고 뜻이 정성스러워진 뒤에 마음이 바르게 되고 마음이 바르게 된 뒤에 몸이 닦여지고 몸을 닦은 뒤에 집안을 가지런히 하고 집안을 가지런히 한 뒤에 나라를 다스리고 나라가 다스려진 뒤에 세상이 태평하게 되느니라 "

◎ 본문해설 ◎

- 格物(격물) 致知(치지) 誠意(성의) 正心(정심) 修身(수신)은 밝은 덕을 밝히는 (明明德)일이요, 齊家(제가) 治國(치국) 平天下(평천하)는 백성을 새롭게(新民)하는 일이다.

自天子至於庶人이 壹是皆以修身爲本이니라.
자 천 자 지 어 서 인 일 시 개 이 수 신 위 본
(부)부 (주)명 (부)부 (조)전 (주)명 (주)명 (술)지 (부)부 (조)접 (주)관 (술)동 (목)명

" 천자로부터 일반 백성에 이르기까지 하나처럼 모두 몸 닦는 것을 근본으로 삼는다. "

◎ 본문해설 ◎

- 自天子至(자천자지) 부사 – ~에서 ~까지
- 庶人(서인) 명사 – 모든 사람, 일반 백성
- 壹是(일시) 주술구조 – 하나처럼
- 皆(개) 부사 – 모두
- 以(이) 접속사 – ~가
- 修身(수신) 관형사 – 몸을 닦는 것
- 爲(위) 동사 – ~하다, ~으로 삼다, 불완전동사로 반드시 뒤에 명사로 된 목적어나 보어를 수반케 한다.

其本亂而末治者는 否矣라 其所厚子에
기 본 란 이 말 치 자 부 의 기 소 후 자
(지)지 (주)명 (술)동 (조)접 (주)명 (술)동명 부정 (조)종 (지)지 (주)접두

薄이오 而其所薄者에 厚는 未之有也니라
박 이 기 소 박 자 후 미 지 유 야
(술)동 (조)접 (지)지 (주)접두 (술)동 부정 (술)형 (조)종

"그 근본이 어지러운 데 끝이 다스려지지는 아니한다. 그 두텁게 하여야 할 것에 엷게 하고 그 엷게 하여야할 것에 두텁게 하는 일은 있지 아니하였다. 다시 정리하면 그 本은 修身이니 修身이 되지 아니하고는 末인 齊家治國平天下는 이루어지지 아니한다. 所厚子는 修身인데 修身을 얇게 소홀히 하고 所薄子인 齊家治國平天下을 修身보다 輕視하고 齊家治國天下平을 더 重視하는 일은 있을 수 없는 것이다."

○ 본문해설 ○

- 本(본) 명사 – 근본, 곧 修身을 일컫는 말이다.
- 亂(란) 동사 – 어지럽히다
- 末(말) 명사 – 끝, 곧, 齊家治國天下平을 일컫는 말이다.
- 治者(치자) 동명사 – 다스려지는 것
- 所厚子(소후자) 접두사 – 두텁게 여기는 것, 곧 修身을 일컫는 말이다.
- 薄(박) 동사 – 박하게 하다, 엷게 여기다
- 所薄者(소박자) 접두사 – 엷게 여기는 것, 곧 齊家治國天下平을 일컫는다.
- 厚(후) 동사 – 후대하다, 두텁게 하다
- 未之(미지) 慣用으로 쓰는 부정사, ~하지 아니하다

慣用부정사로는 不足(부족), 不敢(불감), 不至(부지), 不得(부득), 無所(무소), 無以(무이), 不能(불능), 無得(무득), 未嘗(미상), 不以(불이), 不可(불가) 이 等있다.

이상 經一章은 아마 孔子님의 말씀을 曾子가 기록한 것으로 205字이다 라고 朱子가 註하였고, 그 傳十章을 손질한 것은 曾子의 생각을 그 제자가 기록한 것이다 라고 하였다.
"右經一章蓋孔子之言而曾子述之凡二百五字其傳十章則曾子之意而門人記之也"

- 傳(사) = 剚 동사, 칼을 꽂다, 손질하다, 처리하다

3. 中庸 (중용)

중용은 全三十三章이다.

朱子는 中庸章句序에서 중용이 지어진 연유는 子思께서 도학이 없어짐을 근심하여 그 도학을 전하려고 지은 것이다 라고 하였고 이보다 앞서 史記孔子世家에는 孔子는 鯉를 낳았으니 字는 伯魚이다. 鯉는 나이 50세로 孔子보다 앞서 죽었다. 伯魚는 伋을 낳았다, 字는 子思이며 62세 때 宋나라에서 곤궁하였다. 子思는 중용을 지었다.

이를 근거로 하여 중용은 孔子의 손자인 子思가 지었다고 하는 것이 통설이다. 또한 程子는 이 篇 즉, 중용은 이에 孔子집안에서 전수하는 心法이 시간이 오래 지나 차질이 생길까 두려운 까닭에 子思가 글로 써서 孟子에게 주었다고 하였고 그리고 중용의 中은 天下의 正道요 庸은 天下의 定理라고 하였다.

中庸은 大學, 論語, 孟子와 더불어 四書中의 하나이다.

第一章(제1장)

天命之謂性이오 率性之謂道요 修道之謂教니라

천 명 지 위 성 / 솔 성 지 위 도 / 수 도 지 위 교

(주)명 (술)접미 (술)동 (목)명 / (술)동 (목)명 (조)후 (술)동 (목)명 / (술)동 (목)명 (조)후 (술)동 (목)명

" 하늘이 명한 것을 성(性)이라 하고 성(性)을 따르는 것을
도(道)라하며 도을 닦는 것을 교(教)라고 하니라. "

◎ 본문해설 ◎

- 天(천) 명사 – "하늘로" 主語이며 命之(명지)는 접미사로 "명령하다", "분부하다"라는 뜻의 述語이다.
- 性(성) 명사 – 본성, 이성(理性)

  朱子는 註에서 性은 곧 이(理)라 하고 하늘이 음양 五行을 化하여 만물을 낳고 氣로서 형상을 만들고 理를 또한 부여하였다. 이리하여 사람이 태어나고 각기 부여한 理를 얻어 건전하고 순탄한 五常의 德이 되었다. 이를 가리켜 性이라고 한다.
- 率性之(솔성지) 述目構造에 후치사 之가 붙은 것으로 "性을 따르는 것"으로 해석한다.
- 率(솔) 동사 – 循(순)돌다, 좇다, 隨(수) 따르다

- **道**(도) 명사 – **路**(로)길, **註朱子**, 사람은 날로 쓰는 사물의 사이를 자연스럽게 **性**을 따라 도는 것이니 각기 마땅히 가는 길이 있지 아니할 수 없다. 이것이 곧 길(**道**)이라 하는 것이다.
- **修道之**(수도지) 술목구조로 "도를 닦는 것"
- **修**(수) 동사 – 닦다
- **教**(교) 명사 – 가르치는 것, **教育**

道也者는 **不可須臾離也**니 **可離**면 **非道也**라

도 야 자 불 가 수 유 리 야 가 리 비 도 야

(주)관 부정 (부)부 (술)동 (조)종 (술)긍 (목)동 (술)부정 (목)명 (조)종

是故로 **君子**는 **戒慎乎其所不睹**하며

시 고 군 자 계 신 호 기 소 부 도

(지)지 (부)부 (주)명 (술)동 (조)전 (지)지 (목)접두

恐懼乎其所不聞이니라

공 구 호 기 소 불 문

(술)동 (조)전 (지)지 (목)접두

" 도라고 하는 것은 잠시라도 이성(理性)과 떨어질 수 없는 것이니 떨어진다면 도(道)라고 할 수 없다.(만약 떨어진다면 性을 따르는 것이 道인데 어찌 도라 할 수 있겠는가?) 이런 까닭에 군자는 보이지 않는 것에 경계하고 삼가하며 들리지 않는 것에 두려워하니라.(군자는 밀실에서 행동하는 것을 더욱 조심한다) "

○ 본문해설 ○

- **道也者**(도야자) 관형사 – 도라고 하는 것, 한 **單語**로 **主語**로 쓰였음.
- **須臾**(수유) 부사 – 잠시
- **離**(리) 동사 – 헤어지다, 떨어지다
- **可**(가) 긍정사 – ~할 수 있다, ~이 될 수 있다로 부정사의 **反對**개념
- **戒**(계) 동사 – 경계하다
- **慎**(신) 동사 – 삼가하다
- **所不睹**(소부도) 접두사 – 보이지 않는 것
- **恐**(공) 동사 – 두려워하다
- **懼**(구) 동사 – 두려워하다

• **所不聞**(소불문) 접두사 - 들리지 않는 것, 말 소리가 밖으로 나가지 않는 밀실

• **道**(도)는 **性**(성)을 따른 것이므로 **性**과 **道**는 잠시라도 떨어질 수가 없는 것이다. 만약 떨어진다면 **道**가 아닌 것이다. 그런 까닭에 군자는 보이지 않는 곳에서 행하는 행위가 옳은 것인지 경계하고 조심하여야 하며 남이 들을 수 없는 밀실에서 한 말이 옳은 말인지 두려워 하여 소홀이 하지 아니하여야 한다.

朱子, (**道者 日用事物當行之理皆性之德而具於心無物不有無時不然所以不可須臾離也若其可離則豈率性之謂哉是以君子之心常存敬畏雖不見聞亦不敢忽**)

道란 날로 쓰는 사물이 마땅히 행하는 **理**(**性**)으로 모두 **性**의 **德**이 마음속에 갖추어진 것으로서 만물이 갖추어 있지 않음이 없고 그러하지 아니한 때가 없는 까닭에 **性**과 **道**는 잠시라도 떨어질 수 없는 것이다. 만약 그것이 떨어질 수 있다면 어찌 **道**가 **性**을 따른다 할 수 있겠는가? 이런 까닭에 군자의 마음 속에는 항상 경외하는 마음이 있고 비록 보이지 않고 들리지 아니한 밀실이라 할지라도 또한 감히 소홀히 할 수 없는 것이다. 그리고 그 사잇말에서 윗구에 말한 **性**을 따르는 것을 **道**라고 한다(**率性之謂道**)라고 말한 **道**는 도의 쓰임이요, 아랫 구 **道**라는 것은 잠시도 **性**과 떨어질 수 없다(**道也者不可須臾離也**)에서 말한 **道**는 **道**의 몸체(**體**)라고 하였다.

上句言道之用下句言道之體라 말한것은 **道**를 **使用**하는 **方法論**과 **道**의 **實體**를 말한 것으로 본다.

莫	見	乎	隱하며	莫	顯	乎	微니	故로	君	子는
막	현	호	은	막	현	호	미	고	군	자
(비)비	(술)피동	(조)전	(목)동명	(비)비	(술)동	(조)전	(목)형	(조)접	(주)명	

愼	其	獨	也야
신	기	독	야
(술)동	(지)지	(목)형	(조)종

" 숨는 것보다 더 잘 나타내는 것은 없고 작은 것보다 더 잘 보이는 것은 없으니 그런 까닭에 군자는 홀로 있을 때 삼가하여야 한다. "

◎ 본문해설 ◎

• **莫 ~ 乎(於) ~** (비교사) ~하는 것보다 ~하는 것은 없다 라는 뜻으로 비교어(**比較語**)**形**이다.
莫貴乎金(막귀호금) 금보다 귀한 것은 없다.

• 隱(은) 동사 – 감추다, 숨다, 여기서는 동명사로 '숨는 것' 으로 쓰였다.
• 見(현) 피동사 – 나타내다
• 故(고) 접속사 – 까닭에, 그래서
• 顯(현) 동사 – 나타나다, 보이다
• 微(미) 형용사 – 작은 것
• 愼(신) 동사 – 삼가하다
• 獨(독) 부사 / 홀로 형용사 – 혼자, 註에서는 '홀로 있는 것은 다른 사람은 알지 못하고 자기만 알고 있는 곳' 이라고 하였다.

喜怒哀樂之未發을 謂之中이요 發而皆中節을
희 노 애 락 지 미 발 / 위 지 중 / 발 이 개 중 절
(주)관 / (술)접미 (목)명 / (주)관

謂之和니 中也者는 天下之大本也요
위 지 화 / 중 야 자 / 천 하 지 대 본 야
(술)접미 (목)명 / (주)관 / (술)관 (조)종

和也者는 天下之達道也니라
화 야 자 / 천 하 지 달 도 야
(주)관 / (술)관 (조)종

" 기뻐하고 성내고 슬퍼하고 즐거운 정(情)이 아직 피어나지 아니한 性을 中이라하고
희노애락의 정이 피어나 모든 것이 절도에 알맞게 된 것을 和라고 하니,
中이라는 것은 천하의 큰 뿌리요, 和라고 하는 것은 천하로 통하는 길이다.
곧 性을 따르는 길이다. "

○ 본문해설 ○

• 喜怒哀樂之未發(희노애락지미발) 관형사 – 기쁘고, 성내고, 슬프고, 즐거운 정이 피어나지 않는 것
• 中(중) 명사 – 한가운데, 어느 한 쪽에 의지함도 없고 기울어짐도 없는 상태
• 謂之(위지) 접미사 – ~이라고 한다, ~이라고 말하다
• 發而皆中節(발이개중절) 관형사 – 희노애락의 정이 피어나 모든 것이 알맞게 된 것
• 和(화) 명사 – 희노애락의 정이 절도에 맞게 올바르게 자리를 잡은 것
• 中也者(중야자) 관형사 – 中이라는 것

- 天下之大本(천하지대본) 관형사 – 천하의 큰 뿌리
- 和也者(화야자) 관형사 – 和라고 하는 것
- 天下之達道(천하지달도) 관형사 – 천하로 통하는 길.
  朱子註에 達道란 性을 따르는 것을 말한다.(達道者循性之謂)라고 하였다.

致	中和	면	天地	가	位	焉	하며	萬物	이	育	焉	이니라
치	중 화		천 지		위	언		만 물		육	언	
(술)동	(목)명		(주)명		(술)동	(조)종		(주)명		(술)동	(조)종	

" 喜怒哀樂(희노애락)의 情(정)이 피어나지 아니한 것 (未發)이 피어나 절도에 알맞게 (中節)되면 하늘과 땅이 제자리를 잡아 만물이 자라난다. "

본문해설

- 致(치) 동사 – 이르다, 이루어지다
- 位(위) 동사 – 자리를 잡다
- 育(육) 동사 – 자라난다

제일장의 내용을 요약하면,
天地萬物은 하늘에서 내려준 本性이 있다. 이 性이 中이며, 中이 特性化한 節이 和이며 和는 곧 個體나 個性으로 자리잡아 維持되어가는 것이다. 비유하여 하늘이 생명이라는 本性을 내려주어 生物이 되고 이 生物이 和하여 植物이 되고 動物되어 느티나무도 되고 소나무도 되며 사람도 되고 소가되어 자리잡고 길러져 유지되는 것이다.

第二章(제2장)

仲尼	曰	君子	는	中庸	이오	小人	은	反	中庸	이니라
중 니	왈	군 자		중 용		소 인		반	중 용	
(주)고명	(술)동	(주)명		(술)명		(주)명		(부)부	(술)명	

" 공자께서 말씀하시기를 군자는 중용을 하고 소인은 중용을 거꾸로 한다. "

◎ 본문해설 ◎

- **中庸**(중용) 명사 – 기울어짐도 없고, 기대임도 없으며, 과함도 없고, 모자람도 없는 일반적인 이치

君	子	之	中	庸	也는	君	子	而	時	中이요		
군	자	지	중	용	야	군	자	이	시	중		
(주)관					(조)접	(주)명		(조)접	(주)명	(술)부		
小	人	之	中	庸	也는	小	人	而	無	忌	憚	也
소	인	지	중	용	야	소	인	이	무	기	탄	야
(주)관					(조)접	(주)명		(조)접	(술)부정	(목)명		(조)종

" 군자의 중용은 군자답게 때에 맞게 하고
소인의 중용은 소인처럼 꺼리는 것이 없다. "

◎ 본문해설 ◎

- **君子之中庸**(군자지중용) 관형사 – 군자의 중용이란 뜻으로 한 단어로 관형사가 되어 주어로 쓰였다.
- **也**(야) 접속사 – ~은
- **中**(중) 동사 – 맞히다 / 부사 – 맞게
- **忌憚**(기탄) 명사 – 꺼리는 것, 싫어하는 것
- **朱子註**에 군자는 모든 것이 자기 자신에 달려있다는 것을 알기 때문에 남이 보지 않는 것에 능히 삼가하여 경계하고 남이 듣지 못하는 밀실에서 한 일을 두려워하며 때를 맞추지 못함이 없으나 소인은 이와 같은 일을 알지 못하여 방자하고 망녕된 행동을 하고자하여 꺼리는 것이 없다고 하였다.
  (君子. 知其在我故, 能戒謹不覩, 恐懼不聞, 無時不中.
  小人. 不知有此則肆欲妄行而無所忌憚矣)

第三章(제3장)

子曰 中庸은 其至矣乎인저 民鮮能久矣니라

子	曰	中	庸	其	至	矣	乎	民	鮮	能	久	矣
자	왈	중	용	기	지	의	호	민	선	능	구	의
(주)고명	(술)동	(주)명		(지)지	(술)명	(조)종	(조)종	(주)명	(술)형	(부)부	(부)부	(조)종

" 공자께서 말씀하시기를 중용은 지극히 높고 끝이 없는 것이라 백성들이 능히 오래도록 지속하는 일이 드무느니라. "

◎ 본문해설 ◎

- 其(기) 지시대명사 – 중용의 심오한 이치를 지칭한다.
- 至(지) 명사 – 지고(至高) 지극(至極)함
- 矣(의) 종결사 – ~이다, 긍정의 뜻을 나타내는 종결사이다.
- 鮮(선) 형용사 – 드물다, 중용의 도는 과하면 중용의 도을 잃게 되고 모자라면 미치지 못하며 백성들의 가르침도 성행하지 않으니 백성들이 오래도록 지속하기는 어려울 것이라는 뜻이다.

第四章(제4장)

子曰 道之不行也를 我知之矣노라 知者는 過之하고 愚者는 不及也니라 道之不明也를 我知之矣로다 賢者는 過之하고 不肖者는 不及也니라

子	曰	道	之	不	行	也	我	知	之	矣	知	者
자	왈	도	지	불	행	야	아	지	지	의	지	자
(주)고명	(술)동	(보)관				(조)접	(주)인대	(술)접미		(조)종	(주)관	

過	之	愚	者	不	及	也	道	之	不	明	也	我
과	지	우	자	불	급	야	도	지	불	명	야	아
(술)접미		(주)관		부정	(술)동	(조)종	(보)관				(조)접	(주)인대

知	之	矣	賢	者	過	之	不	肖	者	不	及	也
지	지	의	현	자	과	지	불	초	자	불	급	야
(술)접미		(조)종	(주)관		(술)접미		(주)관			부정	(술)동	(조)종

" 공자께서 말씀하시기를 도가 행하여지지 아니할 것을 나는 알고 있었다.
지혜로운 사람은 지나치고 어리석은 사람은 미치지 못하니라.
도가 밝혀지지 아니할 것을 나는 알고 있었다.
현명한 사람은 지나치고 못난 사람은 미치지 못하니라. "

○ 본문해설 ○

- **道之不行**(도지불행) 관형사 – 도가 행하여지지 아니할 것을 나는 알고 있었다.(**我知之矣**)의 보어로 쓰였다.
- **道**(도) 명사 – 당연한 하늘의 이치인 **中庸**
- **知之**(지지) 접미사 – 알고있다
- **知者**(지자) 관형사 – 지혜로운 사람
- **過之**(과지) 접미사 – 지나치다
- **愚者**(우자) 관형사 – 어리석은 사람
- **及**(급) 동사 – 미치다
- **道之不明**(도지불명) 관형사 – 도가 밝혀지지 아니한 것
- **賢者**(현자) 관형사 – 현명한 사람
- **不肖者**(불초자) 관형사 – 못난 사람
- **朱子註**에 지혜롭고, 어리석고, 어질고, 못난 사람들이 넘치거나 미치지 못하여 또한 타고난 품성이 다르고 중용의 도를 잃어 지혜로운 사람은 지혜가 지나쳐 이미 중용의 도를 행하지 아니하고 어리석은 사람은 지혜에 미치지 못하고 또한 중용의 도를 행할 바를 알지 못하는 바 이것이 바로 중용의 도가 항상 행하여지지 아니한 까닭이다.

  어진 사람은 도를 행함이 넘치고 지혜로운 사람은 이미 도를 행하지 아니하고, 못난 사람은 도를 행함이 미치지 못하고 또한 지혜를 구하려고 하지 아니한 바 이것이 바로 중용의 도가 항상 밝혀지지 아니한 까닭이라고 하였다.

  (**知愚賢不肖之過不及, 則生稟之異而失其中也, 知者, 知之過, 旣以道, 爲不足行, 愚者 不及知又不知所以行此, 道之所以常不行也, 賢者, 行之過, 旣以道, 爲不足知, 不肖者, 不及行, 又不求所以知, 此道之所以常不明也**)

人莫不飮食也나 **鮮能知味也**

인	막 불	음 식	야	선	능	지	미	야
(주)명	(부정)중부	(술)동	(조)종	(보)형	(부)부	(술)동	(목)명	(조)종

" 사람이 마시고, 먹지 아니한 것이 없으나 능히 그 맛을 아는 것은 적다. "

◎ **본문해설** ◎

- **莫不**(막불) 이중부정사 – ~하지 아니함이 없다.
- **食**(식) 동사 – 먹다
- **味**(미) 명사 – 맛
- **飮**(음) 동사 – 마시다
- **鮮**(선) 형용사 – 드물다, 적다
- 하늘이 명령한 것이 **性**이요, **性**을 따르는 것이 **道**이다. 그래서 **本性**과 살아가는 길(**道**)은 잠시도 떨어질 수 가 없는 것이다. 사람들이 이런 점을 스스로 잘 살피지 아니하기 때문에 넘치고 모자라는 폐단이 생긴 것이다.

  주자은 음식은 비유컨대 해와 같고 그 맛의 쓰임은 **理**, 곧 **性**이라고 하였다.

  사람들이 먹고 마시지 아니한 것이 없는데 그 맛을 알기가 어찌 어렵겠는가? 넘치고 미치지 못한 이유를 스스로 살피지 아니하여 중용의 도가 행하여 지지아니한 것처럼 우리가 매일 먹고 마시는 것도 그 속에 하늘의 **品性**이 스며있는 이치를 맛보지 아니하기 때문인 것이다.

4. 論語 (논어)

논어(**論語**)란 공자(**孔子**)님의 언행(**言行**)을 그 제자들이 각각 기록해 놓았던 것을 공자님이 죽은 뒤에 서로 의논하여 만들었다하여 붙여진 이름이다.

孔子(BC 551~479) 이름은 구(**丘**), **字**는 중니(**仲尼**)이며, 아버지는 송(**宋**)나라 사람으로 이름은 숙양흘(**叔梁紇**)이요, 어머니는 안씨(**顔氏**)로 노(**魯**)나라 양공(**襄公**) 22년 11월 경자(**庚子**)일에 **孔子**를 노나라 창평향(**昌平鄕**) 취읍(**陬邑**)에서 낳았다. **孔子**는 아들 이(**鯉**)를 낳았고 **字**는 백어(**伯魚**)이다. 백어는 공자보다 먼저 죽었다. **伯魚**는 급(**伋**)을 낳았고, **字**는 자사(**子思**)이며 **子思**는 중용(**中庸**)을 지었다. **孔子**는 **魯**나라 애공(**哀公**) 16년 4월에 나이 73세로 서거했다. 노나라 성북(**城北**)사수(**泗上**) 윗쪽에 장사지냈다. **孔子**는 서전(**書傳**)과 예기(**禮記**)를 저술하고 시전(**詩傳**)과 악(**樂**)을 바르게 정하고 노나라 역사인 춘추(**春秋**)를 지었다.

學而第一 배움의 첫 머리

此爲書之首篇 故所記多務本之意, 乃入道之門積德之基, 學者之先務也 凡十六章

이 편은 이 책의 머리편이다. 그런 까닭에 근본에 힘쓰는 뜻이 많이 기록되어 있다. 이에 도에 들어가는 문과 덕을 쌓는 터에 배우는 사람은 먼저 힘써야 한다. 무릇 16장이다.

子曰 學而時習之면 不亦說乎?아오
자 왈 학 이 시 습 지 불 역 열 호
(주)고명 (술)동 (술)동 (조)접 (부)부 (술)접미 (반)부 (술)동 (조)의종

" 공자께서 말씀하였다. 배워서 때때로 익히면 또한 즐겁지 아니하겠는가? "

○ 본문해설 ○

- 學(학) 동사로 쓰였으며 註에 배운다는 것은 크고 높은 것을 본받는 것이다. 사람의 본성은 모두 착한 것으로 깨달음에는 먼저와 뒤가 있다. 뒤에 깨달은 사람은 반드시 먼저 깨달은 사람의 행하는 바를 본받아야 착함이 가히 밝아져서 학문의 본체를 들어낼 수 있는 것이다.
(學之爲言效也人性皆善而覺有先後覺者必效先覺之所爲乃可以明善而復其初也)
- 而(이) 동사와 동사 또 동사구를 이어주는 접속사로 동사 學(배우다)와 習(익히다)을 이어주고 있다.
- 時(시) 부사로 쓰여 習을 수식하여 때때로 익히면이 된다.
- 習之(습지) 접미사 - 익힌다는 뜻으로 새가 자주 나는 것처럼 그침이 없이 배우면 새가 잘 나는 것처럼 학문에 통달할 수 있다는 것이다.
- 之(지) 동사 밑에 붙어서 접미사를 만들어 동사가 지닌 뜻이 진행되고 있음을 나타낸다.
- 不亦(불역) 부사이며 慣用으로 "또한~하지 않겠는가"라는 뜻으로 反語語를 만들어 글 뜻을 강조한다.
- 說(열) 즐겁다, 동사로 쓰였으며 배워서 때때로 익히면 배우는 학문이 숙성하여 머릿속에 차기 때문에 마음이 즐겁게 되는 것이다.
- 乎(호) 의문을 나타내는 의문종결사로 쓰였다.

※ 註는 正本論語集註의 해설임.

有朋이 自遠方來면 不亦樂乎?아
유 붕 자 원 방 래 불 역 락 호
(술)형 (목)명 (부)부 (주)명 (술)동 (반)부 (술)동 (조)의종

" 벗이 있어 먼 곳으로부터 오면 또한 즐겁지 아니하겠는가? "

◎ 본문해설 ◎

- 有(유) 형용사 – 있다
- 自(자) 부사 – ~부터
- 樂(락) 동사 – 즐거워하다
- 朋(붕) 명사 – 벗
- 遠方(원방) 명사 – 먼 곳

人	不	知	而	不	慍이면	不	亦	君	子	乎?아
인	부	지	이	불	온	불	역	군	자	호
(주)명	부정	(술)동	(조)접	부정	(술)동	(반)부		(주)명		(조)의종

" 남들이 나를 알아주지 아니한다고 '노여워하지' 아니하면 또한 군자가 아니겠는가? "

◎ 본문해설 ◎

- 人不知(인부지) 남이 나를 알아주지 아니하여도는 人不知己에서 己가 생략, 내지 탈락된 것 같다.
- 慍(온) 동사 – 성내다, 노여움을 품다
- 人(인) 명사 – 사람, 남
- 註에서 윤씨는 배우는 것은 나에게 달려있고 알아주고 알아주지 아니한 것은 남에게 달려있는데 어찌 성낼 수 있겠는가 라고 하였다. (尹氏曰, 學在己 知不知 在人 何慍之有)
- 君子(군자) 란 덕이 쌓인 사람을 이르는 말이나 덕은 눈에 보이는 것이 아니라 한마디로 표현하기 어려운 것이 군자가 아닐까?

有	子가	曰	其	爲	人	也가	孝	弟요	而	好	犯	上	者는
유	자	왈	기	위	인	야	효	제	이	호	범	상	자
(주)고명		(술)동	(지)지	(술)동	(목)명	(조)접	(술)형		(조)접	(술)동	(목)관		

鮮	矣니	不	好	犯	上으로	而	好	作	亂	者는	未	之	有	也니라
선	의	불	호	범	상	이	호	작	란	자	미	지	유	야
(술)형	(조)종	부정	(보)동	(술)동	(목)명	(조)접	(보)동	(술)동	(목)명	(보)명	부정		(술)형	(조)종

" 유자가 말하기를 그 사람됨이 효성스럽고 우애스러운데 윗 사람 거스르기를 좋아하는 사람은 드물고, 윗 사람 거스르기를 좋아하지 아니하면서 어지럽히기를 좋아하는 사람은 있지 아니하니라. "

○ 본문해설 ○

- **有子**(유자) 공자 제자로 노나라 사람이며 이름은 약(若)이다.
- **孝**(효) 형용사 – 효성스러움
- **弟**(제) 형용사 – 동생은 형을 공경스러워하고 형은 동생을 사랑스러워하며 어른들을 공경하는 것
- **好**(호) 동사 – 좋아하다
- **犯上者**(범상자) 관형사 – 윗 사람을 거스르는 사람
- **鮮**(선) 형용사 – 드물다, 적다
- **作亂**(작란) 술목구조 – 어지러운 일을 만들어 내는 것, 윤리에 맞지 않는 행위와 사회질서에 어긋나는 일을 일으키어 세상을 어지럽게 하는 것

君子는	務本이니	本立而道生하나니	孝弟也者는
군 자	무 본	본 립 이 도 생	효 제 야 자
(주)명	(술)동 (목)명	(주)명 (술)동 (조)접 (주)명 (술)동	(주)동명

其爲仁之本與니라
기 위 인 지 본 여
(지)지 (술)동 (목)명 (조)후 (보)명 (조)종

" 군자는 근본이 되는 것에 힘써야 하니 근본이 서야 도가 생겨난다. 효도하고 공경하는 것은 어짐을 행하는 근본이니라. "

○ 본문해설 ○

- **務**(무) 동사 – 힘을 다 하는 것, 힘 쓰는 것
- **本**(본) 명사 – 근본, 뿌리
- **立**(립) 동사 – 서다, 세우다
- **道**(도) 명사 – 이치(理致)에 합당한 길이 도(道)이다. 道는 근본이 서면 자연스럽게 생겨난다. 즉 배우는 사람이 배움에 힘쓰는 것이 근본을 세우는 것이며 이것이 곧 道이다.

- **孝弟也者**(효제야자) 동명사 – 효도하고 공경하는 것
- **仁**(인) 명사 – **註**에 사랑의 이치요, 마음의 덕이다(**仁者愛之理心之德**)라고 하였다. 공자님은 이을 중요시 하였고 행동강령의 기본으로 여겼다. 정말로 어질고 어진 것이 인이다.

子曰巧言令色은 鮮矣仁니라

자	왈	교	언	령	색	선	의	인
(주)고명	(술)동	(주)관				(술)형	(조)전	(목)명

" 공자께서 말씀하시었다. 말을 잘하고 얼굴 빛을 곱게 하는 사람은 어진 바가 적느니라. "

◎ 본문해설 ◎

- **巧言令色**(교언령색) 관형사 – 말을 잘하고 얼굴 빛을 곱게하는 사람
- **矣**(의) 전치사 – **矣**는 종결사로 쓰이는 것이 상례이나, 여기서는 ~이의 뜻으로 전치사로 쓰였거나 도치형이다.
- **仁**(인) 명사 – 어짐, 어진 것
- 교언령색(**巧言令色**)하는 사람이 어진 바가 드문 까닭을 주(**註**)에서는 듣기에 좋은 말과 착한 얼굴 빛으로 밖으로 나타나게 꾸며서 남을 즐겁게 하기에 힘쓰는 것은 남을 방자하게 만들고자 함이니 본 마음에 덕을 상실한 것이다 라고 하였다. (**好其言善其色致飾於外務以悅人則人欲肆而本心之德亡矣**)

曾子가 曰吾가 日三省吾身하노니 爲人謀而

증	자	왈	오	일	삼	성	오	신	위	인	모	이
(주)고명		(술)동	(주)인대	(보)명	(보)부	(술)동	(목)관		(술)동	(목)명	(보)동	(조)접

不忠乎아? 與朋友交而不信乎아?

불	충	호	여	붕	우	교	이	불	신	호
(술)부정	(목)명	(조)의종	(부)부	(주)명		(술)동	(조)접	(술)부정	(목)명	(조)의종

傳不習乎니라?
전 불 습 호
(주)명 부정 (술)동 (조)의종

" 증자가 말하였다. 나는 하루에 세번씩 내 몸을 살피는데 남을 위하여 꾀하는 일이 충직하지 못함이 있었는가? 벗들과 사귀는데 미덥지 못한 점이 있었는가? 전하여 배운 것을 익히지 않음이 있었는가? 하는 것이다. "

◎ 본문해설 ◎

- **曾子**(증자) 공자의 제자로 이름은 삼(**參**)이며, 자(**字**)는 여(**輿**)이며, 남무성(**南武城**) 사람이며 공자의 손자인 자사(**子思**)의 스승이다.
- **三**(삼) 부사 – 부사로 쓰여 세 번
- **省**(성) 동사 – 반성하여 살피는 것
- **謀**(모) 동사 – 도모하다, 꾀하다
- **忠**(충) 명사 – 남을 위하여 자기 마음과 힘을 다하는 것
- **信**(신) 명사 – 거짓없이 진실되게 처신하여 남이 나를 믿는 것
- **傳**(전) 명사 – 스승으로부터 배워 받은 것
- **乎**(호) 의문종결사 – ~인가? 의문을 나타내는 종결사
- **註** 에서 자기가 가진 힘을 다하는 것을 **忠**(충)이라 하고 그러하여 얻은 열매를 **信**(신)이라 하며 **傳**(전)은 스승에게 받은 것이며 이것을 자기 것으로 과일이 익듯이 익히는 것이 **習**(습)이다. 증자(**曾子**)는 이 3가지로써 날로 그 몸을 살펴서 잘못된 것이 있으면 고치고 잘못된 것이 없으면 더욱 잘하도록 힘쓰며 스스로 정성을 다해 절실하게 날로 살펴 다스리면 배우는 근본을 터득하였다고 말할 수 있을 것이라고 하였다.
  (**盡己之謂忠以實之謂信傳謂受之於師習謂熟之於己曾子以此三者日省其身有則改之無則加勉其自治誠切如此可謂得爲學之本矣**)

子曰 道千乘之國하되 **敬事而信**하며
자 왈 도 천 승 지 국 경 사 이 신
(주)고명 (술)동 (술)동 (목)관 (술)동 (목)명 (술)동 (목)명

節用而愛人하며 使民以時니라

절 용 이 애 인 사 민 이 시

(술)동 (목)명 (조)접 (술)동 (목)명 (주)동명 (조)후 (술)동

" 공자께서 말씀하셨다. 천승의 나라를 다스린다 하더라도
일을 공경히 하고 미덥게 하며 절약해 쓰며 사람을 사랑하며 백성을 부리되
농사철이 아닌 한가한 때로 하여야 할 것이다. "

○ 본문해설 ○

- 道(도) 동사 – 여기서는 다스린다(治)라는 뜻으로 쓰였으나 이 외에 ①길(路), ②도리(道)즉 이치, ③말하다(言), ④무리(徒), ⑤방법(方法), ⑥취하다(取), ⑦따르다(從) 등의 뜻으로도 쓰인다.
- 千乘之國(천승지국) 관형사 – 병거(兵車) 일천을 동원할 수 있는 제후의 나라
- 敬事而信(경사이신) 일을 공경하게 처리하여 백성들에게 믿음을 주는 것
- 節用(절용) 아껴쓰다, 비용을 절감한다
- 節(절) 동사 – 아끼다
- 用(용) 명사 – 쓰임새
- 愛人(애인) 사람을 사랑한다. 즉 백성을 아끼는 것
- 愛(애) 동사 – 사랑하다, 아끼다
- 人(인) 명사 – 남, 사람, 백성
- 使民(사민) 동명사 – 백성을 부리는 것, 일을 공경히 처리하고 백성들에게 믿음을 주며 아껴쓰고 백성을 사랑하며, 농사철을 피하여 백성을 부리는 다섯 가지를 잘하는 것은 나라를 다스리는 근본인 것이다.

子曰 弟子아 入則孝하고 出則弟하며 謹而信하며

자 왈 제 자 입 즉 효 출 즉 제 근 이 신

(주)고명 (술)동 (목)명 (술)동 (조)접 (술)동 (술)동 (조)접 (술)동 (술)동 (조)접 (술)명

汎愛衆하되 而親仁이니 行有餘力이어든

범 애 중 이 친 인 행 유 여 력

(부)부 (술)동 (목)명 (조)접 (술)동 (목)명 (보)동 (술)형 (목)관

則以學文이니라
즉 이 학 문
(조)접 (지)지 (술)동 (목)명

" 공자님께서 제자들에게 말씀하셨다. 집에 들어가면 효도하고 밖에 나오면 어른들을 공경할 것이며 삼가하고 믿음이 있어야하며 널리 여러 사람을 사랑하되 어진 이와 가까이 하며 이렇게 하고도 여가가 있거든 이 여력으로 글을 배울 것이니라. "

◎ 본문해설 ◎

- 謹(근) 동사 – 삼가하다, 註에는 행동함에 떳떳함이 있어야 한다.(謹者行之有常也)
- 則(즉) 접속사 – ~하면, ~이면
- 信(신) 명사 – 믿음, 註에는 말 속에 실상(열매)이 있는 것이다.(信者言之有實也)
- 汎(범) 부사 – 물에 뜨다 라는 뜻으로 많이 쓰이나 여기서는 널리로 쓰였다. 註에는 넓은 것이라 하였다.(汎廣也)
- 衆(중) 명사 – 여러사람
- 則以(즉이) 의 以는 지시대명사로 쓰여 餘力(여력)을 지칭한다.
- 餘力(여력) 관형사 – 힘이 남음. 즉 한가한 시간

子夏曰賢賢하되 易色하며 事父母하되 能竭其力하며
자 하 왈 현 현 역 색 사 부 모 능 갈 기 력
(주)고명 (술)동 (술)동 (목)명 (술)형 (목)명 (술)동 (목)명 (부)부 (술)동 (목)관

事君하되 能致其身하며 與朋友交하되 言而有信이면
사 군 능 치 기 신 흥 붕 우 교 언 이 유 신
(술)동 (목)명 (부)부 (술)동 (목)관 (부)부 (주)명 (술)동 (주)명 (조)접 (술)형 (목)명

雖曰未學이라도 吾必謂之學矣니라
수 왈 미 학 오 필 위 지 학 의
(부)부 (술)동 (술)부정 (목)명 (주)인대 (부)부 (술)접미 (목)명 (조)종

"자하가 말하기를 어진 이를 높이어 공경하기를 아름다운 여자를 보고 끌리듯이 하며 부모를 섬기되 자기 힘이 다하도록 할 것이며, 임금을 섬기되 그 몸을 바칠 것이며, 벗을 사귀되 말에 믿음이 있으면 비록 배우지 못하였다 하더라도 나는 반드시 배움이 있는 사람이라 할 것이다."

◎ 본문해설 ◎

- 子夏(자하) 공자 제자, 성은 복(卜)이며, 이름은 상(商). 위(衛)나라 사람으로 공자보다 나이가 44세 아래이다.
- 賢(현) 한자는 명사로 賢人, 즉 어진 사람이며 한자는 동사로 어질게 여기다 이다.
- 易色(역색) 미인을 보고 얼굴색을 바꾸고 끌려들어가는 모양
- 事(사) 동사 – 섬기다
- 致(치) 동사 – 극진히 하다, 바치다
- 未(미) 부정사 – ~하지 못하다
- 竭(갈) 동사 – 다하다, 끝내다, 목이 마르다
- 雖(수) 부사 – 비록
- 未學(미학) 술목구조 – 배우지 못한 것, 배우지 못한 사람

子曰君子가 不重則不威니 學則不固라

자 왈 군 자 불 중 즉 불 위 학 즉 불 고

(주)고명 (술)동 (주)명 (술)부정 (목)명 (조)접 (술)부정 (목)명 (주)명 (조)접 (술)부정 (목)명

主忠信하며 無友不如己者요 過則勿憚改니라

주 충 신 무 우 불 여 기 자 과 즉 물 탄 개

(술)동 (목)명 (금)금 (술)동 (목)관 (주)명 (가)가 (금)금 (술)동 (목)동명

"공자께서 말씀하셨다. 군자가 신중하지 못하면 위엄스럽지 못하니 학문도 굳어지지 아니하니라. 충성과 신의를 위주로 하며 나만 못한 사람을 벗으로 삼지 말 것이며, 허물이 있으면 고치는 것을 꺼려하지 말아라."

◎ 본문해설 ◎

- 重(중) 명사 – 무겁고 두터운 것
- 固(고) 명사 – 굳은 것, 단단한 것
- 忠(충) 명사 – 충성됨
- 威(위) 명사 – 위력이 있고 엄중한 것
- 主(주) 동사 – 주인되다, 위주로 하다
- 信(신) 명사 – 믿음

- **無**(무) 금지사(**禁止辭**)로 쓰여 ~하지마라
- **友**(우) 동사로 쓰여 벗을 삼다의 뜻인데 **不如己者**는 관형사로 "자기와 같지 않은 사람"이다. 그러므로 금지사 **無**가 (벗 삼는 것)을 금지하여 **無友不如己者**는 "나만 못한 사람을 벗으로 삼지 말라"로 해석하는 것이다.
- **過**(과) 명사 – 허물
- **勿**(물) 금지사 – ~하지 마라
- **憚**(탄) 동사 – 꺼리다
- **改**(개) 동명사로 쓰여 "고치는 것"이며 동사 **憚**의 목적이다. 그래서 **勿憚改**을 고치는 것을 꺼리지 마라로 해석한다.

曾子曰愼終追遠이면 **民德**이 **歸厚矣**니라

증 자 왈 신 종 추 원 민 덕 귀 후 의

(주)고명 (술)동 (술)동 (목)명 (술)동 (목)명 (주)관 (술)동 (목)형 (조)종

" 증자가 말하였다. 초상 치름을 신중히 하고 정성스럽게 추모하면
백성들의 기풍이 두터워질 것이다. "

○ 본문해설 ○

- **愼終**(신종) 은 술어 목적어 구조로 **愼**(신)은 동사로 "삼가하다" 라는 뜻이며, **終**(종)은 명사로 초상으로 상례(**喪禮**)를 진심으로 애도하고 성의껏 치룸. 과도하게 많은 돈을 쓰지 않음.
- **追遠**(추원) 술목구조 – 먼 조상을 추모함
- **民德**(민덕) 관형사 – 순화된 백성들의 풍속
- **歸**(귀) 동사 – 돌아오다
- **厚**(후) 형용사 – 두터웁다
- 제후나 대부들이 상례에 과대한 비용을 쓰지 않고 간소하게 정성을 다하여 추모하면 백성들도 감화되어 순후한 기풍이 쌓여지게 될 것이라는 말이다.

子禽이 **問於子貢曰夫子**가 **至於是邦也**하사

자 금 문 어 자 공 왈 부 자 지 어 시 방 야

(주)고명 (술)동 (조)전 (목)고명 (술)동 (주)고명 (술)동 (조)전 (지)지 (목)명 (조)접

必聞其政하시니 求之與아? 抑與之與아?

필 문 기 정 / 구 지 여 / 억 여 지 여

(부)부 (술)동 (지)지 (목)명 (술)접미 (조)의종 (반)반 (술)접미 (조)종

" 자금이 자공에게 물어 말하기를 선생님께서(孔子) 이 나라에 오시니 반드시 그 정사를 들으려 하심인데 무엇을 요구하려 하심인가요? 아니면 무엇을 주시려고 하심인가요? "

◎ 본문해설 ◎

- 子禽(자금) 성은 진(陳), 이름은 강(亢)이며 진(陳)나라 사람이다.
- 子貢(자공) 성은 단목(端木), 이름은 사(賜)이며 위(衛)나라 사람이다. 모두 공자 제자이다. 혹은 강(亢)이 자공(子貢)의 제자라고도 하나 어느 것이 맞는지 알 수 없다.
- 於(어) 전치사 – ~에
- 至(지) 동사 – 이르다
- 邦(방) 명사 – 제후국, 나라
- 求之(구지) 접미사 – 요구하다
- 夫子(부자) 공자님을 부른 말
- 是(시) 지시대명사 – 이것
- 與之(여지) 접미사 – 주다
- 與(여) 의문종결사 – ~인가?
- 抑(억) 반어사로 쓰일 때는 아니면, 그러면 등으로 풀이하며 되묻는 말이다.

子貢이 曰夫子는 溫良恭儉讓以得之시니

자 공 / 왈 / 부 자 / 온 양 공 검 양 / 이 / 득 지

(주)고명 (술)동 (주)고명 (보)형 (조)접 (술)접미

夫子之求之也는 其諸異乎人之求之與인저?

부 자 지 구 지 / 야 / 기 제 / 이 / 호 / 인 지 구 지 / 여

(주)관 (조)후 (주)관 (술)형 (조)후 (목)관 (조)의종

" 자공이 말하기를 선생님은 화목하시고, 어질고, 공손하며, 검소하고, 사양함으로 얻으시니 선생님이 구하는 바는 그 모든 것이 다른 사람의 요구하는 바와 다르지 않겠습니까? "

◎ 본문해설 ◎

- 溫(온) 형용사 – 화목함이 두터운 것, 良(양) 어진 것, 恭(공) 공손한 것, 儉(검) 검소한 것, 讓(양) 사양하는 것, 이 다섯가지는 공자님의 덕을 융성히 빛나게 하고 또한 이것을 가지고 사람들을 접하였다.
- 得之(득지) 접미사 – 얻다, 之는 동사 밑에서 접미사를 만들어 진행태가 된다.
- 求之(구지) 접미사 – 요구하다
- 諸(제) 之於 즉 ~에서 ~까지의 뜻으로 其를 말하며 其는 지시대명사로 溫, 良, 恭, 儉, 讓 다섯 가지를 지칭한다.
- 其諸(기제) 관형사 – 그 모든 것
- 人之求之(인지구지) 관형사 – 다른 사람이 요구하는 것
- 異(이) 형용사 – 다르다. 즉 온, 양, 공, 검, 양 그 다섯 가지가 다른 사람들과는 다르니 그 구하는 것 또한 다르지 않겠는가라는 뜻이다.

子曰父在에 觀其志오 父沒에 觀其行이니
자 왈 부 재 관 기 지 부 몰 관 기 행
(주)고명 (술)동 (주)명 (술)형 (술)동 (지)지 (목)명 (주)명 (술)동 (술)동 (지)지 (목)명

三年을 無改於父之道면 可謂孝矣니라
삼 년 무 개 어 부 지 도 가 위 효 의
(주)명 (금)금 (술)동 (조)전 (목)관 (긍)긍 (술)명 (조)종

" 공자께서 말씀하시기를 아버지가 살아계실 적에는 그 뜻을 보고 아버지가 죽은 뒤엔 그 행적을 보되 삼년동안 아버지가 하신 일과 생각을 고치지 아니하면 효도한다고 말할 수 있다. "

◎ 본문해설 ◎

- 在(재) 형용사 – 자리에 있는 것, 즉 존재(存在)하는 것, 살아계심
- 觀(관) 동사 – 들여다보다
- 志(지) 명사 – 뜻
- 沒(몰) 동사 – 빠지다, 죽다
- 改(개) 동사 – 고치다, 바꾸다
- 可謂(가위) 긍정사 – ~이라 할 수 있다.

有子曰禮之用이 和가 爲貴니 先王之道가

유	자	왈	예	지	용	화	위	귀	선	왕	지	도
(주)고명		(술)동	(주)관			(주)명	(술)동	(목)명	(주)관			

斯爲美라 小大由之니라

기	위	미	소	대	유	지
(지)지	(술)동	(목)명	(부)부		(술)동	(지)지

" 유자가 말하였다. 예절의 쓰임이 화순한 것이 귀함이 되니 선왕의 도가 이처럼 아름다운 것이다. 작으나 크나 예의 쓰임에 연유하는 것이다. "

◎ 본문해설 ◎

- 禮(예) 란 내가 아닌 다른 사람에게 베푸는 것이라서 받는 사람의 마음이 편해야 예의도 귀하게 된다. 요, 순, 우, 탕(堯舜禹湯) 같은 성왕(聖王)은 남에게 예를 행하되 화(和) 즉 화목함이 돈독하였기 때문에 아름답다고 한 것이다. 그러므로 작은 일이나 큰 일이나 예절의 표현에 연유함이 많으니 예의는 바르게 화순하게 하여야 할 것이다.
- 禮之用(예지용) 관형사 – 예의 쓰임
  用은 동사로 쓰일때는 쓰다, 쓰이다, 쓰였다로 풀이하나 여기서는 禮之 아래에서 관형사가 되어 "예절의 쓰임"(禮之用)이며 주어이다.
- 和(화) 명사 – 화목함이 돈독한 것
- 爲(위) 는 불완전동사로 술어로 쓰일 때는 뒤따르는 명사를 요한다.
- 先王(선왕) 요(堯), 순(舜), 우(禹), 탕(湯), 문왕(文王), 무왕(武王)을 말함.
- 斯(사) 지시대명사 – 禮之用 및 和를 지칭
- 之(지) 지시대명사 – 禮之用 및 和를 지칭
- 由(유) 동사 – 연유하다, 유래가 되다
- 註에 禮는 하늘이치의 문채나는 마디요, 사람이 섬겨야할 본이요 법칙이다.(禮者天理之節文人事之儀則也)
  예절은 우리 몸을 비록 엄하게 하나 그러나 이는 모두 자연의 이치에서 나온 것이다. 그런 까닭에 반드시 얼굴 표정에 겁박함이 없으면 이에 귀함이 된다. 선왕의 도는 이렇게 하였기 때문에 아름답게 된 것이다. 작은 일이나 큰 일이나 이에 연유하지 않음이 없었다. (蓋禮之爲體雖嚴 然皆出於自然之理 故其爲用 必從容而不迫 乃爲可貴 先王之道 此其所以爲美 而小事大事 無不由之也)

有所不行하니 知和而和오 不以禮節之면

유	소	불	행	지	화	이	화	불	이	예	절	지
(술)명	(목)접두			(술)동	(목)명	(조)접	(보)명	부정	부정	(주)명	(술)접미	

亦不可行也니라

역	불	가	행	야
(부)부	부정		(술)동	(조)종

" 행하지 못할 바가 있으니 화순을 화순으로만 알고
예로서 절제하지 않으면 또한 행하지 말아야 한다. "

◎ 본문해설 ◎

- 所不行(소불행) 접두사 – 행하지 못할 것
- 禮(예) 註에 禮(예)는 화목함이 돈독히 절제된 것으로 이는 자연스러운 이치이며 예절의 온전한 몸통이다. (和而節此理之自然禮之全體)이라 하였다.
- 節(절) 字典에 대(竹)마디, 절제, 절개, 때, 부절(符切)로 풀이하고 있다.
- 節之(절지) 접미사 – 절제하다
- 이 절은 앞 문구를 이어서 이른 말로 화목함을 돈독히 함에만 치우치다보면 예절의 절도를 잃게 되니 화순함에만 치우치는 일은 행하지 못할 바라고 하였다.

有子曰信近於義면 言可復也며 恭近於禮면

유	자	왈	신	근	어	의	언	가	복	야	공	근	어	예
(주)고명		(술)동	(주)명	(술)동	(조)전	(목)명	(주)명	(긍)긍	(술)동	(조)종	(주)명	(술)동	(조)전	(목)명

遠恥辱也며 因不失其親이면 亦可宗也니라

원	치	욕	야	인	불	실	기	친	역	가	종	야
(술)동	(목)명		(조)종	(부)부	(부정)부정	(술)동	(지)지	(목)명	(부)부	(긍)긍	(술)명	(조)종

" 유자가 말하였다. 약속을 지키는 것이 의로움에 가까우면 자기의 말한 바를

실천하였다 할 수 있으며 공손함이 예절에 가까우면 부끄러움과 욕된 것에서 멀어질 것이니 이에 말미암으면 친한 사람을 잃지 아니하여 또한 주장이 될 것이다."

○ 본문해설 ○

- 信(신) 명사 – 믿음, 즉 약속을 지키는 것
- 義(의) 명사 – 옳은 것, 의리
- 復(복) 동사 – 실천하다, 예를 들면 克己復禮(극기복례)는 자지 자신을 이기고 즉 모든 사사로운 욕심을 버리고 이성(理性)으로 돌아가 예절을 "실천"하는 것으로 푼다.
- 禮(예) 명사 – 예절
- 因(인) 부사 – 말미암다
- 近(구) 동사 – 가깝다
- 恭(공) 명사 – 공손함
- 遠(원) 타동사로 쓰여 멀어지다
- 宗(종) 명사 – 주장 (註)마루, 근본

子曰君子는				食無求飽하며				居無求安하며					
자	왈	군	자	식	무	구	포	거	무	구	안		
(주)고명	(술)동	(주)명		(보)명	부정	(술)동	(목)명	(보)명	부정	(술)동	(목)명		

敏於事而愼於言이요							就有道而正焉이면					
민	어	사	이	신	어	언	취	유	도	이	정	언
(술)동	(조)전	(목)명	(조)접	(술)동	(조)전	(목)명	(술)동	(목)관		(조)접	(술)동	(조)종

可謂好學也已니라					
가	위	호	학	야	이
(긍)긍		(술)동	(목)명	(조)한종	

" 공자께서 말씀하셨다. 군자는 배부르게 먹기를 구하지 않으며, 거처의 편안함을 구하지 않으며, 일은 민첩하게 하며 말은 삼가하며 도덕이 높은 사람에게 가서 바로 잡는다면 배우기를 좋아한다고 말할 수 있을 뿐이다."

○ 본문해설 ○

- 食(식) 명사 – 밥, 음식, 먹는 것. 피동사나 타동사로 쓰일 때는 음을 (사)로 읽는다. 즉 다른 사람의 동작으로 음식이 구해지거나 먹을 경우다. 예를 들면 與食饑者食(여사기자사)로 읽고 밥을 주어 주린 사람을 먹였다로 푼다.

- 求(구) 동사 – 구하다, 요구하다
- 居(거) 명사 – 사는 곳, 거처하는 곳
- 求飽(구포) 술목구조 – 배부르게 먹는 것
- 求安(구안) 술목구조 – 편안하게 사는 것
- 敏(민) 동사 – 민첩하다. 註에는 부족한 바에 힘쓰는 것(勉其所不足)
- 愼(신) 동사 – 삼가하다, 말을 삼가하는 것을 註에서는 여유가 있어 남음이 있는 것을 다 말해버리지 않는 것(不及盡其所有餘也)이라 하였다.
- 就有道而正焉을 註에서는 반드시 도덕이 높은 사람에게 나아가서 옳고 그른 것을 바르게 한다.(必就有道之人以正其是非)라고 하였으므로 이를 따랐다.
- 就(추) 동사 – 나아가다
- 正(정) 동사로 쓰여 바로잡다
- 有道(유도) 관형사 – 도덕이 높은 사람
- 也已(야이) 한정종결사 – ~일 뿐이다.

子貢이 曰貧而無諂하며 富而無驕함이

자 공 왈 빈 이 무 첨 부 이 무 교

(주)고명 (술)동 (주)동명 (조)접 부정 (술)동 (주)동명 (조)접 부정 (술)동

何如있고 하니 子가 曰可也나 未若貧而樂하며

하 여 자 왈 가 야 미 약 빈 이 락

(의)의 (주)고명 (술)동 (긍)긍 (조)종 (비)비 (주)명 (조)접 (술)동

富而好禮者也니라

부 이 호 례 자 야

(주)명 (조)접 (술)동 (목)동명 (조)종

" 자공이 말하였다. 가난하게 살면서도 아첨하지 아니하며 부자로 살면서도 교만하지 아니하는 것이 어떠합니까? 공자가 말씀하시기를 옳으니라 가난해도 즐기며 부해도 예의로운 것을 좋아하는 것만 같니 못하니라. "

○ 본문해설 ○

- 貧(빈) 동명사 – 가난하게 살면서 (접속사 而가 쓰인 것으로 보아 동명사로 본다.)
- 諂(첨) 동사 – 아첨하다
- 富(부) 동명사 – 부자로 살면서 (貧과 동일하게 동명사로 쓰였다.)

• **驕**(교) 동사 – 교만하다

• **未若**(미약) 비교사 – ~하는 것 보다 못하다, ~하는 것과 같지 않다.

• **樂**(락) 동사 – 즐거워하다

• **禮者**(예자) 동명사 – 예의로운 것, 예의스러운 것

• **註**에 **諂**은 비굴한 것(**卑屈也**), **驕**는 방자하고 자랑하는 것(**矜肆也**)
사람이 항상 가난하고 부하게 사는 가운데 빠지게 되면 자기 분수를 지키는 것을 알지 못하는 까닭에 반드시 두가지 병이 있게 된다. 아첨하지 아니하고 교만하지 아니하면 곧 자기 분수를 지킬 줄 스스로 알게 된다. 즐겁게 살면 마음이 넓어지고 몸이 편하여 가난하게 사는 것을 잊어버리며 예절을 알면 착함이 자리잡아 편안해지고 이치를 좇아 즐거워져서 스스로 자기가 부자라는 것을 알지 못하게 된다.
(**常人 溺於貧富之中 而不知所以自守 故必有二者之病 無諂無驕 則知自守矣 樂則心廣體胖 而忘其貧 好禮則安處善 樂循理 亦不自知其富矣**)

子貢이 **曰詩云如切如磋**하며 **如琢如磨**라 하니
자 공 (주)고명 / 왈 (술)동 / 시 (주)명 / 운 (술)동 / 여 (술)형 / 절 (목)명 / 여 (술)형 / 차 (목)명 / 여 (술)형 / 탁 (목)명 / 여 (술)형 / 마 (목)명

其斯之謂與인저?
기 사 지 (지)지 / 위 (술)동 / 여 (조)의종

" 자공이 말하기를 시전에 이르기를 끊은 것 같으며 간 것 같으며
쪼은 것 같으며 문지른 것 같다고 하니 그는 이를 이르는 것입니까? "

○ 본문해설 ○

• **詩**(시) 시전 위풍 기오편(**詩傳衛風淇奧之篇**)

• **切**(절) 명사 – 끊는 것

• **磋**(차) 명사 – 간 것

• **琢**(탁) 명사 – 쪼은 것

• **磨**(마) 명사 – 문지른 것

• **其**(기) 지시대명사 – **無諂無驕**을 지칭

• **斯**(사) 지시대명사 – **切磋琢磨**을 지칭

• **之**(지) 지시대명사 – 위 두 가지를 모두 지칭한다

• **與**(여) 의문종결사 – ~인가?

子가 曰賜也는 始可與言詩已矣로다
자 왈 사 야 시 가 여 언 시 이 의
(주)고명 (술)동 (주)고명 (조)후 (부)부 (긍)긍 (부)부 (술)동 (목)명 (조)한종

告諸往而知來者라
고 제 왕 이 지 래 자
(술)동 (지)지 (목)동명 (조)접 (술)동 (목)동명

" 공자가 말씀하시기를 사는 비로소 더불어 가히 시를 말할 수 있을 뿐이로다. 지난 것을 말하여 오는 것을 아는구나 "

본문해설

- 始(시) 부사 – 처음으로 비로소
- 與(여) 부사 – 더불어
- 已矣(이의) 한정종결사 – 뿐이다
- 告(고) 동사 – 고하다, 말하다
- 諸(제) 지시대명사 – 之於
- 往(왕) 동명사 – 지난 것
- 來者(래자) 동명사 – 오는 것
- 註에 往(왕) – 이미 말한 바 (其所已言者), 來(래) – 말한 바 없는 것 (其所未言者)

子曰不患人之不己知오 患不知人也니라
자 왈 불 환 인 지 부 기 지 환 부 지 인 야
(주)고명 (술)동 부정 (술)동 (보)명 (조)후 부정 (주)명 (술)동 (술)동 부정 (술)동 (목)명 (조)종

論語集註券之一終

" 공자님께서 말씀하시기를 남이 나를 알아주지 아니함을 걱정하지 말고 내가 남을 알아보지 못함을 걱정하라고 하시었다. "

◎ **본문해설** ◎

- **患**(환) 동사 – 걱정하다
- **人之不已知**(인지불지기) 남이 나를 알아주지 아니한 것
- **不知人**(부지인) 술목구조 – 내가 남을 알아보지 못한 것

5. 孟子 (맹자)

맹자(孟子)는 (BC 390~305?) 이름은 가(軻), 자는 자여(子與), 자거(子車)이며, 산동성(山東省) 魯나라 추(騶) 땅 사람이다.

(1) 孟子集註序說 (맹자 집수서설)

사기열전에서 맹가는 추나라 사람이다.(**史記列傳曰孟軻騶人也**)

자사(子思)의 문인으로 학문을 배워 이미 도에 통달하였다.(**受業子思之門人道旣通**)

제나라 선왕을 섬겨 사귀었으나 선왕은 등용하지 아니하였다.(**游事齊宣王, 宣王, 不能用**)

그래서 양으로 가서 양혜왕을 만났으나 과단성이 없고 하는 말이 일과 성정에 맞지 않게 넓고 멀리 돌리고 있는 것으로 보였다.(**適梁梁惠王 不果所言則見以爲迂遠而闊於事情**)

그 당시 형편이 진나라에서는 **商鞅**(법술가)을 초나라, 위나라는 **吳起**(병가兵家)를 제나라는 **孫子**와 **田忌**(병법 및 정치가 兵政家)를 등용하여 천하는 바야흐로 합종(**合從** : 서쪽의 강대한 진(秦)나라를 견제하기 위해 남북의 한(韓), 위(魏), 조(趙), 연(燕), 제(齊), 초(楚)가 동맹하여야 한다는 소진(蘇秦)의 주장)

연형(**連衡** : 힘이 강한 진나라편에 붙어야 살아남을 수 있다는 장의(張儀)의 주장)에 힘써 현명한 사람을 공격하여 치는 세태인데 맹자는 당우삼대(堯(요), 舜(순), 禹(우))의 덕을 설파함은 이들과 더불어 합당하지 않으므로 물러나 만장(맹자의 제자)의 무리와 함께 시경과 서경의 서문을 쓰고 공자의 뜻을 논술하여 맹자 7편을 지었다. 이에 대하여 한자(**韓子** : 한유(韓愈), 한퇴지(韓退之))가 말하기를 "맹자라는 책은 맹자가 지은 것이 아니라 맹자는 이미 죽고 그의 제자 만장, 공손추가 맹자가 말한 바를 서로 기록한 것이다" 라고 하였다.

(**當是之時, 秦用商鞅, 楚魏, 用吳起, 齊用孫子田忌, 天下方務於合從連衡以攻伐爲賢而孟軻, 乃述唐虞三代之德, 是以 所如者, 不合, 退而與萬章之徒, 序詩書, 述仲尼之意, 作孟子七篇, 韓子曰 孟軻之書, 非軻自著, 軻旣沒其徒萬章, 公孫丑, 相與記軻所言焉**)

(2) 公孫丑章句上中(浩然之氣) (공손추장구상중(호연지기))

敢	問	夫子는		惡	乎	長이시니고		曰	我는	知	言하며
감	문	부	자	오	호	장		왈	아	지	언
(부)부	(술)동	(주)명		(의)의	(조)후	(술)명		(술)동	(주)인대	(술)동	(목)명

我는	善	養	吾	浩	然	之	氣하노라
아	선	양	오	호	연	지	기
(주)인대	(부)부	(술)동	(보)인대	(목)관			

" 공손추가 감히 묻겠습니다. 선생님께서는 무슨 장점이 있습니까?
맹자가 대답하기를 나는 사람들이 하는 말에 대하여 맞는 것과 틀린 것,
바르고 사악한 것을 잘 알고 나는 나의 호연지기를 잘 기른다. "

◎ 본문해설 ◎

- 敢(감) 부사 – 감히
- 問(문) 동사 – 묻는다
- 夫子(부자) 명사 – 선생님을 높여 부르는 말
- 惡(오) 의문사 – 무엇, 어찌, 왜
- 長(장) 명사 – 장점
- 知言(지언) 知는 동사로 잘 알고 있다로 술어이며 言은 명사로 목적어이다.
  註에서 知言은 도의(道義)에 밝음이 있어 천하에 있는 일에 의심하는 바가 없는 것이라 하였고(知言, 則有以明夫道義, 而於天下之事無所疑)
  공손추의 거듭 묻는 물음에 孟子는 知言은 마음 속에 갖고 있는 지성(知性)을 다하여 무릇 천하 사람들의 말을 그 이치의 끝가는 데까지 궁구하지 아니함이 없이 하며 옳고, 틀린 것과 얻는 것과 잃는 까닭을 확연히 알아내는 것이라고 하였다.(孟子, 知言者 盡心知性, 於凡天下之言, 無不有以 究極其理, 而識其是非得失之所以然也)
- 善(선) 부사 – 잘
- 養(양) 동사 – 기르다
- 浩(호) 넓다
- 氣(기) 기운
- 善養吾浩然之氣(선양오호연지기) 는 술어 목적어 구조형으로 養은 동사이며, 善은 부사로 동사 養을 수식하고 養의 목적어는 浩然之氣이다.
- 註에 浩然은 성대하게 흘러가는 모양이다. 氣는 몸 속에 차 있음을 이른다.(浩然, 盛大流行之貌, 氣, 卽所謂體之充者)

주자(朱子)는 세상 이치에 접하여 얻은 지혜로 올바른 마음과 뜻을 정성스럽게 하는 종류가 知言과 같은 것으로 知言으로 하여금 옳고 틀린 것, 바르고 간사한 것의 뜻과 이치를 밝게 드러내 얻으면 浩然之氣는 스스로 생겨난다고 하였다.(朱子曰 致知格物正心誠意之類若知言便見得是非邪正義理昭然卽浩然之氣自生)

敢問何謂浩然之氣있고 曰難言也니라

감 문 하 위 호 연 지 기　왈 난 언 야

(부)부 (술)동 (의)의 (술)동 (목)관　(술)동 (술)형 (목)동명 (조)종

" 공신추, 감히 묻겠습니다. 무엇을 가리키어 호연지기라 합니까?
맹자, 말로 하기는 어려우니라. "

◎ 본문해설 ◎

- 何(하) 의문사 – 무엇
- 謂(위) 동사 – 말하다, 이르다, 지적하다
- 難(날) 형용사 – 어렵다, 난처하다
- 言(언) 동명사 – 말로 하는 것
- 註에 말 로하기 어렵다는 것은 아마 그 마음 속에 홀로 터득한 바며 소리도 없고 형상도 없이 체험한 바라 말로서 형용하기란 쉽지 않음이 있다고 하였다. (難言者, 蓋其心所獨得, 而無形聲之驗, 有未易以言語, 形容者)

其爲氣也는 至大至剛하니 以直養而無害

기 위 기 야　지 대 지 강　이 직 양 이 무 해

(지)지 (술)동 (목)명 (조)후　(부)부 (술)형 (부)부 (술)형　(지)지 (주)형 (술)동 (조)접 (술)부정 (목)명

則塞于天地之間이니라

즉 색 우 천 지 지 간

(조)접 (술)동 (조)전 (목)관

" 그 기(氣)됨이 지극히 크고 지극히 강하니 정직하게 기르고
해가 없게 한다면 천지간에 가득차게 되니라. "

◎ 본문해설 ◎

- 氣(기) 명사 – 기운, 浩然之氣를 말하며 호연지기를 문자대로만 푼다면 널리 퍼져있는 기운이다. 그러나 맹자가 말하는 호연지기란 지극히 크고 지극히 강하며 격물치지로 얻은 지혜가 정직하게 양성되어 천지에 가득하여 어떠한 일에 부딪쳐도 의구심도 없고 꺼리김도 없는 지고지순한 것이라 하겠다.
- 至(지) 부사– 지극히
- 剛(강) 형용사 – 단단하다, 강하다
- 直(직) 형용사 – 정직하다
- 養(양) 동사 – 기르다
- 害(해) 명사 – 해로운 것
- 塞(색) 동사 – 막히다, 차다
- 于(우) 전치사 – ~에
- 天地之間(천지지간) 관형사 – 하늘과 땅 사이
- 註에 至大는 근본적으로 양이 한정된 것이 아니며 至剛은 굽히고 흔들 수 없는 것이라 하였다. (至大, 初無限量, 至剛, 不可屈撓)

  정자(程子)는 말하기를 사람과 하늘은 하나이다. 다시 가리어 나눌 수 도 없다. 호연지기는 곧 나의 기(氣)이다. 해되지 아니하게 기르면 하늘과 땅 사이에 가득찬다. 그러나 한번의 사사로운 행위로 막혀버리고 만다. 즉 마음에 차지않게 비어서 호연지기가 작아짐을 알 수 있다고 하였다. (程子, 曰天人, 一也, 更不分'別, 浩然之氣, 乃吾氣也, 養而無害, 則塞于天地, 一爲私意所蔽, 則欿然而餒, 知其小也)

其爲氣也가	配義與道하니	無是면	餒也니라
기 위 기 야	배 의 여 도	무 시	뇌 야
(지)지 (술)동 (목)명 (조)후	(술)동 (목)명 (조)접 (목)명	부정 (지)지	(술)동 (조)종

" 그 기됨이 의(義)와 도(道)와 짝하니, 의와 도가 없으면 몸에 차지 않느니라. "

◎ 본문해설 ◎

- 配(배) 동사 – 짝을 짓다
- 與(여) 접속사 – 명사와 명사를 이어주는 접속사, 與는 而와 달리 명사와 명사, 명사구와 명사를 이어주며 而는 동사와 동사, 동사구를 이어주는 접속사이다.

- **是**(시) 지시대명사 – 여기서는 **義**와 **道**를 지칭한다.
- **餒**(뇌) 동사 – 주리다, 굶다, 비다
- **註**에서 **配**는 합하여 뜻이 있다는 것이라 하고(**配者, 合而有之意**), **義**는 사람의 마음을 제재하는 것이라 하였으며(**義者, 人心之裁制**), **道**는 자연스러운 하늘의 이치이며(**道者, 天理之自然**), **餒**는 굶어서 기가 몸에 차지 않는 것이라 하였다(**餒, 飢乏而氣不充體也**)
  우리가 호연지기를 의롭고 하늘의 이치에 맞도록 잘 길러서 하는 일에 임하면 호연한 기가 가득하여 두려워 꺼리는 일이 없지만, 의(義)와 도(道)가 빠지면 몸 속은 텅 비어 주린다는 것이다.

是集義所生者라 **非義襲而取之也**니

시 집 의 소 생 자　비 의 습 이 취 지 야

(지)지 (술)동 (목)명 (보)접두　(부정)부정 (주)명 (술)동 (조)접 (술)접미 (조)접

行有不慊於心則餒矣니 **我故**로 **曰告子**가

행 유 불 협 어 심 즉 뇌 의　아 고　왈 고 자

(주)동명 (술)형 부정 (술)동 (조)전 (목)명 (조)접 (술)동 (조)종　(주)인대 (부)부　(술)동 (주)고명

未嘗知義하노니 **以其外之也**

미 상 지 의　이 기 외 지 야

부정 (부)부 (술)동 (목)명　(부)부 (지)지 (술)명 (지)지 (조)종

" 이(호연지기)는 의(義)가 쌓여서 만들어진 것이다.
의(義)는 거두어 쌓아 모은 것이 아니다. 행동한 것이 마음에 만족하지 아니함이 있으면 기가 몸에 차지 아니함이다. 나는 그래서 고자(告子)가 일찍이 의(義)를 알지 못한다 함인데 의(義)가 밖에 있다고 하기 때문이다.. "

○ 본문해설 ○

- **是**(시) 지시대명사로 의(義)이다.
- **所生者**(소생자) 접두사 – 만들어진 것
- **取之**(취지) 접미사 – 거두어 들이다
- **集義**(집의) 옳은 것, 착한 것이 쌓인 것이다.
- **襲**(습) 동사 – 옷을 끼워입다, 겹쳐입다, 쌓이다
- **行**(행) 동명사 – 행동한 것
- **慊**(겸) 동사 – 마음에 차지 아니하다 / (협) 동사 – 마음에 만족하다 / (혐) 동사 – 의심하다

- **未嘗**(미상) 일찍이 ~하지 못하다
- **以**(이) 부사 – ~한 까닭에
- **其**(기) 지시대명사로 의(**義**)를 지칭한다.
- **外之也**(외지야) 밖의 이것이다 라는 뜻으로 **之**는 지시대명사로 앞에 나온 지시대명사 **其**(**義**)를 지칭한다.
- **註** 에 말과 행동이 한 가지라도 의(**義**)에 합당하지 아니함이 있으면 정직하지 못한바가 스스로 돌아와 마음과 몸에 기가 부족하여 차지않게 되는 바가 있느니라. 그런데도 어찌 의(**義**)가 밖에 있다고 하겠는가? 고자(**告子**)는 이 이치를 알지못하고 그가 말하기를 인(**仁**)은 안에 있고 의(**義**)는 밖에 있어 돌아오지 않는데 일을하면 의(**義**)를 모아 호연지기를 만들어내는 일을 반드시 하지 못할 것이다 라고 하였다.
  (**言所行, 一有不合於義而自反不直, 則不足於心而其體, 有所不充矣, 然則義豈在外哉? 告子 不知此理, 乃曰仁內義外, 而不復以義爲事, 則必不能集義, 以生浩然之氣矣**)

(3) 公孫丑章句上中(仁義禮智) (공손추장구상중(인의예지))

孟子曰人皆有不忍人之心하니라

孟	子	曰	人	皆	有	不	忍	人	之	心
맹	자	왈	인	개	유	불	인	인	지	심
(주)고명		(술)동	(주)명	(부)부	(술)형	(목)관				

" 맹자가 말씀하셨다. 사람은 누구나 다 남의 어려움을 보면 그대로 넘기지 못하는 마음이 있느니라. "

○ 본문해설 ○

- **皆**(개) 부사 – 모두
- **忍**(인) 동사 – 참다, 부정사 **不**이 **忍**을 부정하여 참지 못한다. 즉 지나치지 못한다.
- **不忍人之心**(불인인지심) 관형사 – 남의 어려움을 보고 차마 지나치지 못하는 것

先王이 **有不忍人之心**하야 **斯有不忍人之政矣**시니

先	王	有	不	忍	人	之	心	斯	有	不	忍	人	之	政	矣
선	왕	유	불	인	인	지	심	사	유	불	인	인	지	정	의
(주)관		(술)형	(목)관					(지)지	(술)형	(목)관					(조)종

以不忍人之心으로 行不忍人之政이면

이 불 인 인 지 심 행 불 인 인 지 정

(조)전 (주)관 (술)동 (목)관

治天下는 可運之掌上이니라

치 천 하 가 운 지 장 상

(술)동 (목)관 (긍)긍 (술)접미 (목)동명

" 앞서 왕노릇한 사람이 남의 어려움을 그냥 넘기지 못하는 마음이 있어
이로서 남의 어려움을 그냥 넘기지 못하는 정치를 펼쳤으니 남의 어려움을
그냥 넘기지 못하는 마음으로써 남의 어려움을 그냥 넘기지 못하는 정치를 행하면
천하를 다스리는 것은 손바닥을 뒤엎는 것과 같이 쉬울 것이다 "

◎ 본문해설 ◎

- 先(선) 부사 – 먼저, 앞서
- 斯(사) 지시대명사로 不忍人之心을 지칭한다.
- 治(치) 동사 – 다스리다
- 運之(운지) 접미사 – 움직이다
- 先王(선왕) 관형사 – 먼저 왕노릇한 사람
- 政(정) 명사 – 정치
- 可(가) 긍정사 – ~할 수 있다
- 掌上(장상) 동명사 – 손바닥을 뒤엎는 것

所以謂人皆有不忍人之心者는 今人이

소 이 위 인 개 유 불 인 인 지 심 자 금 인

(부)부 (술)동 (주)명 (부)부 (술)형 (목)관 (부)부 (주)명

乍見孺子가 將入於井하고 皆有怵惕惻隱

사 견 유 자 장 입 어 정 개 유 출 척 측 은

(부)부 (술)동 (목)명 (자)자 (술)동 (조)전 (목)명 (부)부 (술)형 (목)관

之心하느니 非所以内交於孺子之父母也며

지 심 비 소 이 내 교 어 유 자 지 부 모 야

(목)관 부정 (부)부 (보)명 (술)동 (조)전 (목)관

非所以要譽於鄕黨朋友也며

비 소 이 요 예 어 향 당 붕 우 야

부정 (부)부 (보)명 (술)동 (조)전 (목)관 (조)종

非惡其聲而然也니라

비 오 기 성 이 연 야

부정 (주)관 (조)접 (술)긍 (조)종

" 남의 어려움을 보고 참아 그대로 넘길 수 없는 마음이 사람들 모두에게 있다고 말하는 까닭은 지금 사람들이 어린아이가 갑자기 우물에 빠지려는 것을 보고 모두 걱정스럽고 측은한 마음이 우러남이 있으니 이는 이런 아이의 부모와 안으로 연을 맺어 서로 사귀어보려고 하는 것도 아니며 한 마을 친구들로부터 칭찬을 받으려 함도 아니며 측은지심을 갖지 않았다는 나쁜 평판이 그렇게 나지 않게 하려고 함도 아니다. "

본문해설

- 所以(소이) 부사- 까닭
- 謂(위) 동사 – 이르다, 말하다
- 皆(개) 부사 – 모두
- 不忍人之心者(불인인지심자) 관형사 – 남의 어려움을 그대로 넘기지 못한 것, 者(자)는 ~하는 것이란 뜻이다.
- 乍(사) 부사 – 갑자기, 잠깐
- 孺子(유자) 명사 – 어린아이
- 將(장) 자동사 – 하려하다
- 怵(출) 형용사 – 새싹이 움수룩이 돋아나는 모양, 즉 가슴속에서 용솟음쳐오름
- 惕(척) 형용사 – 두려움, 근심스러움
- 惻(측) 형용사 – 찢어지게 아픈것, 불쌍한 것
- 隱(은) 형용사 – 걱정스러운 것, 심하게 아픈 것(痛)
- 要(요) 명사 – 필요한 것, 중요한 것, 바라는 것
- 譽(예) 동사 – 자랑하다
- 鄕黨(향당) 명사 – 마을
- 朋友(붕우) 명사 – 친구
- 惡其聲(오기성) 관형사 – 측은지심이 없다는 나쁜 평판
- 然(연) 긍정사 – 그러하다, 그렇게 여기다
- 註에 乍는 갑자기와 같고(乍猶忽也), 怵惕은 놀란 모양(怵惕, 驚動貌), 惻은 상하여 끊어진 것(惻, 傷之切也), 隱은 심하게 아픈것(隱, 痛之深也) 이런 것들이 남의 어려움을 보고 참아 넘겨버리지 못하는 마음이다.(此卽所謂不忍人之心也)

사씨가 말하기를 사람은 반드시 그 참된 마음 이것만은 알고 있어야 한다. 어린 아이가 갑자기 우물에 빠지려는 것을 볼 때 불쌍해 아픈 그 마음이 곧 참된 마음인 것이다.

생각하여 터득한 것도 아니요, 힘써 적중한 것도 아닌 자연스러운 하늘의 이치인 것이다.

어린 아이의 부모와 사귀어 인연을 맺는 것, 마을 사람들에게 명예를 구하는 것, 자기의 명성이 나쁘게 되는 것 등은 곧 사람의 사사로운 욕심이다 라고 하였다.

(謝氏, 曰人須是識其眞心, 方乍見孺子入井之時, 其心怵惻, 乃眞心也— 非思而得, 非勉而中, 天理之自然也, 內交, 要譽, 惡其聲而然, 卽人欲之私矣)

由是觀之컨대 **無惻隱之心**이면 **非人也**며

유 시 관 지 / 무 측 은 지 심 / 비 인 야

(주)명 (지)지 (술)접미 / (술)부정 (목)관 / (술)부정 (목)명 (조)종

無羞惡之心이면 **非人也**며 **無辭讓之心**이면

무 수 오 지 심 / 비 인 야 / 무 사 양 지 심

(술)부정 (목)관 / (술)부정 (목)명 (조)종 / (술)부정 (목)관

非人也며 **無是非之心**이면 **非人也**니라

비 인 야 / 무 시 비 지 심 / 비 인 야

(술)부정 (목)명 (조)종 / (술)부정 (목)관 / (술)명 (목)명 (조)종

" 이러한 연유로 본다면 측은한 마음이 없으면 사람이 아니며, 나의 잘못을 부끄러워하고 남의 잘못을 미워하는 마음이 없으면 사람이 아니며, 남에게 사양하는 마음이 없으면 사람이 아니며, 옳고 그른 것을 가리는 마음이 없으면 사람이 아니니라. "

◎ 본문해설 ◎

- **由**(유) 명사 – 이유, 이러이러한 사유
- **是**(시) 지시대명사로 전절에 거론한 **理由**를 지칭
- **觀之**(관지) 접미사 – 보다, **之**(지)는 동사 밑에서 동사를 진행태로 만든 접미사이다.
- **惻隱之心**(측은지심) 관형사 – 측은한 마음
- **非人**(비인) 부정사로 술어이며, 명사 **人**은 목적어이다.

- 羞(수) 동사 – 부끄러워하다
- 惡(오) 동사 – 미워하다, 싫어하다
- 辭讓之心(사양지심) 관형사 – 사양하는 마음
- 辭(사) 동사 – 버리다, 양보하다
- 讓(양) 동사 – 사양하다, 주다
- 羞惡之心(수오지심) 관형사 – 나의 잘못을 부끄러워하고 남의 잘못을 미워하는 마음
- 是(시) 명사 – 옳은 것
- 非(비) 명사 – 그른 것, 틀린 것
- 是非之心(시비지심) 관형사 – 옳고 그른 것을 가려내는 마음
- 註에 羞는 자기의 착하지 못함을 부끄러워하는 것(羞, 恥己之不善也), 惡는 남의 착하지 못함을 미워하는 것(惡, 憎人之不善也), 辭는 자기를 제쳐내고 남이 해내도록 하는 것(辭, 解使去己也), 讓은 남에게 밀어주는 것(讓, 推以與人也)

惻隱之心은 仁之端也오 羞惡之心은
측은지심 (주)관 / 인(보)명 지(조)후 단(술)명 야(조)종 / 수오지심 (주)관

義之端也오 辭讓之心은 禮之端也오
의(보)명 지(조)후 단(술)명 야(조)종 / 사양지심 (주)관 / 예(보)명 지(조)후 단(술)명 야(조)종

是非之心은 智之端也니라
시비지심 (주)관 / 지(보)명 지(조)후 단(술)명 야(조)종

" 남의 어려움을 보고 측은한 마음이 드는 것은 인(仁)의 실마리요,
나의 잘못을 부끄러워하고 남의 잘못을 미워하는 것은 의(義)의 실마리요,
남에게 사양하고 양보하는 것은 예(禮)의 실마리요,
옳고 그른 것을 가리는 것은 지(智)의 실마리이다. "

○ 본문해설 ○

- 仁(인) 字典에 (慈也)인자하고 어진 것, (果核中實)열매의 씨앗이 알차고 튼튼한 것이라 하고, 孔子님은 인은 고요한 것이다(仁者靜), 효도하고 동생은 형을 공경하고 형은 아우를 사랑하는 것이 인(仁)의 근본이다.(孝弟也者其爲仁之本與), 말을 잘하고 얼굴색을 남보기 좋게하는 사람에게는 인(仁)을

행함이 적다.(巧言令色鮮矣仁), 자기를 이기고 예를 실천(克己復禮)하는 것이 인(仁)이 되는 것이다 라고 하였다. 만 가지 이치가 하나에 돌아간다는 (萬法歸一)말이 있는데 인(仁)이 그런 것이 아닌가 싶다.

- **端**(단) **字典**에 (**物首**)물건의 머리, (**正**)단정함, (**萌**)싹, (**始也**)비로소, 시작이라 하였고, **註**에는 **緖**(서)라 하였는데 **緖**는 **字典**에서 (**絲耑**)실끝, 실마리(**基一事業**), 사업의 터(**發端**) 시초라 하였다. 즉 실마리나 기초로 푸는것이 마땅할 듯하다.
- **義**(의) 명사 – 사람이 가히 행할 수 있는 도리, 이치에 적합한 것
- **禮**(예) 명사 – 예의, 경의를 표하는 것
- **智**(지) 명사 – 사리에 밝은 것, 마음속에 알고 있는 바가 사리에 합당한 것
- **註**에 (**惻隱, 羞惡, 辭讓, 是非, 情也, 仁義禮智, 性也, 心, 統性情者也, 朱子曰 性者心之理情者心之用心者性情之主**)남의 어려움을 보고 측은히 여기는 것, 나의 잘못을 부끄러워하고 남의 잘못을 미워하는 것, 남에게 사양하고 양보하는 것, 옳고 그른것을 가리는 것은 정(**情**)이다. 어질고, 의롭고, 예의바르고, 지혜로운 것은 성(**性**)이다. 마음은 본성(**性**)과 정(**情**), 기쁨(**喜**), 성냄(**怒**), 슬픔(**哀**), 즐거움(**樂**), 사랑(**愛**), 미움(**惡**), 설움(**悲**)을 거느리고 통솔한다. 주자(**朱子**)는 본성(**性**)은 마음속에 정(**情**)을 다스린다. 마음을 쓴다는 것은 본성(**性**)이 정(**情**)을 주재하는 것이다 라고 말하였다.

人之有是四端也는 **猶其有四體也**니
인 지 유 시 사 단 야 유 기 유 사 체 야
(주)명 (조)후 (술)형 (지)지 (목)명 (조)접 (보)형 (지)지 (술)형 (목)명 (조)접

有是四端而自謂不能者는 **自賊者也**오
유 시 사 단 이 자 위 불 능 자 자 적 자 야
(술)형 (지)지 (목)관 (조)접 (부)부 (술)동 (목)동명 (주)명 (술)동명 (조)종

謂其君不能者는 **賊其君者也**니라
위 기 군 불 능 자 적 기 군 자 야
(술)동 (지)지 (보)명 (목)동명 (술)동 (지)지 (목)명 (보)명 (조)종

" 사람에게 사단(四端 : 仁義禮智)이 있는 것은 몸에 사지(四肢 : 팔과 다리)가 있는 것과 같으니 이 사단(四端)을 가지고 있으면서 인의예지(仁義禮智)를

행할 수 없다고 스스로 말하는 것은 스스로를 해치는 것이요,
그 임금이 인의예지를 행하지 못한다 이르는 것은 그 임금을 해치는 것이다. ”

◎ 본문해설 ◎

- **猶**(유) 형용사 – ~과 같다
- **四體**(사체) 명사 – 팔과 다리
- **不能者**(불능자) 동명사 – 행하지 못하는 것
- **賊其君者也** 는 **其君賊者也**의 도치로 보는 것이 좋다.
- **謂**(위) 동사 – ~이라 말하다, 이르다
- **賊**(적) 동사 – 해치다
- **賊者**(적자) 동명사 – 해치는 것

凡有四端於我者를 **知皆擴而充之矣**면

범 유 사 단 어 아 자 지 개 확 이 충 지 의

(부)부 (술)형 (목)관 (조)전 (보)관 (보)동 (부)부 (술)동 (조)접 (술)접미 (조)종

若火之始然하며 **泉之始達**이니 **苟能充之**면

약 화 지 시 연 천 지 시 달 구 능 충 지

(술)형 (목)관 (목)관 (부)부 (술)접미

足以保四海요 **苟不充之**면 **不足以事父母**니라

족 이 보 사 해 구 불 충 지 부 족 이 사 부 모

(긍)긍 (조)후 (술)동 (목)관 (부)부 부정 (술)접미 부정 (긍)긍 (조)후 (술)동 (목)명

“ 무릇 사단(四端)이 나에게 있다는 것을 알고 모두 넓혀 채우면
불꽃이 처음 피어오르는것 같고 샘물이 처음 솟아오르는것 같으니
진실로 능히 채우면 사해(四海) 보전하기에 넉넉하며 진실로 채우지 못한다면
부모 섬기기도 넉넉하지 못할 것이다. ”

◎ 본문해설 ◎

- **凡**(범) 부사 – 무릇, 일반적으로
- **皆**(개) 부사 – 모두, 다
- **充之**(충지) 접미사 – 채우다
- **於**(어) 전치사 – ~에
- **擴**(확) 동사 – 넓히다
- **若**(약) 형용사 – ~과 같다

- 火之始然(화지시연) 관형사 – 불꽃이 처음 피어오르는 것
- 泉之始達(천지시달) 관형사 – 샘물이 처음 솟아오른 것
- 苟(구) 부사 – 진실로
- 能(능) 부사 – 능히
- 足(족) 긍정사 – 넉넉하다
- 保(보) 동사 – 보호하다, 보전하다
- 四海(사해) 동서남북의 바다, 즉 천하
- 以(이) 후치사 – ~이
- 註에 擴, 推廣之意, 充, 滿也, 四端, 在我, 隨處發見, 知皆卽此推廣, 而充滿其本然之量, 則其日新又新, 將有不能自已者矣, 能有此而遂充之, 則四海雖遠, 亦吾度無難保者, 不能充之, 則雖事之至近, 而不能矣.

  程子曰人皆有是心, 惟君子爲能擴而充之, 不能然者, 皆自棄也, 然, 其充與不充, 亦在我而已矣.
- 註에 擴은 밀어 넓힌다는 뜻이며 充은 가득찬 것이며, 사단(四端)은 나의 속에 내재한 것이니 인(仁)과 의(義)와 예(禮)며, 지(智)의 행할 바를 찾아내 이를 모두 밀어 넓힐줄 알면 그 본연의 량이 가득차서 그 행함이 날로 날로 새로워질 것이다. 장차 자기가 이렇게 할 수 없는 바가 있다면 仁義禮智의 행할 바에 따라서 이를 밀어 넓혀 채우면 비록 四海가 멀다하나 역시 내가 헤아리는 속에 있어 보전하는데 어려움이 없을 것이다. 이렇게 채우지 못한다면 비록 코앞의 일이라 할지라도 해낼 수 없을 것이다.

  정자(程子)는 모는 사람에게 이런 마음(仁義禮智)이 있다. 다만, 군자(君子)는 능히 넓혀 채울 수 있고 넓혀 채우지 못하는 사람은 모두가 자기 스스로 버려 버리기 때문이다. 그러나 채우고 못 채우는것은 역시 나에게 있을 뿐이다 라고 하였다.

6. 書傳 (서전)

書傳(서전)은 고대중국 虞(우)시대라고 부르는 두 제황시대 및 堯(요), 舜(순)에서 하(夏)나라 禹(우)임금, 상(商)나라(주나라 사람은 殷(은)이라 부름), 湯(탕)임금, 周(주)나라 문왕(文王)과 무왕(武王)까지의 치적과 문물을 기록한 책인 서전(書傳)을 송(宋)나라때 朱熹(주희)가 제자 채심(蔡沈)을 시켜서 주해하였다.

夏나라는 堯舜에 이어서 걸(桀)왕의 폭정으로 망할때까지 17세 439년동안 통치하였으며 商나라는 夏나라에 이어서 기원전 1,100까지 통치하다 紂(주)왕의 폭정으로 周(주)나라에 나라를 넘겨주고 周나라는 기원전 256년에 秦(진)나라에 망하였다.

(1) 益稷 (익직)

益(익), 稷(직) 두 사람은 순임금의 신하로 우임금을 도와 치수(治水)에 공을 세웠다.

帝曰來라 禹아 汝亦昌言하라

帝	曰	來	禹	汝	亦	昌	言
제	왈	래	우	여	역	창	언
(주)명	(술)동	(술)동	(목)고명	(주)인대	(부)부	(술)관	

" 순임금께서 말씀하셨다. 우야 이리오너라.
그리고 네 자랑스럽게 말하여라. "

○ 본문해설 ○

- 帝(제) 명사 – 황제, 순임금을 말함
- 來(래) 동사 – 오너라
- 禹(우) 고유명사 – 제위에 오르기 전 우임금
- 汝(여) 인칭대명사 – 너
- 昌(창) 형용사 – 자랑스럽게

禹拜曰都라 帝께 予何言하리까 予思日孜孜하노이다

禹	拜	曰	都	帝	予	何	言	予	思	日	孜	孜
우	배	왈	도	제	여	하	언	여	사	일	자	자
(주)고명	(보)동	(술)동	(감)감	(보)명	(주)인대	(의)의	(술)동	(주)인대	(술)동	(부)부	(보)부	(목)명

" 우가 절하여 말하기를 아! 내가 황제님께 무슨 말씀을 드리겠습니까?
나는 날마다 부지런히 일할 것만 생각하였습니다. "

○ 본문해설 ○

- 拜(배) 동사 – 절하다
- 都(도) 문맥상 감탄사로 보았다.
- 何(하) 의문사 – 어떤, 무슨
- 思(사) 동사 – 생각하다
- 孜孜(자자) 한 자는 부사로, 한 자는 명사로 쓰여 부지런히 일하는 것

皐陶曰吁라 如何오?

고도 왈 우 여하

(주)고명 (술)동 (감)감 (의)의

" 고도가 탄식하여 말하기를 왜 그리 하는가?
즉 자초지종을 왜 말하지 아니하는가? "

◎ 본문해설 ◎

- 皐陶(고도) 순임금의 현철한 신하
- 吁(우) 감탄사 – 탄식하다

禹曰洪水滔天하야 浩浩懷山襄陵한데

우 왈 홍수 도 천 호호 회 산 양 능

(주)고명 (술)동 (주)명 (술)동 (목)명 (보)형 (술)동 (목)명 (술)동 (목)명

下民昏墊어든 予乘四載하야 隨山刊木하고

하민 혼점 여 승 사재 수 산 간 목

(주)관 (술)관 (주)인대 (술)동 (목)관 (술)동 (목)명 (술)동 (목)명

" 우가 말하기를 홍수가 넘쳐 하늘까지 질펀하여 산을 품고
구능 위로 넘쳐 넓고 넓은데, 백성들은 혼란 속에 빠져있어
나는 네 가지에 실어타고서 산 따라 나무를 찍어 꺾고 "

◎ 본문해설 ◎

- 洪水(홍수) 명사 – 큰 물난리
- 浩浩(호호) 형용사 – 넓고 넓음
- 襄(양) 동사 – 위로 오름
- 乘(승) 동사 – 타다
- 昏(혼) 동사 – 저물다, 혼란하다, 죽다
- 滔(도) 동사 – 물이 넓게 질펀하게 퍼지다
- 懷(회) 동사 – 품다
- 陵(능) 명사 – 구능, 언덕
- 昏墊(혼점) 관형사 – 혼란에 빠지다
- 墊(점) 동사 – 빠지다

• **四載**(사재) 네 가지 것에 실어, **載**는 자동사로 쓰였으며 채심(**蔡沈**)은 사재를 다음과 같이 주해하였다. 물(**水**)에는 배(**舟**), 육지(**陸**)에는 수레(**車**), 진흙밭(**泥**)에는 순(**輴**썰매)-키(**箕**)처럼 생긴 판(**板**)에 짐승털을 붙인 것, 산(**山**)에는 류(**樏**썰매)-송곳을 붙인 신바닥을 신발에 매단 것

• **隨**(수) 동사 - 따라가다

• **刊**(천) 동사 - 끊다, 찍다

暨	**益**으로	**奏**	**庶**	**鮮**	**食**하며		
기	익	주	서	선	식		
(보)형	(주)고명	(술)동	(목)명	(보)관			

" 힘센 익으로 백성들에게 새와 짐승, 물고기, 자라의 고기를 주고 권하여 배고픔을 채우고 "

○ 본문해설 ○

• **暨**(기) 형용사 - 굳세다

• **庶**(서) 명사 - 백성

• **鮮食**(선식) 관형사 - 날 음식

• **蔡沈**(채심)의 **註解**(주해)에 **奏**(주)는 **進**(진 - 천거하다, 권하다)이라 하였고, **鮮**(선)은 **血食**(혈식, **血**은 제사에 바치는 **牲**(생, 희생동물)이란 뜻으로 날 음식을 말하며 **血食**은 나라를 보존한다는 뜻도 있다)이라 하였다.

물과 땅이 골라지지 아니하여 백성들은 알곡식을 먹을 수 없어 익(**益**)은 여러가지 날으는 뭇 새와 짐승과 물고기, 자라 등의 살고기를 먹게 하여 주린 배를 채우게 하였다.

(**奏進也血食曰鮮水土未平民未粒食與益進衆鳥獸魚鼈之肉於民使食以充飽也**)

予	**決**	**九**	**川**하여	**距**	**四**	**海**하며	**濬**	**畎**	**澮**하야	**距**	**川**하고
구	결	구	천	거	사	해	준	견	회	거	천
(주)인대	(술)동	(목)관		(술)피동	(목)관		(술)동	(목)명	(목)명	(술)피동	(목)명

" 나(우임금)은 九州(九邦)의 냇물을 터서 동서남북의 바다에 이르게 하며 밭두렁과 물고랑을 깊이 파서 냇물에 이르게 하고 "

○ 본문해설 ○

- 決(결) 決과 같은 글자이며 여기서는 동사로 트다의 뜻임
- 九川(구천) 九州(구주), 九邦(구방)을 뜻하며 이를 상징하는 구정(九鼎우임금때 전국 9개 주에서 바친 금으로 만들어 대대로 천자에게 전하여 졌다는 전설적인 9개의 솥)이 있었다고 함
- 距(거) 피동사 – 이르다
- 濬(준) 동사 – 깊이, 또는 파다
- 畎(견) 명사 – 밭두렁
- 澮(회) 명사 – 물도랑

曁	稷으로	播하야	奏	庶	艱食鮮食하고
기	적	파	주	서	간 식 선 식
(보)형	(주)고명	(술)동	(술)동	(목)명	(보)관

" 힘센 직(稷)으로 오곡을 뿌려 백성들에게 거친 밥과 날것을 먹이고 "

○ 본문해설 ○

- 播(파) 동사 – 곡식 종자를 뿌리다
- 艱食(선식) 관형사 – 거친 밥

懋	遷有無하야	化	居하니	蒸民이	乃	粒하야
무	천 유 무	화	거	증 민	내	립
(술)동	(목)관	(술)동	(목)명	(주)관	(부)부	(술)동

萬邦이	作	乂이니라
만 방	작	예
(주)관	(사)사동	(술)동

" 백성이 수해로 다른 곳으로 옮겨갔는지 여부를 조사하여 살 곳을 만드는데 힘쓰니 백성이 드디어 쌀 알곡을 먹게 되고 천하가 다스려졌다고 하였다. "

○ 본문해설 ○

- 懋(무) 동사 – 힘쓰다
- 遷有無(천유무) 관형사 – 옮기고 옮기지 아니한 것
- 化(화) 동사 – 변화시키다
- 居(거) 명사 – 거처, 살 곳
- 蒸民(증민) 명사 – 백성이며, 蒸은 衆과도 같다
- 粒(립) 동사로 쓰여 쌀알을 먹다
- 乂(예) 동사 – 다스리다
- 萬邦(만방) 만개의 나라, 즉 천하
- 作(작) 이 使令教便(사령교편)과 같이 사역동사로 쓰여 다음에 오는 동사나 명사를 피통태나 타동태로 만든다. 동사 乂(예)가 사역동사 作(작)에 의하여 타동태가 되어 "다스려졌다"가 된다. 한편으로는 作(작)을 긍정사로 보고 乂(예)를 술어로 보아 평이하게 "다스려지다"로 해석할 수 도 있다.

  참고삼아 동사의 삼태를 예를 들면 옷을 입다는 자동태이고 옷을 입히다는 피동태이며, 옷이 입혀졌다는 타동태이다.

皐	陶	曰	兪라	師	汝의	昌	言하노라
고	도	왈	유	사	여	창	언
(주)고명		(술)동	(긍)긍	(술)동	(주)인대	(목)관	

" 고도가 말하였다. 그 말이 모두 맞다.
너의 자랑스러운 말을 스승으로 삼겠노라 "

○ 본문해설 ○

- 兪(유) 긍정사 – 그렇다하고 긍정하는 말이나 예하고 대답하는 말
- 師(사) 동사로 쓰여 스승으로 삼는다
- 昌言(창언) 관형사 – 자랑스러운 말

7. 詩傳 (시전)

(1) 詩傳의 大義 (시전의 대의)

朱熹 集註 詩集傳에 依하면

● **國風**(국풍)

周南(주남) 11편, 召南(소남) 14편, 邶(패) 19편, 鄘(용) 10편, 衛(위)10편, 王(왕) 10편, 鄭(정) 21편, 齊(제) 11편, 魏(위) 7편, 唐(당) 12편, 秦(진) 10편, 陳(진) 10편, 檜(회) 4편, 曹(조) 4편, 豳(빈) 7편

● **小雅**(소아)

鹿鳴(녹명) 10편, 白華(백화) 10편, 彤弓(동궁) 10편, 祈父(기부) 10편, 小旻(소민) 10편, 北山(북산) 10편, 桑扈(상호) 都人士(도인사) 각 10편

● **大雅**(대아)

文王(문왕) 10편, 生民(생민) 10편, 蕩之(탕지) 11편

● **頌**(송)

周頌清廟(주송청묘) 10편, 周頌臣工(주송신공) 10편, 周頌閔予小子(주송민여소자) 11편, 魯頌(노송) 4편, 商頌(상송) 5편으로 주자(朱子)의 시집전(詩集傳)에 등재된 시(詩)는 모두 311편이며 작성연대는 BC 1,200~700년으로 본다.

● **風**(풍), **雅**(아), **頌**(송)의 다른 점

- 국풍(國風)의 국(國)은 제후가 천자로부터 봉(封)하여 받은 봉토(封土)를 말하며 풍(風)은 바람이 불어 나뭇가지와 잎사귀가 흔들리는 것처럼 풍자(諷刺)와 속풍(俗風)으로 민중(民衆)속에서 불리어진 노래를 나라별로 채취한 것으로 그중 주남(周南)과 소남(召南)은 왕의 교화와 어진 이를 찬양한 것으로 정풍(正風)이라하고 나머지는 변풍(變風)이라고 한다.
- 아(雅)는 주로 왕정(王政)의 흥망성쇄와 영고득실(榮苦得失)을 노래한 것으로 소아와 대아가 있다.
- 송(頌)은 칭송한다는 뜻으로 국왕의 성덕을 찬송하고 그 덕을 천지신명에게 고하는 노래로 교사(校祀)나 종묘(宗廟), 악가(樂歌)에서 비롯되었다. 송(頌)은 주송(周頌), 노송(魯頌), 상송(商頌)이 있다.

● **詩傳**(시전)의 **作詩技法**(작시기법)

흥(興)과 비(比)와 부(賦)의 3가지 기법을 사용하였는데 흥(興)은 먼저 어떤 사물을 특정하고 특정된 사물을 통하여 자기가 표현하고자 하는 바를 역설적으로 연상하게 하는 기법이다.

예를 들면 국풍(國風), 주남(周南), 관저(關雎)에

關關雎鳩(관관저구)	쌍쌍이 수작하는 징경이
在河之洲(재하지주)	물가 모래톱에 노닐고
窈窕淑女(요조숙녀)	정숙하고 아리따운 아가씨는
君子好逑(군자호구)	군자의 좋은 짝이로다

와 같이 요조숙녀(窈窕淑女)가 군자(文王)의 좋은 짝임을 말하기 앞서 징경이 한 쌍이 모래톱에 수작하는 것을 먼저 말하는 기법을 흥이라한다. 성녀 사씨와 문왕을 징경이 한 쌍에 비교한 것은 주희의 주(註)이다.

비(比)는 어떤 사물의 형태를 인용하여 대상물을 형상화하는 것으로 가는 허리를 표현하면서 "개미같이 가는 허리"라던가 막힘없이 말을 이어가는 것을 "청산유수"라고 하는 표현이 비의 기법이다.

예를 들면 국풍 주남 종사(螽斯)에

螽斯羽(종사우)	메뚜기 깃털 펴고
薨薨兮(훙훙혜)	훙훙 떼로 나는구나
宜爾子孫(의이자손)	너의 자손이야 마땅히
繩繩兮(승승혜)	새끼줄처럼 이어가겠지

라고 표현한 바 떼로 나는 의성어 훙훙거리는 소리와 자손이 새끼줄처럼 이어간다고 비(比)의 기법을 썼다.

부(賦)는 시인(詩人)의 주관적인 사상과 감정 및 시대적 상황을 가장 잘 표현할 수 있는 기법이다.

예를 들면 국풍 정의 장중자(將仲子)에

將仲子兮(장중자혜)	청하나니 중자씨
無踰我里(무유아리)	우리 마을에 들어오지 말고

無折我樹杞(무절아수기) 우리고리버들 꺾지마세요
豈敢愛之(기감애지) 어찌 아까워서 그러겠어요
畏我父母(외아부모) 우리 부모 두려워서지요
仲可懷也(중가회야) 중자씨 사랑하지만
父母之言(부모지언) 부모님 말씀도
亦可畏也(역가외야) 또한 두려웁지요

이라고 표현하여 남녀상열(男女相悅)의 정을 거침없이 잘 나타내고 있음을 알 수 있다.
이상에서 말한 興, 比, 賦와 風, 雅, 頌을 합한 여섯가지를 시전육의(詩傳六義)라고 한다.

(2) 國風(국풍), 周南(주남), 關雎(관저)

關關雎鳩(관관저구) 쌍쌍이 수작하는 징경이
在河之洲(재하지주) 물가 모래톱에 노닐고
窈窕淑女(요조숙녀) 정숙하고 아리따운 아가씨는
君子好逑(군자호구) 군자의 좋은 짝이로다

○ 본문해설 ○

- 關關(관관) 의성어로 자웅(雌雄 : 자는 암컷이고 웅은 수컷인데 나는 새는 암수를 자웅이라하고 달리는 짐승은 암수를 빈무(牝牡)라고한다)이 서로 화목하게 주고 받는 소리
- 雎(저) 명사 – 저구새, 징경이, 물수리 새로 한 번 짝을 맺으면 일생동안 짝을 바꾸지 않는다고 함. 저구(雎鳩), 왕저(王雎)라고도 하며 생긴모양은 오리(鳧(부))나 갈매기(鷖(예))와 비슷함.
- 鳩(구) 명사 – 비둘기
- 洲(주) 명사 – 물 가운데 있는 모래 톱
- 窈窕淑女(요조숙녀) 시집가지 않은 정숙하고 아리따운 아가씨로서 문왕(文王)의 비(妃), 대사(大姒)

의 처녀시절을 지칭한다.

- 窈(요) 는 고요하고, 편안하며, 깊숙하고, 아름다운 자태 라는 뜻이다.
- 窕(조) 는 편안하고, 고요하며, 으슥하고, 가늘다는 뜻이다.
- 淑(숙) 은 맑고, 착하다는 뜻이다.
- 女(녀) 시집가지 않은 여자란 뜻이다.
- 君子(군자) 문왕(文王)을 지칭한다.
- 逑(구) 명사 – 짝, 배필

參差荇菜(참치행채)	들쑥날쑥 마름 나물
左右流之(좌우유지)	왼쪽 오른쪽 물길따라 흐르네
窈窕淑女(요조숙녀)	정숙하고 아리따운 아가씨
寤寐求之(오매구지)	자는 듯, 깨인 듯 말없이 행채만 따네
求之不得(구지부득)	그래서도 못따면
寤寐思服(오매사복)	자나 깨나 행채 생각뿐
悠哉悠哉(유재유재)	오래 오래
輾轉反側(전전반측)	잠못들어 이리 저리 뒤척이네

○ 본문해설 ○

- 參差(참치) 형용사 – 들쑥 날쑥한 모양, 參은 숫자로는 삼으로 읽으나 가지런하지 않다는 뜻이나 참고(參考)한다로 쓰일 때는 "참"으로 읽는다. 差는 어긋난다의 뜻으로 쓰일때는 "차"가 아니라 "치"로 읽는다.
- 荇菜(행채) 명사 – 마름나물, 荇은 마름이며, 菜는 나물이다.
  菜는 접여(接余)라고도하며 뿌리는 물밑 땅에 박고 줄기는 비녀 다리처럼 미끈하며 위쪽은 청색이고 아랫쪽은 백색이다. 잎은 붉은 색이며 잎 넓이는 한치(一寸)정도로 수면에 떠있다.
- 流之(유지) 접미사 – 흐르다
- 寤寐求之(오매구지) 잠을 자는 것인지 깨어있는 것인지 말없이 행채만 뜯는 모습. 寤는 잠이 깬 상태이고, 寐는 쉬면서 잠을 자는 상태이다.
- 思服(사복) 관형사 – 마음 속에 품고 생각하다. 思는 생각이며, 服은 옷을 입다, 복무하다, 사용하다, 다스리다 등의 뜻으로 쓰이기도하나 여기서는 "마음속에 품다"의 뜻으로 쓰였다.
- 悠哉(유재) 오랫동안, 悠는 생각하다, 멀리, 오래의 뜻이며, 哉는 감탄종결사이다.

- **輾**(전) 동사 – 돌아눕다
- **反**(반) 동사 – 원상으로 돌아가다
- **轉**(전) 동사 – 움직이다, 궁굴다. 돌아눕다
- **側**(측) 명사 – 곁, 기울다, 모로눕다

參差荇菜(참치행채)	들쑥날쑥 마름 나물
左右采之(좌우재지)	왼쪽 오른쪽 행채따네
窈窕淑女(요조숙녀)	정숙하고 아리따운 아가씨
琴瑟友之(금슬우지)	거문고와 비파처럼 벗삼네

◎ 본문해설 ◎

- **琴**(금) 명사 – 거문고, 5현이나 7현금이였다고함.
- **瑟**(슬) 명사 – 비파로 25현이라고함. 거문고와 비파는 화음이 잘되어 부부간에 사이가 좋은 것을 금슬이 좋다라고 한다.
- **友之**(우지) 접미사 – 벗을 삼다, 금슬처럼 어울리다

參差荇菜(참치행채)	들쑥날쑥 마름 나물
左右芼之(좌우모지)	왼쪽 오른쪽 가려 따네
窈窕淑女(요조숙녀)	정숙하고 아리따운 아가씨
鍾鼓樂之(종고락지)	온갖 악기 어울리듯 즐거워하네

◎ 본문해설 ◎

- **芼**(모) 명사 – 나물 / 동사 – 가리다, 선택하다
- **鍾**(종) 명사 – 쇠북이나 쇠로 만든 악기를 총칭한다.
- **鼓**(고) 명사 – 북이나 가죽으로 만든 악기를 총칭한다.

주남(周南)은 주공(周公), 단(旦)이 다스리던 지역에서 성인(聖人)의 교화로 불리어진 노래(詩)를 모아 놓은 것이다.

관저(關雎)는 시전(詩傳)의 첫머리에 실린 노래로 시전의 대명사로 불러워졌다. 관저에 나오는 군자(君子)는 문왕(文王)이며 요조숙녀(窈窕淑女)는 문왕의 비(妃), 사(姒)씨로, 행채(荇菜)라는 나물은 조상의 제사에 쓰는 제수로서 신분이 높은 후비(后妃)의 몸으로 이를 손수 딴 것을 칭송하여 노래한 것이다.
공자님은 관저편을 즐기기에 음탕함이 없고 애절하되 마음상함이 없다. (孔子曰關雎樂而不淫, 哀而不傷)고 하였다.

(3) 國風(국풍), 周南(주남), 桃夭(도요)

桃之夭夭(도지요요)	곱고도 요염한 복숭아 꽃
灼灼其華(작작기화)	활짝 피었네
之子于歸(지자우귀)	이 아씨 시집가는데
宜其室家(의기실가)	그 집 사람되기 마땅하네

◎ 본문해설 ◎

- 桃(도) 명사 - 복숭아
- 夭(요) 형용사 - 고운 모양
- 華(화) 형용사 - 빛나다, 꽃피다
- 灼(작) 형용사 - 꽃이 활짝핀 모양
- 之子(지자) 이아씨, 之는 지시대명사임.
- 于歸(우귀) 관형사 - 시집가는 것
- 其室家(기실가) 관형사 - 그 사람의 처, 室이나 家가 집이란 뜻이나 室은 처(妻)라는 의미로 통한다.

桃之夭夭(도지요요)	곱고도 요염한 복숭아 꽃
有蕡其實(유분기실)	그 열매 무성하네
之子于歸(지자우귀)	이 아씨 시집가는데
宜其室家(의기실가)	그 집 사람되기 마땅하네

◎ 본문해설 ◎

- **蕡**(분) 명사 – 삼씨, 대마씨, 열매 주렁주렁 많이 달린 모양, 즉 자손 번성을 의미한다.
- **實**(실) 명사 – 열매
- **宜**(의) 형용사 – 마땅하다

桃之夭夭(도지요요)	곱고도 요염한 복숭아 꽃
其葉蓁蓁(기엽진진)	그 잎새 무성하네
之子于歸(지자우귀)	이 아씨 시집가는데
宜其家人(의기가인)	그 집 사람되기 마땅하네

◎ 본문해설 ◎

- **葉**(엽) 명사 – 잎사귀
- **蓁**(진) 형용사 – 무성한 모양

(4) 國風(국풍), 召南(소남), 江有汜(강유사)

江有汜(강유사)	강물은 갈라졌다 다시 합쳐 흐르는데
之子歸(지자귀)	이 아씨는 시집을 가네
不我以(불아이)	나는 아무것도 아닐까
不我以(불아이)	나는 아무것도 아닐까
其後也悔(기후야회)	뒷날에야 후회하리

◎ 본문해설 ◎

- 汜(사) 명사 – 강물이 지형적 원인으로 갈라져 흐르다 다시 합쳐져서 흐르는 것
- **歸**(귀) 于歸
- **不我以**(불아이) 나는 생각도 하지 않는다. **以**는 부사로 쓰일때 "~으로서"란 뜻이 있는데 **我以**는 "나로서"

란 뜻이고 이를 부정하면 "나는 아무것도 아닌 것"이 된다. 또한 **以**가 후치사로 쓰일때 "는"이란 뜻이 있다.

- **悔**(회) 동사 – 뉘우치다, 후회하다

江有渚(강유저)	강물은 갈라졌다 다시 합쳐 흐르는데
之子歸(지자귀)	이 아씨는 시집을 가네
不我與(불아여)	나와 함께하지 않고
不我與(불아여)	나와 함께하지 않고
其後也處(기후야처)	뒷날엔들 편안할까

○ 본문해설 ○

- **渚**(저) 모래톱, 즉 작은 삼각주(**小洲**)이다. 이 모래톱을 만나 강물이 갈라졌다 다시 합쳐진다는 의미다.
- **不我與**(불아여) 나와 함께하지 않는다. **與**는 "더불어", "함께"의 뜻이 있다.
- **其後也處**(기후야처) 의 **處**를 주희는 **安也**로 풀어 이를 따랐으며 문맥상 원망조로 해석하는 것이 맞을 것 같아 뒷날엔들 편안할까로 풀었다.

江有沱(강유타)	강물은 갈라졌다 다시 합쳐 흐르는데
之子歸(지자귀)	이 아씨는 시집을 가네
不我過(불아과)	내 탓은 아닐세
不我過(불아과)	내 탓은 아닐진대
其嘯也歌(기소야가)	답답한 마음 풀어 노래부르리

○ 본문해설 ○

- **沱**(타) 형용사 – 물이 갈라져 흐르는 모양는 것
- **嘯**(소) 주희(**朱熹**)는 소를 궁박할때 입에서 나오는 소리로 분하고 번민스러운 기운을 풀어버리는 것 (嘯, **蹙口出聲以舒憤懣之氣**)

소남(召南)은 소공(召公), 석(奭)이 다스린 지역에서 채집한 노래로 현인(賢人)의 교화(敎化)를 입어서 불리워진 노래라고 한다.

(5) 國風(국풍), 鄘(용), 相鼠(상서)

相鼠有皮(상서유피)	쥐를 보아도 가죽이 있는데
人而無儀(인이무의)	사람으로서 예의가 없는가
人而無儀(인이무의)	사람으로 예의가 없으면서
不死何爲(불사하위)	죽지않고 무엇하나

○ 본문해설 ○

- 相(상) 동사 – 서로, 돕다, 보다
- 鼠(서) 명사 – 쥐
- 皮(피) 명사 – 가죽
- 儀(의) 명사 – 꼴, 모양, 예를 갖춤
- 이 시는 염치없는 탐관오리를 풍자하여 백성들이 부른 노래이다.

相鼠有齒(상서유치)	쥐를 보아도 이빨이 있거늘
人而無止(인이무지)	사람으로서 예의도 없는가
人而無止(인이무지)	사람으로 예의도 없으면서
不死何俟(불사하사)	죽지않고 무엇을 바라나

○ 본문해설 ○

- 齒(치) 이빨
- 止(지) 형용사 – 얼굴색을 바로하다, 예의를 갖추다.
- 註, 止, 容止也 – 註에 止는 얼굴색을 바로하는 것이다.
- 俟(사) 동사 – 기다리다, 바라다

相鼠有體(상서유체)	쥐를 보아도 몸뚱이가 있거늘
人而無禮(인이무례)	사람으로서 예의도 없는가
人而無禮(인이무례)	사람으로 예의도 없으면서
胡不遄死(호불천사)	어찌 빨리 죽지도 않는가

○ 본문해설 ○

- 體(체) 명사 – 몸뚱이
- 禮(예) 명사 – 예도, 예의
- 遄(천) 부사 – 빨리, 자주
- 胡(호) 의문사 – 어찌

(6) 國風(국풍), 衛(위), 淇奥(기욱)

瞻彼淇奥(첨피기욱)	기수(淇水) 언덕 바라보니
綠竹猗猗(녹죽의의)	새로 난 대나무 야들 야들 무성하구나
有匪君子(유비군자)	문채나는 군자여
如切如磋(여절여차)	자른 듯 다듬은 듯
如琢如磨(여탁여마)	쪼아낸 듯 간 듯 하네
瑟兮僩兮(슬혜한혜)	장하고도 엄숙하며
赫兮咺兮(혁혜훤혜)	빛이나며 의젓하네
有匪君子(유비군자)	문채나는 군자여
終不可諼兮(종불가훤혜)	끝끝내 못 잊겠네

○ 본문해설 ○

- 瞻(첨) 동사 – 보다
- 彼(피) 대명사 – 저 것, 그 것
- 淇(기) 고유명사 – 강이름
- 奥(욱) 명사 – 모퉁이

- **綠竹**(녹죽) 관형사 – 새로나서 영글어지지않아 녹색을 띤, 부드럽고 연약하여 아름다운 새로난 대숲. 기수(**淇水**)가에는 대가 많아 기원(**淇園之竹**)의 대라는 말이 있다.
- **猗猗**(의의) 형용사 – 부드럽고 연약하여 야들 야들한 모습
- **匪**(비) 악하다(**惡**), 아니다(**非**)의 뜻도 있으나 여기서는 문채(**斐**)나다로 쓰였다.
- **君子**(군자) 위나라 무공(**武公**)을 지칭하는 말로 무공은 나이 90세가 넘어서도 정사를 게을리하지 않고 신하들에게 내가 늙었다고 나를 따돌리지 말고 아침 저녁으로 나를 경계시키도록 하라고 당부하고 억(**抑**)이란 시를 지어 자신을 경계하고 조심하였으므로 위나라 사람들이 이 시를 지어 노래하였다고 한다.
- **切**(절) 동사 – 자르다
- **磋**(차) 동사 – 갈다
- **琢**(탁) 동사 – 쪼다
- **磨**(마) 동사 – 갈다
- **僩**(한) 명사 – 살피다, 굳세다, 위엄하다
- **赫**(혁) 형용사 – 빛나다
- **咺**(훤) 형용사 – 점잖하다, 두려웁다, 서럽게 울다, 적으하다, 의젓하다
- **諼** (훤) 동사 – 잊다(**忘**)
- **瑟**(슬) 명사 – 비파, 바람소리 / 형용사 – 자랑스럽고 장한 모습

瞻彼淇奧(첨피기욱)	기수(淇水) 언덕 바라보니
綠竹青青(녹죽청청)	새로 난 대나무 푸르구나
有匪君子(유비군자)	문채나는 군자여
充耳琇瑩(충이수형)	옥 귀걸이 찬란하며
會弁如星(회변여성)	관 장식 별처럼 반짝이네
瑟兮僩兮(슬혜한혜)	장하고도 엄숙하며
赫兮咺兮(혁혜훤혜)	빛이 나며 의젓하네
有匪君子(유비군자)	문채나는 군자여
終不可諼兮(종불가훤혜)	끝끝내 못 잊겠네

◎ 본문해설 ◎

- **青**(청) 형용사 – 푸르다
- **充耳**(충이) 명사 – 귀걸이
- **琇**(수) 명사 – 옥돌

• 瑩(형) 형용사 – 옥빛 깨끗하고 빛이 나는 모양을 형용할 때는 "형"으로 읽고, 명사로 쓰여 아름다운 옥이라 할 때는 "영"으로 읽는다.

• 會(회) 동사 – 꿰매다

• 弁(변) 명사 – 관(弁冠)

• 星(성) 명사 – 별

瞻彼淇奧(첨피기욱)	기수(淇水) 언덕 바라보니
綠竹如簀(녹죽여책)	새로 난 대나무 빽빽이 무성하네
有匪君子(유비군자)	문채나는 군자여
如金如錫(여금여석)	황금인듯 주석인듯
如圭如璧(여규여벽)	서옥인듯 벽옥같네
寬兮綽兮(관혜작혜)	여유롭고도 너그럽네
猗重較兮(의중교혜)	아! 멋있는 수레로다
善戲謔兮(선희학혜)	농담도 잘하나
不爲虐兮(불위학혜)	해로울 것은 없네

○ 본문해설 ○

• 簀(책) 명사 – 갈대로 만든 발, 살을 대어 만든 평상, 다리발(棧) / 형용사 – 대가 빽빽히 나서 무성한 모양

• 金(금) 명사 – 황금

• 錫(석) 명사 – 주석

• 圭(규) 명사 – 상옥

• 璧(벽) 명사 – 벽옥, 구슬

• 寬(관) 형용사 – 너그럽다, 용서하다, 여유롭다

• 綽(작) 형용사 – 정숙하다, 너그럽다

• 猗(의) 여기서는 감탄사로 쓰였다.

• 重較(중교) 명사 – 향리의 수레

• 善(선) ~을 잘하다

• 戲(희) 동사 – 탄식하다, 농하다, 희롱하다

• 兮(혜) 감탄사 – 말을 끝맺는 조사로 쓰이나 감동적인 어감을 나타내며 고시(古詩)나 초사(楚辭)에 많이 보인다.

• 戲(희) 동사 – 탄식하다, 농하다, 희롱하다

• 謔(학) 동사 – 기롱하다, 농담

• 虐(학) 형용사 – 사납다, 혹독하다, 모질다, 해롭다

(7) 國風(국풍), 鄭(정), 將仲子(장중자)

將仲子兮(장중자혜)	바라옵나니 중자씨!
無踰我里(무유아리)	우리 마을에 오지 말고
無折我樹杞(무절아수기)	내 버들가지 꺾지마소
豈敢愛之(기감애지)	어찌 아까워서 그러하리
畏我父母(외아부모)	우리 부모 두려워서 이지요
仲可懷也(중가회야)	중자씨 사랑하지만
父母之言(부모지언)	부모님 말씀도
亦可畏也(역가외야)	또한 두려웁지요

◎ 본문해설 ◎

- 將(장) 자동사 – 바라다(請也), ~하고자 하다
- 仲子(중자) 고유명사 – 사람이름
- 踰(유) 동사 – 넘다, 넘어오다
- 里(리) 명사 – 마을
- 折(절) 동사 – 꺾다
- 樹(수) 명사 – 나무
- 杞(기) 명사 – 고리짝 만드는 버드나무, 어린나무 가지를 꺽어 껍질을 벗기고 하얀 속대로 고리를 짠다.
- 愛之(애지) 접미사 – 아끼다
- 畏(외) 동사 – 두려워하다
- 懷(회) 동사 – 품다
- 無(무) 금지사 – ~하지마라

이 시는 정나라 장공을 풍자(諷刺)한 것이라고도하나 정(鄭)나라에는 남녀상열지사(男女相悅之詞)가 많은 것으로 보아 남녀의 사랑의 노래로 보는 것도 좋을듯하다.

將仲子兮(장중자혜)	바라옵나니 중자씨!
無踰我牆(무유아장)	우리 담장 넘지 말고

無折我樹桑(무절아수상)	내 뽕나무 꺾지마소
豈敢愛之(기감애지)	어찌 아까워서 그러하리
畏我諸兄(외아제형)	우리 형제들 두려워서지요
仲可懷也(중가회야)	중자씨 사랑하지만
諸兄之言(제형지언)	형제의 말도
亦可畏也(역가외야)	또한 두렵지요

◎ 본문해설 ◎

- **牆**(장) 명사 – 담장
- **桑**(상) 명사 – 뽕나무
- **諸**(제) 부사 – 여러

將仲子兮(장중자혜)	바라옵나니 중자씨!
無踰我園(무유아원)	우리 동산에 들어오지 말고
無折我樹檀(무절아수단)	내 박달나무 꺾지마소
豈敢愛之(기감애지)	어찌 아까워서 그러하리
畏人之多言(외인지다언)	남의 입방아 두려워서지요
仲可懷也(중가회야)	중자씨 사랑하지만
人之多言(인지다언)	남의 입방아도
亦可畏也(역가외야)	또한 두렵지요

◎ 본문해설 ◎

- **園**(원) 명사 – 정원, 포전, 동산
- **檀**(단) 명사 – 박달나무

(8) 國風(국풍), 齊(제), 雞鳴(계명)

雞旣鳴矣(계기명의)	닭이 울어요
朝旣盈矣(조기영의)	조정엔 대신들이 다 왔겠네요
匪雞則鳴(비계즉명)	닭이 운게 아니라
蒼蠅之聲(창승지성)	쇠파리 소리였네

◎ 본문해설 ◎

- 雞(계) 명사 – 닭
- 朝(조) 명사 – 조정
- 匪(비) 부정사 非와 같은 뜻
- 蠅(승) 명사 – 파리
- 蒼蠅(창승) 명사 – 쇠파리
- 鳴(명) 동사 – 울다
- 盈(영) 형용사 – 차다, 모이다
- 蒼(창) 형용사 – 푸른 색
- 聲(성) 명사 – 소리

東方明矣(동방명의)	동이 텄어요
朝旣昌矣(조기창의)	조회가 한창이겠네요
匪東方則明(비동방즉명)	동이 튼게 아니라
月出之光(월출지광)	달빛이었네

◎ 본문해설 ◎

- 昌(창) 형용사 – 번성하다, 한창이다
- 旣(기) 부사 – 이미

蟲飛薨薨(충비홍홍)	벌레 나는 소리가 윙윙거리네

甘與子同夢(감여자동몽) 당신과 단 꿈꾸고 싶은데
會且歸矣(회차귀의) 대신들 모였다 돌아갈터이니
無庶予子憎(무서여자증) 나 때문에 미움사지 말았으면

○ 본문해설 ○

- 蟲(충) 명사 – 벌레
- 薨(훙) 은"죽는다"는 뜻이나 의성어(擬聲語)로 쓰였다.
- 甘(감) 형용사 – 달콤한
- 子(자) 대명사 – 당신, 자네
- 夢(몽) 명사 – 꿈
- 會(회) 동사 – 모이다
- 歸(귀) 동사 – 돌아가다
- 庶予(서여) 에서 는 "바라다", "하고저한다"(冀)의 뜻으로 "내가 그렇게 하고자 하여" 子(당신)이 憎(피동사로 쓰여) 미움을 받을 것을 無가 부정한다. 다시 풀어보면 "내가 그렇게 하고자하여 당신이 미움을 받지 않았으면"으로 정리된다.
- 주희(朱熹)는 주(註)하기를 나라고 어찌하여 한 이불 속에서 단 꿈을 꾸면서 즐기고 싶지 않겠는가? 그러나 여러 신하들이 조회에 모여 임금을 기다리다 임금이 나가지 아니하면 흩어져 돌아가 내 탓으로 여길뿐 아니라 아울러 당신도 미움받게 되지 않겠는가? (我豈不樂與子同寢而夢哉, 然君臣之會於朝者俟君不出, 將散而歸矣, 無乃以我之故而幷以子爲憎乎)라고 하여 현철(賢哲)한 왕비(王妃)를 칭송한 노래로 보았으나 현철한 대부의 부인이나 서민의 처를 칭송한 노래라 한들 무엇이 다르랴!

(9) 小雅(소아), 鶴鳴(학명)

鶴鳴于九皋(학명우구고) 늪에서 우는 학의 울음
聲聞于野(성문우야) 들판에도 들리네
魚潛在淵(어잠재연) 물고기 연못속에 잠겼다
或在于渚(혹재우저) 물가에도 나오네
樂彼之園(낙피지원) 즐거운 저 동산에

爰有樹檀(원유수단)	이에 박달나무 서 있고
其下維蘀(기하유탁)	그 밑에는 낙엽만 지네
它山之石(타산지석)	다른 산의 쓸모없는 돌도
可以爲錯(가이위착)	숫돌로 쓸 수 있네

◎ 본문해설 ◎

- 鶴(학) 명사 – 학, 벼슬은 붉고 다리는 길며, 몸통은 흰색이고 꼬리는 검은색으로 백로보다 조금 큰 새이다. 그 울음소리는 8~9리(里)까지 들린다고 한다.
- 鳴(명) 동사 – 울다, 울음
- 于(우) 전치사 – ~에서
- 聲(성) 명사 – 소리
- 聞(문) 동사 – 들리다
- 皐(고) 언덕, 주희 주(註)에는 늪속에 물이 넘쳐나와 만든 구멍(皐, 澤中水溢出所爲坎)이라 하였다.
- 渚(저) 명사 – 물가
- 爰(원) 전치사 – 이에(於)
- 野(야) 명사 – 들판
- 潛(잠) 동사 – 잠기다, 숨다
- 淵(연) 명사 – 연못, 늪
- 樂(낙) 동사 – 즐겁다
- 園(원) 명사 – 동산, 포전
- 維(유) 부사 – 오직
- 它(타) 명사 – 他, 남
- 蘀(탁) 형용사 – 나무껍질과 잎사귀 떨어짐
- 錯(착) 명사 – 맷돌, 즉 숫돌
- 樹(수) 명사로 쓰일 때는 나무 / 동사 – 심다 / 타동사 – 세우다 / 자동사 – 서 있다

鶴鳴于九皐(학명우구고)	늪에서 우는 학의 울음
聲聞于天(성문우천)	울음소리 멀리서도 들리네
魚在于渚(어잠우저)	물고기가 물가에 있다가
或潛在淵(혹잠재연)	연못속에 잠기네
樂彼之園(낙피지원)	즐거운 저 동산에
爰有樹檀(원유수단)	이에 박달나무 서 있고

其下維穀(기하유곡)	그 밑에는 감배나무뿐
它山之石(타산지석)	다른 산의 쓸모없는 돌로도
可以攻玉(가이공옥)	옥을 갈 수 있는 것을

○ 본문해설 ○

- 天(천) 하늘보다 더 높은 것은 없고, 만물의 근본이요, 조물주이며, 진리이며, 아버지이며, 중요하고도 긴요한 것이다. 그래서 멀리라고 풀었다.
- 穀(곡) 명사 – 닥나무, 저(楮)라고도 하는데 楮나무는 닥나무와 감배나무를 이르는데 감배나무는 가시가 나고, 덤불처럼 서로 엉키고 큰 나무로 자라지 않으며 큰 콩같은 열매가 달려 쓸모없는 나무다.
- 他山之石(타산지석) 옥은 옥으로 갈아서 그릇을 만들 수 없다. 남의 산의 쓸모없는 돌이라도 옥을 다듬는 숫돌로 써야 그릇을 만들 수 있듯이 다른 사람의 말과 행동을 보고 본 받을 것은 본받아 귀감(龜鑑)으로 삼으라는 격언이다.
- 攻(공) 은 錯으로 갈다이다.

이 시(詩)는 멀리서도 들리는 학의 울음소리, 물속에 잠기는 물고기, 즐거운 동산에 서있는 박달나무를 초야에 묻혀있는 인재로보고 박달나무 밑에 떨어지는 낙엽이나 감배나무처럼 버려두지 말고 타산지석(他山之石)으로 여겨 등용하여 나라에 유익하게 쓰라는 노래로 본다.

(10) 大雅(대아), 旱麓(한록)

瞻彼旱麓(첨피한록)	저 한산(旱山) 자락 바라보니
榛楛濟濟(진호제제)	개암나무 호나무 많고 많네
豈弟君子(개제군자)	화락한 군자여
干祿豈弟(간록개제)	벼슬 구하는 것을 즐겁게 하네

◎ 본문해설 ◎

- 旱(한) 고유명사 – 산이름
- 麓(록) 명사 – 산기슭, 산자락
- 榛(진) 명사 – 개암나무, 활엽수로 잎은 떡갈나무처럼 넓고 상수리같은 껍질 속에 조금 납작한 알맹이가 고소하여 식용으로도 쓰인다.
- 楛(호) 명사 – 나무이름, 주희 주(註)에 굴싸리 나무와 비슷하며 붉은색이다 라고 하였다(似荊而赤)
- 濟(제) 건너다, 건지다, 정하다, 구제하다 등의 뜻이나 주희 주(註)에 많은것(衆多也)이라고 하였다.
- 豈弟(개제) 형용사 – 편안하고 즐거운 모양, 豈는 전쟁에 이겨서 즐겁다는 개선(凱旋)의 凱의 뜻으로 쓰여졌고, 弟는 공경의 의미로 풀어 주희의 주(註)에서도 즐거운 것이라(樂易也)하였다.
- 君子(군자) 는 문왕(文王)을 지칭한다.
- 干祿(간록) 동사 – 벼슬을 구하는 것

瑟彼玉瓚(슬피옥찬)	반들반들한 저 옥잔에
黃流在中(황류재중)	울창주 들어있고
豈弟君子(개제군자)	화락한 군자여
福祿攸降(복록유강)	곳곳에 복록을 내리네

◎ 본문해설 ◎

- 瑟(슬) 형용사 – 빽빽하고 반들반들한 모양
- 瓚(찬) 명사 – 종묘제향에 강신하는 잔
- 黃流(황류) 명사 – 울창주
- 攸(유) 명사 – 곳(所)
- 降(강) 동사 – 내리다

鳶飛戾天(연비려천)	솔개 하늘 높이 날고
魚躍于淵(어약우연)	물고기도 못위로 뛰는데
豈弟君子(개제군자)	화락한 군자가
遐不作人(하부작인)	어찌 남을 감화시키지 않으리

◎ 본문해설 ◎

- 鳶(연) 명사 – 솔개
- 戾(려) 동사 – 이르다, (至)로 쓰였다
- 遐(하) 멀다는 뜻도 있으나 어찌(何)로도 통한다.
- 作人(작인) 남을 감화시키다, 변화시키다. 作(작)은 사역동사로 令, 使처럼 ~하게 하다.

清酒既載(청주기재)	맑은 술 술동이에 가득하고
騂牡既備(성모기비)	검은 황소 잡아
以享以祀(이향이사)	제향 올리니
以介景福(이개경복)	밝은 복 끼쳐주시네

◎ 본문해설 ◎

- 載(재) 동사 – 싣다, 담다로 쓰여 술동이
- 騂(성) 명사– 검은 소
- 牡(모) 명사 – 숫짐승
- 備(비) 동사 – 갖추다
- 享(향) 동사 – 드리다, 흠향하다
- 介(개) 동사 – 끼다, 끼치다
- 景(경) 명사 – 빛 / 형용사 – 밝다
- 騂牡(성모) 제사에 희생으로 바치는 검은 숫소

瑟彼柞棫(슬피작역)	저 빽빽한 참나무는
民所燎矣(민소료의)	백성들의 땔감이네
豈弟君子(개제군자)	화락한 군자여
神所勞矣(신소로의)	신의 수고로움이네

◎ 본문해설 ◎

- 柞(작) 명사 – 갈참나무
- 棫(역) 명사 – 참나무
- 燎(료) 동사 – 불사르다, 불 때다
- 所勞(소로) 접두사 – 수고로움

- **勞**(로) 동사 – 힘쓰다, 수고하다
- **所燎**(소료) 접두사 – 땔감, 땔나무

莫莫葛藟(막막갈류)	무성한 칡덩굴
施于條枚(시우조매)	나무가지 휘어감네
豈弟君子(개제군자)	화락한 군자는
求福不回(구복불회)	복을 구함이 사특하지 않네

◎ 본문해설 ◎

- **莫莫**(막막) 형용사 – 무성한 모양
- **藟**(류) 명사 – 덩굴
- **條枚**(조매) 명사 – 나뭇가지
- **回**(회) 명사 – 간사하고 사특한 것
- **葛**(갈) 명사 – 칡
- **施**(시) 동사 – 주다, 베풀다
- **求**(구) 동사 – 구하다

(11) 商頌(상송), 玄鳥(현조)

天命玄鳥(천명현조)	하늘이 제비에게 명하여
降而生商(강이생상)	내려와 상나라 조상을 낳으니
宅殷土芒芒(택은토망망)	넓고 넓은 은(殷)땅에 살게 하거늘
古帝命武湯(고제명무탕)	옛날 상제가 탕왕에게 명하여
正域彼四方(정역피사방)	천하를 다스리게 하였다

◎ 본문해설 ◎

- **玄鳥**(현조) 명사 – 제비(**鳦**(을))이다. 고신(**高辛**)씨의 비(**妃**) 아(**娥**)씨의 딸 간적(**簡狄**)이 아들비는 제사(**媒**)를 지내자 춘분(**春分**)날 제비가 내려와 알을 낳아주었다. 간적이 이 알을 삼키고 계(**契**)를 낳았다.

그가 훗날 상(商)씨가 되었다.

- 宅(택) 동사 – 살다(居)
- 芒芒(망망) 혀용사 – 크고 넓은 모양
- 帝(제) 명사 – 천제
- 殷(은) 고유명사 – 땅이름
- 武湯(무탕) 고유명사 – 武는 湯임금의 무덕을 칭송하여 붙인 것임
- 正(정) 동사 – 다스리다(治)
- 域(역) 명사 – 봉토(封土)의 경계
- 四方(사방) 명사 – 천하

方命厥后(방명궐후)	사방의 제후에게 명하여
奄有九有(엄유구유)	구주(九州)를 관장하니
商之先后(상지선후)	상나라 옛 임금
受命不殆(수명불태)	받은 명 위태롭게 하지 않아
在武丁孫子(재무정손자)	자손 무정까지 이어졌네

○ 본문해설 ○

- 方(방) 명사 – 사방
- 厥(궐) 지시대명사 – 기(其)
- 后(후) 명사 – 임금, 제후
- 奄(엄) 동사 – 덮다, 관장하다
- 九有(구유) 명사 – 구주(九州, 아홉 제후, 구정(九鼎)
- 殆(태) 형용사 – 위태롭다
- 武丁(무정) 고유명사 – 고종(高宗)

武丁孫子(무정손자)	무정의 손자
武王靡不勝(무왕미불승)	무왕 감당치 못한것 없어
龍旂十乘(용기십승)	용기발 수레 십승으로
大糦是承(대치시승)	기장과 피를 쪄서 크게 바치니

◎ 본문해설 ◎

- 武王(무왕) 고유명사 – 탕왕(湯王)의 호
- 靡不勝(미불승) 靡도 부정사로 不과 함께 勝(이기다, 감내하다)을 이중 부정하여 감내하지 못함이 없다가 된다.
- 旂(기) 명사 – 쌍용을 그린 기
- 十乘(십승) 관형사 – 수레 열대
- 糦(치) 동사 – 기장(黍)과 피(稷)를 찌다(烝)
- 承(승) 동사 – 바치다(奉)

邦畿千里(방기천리)	나라 안 천리가
維民所止(유민소지)	백성들이 머물러 사는 곳
肇域彼四海(조역피사해)	나라 지경은 바다까지 열렸네
四海來假(사해래격)	천하 사람이 모여드니
來假祁祁(내격기기)	모여드는 사람 많고 많네
景員維河(경원유하)	경산 두른 큰 물
殷受命咸宜(은수명함의)	은(殷)땅 명 받은 것 마땅하니
百祿是何(백록시하)	온갖 복록 어이 맡을까

◎ 본문해설 ◎

- 邦(방) 명사 – 나라
- 畿(기) 명사 – 도성 인근
- 止(지) 동사 – 머물다, 살다
- 所止(소지) 접두사 – 머무를 곳, 머물러 살 곳
- 肇(조) 부사– 비로소, 민첩하다. 朱熹의 註는 열리다(開)임.
- 域(역) 명사 – 지역, 지경
- 假(격) 동사 – 오다, 이르다. 주희 주(註)는 音은 (格)이요, 뜻도 格과 같다고 하였는데 格은 온다(來)이다.
- 祁(기) 형용사 – 크다, 성하다, 많다(多衆)
- 景員(경원) 景은 상(商)나라 도성에 있는 산이름이며 員은 두르다의 뜻이다.

  주에 景은 산이름이며, 상나라 도성이다. 은나라 무졸의 장(章)을 보라, 춘추전 역시 상나라 탕왕은 경호

(景毫)에 명을 받았다고 함도 이를 이른다. 원(員)은 두르다이며 하(河)는 큰물(大河)이다 라고 하였다. (景山名, 商所都也, 見殷武卒章, 春秋傳亦曰 商湯有景毫之命是也, 員, 蓋言周也, 河, 大河也)

- 百祿(백록) 관형사 - 백 가지 복록
- 何(하) 註에 맡은 것(任)

이 시는 춘추시대 송나라 임금이 조상을 찬미하고 고종의 업적을 기리며 제사지낼 때 부른 노래이다.

02 諸者百家 (제자백가)

1. 老子/楚簡 (노자 / 초간)

老子(노자) : BC 400년 중국 춘추시대(**春秋時代**) 초(**楚**)나라 사람으로 성은 이(**李**)이며, 이름은 이(**耳**)요, 자는 담(**耼**), 또는 백양(**佰陽**)이다. 도가(**道家**)의 시조로 태고의 황제시대를 배경으로 무위자연(**無爲自然**)설을 주장하였다.

楚簡老子(초간노자) : 1993년 호북성곽점촌(**湖北省郭店村**)의 2,300년전 초(**楚**)나라때 무덤에서 호남성에 있는 한나라때(BC 168) 무덤에서 파낸 도덕경(**道德經**)이라 부르는 백본(**帛本** : 비단에 쓴 글)보다 300년 정도 오래된 곽점초묘죽간(**郭店楚墓竹簡**)이 출토되었는데 대쪽에 써서 엮은 책으로 노자의 원본이라는 주장도 있다.

(1) 第一章 (제일장)

有狀混成　先天地生　寂廖獨立不改

유 상 혼 성　선 천 지 생　적 료 독 립 불 개

(술)형 (목)명 (보)동명　(보)명 (주)명 (술)동　(주)관 (술)부정 (목)동

" 혼합하여 이우러진 속에 형상이 있었으니 하늘과 땅이 생기기 전이었다.
소리없이 고요하고 어디에도 의지하지 않고 홀로서며 바탕의 바꿈이 없으니 "

可以爲天下母　未知其名　字之曰道

가 이 위 천 하 모　미 지 기 명　자 지 왈 도

(긍)긍 (술)동 (목)관　(부정)부정 (술)동 (지)지 (목)명　(주)명 (조)후 (술)동 (목)명

" 천하의 근본이라 할 수 있다. 그 이름은 모르고 글자로는 도라 하였다. "

吾强爲之名曰大 大曰逝逝曰遠遠曰反
오 강 위 지 명 왈 대 대 왈 서 서 왈 원 원 왈 반
(주)인대 (부)부 (술)접미 (술)동 (목)명 (주)명 (주)명 (술)동 (목)동명(주)동명 (술)동 (목)형 (주)형 (술)동 (목)동

" 나는 억지로 이름을 지어대라고 하였다.
대는 간다는 것이요, 간다는 것은 멀다는 것이요, 멀다는 것은 돌아온다는 것이다. "

天大, 地大道大, 王亦大
천 대 지 대 도 대 왕 역 대
(주)명 (술)형 (주)명 (술)형 (주)명 (술)형 (주)명 (부)부 (술)형

" 하늘도 大요, 땅도 大요, 도도 大요, 왕 또한 大이다. "

國中有四大焉 王居一焉
국 중 유 사 대 언 왕 거 일 언
(주)관 (술)형 (목)관 (조)종 (주)명 (술)동 (목)수 (조)종

" 나라 안에는 네 가지 大가 있으니, 왕은 그 중 하나이다. "

人法地地法天 天法道道法自然
인 법 지 지 법 천 천 법 도 도 법 자 연
(주)명 (술)동 (목)명 (주)명 (술)동 (목)명 (주)명 (술)동 (목)명 (주)명 (술)동 (목)명

" 사람은 땅을 본받고 땅은 하늘을 본받으며
하늘은 천도(天道)를 본받고 천도는 자연을 본받는다. "

◎ 본문해설 ◎

- 狀(상) 명사 – 형상, 모양이 있는 것. 여기서는 모양이 있건 없건 간에 실존하고 있는 존재(存在)이다.
- 混成(혼성) 동명사 – 混은 여러가지가 섞여있는 것. 成은 무엇인가 이루어진 것, 즉 우주에 해도 지구도 별도 생겨나기 전 혼돈 중의 질서 곧 狀이 있다는 것이다.
- 狀은 소리없이 고요(寂 : 고요하다, 廖 : 고요하다)하고 다른 것에 의지함이 없이 홀로서서(獨立) 그 본 길이 변함없이 영원하여 이 세상의 근본(母體)이 될 만하다. 그러나 그 이름은 모르겠고 글자로 도(道)라고 하자. 그리고 억지로 이름을 붙여서 대(大)라 부르자. 大는 정지되어 있는 것이 아니고 순환(逝 : 가다)하는 것이다. 그래서 멀어(遠 : 멀다)진다. 멀어지면 다시 돌아(反)온다. 하늘도 순환하고 땅도 순환하고 도도 순환하며 왕도 또한 순환하는 것이다.

  나라안에 4가지 무상(無常 : 항상 그대로 있는 것은 없다)한 것이 있는데 왕도 그 중의 하나이다.

  사람은 땅의 순환원리에 따라야 하고 땅은 하늘의 순환원리를 따라야하며 하늘은 우주의 순환원리를 따라야한다. 우주의 순환원리는 곧 자연이니 사람은 자연원리를 따라야 한다는 것이다. 이 장은 무위자연(無爲自然)설의 서장이라 하겠다.

(2) 第二章 (제이장)

天	地	之	間	其	猶	橐	籥	與?
천	지	지	간	기	유	탁	약	여
(주)관				(지)지	(술)형	(목)명		(조)의종

虛	而	不	屈	動	而	愈	出
허	이	불	굴	동	이	유	출
(술)형	(조)접	(부정)부정	(술)동	(술)형	(조)접	(부)부	(술)동

" 하늘과 땅 사이는 풀무 같은 것이 아닐까?
텅 비어있어 아무리 써도 다하지 않는다. 움직이면 움직일수록 더 세게 나온다. "

◎ 본문해설 ◎

- 橐(탁) 명사 – 전대, 자루
- 籥(약) 명사 – 피리로 다 속이 비어있다.
- 橐籥(탁약) 명사 – 풀무이며 속이 비어있다.

• 虛(허) 형용사 – 텅 빈 공간
• 屈(굴) 동사 – 다하다 (竭)의 뜻으로 (用之不竭) 아무리 써도 다함이 없다.
• 愈(유) 부사 – 더욱이, 더욱~하게
• 하늘과 땅 사이 공간은 풀무 속 같아서 그 속의 바람은 아무리 많이 사용하여도 다 쓸 수 없고 풀무처럼 움직이면 움직일수록 더욱 더 세게 나온다. 우주공간의 역동성을 풀무에 비유한 것이다.

(3) 第三章 (제삼장)

致虛恒也 守中篤也 萬物方作

치 허 항 야 수 중 독 야 만 물 방 작

(술)동 (목)형 (술)형 (조)종 (술)동 (목)명 (술)동 (조)종 (주)명 (술)관

" 허(虛)에 이르려면 꾸준하여야 하고 중용(中庸)을 지키려면 독실하여야 한다.
삼라만상(森羅萬象)은 쉬지않고 생동(生動)하므로 "

居以須復也 天道員員 各復其根

거 이 수 복 야 천 도 원 원 각 복 기 근

(술)동 (조)후 (부)부 (술)동 (조)종 (주)관 (술)형 (부)부 (술)동 (지)지 (목)명

" 잠시 있다가 원상(原狀)으로 돌아간다.
하늘의 이치는 둥글고 둥글어 만물이 제각기 그 근원으로 돌아간다. "

○ 본문해설 ○

• 致(치) 동사 – 도달하다, 이르다
• 恒(항) 형용사 – 항상, 쉬지않고, 꾸준히
• 虛(허) 명사 – 빈 것, 차지않는것, 아무도 손대지 않아 아무것도 놓여진 것이 없는 자연
• 中(중) 어느 한 곳으로 기울어 짐이 없는 중용, 즉 무중력 상태
• 方作(방작) 관형사 – 제3의 힘에 의하지 않고 스스로 살아 움직이는 것. 낳고(生), 자라고(長), 늙고(老), 죽고(死)하는 것

• 居(거) 동사 – 자리잡아 사는 것
• 須(수) 부사 – 잠깐, 잠시, 눈 깜짝할 사이
• 復(복) 동사 – 제자리로 돌아가다
• 員員(원원) 형용사 – 둥글다, 모나지 않다. 員은 圓으로 본다.
• 根(근) 명사 – 뿌리, 근원
• 篤(독) 동사 – 돈독하다, 독실하다
• 致虛(치허) 대자연의 상태가 유지되려면 恒也(항야) 꾸준히 즉 무상(無常)의 법칙으로 대우주의 중력의 법칙인 중용을 지키는데 독실하여야 한다. 그렇게하면 萬物(만물) 우주공간에 존재(存在)하는 유형(有形), 무형(無形)의 모든 물체(物體)는 (須)잠시동안 어떤 형태로 (居以)머물렀다 (復)본래의 상태로 돌아간다.(마치 물이 증발하여 비가 되고 눈이 되어 내려와 다시 제자리로 돌아가는 것처럼)
하늘의 (道)법칙, 즉 해와 별이 운행하고 생명체가 생멸(生滅)하는 원리는 (員員)어느 한쪽에 치우치는 법이 없이 중용을 지켜 제마다 (根)본래의 자리로 (復)돌아가게 한다.

(4) 第四章 (제사장)

含	德	之	厚	者	比	於	赤	子	蜂	蠆	蟲	蛇	弗	蜇
함	덕	지	후	자	비	어	적	자	봉	채	충	사	불	철
(주)관					(술)형	(조)전	(목)관		(주)명				(부정)부정	(술)동

" 두터운 덕을 머금은 사람은 비교하여 어린아이 같습니다.
벌과 전갈, 벌, 벌레, 뱀이 물지 않고 "

攫	鳥	猛	獸	弗	扣	骨	弱	筋	柔	而	握	固
확	조	맹	수	불	구	골	약	근	유	이	악	고
(주)관				(부정)부정	(술)동	(주)명	(술)형	(주)명	(술)형	(조)접	(주)명	(술)형

" 새잡이 새나 사나운 짐승이 치고 덤비지 않는다.
뼈는 약하고 근육은 부드러워도 잡는 힘은 세고 "

未知牝牡之合然怒精之至也

미 지 빈 무 지 합 연 노 정 지 지 야

(부정)부정 (술)동 (목)관 (조)접 (술)동 (목)관 (조)종

" 암수의 교합은 모르지만 그러나 정기의 지극함은 강하다. "

終日唬而不憂 和之至也

종 일 호 이 불 우 화 지 지 야

(주)명 (술)동 (조)접 (부정)부정 (술)동 (주)명 (조)후 (술)형 (조)종

" 종일 웅얼거려도 근심이 없는 것은 화기의 강함이다. "

和曰常 知和曰明 益生曰祥

화 왈 상 지 화 왈 명 익 생 왈 상

(주)명 (술)동 (목)명 (술)동 (목)명 (술)동 (목)명 (주)관 (술)동 (목)명

" 화목한 것을 떳떳한 것이라고 한다. 화목할 줄 아는 것을 밝은 것이라 한다.
오래 사는 것을 상서로운 것이라 한다. "

心使氣曰强 物壯則老 是謂不道

심 사 기 왈 강 물 장 즉 노 시 위 불 도

(주)명 (사)사동 (주)명 (술)동 (목)명 (주)명 (술)동 (조)접 (술)동 (지)지 (술)동 (부정)부정 (목)명사

" 마음으로 하여금 기(氣)를 강(强)하도록 만들기 때문이다.
모든 물체는 장성하면 늙는다. 이를 어쩔 수 없는 사물의 도리라고 한다. "

◎ 본문해설 ◎

- 含(함) 동사 – 머금다
- 厚(후) 형용사 – 두텁다
- 赤子(적자) 관형사 – 어린아이. 赤은 붉은색으로 어린아이가 옷을 입지 않은 살결색을 표현한 것이다.
- 蜂(봉) 명사 – 벌
- 蠆(채) 명사 – 전갈
- 蟲(충) 명사 – 벌레
- 蛇(사) 명사 – 뱀
- 蜇(철) 동사 – 쏘다
- 攫鳥(확조) 관형사 – 攫은 후리치다, 움켜쥐다의 뜻으로 독수리나 매 같은 새잡이 새를 말한다.
- 猛獸(맹수) 관형사 – 사나운 짐승
- 猛(맹) 형용사 – 사납다
- 獸(수) 명사 – 짐승
- 弗(불) 不과 같은 부정사
- 扣(구) 동사 – 두드리다, 치다. (擊)격의 뜻
- 比(비) 형용사 – 비교하여 ~과 같다
- 骨(골) 명사 – 뼈
- 弱(약) 형용사 – 약하다
- 筋(근) 명사 – 살갗, 근육
- 柔(유) 형용사 – 부드럽다
- 握(악) 명사 – 잡는 힘
- 固(고) 형용사 – 세다, 단단하다
- 牝(빈) 명사 – 암컷
- 牡(무) 명사 – 수컷
- 牝牡之合(빈무지합) 관형사 – 암수의 교합, 牝牡는 짐승(獸)의 암수를 말하고 날짐승(鳥類)는 雌雄(자웅)이라고 한다.
- 怒(노) 동사 – 성내다, 왕성하다
- 精之至(정지지) 관형사 – 정기의 지극함
- 唬(호) 동사 – 호랑이가 웅얼대다, 중얼거리다
- 憂(우) 동사 – 근심하다
- 常(상) 명사 – 떳떳한 것
- 和(화) 명사 – 돈독하게 화목한 것
- 明(명) 명사 – 밝은 것, 명랑한 것
- 益生(익생) 명사 – 오래 사는 것
- 氣(기) 명사 – 사람 몸 속의 정기
- 壯(장) 동사 – 건장하다, 장성하다
- 老(노) 늙다
- 不道(불도) 은 어쩔 수 없는 것, 불가피한 것으로 해석하여 어쩔 수 없는 도리

(5) 第五章 (제오장)

名	與	身	孰	親	身	與	貨	孰	多	得	與	亡	孰	病
명	여	신	숙	친	신	여	화	숙	다	득	여	망	숙	병
(주)명	(조)접	(주)명	(의)의	(술)동	(주)명	(조)접	(주)명	(의)의	(술)형	(주)동명	(조)접	(주)동명	(의)의	(술)형

" 이름과 몸 중에 어느 것이 더 친밀합니까?
몸과 돈은 어느 것이 더 귀합니까?
얻는 것과 잃는 것은 어느 것이 더 해롭습니까? "

甚愛必大費 厚藏必多亡

심 애 필 대 비 후 장 필 다 망

(부)부 (가)동 (부)부 (술)동 (가)관 (부)부 (술)동

" 지나치게 아끼면 반드시 큰 비용이 들어가고
지나치게 저축하여두면 반드시 많이 잃어버리게 된다. "

故知足不辱 知止不殆 可以長久

고 지 족 불 욕 지 지 불 태 가 이 장 구

(부)부 (술)동 (목)명 (술)부정 (목)명 (술)동 (목)명 (술)부정 (목)명 (긍)긍 (술)형

" 그런 까닭에 만족할 줄 알면 굴욕당하지 않으며 멈출 줄 알면 위태롭지 않다.
이렇게 하면 오래갈 수 있을 것이다. "

○ 본문해설 ○

- **名**(명) 명사 – 명예, 이름
- **身**(신) 명사 – 생명, 몸
- **親**(친) 동사 – 친숙, 친밀하다
- **多**(다) 형용사 – 많다, 귀하다
- **亡**(망) 동명사 – 잃은 것
- **甚**(심) 부사 – 심하게, 지나치게
- **厚**(후) 형용사 – 많다, 두텁다
- **辱**(욕) 명사 – 욕, 굴욕
- **可以**(가이) 긍정사 – ~할 수 있다
- **厚藏**(후장) 관형사 – 넉넉히 쌓아두는 것
- **與**(여) 명사와 명사(구)를 이어주는 접속사
- **孰**(숙) 비교의문사로 ~보다 ~하는가?
- **貨**(화) 명사 – 재화, 화폐
- **得**(득) 동명사 – 얻는 것
- **病**(병) 형용사 – 병, 해롭다
- **愛**(애) 동사 – 사랑하다, 아끼다
- **藏**(장) 동사 – 저장, 저축하다
- **殆**(태) 명사 – 위태, 위험
- **長久**(장구) 형용사 – 오래, 오래도록

(6) 第六章 (제육장)

反也者	道動也	弱也者	道之用也
반 야 자	도 동 야	약 야 자	도 지 용 야
(주)동명	(주)명 (술)동 (조)종	(주)동명	(주)명 (조)후 (술)동 (조)종

" 돌아온다는 것은 도(道)의 움직임이다.
작고 약한 것도 도의 쓰임이다. "

天下之物	生於有	生於亡
천 하 지 물	생 어 유	생 어 무
(주)관	(술)동 (조)전 (목)명	(술)동 (조)전 (목)명

" 천하만물은 있는 것에서 생겨나고 없는 것에서도 생겨난다. "

○ 본문해설 ○

- **反也者**(반야자) 동명사 – 돌아오는 것
- **天下之物**(천하지물) 관형사 – 천하만물
- **反**(반) 은 돌아오는 것, 순환하는 것으로 순환하는 것이란 물이 증발하여 눈과 비로 돌아오는 것이나 나무가 자라서 씨앗을 떨어뜨리고 죽어 썩어서 흙이 되는 것과 같은 것이며, **道動**(도동)이란 도(**道**)는 냄비에 물을 담아 불을 피우면 수증기가 증발하는 것은 **道**요, 만약 얼음이 언다면 도가 아니다. 즉 **道**란 물리적이건 화학적이건 생리적이건 간에 그 원리에 어긋나지 아니한 것이다.

  지구가 공자전하고 비가 내리고 눈이 오고 생명체가 그 종을 이어가는 것이 **道**의 움직임, 즉 작용인 것이다.
- **弱**(약) 작고 미세한 것이란 땅 위에 굴러다니는 돌덩이 하나 하나가 모여 지구 중력을 만들어 지구의 운행에 쓰여지고 있는 것처럼 밀 한 톨, 풀씨 한 알이 다 대우주의 운영원리인 **道**의 쓰임, 곧 피용물(**被用物**)이라는 것이다. 그래서 세상에는 쓰이지 않는 물건은 하나도 없는 것이다.

  이 쓰이지 않는 곳이 없는 천하지물(**天下之物**)은 닭이 알을 낳듯이 있는 것에서 생겨나기도(**生於有**)하고 화학작용으로 새로운 물체가 생겨나듯이(**生於亡**) 없는 것에서 생겨나기도 한다.

  물리적(**物理的**)이건 화학적(**化學的**)이건 간에 순환한다는 것이다.

(7) 第七章 (제칠장)

殖而盈之 不若其已

식 이 영 지 불 약 기 이

(술)동 (조)접 (술)접미 (비)비 (지)지 (술)동

" 불려서(번식) 가득 채우는 것은 멈추(적정선에서)는 것만 못하다. "

揣而群之 不可長保也

췌 이 군 지 불 가 장 보 야

(술)동 (조)접 (술)접미 (부정)부정 (부)부 (술)동 (조)종

" 헤아려(계산 속으로) 모아들여도 오래 보관하지 못한다. "

金玉盈室 莫之守也

금 옥 영 실 막 지 수 야

(주)명 (술)동 (목)명 (부정)부정 (술)동 (조)종

" 금과 옥이 집안에 가득하여도 지킬 수가 없다. "

貴富驕 自遺咎也 功遂身退 天之道也

귀 부 교 자 유 구 야 공 수 신 퇴 천 지 도 야

(주)명 (술)동 (부)부 (술)동 (목)명 (조)종 (주)명 (술)동 (주)명 (술)동 (주)명 (조)후 (술)명 (조)종

" 귀하고 부한 것은 교만한 것이라 스스로 허물을 남긴다.
공을 세우고 나면 몸은 물러나는 것이 하늘의 도리이다. "

○ 본문해설 ○

- 殖(식) 동사 – 새끼치다, 번식하다
- 已(이) 동사 – 그치다
- 盈(영) 차다
- 盈之(영지) 접미사 – 채우다
- 之(지)는 盈을 진행태동사로 만들어 채우고 있는 상태를 만든다.
- 揣(취, 췌) 동사 – 헤아리다, 계산하다
- 群(군) 명사 – 무리
- 群之(군지) 접미사 – 모아들이다
- 保(보) 동사 – 보호하다, 보관하다
- 室(실) 명사 – 집
- 守(수) 동사 – 지키다
- 莫之守也(막지수야) 는 莫守之也의 도치형으로 본다
- 守之(수지) 접미사 – 지키다
- 莫(막) 금지사로 쓰일 때는 ~하지마라, 부정사로 쓰일 때는 ~하지못한다.
- 貴(귀) 명사 – 처해있는 자리가 남보다 위에 있어서 귀하게 대접받을 수 있는 처지
- 富(부) 명사 – 재산이 많은 부자
- 驕(교) 동사 – 교활하고 거만함
- 遺(유) 동사 – 남기다
- 咎(구) 명사 – 허물
- 功(공) 명사 – 공적, 공훈
- 遂(수) 동사 – 달성하다, 이루다
- 退(퇴) 동사 – 물러서다

(8) 第八章 (제팔장)

絶智棄辯 民利百倍 絶巧棄利 盜賊亡有

絶	智	棄	辯	民	利	百	倍	絶	巧	棄	利	盜	賊	亡	有
절	지	기	변	민	리	백	배	절	교	기	리	도	적	무	유
(술)동	(목)명	(술)동	(목)명	(주)관		(술)관		(술)동	(목)명	(술)동	(목)명	(주)명		(부정)부정	(술)형

" 지략을 끊고 말재주를 버리면 백성에게 이로움이 백배가 된다.
공교로운 재주를 부리지 않고 탐욕을 버리면 도적이 없어진다. "

絶爲棄慮 民復季子

絶	爲	棄	慮	民	復	季	子
절	위	기	려	민	복	계	자
(술)동	(목)명	(술)동	(목)명	(주)명	(술)동	(목)관	

" 일을 저질러하지 않고 쓸데없는 걱정을 버리면
백성들은 어린아이로 돌아간다(순수한 본성으로 돌아감). "

三言以爲辯不足 或命之或乎屬

삼 언	이	위	판	부 족	혹	명 지	혹	호	촉
(주)관	(조)접	(술)동	(목)명	(부정)부정	(부)부	(술)접미	(부)부	(조)후	(술)동

" 세 마디 말로 판단하지 못하면 명령하거나 부탁한다. "

視素保樸 少私寡欲

시	소	보	박	소	사	과	욕
(술)동	(목)명	(술)동	(목)명	(술)동	(목)명	(술)동	(목)명

" 근본을 살피고, 바탕을 보전하라. 사사로움을 작게 하고 욕심을 적게 하라. "

◎ 본문해설 ◎

- 絶(절) 동사 – 끊다
- 辯(변) 명사 – 말, 변론
- 民利(민리) 관형사 – 백성의 이로움
- 盜賊(도적) 명사 – 도둑
- 棄(기) 동사 – 버리다
- 智(지) 명사 – 지혜, 지략
- 巧(교) 명사 – 재주, 장인들의 공교한 재주
- 亡有(무유) 있지 아니하다, 없다
- 亡(무) 부정사 – 아니하다, 없다. 부정사로 쓰일 때는 "무"로 읽는다.
- 爲(위) 명사로 쓰여 行爲나 作爲의 뜻이 되었다.
- 慮(려) 명사 – 생각, 걱정
- 復(복) 동사 – 돌아가다
- 季子(계자) 는 끝이란 뜻이며 계자는 막내아들로 어린이 같다는 뜻이다.
- 屬(촉) "촉"으로 읽을 때는 일을 맡기다, 부탁하다의 뜻이고, "속"으로 쓰일 때는 속하다, 소속의 뜻이다.
- 視(시) 동사 – 보다, 살피다
- 素(소) 형용사로는 희다의 뜻을 가지고 있으며 명사로는 글이나 그림을 그리지 아니한 흰 비단의 바닥이요, 근본이다.

• **樸**(박) 명사 – 통나무로 본 바탕을 의미한다.

• **寡**(과) 동사 – 적게하다 / 형용사 – 적다

(9) 第九章 (제구장)

江海所以爲百谷王 以其能爲百谷下

江	海	所	以	爲	百	谷	王	以	其	能	爲	百	谷	下
강	해	소	이	위	백	곡	왕	이	기	능	위	백	곡	하
(주)명		(부)부		(술)동	(목)관			(부)부	(지)지	(부)부	(술)동	(목)관		

是以能爲百谷王

是	以	能	爲	百	谷	王
시	이	능	위	백	곡	왕
(지)지	(조)후	(부)부	(술)동	(목)관		

" 강과 바다가 백 골짜기의 왕이 되는 까닭은 그는 능히 백 골짜기 아래에 있을 수 있기 때문이다. 이렇게 하기에 능히 백 골짜기의 왕이된 것이다. "

聖人之在民前也 以身後之 其在民上也

聖	人	之	在	民	前	也	以	身	後	之	其	在	民	上	也
성	인	지	재	민	전	야	이	신	후	지	기	재	민	상	야
(주)명		(조)후	(술)형	(목)관		(조)접	(지)지	(주)명	(술)접미		(지)지	(술)형	(목)관		(조)접

" 성인은 지도자로서 백성의 앞에 있으면서도 그 몸은 겸손하게 뒤로 물러서고 그는 백성들보다 윗자리에 있으면서 "

以言下之 其在民上也 民弗厚也

以	言	下	之	其	在	民	上	也	民	弗	厚	也
이	언	하	지	기	재	민	상	지	민	불	후	야
(지)지	(주)명	(술)접미		(지)지	(술)형	(목)관		(조)접	(주)명	(부정)부정	(술)동	(조)종

" 말은 항상 낮추어한다. 그는 백성들 위에 있으면서 백성들에게 짐을 지우지 않는다. "

其在民前也 民弗害也 天下樂進而弗厭

기 재 민 전 야 민 불 해 야 천 하 락 진 이 불 염

(지)지 (술)형 (목)관 (조)접 (주)명 (부정)부정 (술)동 (조)종 (주)명 (보)형 (술)동 (조)접 (부정)부정 (술)동

" 그는 백성들 앞에 있으면서 백성을 해롭게 하지 않는다.
천하가 그를 즐겁게 받들고 싫어하지 않는다. "

以其不爭也 故天下莫能與之爭

이 기 부 쟁 야 고 천 하 막 능 여 지 쟁

(부)부 (지)지 (부정)부정 (술)동 (조)종 (부)부 (주)명 (부정)부정 (부)부 (주)접미 (술)동

" 그래서 그는 다투지 아니한다.
그런 까닭에 천하에 어느 누구도 그와는 다툴 수가 없다. "

◎ 본문해설 ◎

- 所以(소이) 부사 – ~하는 까닭
- 爲(위) 동사 – 되다
- 谷(곡) 골짜기
- 是以(시이) 는 是지시대명사로 百谷下를 지칭하며 以는 후치사로 "이것으로서"
- 在(재) 형용사 – ~에 있으면서
- 後之(후지) 접미사 – 물러나다
- 下之(하지) 접미사 – 낮추다
- 其在(기재) 其는 지시대명사로 聖人을 지칭한다.
- 厚(후) 피동사로 쓰였으며 弗이 부정해주므로 두텁게, 무겁게 하지 않는다가 된다.
- 害(해) 동사 – 해치다, 해롭게하다
- 進(진) 동사 – 나아가다, 받들다
- 厭(염) 동사 – 싫어하다
- 爭(쟁) 동사 – 다투다
- 民之前(민지전) 관형사 – 백성의 앞
- 民上(민상) 관형사 – 백성의 위
- 百谷王(백곡왕) 관형사 – 백 골짜기의 왕
- 百谷下(백곡하) 관형사 – 백 골짜기의 아래

이 장(章)은 옛 성왕의 공덕을 칭송하는 장으로 성인의 덕을 물에 비유하였다. 물은 스스로 자기를 낮추어 아래로 아래로 흐르고 항상 아래쪽에 머물러 있을 줄 알기 때문에 백 골짜기의 왕이 될 수 있는 것이다. 맹자이

루장구(孟子離婁章句)에 서자(徐子)가 맹자에게 물어 말하기를 공자님께서 자주 물을 칭찬하여 말하기를 물이여! 물이여! 하시니 무엇을 취하신 것입니까?

맹자께서 대답하여 말씀하시기를 근본이 있는 샘물은 혼화하여 용솟음쳐 밤낮으로 쉬지않고 흘러내려 구덩이가 있으면 채우고 나서야 다시 흘러 바다로 퍼지니 근본이 있는 것은 이와 같은지라 이점을 취하신 것이다 라고 하였다. (徐子曰 仲尼亟稱於水曰 水哉水哉 何取於水也 孟子曰 源泉混混 不舍晝夜 盈科而後進 放乎四海 有本者如是 是之取爾)

이렇게 노자(老子)도 공자(孔子)도 맹자(孟子)도 다같이 겸손하게 아래로만 흐르고 다 차야(盈)만 또 아래로 내려가는 물을 칭찬하며 앞에 있으면서 나서지 아니하고 위에 있으면서 낮추며 누구하고도 다투지 아니하며 다툴 사람이 없게하는 성인의 덕을 칭송하고 귀감(龜鑑)을 삼도록 하고있다.

(10) 第十章 (제십장)

罪	莫	厚	乎	甚	欲	咎	莫	僭	乎	欲	得
죄	막	후	호	심	욕	구	막	참	호	욕	득
(주)명	(비)부정	(술)형	(비)후	(부)부	(목)명	(주)명	(비)부정	(술)형	(비)후	(목)동명	

" 죄는 욕심을 심하게 부리는 것보다 더 두터운 것은 없고
허물은 분수에 넘치게 얻으려는 것보다 참람한 것은 없으며 "

禍	莫	大	乎	不	知	足	知	足	之	爲	足	此	恒	足	矣
화	막	대	호	부	지	족	지	족	지	위	족	차	항	족	의
(주)명	(비)부정	(술)형	(비)후	(부정)부정	(목)동명		(가)동명		(조)접	(술)동	(목)명	(지)지	(부)부	(술)명	(조)종

" 재앙은 만족을 알지 못하는 것보다 더 큰 것은 없다.
만족한 것을 알면 풍족하게 되는 것이니 이것이 항상 만족스러운 것이다. "

○ 본문해설 ○

- 莫 ~ 乎(막~호) 로 비교어를 만들어 ~보다 ~한 것은 없다
- 咎(구) 명사 – 허물
- 僭(참) 형용사 – 참람하다, 분수에 넘치다

- **禍**(화) 명사 – 재앙
- **恒**(항) 부사 – 항상
- **知足**(지족) 동명사 – 만족함을 아는 것
- **足**(족) 명사 – 만족
- **欲得**(욕득) 동명사 – 얻드려고 하는 것

(11) 第十一章 (제십일장)

以	道	佐	人	主	者	不	欲	以	兵	强	於	天	下
이	도	좌	인	주	자	불	욕	이	병	강	어	천	하
(부)부	(주)명	(술)동	(목)관		(보)명	(부정)부정	(술)자	(부)부	(주)명	(술)동	(조)전	(목)명	

" 도로서 군주를 보좌하는 사람은
천하에 무력을 증강하려 하지 아니한다. "

善	者	果	而	已	不	以	取	强	果	而	弗	伐
선	자	과	이	이	불	이	취	강	과	이	불	벌
(주)관		(술)명	(조)한종		(부정)부정		(술)동	(목)형	(주)명	(조)접	(부정)부정	(술)동

果	而	弗	驕	果	而	弗	矜
과	이	불	교	과	이	불	긍
(주)명	(조)접	(부정)부정	(술)동	(주)명	(조)접	(부정)부정	(술)동

" 현명한 사람은 결과를 기다릴 뿐이며, 억지로 얻으려 하지 아니한다.
성과를 자랑하지 않으며 성과를 가지고 교만하지 아니하고 성과를 뽐내지 아니한다. "

是	謂	果	而	不	强	其	事	好
시	위	과	이	불	강	기	사	호
(지)지	(술)동	(주)명	(조)접	(부정)부정	(술)형	(지)지	(주)명	(술)형

" 이것을 가리키어 성과를 억지로 얻으려 함이 아니라고 하는 것이다.
그렇게 하는 것이 참으로 좋은 것이다. "

◎ 본문해설 ◎

- 道(도) 이치를 거스르지 아니한 것이 도이다. 물이 아래로 흐르는 것은 도리요, 바위를 산 위로 구르게 하려는 것은 도가 아니다.
- 佐(좌) 동사 – 돕다
- 人主(인주) 관형사 – 남의 주인된 사람, 임금, 군주
- 者(자) 명사 – 사람으로 補語로 쓰임. 以道佐人主가 者를 修飾한다.
- 欲(욕) 자동사 – ~을 하고자 함
- 兵强(병강) 兵(병)은 명사로 병기, 병사, 무력으로 주어이며, 强(강)은 동사로 강하게 하다, 증강하다 라는 뜻으로 述語로 쓰여 무력을 증강하다 이다. 强(강)은 형용사로 억지란 뜻으로도 쓰인다.
- 善者(선자) 관형사 – 착한 사람, 현명한 사람
- 果(과) 명사 – 결과, 성과
- 而已(이이) 한정종결사 – ~일 뿐이다
- 弗(불) 부정사 – ~아니하다
- 伐(벌) 동사 – 자랑하다
- 驕(교) 동사 – 교만하다
- 矜(긍) 동사 – 자랑하다, 뽐내다

2. 莊子 (장자)

莊子(장자) : BC 400년~ ? 전국시대(戰國時代) 송(宋)나라 사람으로 이름은 주(周)이다.
老子(노자)의 무위자연설(無爲自然說)을 발전시켜 개인의 안심(安心) 입명(立命)을 문제삼아 다루었다.
장자가 살던 세상은 전국시대 말기로 제후국간에 전쟁이 극에 달해 100여개의 제후국이 10개밖에 남지 않았고 산야에 시체가 널리고 생명을 초개처럼 여기던 때에 지식인들의 눈과 귀는 어디를 향하였어야 했겠는가? 허황한 소리라도 토(吐)하며 세상을 멀리하고 이상을 추구하여야 하였을 것이다. 이런 것이 장자의 사상이다.

(1) 第一章(제일장) 逍遙遊(소요유) 中(중)에서

北冥에 有魚하니 其名爲鯤이라

北冥	有	魚	其	名	爲	鯤
북 명	유	어	기	명	위	곤
(주)관	(술)형	(목)명	(지)지	(주)명	(술)동	(목)명

鯤之大는 不知其幾千里也니라

鯤	之	大	不	知	其	幾千里	也
곤	지	대	부	지	기	기 천 리	야
(주)명	(조)후	(보)형	(부정)부정	(술)동	(지)지	(목)관	(조)종

" 북쪽 바다에 물고기가 있었으니 그 이름을 곤이라고 하였다.
곤(鯤)의 크기는 몇천 리나 되는지 알 수 없었다. "

◎ 본문해설 ◎

- **北冥**(북명) 관형사 – 북쪽 바다. **冥**은 어둡다란 뜻이나 바다라는 **溟**과 **通用**
- **鯤**(곤) 명사 – 전설 속에 나오는 물고기 이름
- **幾千里**(기천리) 관형사 – 몇천 리
- **幾**(기) 부사 – 얼마나

化而爲鳥면 其名爲鵬이요

化	而	爲	鳥	其	名	爲	鵬
화	이	위	조	기	명	위	붕
(술)동	(조)접	(술)동	(목)명	(지)지	(주)명	(술)동	(목)명

鵬之背는 不知幾千里也니라

鵬之背	不	知	幾千里	也
붕 지 배	부	지	기 천 리	야
(주)관	(부정)부정	(술)동	(목)관	(조)종

" (곤이) 변하여 새가 되면 그 이름을 붕(鵬)이라고 한다.
붕의 등짝은 몇천 리나 되는지 모른다. "

◎ 본문해설 ◎

- **化**(화) 동사 – 변화하다
- **鵬**(붕) 명사 – 전설 속의 큰 새이름
- **鵬之背**(붕지배) 관형사 – 붕새의 등

怒而飛면 其翼若垂天之雲이라.

노 이 비 기 익 약 수 천 지 운

(술)동 (조)접 (술)동 (지)지 (주)명 (술)형 (목)관

" 성내어 날아오르면 그 날개는 하늘에 드리운 구름 같았다. "

◎ 본문해설 ◎

- 怒(노) 동사 – 성을 내어, 힘껏
- 翼(익) 명사 – 날개
- 若(약) 형용사 – ~과 같다
- 垂(수) 동사 – 내리다, 드리우다
- 垂天之雲(수천지운) 관형사 – 하늘에 드리운 구름

是鳥也는 海運則將徙於南冥하니

시 조 야 해 운 즉 장 도 어 남 명

(지)지 (주)명 (조)접 (주)명 (술)동 (조)접 (자)자 (술)동 (조)전 (목)관

南冥者는 天池也니라

남 명 자 천 지 야

(주)관 (조)후 (술)관 (조)종

" 이 새는 바다가 움직이면 남쪽 바다로 가려하는데 남쪽 바다는 하늘 연못이다. "

◎ 본문해설 ◎

- 運(운) 동사 – 움직이다
- 將(장) 자동사 – 하려하다
- 徙(도) 동사 – 옮기다 步行. 어떤 字典에서는 徒와 徙(사)를 通用하기도 하였다.

齊諧者는 志怪者也라 諧之言曰

제 해 자 지 괴 자 야 해 지 언 왈

(주)고명 (조)후 (술)명 (목)관 (조)종 (주)관 (술)동

鵬之徒於南冥也에 水擊三千里하고 搏扶搖
붕 지 도 어 남 명 야 수 격 삼 천 리 박 결 요
(주)고명 (조)후 (술)동 (조)전 (목)관 (조)접 (주)명 (술)동 (목)명 (술)동

而上者九萬里하여 去以六月息者也니라
이 상 자 구 만 리 거 이 유 월 식 자 야
(조)접 (술)동 (조)전 (목)관 (술)동 (부)부 (목)관 (보)동명 (조)종

" 제해(齊諧)는 괴상한 책이다. 웃음거리말로 말하기를 붕(鵬)이 남쪽 바다로 날아 갈 적에 친 물이 삼천리까지 튕기고 치고 당기고 흔들어 구만리 상공에 올라 쉬면서 여섯 달을 보냈다고 한다. "

○ 본문해설 ○

- 齊(제) 형용사 – 가지런하다
- 諧之言(해지언) 관형사 – 웃음거리 말
- 者(자) 명사로 쓰일 때는 사람이란 뜻이고 조사어로 후치사로 쓰이면 ~는, ~것 이란 뜻이고, 形容詞아래서 冠形詞를 만들거나 動詞밑에서 動名詞를 만들기도 한다.
- 志(지) 명사 – 책
- 怪者(괴자) 관형사 – 괴상한 것
- 擊(격) 동사 – 치다
- 搏(박) 동사 – 치다
- 抉(결) 동사 – 당기다
- 搖(요) 동사 – 흔들다
- 上(상) 동사 – 오르다
- 去(거) 동사 – 보내다
- 息者(식자) 동명사 – 쉬는 것

野馬也는 塵埃也는 生物之以息相吹也라
야 마 야 진 애 야 생 물 지 이 식 상 취 야
(주)명 (조)접 (주)명 (조)접 (주)관 (부)부 (술)동 (조)종

天之蒼蒼은 其正色邪가? 其遠而無所至
천 지 창 창 기 정 색 야 기 원 이 무 소 지
(주)명 (조)후 (술)형 (지)지 (부)부 (보)명 (조)의종 (지)지 (술)형 (조)접 (부정)부정 (술)동

極邪가? 其視下也엔 亦若是則已矣니라

극 야 기 시 하 야 역 약 시 즉 이 의

(목)명 (조)의종 (지)지 (술)동 (조)접 (부)부 (술)형 (지)지 (조)접 (조)한종

" 아지랑이와 티끌과 먼지는 생물이 숨쉬면서 서로 내뿜는 것이요,
하늘이 푸르고 푸른 것은 그것이 올바른(진정한 하늘색)색일까?
그것은 너무 멀어서 그 끝에 이르지 못한 탓일까?
그 곳에서 내려다보면 역시 여기서 보는 것과 같을 뿐일 것이다. "

본문해설

- 野馬(야마) 명사 – 아지랑이
- 埃(애) 명사 – 티끌, 埈와 동자
- 以(이) 부사 – ~으로서
- 相(상) 부사 – 서로
- 蒼(창) 형용사 – 푸르다
- 無所(무소) 부정사 – ~이 아니다
- 極(극) 명사 – 끝
- 視下(시하) 동사 – 내려다 보다
- 塵(진) 명사 – 먼지
- 也(야) 접속사 – ~는 ~과
- 息(식) 동사 – 숨쉬다
- 吹(취) 동사 – 내뿜다
- 遠(원) 형용사 – 멀다
- 至(지) 동사 – 이르다, 미치다
- 是(시) 지시대명사, 天之蒼과 遠을 지칭

且夫水之積也不厚면 則負大舟也無力이요

차 부 수 지 적 야 불 후 즉 부 대 주 야 무 력

(조)접 (발)발 (주)관 (조)접 (부정)부정 (술)형 (조)접 (술)동 (목)관 (조)접 (술)부정 (목)명

覆杯水於拗堂之上하면 則芥爲之舟라

복 배 수 어 요 당 지 상 즉 개 위 지 주

(술)동 (목)관 (조)전 (술)동 (목)관 (조)접 (주)명 (술)접미 (목)명

置杯焉則膠하니 水淺而舟大也니라

치 배 언 즉 교 수 천 이 주 대 야

(술)동 (목)명 (조)후 (조)접 (술)동 (주)명 (술)형 (조)접 (주)명 (술)형 (조)종

" 또한 물의 쌓임이 두텁지 아니하면 큰 배를 띄울 힘이 없을 것이요,
접시물도 뒤엎어 마루 위에 밀치면 지푸라기는 배가 될 것이다.
물그릇을 놓으면 들러붙는 것은 물은 얕고 배가 크기 때문이다. "

○ 본문해설 ○

- 且(차) 접속사 – 또한
- 水之積(수지적) 관형사 – 물의 쌓임, 물의 깊이
- 大舟(대주) 관형사 – 큰 배
- 杯水(배수) 관형사 – 잔 속의 물
- 芥(개) 명사 – 지푸라기
- 置(치) 동사 – 놓다
- 膠(교) 명사 – 아교 / 동사 – 들러붙다
- 夫(부) 발어사 –
- 負(부) 동사 – 짊어지다, 띄우다
- 覆(복) 동사 – 넘어지다, 엎어지다
- 坳(요) 동사 – 밀치다
- 堂之上(당지상) 관형사 – 마루 위
- 杯(배) 명사 – 잔, 그릇
- 淺(천) 형용사 – 얕다

風之積也不厚면 則其負大翼也無力이라
풍 지 적 야 불 후 즉 기 부 대 익 야 무 력
(주)관 (조)접 (부정)부정 (술)형 (조)접 (지)지 (술)동 (목)관 (조)접 (술)부정 (목)명

故로 九萬里에 則風斯在下矣니라 而後乃今에
고 구 만 리 즉 풍 사 재 하 의 이 후 내 금
(부)부 (가)가 (조)접 (주)명 (지)지 (술)형 (목)명 (조)종 (조)접 (보)명 (부)부

培風背負青天而莫之夭閼者라야
배 풍 배 부 청 천 이 막 지 요 알 자
(술)동 (목)명 (주)명 (술)동 (목)관 (조)접 (금)접미 (보)동명

而後乃今에 將圖南이라
이 후 내 금 장 도 남
(조)접 (보)명 (부)부 (자)자 (술)동 (목)명

" 바람의 쌓임이 두텁지 못하면 큰 날개를 띄울 힘이 없다. 그런 까닭에

구만리 상공에 높이 올라 있으려면 그 아래에 바람이 쌓여 있는 뒤에라야
이제 곧 바람에 띄워져 푸른 하늘을 등에 지고 어떤 요괴도 막지 못하게 한 다음에
이제 곧 남쪽으로 갈 수 있는 것이다. ”

○ 본문해설 ○

- **風斯在下矣**(풍사재하의) 의 **斯**(이것)은 지시대명사로 **厚**(후)를 지칭하여 **風厚在下矣**(풍후재하의)로 “두터운 바람이 아래에 있어야”라는 의미이다.
- **風之積**(풍지적) 관형사 – 바람의 쌓임
- **九萬里則**(구만리즉) 접속사 **則**이 ~하려면의 뜻으로 가정어를 만들어 “구만리 상공에 높이 올라있으려면”으로 해석한다.
- **乃今**(내금) 부사 – 이제 곧
- **閼**(알) 동사 – 막다
- **培**(배) 동사 – 기르다, 북돋우다의 뜻이나 여기서는 바람을 타다, 즉 띄우다로 풀었다.
- **夭閼者**(요알자) 동명사 – 요괴가 막는 것
- **夭**(요) 명사 – 요괴, 요사스런것
- **者**(자) 는 조사후치사로 동사 **閼**밑에 서동명사를 만들었다.
- **莫之**(막지) 접미사 – **莫**은 ~하지 못한다 라는 금지사인데 **之**가 접미사를 만들어 그 뜻이 “하지 못하게 하다”로 **夭閼者**를 **修飾**하여 요괴가 막는 것을 하지 못하게 한다가 된다. 바꾸어 말하면 “어떤 요괴도 막지 못한다”이다.
- **背負青天**(배부청천) 은 새가 하늘을 날으면 푸른 하늘을 짊어지는 형상이 된다.
- **圖**(도) 동사 – 도모하다

蜩與學鳩笑之曰 我決起而飛에

조 여 학 구 소 지 왈 아 결 기 이 비

(주)명 (조)접 (주)명 (보)접미 (술)동 (주)인대 (보)형 (술)동 (조)접 (술)동

搶楡枋인데 **時則不至而控於地而已矣**라

창 유 방 시 즉 부 지 이 공 어 지 이 이 의

(술)동 (목)명 (주)명 (조)접 (부정)부정 (술)동 (조)접 (술)동 (조)전 (목)명 (조)한종

奚以之九萬里而南爲인저?

해 이 지 구 만 리 이 남 위

(의)의 (부)부 (술)동 (목)관 (조)접 (주)명 (술)동

" 매미와 작은 비둘기가 비웃으며 말하기를 나는 결단코 일어나 날아도
느릅나무와 박달나무에 오를 수 있고 어릴 적에는 땅에 내동댕이쳐졌을 뿐인데
어떻게 하여서 구만 리를 날아올라 남쪽으로 갈 수 있단 말인가? "

○ 본문해설 ○

- **蜩**(조) 명사 – 매미
- **鳩**(구) 명사 – 비둘기
- **學鳩**(학구) 의 **學**은 **鷽**(작은 비둘기)의 **誤字**이다.
- **鷽鳩笑鵬**(학구소붕) 작은 비둘기가 붕새를 보고 웃는다는 말이 있다.
- **決**(결) 동사 – 해결하다, 막힌 물을 트다, 결단하다
- **搶**(창) 동사 – 날아스치다
- **楡**(유) 명사 – 느릅나무
- **枋**(방) 명사 – 박달나무
- **時則不至**(시즉부지) 때가 되지않다, 어리다
- **控**(공) 타동사로 쓰여 던져지다(**投**)
- **奚**(해) 의문사 – 어찌
- **之**(지) 동사 – 가다

適莽蒼者는 **三飡而反**에 **腹猶果然**이나

적 망 창 자 / 삼 손 이 반 / 복 유 과 연

(술)동 (목)관 (보)명 / (주)동명 (조)접 (술)동 / (주)명 (술)형 (목)접미

適百里者는 **宿春糧**이요 **適千里者**는 **三月**

적 백 리 자 / 숙 춘 양 / 적 천 리 자 / 삼 월

(술)동 (목)관 (보)명 / (술)동 (목)관 / (술)동 (목)관 (보)명 / (보)관

聚糧이라 **之二蟲又何知?**아 **小知**는 **不及大知**요

취 양 / 지 이 충 우 하 지 / 소 지 / 불 급 대 지

(술)동 (목)명 / (지)지 (주)관 (조)접 (의)의 (술)동 / (주)관 / (부정)부정 (술)동 (목)관

小年은 **不及大年**이라 **奚以知其然也?**야

소 년 / 불 급 대 년 / 해 이 지 기 연 야

(주)관 / (부정)부정 (술)동 (목)관 / (의)의 (부)부 (술)동 (지)지 (목)명 (조)종

" 들판에 나가는 사람은 평소처럼 세 끼니만 먹고 돌아와도 뱃속은 그 전때와 같으나
백리를 가는 사람은 미리 식량을 준비하고 천리를 가는 사람은 석달 전부터
식량을 모은다. 이런 것을 매미와 작은 비둘기가 또 어찌 알겠는가?

작은 지혜는 큰 지혜를 따를 수 없고 수명이 짧은 생물은
수명이 긴 생물을 따를 수가 없는 것이다. 어찌 이와 같은 것을 알 수 있겠는가?"

○ 본문해설 ○

- 適(적) 동사 – 가다
- 莽(망) 명사 – 풀이 우거진 모양
- 三飡(삼손) 동명사 – 세끼 밥을 먹는 것
- 飡(손) 명사 – 밥, 끼니 / 동사 – 밥을 먹다. 飧, 飱도 음과 뜻이 같다.
- 腹(복) 명사 – 배
- 宿(숙) 동사 – 자다, 머무르다, 비축하다
- 春糧(춘양) 관형사 – 예비식량
- 蟲(충) 명사 – 벌레
- 及(급) 동사– 미치다
- 莽蒼(망창) 관형사 – 들판
- 蒼(창) 명사 – 풀이 푸르게 무성한 모양
- 果然(과연) 접미사 – 그전처럼
- 糧(양) 명사 – 곡식, 양식
- 聚(취) 동사 – 모으다
- 二蟲(이충) 관형사 – 매미와 어린 비둘기
- 之(지) 지시대명사 – 매미와 비둘기를 지칭

朝菌은 不知晦朔하고 蟪蛄不知春秋하니
조 균 부 지 회 삭 혜 고 부 지 춘 추
(주)관 (부정)부정 (술)동 (목)명 (주)명 (부정)부정 (술)동 (목)명

此小年也라 楚之南에 有冥靈者하니
차 소 년 야 초 지 남 유 명 령 자
(지)지 (술)관 (조)종 (주)관 (술)형 (목)고명 (조)후

以五百歲로 爲春하고 五百歲爲秋며 上古에
이 오 백 세 위 춘 오 백 세 위 추 상 고
(부)부 (주)관 (술)동 (목)명 (주)관 (술)동 (목)명 (주)명

有大椿者하니 以八千歲로 爲春하고 八千歲로
유 대 춘 자 이 팔 천 세 위 춘 팔 천 세
(술)형 (목)고명 (조)후 (부)부 (주)관 (술)동 (목)명 (주)관

爲秋하니라 而彭祖乃今에 以久特聞하여
위 추 이 팽 조 내 금 이 구 특 문
(술)동 (목)명 (조)접 (주)고명 (부)부 (부)부 (부)부 (술)동

衆人匹之하니 不亦悲乎아?

중 인	필 지	불	역	비	호
(주)관	(술)접미	(부)부		(술)형	(조)의종

" 하루살이는 초하루와 그믐을 모르고 쓰르라미(매미)는 봄과 가을을 모르니 이들은 명이 짧은 생물이기 때문이다. 초나라 남쪽에 「명령」이라는 나무는 나이가 오백 세로 오백 년을 봄과 가을을 함께 보냈으며, 먼 옛날에 「대춘」이라는 나무는 나이가 팔천 살로 팔천 년동안 봄과 가을을 함께 하였다. 그런데 「팽조」라는 사람은 지금까지 특히 오래 산 사람으로 소문이 났는데 뭇 사람이 이 사람과 오래 사는 것을 겨루고자 하니 또한 슬픈 일이 아니겠는가? "

○ 본문해설 ○

- 朝菌(조균) 관형사 – 하루살이
- 菌(균) 명사 – 눈에 보이지 않는 작은 생명체, 곰팡이인데 여기서는 하루살이
- 晦(회) 명사 – 그 달의 마지막 날
- 朔(삭) 명사 – 그 달의 첫 날
- 蟪蛄(혜고) 명사 – 쓰르라미, 두 자 다 쓰르라미이고 매미의 일종
- 小年(소년) 관형사 – 목숨이 짧다
- 冥靈(명령) 고유명사 – 나무이름
- 大椿(대춘) 고유명사 – 나무이름
- 彭祖(팽조) 고유명사 – 옛날에 오래 살았다는 전설적인 사람
- 乃今(내금) 부사 – 지금까지
- 久(구) 부사 – 오래
- 特(특) 부사 – 특히
- 聞(문) 동사 – 소문나다
- 衆人(중인) 관형사 – 여러 사람, 뭇사람
- 匹之(필지) 접미사 – 匹은 명사로는 짝이며, 동사로 쓰일 때는 "겨루다"로 之가 접미사를 만들어 진행태가 된다. 匹이 동사로 쓰인 예로 匹敵, 匹儔, 匹對 等이 있으나 모두 匹敵이란 뜻을 가지고 있다.

湯之問棘也是已니라 窮髮之北에 有冥海者하니

탕	지	문	극	야	시	이	중 발 지 북	유	명 해 자
(주)고명		(술)동	(목)고명	(조)접	(지)지	(조)한종	(주)관	(술)형	(목)관

天池也라 有魚焉에 其廣數千里요

천 지 야 유 어 언 기 광 수 천 리

(술)명 (조)종 (술)형 (목)명 (조)종 (지)지 (주)명 (술)관

未有知其修者하거니와 其名爲鯤니라 有鳥焉에

미 유 지 기 수 자 기 명 위 곤 유 조 언

부정 (술)형 (목)동 (지)지 (목)관 (지)지 (주)명 (술)동 (목)명 (술)형 (목)명 (조)종

其名爲鵬이요 背若泰山하니 翼若垂天之雲이라

기 명 위 붕 배 약 태 산 익 약 수 천 지 운

(지)지 (주)명 (술)동 (목)명 (주)명 (술)형 (목)명 (주)명 (술)형 (목)관

搏扶搖羊角而上者九萬里하고 絶雲氣하고

박 부 요 양 각 이 상 자 구 만 리 절 운 기

(술)동 (조)접 (술)동 (조)전 (목)명 (술)동 (목)관

負靑天하고 然後에 圖南하여 且適南冥也니라

부 청 천 연 후 도 남 차 적 남 명 야

(술)동 (목)명 (부)부 (술)동 (목)명 (조)접 (술)동 (목)관 (조)종

" 탕임금과 극(棘)과의 문답도 이런 것이다.
풀 도나지 않는 북쪽에 어두운 바다가 있으니 이곳이 하늘 연못이다.
그 곳에는 넓이가 수천 리나 되는 물고기가 있는데 그 생긴 모양은 잘 알 수 없으나
이름은 곤이라고 한다. 그 이름이 붕이라는 새가 있는데 그 등은 태산같고 날개는
하늘에 드리운 구름 같으며 박차고 붓들어 회오리 바람을 일으켜 구만 리 상공에 오르며
구름 기운을 끊고 푸른 하늘을 등진 다음에 남쪽을 향하여 남쪽 바다로 날아간다. "

◎ 본문해설 ◎

- **棘**(극) 고유명사 – 가시나무라는 뜻이나 사람이름이다.
- **窮髮之北**(궁발지북) 관형사 – 풀도 나지 않는 북쪽. **髮**은 머리털로 땅에서는 풀이다.
- **窮**(궁) 형용사 – 궁색한, 동사로는 궁색하게 하다 란 뜻으로 풀도 나지 않게하다.
- **修者**(수자) 관형사 – **修**는 꾸밈새란 뜻으로 생긴 모양

• **羊角**(양각) 명사 – 글자대로라면 양의 뿔이나 또 달리 "대추나무", "회오리 바람"으로도 쓰인다. 양의 뿔이 한 쪽으로 꼬여서 자라나기 때문에 붙여진 이름일 것이다.

斥鷃笑之曰 彼且奚適也가? **我騰躍而上**에

척 안 소 지 왈 피 차 해 적 야 아 등 약 이 상

(보)동 (주)명 (술)접미 (술)동 (주)인대 (조)접 (의)의 (술)동 (조)종 (주)인대 (술)동 (조)접 (술)동

不過數仞하고 **而下翺翔蓬蒿之間**거니와

불 과 수 인 이 하 고 상 봉 호 지 간

(부정)부정 (술)동 (목)관 (조)접 (술)동 (목)관

此亦飛之至也라 **而彼且奚適也**인저?

차 역 비 지 지 야 이 피 차 해 적 야

(지)지 (부)부 (술)접미 (목)동 (조)접 (조)접 (주)인대 (조)접 (의)의 (술)동 (조)종

此小大之辯也니라

차 소 대 지 판 야

(지)지 (주)명 (조)후 (술)명 (조)종

" 뱁새가 또 비웃어 말하기를 그는 또 어디로 간단 말인가?
나는 뛰어올라도 겨우 몇 길이고, 날아 내려 쑥덤불사이에서 놀거늘 이 또한 날아야만
이를 수 있는데 그는 또 어디로 간단 말인가? 이는 크고 작은 차이니라. "

○ 본문해설 ○

• **斥**(척) 동사 – 배척하다
• **鷃**(안) 명사 – 뱁새, **鴳**도 같은 글자
• **騰**(등) 동사 – 오르다
• **躍**(약) 동사 – 뛰다
• **仞**(인) 명사 – 사람 키 길이
• **翺**(고) 동사 – 놀다
• **翔**(상) 동사 – 날다
• **蓬**(봉) 명사 – 쑥
• **蒿**(호) 명사 – 다북 쑥
• **辯**(판) 명사 – 분별, 판단
• **笑之**(소지) 접미사 – 웃으면서
• **彼**(피) 는 인칭대명사로 그 것, 그 사람, 여기서는 鵬이다.

故로 夫知効一官하고 行比一鄕하고 德合

고 부 지 효 일 관 행 비 일 향 덕 합

(부)부 (발)발 (주)명 (술)동 (목)관 (주)명 (술)동 (목)관 (주)명 (술)동

一君而徵一國者其自視也는 亦若此矣니라

일 군 이 징 일 국 자 기 자 시 야 역 약 차 의

(목)관 (조)접 (술)동 (목)관 (주)지 (부)부 (술)동 (조)접 (부)부 (술)형 (목)지 (조)종

而宋榮子는 猶然笑之하고 且擧世而譽之에

이 송 영 자 유 연 소 지 차 거 세 이 예 지

(조)접 (주)고명 (술)형 (목)형 (술)접미 (조)접 (주)관 (조)접 (술)접미

而不加勸하고 擧世而非之에 而不加沮하니

이 불 가 권 거 세 이 비 지 이 불 가 저

(조)접 (부정)부정 (술)동 (목)동 (주)관 (조)접 (술)접미 (조)접 (부정)부정 (술)동 (목)동

定乎內外之分하고 辯乎榮辱之竟斯已矣니라

정 호 내 외 지 분 판 호 영 욕 지 경 사 이 의

(술)동 (조)전 (목)관 (술)동 (조)전 (목)관 (주)한종

彼其於世에 未數數然也나 雖然이나

피 기 어 세 미 삭 삭 연 야 수 연

(주)인대 (지)지 (조)전 (보)명 (부정)부정 (술)접미 (조)종 (부)부

猶有未樹也니라

유 유 미 수 야

(보)형 (술)형 부정 (목)동명 (조)종

" 그러므로 지식이 한 관직을 징험(맡아서 행하여 보다) 할 만하고 행실이 한 고을을 아우를(나란히 이끌다)만 하며 덕망이 군주 마음에 맞아 한 나라를 이끌고 갈만한 사람이 스스로 보는 바는 이와 같다. 송영자는 그렇듯이 비웃고 또한 온 세상이 칭찬해도 더욱 힘쓰지 않고 온 세상이 비난해도 무너지지 아니하고 안과 밖을 나누어 정하고 영예로움과 욕이 되는 경계를 가려낼 분이다. 그는 이 세상에서 허둥대지는 않았으나 비록 그러나 홀로 서 있지 못함이 있는 것 같았다. "

◎ 본문해설 ◎

- **効**(효) 동사 – **效**와 **同字**로 본받다. 공이 있다. 징험하다.
- **比**(비) 동사 – 견주다, 같다, 아우르다(**竝**)
- **擧世**(거세) 관형사 – 온 세상
- **勸**(권) 동사 – 권하다, 힘쓰다
- **沮**(저) 동사 – 막다, 새다, 번지다, 무너지다
- **榮**(영) 명사 – 영예로움
- **竟**(경) 명사 – 끝, 궁구하다, 필경, 경계
- **徵**(징) 동사 – 부르다, 이루다(**成**), 징험하다
- **譽**(예) 동사 – 칭찬
- **非之**(비지) 접미사 – 비난하다
- **辯**(판) 동사 – 판단하다
- **辱**(욕) 명사 – 욕되다
- **樹**(수) 동명사 – 서 있는 것
- **數數然**(삭삭연) 접미사 – 자주 자주 무엇을 하다, 허둥대다
- **猶有未樹也**(유유미수야) **樹**를 동사로 보면 '심어지지 않음이 있는 것 같다' 로 풀어지고 **樹**를 동명사로 보면 '서있지 못함이 있는 것 같았다' 로 해석된다.

夫列子御風而行하니 **泠然**이 **善也**라

부 열 자 어 풍 이 행 냉 연 선 야

(발)발 (주)고명 (술)동 (목)명 (조)접 (술)동 (보)접미 (술)동 (조)종

旬有五日而後反이라 **彼於致福者**

순 유 오 일 이 후 반 피 어 치 복 자

(주)명 (조)접 (부)부 (술)동 (주)인대 (조)전 (보)동명

未數數然也니 **此雖免乎行**이나 **猶有所待者也**

미 삭 삭 연 야 차 수 면 호 행 유 유 소 대 자 야

(부정)부정 (술)접미 (조)종 (지)지 (부)부 (술)동 (조)전 (목)동명 (보)형 (술)형 (목)접두 (조)종

若夫乘天地之正而御六氣之辯

약 부 승 천 지 지 정 이 어 육 기 지 판

(가)가 (발)발 (술)동 (목)관 (조)접 (술)동 (목)관

以遊無窮者彼且惡乎待哉?

이 유 무 궁 자 피 차 오 호 대 재

(부)부 (술)동 (목)관 (주)인대 (조)접 (의)의 (조)후 (술)동 (조)의종

故曰 至人無己하고 神人無功 聖人無名니라

고 왈 지 인 무 기 신 인 무 공 성 인 무 명

(부)부 (술)동 (주)관 (술)부정 (목)명 (주)관 (술)부정 (목)명 (주)명 (술)부정 (목)명

" 열자는 바람을 타고 다니는데 매서웁게 잘도 한다.
15일 뒤에야 돌아온다. 그는 복이 들어오는 것에는 급급하지 아니한다.
이는 비록 걸어다는 것은 면하였다 하나 바라는 바가 있는 것 같다.
만약 하늘과 땅의 정기를 타고 여섯가지 기운의 판별을
다스리어 오래도록 노닐 수 있다면 그는 또한 무엇을 바라겠는가?
그런 까닭에 통달한 사람은 자기를 잃어버리고 신통한 사람은 공이 없으며
성인은 이름이 없다고 하였다. "

◎ 본문해설 ◎

- **御**(어) 동사 – 다스리다
- **善**(선) 동사 – 잘하다
- **反**(반) 동사 – 돌아오다
- **冷然**(냉연) 접미사 – 쓸쓸하게, 쌀쌀하게
- **旬有五日**(순유오일) 명사 – 15일
- **致福者**(치복자) 동명사 – 복이 들어오는 것
- **免乎行**(면호행) 걸어다니는 것을 면하다
- **所待者**(소대자) 접두사 – 기다리는 것, 바라는 것, 기대하다, 바라다
- **六氣**(육기) 음(陰), 양(陽), 바람(風), 비(雨), 어둠(晦), 밝음(明)
- **六氣之辯**(육기지판) 관형사 – 구름이 끼고 별이 나고, 바람이 불고, 비가 오고, 어두워지고, 날이 새는 판단

堯讓天下於許由曰 日月出矣에

요 양 천 하 어 허 유 왈 일 월 출 의

(주)고명 (술)동 (목)명 (조)전 (보)고명 (술)동 (주)명 (술)동 (조)종

而爝火不息이니 其於光也 不亦難乎?아

이 작 화 불 식 기 어 광 야 불 역 난 호

(조)접 (주)관 (술)부정 (목)동 (지)지 (조)전 (주)명 (조)접 (부)부 (술)형 (조)의종

時雨降矣에 而猶浸灌하니 其於澤也
시 우 강 의 이 유 침 관 기 어 택 야
(부)부 (주)명 (술)동 (조)종 (조)접 (부)부 (술)동 (목)동명 (지)지 (조)전 (주)명 (조)접

不亦勞乎아? 夫子立而天下治而我猶尸之라
불 역 난 호 부 자 입 이 천 하 치 이 아 유 시 지
(부)부 (술)형 (조)의종 (주)명 (술)동 (조)접 (주)명 (술)동 (조)접(주)인대 (술)형 (목)접미

吾自視하니 缺然이라 請致天下로다
오 자 시 결 연 청 지 천 하
(주)인대 (부)부 (술)동 (술)접미 (자)자 (술)동 (목)명

" 요임금이 허유에게 천하를 맡기려 하면서 말하기를 해와 달이 나와있는데
횃불이 꺼지지 않았으니 그 빛이 또한 너무 밝다 하지 않겠소?
때 맞추어 비가 오는 것은 물을 대는 것을 방해하는 것 같은데 그 은택이
또한 너무 수고롭다 하지 않겠소? 나는 시주(尸主)처럼 아무것도 하는 일이 없으니
선생님께서 나서면 천하가 잘 다스려질 것입니다.
나는 스스로 돌아보건대 모자라오니 청하옵건대 천하를 맡아 주십시요. "

○ 본문해설 ○

- 讓(양) 동사 – 사양하다
- 爝火(작화) 관형사 – 횃불, 옛날에는 조명을 하기 위해 관솔불을 피웠다.
- 許由(허유) 고유명사 – 기산과 영수가에 숨어 살던 은사
- 不息(불식) 술목구조 – 불이 꺼지지 않음
- 難(난) 형용사 – 어렵다, 성하다(盛)
- 時雨(시우) 때 맞추어 내리는 비
- 降(강) 내리다
- 浸(침) 동사 – 스며들다
- 灌(관) 동명사 – 물대는 것
- 澤(택) 명사 – 못, 은택
- 缺然(결연) 접미사 – 모자라다
- 尸(시) 옛날 제사지낼때 신주대신 서 있는 사람, 헛벼슬
- 尸之(시지) 접미사 – 신주처럼 하다

許由曰 子治天下에 天下旣已治也인데

허 유 왈 자 치 천 하 천 하 기 이 치 야

(주)고명 (술)동 (주)인대 (술)동 (목)명 (주)명 (부)부 (부)부 (술)동 (조)종

而我猶代子吾將爲名乎아? 名者는

이 아 유 대 자 오 장 위 명 호 명 자

(조)접 (주)인대 (부)부 (술)동 (목)인대 (주)인대 (자)자 (술)동 (목)명 (조)의종 (주)관

實之賓也인데 吾將爲賓乎아?

실 지 빈 야 오 장 위 빈 호

(주)명 (조)후 (술)명 (조)종 (주)인대 (자)자 (술)동 (목)명 (조)의종

鷦鷯巢於深林이나 不過一枝요 偃鼠飮河나

학 료 소 어 심 림 불 과 일 지 언 서 음 하

(주)명 (술)동 (조)전 (목)관 (부정)부정 (술)동 (목)관 (주)명 (술)동 (목)명

不過滿腹이니 歸休乎君이다 予無所用

불 과 만 복 귀 휴 호 군 여 무 소 용

(부정)부정 (술)동 (목)관 (술)동 (조)전 (목)명 (주)인대 부정 (술)접두

天下爲로다 庖人이 雖不治庖라도

천 하 위 포 인 수 불 치 포

(주)명 (술)동 (주)관 (부)부 (부정)부정 (술)동 (목)명

尸祝이 不越樽俎而代之矣니라

시 축 불 월 준 조 이 대 지 의

(주)관 (부정)부정 (술)동 (목)명 (조)접 (술)접미 (조)종

" 허유가 말하기를 자네가 천하를 다스림에 천하는 이미 잘 다스려졌는데 나더러 오히려 자네를 대신 하여 나더러 이름(名)이 되라는 말인가? 이름이라는 것은 사실인즉 나그네인데 나더러 나그네가 되라는 말인가? 뱁새는 깊은 숲에 집을 짓되 가지 한 개를 넘지않고 두더지는 강물을 마시되 제 배가 차면 그만인 것인데 임금께선 돌아가 쉬십시오. 나는 천하를 위하여 아무 쓸모도 없는 사람입니다. 요리사가 비록 요리를 잘 못한다하더라도 시동이나 축관이 제사상을 넘어가서 대신할 수는 없는 일이 아니겠습니까? "

본문해설

- 子(자) 인칭대명사 – 선생님, 자네 등의 호칭
- 賓(빈) 명사 – 손님, 나그네
- 鷯(료) 명사 – 뱁새
- 偃鼠(언서) 명사 – 偃은 넘어지다이고 鼠는 쥐이다. 偃鼠는 두더지
- 庖(포) 명사 – 푸줏간, 주방
- 庖人(포인) 관형사 – 요리사
- 祝(축) 명사 – 축관, 제주
- 俎(조) 명사 – 제기
- 樽(준) 명사 – 술동이, 동이그릇
- 代之(대지) 접미사 – 대신하다

肩吾問於連叔曰 吾聞言於接輿한대
견 오 문 어 연 숙 왈 오 문 언 어 접 여
(주)고명 (술)동 (조)전 (목)고명 (술)동 (주)인대 (술)동 (목)명 (조)전 (보)고명

大而無當하고 往而不反하니 吾驚怖其言
대 이 무 당 왕 이 불 반 오 경 포 기 언
(주)동명 (조)접 (술)부정 (목)명 (술)동 (조)접 부정 (술)동 (주)인대 (술)동 (지)지 (목)명

猶河漢而無極也하고 大有逕庭하여 不近人情焉이라
유 하 한 이 무 극 야 대 유 경 정 불 근 인 정 언
(보)형 (주)명사 (조)접 부정 (술)명 (조)종 (주)명 (술)형 (목)동명 부정 (술)동 (목)관 (조)종

連叔曰 其言이 謂何哉曰 藐姑射之山에
연 숙 왈 기 언 위 하 재 왈 막 고 야 지 산
(주)고명 (술)동 (지)지 (주)명 (술)동 (의)의 (조)의종 (술)동 (주)관

有神人居焉이니 肌膚若氷雪하고 淖約若處子하고
유 신 인 거 언 기 부 약 빙 설 요 약 약 처 자
(술)형 (목)관 (보)동 (조)종 (주)명 (술)형 (목)명 (주)동명 (술)형 (목)명

不食五穀하고 吸風飮露하고 乘雲氣하고 御飛龍하여
불 식 오 곡 흡 풍 음 로 승 운 기 어 비 룡
부정 (술)동 (목)명 (술)동 (목)명 (술)동 (목)명 (술)동 (목)관 (술)동 (목)관

而	遊	乎	四海之外	하거니와	其	神	凝	하여	使	物	不
이	유	호	사 해 지 외		기	신	응		사	물	불
(조)접	(술)동	(조)전	(목)관		(지)지	(주)명	(술)동		(사)사동	(주)명	부정

疵癘	하고	而	年	穀	孰	하니	吾	以	是	狂	而	不	信	也
피 려		이	년	곡	숙		오	이	시	광	이	불	신	야
(술)명		(조)접	(부)부	(주)명	(술)동		(주)인대	(부)부	(지)지	(술)동	(조)접	부정	(술)동	(조)종

" 견오가 연숙에게 물어 말하기를 접여에게서 들은 말인데 크게 생겨서 알맞지 못하고 한번 가면 돌아오지 아니한다하니 나는 그 말에 놀라고 무서웠다. 은하수가 그 끝이 없는 것처럼 크기가 뜰을 지나는 것 같아 보통 사람의 상정으로서는 접근할 수가 없었다네.
연숙이 말하기를 그 말은 무엇을 말하는 것인가?
견오가 말하기를 막고야 산에 신령스러운 사람이 사는데 살갗은 얼음과 눈 같이 희고 진흙으로 만든 처자 같은데 일곡식은 먹지 않고 이슬을 마시고 숨쉬며 구름 기운을 타고 나는 용을 부려 동서남북의 바다 밖에 노닐고 신통력을 응집하여 만물을 병들지 않게 하고 해마다 곡식을 잘 여물게 하니 나로서는 이런 것을 미치도록 믿을 수 없네. "

○ 본문해설 ○

- 肩吾(견오) 連叔(연숙) 가설인물이라고도하고 신선(神仙)의 이름이라고도 함.
- 接輿(접여) 고유명사 – 공자와 동시대의 미치광이 이인(異人)
- 大而無當(대이무당) 크기가 마땅하지 아니하다. 즉 너무 크다.
- 驚(경) 동사– 놀라다
- 怖(포) 동사 두렵다, 무서워하다, 떨리다
- 河漢(하한) 명사 – 은하수
- 極(극) 명사 – 용마루, 끝
- 射(야) 고유명사 – 벼슬 이름, 산 이름
- 逕(경) 멀다, 이르다
- 逕庭(경정) 관형사 – 넓고 큰 뜰을 걸어서 지나는 것
- 藐(막) 붉은물 들이는 풀 이름, 아름다운 것
- 姑(고) 시어머니, 고모
- 肌(기) 명사 – 살, 살갗
- 膚(부) 명사 – 피부, 살갗
- 氷(빙) 명사 – 얼음(氷)
- 雪(설) 명사 – 눈
- 淖(요) 명사 – 진흙
- 約(약) 기약, 약속, 맺다, 뭉치다
- 淖約(요약) 동명사 – 진흙을 뭉쳐놓은 것처럼 부드러운 것

- **露**(로) 명사 – 이슬
- **疕**(피) 명사 – 다리 냉습병
- **孰**(숙) 동사 – 익다, 영글다
- **凝**(응) 동사 – 엉키다, 얼다, 뭉치다, 응고(**凝固**)
- **癘**(려) 명사 – 나병, 염병
- **使**(사) 사역동사로 ~하도록 한다로 사역어를 만든다. 여기서는 **疕癘**(피려)앞에는 부정사 **不**이 있으므로 "병들지 못하게 하고" **穀孰**(곡숙)앞에는 부정사가 없으므로 "잘 영글도록 한다"가 된다.

連叔曰 然이라 **瞽者**는 **無以與乎文章之觀**이요
연 숙 왈 연 고 자 무 이 여 호 문 장 지 관
(주)고명 (술)동 (긍)긍 (주)관 (술)부정 (부)부 (목)관

聾者는 **無以與乎鐘鼓之聲**와 **豈唯形骸有**
롱 자 무 이 여 호 종 고 지 성 기 유 형 해 유
(주)관 (술)부정 (부)부 (목)관 (의)의 (부)부 (주)관 (술)형

聾盲哉 夫知亦有之니 **是其言也 猶時女也**
롱 맹 재 부 지 역 유 지 시 기 언 야 유 시 여 야
(목)명 (조)의종 (발)발 (주)명 (조)접 (술)접미 (지)지 (술)명 (조)종 (보)관 (주)인대 (조)접

之人也之德也將旁礴萬物하여 **以爲一**라
지 인 야 지 덕 야 장 방 박 만 물 이 위 일
(지)지 (주)명 (조)접 (지)지 (주)명 (조)접 (자)자 (술)동 (목)명 (부)부 (술)동 (목)수

世蘄乎亂나 **孰弊弊焉以天下爲事**요
세 기 호 란 숙 폐 폐 언 이 천 하 위 사
(주)명 (술)동 (조)전 (목)명 (의)의대 (주)명 (술)동 (조)종 (부)부 (주)명 (술)동 (목)명

之人也는 **物莫之傷**하고 **大浸稽天而不溺**하고
지 인 야 물 막 지 상 대 침 계 천 이 불 익
(지)지 (주)명 (조)후 (주)명 (금)접미 (술)동 (주)관 (술)동 (목)명 (조)접 부정 (술)동

大旱에 **金石流**하고 **土山焦**나 **而不熱**라
대 한 금 석 류 토 산 초 이 불 열
(보)관 (주)명 (술)동 (주)명 (술)동 (조)접 부정 (목)형

是其塵垢粃糠으로 將猶陶鑄堯舜者也하니
시 기 진 구 비 강 장 유 도 주 요 순 자 야
(지)지 (주)명 (자)자 (보)형 (술)동 (목)고명 (조)종

孰肯以物爲事리오?
숙 긍 이 물 위 사
(의)의대 (술)긍 (부)부 (목)명 (술)동 (목)명

" 연숙이 말하기를 그렇겠군, 장님은 무늬를 볼 수 없고 귀머거리는 종소리와 북소리를 들을 수 없다고 하는데 어찌 오직 몸뚱이에만 장님과 귀머거리가 있다고 하겠는가? 앎에도 또한 있는 것이니 지금 자네가 한 말 같은 것이 이와 같은 말이네. 이런 때에 자네와 그 사람과 그 사람의 덕으로 만물을 크게 어울려 하나 되게 하려하지만 누가 세상의 어지러움을 구하여 피폐함을 허는 것을 천하의 일로 삼겠는가? 그 사람은 만물이 상하게 하지 못하게 하고 홍수가 하늘에 머물러도 빠져죽지 않으며 큰 가뭄이 들어 쇠와 돌이 녹아 흐르고 흙과 산이 타들어가도 뜨겁지 아니한다네. 이는 그가 먼지와 때와 쭉정이와 쌀겨로 요임금과 순임금을 빗고 지어 부으려고 하는 것과 같은데 누가 세상 만물을 바르게 하는 것을 일로 삼겠는가? "

본문해설

- 瞽(고) 명사 – 장님
- 觀(관) 동사 – 보다
- 鐘(종) 명사 – 종
- 聲(성) 명사 – 소리
- 盲(맹) 명사 – 눈이 멀다, 맹인
- 旁(방) 형용사 – 크다(大)
- 蘄(기) 동사 – 구하다(救)
- 弊(폐) 동사 – 헐다 / 명사 – 헤어진것(弊品), 한자는 명사, 한자는 동사로 쓰였음
- 傷(상) 동사 – 상하다, 해치다
- 大浸(대침) 관형사 – 홍수
- 稽(계) 동사 – 거슬러 올라 옛것을 보다, 멈추어 서다(止)
- 溺(익) 동사 – 물에 빠짐(溺死)
- 聾(롱) 명사 – 어둡다, 깜깜하다, 귀머거리
- 文章(문장) 명사 – 무늬
- 鼓(고) 명사 – 북
- 骸(해) 명사 – 뼈, 몸
- 女(여) 인칭대명사 – 汝너
- 礴(박) 동사 – 넓게 덮다, 아우르다
- 浸(침) 동사 – 스미다
- 流(류) 동사 – 흐르다

- 焦(초) 동사 – 불타다(焦土化)
- 塵(진) 명사 – 티끌
- 秕(비) 명사 – 쭉정이
- 陶(도) 동사 – 질그릇, 빗다
- 肯(긍) 긍정사 – 맞다고 여기다, 바르게 여기다
- 熱(열) 형용사 – 열이나다, 뜨겁다
- 垢(구) 명사 – 때, 더러운것
- 糠(강) 명사 – 겨, 쌀겨, 보리겨
- 鑄(주) 동사 – 쇠를 녹여 거푸집에 부어 넣음
- 爲事(위사) 술목구조 – 일로삼다

宋人이 資章甫로 而適諸越에 越人이
송 인 자 장 보 이 적 제 월 월 인
(주)관 (보)명 (조)접 (술)동 (조)전 (목)명 (주)관

斷髮文身이라 無所用之라 堯治天下之民하여
단 발 문 신 무 소 용 지 요 치 천 하 지 민
(술)동 (목)명 (술)동 (목)명 (술)부정 (목)접두 (주)고명 (술)동 (목)관

平海內之政하고 往見四子藐姑射之山하더니
평 해 내 지 정 왕 견 사 자 막 고 야 지 산
(술)동 (목)관 (술)동 (목)관 (보)관

汾水之陽에 窅然喪其天下焉니라
분 수 지 양 요 연 상 기 천 하 언
(주)관 (보)접미 (술)동 (지)지 (목)명 (조)종

"송나라 사람이 자장보(관이름)를 갖고 월나라에 팔러 갔는데 월나라 사람들이 머리털을 자르고 몸에는 문신을 한지라 아무 소용이 없더라.
요임금이 천하 백성을 잘 다스려 나라 정사가 편안한 다음 막고야 산에 가서 네 사람을 보고 분수 남쪽 도읍지에 돌아와 멍하니 천하 일을 잃어버리더라."

○ 본문해설 ○

- 資章甫(자장보) 甫는 관(冠)을 뜻하며 資章(자장)은 관이름
- 適(적) 가다
- 斷(단) 동사 – 자르다
- 窅(요) 움펑눈, 깊고 멀다
- 諸(제) 전치사 – 之於~에서 ~에의 뜻임
- 髮(발) 명사 – 털
- 窅然(요연) 접미사 – 멍하게

• 汾水之陽(분수지양) 汾水는 물이름이며, 陽은 양지, 즉 남쪽분수(汾水), 남쪽 하(夏)나라 도읍지(都邑地)

• 막고야 산에 네 사람(四子)은 누구누구 일까? 견오(肩吾), 연숙(連叔), 신인(神人) 3사람은 확정인데 나머지 한 사람은 접여(接輿)일가? 아니면 장자(莊子)일가? 장자도 세상을 떠나 신선(神仙)이 된 것이다.

• 所用之(소용지) 접두사 – 사용하는 것, 쓰임새

(2) 第二章(제이장) 齊物論(제물론) 中(중)에서

昔者에 莊周夢爲蝴蝶더니 栩栩然蝴蝶也에

석 자 장 주 몽 위 호 접 허 허 연 호 접 야

(보)관 (주)고명 (보)명 (술)동 (목)명 (보)접미 (술)명 (조)종

自喩適志與나 不知周也니라 俄然覺하매

자 유 적 지 여 부 지 주 야 아 연 각

(부)부 (술)동 (목)동명 (조)접 부정 (술)동 (목)고명 (조)종 (부)부 (술)동

蘧蘧然周也라 不知로다 周之夢爲蝴蝶與?아

거 거 연 주 야 부 지 주 지 몽 위 호 접 여

(주)접미 (술)고명 (조)종 부정 (술)동 (주)관 (술)동 (목)명 (조)의종

蝴蝶之夢爲周與?아 周與蝴蝶은

호 접 지 몽 위 주 여 주 여 호 접

(주)관 (술)동 (목)고명(조)의종 (주)고명 (조)접 (주)명

則必有分矣니 此之謂物化라

즉 필 유 분 의 차 지 위 물 화

(조)접 (부)부 (술)형 (목)명 (조)종 (지)지 (조)후 (술)동 (목)관

" 옛날에 장주가 꿈에 나비가 되더니 높이높이 날으는 나비더라. 마음가는 대로 스스로 날아서 즐겼으나 장주인 줄 알지 못하였다. 잠시후 깨어보니 패랭이꽃인 양 서있는 장주였다. 알 수 없는 일이었다. 장주의 꿈에 나비가 된 것인가? 나비의 꿈에 장주가 된 것인가? 장주와 나비는 반드시 구분이 있는 것이니 이런 것을 일러서 사물의 변화라고 하는 것이다. "

◦ 본문해설 ◦

- **昔者**(석자) 관형사 – 옛날
- **蝶**(접) 명사 – 나비
- **蝴**(호) 명사 – 나비
- **夢**(몽) 명사 – 꿈
- **栩栩**(허허) 와 **蘧蘧**(거거) 는 서로 상대가 되는 말로 **栩**는 상수리 나무로 키가 커서 높은 곳이며 이상세계이고, **蘧**는 석죽화, 패랭이 꽃으로 키가 작아 땅에 붙은 꽃이다. 그르므로 땅이며 현실세계를 표현한 것이다. 잠시 이상세계에 있다가 깨어보니 다시 현실의 장주라는 것이다.
- **喩**(유) 동사 – 깨우쳐주다, 고하다, 두렵게 고하다 등으로 쓰이나 여기서는 좋아하다, 즐거이의 뜻으로 쓰였다.
- **適**(적) 동사 – 가다
- **覺**(각) 동사 – 깨어나다
- **蝴蝶之夢**(호접지몽) 관형사 – 나비의 꿈
- **俄**(아) 부사 – 잠깐, 문득, 잠시
- **周之夢**(주지몽) 관형사 – 장주의 꿈

3. 荀子 (순자)

(1) 天論編 (천론편)

荀子(~ 235 BC ?) 전국시대 사람으로 이름은 **況**(황)이며, 한비자(**韓非子**)의 스승이다. 성악설(**性惡說**)을 주창하였으며 저서로는 순자(**荀子**) 20권이 있다.

天行有常 不爲堯存 不爲桀亡 應之以

천 행 유 상 불 위 요 존 불 위 걸 망 응 지 이

(주)관 (술)형 (목)명 (술)부정 (목)동 (주)고명 (술)동 (술)부정 (목)동 (주)고명 (술)동 (보)접미 (부)부

治則吉 應之以亂則凶 彊本而節用

치 즉 길 응 지 이 란 즉 흉 강 본 이 절 용

(술)동 (조)접 (술)동 (보)접미 (부)부 (술)동 (조)접 (술)동 (술)동 (목)명 (조)접 (술)동 (목)명

則天不能貧 養備而動時 則天不能病

즉 천 불 능 빈 양 비 이 동 시 즉 천 불 능 병

(조)접 (주)명 (부정)부정 (술)동 (술)동 (조)접 (술)동 (목)명 (조)접 (주)명 부정 (술)동

修道而不貳 則天不能禍 故水旱不能使

수 도 이 불 이 즉 천 불 능 화 고 수 한 불 능 사

(술)동 (목)명 (조)접 (술)관 (조)접 (주)명 부정 (술)동 (부)부 (주)명 부정 (사)사동

女飢 寒暑不能使之疾 祆怪不能使之凶

여 기 한 서 불 능 사 지 질 요 괴 불 능 사 지 흉

(주)인대 (술)동 (주)명 부정 (사)접미 (술)동 (주)명 부정 (사)접미 (술)동

" 하늘의 행함에 떳떳함이 있어 요임금과 같은 성인의 시대를 있게 한 것도 아니며 걸왕과 같은 패왕을 망하게 한 것도 아니다. 하늘의 이치에 맞추어 다스리면 길(吉)하고 이치에 맞춤이 어지러우면 흉(凶)한 것이다. (천하의 근본인 농사를 열심히 지어) 근본을 튼튼히 하고 아껴쓰면 하늘이 우리를 가난하게 할 수 없고 몸을 길러 예비하고 계절에 맞게 움직이면 하늘이 우리를 병들게 할 수 없으며, 도를 닦아 두 마음을 갖지 않으면 하늘이 우리에게 재앙을 내리지 아니한다. 그런 까닭에 홍수가 나고 가뭄이 들어도 우리를 주리게 하지 못하며 혹독하게 춥고 더워도 우리를 병들게 하지 못하고 괴이한 재앙이 우리를 흉하게 만들지 못한다. "

◎ 본문해설 ◎

- 常(상) 명사 – 떳떳함
- 吉(길) 동사 – 일이 잘되어 좋은 일만 생겨남
- 亂(란) 동사 – 어지럽히다
- 節用(절용) 주술구조 – 아껴 쓰다
- 養(양) 동사 – 기르다, 양생하다
- 不貳(불이) 관형사 – 둘이 아니다, 두 마음 먹지말고
- 禍(화) 명사 – 재앙
- 旱(한) 명사 – 가뭄
- 飢(기) 명사 – 주리다, 굶다
- 怪(괴) 명사 – 괴상한 것
- 暑(서) 명사 – 덥다, 더위
- 應之(응지) 접미사 – 대응하다
- 凶(흉) 동사 – 나쁜 일만 일어남
- 彊(강) 동사 – 강하게 하다
- 貧(빈) 명사 – 가난함
- 備(비) 동사 – 갖추다, 예비하다
- 祆(요) 명사 – 재앙
- 寒(한) 명사 – 차다, 춥다
- 疾(질) 명사 – 병
- 使(사) 사역동사로 뒤에 오는 동사를 피동이나 타동으로 만들어 ~으로 하게 하다, ~을 하게 하다 로 푼다.

本荒而用侈 則天不能使之富 養略而
본 황 이 용 치 즉 천 불 능 사 지 부 양 약 이
(주)명 (술)동 (조)접 (주)명 (술)동 (조)접 (주)명 부정 (사)접미 (술)명 (주)명 (술)동 (조)접

動罕 則天不能使之全 倍道而妄行
동 한 즉 천 불 능 사 지 전 배 도 이 망 행
(주)명 (술)동 (조)접 (주)명 부정 (사)접미 (술)명 (술)동 (목)명 (조)접 (주)명 (술)동

則天不能使之吉 故水旱未至而飢
즉 천 불 능 사 지 길 고 수 한 미 지 이 기
(조)접 (주)명 부정 (사)접미 (술)명 (부)부 (주)명 부정 (술)동 (조)접 (술)동

寒暑未薄而疾 祆怪未至而凶
한 서 미 박 이 질 요 괴 미 지 이 흉
(주)명 부정 (술)동 (조)접 (술)동 (주)명 부정 (술)동 (조)접 (술)동

" 근본이 거칠고(즉 삶의 기반인 농업생산에 힘쓰지 않고) 씀씀이가 사치스러우면 하늘도 부유하게 만들어주지는 못하며 몸을 보양하는 것을 간략히 하고 몸을 움직이는 것 또한 철에 맞게 하지 않는다면 하늘도 온전하게 하지 못한다. 도리를 배반하고 망령된 행동을 하면 하늘도 길(吉)하게 하지 못한다. 그런 까닭에 홍수 즉 수해나 가뭄이 들지 않아도 굶주리며 추위와 더위가 심하지 않아도 병들며 요상하고 괴상한 일이 없이도 재앙이 생긴다. "

◎ 본문해설 ◎

- 本(본) 명사 – 근본
- 荒(황) 동사 – 거칠다
- 侈(치) 동사 – 사치스럽고 헤프게 쓰다
- 略(약) 동사 – 간략히 하다
- 罕(한) 동사 – 자주하지 않음, 게을리하다
- 全(전) 명사 – 온전한 것
- 妄(망) 명사 – 망령된 것
- 未(미) 부정사
- 薄(박) 동사 – 두텁게 하다로도 쓰이나 반대개념인 엷다로 더 많이 쓰임.

受時與治世同而　禍與治世異

수 시 여 치 세 동 이　화 여 치 세 이

(술)동 (목)명 (부)부 (술)동 (목)명 (보)형 (조)접　(주)명 (부)부 (술)동 (목)명 (보)형

不可以怨天其道然也 故明於天人之分

불가 이 원 천 기 도연 야　고 명 어 천인지분

부정 (부)부 (술)동 (목)명 (지)지 (술)접미 (조)종　(부)부 (술)동 (조)전 (목)관

則可謂至人矣

즉 가 위 지인 의

(조)접 (긍)긍 (술)동 (목)관 (조)종

"하늘이 내려준 때를 받아(즉 봄이면 씨뿌리고 가을이면 수확하는 순리로) 세상을 다스리면 요순시대와 같이 다스려지고 재앙스럽게 세상을 다스리면 요순시대와는 "다른" 걸주(桀紂)세태가 되는 것이니 이는 천도(天道)의 자연스러운 이치인지라 하늘을 원망할 수는 없는 것이다. 그런 까닭에 하늘과 사람의 본분(本分)을 분별하여 밝힐 수 있으면 최고의 경지에 다다른 사람이라고 말할 수 있을 것이다."

◎ 본문해설 ◎

- 受(수) 동사 – 받다
- 與(여) 부사 – 더불어
- 怨(원) 동사 – 원망
- 明(명) 동사 – 밝히다
- 至人(지인) 관형사 – 최고의 경지에 이른 사람, 덕이 지극한 경지에 이른 사람
- 其(기) 지시대명사로 前句 順理와 福을 지칭한다.
- 道然(도연) 접미사 – 자연스러운 이치
- 天人之分(천인지분) 관형사 – 하늘과 사람의 본분

不爲而成 不求而得 夫是之謂天職

불 위 이 성　불 구 이 득　부 시 지 위 천직

부정 (술)동 (조)접 (술)동　부정 (술)동 (조)접 (술)동　(발)발 (지)지 (지)지 (술)동 (목)관

始是者雖深其人不加慮焉 雖大不加能焉

시 시 자 수 심 기 인 불 가 려 언 수 대 불 가 능 언

(부)부 (주)관 (부)부 (주)관 부정 (술)동 (목)명 (조)종 (부)부 (주)명 부정 (술)동 (목)명 (조)종

雖精不加察焉 夫是之謂不與天爭職

수 정 불 가 찰 언 부 시 지 위 불 여 천 쟁 직

(부)부 (주)명 부정 (술)동 (목)명 (조)종 (발)발 (지)지 (술)동 부정 (부)부 (주)명 (술)동 (목)명

天有其時 地有其財 人有其治 夫是之謂

천 유 기 시 지 유 기 재 인 유 기 치 부 시 지 위

(주)명 (술)형 (지)지 (목)명 (주)명 (술)형 (지)지 (목)명 (주)명 (술)형 (지)지 (목)명 (발)발 (지)지 (술)동

參 合其所以參 而願其所參 則或矣

참 합 기 소 이 참 이 원 기 소 참 즉 혹 의

(목)명 (술)동 (지)지 (부)부 (목)명 (조)접 (술)동 (지)지 (목)접두 (조)접 (술)동 (조)종

" 일하지 아니하여도 제 스스로 이루어지는 것(즉 춘하추동 사시절과)
구하지 아니하여도 얻어지는 것(땅과 강, 바다에서 얻어지는 자원)을 일러
하늘의 직분이라 한다. (다시 말하면 자연이 하는 일이다)
처음부터 이 일에 대하여서는 비록 사려가 깊은 사람이라 하더라도 그의 생각을
보태지 아니하고 비록 능력이 지대한 사람이라 할지라도 그 능력을 보태지 아니하며
비록 정밀한 사람이라 할지라도 그의 살핌을 보태지 아니한 것을 일러
하늘과 더불어 직분을 다투지 아니한다고 이른 것이다.
하늘에는 사철의 변화가 있고 땅에는 자원이 있으며 사람은 그것을 다스림이 있으니
하늘과 땅과 사람이 참동(參同)하는 것이라 이른다. 그러나 사람이 참동의 원리에
합당하게 하여야지 참동하기만을 원한다면 바르지 못한 짓이다. "

○ 본문해설 ○

- 天職(천직) 관형사 – 하늘의 직분
- 是者(시자) 관형사 – 이것, 이 일
- 慮(려) 명사 – 생각
- 察(찰) 명사 – 살핌
- 始(시) 부사 – 처음
- 職 (직) 명사 – 직업, 직분
- 精(정) 명사 – 가늘고 섬세함
- 參(참) 명사 – 참가, 참석

• **願**(원) 동사 – 소원하다, 원하다
• **合其所以參**(합기소이참) **合同**의 **原理**에 **合當**하다.
• **或**(혹) 동사 – 의혹스럽다, 바르지 못하다

列星隨旋 日月 遞炤四時代御 陰陽大化
열 성 수 선 일 월 체 소 사 시 대 어 음 양 대 화
(주)관 (술)동 (주)명 (술)동 (주)관 (보)동 (술)동 (주)명 (보)형 (술)동

風雨博施 萬物各得其和以生 各得其養
풍 우 박 시 만 물 각 득 기 화 이 생 각 득 기 양
(주)명 (보)형 (술)동 (주)관 (부)부 (술)동 (지)지 (목)명 (부)부 (술)동 (부)부 (술)동 (지)지 (목)동명

以成 不見其事而見其功 夫是之謂神
이 성 불 현 기 사 이 현 기 공 부 시 지 위 신
(부)부 (술)동 부정 (술)동 (지)지 (목)명 (조)접 (술)동 (지)지 (목)명 (발)발 (지)지 (술)동 (목)명

" 뭇별들은 서로 따라서 돌고 해와 달은 밝은 빛을 서로 바꾸어 비추어 사철을 관장한다.
음과 양이 크게 변화하여 바람과 비를 후하게 내리고
만 가지 생물은 각기 이를 얻어 융화하여 생겨나고, 또한 각각 음양변화의
자양분을 얻어 길러져서 이루어진다.
이 오묘한 과정은 나타내지 않고 그 결과만 나타난다
(곧 사람, 새, 짐승, 풀, 나무, 물고기, 자라와 같이 결과만 나타난다).
그래서 이것을 일러 신묘하다고 한다. "

본문해설

• **列星**(열성) 관형사 – 뭇별
• **遞**(체) 동사 – 경질, 교체, 바꾸다
• **旋**(선) 동사 – 돌다
• **養**(양) 명사 – 양분
• **見**(현) 동사 – 나타나다
• **神**(신) 명사 – 신묘함
• **隨**(수) 동사 – 따르다
• **炤**(소) 동사 – 밝히다
• **和**(화) 명사 – 융화, 화목
• **成**(성) 동사 – 이루어지다, 성체(**成體**)가 되다
• **功**(공) 명사 – 공적

皆知其所以成 莫知其無形 夫是之謂天
개 지 기 소 이 성 막 지 기 무 형 부 시 지 위 천
(부)부 (술)동 (지)지 (부)부 (목)명 부정 (술)동 (지)지 (목)관 (발)발 (지)지 (술)동 (목)명

唯聖人爲不求知天 天職旣立 天功旣成
유 성 인 위 불 구 지 천 천 직 기 립 천 공 기 성
(부)부 (주)명 (술)동 부정 (목)명 (술)동 (목)명 (주)관 (부)부 (술)동 (주)관 (부)부 (술)동

形具而神生 好惡喜怒哀樂臧焉 夫是之
형 구 이 신 생 호 오 희 노 애 락 장 언 부 시 지
(주)명 (술)동 (조)접 (주)명 (술)동 (주)명 (술)동 (조)종 (발)발 (지)지

謂天情 耳目鼻口形能 各有接而不相
위 천 정 이 목 비 구 형 능 각 유 접 이 불 상
(술)동 (목)관 (주)명 (보)명 (부)부 (술)형 (목)동 (조)접 부정 (부)부

能也 夫是之謂天官 心居中 虛以
능 야 부 시 지 위 천 관 심 거 중 허 이
(목)명 (조)종 (발)발 (지)지 (술)동 (목)관 (주)명 (술)동 (목)명 (보)형 (부)부

治五官 夫是之謂天君
치 오 관 부 시 지 위 천 군
(술)동 (목)관 (발)발 (지)지 (술)동 (목)관

" (사람들은) 모두 다 (형체를 갖추어 새, 말, 사람, 나무, 풀과 같이) 구체화한 결과에 대하여서는 안다. 그러나 형체가 없었던 과정에 대하여서는 알지 못한다. 이를 하늘의 직능이라 말한다. 오직 성인은 하늘의 직능을 알아서 구하려 하지 않는다. 하늘의 직능이 이미 섰고 하늘의 공과가 이미 이루어져 형상을 갖추어 정신이 생겨나 좋고, 싫고, 기쁘고, 성내고, 슬프고, 즐거움의 감정을 품게 되니 이를 말하여 하늘(자연)의 성정이라 한다. 귀와 눈과 코와 입이 형태와 기능은 각기 가까이 접해있어도 그 기능은 서로 다르다. 이를 하늘(자연)의 기능이라고 한다. 마음은 그 한가운데 있으면서 비워둠으로써 눈, 귀, 입, 코, 몸뚱이 등 다섯 가지 기관을 다스린다. 이를 말하여 자연의 임금이라 한다. "

◎ 본문해설 ◎

- **臧**(장) 동사 – 숨기다, 품다
- **鼻**(비) 명사 – 코
- **虛**(허) 형용사 – 비다, 공허함

財非其類以養其類 夫是之謂天養

재 비 기 류 이 양 기 류 부 시 지 위 천 양

(주)명 부정 (지)지 (보)명 (부)부 (술)동 (지)지 (목)명 (발)발 (지)지 (술)동 (목)관

順其類者謂之福 逆其類者謂之禍

순 기 류 자 위 지 복 역 기 류 자 위 지 화

(술)형 (지)지 (목)관 (술)접미 (목)명 (술)동 (지)지 (목)관 (술)접미 (목)명

夫是之謂天政 暗其天君 亂其天官

부 시 지 위 천 정 암 기 천 군 란 기 천 관

(발)발 (지)지 (술)동사 (목)관 (술)동 (지)지 (목)관 (술)동 (지)지 (목)관

棄其天養 逆其天政 背其天情

기 기 천 양 역 기 천 정 배 기 천 정

(술)동 (지)지 (목)관 (술)동 (지)지 (목)관 (술)동 (지)지 (목)관

以喪天功 夫是之謂大凶

이 상 천 공 부 시 지 위 대 흉

(부)부 (술)동 (목)관 (발)발 (지)지 (술)동 (목)관

" 세상에 존재하는 모든 재화 즉 생물은 같은 종류가 같은 종류를 길러내는 것이 아니고(참새가 참새를 먹고 사는 것이 아니고 벌레나 곡식을 먹고 산다) 이것을 말해 자연의 기름이라 한다.
이 자연의 기름이 순탄한 종류는 복받는다하고, 순탄함을 거스르는 종류는 재앙을 받았다 하니 이를 자연의 다스림이라 한다.
본성(本性)이 어두우면 오관의 기능이 어지럽게 되어 자연의 길러줌을 버리고 자연의 다스림을 거슬러 자연의 성정(好, 惡, 愛, 喜, 怒, 哀, 樂)을 배반하여 자기 몸을 만들어 준 자연의 공을 상실한 것이니 이를 일러 큰 재앙이라 한다. "

본문해설

- **財**(재) 명사 – 성체(**成體**)된 모든 생물
- **養**(양) 동사 – 기르다
- **福**(복) 명사 – 복되다
- **政**(정) 명사 – 다스림
- **亂**(란) 동사 – 어지러워지다
- **逆**(역) 동사 – 거스르다
- **喪**(상) 동사 – 잃어버리다
- **謂之**(위지) 접미사 – ~이라 한다
- **類**(류) 명사 – 종류
- **順**(순) 형용사 – 순탄하다
- **禍**(화) 명사 – 재앙
- **暗**(암) 동사 – 어두워지다
- **棄**(기) 동사 – 버리다
- **背**(배) 동사 – 배반하다
- **天養**(천양) 관형사 – 자연(하늘)의 기름

聖人淸其天君 正其天官 備其天養

성 인 청 기 천 군 정 기 천 관 비 기 천 양

(주)명 (술)동 (지)지 (목)관 (술)동 (지)지 (목)관 (술)동 (지)지 (목)관

順其天政 養其天情 以全其天功

순 기 천 정 양 기 천 정 이 전 기 천 공

(술)동 (지)지 (목)관 (술)동 (지)지 (목)관 (부)부 (술)동 (지)지 (목)관

如是則知其所爲 知其所不爲矣

여 시 즉 지 기 소 위 지 기 소 불 위 의

(보)형 (지)지 (조)접 (술)동 (지)지 (목)접두 (술)동 (지)지 (목)접두 (조)종

則天地官而萬物役矣

즉 천 지 관 이 만 물 역 의

(조)접 (주)명 (술)동 (조)접 (주)관 (술)동 (조)종

" 성인은 본성(本性)을 맑게 하여 오관(五官 : 目, 耳, 口, 鼻, 體)을 바르게 하고 자연의 길러줌, 즉 양생을 갖추어 다스림을 순리에 맞게 하면 천정(天情 : 好, 惡, 喜, 怒, 哀, 樂, 愛)이 길러져 자연의 공과로 이루어진 자기 몸을 온전하게 할 것이다. 이렇게 하면 행할 바와 행하지 못할 바를 알게 되어 하늘과 땅을 관장하여 만물을 부릴 수 있을 것이다. "

◎ **본문해설** ◎

- 清(청) 동사 – 맑게 하다
- 正(정) 동사 – 바르게 하다
- 備(비) 동사 – 갖추다
- 役(역) 동사 – 부리다
- 官(관) 동사 – 관장하다
- 天君(관형사) 本性
- 天官(관형사) 五官 : 目, 耳, 口, 鼻, 體

其行曲治 其養曲適 其生不傷 夫是之

기 행 곡 치 기 양 곡 적 기 생 불 상 부 시 지

(지)지 (주)명 (보)명 (술)동 (지)지 (주)명 (보)명 (술)동 (지)지 (주)명 부정 (술)동 (발)발 (지)지

謂知天 故大巧在所不爲 大智在所不慮

위 지 천 고 대 교 재 소 불 위 대 지 재 소 불 려

(술)동 (목)관 (부)부 (주)관 (술)형 (목)접두 (주)관 (술)형 (목)접두

所志於天者 已其見象之可以期者矣

소 지 어 천 자 기 기 견 상 지 가 이 기 자 의

(술)접두 (조)전 (목)관 (주)인대 (지)지 (술)동 (목)명 (조)후 (긍)긍 (술)동명 (조)종

所志於地者 已其見宜之可以息者矣

소 지 어 지 자 기 기 견 의 지 가 이 식 자 의

(술)접두 (조)전 (목)관 (주)인대 (지)지 (보)동 (술)접미 (긍)긍 (목)동명 (조)종

所志於四時者 已其見數之可以事者矣

소 지 어 사 시 자 기 기 견 수 지 가 이 사 자 의

(술)접두 (조)전 (목)관 (주)인대 (지)지 (술)동 (목)접미 (긍)긍 (목)관 (조)종

所志於陰陽者 已其見知之可以治者矣

소 지 어 음 양 자 기 기 견 지 지 하 이 치 자 의

(술)접두 (조)전 (목)관 (주)인대 (지)지 (술)동 (목)접미 (긍)긍 (목)동명 (조)종

官人守天而自爲守道也

관 인 수 천 이 자 위 수 도 야

(주)관 (술)동 (목)명 (조)접 (부)부 (술)동 (목)관 (조)종

" 그 행동함을 구비구비 자세히 살펴서 다스리며, 몸을 보양함을 구석구석 적절히 하며, 그 몸체와 삶을 상하지 않게 하는 것을 이는 자연을 안다고 말할 수 있을 것이다. 그런 까닭에 우주와 대자연의 커다란 공교로움은 만들어 내지 아니 한데 있으며, 큰 지혜도 생각해 내지 아니한데 있으며, 하늘에 대하여 생각하는 것은 자기가 바라본 현상이 그런 것이구나 하면 되고, 땅에 대하여 생각하는 것은 자기가 보기에 안식처로 삼는 데 마땅하겠구나 하는 정도면 될 것이며 사철에 대하여 생각하는 것은 자기가 날짜를 헤아려 농사일하는데 적합히 하면 될 것이고 음양에 대하여 생각하는 것은 자기가 보아 알아서 다스릴 수 있는 것이면 될 것이다. (천문은) 하늘을 맡아보는 관원이 스스로 지켜야 할 도리를 지킬 것이다. "

○ 본문해설 ○

- **適**(적) 동사 – 적당히
- **巧**(교) 명사 – 공교하다
- **所不慮**(소불려) 접두사 – 생각하지 아니한 것
- **宜之**(의지) 접미사 – 마땅히 여김
- **數之**(수지) 접미사 – 헤아리다, 세다
- **傷**(상) 동사 – 상하다, 해롭게 하다
- **所志**(소지) 접두사 – 뜻을 갖는 것, 생각하는 것
- **象**(상) 명사 – 현상
- **息者**(식자) 동명사 – 안식처
- **事者**(사자) 관형사 – 일거리

治亂天邪? 曰日月星辰瑞歷 是禹桀之

치 란 천 야 왈 일 월 성 진 서 력 시 우 걸 지

(주)명 (술)명 (조)의종 (술)동 (주)명 (보)형 (술)동 (지)지 (주)고명 (조)후

所同也 禹以治桀之亂 治亂非天也時邪?

소 동 야 우 이 치 걸 지 란 치 란 비 천 야 시 야

(술)접두 (조)종 (주)고명 (조)후 (술)동 (주)고명 (조)후 (술)동 (주)명 부정 (술)명 (조)접 (술)명 (조)의종

曰繁啓蕃長於春夏 畜積收藏於秋冬

왈 번 계 번 장 어 춘 하 축 적 수 장 어 추 동

(술)동 (보)형 (술)동 (보)형 (술)동 (조)전 (목)명 (술)동 (조)전 (목)명

是又禹桀之所同也 禹以治桀以亂

시 우 우 걸 지 소 동 야 우 이 치 걸 이 란

(지)지 (부)부 (주)고명 (조)후 (술)접두 (조)종 (주)고명(조)후 (술)동 (주)고명 (조)후 (술)동

治亂非時也

치 란 비 시 야

(주)명 (술)부정 (목)명 (조)종

" 나라가 잘 다스려지고 어지러운 것이 하늘 때문일까?
말하건대 해와 달과 별이 상서롭게 순행하는 것은 성왕으로 나라를 잘 다스린
우임금때나 패왕으로 나라를 어지럽게 한 걸왕 때나 같다.
우왕은 잘 다스리고 걸왕은 어지러웠다.
다스려지고 어지러운 것이 하늘 때문이 아니라면 때(時) 때문일까?
말하건대 봄과 여름에 초목과 곡식 번성하게 자라 가을과 겨울에 거두어 쌓아
저장하는 것도 이 또한 우임금 때나 걸임금 때나 같은데 우임금은 잘 다스리고
걸임금은 나라를 어지럽게 하였으니 다스려지고 어지러운 것이 때(時)때문은 아니다. "

○ 본문해설 ○

- 邪(야) 의문종결사로 쓰여 의문어가 되었다.
- 歷(역) 동사 – 돌다, 순행하다
- 啓(계) 동사 – 열다
- 長(장) 동사 – 자라다
- 積(적) 동사 – 쌓다
- 瑞(서) 형용사 – 상서로움
- 繁(번) 형용사 – 번성하다
- 蕃(번) 형용사 – 풀이 무성한 모양, 번성하다
- 畜(축) 동사 – 저축하다
- 藏(장) 동사 – 갈무리, 저장하다

地邪曰 得地則生 失地則死 是又禹桀

지 야 왈 득 지 즉 생 실 지 즉 사 시 우 우 걸

(주)명 (조)의종 (술)동 (술)동 (목)명 (조)접 (술)동 (술)동 (목)명 (조)접 (술)동 (지)지 (부)부 (주)고명

之所同也 禹以治桀以亂 治亂非地也
지 소 동 야 우 이 치 걸 이 란 치 란 비 지 야
(조)후 (술)접두 (조)종 (주)고명 (조)후 (술)동 (주)고명 (조)후 (술)동 (주)명 (술)부정 (목)명 (조)종

詩曰 天作高山大王荒之 彼作矣
시 왈 천 작 고 산 대 왕 황 지 피 작 의
(주)명 (술)동 (주)명 (술)동 (목)관 (주)명 (술)접미 (주)인대 (술)동 (조)종

文王康之 此之謂也
문 왕 강 지 차 지 위 야
(주)고명 (술)접미 (지)지 (술)동 (조)종

" 땅 때문일까? 나무와 풀은 땅을 얻으면 살고 땅을 잃으면 죽는다.
이는 우왕이나 걸왕 때도 같다. 그런데 우왕은 잘 다스리고 걸왕은 나라를 어지럽혔다.
그러하니 다스리고 어지러움이 땅 때문이 아니다.
시경 주송 천작(詩經 周頌 天作)에 이르기를 하늘이 이루어놓은 높은 산(岐山기산)을
대왕이 처음 다스렸네, 그(대왕)가 일구어 놓으니 문왕이 백성을 편안하게 하였네
라고 하였는데 이를 두고 하는 말이다. "

○ 본문해설 ○

- 大王(대왕) 주나라(周) 문왕(文王)의 할아버지 고공단보※(古公亶父)
  ※남자의 美稱(미칭)으로 부를 때는 "보"임
- 荒之(황지) 접미사 – 다스리다, 詩傳朱熹集註에 荒은 治康은 安이라 하였다.
- 彼(피) 지시대명사로 大王을 지칭한다.
- 康之(강지) 접미사 – 편안하게 하다

天不爲人之惡寒也 輟冬 地不爲人之惡
천 불 위 인 지 오 한 야 철 동 지 불 위 인 지 오
(주)명 부정 (술)동 (주)명 (조)후 (술)동 (목)명 (조)접 (술)동 (목)명 (주)명 부정 (술)동 (주)명 (조)후 (술)형

遼遠之輟廣 君子不爲小人匈匈也輟行

요 원 지 철 광 군 자 불 위 소 인 흉 흉 야 철 행

(목)접미 (술)동 (목)명 (주)명 부정 (술)동 (주)명 (술)동 (조)접 (술)동 (목)명

天有常道矣 地有常數矣 君子有常體矣

천 유 상 도 의 지 유 상 수 의 군 자 유 상 체 의

(주)명 (술)형 (목)관 (조)종 (주)명 (술)형 (목)관 (조)종 (주)명 (술)형 (목)관 (조)종

君子道其常 而小人計其功 詩曰 何恤

군 자 도 기 상 이 소 인 계 기 공 시 왈 하 휼

(주)관 (지)지 (술)형 (조)접 (주)명 (술)동 (지)지 (목)명 (주)명 (술)동 (의)의 (술)동

人之言兮 此之謂也

인 지 언 혜 차 지 위 야

(목)관 (감)감종 (지)지 (술)동 (조)종

" 하늘은 사람들이 추위를 싫어한다 해서 겨울을 없애지 않으며,
땅은 사람들이 먼 것을 싫어한다 해서 넓은 것을 좁히지 않으며,
군자는 소인들이 떠들썩하게 말한다하여 하던 일을 그만두지 않는다.
하늘에는 떳떳한 변하지 않는 길이 있고 땅 또한 떳떳한 헤아림이 있다.
군자에게는 떳떳한 체모가 있다. 군자의 도는 떳떳하나 그러나 소인은
그 공과로서 대가를 계산(바라다)한다.
고시(古詩)에 「무엇때문에 남이 한 말을 걱정하랴」 하는 말은 이를 두고 하는 말이다.

○ 본문해설 ○

- 惡(오) 동사 – 싫어하다
- 輟(철) 동사 – 거두다, 그만두다
- 遼(요) 형용사 – 멀다
- 遠(원) 형용사 – 멀다
- 廣(광) 명사 – 넓은 것
- 匈(흉) 동사 – 떠들썩하다
- 數(수) 동사 – 헤아리다
- 體(체) 명사 – 체모, 풍신
- 恤(휼) 동사 – 걱정하다
- 常道(상도) 관형사 – 떳떳한 도리
- 兮(혜) 감탄종결사로 고시와 초사(楚辭)에 많이 쓰였다.
- 人之惡寒(인지오한) 主述目 구조로 사람이 추위를 싫어하는 것

• **輟冬**(철동) 술목구조로 겨울을 없애는 것
• **人之惡遼遠之**(인지오요원지) **主述目**구조로 사람들이 멀다고 여기는 것을 싫어하는 것

楚王後車千乘 非知也 君子啜菽飮水
초 왕 후 거 천 승 비 지 야 군 자 철 숙 음 수
(주)고명 (술)동 (목)명 (보)명 (술)부정 (목)명 (조)종 (주)명 (술)동 (목)명 (술)동 (목)명

非愚也 是節然也 若太心意修 德行厚
비 우 야 시 절 연 야 약 태 심 의 수 덕 행 후
(술)부정 (목)명 (조)종 (지)지 (주)명 (술)형 (조)종 (가)가 (보)관 (주)명 (술)동 (주)명 (술)동 (목)명

知慮明 生於今而志乎古 則是其在
지 려 명 생 어 금 이 지 호 고 즉 시 기 재
(주)명 (술)동 (술)동 (조)전 (목)명 (조)접 (주)명 (조)전 (목)명 (조)접 (지)지 (술)형

我者也 故君子敬其在己者 而不慕其
아 자 야 고 군 자 경 기 재 기 자 이 불 모 기
(목)관 (조)종 (부)부 (주)명 (술)동 (지)지 (목)동명 (조)접 부정 (술)동 (지)지

在天者 小人錯其在己者 而慕其在天者
재 천 자 소 인 조 기 재 기 자 이 모 기 재 천 자
(목)관 (주)명 (술)동 (지)지 (목)관 (조)접 (술)동 (지)지 (목)관

君子敬其在己者 而不慕其在天者
군 자 경 기 재 기 자 이 불 모 기 재 천 자
(주)명 (술)동 (지)지 (목)관 (조)접 부정 (술)동 (지)지 (목)관

是以日進也 小人錯其在己者
시 이 일 진 야 소 인 조 기 재 기 자
(지)지 (부)부 (부)부 (술)동 (조)종 (주)명 (술)동 (지)지 (목)관

而慕其在天者 是以日退也 故君子之
이 모 기 재 천 자 시 이 일 퇴 야 고 군 자 지
(조)접 (술)동 (지)지 (목)관 (지)지 (부)부 (부)부 (술)동 (조)종 (부)부 (주)명 (조)후

所以日進 與小人之所以日退一也

소 이 일 진 여 소 인 지 소 이 일 퇴 일 야

(부)부 (부)부 (술)동 (조)접 (주)명 (조)후 (부)부 (부)부 (술)동 (보)수 (조)종

君子小人所以相縣者在此耳

군 자 소 인 소 이 상 현 자 재 차 이

(주)명 (주)명 (부)부 (보)동명 (술)형 (목)지 (조)한종

" 초나라는 강대하였기 때문에 왕이 거동할 때 뒤따르는 수레가
천 대나 되었는데 지혜롭다고는 할 수 없다.
군자는 콩죽을 먹고 물을 마시는데 미련해서가 아니다. 이는 시후(時候)가 그러한 것이다.
만약 마음을 넓게 하여 뜻을 닦고 덕을 두텁게 행하고 지혜와 사려를 밝게 하면
지금 세상에 살면서 뜻은 옛적에 두게 된다. 이런 것이 모두 나에게 달려있는 것이다.
그런 까닭에 군자는 자기에게 달려있는 것을 공경하고 하늘에 달려있는 것(요행)을
바라지 않는다. 소인은 자기에게 달려있는 것을 놓아두고 하늘의 요행만을 바란다.
군자는 자기 자신에게 달려있는 것을 공경하고 하늘에 달려있는 것(요행)은
바라지 않기 때문에 날로 진보하고 소인은 자기에게 달려있는 것을
놓아두고 하늘의 요행암을 바라기 때문에 날로 후퇴한다.
그런 까닭에 군자가 날로 진보하고 소인이 날로 후퇴하는 이유는 하나이다.
군자와 소인이 서로 차이가 생기는 까닭은 여기에 있을 뿐이다.

○ 본문해설 ○

- **楚**(초) 초나라는 전국시대 중국 서쪽을 차지한 강대국이다.
- **啜**(철) 동사 – 마시다, 먹다
- **愚**(우) 명사 – 어리석다
- **德**(덕) 명사 – 덕망
- **慕**(모) 동사 – 사모, 흠모, 바라다
- **錯**(조) 동사 – 두다, 놓다
- **相縣者**(상현자) 동명사 – 서로 차이가 나는 것
- **耳**(이) 단정의 뜻을 지닌 한정종결사
- **菽**(숙) 명사 – 콩
- **節然**(절연) 주술구조로 시후(시절)이 그러한 것이다.
- **厚**(후) 명사 – 두터운 것
- **敬**(경) 동사 – 공경하다
- **縣**(현) 동사 – 매달리다

星隊水鳴 國人皆恐曰 是何也 曰無何也

성 대 수 명 국 인 개 공 왈 시 하 야 왈 무 하 야

(주)명 (술)동 (주)명 (술)동 (주)관 (부)부 (술)동 (지)지 (의)의 (조)종 (술)동 부정 (의)의 (조)종

是天地之變 陰陽之化 物之幘至者也

시 천 지 지 변 음 양 지 화 물 지 책 지 자 야

(조)후 (주)명 (조)후 (술)동 (주)명 (조)후 (술)동 (주)명 (조)후 (술)관 (조)종

怪之可也 而畏之非也 夫日月之有蝕

괴 지 가 야 이 외 지 비 야 부 일 월 지 유 식

(술)접미 (긍)긍 (조)종 (조)접 (술)접미 부정 (조)종 (발)발 (주)관

風雨之不時 怪星之黨見 是無世而不

풍 우 지 불 시 괴 성 지 당 현 시 무 세 이 불

(주)관 (주)관 (지)지 (술)부정 (목)명 (조)접 부정

常有之 上明而政平 則是雖並世起

상 유 지 상 명 이 정 평 즉 시 수 병 세 기

(부)부 (술)접미 (주)명 (술)형 (조)접 (주)명 (술)형 (조)접 (지)지 (부)부 (부)부 (주)명 (술)동

無傷也 上明而政險 則是雖無一至者

무 상 야 상 명 이 정 험 즉 시 수 무 일 지 자

부정 (술)동 (조)종 (주)명 (술)형 (조)접 (목)명 (술)형 (조)접 (지)지 (부)부 부정 (부)수 (술)동 (조)후

無益也

무 익 야

(술)부정 (목)명 (조)종

" 별이 떼를 지어 나오고 강물이 우는 소리를 내면 나라 사람들이 모두 놀라서 이게 무슨 일이냐고 하겠지만 아무 일도 아닌 것이다. 이는 천지의 변화요, 음양의 조화로 우주 만물간에 사람이 머리에 수건을 쓰듯이 자주 일어나는 일이다. 괴이하게 생각하는 것은 괜찮으나 두려워할 일은 아니다. 일식과 월식이 있고 때맞지 않게 바람이 불고 비가 내리며 괴이한 별이 떼지어 나타나는 것은 어느 시대이고 항상 있었던 일로써 임금이 명철하여 정치를 잘하면

이런 일들이 그 세대에 비록 아울러 일어난다 해도 마음 상하여 걱정할 것이 없다.
반대로 임금이 어두워 정치를 험악하게 한다면 이런 일이 한번도
이르지 않았다 하더라도 이익될 것이 없다. ”

◎ 본문해설 ◎

- **隊**(대) 동사 – 떼를 짓다
- **恐**(공) 명사 – 두려워하다
- **幘**(책) 명사 – 머리수건
- **畏之**(외지) 접미사 – 두려워하다
- **見**(현) 동사 – 나타나다
- **雖**(수) 부사 – 비록
- **險**(험) 형용사 – 험악하다
- **鳴**(명) 동사 – 울다
- **變**(변) 동사 – 변화하다
- **怪之**(괴지) 접미사 – 괴이하게 여기다
- **黨**(당) 명사 – 무리, 떼
- **蝕**(식) 동사 – 벌레먹다, 일식
- **傷**(상) 동사 – 상하다
- **明而政險**의 **明**은 **暗**의 **誤記**? 인듯 함
- **怪星之黨見**(괴성지당현) 관형사 – 괴성이 무리지어 나타남

夫	星	之	隊	木	之	鳴	是	天	地	之	變	陰	陽	之	化
부	성	지	대	목	지	명	시	천	지	지	변	음	양	지	화
(발)발	(주)관			(주)관			(지)지	(주)명		(조)후	(술)동	(주)명		(조)후	(술)동

物	之	罕	至	者	也	怪	之	可	也	而	畏	之	亂	也
물	지	한	지	자	야	괴	지	가	야	이	외	지	란	야
(주)명	(조)후	(부)부	(술)동	(조)후	(조)종	(주)접미		(술)긍	(조)종	(조)접	(주)접미		(술)동	(조)종

物	之	已	至	者	人	祅	則	可	畏	也
물	지	이	지	자	인	요	즉	가	외	야
(주)명	(조)후	(부)부	(술)동	(조)후	(주)동명		(가)접	(긍)긍	(술)동	(조)종

“ 별이 떼지어 나타나고 나무가 우는 것은 하늘과 땅의 변태요,
음양의 변화로 천지만물에게 드물게 일어나는 일이다. 괴이하게 여길 수는 있으나
두려워하는 것은 세상을 어지럽히는 것이다. 만물 사이에 이미 일어난 일이
사람이 만든 재앙이라면 두려워하여야 할 것이다. ”

◎ 본문해설 ◎

- 罕(한) 부사 – 드물게
- 人祆(인요) 동명사 – 사람이 만든 재앙

楛耕傷稼 耘耨失薉 政險失民 田薉稼惡

고 경 상 가 운 누 실 예 정 험 실 민 전 예 가 악

(주)형 (술)동 (술)동 (목)동명 (주)명 (술)동 (보)명 (주)명 (술)동 (술)동 (목)명 (주)명 (술)형 (주)명 (술)동

糴貴民飢 道路有死人 夫是之謂人祆

적 귀 민 기 도 로 유 사 인 부 시 지 위 인 요

(주)명 (술)형 (주)명 (술)동 (주)명 (술)형 (목)관 (발)발 (지)지 (술)동 (목)동명

政令不明 擧錯不時 本事不理 夫是之謂

정 령 불 명 거 조 불 시 본 사 불 리 부 시 지 위

(주)명 부정 (술)형 (주)명 (술)부정 (목)명 (주)관 (술)부정 (목)명 (발)발 (지)지 (술)동

人祆 禮義不修 內外無別 男女淫亂

인 요 예 의 불 수 내 외 무 별 남 여 음 란

(목)동명 (주)명 부정 (술)동 (주)명 (술)부정 (목)명 (주)명 (술)동

則父子相疑 上下乖離 寇難並至

즉 부 자 상 의 상 하 괴 리 구 난 병 지

(조)접 (주)명 (부)부 (술)동 (주)명 (술)동 (주)명 (부)부 (술)동

夫是之謂人祆

부 시 지 위 인 요

(발)발 (지)지 (술)동 (목)동명

" 거칠게 밭을 갈고 씨뿌리는 시기도 놓치고, 김매는 시기를 놓쳐 잡초는 우거지고
정치를 험악하게 하여 백성들의 마음마저 잃어버리니, 밭은 황무지가 되고
곡식은 자라지 않아 외국에서 사들이는 곡물은 값이 비싸 백성들은 굶주려
길가에는 죽은 시체가 즐비하니 이를 일러 사람이 만든 재앙이라 한다.
정치 명령이 분명하지 않고 일의 시작과 마침이 때에 맞지 않으며

일의 근본이 이치에 맞지 않는 것 이를 일러 사람이 만든 재앙이라 한다.
예의와 의리가 닦아지지 않아 남녀의 구별이 없고 남녀가 음란하여
아버지와 아들이 서로 의심하며 위 아래의 구분이 무너져 없어진데다가
외적과 국난이 아울러 이르니 이를 말하여 사람이 만든 재앙이라 한다. ”

○ 본문해설 ○

- 楛(고) 형용사 – 물건이 추잡한 모양
- 傷(상) 동사 – 상하다, 상실하다
- 耘(운) 동사 – 김매다
- 薉 (예) 더럽다, 밭 가운데 잡초가 많다
- 糴(적) 동사 – 곡식을 사서 들여오는 것
- 擧(거) 동사 – 들다 / 명사 – 시작
- 淫(음) 동사 – 간음, 어지럽다
- 乖(괴) 동사 – 무너지다
- 難(난) 명사 – 어려움
- 耕(경) 동사 – 논, 밭을 가는 것
- 稼(가) 동사 – 곡식을 심다, 씨 뿌리다
- 耨(누) 동사 – 김매다
- 貴(귀) 형용사 – 귀하다, 가격이 비싸다
- 糶(조) 동사 – 곡식을 파는 것 / 명사 – 판 곡식
- 錯(조) 동사 – 놓다, 그치다 / 명사 – 끝
- 疑(의) 동사 – 의심하다
- 寇(구) 명사 – 원수, 적
- 祅(요) 재앙

祅是生於亂 三者錯 無安國 其說甚爾
요 시 생 어 란 삼 자 조 무 안 국 기 설 심 이
(주)명 (지)지 (술)동 (조)전 (목)명 (주)관 (술)동 부정 (술)형 (목)명 (지)지 (주)명 (술)형 (목)인대

其菑甚慘 勉力不時 則牛馬相生
기 재 심 참 면 력 불 시 즉 우 마 상 생
(지)지 (주)명 (부)부 (술)명 (술)동 (목)명 (술)부정 (목)명 (조)접 (주)명 (부)부 (술)동

六畜作祅 可怪也 而不可畏也 傳曰
육 축 작 요 가 괴 야 이 불 가 외 야 전 왈
(주)관 (술)동 (목)명 (술)긍 (목)동 (조)종 (조)접 부정 (술)동 (조)종 (보)동 (술)동

萬物之怪 書不說 無用之辯 不急之察
만 물 지 괴 서 불 설 무 용 지 변 불 급 지 찰
(주)관 (술)동 부정 (술)동 (주)관 (주)관

棄而不治 若夫君臣之義 父子之親
기 이 불 치 약 부 군 신 지 의 부 자 지 친
(술)동 (조)접 부정 (술)동 (발)발 (주)관 (주)관

夫婦之別 則日切瑳而 不舍也
부 부 지 별 즉 일 절 차 이 불 사 야
(주)관 (조)접 (부)부 (술)동 (조)접 부정 (술)동 (조)종

" 사람이 만든 재앙은 어지러운 데서 생겨나는 것으로 위에 말한 세 가지 재앙을 그대로 두면 편안할 나라는 없다. 그 괴이한 이야기는 우리에게 심각한 것으로 그 재앙은 심히 참혹하다. 때 맞추어 일하지 아니하고 소가 말 새끼를 낳고 말이 소 새끼를 낳으며 집에서 기르는 여섯 가지 짐승이 재앙을 만드니 괴이하게 여기되 두려워할 일은 아니니다. 옛날부터 전하는 말로는 삼라만상(森羅萬象)에서 일어나는 괴이한 일들이 쓰여는 있되 설명은 하지 않았다 하였으니 말하여도 쓸데없는 말과 살피기에 급하지 아니한 살핌은 다스림 없이 버리고 임금과 신하 사이의 의리, 아버지와 아들간의 친함, 남편과 아내 사이의 구별 같은 것은 날로 자르고 닦아서 버리지 말아야 한다. "

본문해설

- 亂(난) 명사 – 어지러움
- 爾(이) 인칭대명사 – 너
- 慘(참) 명사 – 비참
- 辯(변 · 판) 명사 – 말
- 切(절) 동사 – 끊다, 자르다
- 舍(사) 동사 – 버리다
- 錯(조) 동사 – 그치다, 놓아두다
- 菑(재) 명사 – 재앙
- 勉(면) 동사 – 힘쓰다
- 察(찰) 동사 – 살피다
- 瑳(차) 동사 – 옥빛이 깨끗함, 닦다

雩而雨何也 曰無何也 猶不雩而雨也
우 이 우 하 야 왈 무 하 야 유 불 우 이 우 야
(술)동 (조)접 (주)명 (의)의 (조)종 (술)동 부정 (의)의 (조)종 (보)형 부정 (술)동 (조)접 (술)동 (조)종

日月蝕而救之 天旱而雩 卜筮然後決

일 월 식 이 구 지 천 한 이 우 복 서 연 후 결

(주)명 (술)동 (조)접 (술)접미 (주)관 (조)접 (술)동 (주)명 (부)부 (술)동

大事 非以然得求也 以文之也

대 사 비 이 연 득 구 야 이 문 지 야

(목)관 부정 (부)부 (술)동 (목)명 (조)종 (부)부 (술)접미 (조)종

君子以爲文 而百姓以爲神

군 자 이 위 문 이 백 성 이 위 신

(주)명 (부)부 (술)동 (목)명 (조)접 (주)명 (부)부 (술)동 (목)명

以爲文則吉 以爲神則凶也

이 위 문 즉 길 이 위 신 즉 흉 야

(부)부 (술)동 (목)명 (조)접 (술)명 (부)부 (술)동 (목)명 (조)접 (술)명 (조)종

" 기우제를 지내면 비는 어떻게 되는 것인가? 아무 상관이 없는 일이다.
기우제를 지내지 아니하였는데 비가 내린 것과 같다.
일식이 들고 월식이 들면 가린 것을 풀어달라고 구원을 하고,
가뭄이 들면 기우제를 지내며, 점을 친 뒤에 큰 일을 결정한다.
이는 바라는 바가 꼭 이루어질 것이라는 것이 아니고, 이는 꾸밈(의식)이다.
군자는 이를 의식으로 여기는데 백성들은 신(神)으로 여긴다.
의식으로 여기면 길(吉)하고, 신으로 여기면 흉(凶)하다. "

○ 본문해설 ○

- **雩**(우) 명사 – 기우제
- **旱**(한) 명사 – 가뭄
- **卜**(복) 명사 – 점
- **筮**(서) 명사 – 점
- **文**(문) 명사 – 장식하여 꾸밈, 의식(儀式)
- **救之**(구지) 접미사 – 구원해 주기를 바라다.

在天者莫明於日月　在地者莫明於水火
재 천 자 막 명 어 일 월　재 지 자 막 명 어 수 화
(주)관 (비)비 (술)형 (조)전 (목)명　(주)관 (비)비 (술)형 (조)전 (목)명

在物者莫明於珠玉　在人者莫明於禮義
재 물 자 막 명 어 주 옥　재 인 자 막 명 어 예 의
(주)관 (비)비 (술)형 (조)전 (목)명　(주)관 (비)비 (술)형 (조)전 (목)명

故日月不高　則光暉不赫　水火不積
고 일 월 불 고　즉 광 휘 불 혁　수 화 불 적
(부)부 (주)명 부정 (술)형　(조)접 (주)명 부정 (술)동　(주)명 부정 (술)동

暉潤不博　珠玉不睹乎外　則王公不以
휘 윤 불 박　주 옥 불 도 호 외　즉 왕 공 불 이
(주)명 부정 (술)형　(주)명 부정 (술)동 (조)전 (목)명　(조)접 (주)명 부정 (부)부

爲寶　禮義不加於國家　則功名不白
위 보　예 의 불 가 어 국 가　즉 공 명 불 백
(술)동 (목)명　(주)명 부정 (술)동 (조)전 (목)명　(조)접 (주)명 부정 (술)동

故人之命在天　國之命在禮　君人者
고 인 지 명 재 천　국 지 명 재 예　군 인 자
(부)부 (주)관 (술)형 (목)명　(주)관 (술)형 (목)명　(주)관

隆禮尊賢而王　重法愛民而霸
융 예 전 현 이 왕　중 법 애 민 이 패
(술)동 (목)명 (술)동 (목)명 (조)접 (술)명　(술)동 (목)명 (술)동 (목)명 (조)접 (술)명

好利詐而危　權謀傾覆爾險而盡亡矣
호 리 사 이 위　권 모 경 복 이 험 이 진 망 의
(술)동 (목)명 (조)접 (술)명　(술)동 (목)명 (술)동 (목)명 (주)인대 (술)동 (조)접 (부)부 (술)동 (조)종

" 하늘에 있는 것으로서는 해와 달보다 더 밝은 것이 없고, 땅에 있는 것으로서는 물과 불보다 더 밝은 것이 없다. 물건에 있어서는 구슬보다 더 밝은 것이 없으며,

사람에게는 예의보다 더 밝은 것이 없다. 그런 까닭에 해와 달은
높이 떠 있지 않으면 그 밝은 빛이 빛나지 아니하고,
물과 불은 쌓여 모이지 않으면 그 빛의 윤택함이 크지 않다.
주옥은 밖으로 나와 보이지 않으면 왕과 공후가 보물로 삼지 아니한다.
예의는 나라에서 존중히 여겨 쓰지 않으면 공명이 명백히 드러나지 않는다.
그런 까닭에 사람의 운명은 하늘에 달려 있고 나라의 운명은 예에 있는 것이니,
남의 임금된 사람은 현명한 사람으로 전담하여 예의를 융성케 하면 왕도정치를 하는
왕이 되고 왕이 법을 무겁게 여기고 백성을 사랑하면 권세있는 패왕이 될 것이나,
이익만 도모하고 백성을 속이는 정치를 하면 위태하게 될 것이고, 꾀를 부려 남의
나라를 넘어뜨리려 한다면 저희 나라가 험악하게 되어 모두 망하게 될 것이다. "

◎ 본문해설 ◎

- **莫～於**(막～어) 비교어 – ~보다 ~한 것은 없다
- **暉**(휘) 명사 – 햇빛, 빛남
- **積**(적) 동사 – 쌓이다
- **博**(박) 형용사 – 크다
- **寶**(보) 명사 – 보배, 보물
- **專**(전) 동사 – 전담하다
- **霸**(패) 명사 – 권세를 잡은 제후, 두목
- **謀**(모) 명사 – 꾀
- **珠**(주) 명사 – 구슬
- **赫**(혁) 동사 – 빛나다
- **潤**(윤) 명사 – 윤택함
- **睹**(도) 타동사로 쓰여 보이다
- **隆**(융) 동사 – 융성하다
- **賢**(현) 명사 – 어진 사람
- **權**(권) 동사 – 권세를 부리다
- **傾**(경) 동사 – 기울다
- **覆**(복) 명사 – 넘어짐
- **爾**(이) 이인칭대명사 – 너, 그(其)
- **險**(험) 동사 – 험악하게 되다

大	天	而	思	之	孰	與	物	畜	而	制	之	從	天	而
대	천	이	사	지	숙	여	물	축	이	제	지	종	천	이
(보)형	(주)명	(조)접	(술)접미		(비)비		(주)명	(술)동	(조)접	(술)접미		(보)형	(주)명	(조)접

頌	之	孰	與	制	天	命	而	用	之	望	時	而	待	之
송	지	숙	여	제	천	명	이	용	지	망	시	이	대	지
(술)접미		(비)비		(술)동	(목)관		(조)접	(술)접미		(술)동	(목)명	(조)접	(술)접미	

孩與應時而使之 因物而多之 孰與騁
해 여 응 시 이 사 지 인 물 이 다 지 숙 여 빙
(보)명 (부)부 (술)동 (목)명 (조)접 (사)접미 (부)부 (주)명 (조)접 (술)접미 (비)비 (술)동

能而化之 思物而物之 孰與理物而勿
능 이 화 지 사 물 이 물 지 숙 여 리 물 이 물
(부)부 (조)접 (술)접미 (술)동 (목)명 (조)접 (술)접미 (비)비 (술)동 (목)명 (조)접 (금)금

失之也 願於物之所以生 孰與有物之
실 지 야 원 어 물 지 소 이 생 숙 여 유 물 지
(술)접미 (조)종 (술)동 (조)전 (목)명 (조)후 (부)부 (술)동 (비)비 (술)형 (목)명 (조)후

所以成 故錯人而思矣 則失萬物之情
소 이 성 고 조 인 이 사 의 즉 실 만 물 지 정
(부)부 (술)동 (부)부 (술)동 (주)명 (조)접 (목)명 (조)종 (조)접 (술)동 (목)관

"하늘을 위대한 것으로만 생각하며 하늘의 뜻에 따라 칭송하는 것과 만물을 기르고 관리함이 어느 것이 낫겠는가? 때를 바라보고 기다려 해당 시기에 응당하게하여 산물이 많아지게 하는 것과 하늘의 명에 따라 만들어 쓰는 것은 어느 것이 더 낫겠는가? 재물을 재물로만 생각하는 것과 달려 나가 능히 변화시키는 것은 어느 것이 더 낫겠는가? 물(物, 自然)을 잘 관리하여 없어지지 않도록 하는 것과 만물이 스스로 생겨나기를 바라는 것은 어느 것이 더 낫겠는가? 만물은 스스로 이루어져 나간다하여 사람이 만물을 배려하는 생각을 놓아버리면 만물은 그 성정(性情)을 잃어버리게 되는데 어떻게 하는 것이 낫겠는가?

본문해설

- 思之(사지) 접미사 – 생각하다
- 畜(축) 동사 – 기르다
- 制之(제지) 접미사 – 관리하다
- 望(망) 동사 – 바라다
- 孰與(숙여) 비교사 – ~과 ~것이 어느 것이 더 낫겠는가?
- 頌之(송지) 접미사 – 칭찬하다
- 騁(빙) 동사 – 달리다
- 孩(해) 어린이가 빙글빙글 웃는 모습, 여기서는 該로 通用된 듯하다.

• **願**(원) 동사 – 원하다

• **錯**(조) 놓다, 그치다, 버리다

百王之無變 足以爲道貫 一廢一起

백 왕 지 무 변 족 이 위 도 관 일 폐 일 기

(주)관 (조)후 부정 (술)동 (긍)긍 (술)동 (목)명 (술)동 (주)수 (술)동 (주)수 (술)동

應之以貫 理貫不亂 不知貫 不知應變

응 지 이 관 이 관 불 란 부 지 관 부 지 청 변

(술)접미 (부)부 (목)명 (술)동 (목)명 부정 (술)동 부정 (술)동 (목)명 부정 (술)동 (목)관

貫之大體 未嘗亡也 亂生其差 治盡

관 지 대 체 미 상 망 야 난 생 기 차 치 진

(목)관 부정 (술)동 (조)종 (주)명 (술)동 (지)지 (술)형 (주)명 (술)동

其詳 故道之所善 中則可從 畸則不可

기 상 고 도 지 소 선 중 즉 가 종 기 즉 불 가

(지)지 (술)형 (부)부 (주)관 (술)명 (조)접 (긍)긍 (술)동 (주)명 (조)접 부정 (긍)긍

爲 匿則大惑 水行者表深 表不明則陷

위 익 즉 대 혹 수 행 자 표 심 표 불 명 즉 함

(술)동 (주)명 (조)접 (술)관 (주)관 (술)동 (목)명 (보)동 부정 (보)형 (조)접 (술)동

治民者表道 表不明則亂 禮者表也

치 민 자 표 도 표 불 명 즉 란 예 자 표 야

(주)관 (술)동 (목)명 (보)동 부정 (보)형 (조)접 (술)동 (주)관 (술)동 (조)종

非禮昏世也 昏世大亂也 故道無不明

비 례 혼 세 야 혼 세 대 란 야 고 도 무 불 명

부정 (주)명 (술)동 (목)명 (조)종 (술)동 (목)명 (술)관 (조)종 (부)부 (주)명 (부정) 중부 (술)형

外內異表 隱顯有常 民陷乃去

외 내 이 표 은 현 유 상 민 함 내 거

(주)명 (술)형 (목)명 (주)명 (술)형 (목)명 (주)관 (부)부 (술)동

" 백왕조가 변함없이 도(道)로 삼아 관철하는데 모자람이 없었다.
한나라가 망하고 한나라가 일어나는 것은 도를 관철하고 아니한데 따른 것이다.
도(道)의 관철을 잘 다스리면 나라가 어지럽지 않다.
도의 관철을 모르고 관청의 변태를 모르며 관철의 대체를 모르고
망하지 않는 나라는 아직 없었다.
어지러움이 생겨나느냐 않느냐의 차이는 잘 다스려지느냐 못하느냐 하는데 있다.
도로 다스림을 다하면 그 나라는 상서롭다. 그런 까닭에 그 도(道)의 착한 바가
중용(中庸)이면 따라도 되고, 기이하거나 손바닥만한 밭뙈기 같으면
따를 수 없는 것이며 숨김이 있다면 크게 미혹된 것이다.
물을 건너는 사람은 물의 깊고 얕음을 살펴야한다.
물의 깊고 얕음이 즉 살핌이 확실하지 않으면 물에 빠지고 만다.
백성을 다스리는 사람은 백성이 나갈 길을 살펴야 한다.
그 살핌이 분명하지 않으면 나라가 어지럽게 된다. 예의는 표시하는 것이다.
나라에 예의가 없으면 세상이 혼미하고, 세상이 혼미하면 나라가 크게 어지럽다.
그런 까닭에 도(道)는 분명하지 않으면 안된다. 안과 밖의 표시가 확실히 다르고
숨고 나타남이 떳떳하면 백성이 빠져드는 함정은 떠나 없어질 것이다. "

○ 본문해설 ○

- 變(변) 동사 – 변하다
- 廢(폐) 동사 – 버려지다, 망하다
- 應之(응지) 접미사 – 대응하다
- 未嘗(미상) 아직~한 적이 없다
- 詳(상) 형용사 – 상서롭다
- 匿(익) 명사 – 숨기는 것
- 表(표) 명사 – 겉 / 동사 – 표현하다, 살피다
- 陷(함) 동사 – 빠지다
- 隱(은) 명사 – 숨음
- 貫(관) 동사 – 관철하다
- 起(기) 동사 – 일어나다
- 廳(청) 명사 – 관청
- 差(차) 형용사 – 차이
- 畸(기) 명사 – 뙈기밭, 기이하다
- 惑(혹) 명사 – 의혹, 미혹
- 深(심) 명사 – 깊다
- 昏(혼) 동사 – 어둡다, 혼미하다.
- 顯(현) 명사 – 나타남
- 無不(무불) 이중부정으로 긍정이 된다. 明을 이중부정하여 밝지않으면 안된다로 곧 밝아야 한다로 풀 수 도있다.

萬物爲道一偏 一物爲萬物一偏 愚者

만 물 위 도 일 편 일 물 위 만 물 일 편 우 자

(주)관 (술)동 (목)관 (주)관 (술)동 (목)관 (주)관

爲一物一偏 而自以爲知 道無知也

위 일 물 일 편 이 자 이 위 지 도 무 지 야

(술)동 (목)관 (조)접 (부)부 (술)동 (목)명 (주)명 부정 (목)명 (조)종

愼子有見於後 無見於先 老子有見於詘

신 자 유 견 어 후 무 견 어 선 노 자 유 견 어 굴

(주)고명 (보)형 (술)동 (조)전 (목)명 부정 (술)동 (조)전 (목)명 (주)고명 (보)형 (술)동 (조)전 (목)명

無見於信 墨子有見於齊 無見於畸

무 견 어 신 묵 자 유 견 어 제 무 견 어 기

부정 (술)동 (조)전 (목)명 (주)고명 (보)형 (술)동 (조)전 (목)명 부정 (술)동 (조)전 (목)명

宋子有見於少 無見於多 有後而無先

송 자 유 견 어 소 무 견 어 다 유 후 이 무 선

(주)고명 (보)형 (술)동 (조)전 (목)명 부정 (술)동 (조)전 (목)명 (술)형 (목)명 (조)접 (술)부정 (목)명

則羣衆無門 有詘而無信 則貴賤不分

즉 군 중 무 문 유 굴 이 무 신 즉 귀 천 불 분

(조)접 (주)명 (술)부정 (목)명 (술)형 (목)명 (조)접 (술)부정 (목)명 (조)접 (주)명 부정 (술)동

有齊而無畸 則政令不施 有少而無多

유 제 이 무 기 즉 정 령 불 시 유 소 이 무 다

(술)형 (목)명 (조)접 (술)부정 (목)명 (조)접 (주)명 부정 (술)동 (술)형 (목)명 (조)접(술)부정 (목)명

則羣衆不化 書曰 無有作好 遵王之道

즉 군 중 불 화 서 왈 무 유 작 호 준 왕 지 도

(조)접 (주)명 (술)부정 (술)동 (주)명 (술)동 (금)금 (보)형 (술)동 (목)명 (술)동 (목)관

無有作惡 遵王之路 此之謂也

무 유 작 악 준 왕 지 로 차 지 위 야

(금)금 (보)형 (술)동 (목)명 (술)동 (목)관 (지)지 (술)동 (조)종

“ 만물은 도(道)의 한 부분이다. 한 물체(一物)는 만물의 한 부분이다. 어리석은 사람도 한 물체의 한 부분이면서 스스로 도를 안다고 하는 것은 도를 모르고 한 말이다. 신자(愼子)는 뒤는 보고 앞은 보지 못하였으며, 노자(老子)는 굽힐 줄만 알았지 펼 줄은 몰랐고, 묵자(墨子)는 평등할 줄만 알았지 차별할 줄 몰랐으며, 송자(宋子)는 사람들이 욕심이 적은 줄만 알았지 욕심이 많은 줄은 몰랐다. 뒤는 있고 앞이 없으면 군중이 나갈 문이 없고, 굽힐 줄만 알고 펼 줄을 모르면 귀하고 천한 구분이 없으며, 평등할 줄만 알고 차별할 줄 모르면 정치와 명령이 시행되지 않으며, 사람들이 욕심이 적고 욕심이 많은 줄 모르면 사람들에게 변화가 없다. 서경에 이르기를 나의 뜻에 맞는 일만 하려하지 말고 왕도를 따라라. 나쁜 일을 하지 말고 왕의 길을 따라가라 한 것은 이를 두고 하는 말이다.

본문해설

- 偏(편) 동사 – 치우치다
- 信(신) 명사 – 펴는 것
- 詘(굴) 명사 – 굽히는 것
- 羣(군) 명사 – 무리
- 貴(귀) 명사 – 귀한 것
- 遵(준) 동사 – 따르다, 좇다
- 見(견) 동사 – 보다
- 齊(제) 명사 – 가지런한 것, 평등한 것
- 畸(기) 명사 – 특이한 것, 차별
- 衆(중) 명사 – 여럿, 무리
- 賤(천) 명사 – 천한 것
- 羣衆(군중) 관형사 – 무리, 떼
- 愼子(신자) 기원전 300년 초(楚)나라 도가적(道家的) 법사상가(法思想家)
- 老子(노자) 성은 李(이), 이름은 이(耳)이며, 초(楚)나라 사람으로 도가(道家)의 시조
- 墨子(묵자) 겸애(兼愛)사상을 주창한 墨家(묵가)의 시조
- 宋子(송자) 송견※(宋銒)이며, 과욕(寡欲)을 주장함

※사람이름은 “견”이라 부르며 술잔과 술병은 “형”, “병”이라 함

4. 韓非子 (한비자)

(1) 有度篇 (유탁편)

韓非子(한비자) : ? ~ 233BC. 한(韓)나라 사람으로 노자(老子), 장자(莊子)의 무위자연설(無爲自然說)을 받아들여 법치주의를 주장하여 법가의 학설을 대성하였으며 진(秦)시황이 그 학설에 매료되어 불러들였으나 동문수학하였던 당시 재상 이사(李斯)가 그의 재주를 시기하여 모함해 죽었다.

國無常强 無常弱 奉法者强則國强

국 무 상 강 무 상 약 봉 법 자 강 즉 국 강

(주)명 부정 (부)부 (술)형 부정 (부)부 (술)형 (주)관 (술)형 (조)접 (주)명 (술)형

奉法者弱則國弱 荊莊王幷國二十六

봉 법 자 약 즉 국 약 형 장 왕 병 국 이 십 육

(주)관 (술)형 (조)접 (주)명 (술)형 (주)고명 (술)동 (목)명 (보)수

開地三千里 莊王之氓社稷也 而荊以亡

개 지 삼 천 리 장 왕 지 맹 사 직 야 이 형 이 망

(술)동 (목)명 (보)명 (주)고명 (조)후 (술)명 (조)종 (조)접 (주)고명 (조)후 (술)동

齊桓公幷國三十 啓地三千里 桓公之

제 환 공 병 국 삼 십 계 지 삼 천 리 환 공 지

(주)관 (술)동 (목)명 (보)수 (술)동 (목)명 (보)명 (주)고명 (조)후

氓社稷也 而齊以亡

맹 사 직 야 이 제 이 망

(술)명 (조)종 (조)접 (주)고명 (조)후 (술)동

"나라는 항상 강하지도 아니하며 항상 약하지도 아니하다.
법을 받드는 사람이 강하면 나라는 강하고, 법을 받드는 사람이 약하면 나라는 약해진다.
형나라 장왕은 남의 나라를 26이나 병합하였고,
개척한 땅 3천리가 장왕의 백성과 사직이나 형나라는 망하였다.
제나라 환공은 남의 나라를 30개를 병합하여 3천리 넓은 땅과 백성이
환공의 사직이었으나 제나라는 망하였다.

◎ 본문해설 ◎

- **有度**(유탁) 술목구조 – 헤아림이 있음, 즉 계략이 있음
- **氓**(맹) 명사 – 백성
- **幷**(병) 동사 – 어우르다, 합치다
- **啓**(계) 동사 – 열다, 개척하다
- **社稷**(사직) 는 **社**토지의 **神**이요, **稷**은 곡식의 **神**으로 옛날 나라에서 **社稷**에 정성으로 제사지냈으므로 나라를 이르는 말로도 쓰였음. 천년사직(**千年社稷**), 즉 오랜나라의 역사
- **齊桓公**(제환공) 관포지교(**管鮑之交**)의 관중(**管仲**)과 포숙(**鮑叔**)이 도와서 제후중 패자가 되었음.

燕襄王以河爲境 以薊爲國 襲涿方城

연 양 왕 이 하 위 경 이 계 위 국 습 탁 방 성

(주)고명 (조)후 (보)명 (술)동 (목)명 (부)부 (주)고명 (술)동 (목)명 (술)동 (목)고명

殘齊平中山 有燕者重 無燕者輕

잔 제 평 중 산 유 연 자 중 무 연 자 경

(술)동 (목)고명 (술)동 (목)고명 (주)관 (술)동 (주)관 (술)동

襄王之氓社稷也 而燕以亡

양 왕 지 맹 사 직 야 이 연 이 망

(주)고명 (조)후 (술)명 (조)종 (조)접 (주)고명 (조)후 (술)동

" 연나라 양왕은 황하를 국경으로 삼고, 계(薊)를 국토로 삼았으며, 탁군(涿郡)의 방성(方城)을 병합하고, 제나라를 쇠잔케 하여 중산(中山)을 평정하니 연나라와 우호관계가 있는 나라는 중시되고, 우호관계가 없는 나라는 경시되는 것이 양왕의 백성이요, 사직이었으나 연나라는 망하였다. "

◎ 본문해설 ◎

- 境(경) 명사 – 경계, 국경
- 殘(잔) 동사 – 쇠잔케 하다
- 重(중) 동사 – 무겁게 여김, 중시
- 氓(맹) 명사 – 백성
- 襲(습) 동사 – 합하다
- 平(평) 동사 – 평정하다
- 輕(경) 동사 – 가벼히 여김, 경시하다

魏安釐王攻趙救燕 取地河東 攻盡

위 안 희 왕 광 조 구 연 취 지 하 동 공 진

(주)관 (술)동 (목)고명 (술)동 (목)고명 (술)동 (목)명 (보)명 (술)동 (부)부

陶魏之地 加兵於齊 私平陸之都 攻韓

도 위 지 지 가 병 어 제 사 평 육 지 도 공 한

(목)관 (술)동 (목)명 (조)전 (보)명 (술)동 (목)관 (술)동 (목)고명

拔管 勝於淇下 睢陽之事 荊軍老而走

발 관 승 어 기 하 수 양 지 사 형 군 노 이 주

(술)동 (목)고명 (술)동 (조)전 (목)고명 (주)관 (주)관 (보)형 (조)접 (술)동

蔡召陵之事 荊軍破 兵四布於天下

채 소 능 지 사 형 군 파 병 사 포 어 천 하

(주)관 (주)관 (술)동 (주)명 (술)관 (조)전 (목)명

威行於冠帶之國 安釐王死 而魏以亡

위 행 어 관 대 지 국 안 희 왕 사 이 위 이 망

(주)명 (술)동 (조)전 (목)관 (주)고명 (술)동 (조)접 (주)고명 (조)후 (술)동

" 위나라 안희왕은 조나라를 공격하여 연나라를 구하여 황하 동쪽 땅을 취하고,
도위 땅을 모두 공격하였으며, 제나라에 병력을 더 보내어 평육의 도성을 사유하였다.
한나라를 쳐서 관을 빼앗고, 기하에서 승리하였으며 수양의 싸움에서는 형나라
군사가 쇠약해 달아났고, 채소릉의 싸움에서는 형나라 군사가 무너졌다.
위나라 군사는 천하 사방에 펼쳐지고 그 위엄이 관대지국에 떨치었으나
안희왕이 죽고 위나라는 망하였다. "

○ 본문해설 ○

- 攻(공) 동사 – 치다, 공격하다
- 取(취) 동사 – 취하다, 빼앗다
- 河東(하동) 명사 – 황하 동쪽
- 睢陽之事(수양지사) 관형사 – 수양의 싸움
- 魏(위), 趙(조), 燕(연), 齊(제), 魏(위), 荊(형) 전국시대(**戰國時代**) 중국에 있었던 나라 이름
- 拔(패) 동사 – 휘어꺾다
- 破(파) 동사 – 깨지다, 깨트리다
- 布(포) 동사 – 펼치다
- 威(위) 명사 – 위엄
- 冠帶之國(관대지국) 관형사 – 머리에 관을 쓰고 허리에 띠를 두른 나라라는 말인데 이는 중국 중원(**中原**)에 있는 나라를 말한다.

故有荊莊齊桓 則荊齊可以霸

고 유 형 장 제 환 즉 형 제 가 이 패

(부)부 (술)형 (목)고명 (조)접 (주)고명 (술)긍 (목)명

有燕襄魏安釐 則燕魏可以强 今皆

유 연 양 위 안 희 즉 연 위 가 이 강 금 개

(술)형 (주)고명 (조)접 (주)고명 (술)긍 (목)형 (부)부

亡國者 其羣臣官吏 皆務所以亂

망 국 자 기 군 신 관 리 개 무 소 이 란

(술)관 (지)지 (주)관 (부)부 (술)동 (부)부 (목)명

而不務所以治其也 其國亂弱矣

이 불 무 소 이 치 기 야 기 국 란 약 의

(조)접 부정 (술)동 (부)부 (목)명 (지)지 (조)종 (지)지 (주)명 (술)동 (조)종

" 형나라에는 장왕(莊王)이, 제나라에는 환공(桓公)이 있었기 때문에
형나라와 제나라가 으뜸이 될 수 있었으며, 연나라에는 양왕이
위나라에는 안희왕이 있었기에 연나라와 위나라가 강할 수 있었으나
지금은 다 망하여 없는 나라이다.
그 나라의 여러 신하와 관리들이 모두 나라를 어지럽게 하는 데만 힘쓰고
나라를 다스리는 데에는 힘쓰지 아니한 까닭에 그 나라는 어지러워지고 약해졌다. "

○ 본문해설 ○

- 霸(패) 명사 – 으뜸
- 羣(군) 무리
- 務(무) 동사 – 힘쓰다
- 所以(소이) 부사 – ~한 까닭
- 弱(약) 동사 – 약해지다
- 羣臣(군신) 관형사 – 여러 신하
- 亂(란) 명사 – 어지러움
- 治(치) 명사 – 다스리는 것
- 釐(희) 다스린다는 뜻으로 쓰일 때는 "리"로 읽고, 복(福)된다는 뜻으로 쓰일 때는 "희"로 읽는다.

又皆釋國法而私其外則是負薪而救火也

우 개 석 국 법 이 사 기 외 즉 시 부 신 이 구 화 야

(부)부 (술)동 (목)명 (조)접 (술)동 (지)지 (보)명 (조)접 (지)지 (술)동 (목)명 (조)접 (술)동 (목)명 (조)종

亂弱甚矣 故當今之時 能去私曲

란 약 심 의 고 당 금 지 시 능 거 사 곡

(주)명 (술)형 (조)종 (부)부 (보)관 (부)부 (술)동 (목)관

就公法者 民安而國治 能去私行

취 공 법 자 민 안 이 국 치 능 거 사 행

(술)동 (목)관 (주)명 (술)동 (조)접 (주)명 (술)동 (부)부 (술)동 (목)관

行公法者 則兵强而敵弱 故審得失有

행 공 법 자 즉 병 강 이 적 약 고 심 득 실 유

(술)동 (목)관 (조)접 (주)명 (술)동 (조)접 (주)명 (술)동 (부)부 (술)동 (목)명 (술)형

法度之制者 加以羣臣之上 則主不可

법 도 지 제 자 가 이 군 신 지 상 즉 주 불 가

(목)관 (술)동 (부)부 (목)관 (조)접 (주)명 부정

欺以詐僞 審得失有權衡之稱者 以聽

기 이 사 위 심 득 실 유 권 형 지 칭 자 이 청

(술)동 (목)명 (술)동 (목)명 (술)형 (목)관 (부)부 (술)동

遠事 則主不可欺以天下之輕重

원 사 즉 주 불 가 기 이 천 하 지 경 중

(목)관 (조)접 (주)명 부정 (술)동 (부)부 (보)관

" 또한 모두 국법을 버리고 국법 밖에서 사사로이 경영한다면 이는 곧 섶을 짊어지고 불을 끄러 들어가는 것이니 나라는 더 심히 어지러워지고 약해질 것이다.
그런 까닭에 마땅히 지금 이때라도 능히 사사로이 왜곡됨을 버리고 공법을 취하여 나아가면 백성은 편안하고 나라는 다스려질 것이다.
능히 사사로운 행위를 버리고 공법을 행하면, 군사는 강해지고 적국은 약해질 것이니 그런 까닭에 얻고 잃는 것을 깊이 살필 수 있고 법도의 절제가 있는 사람을 여러 신하들

윗자리에 둔다면 군주를 거짓으로 속이지 못할 것이며 얻고 잃는 것을 깊이 살펴서 저울대로 달아서 가볍고 무거운 것을 가려내듯이 하는 사람으로 먼 곳에서 일어나는 일의 내용을 듣는다면 천하에서 일어나는 가벼운 일이나 무거운 일이나 간에 군주를 속일 수는 없을 것이다. ”

○ 본문해설 ○

- 釋(석) 동사 – 놓아두다, 버리다
- 私其外(사기외) 국법 밖에서 사사로이 경영하는 것. 私는 동사로 술어로 쓰여 사사로이 행동하다. 其는 지시대명사로 국법을 지칭, 外는 명사로 보어로 쓰여 밖이다.
- 負(부) 동사 – 짊어지다
- 救火(구화) 술목구조 – 불을 끄다
- 私曲(사곡) 관형사 – 사사로이 왜곡됨
- 審(심) 동사 – 심사하다, 깊이 살피다
- 欺(기) 동사 – 속이다
- 僞(위) 거짓된 것, 속이는 것
- 衡(형) 명사 – 저울대
- 聽(청) 동사 – 듣다
- 輕(경) 명사 – 가벼운 것
- 薪(신) 명사 – 땔나무, 섭
- 去(거) 동사 – 버리다
- 就(취) 동사 – 나아가다, 취하다
- 制(제) 동사 – 제재하다
- 詐(사) 명사 – 거짓된 것
- 權(권) 명사 – 저울
- 稱(칭) 동사 – 저울질하다
- 遠(원) 형용사 – 멀리, 먼 곳
- 重(중) 명사 – 무거운 것

今	若	以	譽	進	能	則	臣	離	上	而	下	比	周
금	약	이	예	진	능	즉	신	리	상	이	하	비	주
(부)부	(가)가	(조)접	(보)동	(술)동	(보)형	(조)접	(주)명	(술)동	(목)명	(조)접	(주)	(술)동	

若	以	黨	擧	官	則	民	務	交	而	不	求	用	於	法
약	이	당	거	관	즉	민	무	교	이	불	구	용	어	법
(가)가	(조)접	(주)명	(술)동	(목)명	(조)접	(주)명	(술)동	(목)명	(조)접	부정	(술)동	(술)동	(조)전	(목)명

故	官	之	失	能	者	其	國	亂	以	譽	爲	賞	以	毁	爲
고	관	지	실	능	자	기	국	란	이	예	위	상	이	훼	위
(부)부	(주)명	(조)후	(술)동	(목)관		(지)지	(주)명	(술)동	(부)부	(보)동	(술)동	(목)명	(부)부	(보)동	(술)동

罰也 則好賞惡罰之人 釋公行行私術

벌 야 즉 호 상 오 벌 지 인 석 공 행 행 사 술

(목)명 (조)종 (조)접 (주)관 (술)동 (목)관 (술)동 (목)관

比周以相爲也 忘主外交 以進其與

비 주 이 상 위 야 망 주 외 교 이 진 기 여

(술)동 (부)부 (주)명 (술)동 (조)접 (술)동 (목)명 (주)명 (술)동 (부)부 (술)동 (지)지 (목)명

則其下所以爲上者薄矣

즉 기 하 소 이 위 상 자 박 의

(조)접 (지)지 (주)명 (부)부 (술)동 (목)관 (술)동 (조)종

" 지금 만약 세상 사람들이 칭찬하는 말을 듣고 능력있는 사람이라고 등용한다면 신하는 임금을 떠나 아래 사람과 한 패가 될 것이다. 만약 당이 추천하여 관리로 등용한다면 백성들은 당과 사귀기에 힘쓰고, 법에 따라 채용되기를 구하지 않을 것이다. 그런 까닭에 관리를 등용하는 데 어진 사람을 잃게 되어 그 나라는 어지럽게 될 것이다. 남의 칭찬으로 상을 주고 헐뜯음으로 벌을 준다면 상을 좋아하고 벌을 싫어하는 사람들이 공정한 행위를 버리고 사사로운 꾀를 부려 서로 한 패가 되어 서로를 위하고 임금을 잊어버리고 밖으로 사귀어 그의 무리들만 등용토록 한다면 아랫 사람이 윗사람을 위함이 박해지는 까닭일 것이다. "

○ 본문해설 ○

- 好賞惡罰之人(호상오벌지인) 관형사 – 상을 좋아하고 벌을 싫어하는 사람
- 譽(예) 동사 – 자랑, 칭찬하다
- 能(능) 형용사 – 능하다, 능력이 있음
- 比周(비주) 동사 – 무리를 짓다
- 擧(거) 동사 – 천거하다
- 罰(벌) 명사 – 벌
- 薄(박) 동사 – 엷어지다, 박해지다
- 進(진) 동사 – 천거하다, 등용하다
- 離(리) 동사 – 별리, 떠나다
- 黨(당) 명사 – 무리
- 毁(훼) 동사 – 손상하다, 헐뜯다
- 術(술) 명사 – 꾀, 재주
- 私術(사술) 관형사 – 사사로운 꾀

交衆與多 外內朋黨 雖有大過 其蔽多矣
교 중 여 다 외 내 붕 당 수 유 대 과 기 폐 다 의
(술)동 (목)명 (부)부 (술)형 (주)명 (술)명 (부)부 (술)형 (목)관 (지)지 (술)동 (목)형 (조)종

故忠臣危死於非罪 姦邪之臣安利於無功
고 충 신 위 사 어 비 죄 간 사 지 신 안 리 어 무 공
(부)부 (주)관 (보)형 (술)동 (조)전 부정 (목)명 (주)관 (술)형 (목)동 (조)전 (술)부정 (목)명

忠臣危死而 不以其罪 則良臣伏矣
충 신 위 사 이 불 이 기 죄 즉 양 신 복 의
(주)관 (보)형 (술)동 (조)접 부정 (부)부 (지)지 (목)명 (조)접 (주)관 (술)동 (조)종

姦邪之臣安利不以功 則姦臣進矣
간 사 지 신 안 리 불 이 공 즉 간 신 진 의
(주)관 (술)형 (목)동 부정 (부)부 (목)명 (조)접 (주)관 (술)동 (조)종

此亡之本也
비 망 지 본 야
(지)지 (주)명 (조)후 (술)명 (조)종

" 많은 사람들과 사귀어 더불어 많아지면 안과 밖이 붕당이 되어
비록 큰 허물이 있다 하더라도 그 허물이 많이 가리워진다.
그런 까닭에 충신은 죄없이 위태로이 죽게 되고, 간사한 신하는 공없이 편안히
복리를 누리게 된다. 충신이 죄없이 위태로이 죽게 되므로 어진 신하는 숨어버리고,
간사한 신하는 공없이 편안히 복리를 누리므로 간사한 신하는 천거되어 등용된다.
이런 것이 나라가 망하는 근본이다. "

○ 본문해설 ○

- 過(과) 명사 – 과실, 허물
- 危(위) 형용사 – 위태로움
- 忠(충) 명사 – 충성
- 伏(복) 동사 – 엎드리다, 숨다
- 蔽(폐) 동사 – 가리우다, 덮다
- 非(비) 부정사 – ~이 아니다
- 良(양) 명사 – 어짐
- 姦(간) 명사 – 간사함

- **邪**(사) 명사 – 간사함
- **利**(리) 동사 – 복리, 이익을 누림
- **此**(차) 지시대명사 – **良臣伏矣**, **姦臣進矣**를 **指稱**한다.
- **安**(안) 형용사 – 편안하게
- **不以**(불이) 부정사 – 아니다, 없다

若是則羣臣廢法而行私重 輕公法矣

약 시 즉 군 신 폐 법 이 행 사 중 경 공 법 의

(가)가 (지)지 (조)접 (주)관 (술)동 (목)명 (조)접 (술)동 (목)명 (보)형 (술)동 (목)관 (조)종

數至能人之門 不壹至主之廷

삭 지 능 인 지 문 불 일 지 주 지 정

(부)부 (술)동 (목)관 부정 (보)수 (술)동 (목)관

百慮私家之便 不壹圖主之國 屬數雖多

백 려 사 가 지 편 불 일 도 주 지 국 속 수 수 다

(주)수 (술)동 (목)관 부정 (보)수 (술)동 (목)관 (주)관 (부)부 (술)형

非所以尊君也 百官雖具 非所以任國也

비 소 이 존 군 야 백 관 수 구 비 소 이 임 국 야

부정 (부)접두 (술)동 (목)명 (조)종 (주)관 (부)부 (술)동 부정 (부)접두 (술)동 (목)명 (조)종

然則主有人主之名 而實託於羣臣之家也

연 즉 주 유 인 주 지 명 이 실 탁 어 군 신 지 가 야

(부)부 (조)접 (주)명 (술)형 (목)관 (조)접 (주)명 (사)사동 (조)전 (목)관

"만약 이렇게 되면 여러 신하들이 법을 무시하고 사사로이 행사함을
무겁게 여기고 공법을 가벼이 여기게 된다.
능력있는 사람의 집에는 자주 드나들고, 군주의 뜰에는 한 사람도 이르지 아니한다.
백 가지를 사가의 편에서만 생각하고, 단 한 가지도 주군의 나라일은 도모하지 아니한다.
소속한 관원수는 비록 많다하나, 임금을 높이기 위함이 아니요,
백관이 비록 갖추어졌다고 하나 나라일을 맡기 위함이 아니니 그러한 즉 군주는
남의 임금이라는 이름이 있을 뿐 그 실은 여러 신하들의 집에 붙어있는 것이다.

본문해설

- 若(약) 가정사 – 만약 ~과 같다면
- 是(시) 지시대명사 – 良臣伏矣, 姦臣進矣를 指稱한다.
- 廢(폐) 동사 – 폐지하다, 없애버림
- 數(삭) 부사 – 자주라는 뜻으로 쓰일때는 “삭”으로 읽는다.
- 廷(정) 명사 – 뜰
- 圖(도)동사 – 도모하다
- 尊(존) 동사 – 높이다
- 任(임) 동사 – 맡다, 책임지다
- 託(탁) 사역동사 – 맡겨지다
- 慮(려) 동사 – 염려하다, 생각하다
- 屬(속) 명사 – 무리, 관속
- 具(구) 동사 – 갖추다
- 實(실) 명사 – 열매, 알갱이, 실질

故臣曰 亡國之廷無人焉 廷無人者

고 신 왈 망 국 지 정 무 인 언 정 무 인 자

(부)부 (주)명 (술)동 (주)관 (술)부정 (목)명 (조)종 (주)관

非朝廷之衰也 家務相益 不務厚國

비 조 정 지 쇠 야 가 무 상 익 불 무 후 국

(술)부정 (목)관 (조)종 (주)명 (술)동 (목)관 부정 (술)동 (목)관

大臣務相尊 而不務尊君 小臣奉祿養交

대 신 무 상 존 이 불 무 존 군 소 신 봉 록 양 교

(주)명 (술)동 (목)관 (조)접 부정 (술)동 (술)동 (목)명 (주)관 (술)동 (목)명 (술)동 (목)명

不以官爲事 此其所以然者 由主之不上

불 이 관 위 사 차 기 소 이 연 자 유 주 지 불 상

부정 (주)명 (술)동 (목)명 (지)지 (부)접두 (보)관 (보)동 (주)명 (조)후 부정 (보)명

斷於法 而信下爲之也 故明主使法

단 어 법 이 신 하 위 지 야 고 명 주 사 법

(술)동 (조)전 (목)명 (조)접 (술)동 (목)명 (술)접미 (조)종 (부)부 (주)관 (사)사동 (보)명

擇人	不自擧也	使法量功	不自度也
택 인	불 자 거 야	사 법 량 공	불 자 탁 야
(술)동 (목)명	부정 (부)부 (술)동 (조)종	(사)사동 (주)명 (술)동 (목)명	부정 (부)부 (술)동 (조)종

" 그런 까닭에 망한 나라의 조정에는 사람이 없다고 신은 말한다. 조정에 사람이 없다는 것은 조정이 쇠퇴하였다는 것이 아니고 집안일에 힘써서 서로의 이익을 도모하고 나라를 두텁게 하는 일에는 힘쓰지 아니한다는 것이다. 대신들은 서로 높이는 데 힘쓰고, 임금을 높이는 데는 힘쓰지 아니하며 소신들은 녹봉을 바치어 교제하는 데 힘쓰고, 관청일은 하지 아니하니 이렇게 하는 것은 임금이 위에서 법으로 엄단하지 아니하고 아랫사람을 믿고 하도록 놓아두는 데서 비롯된 것이다. 그런 까닭에 현명한 군주는 사람을 법에 맞게 가려쓰도록 하고 스스로 천거하지 아니하며 공적은 법에 따라 헤아리도록하며 스스로 헤아리지 아니한다. "

◎ 본문해설 ◎

- 臣曰(신왈) 은 한비자가 하는 말이다.
- 焉(언) 종결사 – 여기서는 긍정을 나타내나 의문을 나타내는 경우가 많다.
- 廷無人者(정무인자) 관형사 – 조정에 사람이 없는 것
- 非(비) 부정사 – **朝廷之衰也**를 부정하여 조정이 쇠퇴하였다는 것이 아니고
- 厚(후) 동사 – 두텁게 하다, 부강하게 한다
- 尊(존) 동사 – 높이다
- 祿(녹) 명사 – 봉급
- 奉(봉) 동사 – 바치다
- 由(유) 동사 – ~에 비롯된 것이다
- 斷(단) 동사 – 끊다, 결다, 엄단
- 擇(택) 동사 – 선택하다
- 擧(거) 동사 – 들다, 추천, 임용하다
- 量(량) 동사 – 헤아리다
- 度(탁) 동사 – 헤아린다는 뜻으로 쓰일 때는 "탁"으로 발음한다.

能者不可弊 敗者不可飾 譽者不能進

능 자	불 가	폐	패 자	불 가	식	예 자	불 능	진
(주)관	부정	(술)동	(주)관	부정	(술)동	(주)관	부정	(술)동

非者弗能退 則君臣之間 明辯而易治

비 자	불 능	퇴	즉	군 신 지 간	명	판	이	이	치
(주)관	부정	(술)동	(조)접	(주)관	(보)형	(술)동	(조)접	(술)형	(목)명

故主讎法則可也

고	주	수	법	즉	가	야
(부)부	(주)명	(술)동	(목)명	(조)접	(긍)긍	(조)종

" 유능한 사람을 폐인으로 만들어도 안되고, 실패한 사람을 꾸며 올려도 안되며,
칭찬받은 사람을 등용하여도 안되며 비난받은 사람을 물리쳐도 아니된다.
임금과 신하 사이가 확실하게 가리어져야 다스리기가 쉽다.
그런 까닭에 군주는 법과 한 짝이 되어 법으로 다스려야 한다. "

○ 본문해설 ○

- **弊**(폐) 동사 – 폐품으로 만들다
- **飾**(식) 동사 – 꾸미다, 장식하다
- **譽者**(예자) 관형사 – 칭찬받는 사람
- **進**(진) 동사 – 등용하다
- **非者**(비자) 관형사 – 비난받는 사람
- **退**(퇴) 동사 – 물리치다
- **辯**(판) 동사 – 가리다, 판단하다
- **讎**(수) 명사 – 짝(匹), 원수와 반대개념인데도 짝으로도 쓰인다.
- **不可**(불가), **不能**(불가), **弗能**(불가)은 모두 부정사이다.

賢者之爲人臣 北面委質 無有二心

현 자	지	위	인 신	북 면	위	지	무	유	이 심
(주)관	(조)후	(술)동	(목)관	(주)명	(술)동	(목)파동	부정	(술)동	(목)관

朝廷不敢辭賤 軍旅不敢辭難 順上之爲

조 정 불 감 사 천 군 여 불 감 사 난 순 상 지 위

(주)명 부정 (술)동 (목)명 (목)관 부정 (술)동 (목)명 (술)동 (목)관

從主之法 虛心以待令 而無是非也

종 주 지 법 허 심 이 대 령 이 무 시 비 야

(술)동 (목)관 (술)동 (목)명 (부)부 (술)동 (목)명 (조)접 (술)부정 (목)명 (조)종

故有口不以私言 有目不以私視 而上盡

고 유 구 불 이 사 언 유 목 불 이 사 시 이 상 진

(부)부 (술)형 (목)명 (술)부정 (목)관 (술)형 (목)명 (술)부정 (목)관 (조)접 (주)명 (부)부

制之 爲人臣者 譬之若手 上以修頭

제 지 위 인 신 자 비 지 약 수 상 이 수 두

(술)접미 (주)관 (보)접미 (술)형 (목)명 (주)명 (부)부 (술)동 (목)명

下而修足 清暖寒熱 不得不救入 鏌鋣

하 이 수 족 청 난 한 열 부 득 불 구 입 막 야

(주)명 (조)접 (술)동 (목)명 (주)명 (부정)중부 (술)접미 (주)고명

傳體 不敢弗搏 無私賢哲之臣 無私

전 체 불 감 불 박 무 사 현 철 지 신 무 사

(술)동 (목)명 (부정)중부 (술)동 (술)부정 (목)명 (보)관 (술)부정 (목)명

事能之士 故民不越鄉而交 無百里之慼

사 능 지 사 고 민 불 월 향 이 교 무 백 리 지 척

(보)관 (부)부 (주)명 부정 (술)동 (목)명 (조)접 (술)동 (술)부정 (목)관

貴賤不相踰 愚智提衡而立 治之至也

귀 천 불 상 유 우 지 제 형 이 립 치 지 지 야

(주)명 부정 (부)부 (술)동 (주)명 (술)동 (목)명 (조)접 (보)동 (주)접미 (술)동 (조)종

" 어진 사람이 남의 신하가 되어 신하로 맡겨지면 두 마음이 있을 수 없다. 조정에서 천한 자리라고 사양할 수 없고 군사에 관한 일에는 어려운 일이라 하여 사양할 수 없으며, 군주가 하는 일에 순종하고 군주의 법에 따라서 마음을 비우고,

명령을 기다릴 뿐 가부를 논평할 수 없다. 그런 까닭에 입이 있어도 사사로이 말을
할 수 없고 눈이 있어도 사사로이 볼 수 없다. 이 모든것을 군주가 제재하니 남의
신하된 사람은 비유하자면 손곽 같아서 위에서는 머리를 다듬고 아래에서는 발을 닦는다.
서늘하건 따뜻하건 춥건 더웁건 간에 돌보지 않을 수 없다.
막야의 날카로운 칼날이 몸에 다가오더라도 치지 않을 수 없다.
현철한 신하나 일에 유능한 선비는 사사로움이 없다.
그런 까닭에 백성들은 향리를 넘어 사귀는 일이 없으니 백리 밖에 친척이 없다.
귀하고 천한 사람이 서로 분수를 넘지 않고, 어리석은 사람이나 지혜로운 사람이
저울대를 잡고서면 다스림이 지극한 경지에 다다른다."

◎ 본문해설 ◎

- 賢者(현자) 관형사 – 어진 사람
- 委(위) 동사 – 맡기다
- 質(지) 피동사 – 전당 잡히다, 피동으로 쓰일때는 "지"로 발음
- 北面(북면) 명사 – 천자가 앉은 자리가 남쪽을 향하고 신하들은 북쪽으로 얼굴을 두른다. 그래서 신하를 이르는 말을 북면이라 한다.
- 不敢(불감) 부정사나 금지사로 보고 ~하지 못한다.
- 辭(사) 동사 – 버리다, 사양하다
- 賤(천) 명사 – 천한 것
- 軍旅(군여) 명사 – 군사에 관한 일
- 難(난) 명사 – 어려운 것
- 順(순) 동사 – 순종하다
- 上之爲(상지위) 관형사 – 윗사람이 하는 일
- 從(종) 동사 – 따르다
- 虛(허) 동사 – 비우다
- 待(대) 동사 – 기다리다
- 是(시) 옳은 것
- 非(비) 그른 것
- 視(시) 동사 – 보다
- 盡(진) 부사 – 모두
- 制之(제지) 접미사 – 제재하다
- 譬之(비지) 접미사 – 비유하면
- 爲人臣者(위인신자) 술목구조 – 爲 는 "~이 되다"이며 人은 남으로 풀어 남의 신하된 사람으로 해석한다. 爲人君者(남의 임금된 사람)과 같이 爲자가 "~되다" "~되어"로 많이 쓰이니 유의하여 두는 것이 좋다.
- 若(약) 형용사 – ~과 같다
- 修(수) 동사 – 닦다, 다듬다
- 淸(청) 명사 – 맑다, 시원하다
- 暖(난) 명사 – 따뜻하다
- 寒(한) 명사 – 차다, 춥다
- 熱(열) 명사 – 덥다
- 不得不(부득불) 이중부정사 – ~을 하지 않을 수 없다. 많이 쓰이는 관용어
- 鏌鋣(막야) 고유명사 – 명검의 이름
- 傅(전) 동사 – 전하다, 이르다
- 體(체) 명사 – 몸
- 搏(박) 동사 – 치다
- 弗(불) 不과 같은 부정사이나 不보다 부정의 의미가 강하다

- **不敢弗**(불감불) 은 **不得不**과 같다
- **慼**(척) 명사 – 인척, 친척
- **愚**(우) 형용사 – 어리석다
- **提**(제) 동사 – 들다, 잡다
- **哲**(철) 형용사 – 밝고 슬기로움
- **踰**(유) 동사 – 넘다, 넘어가다
- **智**(지) 형용사 – 지혜롭다
- **衡**(형) 명사 – 저울대

今夫輕爵祿 易去亡 以擇其主 臣不謂廉

금 부 경 작 록 이 거 망 이 택 기 주 신 불 위 렴

(부)부 (발)발 (술)형 (목)명 (부)부 (술)동 (부)부 (술)동 (지)지 (목)명 (주)명 부정 (술)동 (목)명

詐說逆法 倍主强諫 臣不謂忠 行惠施利

사 설 역 법 배 주 강 간 신 불 위 충 행 혜 시 리

(술)동 (목)명 (술)동 (목)명 (술)동 (목)명 (부)부 (술)동 (주)명 부정 (술)동 (목)명 (술)동 (목)명 (술)동 (목)명

收下爲名 臣不謂仁 離俗隱居 而以非上

수 하 위 명 신 불 위 인 이 속 은 거 이 이 비 상

(술)동 (목)명 (술)동 (목)명 (주)명 부정 (술)동 (목)명 (술)동 (목)명 (주)형 (술)동 (조)접 (부)부 (술)동 (목)명

臣不謂義 外使諸侯 內耗其國 伺其

신 불 위 의 외 사 제 후 내 모 기 국 사 기

(주)명 부정 (술)동 (목)명 (부)부 (술)동 (목)명 (부)부 (술)동 (지)지 (목)명 (술)동 (지)지

危險之陂 以恐其主 曰交非我不親 怨非

위 험 지 피 이 공 기 주 왈 교 비 아 불 친 원 비

(목)관 (부)부 (술)동 (지)지 (목)명 (술)동 (주)명 부정 (주)인대 부정 (술)동 (주)명 부정

我不解 而主乃信之 以國聽之 卑主之名

아 불 해 이 주 내 신 지 이 국 청 지 비 주 지 명

(주)인대 부정 (술)동 (조)접 (주)명 (부)부 (술)접미 (부)부 (주)명 (술)접미 (술)동 (목)관

以顯其身 毁國之厚 以利其家 臣不謂智

이 현 기 신 훼 국 지 후 이 리 기 가 신 불 위 지

(부)부 (술)동 (지)지 (목)명 (술)동 (목)관 (부)부 (술)동 (지)지 (목)명 (주)명 부정 (술)동 (목)명

此數物者 險世之說也 而先王之法所簡也

차	수 물 자	험 세 지 설	야	이	선 왕 지 법	소 간	야
(지)지	(주)관	(술)관	(조)종	(조)접	(주)관	(술)접두	(조)종

" 지금 대저 그 벼슬자리와 녹봉이 가볍다 하여 쉽게 떠나 그 임금을 선택하는 신하를 청렴하다 말할 수 없고, 속이는 말과 법을 어기면서 그 임금을 배반하고 강경하게 간하는 신하를 충성스럽다 말할 수 없을 것이며, 혜택을 주고 이익을 베풀어 아랫사람의 마음을 거두는 것을 명분으로 삼는 신하를 어질다고 말할 수 없다. 속세를 떠나 숨어살면서 임금을 비난하는 신하를 의롭다 말할 수 없으며, 밖으로 제후들을 사주하고 안으로 국력을 소모하다가 위험하게 기울어지는 지경임을 엿보아 그 임금을 두렵게 하여 외교문제는 내가 아니면 가깝게 할 수 없고, 원한도 내가 아니면 풀 수 없다고 말하여, 이에 임금이 믿고 온 나라가 그의 말을 듣게 하여 임금의 명성은 낮추고 그의 몸을 드러내게 하여 나라의 두터움(재정)을 헐러내 그 집을 이롭게 하는 신하를 지혜롭다 할 수 없을 것이니 이 몇가지 일들은 험난한 세상의 이야기로 선왕의 법을 무시한 것이다.

◎ 본문해설 ◎

- **夫**(부) 발어사로 많이 쓰이며 문장을 해석하는 데 뜻을 매기지 아니해도 문맥에 영향을 끼치지 아니한다.
- **爵**(작) 명사 – 작위, 벼슬의 높고 낮음
- **祿**(녹) 명사 – 녹봉
- **廉**(렴) 명사 – 청렴함
- **亡**(망) 동사 – 망하다, 없어지다, 도망하다
- **逆**(역) 동사 – 거꾸로하다, 거역하다
- **倍**(배) 동사 – 배반하다
- **諫**(간) 동사 – 신하가 임금에게 자기의 뜻을 피력해 올림
- **惠**(혜) 명사 – 은혜, 혜택
- **施**(시) 동사 – 시행하다, 베풀다
- **收**(수) 동사 – 거두어들임
- **名**(명) 명사 – 이름, 명성
- **離**(리) 동사 – 헤어지다, 떠나다
- **俗**(속) 명사 – 속세
- **隱**(은) 동사 – 숨다
- **義**(의) 명사 – 의리, 의로움
- **耗**(모) 동사 – 닳다, 소모하다
- **伺**(사) 동사 – 엿보다
- **險**(험) 명사 – 위험, 험함
- **陂**(피) 동사 – 기울어지다
- **恐**(공) 동사 – 두렵게하다
- **怨**(원) 명사 – 원망
- **解**(해) 동사 – 풀다
- **聽**(청) 동사 – 듣다

• 卑(비) 동사 – 낮추다
• 顯(현) 동사 – 나타나다
• 毁(훼) 동사 – 헐다, 손상하다
• 厚(후) 형용사 – 두텁다
• 數物者(수물자) 관형사 – 몇가지 이야기
• 所簡(소간) 접두사 – 간략하게 한것, 빼버린 것, 무시한 것
• 先王(선왕) 堯(요), 舜(순), 禹(우), 湯(탕), 文王(문왕), 武王(무왕)을 말한다.

先王之法曰 臣毋或作威 毋或作利
선 왕 지 법 왈 신 무 혹 작 위 무 혹 작 리
(주)관 (술)동 (주)명 (금)지 (부)부 (술)동 (목)명 (금)금 (부)부 (술)동 (목)명

從王之指 毋或作惡 從王之路 古者世
종 왕 지 지 무 혹 작 악 종 왕 지 로 고 자 세
(술)동 (목)관 (금)금 (부)부 (술)동 (목)명 (술)동 (목)관 (부)관 (주)명

治之民 奉公法廢私術 專意一行 具以
치 지 민 봉 공 법 폐 사 술 전 의 일 행 구 이
(술)접미 (목)명 (술)동 (목)명 (술)동 (목)관 (술)동 (목)명 (주)수 (술)동 (보)동 (부)부

待任 夫爲人主 而身察百官 則日不足
대 임 부 위 인 주 이 신 찰 백 관 즉 일 부 족
(술)동 (목)명 (발)발 (목)명 (조)접 (부)부 (술)동 (목)관 (조)접 (주)명 부정 (술)형

力不給 且上用目 則下飾觀 上用耳
력 불 급 차 상 용 목 즉 하 식 관 상 용 이
(주)명 (부)부 (술)동 (조)접 (주)명 (술)동 (목)명 (조)접 (주)명 (술)동 (목)동명 (주)명 (술)동 (목)명

則下飾聲 上用慮 則下繁辭 先王以
즉 하 식 성 상 용 려 즉 하 번 사 선 왕 이
(조)접 (주)명 (술)동 (목)명 (주)명 (술)동 (목)명 (조)접 (주)명 (술)동 (목)명 (주)관 (조)후

三者爲不足 故舍己能而因法數 審賞罰
삼 자 위 부 족 고 사 기 능 이 인 법 수 심 상 벌
(보)관 (술)동 부정 (목)명 (부)부 (술)동 (목)관 (조)접 (술)동 (목)관 (술)동 (목)명

先王之所守要 故法省而不侵

선 왕 지 소 수 요 고 법 생 이 불 침

(술)관 (부)부 (주)명 (술)동 (조)접 부정 (목)동명

獨制四海之內

독 제 사 해 지 내

(부)부 (술)동 (목)관

" 선왕의 법은 말한다. 신하된 사람은 혹시라도 위엄을 짓지 말며 혹시라도 이익이 되는 일을 도모하지 말것이며, 임금이 가리키는 바에 따라 혹시라도 악한 일을 하지 말고, 임금이 가는 길로 따라가야 할 것이다. 옛날에는 세상의 백성을 다스림에 공공의 법을 받들고 사사로운 꾀는 버리고 생각을 오로지 하여 한 길로 나아가면서 행할 바를 갖추어 맡을 바를 기다렸다. 대체로 남의 임금된 사람이 백관을 몸소 살피려면 시간도 부족하고 힘도 미치지 못한다. 또한 윗사람이 눈을 쓰면 아랫사람은 보이기를 꾸미고 윗사람이 귀를 쓰면 아랫사람은 소리를 꾸민다. 윗사람이 생각하는 데 힘쓰면 아랫사람은 말이 많아진다. 선왕은 이 세가지로서는 부족하다 하였다. 그런 까닭에 자기의 능력을 버리고 법수에 근거하여 상과 벌을 살피는 것이 선왕이 긴요하게 지키는 바다. 그런 까닭에 법 없이도 침범됨이 없이 홀로 사해안을 제도하였다."

○ 본문해설 ○

- **毋**(무) **無**와 같이 부정사나 금지사로 쓰이나 **無**보다 강도가 세다
- **或**(혹) 부사 – 혹시
- **威**(위) 명사 – 위엄
- **指**(지) 명사 – 가리키는 방향
- **惡**(악) 명사 – 악하다. 싫다는 뜻으로 쓰일 때는 "오"로 읽는다.
- **路**(로) 명사 – 길, 노선
- **廢**(폐) 동사 – 헤어지다, 폐기하다
- **專**(전) 동사 – 오로지
- **給**(급) 동사 – 주다, 공급
- **觀**(관) 동명사로 쓰여 보이는 것
- **慮**(려) 명사 – 생각
- **奉**(봉) 동사 – 받들다
- **術**(술) 명사 – 꾀
- **察**(찰) 동사 – 살피다
- **飾**(식) 동사 – 꾸미다
- **聲**(성) 명사 – 소리
- **繁**(번) 동사 – 번거롭다, 자주

- **數**(수) 동사 – 헤아리다
- **省**(생) 동사 – 생략하다
- **獨**(독) 부사 – 홀로, 유독
- **罰**(벌) 명사 – 벌
- **侵**(침) 동명사 – 침범하는 것

聰智不得用其詐 險躁不得關其佞

총 지 부 득 용 기 사 험 조 부 득 관 기 영

(주)명 부정 (술)동 (지)지 (목)명 (주)명 부정 (술)동 (지)지 (목)명

姦邪無所依 遠在千里外 不敢易其辭

간 사 무 소 의 원 재 천 리 외 불 감 역 기 사

(주)명 부정 (보)접두 (부)부 (술)형 (목)관 부정 (술)동 (지)지 (목)명

勢在郎中 不敢蔽善飾非

세 재 낭 중 불 감 폐 선 식 비

(주)명 (술)동 (목)명 부정 (술)동 (목)명 (술)동 (목)명

朝廷羣下直湊單微 不敢相踰越

조 정 군 하 직 진 단 미 불 감 상 유 월

(주)관 부정 (부)부 (술)동

故治不足而日有餘 上之任勢使然也

고 치 부 족 이 일 유 여 상 지 임 세 사 연 야

(부)부 (주)명 (술)형 (조)접 (주)명 (술)형 (목)명 (주)관 (술)긍 (조)종

"총명한 사람이나 지혜있는 사람이라도 속임수를 쓸 수 없고,
험하고 성미급한 사람이라도 간교한 재주의 자물통을 풀 수 없으며,
간사하고 사특한 사람이라도 멀리 천리 밖에 있는 일에 의지하여 말을 바꿀 수 없다.
세력이 낭중에 있다 할지라도 착함을 가리고 비리에 분칠을 할 수는 없다.
조정의 뭇 신하와 아래로 이어지는 많고 적은 관원은 서로 직분을 넘어서
월권하지 못하였다. 그런 까닭에 다스릴 일은 적고 날짜는 남는다.
임금이 일 맡기는 사세가 그러하기 때문이다."

◎ 본문해설 ◎

- 聰(총) 명사 – 총명
- 智(지) 명사 – 지혜
- 用詐(용사) 의 用은 使命처럼 뒤에 오는 동사를 사역태로 만들어 속이도록의 뜻이 되게 한다.
- 詐(사) 명사 – 속이는 것.
- 險(험) 명사 – 험함
- 躁(조) 명사 – 조급함
- 關(관) 명사 – 자물통, 빗장, 길목
- 不得(부득) 부정사 – ~하지 못한다
- 佞(영) 명사 – 말을 잘함, 재주
- 所依(소의) 접두사 – 의지할 곳
- 遠(원) 부사 – 멀리
- 不敢(불감) 부정사 – ~하지 못한다
- 辭(사) 명사 – 말
- 勢(세) 명사 – 대세, 세력
- 郎中(낭중) 궁중의 벼슬이름, 옛날 남자 무당을 낭중이라고도 하였음.
- 蔽(폐) 동사 – 가리다
- 飾(식) 동사 – 꾸미다
- 非(비) 명사 – 비리
- 羣(군) 명사 – 무리, 뭇
- 溱(진) 형용사 – 많다
- 單(단) 명사 – 홀, 낫개
- 微(미) 형용사 – 작다, 미미하다
- 越(월) 동사 – 넘다
- 聰智(총지) 명사 – 총명한 사람이나 지혜로운 사람으로 主語이다.
- 險躁(험조) 명사 – 험한 사람이나 성미급한 사람으로 主語로 쓰였다.
- 朝廷群下直溱單微(조정군하직진단미) 관형사 – 조정의 뭇 신하와 아래로 이어지는 많고 적은 관원으로 주어이다.
- 上之任勢使(상지임세사) 관형사 – 임금이 일 맡기는 사세로 주어로 쓰임.
- 然(연) 긍정사 – 그러하다, 이러하다

夫人臣之侵其主也 如地形焉 卽漸以往

부 인 신 지 침 기 주 야 여 지 형 언 즉 점 이 왕

(발)발 (주)관 (조)후 (술)동 (지)지 (목)명 (조)접 (술)형 (목)관 (조)종 (조)접 (부)부 (술)동

使人主失端 東西易面 而不自知

사 인 주 실 단 동 서 역 면 이 불 자 지

(사)사동 (주)관 (술)동 (목)명 (주)명 (술)동 (목)명 (조)접 부정 (부)부 (술)동

故先王立司南 以端朝夕 故明主使其

고 선 왕 립 사 남 이 단 조 석 고 명 주 사 기

(부)부 (주)관 (술)동 (목)명 (부)부 (술)동 (목)명 (부)부 (주)관 (술)사동 (지)지

羣臣 不遊意於法之外 不爲惠於法之内

군 신 불 유 의 어 법 지 외 불 위 혜 어 법 지 내

(목)명 부정 (술)동 (목)명 (조)전 (보)관 부정 (술)동 (목)명 (조)전 (보)관

動無非法 法所以 凌過遊外私也

동 무 비 법 법 소 이 능 과 유 외 사 야

(술)동 부정 (보)명 (주)명 (부)부 (술)동 (목)명 (술)명 (조)종

“ 남의 신하된 사람이 그 임금을 침범하는 것이 지형과 같아서 즉 점차로 다가가서 임금으로 하여금 단서를 잃게 하여 동쪽과 서쪽의 면이 바뀐 것을 스스로 알지 못하게 한다. 그런 까닭에 선왕은 사남(司南)을 세워 조석을 바로 잡았다. 그런 까닭에 밝은 임금은 여러 신하들로 하여금 법 밖에서 아무 생각도 못하게 하고 법의 테두리 안이라 하더라도 사사로운 혜택은 줄 수 없게 하였다. 법이 아니면 어떤 행동도 할 수 없었다. 법 만으로 행동할 수 있는 까닭은 법 밖에서 행한 일은 사사로운 것이기 때문이다. ”

◎ 본문해설 ◎

- **侵**(침) 동사 – 침범
- **漸**(점) 부사 – 점점
- **使**(사) 는 뒤에오는 동사를 타동으로 만들어 타동태를 만든다. 즉 **失**(실)의 뜻이 “잃어버리게하다”가 된다.
- **司南**(사남) 지남거(**指南車**)를 말한다. 지남거란 수레위에 신선 모양의 입상을 세워 수레가 달리는 방향과는 상관없이 신선의 손가락이 항상 남쪽을 가리키게 만든 지남차이다.
- **凌過遊**(능과유) 동사 – 이르러 지나서 놀다, 행동하다
- **端**(단) 명사 – 단서
- **過**(과) 동사 – 지나다
- **遊**(유) 동사 – 놀다, 행위
- **凌**(능) 동사 – 지나다, 이르다

嚴刑所以遂令懲下也 威不貸錯 制不共門

엄 형 소 이 수 령 징 하 야 위 불 대 조 제 불 공 문

(술)동 (목)명 (부)부 (술)동 (목)명 (술)동 (목)명 (조)종 (주)명 부정 (술)동 (주)명 부정 (술)동 (목)명

威制共 則衆邪彰矣 法不信 則君行危矣

위 제 공 즉 중 사 창 의 법 불 신 즉 군 행 위 의

(주)명 (술)동 (조)접 (주)관 (술)동 (조)종 (주)명 부정 (술)동 (조)접 (주)명 (보)명 (술)동 (조)종

刑不斷 則邪不勝矣 故曰 巧匠目意中繩

형 부 단 즉 사 불 승 의 고 왈 교 장 목 의 중 승

(주)명 부정 (술)동 (조)접 (주)명 부정 (술)동 (조)종 (부)부 (술)동 (주)관 (보)명 (술)동 (목)명

然必先以規矩爲度 上智捷擧中事 必以

연 필 선 이 규 구 위 탁 상 지 첩 거 중 사 필 이

(부)부 (주)명 (술)동 (목)명 (주)관 (부)부 (술)동 (술)동 (목)명 (부)부

先王之法爲比 故繩直而枉木斲 準夷而

선 왕 지 법 위 비 고 승 직 이 왕 목 단 준 이 이

(주)관 (술)동 (목)명 (부)부 (주)명 (술)동 (조)접 (주)관 (술)동 (술)동 (목)명 (조)접

高科削 權衡縣而重益輕 斗石設而多

고 과 삭 권 형 현 이 중 익 경 두 석 설 이 다

(주)관 (술)동 (주)명 (술)동 (조)접 (주)명 (술)동 (목)명 (주)명 (술)동 (조)접 (주)명

益少 故以法治國 擧措而已矣

익 소 고 이 법 치 국 거 조 이 이 의

(술)동 (목)명 (부)부 (주)명 (술)동 (목)명 (술)동 (목)명 (조)한종

" 형벌을 엄하게 하는 것은 명령을 따르게 하기 위하여 아랫사람을 징계하는 것이다. 임금의 위엄은 아랫사람에게 빌려주는 것이 아니다. 제재를 내리는 것은 나가는 문을 함께 하지 않는다. 위엄과 제재를 내리는 것을 신하와 함께하면 여러가지 사악한 일이 나타날 것이다. 법이 믿음성이 없으면 임금의 하는 일이 위태로울 것이며 형을 단호하게 하지 않으면 사악한 것을 이기지 못할 것이다. 그러한 까닭에 말하기를 재주있는 장인 즉 목수는 눈어림과 마음속으로도 먹줄을 맞게 놓는다.

그러나 반드시 그림쇠와 곡척으로 먼저 잰다. 지혜로운 임금은 일을 빨리 처리해도 사리에 맞게 할 수 있으나 반드시 선왕의 법도에 맞는지 비교하여 본다. 그런 까닭에 먹줄을 곧게 튕겨 굽은 나무는 잘라내고 평평한 것을 기준으로 높은 것은 깎아내며 저울로 달아서 무거운 것은 털어내 가벼운 것에 보태고 말과 섬을 설치하고 많은 것은 털어서 작은 것에 보태준다. 그런 까닭에 법으로 나라를 다스리는 것은(법을 들어 다스리는 대상 위에다 갖다 놓은 것) 들어 놓는 것 뿐이다. ”

◎ 본문해설 ◎

- 嚴(엄) 동사 – 엄단하다
- 令(령) 명사 – 명령
- 貸錯(대조) 동사 – 빌려주는 것
- 錯(조) 동사 – 놓다
- 斷(단) 동사 – 끊어버림, 단호하다
- 巧(교) 형용사 – 공교하다
- 繩(승) 명사 – 새끼줄, 먹줄
- 矩(구) 명사 – 곡척, 굽은 길이를 재는 기구
- 捷(첩) 부사 – 민첩하게
- 爲比(위비) 동사 – 비교하다
- 遂(수) 동사 – 좇다, 따르다
- 懲(징) 동사 – 징계하다
- 貸(대) 동사 – 빌려주다
- 彰(창) 동사 – 표가 나다, 나타내다
- 勝(승) 동사 – 이기다
- 匠(장) 명사 – 장인
- 規(규) 명사 – 법규, 그림쇠 : 길이를 재는 기구
- 度(탁) 동사 – 재다
- 中(중) 동사 – 과녁에 적중하다
- 枉(왕) 형용사 – 굽다
- 斲(단) 은 斷(단)과 같은 글자로 끊다, 자르다, 단호하다
- 準(준) 동사 – 기준으로 삼다
- 科(과) 명사 – 과정, 근본, 조목
- 權(권) 명사 – 저울
- 縣(현) 동사 – 매달다
- 而已矣(이이의) 한정종결사 – ~할 뿐이다
- 夷(이) 명사 – 오랑캐, 평평하다
- 削(삭) 동사 – 깍다
- 衡(형) 명사 – 저울대
- 措(조) 동사 – 두다

法	不	阿	貴	繩	不	撓	曲	法	之	所	加	智	者
법	불	아	귀	승	불	요	곡	법	지	소	가	지	자
(주)명	부정	(술)동	(목)명	(주)명	부정	(술)동	(목)명	(보)명	(조)후	(술)접두		(주)관	

弗能辭 勇者不敢爭 刑過不避大臣

불 능 사 용 자 불 감 쟁 형 과 불 피 대 신

부정 (술)동 (주)관 부정 (술)동 (주)명 (술)동 부정 (술)동 (목)명

賞善不遺匹夫 故矯上之失 詰下之邪

상 선 불 유 필 부 고 교 상 지 실 힐 하 지 사

(술)동 (목)명 부정 (술)동 (목)명 (부)부 (술)동 (목)관 (술)동 (목)관

" 법은 귀한 것에 아부하지 않고 먹줄은 굽은 것에 굽히지 않는다. 법이 적용되는 곳에는 지혜로운 사람도 빠져나갈 수 없고 용감한 사람도 다툴 수가 없다. 벌 받는 것은 대신도 피할 수 없고, 착해서 상받는 것은 필부라 할지라도 빠트리지 않는다. 그렇기 때문에 윗사람의 잘못을 교정하고 아랫사람의 간사함을 힐책한다. "

○ 본문해설 ○

- 阿(아) 동사 – 아부하다
- 曲(곡) 굽다
- 勇(용) 형용사 – 용맹스러움
- 過(과) 동사 – 지나다, ~을 받다
- 遺(유) 동사 – 버리다, 빠지다
- 詰(힐) 동사 – 힐책하다, 나무라다
- 撓(요) 동사 – 굽히다
- 辭(사) 동사 – 버리다
- 爭(쟁) 동사 – 다투다, 싸우다
- 避(피) 동사 – 피하다
- 矯(교) 동사 – 바로잡다, 교정하다
- 邪(사) 명사 – 사악함

治亂決繆 絀羨齊非 一民之軌 莫如法

치 란 결 무 출 이 제 비 일 민 지 궤 막 여 법

(술)동 (목)명 (술)동 (목)명 (술)동 (목)명 (술)동 (목)명 (주)관 (비)비 (술)명

屬官威民 退淫殆止詐僞 莫如刑

속 관 위 민 퇴 음 태 지 사 위 막 여 형

(술)동 (목)명 (술)동 (목)명 (술)동 (목)명 (술)동 (목)명 (비)비 (보)명

刑重則不敢以貴易賤 法審則上尊而

형 중 즉 불 감 이 귀 이 천 법 심 즉 상 존 이

(주)명 (술)형 (조)접 부정 (부)부 (주)명 (술)동 (목)명 (주)명 (술)동 (조)접 (주)명 (술)동 (조)접

不侵 上尊而不侵 則主强而守要

불 침 상 존 이 불 침 즉 주 강 이 수 요

부정 (술)동 (주)명 (술)동 (조)접 부정 (술)동 (조)접 (주)명 (술)형 (조)접 (술)동 (목)명

故先王貴之而傳之 人主釋法用私

고 선 왕 귀 지 이 전 지 인 주 석 법 용 사

(부)부 (주)관 (술)접미 (조)접 (술)접미 (주)관 (술)동 (목)명 (술)동 (목)명

則上下不別矣

즉 상 하 불 별 의

(조)접 (주)명 부정 (술)동 (조)종

" 어지러운 것을 다스리고 엉킨 것을 풀며 남는 것은 버리고 잘못된 것을 가지런히 하여 백성이 한 길로 나가게 하는 것은 법보다 더 좋은 것이 없다. 관리들을 소속감있게 하고 백성들에겐 위엄을 보이며 음란한 것과 위태로운 것을 물리치고 속이고 거짓을 멎게 하는 것은 형벌보다 더 좋은 것은 없다. 형벌이 중하면 귀하다고 감히 천한 것을 쉽게 여기지 못하고 법이 자세히 살피면 임금을 높이며 침범하지 못한다. 임금이 존경을 받고 임금의 존엄성이 침범당하지 않으면 임금은 강력하게 긴요한 통치권을 지킬 수 있다. 그런까닭에 선왕은 이를 귀하게 여겨 후세에 전하였다. 남의 임금된 사람이 공법을 버리고 사사로운 법을 쓰면 위 아래의 구별이 없어지게 될 것이다. "

◎ 본문해설 ◎

- 決(결) 동사 – 풀다
- 繆(무) 명사 – 엉킨 것, 잘못되다란 뜻으로 쓰일 때에는 "류"로 읽는다.
- 絀(출) 동사 – 물리치다, 버리다
- 齊(제) 동사 – 가지런히 하다
- 羨(이) 명사 – 넓은 것, 여유가 있는 것
- 軌(궤) 명사 – 차 바퀴가 지나간 자리

- **莫如**(막여) 비교사 – ~보다 나은 것이 없다
- **淫**(음) 명사 – 음란하다
- **釋**(석) 동사 – 버리다
- **屬**(속) 동사 – 소속하다
- **殆**(태) 명사 – 위태하다

韓非子(한비자)는 법치주의 자로 나라는 법의 기본틀 속에서 운영되어야 하며 관리나 백성, 임금까지도 법앞에서는 자유로울 수 없다고 하였다. 형벌은 말할 것도 없고 상을 주는 것이나 벌을 주는 것을 법에 의하지 않고 자량(**自量**)으로 하게되면 사사로움이 개입되어 공정하지 못하다고 하였다.

관리를 임용하는 것, 역시 세간의 평판이 좋다고 하여 임용하고 세간의 평판이 나쁘다고 버리지 말고 오직 법이 정한 바에 따라야 한다고 주장하였다.

한비자의 논문을 읽은 진시황(**秦始皇**)은 탄복하여 한번 만나보기를 원하였다고 한다. 그리하여 그들은 만났으나 재상 이사(**李斯**)에 의하여 죽음의 길이 되고 말았다.

5. 墨子 (묵자)

(1) 兼愛篇(上) (겸애편–상)

墨子(묵자) : 480~390 BC

중국 춘추전시대(**春秋時代**) 노(**魯**)나라 사람으로 이름은 적(**翟**)이다.

제학파의 하나인 묵가(**墨家**)의 시조(**始祖**)이며, 난세(**亂世**)의 원인은 사람들에게 사랑이 부족하기 때문이라고 말하고 겸애설(**兼愛說**)을 주장하고 실천 방법으로 근검절약을 권유하였다. 그리고 세상의 모든 사람은 평등하며 대취편(**大取篇**)에 세상에는 남이없다(**天下無人**)고 하였다.

聖人 以治天下爲事者也 必知亂之所自起

성인 / 이 치 / 천하 / 위 사 자 / 야 / 필 지 / 난 지 소 자 기

(주)명 / (부)부 (술)동 / (목)명 / (보)관 / (조)종 / (부)부 (술)동 / (목)관

焉能治之? 不知亂之所自起 則不能治

언 능 치 지 / 부 지 / 난 지 소 자 기 / 즉 불 능 치

(의)의 (부)부 (술)접미 / 부정 (술)동 / (목)관 / (조)접 부정 (술)동

譬之 如醫之攻人之疾者然 必知

비 지 여 의 지 공 인 지 질 자 연 필 지

(보)접미 (보)형 (주)명 (조)후 (술)동 (목)관 (조)접 (부)부 (술)동

疾之所自起 焉能攻之? 不知疾之所自起

질 지 소 자 기 언 능 공 지 부 지 질 지 소 자 기

(목)관 (의)의 (부)부 (술)접미 부정 (술)동 (목)관

則弗能攻 治亂者 何獨不然?

즉 불 능 공 치 란 자 하 독 불 연

(조)접 부정 (술)동 (주)동명 (의)의 (부)부 부정 (술)형

必知亂之所自起 焉能治之? 不知

필 지 란 지 소 자 기 언 능 치 지 부 지

(부)부 (술)동 (목)관 (의)의 (부)부 (술)접미 부정 (술)동

亂之所自起 則弗能治 聖人以治天下

란 지 소 자 기 즉 불 능 치 성 인 이 치 천 하

(목)관 (조)접 부정 (술)동 (주)명 (부)부 (술)동 (목)명

爲事者也 不可不察亂之所自起

위 사 자 야 불 가 불 찰 란 지 소 자 기

(보)관 (조)종 (부정)중부 (술)동 (목)관

" 성인은 천하를 다스리는 것을 일로 삼은 사람이니 어지러움이 스스로 일어난 곳을 반드시 안다면 어찌 능히 다스려지지 않겠는가? 어지러움이 스스로 일어난 곳을 알지 못하면 다스릴 수 없는 것이다. 비유하면 의사가 남의 병을 고치는 것과 같다. 그러하니 병이 스스로 발생한 원인을 반드시 안다면 능히 고칠 수 있지 않겠는가? 병이 발생한 원인을 모르면 고칠 수 없는 것이다. 어지러움을 다스리는 것도 어찌 유독히 이와 같지 않겠는가? 어지러움이 발생하는 원인을 반드시 알면 능히 다스려지지 않겠는가? 어지러움이 발생한 원인을 모르면 다스려지지 않을 것이다. 성인은 천하를 다스리는 것을 일로 삼는 사람으로 어지러움이 발생하는 곳(원인)을 살펴보지 않을 수 없을 것이다. "

○ 본문해설 ○

- 疾(질) 명사 – 병, 질병
- 攻(공) 동사 – 공격하다, 치료하다
- 焉(언) 의문사 – 어찌~하지 않겠는가?
- 醫(의) 명사 – 의원, 의사
- 獨(독) 부사 – 홀로, 유독
- 爲事者(위사자) 관형사 – 일로 삼는 사람
- 起(기) 동사 – 일어나다
- 亂(란) 명사 – 혼란, 어지러움
- 譬(비) 형용사 – 비유하다
- 弗(불) 不과 같은 부정사
- 察(찰) 동사 – 살피다
- 治之(치지) 접미사 – 다스리다
- 亂之所自起(난지소자기) 관형사 – 어지러움이 스스로 일어난 곳
- 人之疾者(인지질자) 관형사 – 남에게 생긴 병

當察亂何自起 起不相愛 臣子之不孝
당 찰 난 하 자 기 기 불 상 애 신 자 지 불 효
(부)부 (술)동 (목)명 (의)의 (부)부 (보)동 (주)동명 부정 (부)부 (술)동 (주)명 (조)후 부정 (술)동

君父 所謂亂也 子自愛 不愛父 故虧
군 부 소 위 란 야 자 자 애 불 애 부 고 휴
(목)명 (술)접두 (목)명 (조)종 (주)명 (부)부 (술)동 부정 (술)동 (목)명 (부)부 (술)동

父而自利 弟自愛 不愛兄 故虧兄而
부 이 자 리 제 자 애 불 애 형 고 휴 형 이
(목)명 (조)접 (주)명 (술)동 (주)명 (부)부 (술)동 부정 (술)동 (목)명 (부)부 (술)동 (목)명 (조)접

自利 臣自愛 不愛君 故虧君而自利
자 리 신 자 애 불 애 군 고 휴 군 이 자 리
(주)명 (술)동 (주)명 (부)부 (술)동 부정 (술)동 (목)명 (부)부 (술)동 (목)명 (조)접 (주)명 (술)동

此所謂亂也
차 소 위 난 야
(지)지 (술)접두 (목)명 (조)종

" 어찌하여 어지러움이 일어나는가를 살펴보면 마땅하게도 어지러움이 일어나는 것은 서로 사랑하지 않기 때문이다. 신하와 아들이 임금과 아버지에게 효도하지 않음을

일러 어지러움이라고 한다. 아들은 스스로는 사랑하는 데 아버지를 사랑하지 않는다.
그러므로 아들은 아버지를 헐어서 자기를 이롭게 한다.
동생은 스스로는 사랑하는 데 형을 사랑하지 않는다. 그런 까닭에 동생은 형것을
헐어서 자기를 이롭게 한다. 그런 까닭에 신하는 임금 것을 헐어서 자기 이익으로 삼는다.
이를 일러서 어지러운 것이라 한다."

雖父之不慈子 兄之不慈弟 君之不慈臣

수 부 지 불 자 자 형 지 불 자 제 군 지 불 자 신

(부)부 (주)명 (조)후 부정 (술)동 (목)명 (주)명 (조)후 부정 (술)동 (목)명 (주)명 (조)후 부정 (술)동 (목)명

此亦天下之所謂亂也 父自愛也 不愛子

차 역 천 하 지 소 위 란 야 부 자 애 야 부 애 자

(지)지 (부)부 (주)명 (조)후 (술)접두 (목)명 (조)종 (주)명 (부)부 (술)동 (조)접 부정 (술)동 (목)명

故虧子而自利 兄自愛也 不愛弟

고 휴 자 이 자 리 형 자 애 야 불 애 제

(부)부 (술)동 (목)명 (조)접 (주)명 (술)동 (주)명 (부)부 (술)동 (조)접 부정 (술)동 (목)명

故虧弟而自利 君自愛也 不愛臣

고 휴 제 이 자 리 군 자 애 야 불 애 신

(부)부 (술)동 (목)명 (조)접 (주)명 (술)동 (주)명 (부)부 (술)동 (조)접 부정 (술)동 (목)명

故虧臣而自利 是何也 皆起不相愛

고 휴 신 이 자 리 시 하 야 개 기 불 상 애

(부)부 (술)동 (목)명 (조)접 (주)명 (술)동 (지)지 (의)의 (조)종 (부)부 (술)동 부정 (부)부 (술)동

" 비록 아버지가 아들을 사랑하지 않고 형이 동생을 사랑하지 않으며 임금이 신하를
사랑하지 않는다, 이 역시 천하가 어지러운 것이라 이르는 바다. 아버지는 스스로를
사랑하면서 자식은 사랑하지 않는다. 그런 까닭에 아버지는 자식의 것을 헐어서 자기를
이롭게 한다. 형은 자신은 사랑하면서 동생은 사랑하지 않는다. 그런 까닭에 형은 동생의
것을 헐어서 자기를 이롭게 한다. 임금은 스스로는 사랑하는 데 신하는 사랑하지 않는다.
그런 까닭에 임금은 신하의 것을 헐어서 자기의 이익으로 삼는다.

이런 것이 무슨 까닭일까? 모두가 서로 사랑하지 않는 데서 일어난 것이다. ”

○ 본문해설 ○

- 雖(수) 부사 – 비록
- 利(리) 동사 – 이롭게 하다
- 慈(자) 동사 – 사랑하다
- 虧(휴) 동사 – 손상시키다, 헐어내다, 털어내다

雖至天下之爲盜賊者 亦然 盜愛其室

수 지 천 하 지 위 도 적 자 역 연 도 애 기 실

(부)부 (주)관 (부)부 (술)긍 (주)명 (술)동 (지)지 (목)명

不愛其異室 故竊異室以利其室

불 애 기 이 실 고 절 이 실 이 이 기 실

부정 (술)동 (지)지 (목)관 (부)부 (술)동 (목)관 (부)부 (술)동 (지)지 (목)명

賊愛其身 不愛人 故賊人以利其身此

적 애 기 신 불 애 인 고 적 인 이 이 기 신 차

(주)명 (술)동 (지)지 (목)명 부정 (술)동 (목)명 (부)부 (술)동 (목)명 (부)부 (술)동 (지)지 (목)명 (지)지

何也 皆起不相愛

하 야 개 기 불 상 애

(의)의 (조)종 (부)부 (술)동 부정 (부)부 (술)동

“ 가령 천하의 도둑놈도 역시 그러하다. 도둑도 제 집은 사랑하고 남의 집은 사랑하지 않기 때문에 다른 집에서 도둑질하여 제 집을 이롭게 하고 도적도 자기 몸은 사랑하고 남의 몸은 사랑하지 않기 때문에 남을 해쳐 제 몸을 이롭게 한다. 이런 까닭이 무엇이겠는가? 모두 다 서로 사랑하지 아니한데서 일어난 것이다. ”

○ 본문해설 ○

- 盜(도) 명사 – 도둑
- 室(실) 명사 – 집
- 賊(적) 동사 – 해치다 / 명사 – 도둑
- 竊(절) 동사 – 도둑질하다, 훔치다

• **天下之爲盜賊者**(천하지위도적자) 관형사 – 천하의 도둑놈
• **雖至**(수지) 부사 – 비록 ~도, 가령

雖至大夫之相亂家 諸侯之相攻國者
수지 대부지상란가 제후지상공국자
(부)부 (주)관 (주)관

亦然 大夫 各愛其家 不愛異家
역 연 대 부 각 애 기 가 불 애 이 가
(부)부 (술)긍 (주)명 (부)부 (술)동 (지)지 (목)명 부정 (술)동 (목)관

故亂異家以利其家 諸侯 各愛其國
고 란 이 가 이 이 기 가 제 후 각 애 기 국
(부)부 (술)동 (목)관 (부)부 (술)동 (지)지 (목)명 (주)명 (부)부 (술)동 (지)지 (목)명

不愛異國 故攻異國以利其國
불 애 이 국 고 공 이 국 이 이 기 국
부정 (술)동 (목)관 (부)부 (술)동 (목)관 (부)부 (술)동 (지)지 (목)명

" 가령 서로 집안을 어지럽게 하는 대부나 서로 나라를 공격하는 제후도 또한 그러하다.
대부들도 제각기 자기 가문을 사랑한다. 그러나 다른 남의 가문은 사랑하지 않는다.
그런 까닭에 다른 가문을 어지럽게 하여 자기 가문을 이롭게 한다.
제후들도 각기 자기 나라는 사랑한다. 그러나 다른 남의 나라는 사랑하지 않는다.
그런 까닭에 다른 나라를 공격하여 자기 나라를 이롭게 한다. "

天下之亂物 具此而已矣 察此何自起
천 하 지 란 물 구 차 이 이 의 찰 차 하 자 기
(주)명 (조)후 (술)동 (목)명 (술)동 (목)지 (조)한종 (술)동 (지)지 (의)의 (부)부 (목)동명

皆起不相愛

개 기 불 상 애

(부)부 (술)동 부정 (부)부 (술)동

" 천하만물이 어지럽게 되는 것은 이와같은 이치가 갖추어졌을 뿐이다. 이러한 일들이 왜 일어났는지 살펴보면 모두 다 서로 사랑하지 않는데서 일어난 것이다. "

◎ 본문해설 ◎

- 異(이) 형용사 – 다른 것
- 具(구) 동사 – 갖추다
- 此(차) 지시대명사로 위에서 말한 서로 사랑하지 않기 때문에 일어난 일
- 而已矣(이이의) 한정종결사 – ~일 뿐이다

若使天下兼相愛 愛人若愛其身 猶有

약 사 천 하 겸 상 애 애 인 약 애 기 신 유 유

(가)가 (사)사동 (주)명 (보)형 (부)부 (술)동 (술)동 (목)명 (보)형 (술)동 (지)지 (목)명 (의)의 (술)형

不孝者乎? 視父兄與 君若其身 惡施不孝

불 효 자 호 시 부 형 여 군 약 기 신 오 시 불 효

(목)관 (조)의종 (술)동 (목)명 (조)접 (목)명 (술)형 (지)지 (목)명 (의)의 (술)동 (목)관

猶有不慈者乎? 視子弟與 臣若其身

유 유 부 자 자 호 시 자 제 여 신 약 기 신

(의)의 (술)형 (목)관 (조)의종 (술)동 (목)명 (조)접 (목)명 (술)형 (지)지 (목)명

惡施不慈 故不孝不慈亡有 猶有盜賊乎?

오 시 부 자 고 불 효 부 자 무 유 유 유 도 적 호

(의)의 (술)동 부정 (목)명 (부)부 (주)관 (주)관 (술)형 (목)형 (의)의 (술)형 (목)명 (조)의종

故視人之室若其室 誰竊? 視人身若其身

고 시 인 지 실 약 기 실 수 절 시 인 신 약 기 신

(부)부 (술)동 (목)관 (술)형 (지)지 (목)명 (의)의대 (술)동 (술)동 (목)관 (술)형 (지)지 (목)명

誰賊 故盜賊亡有 猶有大夫之相亂家

수 적 고 도 적 무 유 유 유 대 부 지 상 란 가

(의)의대 (술)동 (부)부 (주)명 (술)형 (목)형 (의)의 (술)형 (목)관

諸侯之相攻國者乎 視人家若其家 誰亂

제 후 지 상 공 국 자 호 시 인 가 약 기 가 수 란

(목)관 (조)의종 (술)동 (목)관 (술)형 (지)지 (목)명 (의)의대 (술)동

視人國若其國 誰攻 故大夫之相亂家

시 인 국 약 기 국 수 공 고 대 부 지 상 란 가

(술)동 (목)관 (술)형 (지)지 (목)명 (의)의대 (술)동 (부)부 (주)관

諸侯之相攻國者亡有

제 후 지 상 공 국 자 무 유

(주)관 (술)형 (목)형

" 만약 천하 사람들로 하여금 서로를 평등하게 사랑하게 한다면
남 사랑하기를 자기 몸 사랑하듯이 할 것이니 어찌 불효하는 사람이 있겠는가?
부모, 형제와 임금 보기를 자기 몸 같이 한다면 어찌 불효를 저지르며
어찌 자식을 사랑하지 않는 사람이 있겠는가?
자제와 신하 보기를 자기 몸처럼 여긴다면 어찌 사랑을 베풀지 않겠는가?
그런 까닭에 불효하는 일도 아랫사람을 사랑하지 않는 일도 있지 않을 것인데
어찌 도둑질을 할 수 있겠는가? 그런 까닭에 남의 집보기를 자기 집 보는 것 같이 하면
어느 누가 도둑질을 하겠으며 남의 몸 보기를 자기 몸 같이하면 누가 남을 해치겠는가?
그런 까닭에 도둑질하는 자는 있지 않을 것이다.
어찌 대부가 서로 남의 가문을 혼란스럽게 하며 제후가 서로 남의 나라를 공격하겠는가?
남의 가문 보기를 자기 가문처럼 한다면 누가 남의 가문을 혼란스럽게 하며,
남의 나라 보기를 자기 나라 보듯이 한다면 누가 남의 나라를 공격하겠는가?
그런 까닭에 대부가 서로 남의 가문을 혼란하게 하고
제후가 서로 남의 나라를 공격하는 일은 있지 않을 것이다. "

○ 본문해설 ○

- 猶～乎(유～호) ~하겠는가? 猶는 드물게 여기서는 "어찌"라는 뜻을 가진 의문사로 쓰여져 뒤에오는 의문종결사와 함께 의문어를 만들었다.
- 若(약) 가정어로 쓰일때는 만약~한다면의 뜻으로 쓰이고 형용사로는 ~과 같다의 뜻으로 쓰인다.
- 施(시) 동사 – 실시하다, 베풀다
- 惡(오) 의문사로 쓰여 "어찌"
- 賊(적) 동사 – 해치다
- 誰(수) 의문대명사 – 누가, 어느 사람이
- 慈(자) 동사 – 사랑하다
- 盜(도) 명사 – 도둑
- 室(실) 명사 – 집
- 竊(절) 동사 – 훔치다
- 亡(무) 무(無)로 쓰여 亡有는 "있지 않다"
- 大夫之相亂家(대부지상란가) 관형사 – 서로 집안을 어지럽게 하는 대부
- 諸侯之相攻國者(제후지상공국자) 관형사 – 서로 나라를 공격하는 제후

若使天下兼相愛 國與國不相攻

약 사 천 하 겸 상 애 국 여 국 불 상 공

(가)가 (사)사동 (주)명 (보)형 (부)부 (술)동 (주)명 (조)접 (주)명 부정 (부)부 (술)동

家與家不相亂 盜賊無有 吾臣父子

가 여 가 불 상 란 도 적 무 유 오 신 부 자

(주)명 (조)접 (주)명 부정 (부)부 (술)동 (주)동명 부정 (술)형 (주)관 명

皆能孝慈 若此 則天下治 故聖人以

개 능 효 자 약 차 즉 천 하 치 고 성 인 이

(부)부 (술)동 (가)가 (지)지 (조)접 (주)명 (술)명 (부)부 (주)명 (부)부

治天下爲事者 惡得不禁惡而 勸愛

치 천 하 위 사 자 오 득 불 금 악 이 권 애

(술)동 (목)명 (보)관 (의)의 (긍)긍 부정 (술)동 (목)명 (조)접 (술)동 (목)명

故天下 兼相愛則治 交相惡則亂

고 천 하 겸 상 애 즉 치 교 상 오 즉 란

(부)부 (주)명 (보)형 (부)부 (술)동 (조)접 (술)동 (보)동 (부)부 (술)동 (조)접 (술)동

" 만약 천하 사람들이 모두 서로 사랑하게 된다면 나라와 나라가 서로 공격하지 않고 대부의 가문과 가문이 서로 혼란스럽게 하지 않아 남을 해치고 도둑질하는 일이 있지 않을 것이며, 나의 신하와 부자(父子)가 모두 능히 효도하고 자식을 사랑할 것이다. 이와 같이 되면 곧 천하는 다스려진다. 그런 까닭에 성인을 천하를 다스리는 일을 하는 사람이라고 하는 것이다. 어찌 악한 일을 찾아 금하지 아니하며, 사랑하는 일을 권장하지 아니하겠는가? 그런 까닭에 세상 사람이 서로 사랑하면 다스려지고 서로 바꾸어 미워하면 천하는 혼란하게 되는 것이다. "

◎ 본문해설 ◎

- **勸**(권) 동사 – 권하다, 권장하다

6. 列子 (열자)

(1) 天瑞篇 (천석편) 中(중)에서

列子(열자) : B.C400?

鄭나라 사람으로 이름은 禦寇 혹은 御寇이며 其他 自細한 기록은 어디에도 없고 列子八篇이 專해질 뿐이다.

子列子 居鄭圃 四十年 人無識者

자 열 자 거 정 포 사 십 년 인 무 식 자

(주)고명 (술)동 (목)고명 (보)관 (주)명 (술)부정 (목)관

國君卿大夫視之 猶衆庶也 國不足

국 군 경 대 부 시 지 유 중 서 야 국 불 족

(주)명 (술)접미 (술)형 (목)명 (조)종 (주)명 부정 (목)명

將嫁於衛 弟子曰 先生往無反期

장 가 어 위 제 자 왈 선 생 왕 무 반 기

(자)자 (술)동 (조)전 (목)명 (주)명 (술)동 (조)접 (술)동 (술)부정 (목)동명

弟子敢有所謁 先生將何以敎

제 자 감 유 소 알 선 생 장 하 이 교

(주)명 (부)부 (술)형 (목)접두 (주)명 (자)자 (의)의 (부)부 (술)동

先生不聞壺丘子林之言乎

선 생 불 문 호 구 자 임 지 언 호

(주)명 부정 (술)동 (목)관 (조)의종

" 열자(列子)선생은 정나라 포땅에서 40년을 살았으나 알아주는 사람이 없었다.
나라 임금이나 경대부들도 서민을 보는 것처럼 여겼다.
나라가 넉넉하지 못하여 장차 위나라로 가려 하는데 제자가 말하기를
선생님께서 가시면 돌아올 기약이 없는데 제자가 감히 아뢰올 바가 있습니다.
선생님께서는 무엇을 가르쳐주시려 하십니까?
선생님께선 호구자림이 하신 말씀을 들여주지 않으시렵니까! "

○ 본문해설 ○

- 子列子(자열자) 列子앞의 子는 列子를 높이어 부르는 말이다.
- 識者(식자) 관형사 – 알아보는 사람
- 視之(시지) 접미사 – 바라보다
- 衆庶(중서) 명사 – 일반 대중과 서민
- 足(족) 형용사 – 풍족함
- 將(장) 자동사 – ~을 하려고 하다
- 嫁(가) 동사 – 시집가다, 가다
- 所謁(소알) 접두사 – 말할 것, 아뢰올 것
- 壺丘子林(호구자림) 고유명사 – 列子의 스승

子列子 笑曰 壺子何言哉? 雖然 夫子

자 열 자 소 왈 호 자 하 언 재 수 연 부 자

(주)고명 (술)동 (술)동 (주)고명 (의)의 (술)명 (조)의종 (부)부 (긍)긍 (주)명

嘗語伯昏瞀人 吾側聞之 試以告女

상 어 백 혼 무 인 오 측 문 지 시 이 고 여

(부)부 (술)동 (목)고명 (주)인대 (보)명 (술)접미 (보)동 (부)부 (술)동 (목)인대

其言曰 有生不生 有化不化

기 언 왈 유 생 불 생 유 화 불 화

(지)지 (주)명 (술)동 (술)형 (목)명 부정 (목)명 (술)형 (목)명 부정 (목)명

不生者能生生 不化者能化化

불 생 자 능 생 생 불 화 자 능 화 화

(주)관 (부)부 (술)동 (보)형 (주)관 (부)부 (술)동 (보)형

生者不能不生 化者不能不化

생 자 불 능 불 생 화 자 불 능 불 생

(주)관 부정 부정 (술)동 (주)관 부정 부정 (술)동

" 열자(列子)가 웃으면서 말하기를 호구자림이 무슨 말을 하였다는 것이냐?
비록 그러하나 선생님(호구자림)이 일찍이 백혼무인에 한 말을
내가 옆에서 들었는데 시험삼아 너에게 말해 주마.
그가(호구자림) 한 말은 태어나는 것과 태어나지 아니한 것이 있고,
변화하는 것과 변화하지 아니한 것이 있으니 태어나지 아니한 것은
능히 태어나 살고 변화하지 아니한 것은 능히 변화하여 변화한다.
태어나는 것은 태어나지 못하게 할 수 없고 변화하는 것은
변화하지 못하게 하지 못한다. "

○ 본문해설 ○

- 何 ~ 哉(하~재) 로 의문어를 만든다.
- 夫子(부자) 명사 – 선생님이란 호칭
- 伯昏瞀人(백혼무인) 고유명사 – 열자의 친구

• 聞之(문지) 접미사 – 듣다
• 女(여) 인칭대명사 – 너, 자네, 당신
• 不生者(불생자) 관형사 – 태어나지 아니한 것
• 不化者(불화자) 관형사 – 변화하지 아니한 것

故常生常化 常生常化者 無時不生

고 상 생 상 화 상 생 상 화 자 무 시 불 생

(부)부 (부)부 (술)동 (부)부 (술)동 (주)관 (술)부정 (목)명 부정 (술)동

無時不化 陰陽爾 四時爾 不生子疑獨

무 시 불 화 음 양 이 사 시 이 불 생 자 의 독

(술)부정 (목)명 부정 (술)동 (주)명 (술)긍 (주)명 (술)긍 (주)관 (술)동 (부)부

不化者往復 期際不可終 疑獨其道不可窮

불 화 자 왕 복 기 제 불 가 종 의 독 기 도 불 가 궁

(주)관 (술)동 (지)지 (주)명 부정 (술)동 (주)관 (지)지 (주)명 부정 (술)동

" 그런 까닭에 항상 태어나고 항상 변화한다. 항상 태어나고 항상 변화하는 것은 태어나지 아니한 때가 없고 변화하지 아니한 때가 없다.
음과 양이 그러하고 사시가 그러하다. 태어나지 아니한 것은 홀로 덩어리지고 변화하지 아니한 것은 왕복한다. 거기에 이르른 것 (홀로 덩어리진 것과 왕복하는 것)은 그침이 없다. 홀로 덩어리진 것에 대한 도는 궁구할 수가 없다. "

◎ 본문해설 ◎

• 爾(이) 인칭대명사로 쓰일 때에는 2인칭인 "너, 당신"이며, 가깝다라는 뜻으로 쓰이며, 긍정사로는 "그러하다"로 긍정어를 만든다.
• 疑獨(의독) 관형사 – 홀로 덩어리진 것, 疑는 凝(응)과 通用되었다.
• 際(제) 명사 – 다다른 곳, 즈음
• 窮(궁) 동사 – 궁구하다

黃帝書曰 谷神不死 是謂玄牝 玄牝之門
황 제 서 왈 곡 신 불 사 시 위 현 빈 현 빈 지 문
(주)관 (술)동 (주)추명 부정 (술)동 (지)지 (술)동 (목)명 (주)관

是謂天地之根 綿綿若存 用之不勤
시 위 천 지 지 근 면 면 약 존 용 지 불 근
(지)지 (술)동 (목)관 (보)형 (술)형 (목)명 (보)접미 부정 (술)동

故生物者不生 化物者不化 自生自化
고 생 물 자 불 생 화 물 자 불 화 자 생 자 화
(부)부 (주)관 부정 (술)동 (주)관 부정 (술)동 (부)부 (술)동 (부)부 (술)동

自形自色 自智自力 自消自息 謂之
자 형 자 색 자 지 자 력 자 소 자 식 위 지
(부)부 (술)동 (부)부 (술)동 (부)부 (술)동 (부)부 (술)동 (부)부 (술)동 (부)부 (술)동 (보)접미

生化形色智力消息者 非也
생 화 형 색 지 력 소 식 자 비 야
(술)동 (조)후 (목)명 (조)종

" 황제(黃帝)가 쓴 글에서 말하기를 곡신(谷神)은 죽지 않는다 하였는데
이것을 일러서 현빈(玄牝)이라고 하고 현빈의 문은 하늘과 땅의 뿌리이다.
이것은 겨우 겨우 존재하여 있는 것 같고 그(쓰임) 작용에는 힘쓰지 아니하므로
태어나야 할 것은 태어나지 아니하고 변화하여야할 것은 변화하지 아니한다.
스스로 태어나고 스스로 변화하며 스스로 모양이 생기고 스스로 색깔이 생겨나고
스스로 알고 스스로 힘쓰며 스스로 없어지고 스스로 살아가는 것을 일러서
태어나고 변화하며 모양과 색이 생기고 알고 힘을 쓰며 없어지고
살아간다고 하는 것은 그릇된 것이다.
(왜냐하면 그 본원은 玄牝之門에서 生成된 것이기 때문이다.) "

○ 본문해설 ○

- **黃帝**(황제) **太古**시대 제왕으로 그가 지은 책(**書**)은 전하여지지 않는다.
- **谷神**(곡신) 추상명사 – **谷神不死**~**用之不勤**은 **老子六章**에 나온 말로 **谷**은 낮은 곳 물이 모여

드는 곳으로 道가 있는 곳이다. 그렇기에 道의 神은 永遠한 것이다.

- 玄牝(현빈) 명사 – 암컷으로 만물의 생성원체(原體)이며, 낮은 곳에 처해있으나 하늘과 땅의 근본이며 道의 근원임 죽엄이 없는 계곡의 신(谷神)인 것이다.
- 用之不勤(용지불근) 작용함에 힘들이지 않고 만물이 변화하여 태어나게 하다.
- 綿綿(면면) 형용사 – 끊어지지 아니하고 이어짐, 겨우 겨우 이어짐.

(2) 說符篇(설부편) 中(중)에서

子列子窮 容貌有飢色 客有言之

자 열 자 궁 용 모 유 기 색 객 유 언 지

(주)고명 (술)동 (주)명 (술)형 (목)관 (주)명 (술)형 (목)접미

鄭子陽者曰 列禦寇 蓋有道士也

정 자 양 자 왈 열 어 구 개 유 도 사 야

(주)관 (술)동 (주)고명 (추)추 (술)동 (목)관 (조)종

居君之國而窮 君無乃爲不好士乎?

거 군 지 국 이 궁 군 무 내 위 불 호 사 호

(술)동 (목)관 (조)접 (술)동 (주)명 (의)의 (술)동 부정 (목)동명 (조)의종

鄭子陽 卽令官遺之粟 子列子

정 자 양 즉 령 관 유 지 속 자 열 자

(주)고명 (부)부 (술)동 (주)명 (술)접미 (목)명 (주)고명

出見使者 再拜而辭 使者去 子列子入

출 견 사 자 재 배 이 사 사 자 거 자 열 자 입

(술)동 (목)명 (보)동 (조)접 (술)동 (주)명 (술)동 (주)고명 (술)동

“ 열자가 곤궁하여 얼굴에 주린 기색이 있었다. 객으로 정나라 자양에게 말하는 사람이 있어 말하기를 열어구(열자)는 아마도 도 있는 선비인 것 같습니다. 임금의 나라에 살면서 궁핍한데 임금님은 선비를 좋아하시지 아니한 것이 아니십니까? 하니 정나라 자양은 곧 명을 내려 관리에게 곡식을 보냈다.

열자는 집 밖에 나와 자양의 사자를 보고 두 번 절하며 사양하였다.
사자는 가고 열자는 집으로 들어왔다. ”

其妻望之而拊心曰 妻聞爲有道者之妻子
기 처 망 지 이 부 심 왈 처 문 위 유 도 자 지 처 자
(지)지 (주)명 (술)접미 (조)접 (술)동 (목)명 (술)동 (주)명 (술)동 (술)동 (목)관

皆得佚樂 今有飢色 君遇 而遺先生食
개 득 일 락 금 유 기 색 군 우 이 유 선 생 식
(부)부 (술)동 (목)명 (부)부 (술)형 (목)관 (주)명 (술)동 (조)접 (술)동 (목)관

先生不受 豈不命也哉? 子列子 笑謂之曰
선 생 불 수 기 불 명 야 재 자 열 자 소 위 지 왈
(주)명 부정 (술)동 (의)의 (술)부정 (목)명 (조)종 (조)의종 (주)고명 (술)동 접미 (술)동

君非自知我也 以人之言而遺我粟 至其
군 비 자 지 아 야 이 인 지 언 이 유 아 속 지 기
(주)명 부정 (부)부 (술)동 (목)인대 (조)종 (부)부 (술)관 (조)접 (술)동 (보)인대 (목)명 (술)동 (지)지

罪我也 又且以人之言 此吾所以不受也
죄 아 야 우 차 이 인 지 언 차 오 소 이 불 수 야
(목)명 (보)인대 (조)종 (부)부 (부)부 (술)관 (지)지 (주)인대 (부)부 부정 (술)동 (조)종

其卒 民果作難而殺子陽
기 졸 민 과 작 난 이 살 자 양
(지)지 (부)부 (주)명 (부)부 (술)동 (목)명 (조)접 (술)동 (목)고명

“ 그 아내가 그것을 바라보더니 가슴을 치면서 말하기를
내가 듣기로는 도가 있는 사람의 처자는 모두 편안하고 즐거움을 얻는다고 합니다.
지금 우리는 굶주린 기색이 있어서 임금이 대우하여 선생에게 보낸
곡식을 받지 않으시니 어찌 임금의 뜻을 거스른 것이 아니겠습니까?
열자가 웃으면서 말하기를 임금이 스스로 나를 알아 준 것이 아니라

남의 말에 따라서 곡식을 나에게 보내준 것이 아니오.
나에게 죄가 미칠 때에도 또한 남의 말을 따를 것이기에
이런 까닭에 내가 받지 아니한 것이오
그때 마침내 과연 백성이 반란을 일으켜 자양을 죽였다. ”

◎ 본문해설 ◎

- 窮(궁) 동사 – 궁색하게 되다
- 飢色(기색) 관형사 – 주린 모양
- 言之(언지) 접미사 – 말하다
- 子陽(자양) 고유명사 – 정나라 정승이라고도하고 정나라 군주라고도함.
- 蓋(개) 추정사 – 아마
- 無乃(무내) 의문사 – ~한 것이 아닐까요?
- 遺之(유지) 접미사 – 보내다
- 粟(속) 명사 – 곡물의 통칭
- 辭(사) 동사 – 사양하다, 거절하다
- 拊(부) 동사 – 어루만지다. 치다
- 佚(일) 명사 – 편안함
- 遇(우) 동사 – 대우하다
- 人之言(인지언) 관형사 – 다른 사람의 말
- 卒(졸) 부사 – 마침내, 드디어, 갑자기
- 果(과) 부사 – 과연

7. 管子 (관자)

(1) 牧民 (목민) 中(중)에서

管子(관자) : B.C 700?

이름은 夷吾이며, 字는 仲이다.

黃河와 長江사이에서 東流하는 淮水(회수)의 支流인 潁水(영수)가에 자리잡은 당시 상업도시인 潁上(영상)에서 태어나 孔子가 태어나기 90년 전에 죽었다. 齊나라 재상으로 桓公(환공)을 諸侯의 맹주로 군림케 한 經濟政略家이다. 管仲이 大成한 데는 鮑叔牙의 功이 크게 작용하였다.

凡有地牧民者 務在四時 守在倉廩

범 유 지 목 민 자 무 재 사 시 수 재 창 름

(부)부 (술)형 (목)명 (보)관 (술)동 (보)형 (목)관 (술)동 (보)형 (목)명

國多財則 遠者來 地辟擧則民留處

국 다 재 즉 원 자 래 지 벽 거 즉 민 류 처

(주)명 (술)형 (목)명 (조)접 (주)관 (술)동 (주)명 (술)동 (조)접 (주)명 (술)동 (목)명

倉廩實則知禮節 衣食足則知榮辱

창 름 실 즉 지 예 절 의 식 족 즉 지 영 욕

(주)명 (술)형 (조)접 (술)동 (목)명 (주)명 (술)형 (조)접 (술)동 (목)명

上服度則六親固 四維張則君令行

상 복 도 즉 육 친 고 사 유 장 즉 군 령 행

(주)명 (술)동 (목)명 (조)접 (주)관 (술)형 (주)명 (술)동 (조)접 (주)관 (술)동

" 무릇 땅(국토)이 있어 백성을 다스리는 사람은 사시사철 농사일에 힘쓰고 창고를 관리하는 것을 근본으로 삼아야한다. 나라에 재화가 많아지면 먼데 사람이 모여든다. 토지를 개간하여 넓히면 백성들이 살 곳이 생겨나며 창고와 쌀곳간이 가득차서 건실하면 예절을 알게 되고 먹고 입는 것이 풍족하면 영화로운 일과 치욕적인 일을 알며 윗사람이 법도를 잘 지키면 일가친척의 사이가 굳어진다. 네가지 벼리(禮, 義, 廉, 恥)가 잘 베풀어지면 임금의 명령이 잘 시행될 것이다. "

○ 본문해설 ○

- 牧民者(목민자) 관형사 – 백성을 다스리는 사람
- 務(무) 동사 – 힘쓰다
- 廩(름) 명사 – 쌀곳간
- 辟擧(벽거) 동사 – 개간하다
- 留(류) 동사 – 머물다, 살다
- 度(도) 명사 – 법도
- 六親(육친) 관형사 – 父, 母, 兄, 弟, 妻, 子의 총칭
- 四維(사유) 維는 그물의 벼리로 모든 질서의 손잡이를 뜻한다. 四維는 곧 仁, 義, 禮, 智이며, 禮, 義, 廉, 恥이다.

故省刑之要 在禁文巧 守國之度

고 생 형 지 요 재 금 문 교 수 국 지 도

(부)부 (술)동 (목)관 (보)형 (술)동 (목)관 (술)동 (목)관

在飾四維 順民之經 在明鬼神 祗山川

재 식 사 유 순 민 지 경 재 명 귀 신 지 산 천

(보)형 (술)동 (목)명 (술)동 (목)관 (보)형 (술)동 (목)명 (술)동 (목)명

敬宗廟恭祖舊 不務天時則財不生

경 종 묘 공 조 구 불 무 천 시 즉 재 불 생

(술)동 (목)명 (술)동 (목)명 부정 (술)동 (목)관 (조)접 (주)명 부정 (술)동

不務地利則倉廩不盈

불 무 지 리 즉 창 름 불 영

부정 (술)동 (목)관 (조)접 (주)명 부정 (술)동

" 그런 까닭에 형벌을 없애는 요지는 교묘하게 꾸미는 것(사치)을 금하는 데 있으며 국법을 지키는 것은 사유(四維)를 장려하는 데 있으며, 백성들의 경제생활을 순탄하게 하는 것은 귀신의 신명스러움을 밝히는 데 있으며, 산과 냇물에 제사지내고 종묘를 공경하며 조상을 숭배하여야 한다. 시기에 맞추어 생산활동에 힘쓰지 아니하면 재화(財貨)가 생겨나지 아니하고 땅의 이점을 이용하는 데 힘쓰지 아니하면 창고와 쌀곳간이 채워지지 아니한다. "

○ 본문해설 ○

- 省(생) 동사 – 생략하다, 없애다
- 刑之要(형지요) 관형사 – 형벌의 요지
- 文巧(문교) 관형사 – 교묘하게 꾸미는 것, 사치스러운 것
- 國之度(국지도) 관형사 – 나라 법도
- 民之經(민지경) 관형사 – 백성들의 경제
- 盈(영) 동사 – 채우다

野蕪曠則民乃菅 上無量則民乃妄 文巧

야 무 광 즉 민 내 관 상 무 량 즉 민 내 망 문 교

(주)명 (술)동 (목)명 (조)접 (주)명 (부)부 (술)명 (주)명 부정 (술)동 (조)접 (주)명 (부)부 (술)동 (주)관

不禁則民乃淫 不璋兩原則刑乃繁

불 금 즉 민 내 음 불 장 양 원 즉 형 내 번

부정 (술)동 (조)접 (주)명 (부)부 (술)동 부정 (술)동 (목)관 (조)접 (주)명 (부)부 (술)동

不明鬼神則陋民不悟 不祇山川則威令

불 명 귀 신 즉 누 민 불 오 불 지 산 천 즉 위 령

부정 (술)동 (목)명 (조)접 (주)관 부정 (술)동 부정 (술)동 (목)명 (조)접 (주)관

不聞 不敬宗廟則民乃上校 不恭祖舊則

불 문 불 경 종 묘 즉 민 내 상 교 불 공 조 구 즉

부정 (술)동 부정 (술)동 (목)명 (조)접 (주)명 (부)부 (주)명 (술)동 부정 (술)동 (목)명 (조)접

孝悌不備 四維不張 國乃滅亡

효 제 불 비 사 유 불 장 국 내 멸 망

(주)명 부정 (술)동 (주)관 부정 (술)동 (주)명 (부)부 (술)동

" 들판에 황무지가 넓어지면 백성들은 이내 덤불처럼 황폐하게 되고
임금이 법도를 헤아리지 아니하면 백성들은 망령되어진다.
사치를 금하지 아니하면 백성들은 곧 음탕하게 된다.
때에 맞게 생산을 권장하고 땅에 이점을 이용하는 데 힘쓰는 두가지 원리를
경사스럽게 여기지 아니하면 형벌이 무성하여진다.
귀신의 신령스러움을 밝히지 아니하면 어리석은 백성이 깨우치지 아니하며
산과 냇물에 제사지내지 아니하면 엄한 명령을 내려도 듣지 아니한다.
종묘를 공경하지 아니하면 백성이 임금과 맞선다. 조상을 숭배하지 아니하면
효도하고 공경하는 풍조가 갖추어지지 아니하며 사유(四維)를
베풀지 아니하면 나라는 이내 망하여 없어진다. "

◎ 본문해설 ◎

- 蕪(무) 명사 – 황무지
- 曠(광) 형용사 – 비다, 넓다

- 菅(관) 명사 – 띠풀, 덤불
- 乃(내) 부사 – 이내, 곧
- 淫(음) 동사 – 음탕해지다
- 兩原(양원) 관형사 – 때에맞게 생산을 권장하고 땅의 이점을 이용하는데 힘쓰는 두가지 원리
- 繁(번) 동사 – 번성하다, 많아진다. 무성하다
- 陋民(누민) 관형사 – 속좁은 백성, 어리석은 백성
- 校(교) 동사 – 맞서다, 보복하다
- 備(비) 동사 – 갖추다, 구비하다
- 量(량) 동사 – 헤아리다, 요량하다
- 妄(망) 동사 – 망령스러워지다
- 璋(장) 동사 – 경사스럽게하다
- 陋(누) 형용사 – 더러운, 협소한
- 祇(지) 동사 – 삼가하다, 공경하다, 제사지내다
- 悌(제) 명사 – 공경하는 것

國有四維 一維絕則傾 二維絕則危

국 유 사 유 일 유 절 즉 경 이 유 절 즉 위

(주)명 (술)형 (목)관 (주)관 (술)동 (조)접 (술)동 (주)관 (술)동 (조)접 (술)동

三維絕則覆 四維絕則滅 傾可正也

삼 유 절 즉 복 사 유 절 즉 멸 경 가 정 야

(주)관 (술)동 (조)접 (술)동 (주)관 (술)동 (조)접 (술)동 (주)명 (긍)긍 (술)명 (조)접

危可安也 覆可起也 滅不可復錯也

위 가 안 야 복 가 기 야 멸 불 가 복 조 야

(주)명 (긍)긍 (술)형 (조)접 (주)명 (긍)긍 (술)동 (조)접 (주)명 부정 (부)부 (술)동 (조)종

何謂四維 一曰禮 二曰義 三曰廉

하 위 사 유 일 왈 예 이 왈 의 삼 왈 염

(의)의 (술)동 (목)관 (주)명 (술)동 (목)명 (주)명 (술)동 (목)명 (주)명 (술)동 (목)명

四曰恥

사 왈 치

(주)명 (술)동 (목)명

" 나라에는 사유(四維)가 있는데 그 하나가 끊어지면 나라가 기울고 그 둘이 끊어지면 나라가 위태로워지며 그 셋이 끊어지면 나라가 넘어지고

그 넷이 끊어지면 나라가 멸망한다.
기울어진것은 바르게 할 수 있고 위태로워진 것은 안정시킬 수 있으며
넘어진것은 일으킬 수 있으나 멸망한 것은 다시 제자리에 갖다 놓을 수 없다.
四維(사유) 란 무엇을 이르는 것인가?
첫째로 예(禮)와 둘째로 의(義)이며, 셋째로 염(廉)이요 넷째로 치(恥)이다. "

禮	不	踰	節	義	不	自	進	廉	不	蔽	惡	恥	不	從	枉
예	불	유	절	의	불	자	진	염	불	폐	악	치	불	종	왕
(주)명	부정	(술)동	(목)명	(주)명	부정	(부)부	(술)동	(주)명	부정	(술)동	(목)명	(주)명	부정	(술)동	(목)명

故	不	踰	節	則	上	位	安	不	自	進	則	民	無	巧	詐
고	불	유	절	즉	상	위	안	불	자	진	즉	민	무	교	사
(부)부	부정	(술)동	(목)명	(조)접	(주)관		(술)형	부정	(부)부	(술)동	(조)접	(주)명	부정	(술)관	

不	蔽	惡	則	行	自	全	不	從	枉	則	邪	事	不	生
불	폐	악	즉	행	자	전	불	종	왕	즉	사	사	불	생
부정	(술)동	(목)명	(조)접	(주)명	(부)부	(술)동	부정	(술)동	(목)명	(조)접	(주)관		부정	(술)동

" 예(禮)란 절도를 넘지 아니한 것이요, 의(義)란 스스로 과장하지 아니한 것이요,
염(廉)이란 잘못(악한 짓)을 감추지 아니한 것이요,
치(恥)란 그릇된 것(굽은 것)을 따르지 아니한 것이다.
그러한 까닭에 절도를 넘지 아니하면 윗자리에 있는 사람이 편안하고,
스스로 과장하지 아니하면 백성들이 교묘하게 속이는 일이 없어지고,
잘못을 감추지 아니하면 행실이 스스로 건전하여지며
그릇된 것을 따르지 아니하면 요사스러운 일이 생겨나지 아니한다. "

◎ 본문해설 ◎

- 踰(유) 동사 – 넘어가다
- 節(절) 명사 – 절도
- 自(자) 부사 – 스스로
- 進(진) 동사 – 나아가다, 과장하다
- 詐(사) 동사 – 속이다
- 蔽(폐) 동사 – 가리다

• **枉**(왕) 명사 – 굽은 것, 그릇된 것 • **邪事**(사사) 관형사 – 요사스러운 일

8. 孫子 (손자)

(1) 始計篇 (시계편)

孫子(손자) : B.C 541~482

이름은 무(武)이며 **齊**나라에서 태어나 **揚子江 下流**에 있는 **吳**나라 왕 합려(闔閭)의 장수가 되어 전국시대 오나라를 강국으로 만들었으며 저서로 **兵書** 13**篇**이 **傳**하여 지고 있다.

孫子曰 兵者 國之大事 死生之地

손 자 왈 병 자 국 지 대 사 사 생 지 지

(주)고명 (술)동 (주)관 (술)관 (술)관

存亡之道 不可不察也 故 經之以五事

존 망 지 도 불 가 불 찰 야 고 경 지 이 오 사

(술)관 (부정)중부 (술)동 (조)종 (부)부 (술)접미 (부)부 (목)관

校之以七計 而索其情 一曰道 二曰天

교 지 이 칠 계 이 색 기 정 일 왈 도 이 왈 천

(술)접미 (부)부 (목)관 (조)접 (술)동 (지)지 (목)명 (주)명 (술)동 (목)명 (주)명 (술)동 (목)명

三曰地 四曰將 五曰法

삼 왈 지 사 왈 장 오 왈 법

(주)명 (술)동 (목)명 (주)명 (술)동 (목)명 (주)명 (술)동 (목)명

" 손자가 말하기를 전쟁은 나라의 큰 일이며 죽느냐 사느냐 하는 곳이며 살아남느냐 망하여 없어지느냐하는 갈림길로써 깊이 살피지 아니할 수 없는 일이다. 그런 까닭에 다섯가지 일을 경험해 보고 일곱 가지 계락을 비교하여 그 정황을 찾아내야 한다. 그 첫째는 백성과 임금이 뜻을 함께 하고 둘째는 하늘이며, 셋째는 땅이며, 넷째는 장수요, 다섯째는 군법이다. "

◎ **본문해설** ◎

- **兵者**(병자) 관형사 – 전쟁
- **經之**(경지) 접미사 – 헤아리다, 경험하다
- **七計**(칠계) 관형사 – **君主, 將帥, 天時, 地利, 法令, 兵强(士練), 賞罰**
- **索**(색) 동사 – 찾아내다
- **察**(찰) 동사 – 살피다
- **五事**(오사) 관형사 – **道, 天, 地, 將, 法**
- **情**(정) 명사 – 실정, 정황

道者 令民與上同意 可與之死 可與之生

도 자 영 민 여 상 동 의 가 여 지 사 가 여 지 생

(주)관 (사)사동 (주)명 (조)접 (주)명 (술)명 (목)명 (긍)긍 (술)접미 (목)명 (긍)긍 (술)접미 (목)명

而不畏危也 天者 陰陽寒暑時制也

이 불 외 위 야 천 자 음 양 한 서 시 제 야

(조)접 부정 (술)동 (목)명 (조)종 (주)관 (보)명 (술)동 (조)종

地者 遠近險易廣狹死生也 將者

지 자 원 근 험 이 광 협 사 생 야 장 자

(주)관 (술)형 (술)동 (조)종 (주)관

智信仁勇嚴也 法者 曲制官道主用也

지 신 인 용 엄 야 법 자 곡 제 관 도 주 용 야

(술)명 (조)종 (주)관 (술)명 (조)종

凡此五者 將莫不聞 知之者 勝

범 차 오 자 장 막 불 문 지 지 자 승

(부)부 (지)지 (주)관 (주)명 (부정)중부 (술)동 (주)관 (술)동

不知者不勝

부 지 자 불 승

(주)관 부정 (술)동

" 도(道)라고 하는 것은 백성과 임금으로 하여금 뜻을 같이 하게 하고 더불어 죽을 수 있고 더불어 살 수 있어서 위태로운 것을 두려워하지 아니한 것을 말한다.

천(天)이란 낮(陽)과 밤(陰), 겨울(寒)과 여름(暑)의 시기를 관제하는 것이다.
지(地)란 멀고 가까움, 험하고 평이함, 넓고 좁음에 따라 죽고 사는 것이다.
장수란 지혜와 신의와 어짐과 용감함과 위엄이 있느냐 없느냐를 말한다.
법(法)이란 군대의 편제(編制), 직제(職制), 군수(軍需)이다.
무릇 이 다섯 가지는 장수로서 알지못하면 아니된다.
이 다섯 가지를 아는 장수는 승리하고 모르는 장수는 패한다. ”

◎ 본문해설 ◎

- **令**(령) 사역동사 – ~하여금 ~하게 하다
- **可**(가) 긍정사 – ~하다, ~할 수 있다
- **曲制**(곡제) 명사 – 편제(編制)
- **主用**(주용) 명사 – 군수(軍需)
- **與之**(여지) 접미사 – 더불어
- **制**(제) 동사 – 통제하다, 맞추다
- **官道**(관도) 명사 – 직제(織制)

故 校之以計 而索其情 曰主孰有道
고 교 지 이 계 이 색 기 정 왈 주 숙 유 도
(부)부 (술)접미 (부)부 (목)명 (조)접 (술)동 (지)지 (목)명 (보)동 (주)명 (의)의대 (술)형 (목)명

將孰有能 天地孰得 法令孰行 兵衆孰强
장 숙 유 능 천 지 숙 득 법 령 숙 행 병 중 숙 강
(주)명 (의)의대 (술)형 (목)명 (주)명 (의)의대 (술)동 (주)명 (의)의대 (술)동 (주)명 (술)형 (의)의대 (술)형

士卒孰練 賞罰孰明 吾以此 知勝負矣
사 졸 숙 련 상 벌 숙 명 오 이 차 지 승 부 의
(주)명 (의)의대 (술)동 (주)명 (의)의대 (술)형 (주)인대 (부)부 (지)지 (술)동 (목)명 (조)종

“ 그런 까닭에 계교를 비교함으로써 그 실정을 찾아낸다. 말하자면, 임금은 누가 백성과 뜻을 같이하여 더불어 죽고 살 수 있겠는가? 장수는 어떤 사람이 능력이 있는가? 천시와 지리는 누가 납득하고 있는가? 군법은 누가 잘 시행하는가? 군대는 누가 더 강하고 많은가? 사졸의 훈련은 누가 잘되어 있는가? 상과 벌은 누가 명백히 하는가? 나는 이것으로서 승리하고 패배하는 것을 알 수 있다.”

◎ 본문해설 ◎

- 校之(교지) 접미사 – 비교하다
- 得(득) 동사 – 얻다, 납득하다
- 練(련) 동사 – 익히다, 훈련하다
- 孰(숙) 의문대명사 – 누가, 누구
- 衆(중) 형용사 – 많다
- 負(부) 동사 – 짊어지다 / 명사 – 패하는 것

將聽吾計	用之	必勝	留之	將不聽吾計
장 청 오 계	용 지	필 승	유 지	장 불 청 오 계
(주)명 (술)동 (보)인대 (목)명	(술)접미	(부)부 (술)동	(술)접미	(주)명 부정 (술)동 (보)인대 (목)명

用之	必敗	去之	計利以聽	乃爲之勢
용 지	필 패	거 지	계 리 이 청	내 위 지 세
(술)접미	(부)부 (술)동	(술)접미	(주)명 (보)동 (부)부 (술)동	(부)부 (술)접미 (목)명

以佐其外	勢者	因利而制權也
이 좌 기 외	세 자	인 리 이 제 권 야
(부)부 (술)동 (지)지 (목)명	(주)관	(술)동 (목)명 (조)접 (술)동 (목)명 (조)종

" 장수가 나의 계략을 들어쓰면 반드시 승리하여 남을 것이며,
장수가 나의 계략을 들어쓰지 아니하면 반드시 패하여 떠날 것이다.
계략을 이롭게 여겨 들으면 곧 세력이 되어 밖에서 도움이 있을 것이다.
세력이란 이익으로 인하여 권력을 통제하는 것이다. "

◎ 본문해설 ◎

- 用之(용지) 접미사 – 사용하다
- 留之(유지) 접미사 – 머물다
- 勢(세) 명사 – 권세, 세력
- 制(제) 동사 – 제어하다, 통제하다
- 聽(청) 동사 – 듣다
- 去之(거지) 접미사 – 떠나가다
- 佐(좌) 동사 – 힘을 보태다, 돕다
- 權(권) 명사 – 권력, 권세

兵者 詭道也 故 能而示之不能 用而

병 자 궤 도 야 고 능 이 시 지 불 능 용 이

(주)관 (술)관 (조)종 (부)부 (주)명 (조)접 (술)접미 부정 (주)명 (술)동 (조)접

示之 不用 近而示之遠 遠而示之近

시 지 불 용 근 이 시 지 원 원 이 시 지 근

(술)접미 부정 (목)명 (주)명 (조)접 (술)접미 (목)명 (주)명 (조)접 (술)접미 (목)명

利而誘之 亂而取之 實而備之 强而避之

이 이 유 지 난 이 취 지 실 이 비 지 강 이 피 지

(술)동 (조)접 (술)접미 (술)동 (조)접 (술)접미 (술)형 (조)접 (술)접미 (술)형 (조)접 (술)접미

怒而撓之 卑而驕之 佚而勞之 親而離之

노 이 요 지 비 이 교 지 일 이 로 지 친 이 이 지

(술)형 (조)접 (술)접미 (술)동 (조)접 (술)접미 (술)형 (조)접 (술)접미 (술)형 (조)접 (술)접미

攻其無備 出其不意 此 兵家之勝

공 기 무 비 출 기 불 의 차 병 가 지 승

(술)동 (지)지 부정 (목)명 (술)동 (지)지 부정 (목)명 (지)지 (주)관 (조)후 (술)동

不可先傳也

불 가 선 전 야

부정 (부)부 (술)동 (조)종

" 전쟁이란 속이는 것이다. 그런 까닭에 쓸 수 있는 능력을 쓸 수 없는 능력으로 나타내고, 쓸 수 없는 능력을 쓸 수 있는 능력으로 나타낸다.
가까운 데 있는 것을 먼데 있는 것처럼, 먼데 있는 것을 가까운 데 있는 것처럼 보이게 하고 이익이 있는 것처럼 끌어내어 거칠게 빼앗으며 충실하면 대비하고 강하면 피하고 성내면 굽실거리고 낮추어 교만하게 만들고 편안하면 수고스럽게 만들고, 친하게 지내면 이간시킨다.
대비함이 없으면 공격하고 뜻밖에 나타나니 이는 군사를 다루는 사람의 이기기 위한 방법이니 먼저 전할 것은 아니다.(사전에 알려져서는 아니된다) "

◎ 본문해설 ◎

- 詭(궤) 동사 – 속이다
- 近(근) 형용사 – 가깝다
- 誘之(유지) 접미사 – 끌어내다
- 避之(피지) 접미사 – 피하다
- 撓之(요지) 접미사 – 굽히다, 굽실거리다
- 驕之(교지) 접미사 – 교만하여지다
- 勞之(노지) 접미사 – 수고롭게하다
- 備(비) 명사 – 대비, 갖춤
- 傳(전) 동사 – 전하다
- 示之(시지) 접미사 – 보이다, 나타내다
- 遠(원) 명사 – 먼 곳
- 取之(취지) 접미사 – 취하다, 뜯어내다
- 怒(노) 형용사 – 성냄
- 卑(비) 동사 – 낮추다
- 佚(일) 형용사 – 편안함
- 離之(이지) 접미사 – 이간시키다
- 兵家(병가) 관형사 – 용병가, 전략가

夫未戰而廟算勝者 得算多也
부 미 전 이 묘 산 승 자 득 산 다 야
(추)추 (술)부정 (목)명 (조)접 (술)동명 (주)관 (술)형 (조)종

未戰而廟算不勝者 得算少也
미 전 이 묘 산 불 승 자 득 산 소 야
(술)부정 (목)명 (조)접 (술)동명 (주)관 (술)형 (조)종

多算勝 少算不勝 而況於無算乎?
다 산 승 소 산 불 승 이 황 어 무 산 호
(주)관 (술)동 (주)관 부정 (술)동 (조)접 (부)부 (조)전 (술)부정 (목)명 (의)의종

吾以此觀之 勝負見矣
오 이 차 관 지 승 부 현 의
(주)인대 (부)부 (지)지 (술)접미 (주)명 (술)피동 (조)종

" 아마도 싸우지 아니하고 작전회의에서 이기는 사람은 이길 확률이 많고 작전회의에서 이기지 못한 사람은 이길 확률이 적다. 이길 확률이 많으면 이기고 이길 확률이 적으면 지는데 하물며 이길 확률이 하나도 없는데에서랴? 나는 이것으로 볼 때 이기고 지는 것이 바로 나타난다.

○ 본문해설 ○

- **未**(미) 부정부사 – 아직 ~하지 아니하다
- **廟算勝者**(묘산승자) 동명사 – 작전회의에서 이긴 사람. **廟**는 종묘, 관청, 청사이며, **算**은 셈하는 것, 확률을 따져보는 것으로 관청안에서 전쟁의 승패를 계산해 보는 것이다. **勝者**는 그래서 이긴 사람이다.
- **得算**(득산) 관형사 – 얻는 확률
- **多算**(다산) 관형사 – 확률이 높음
- **少算**(소산) 관형사 – 확률이 낮음
- **觀之**(관지) 접미사 – 관찰하다, 보다
- **見**(현) 피동사 – 나타내다, 피동으로 쓰일때는 "현"으로 발음한다.

(2) 謀攻篇(모공편) 中(중)에서

知	彼	知	己	百	戰	不	殆	不	知	彼	而	知	己
지	피	지	기	백	전	불	태	부	지	피	이	지	기
(술)동	(목)인대	(술)동	(목)인대	(주)관		(술)부정	(목)형	부정	(술)동	(목)인대	(조)접	(술)동	(목)인대

一	勝	一	負	不	知	彼	不	知	己	每	戰	必	敗
일	승	일	부	부	지	피	부	지	기	매	전	필	패
(주)명	(술)동	(주)명	(술)동	부정	(술)동	(목)인대	부정	(술)동	(목)인대	(주)관		(부)부	(술)동

" 적을 알고 나를 알면 백번을 싸워도 위태롭지 아니하고,
적을 알지못하고 나만 알면 한 번은 이기고 한 번은 지며,
적도 모르고 나도 모르면 싸울 때마다 반드시 패한다. "

○ 본문해설 ○

- **知**(지) 동사 – 알다
- **彼**(피) 3인칭대명사 – 그 사람, 적
- **己**(기) 1인칭대명사 – 나, 자기
- **殆**(태) 형용사 – 위태함
- **每戰**(매전) 관형사 – 싸울 때마다
- **敗**(패) 동사 – 지다, 패하다

03 史書(사서)

1. 三國史記(삼국사기)

高句麗 本紀 第一 始祖東明聖王(고구려본기제일 시조동명성왕)

始祖東明聖王 姓高氏 諱朱蒙(一云

시 조 동 명 성 왕 성 고 씨 휘 주 몽 일 운

(주)고명 (주)명 (술)명 (주)명 (술)고명 (보)수 (술)동

鄒牟 一云象解 象解 恐當作衆牟) 先是

추 모 일 운 상 해 상 해 공 당 작 중 모 선 시

(목)고명 (보)수 (술)동 (목)고명 (주)고명 (추)추 (부)부 (술)동 (목)고명 (부)부 (지)지

扶餘王解夫婁 老無子 祭山川求嗣

부 여 왕 해 부 루 노 무 자 제 산 천 구 사

(주)고명 (보)형 (술)부정 (목)명 (술)동 (목)명 (술)동 (목)명

其所御馬至鯤淵 見大石相對流淚

기 소 어 마 지 곤 연 견 대 석 상 대 유 루

(지)지 (보)명 (술)동 (목)명 (술)동 (목)고명 (술)동 (목)관 (보)동 (술)동 (목)명

王怪之 使人轉其石 有小兒 金色蛙形

왕 괴 지 사 인 전 기 석 유 소 아 금 색 와 형

(주)명 (술)접미 (사)사동 (주)명 (술)동 (지)지 (목)명 (술)형 (목)관 (보)관

(蛙一作蝸)

와 일 작 와

(주)명 (보)수 (술)동 (목)명

“ 시조 동명성왕은 성은 고씨요, 휘(諱)는 주몽이다.
(혹은 추모, 또는 상해라고 하기도 하며 상해는 아마도 중모라 부르는 것이 마땅할 것이다)이에 앞서 부여왕 해부루는 늙었는데 아들이 없었다.
산과 강에 제사드리고 대를 이을 아들을 구하였다.
말을 타고 곤연이란 곳에 이르러 말이 큰 돌을 보고 눈물을 흘리고 있었다.
왕이 괴이하게 여겨 사람들로 하여금 그 돌을 굴리게 하니
금색 두꺼비 모양을 한 어린아이가 있었다.(두꺼비 혹은 달팽이라고도 한다) ”

○ 본문해설 ○

- 諱(휘) 명사 – 죽은 뒤에 높이어 부르는 이름
- 作(작) 동사 – 짓다, 부르다
- 御(어) 동사 – 말을 몰다
- 怪之(괴지) 접미사 – 괴상히 여기다
- 蛙(와) 명사 – 개구리, 두꺼비
- 恐(공) 추정사 – 아마도
- 嗣(사) 명사 – 뒤를 이을 자식
- 淚(루) 명사 – 눈물
- 轉(전) 동사 – 굴리다
- 蝸(와) 명사 – 달팽이, 우렁이

王喜曰 此乃天賚我令胤乎? 乃收而

왕 희 왈 차 내 천 뢰 아 령 윤 호 내 수 이

(주)명 (보)형 (술)동 (지)지 (부)부 (주)명 (술)동 (주)명 (사)사동 (술)명 (조)의종 (부)부 (술)동 (조)접

養之 名曰金蛙 及其長立爲太子

양 지 명 왈 금 와 급 기 장 입 위 태 자

(술)접미 (주)명 (술)동 (목)고명 (보)동 (지)지 (보)동 (술)동 (목)명

後其相阿蘭弗曰 日者天降我曰

후 기 상 아 란 불 왈 일 자 천 강 아 왈

(부)부 (지)지 (보)명 (주)고명 (술)동 (주)관 (주)명 (술)동 (주)인대 (술)동

將使吾子孫 立國於此 汝其避之

장 사 오 자 손 입 국 어 차 여 기 피 지

(자)자 (사)사동 (주)관 (술)동 (목)명 (조)전 (지)지 (주)인대 (지)지 (술)접미

東海之濱有地 號曰迦葉原

동 해 지 빈 유 지 호 왈 가 엽 원

(주)관 (술)형 (목)명 (술)동 (목)고명

" 왕이 기뻐하여 말하기를 이는 곧 하늘에서 나에게 대를 이을 아들을 삼으라고 내려주신 것이 아니겠는가? 이내 거두어 기르고 이름을 금와라고 하였다. 때가 미치어 그는 장성하여 태자로 삼았다. 그 뒤에 재상 아란불이 말하기를 천신(天神)이 하늘에서 내려와 나에게 이르기를 장차 내 자손으로 하여금 이 땅에 나라를 세우게 할 것이니 너는 여기에서 피하여 떠나거라. 동해변에 가엽원이란 땅이 있다. "

◎ 본문해설 ◎

- **賚**(뢰) 동사 – 주다
- **收**(수) 동사 – 거두다
- **日者**(일자) 관형사 – 햇님, 천신(**天神**)
- **避之**(피지) 접미사 – 피하다
- **號**(호) 부르다
- **養之**(양지) 접미사 – 기르다
- **相**(상) 명사 – 재상(**宰相**)
- **汝**(여) 인칭대명사 – 너, 자네
- **濱**(빈) 명사 – 물가, 바닷가

土壤膏腴宜五穀 可都也 阿蘭弗遂

토 양 고 유 의 오 곡 가 도 야 아 란 불 수

(주)명 (술)형 (술)형 (목)관 (긍)긍 (술)명 (조)종 (주)고명 (술)동

勸王 移都於彼 國號東扶餘 其舊都

권 왕 이 도 어 피 국 호 동 부 여 기 구 도

(술)동 (목)명 (술)동 (목)명 (조)전 (지)지 (주)관 (술)고명 (지)지 (주)관

有人 不知所從來 自稱天帝子解慕漱

유 인 부 지 소 종 래 자 칭 천 제 자 해 모 수

(술)형 (목)명 부정 (술)동 (목)접두 (보)부 (술)동 (목)관

來都焉
래 도 언
(술)동 (목)명 (조)종

" 땅이 기름지고 오곡을 심기에 마땅하니 도읍할 만하다고 말하였다. 아란불은 그 말에 따라 왕에게 권유하여 도읍을 그 곳으로 옮기고 나라이름을 동부여라고 하였다. 그 구도읍지에는 어디에서 왔는지 알 수 없는 사람들이 자칭 하느님의 아들 해모수라 하고 와서 도읍을 세웠다. "

◎ 본문해설 ◎

- 壤(양) 명사 – 흙덩이, 땅
- 腴(유) 형용사 – 살찌다
- 都(도) 명사 – 도읍지
- 所從來(소종래) 접두사 – 온 곳
- 膏(고) 명사 – 기름
- 宜(의) 형용사 – 마땅하다
- 彼(피) 지시대명사 – 그 곳

及解夫婁薨 金蛙嗣位 於是時 得女子
급 해 부 루 훙 금 와 사 위 어 시 시 득 여 자
(부)부 (주)고명 (술)동 (주)고명 (술)동 (목)명 (지)지 (보)명 (술)동 (목)명

於太白山南優渤水 問之曰 我是河伯
어 태 백 산 남 우 발 수 문 지 왈 아 시 하 백
(조)전 (보)고명 (술)접미 (술)동 (주)인대 (지)지 (보)관

之女 名柳花 與諸弟出游 時有一男子
지 녀 명 류 화 여 제 제 출 유 시 유 일 남 자
(보)관 (주)명 (술)고명 (부)부 (보)관 (술)동 (목)명 (부)부 (술)형 (목)관

自言天帝之子解慕漱 誘我於熊心
자 언 천 제 지 자 해 모 수 유 아 어 웅 심
(부)부 (술)동 (목)관 (술)동 (목)인대 (조)전 (목)관

(心遺事作神)山下 鴨渌邊室中私之
심 유 사 작 신 산 하 압 록 변 실 중 사 지
(목)관 (보)관 (술)접미

卽往不返 父母責我 無媒而從人
즉 왕 불 반 부 모 책 아 무 매 이 종 인
(부)부 (술)동 부정 (술)동 (주)명 (술)동 (목)인대 (술)부정 (목)명 (조)접 (술)동 (목)명

遂謫居優渤水
수 적 거 우 발 수
(부)부 (술)동 (목)명 (보)고명

" 미치어 해부루는 죽고 김와가 임금자리를 이어받았다. 이때에 태백산 남쪽 우발수에서 한 여자를 만나 내력을 물으니 대답해 말하기를 나는 본래 용왕의 딸로 이름은 유화입니다. 여러 아우들과 함께 나와 놀고 있을때 한 남자가 있어 스스로 하느님의 아들 해모수라 말하고 나를 웅심산아래(心은 삼국유사에는 神으로 쓰였다)로 유인하여 압록강가 집안에서 자기 마음대로 한 뒤 곧 가버리고 돌아오지 아니하였습니다. 부모님께서는 중매하는 사람도 없이 남자를 따라갔다하여 책망하시어 곧 우발수로 귀양보냈습니다. "

○ 본문해설 ○

- 薨(훙) 동사 – 죽다
- 河伯(하백) 명사 – 물을 관리하는 벼슬, 즉 용왕
- 游(유) 동사 – 놀다
- 遺事(유사) 僧一然(승일연)이 지은 三國遺事이다.
- 私之(사지) 접미사 – 사사로이 하다, 자기 마음대로 하다
- 返(반) 동사 – 돌아오다
- 媒(매) 명사 – 중매
- 謫(적) 동사 – 귀양가다
- 問之(문지) 접미사 – 묻다
- 諸(제) 명사 – 뭇, 여럿
- 誘(유) 동사 – 꾀다, 유인하다
- 責(책) 동사 – 책망하다
- 遂(수) 부사 – 따라서, 곧장

金蛙異之 幽閉於室中 爲日所炤 引身
금 와 이 지 유 폐 어 실 중 위 일 소 소 인 신
(주)고명 (술)접미 (술)동 (조)전 (목)관 (술)동 (목)동명 (술)동 (목)명

避之 日影又逐而炤之 因而有孕 生一卵
피 지 일 영 우 축 이 소 지 인 이 유 잉 생 일 란
(술)접미 (주)명 (술)동 (부)부 (보)동 (조)접 (술)접미 (부)부 (조)접 (술)동 (목)동 (술)동 (목)관

大如五升許 王棄之與犬豕 皆不食
대 여 오 승 허 왕 기 지 여 견 시 개 불 식
(보)형 (술)형 (주)명 (술)접미 (술)동 (목)명 (부)부 부정 (술)동

又棄之路中 牛馬避之 後棄之野
우 기 지 로 중 우 마 피 지 후 기 지 야
(술)접미 (목)관 (주)명 (술)접미 (부)부 (술)접미 (목)명

鳥覆翼之 王欲剖之 不能破 遂還其母
조 복 익 지 왕 욕 부 지 불 능 파 수 환 기 모
(주)명 (술)동 (목)접미 (주)명 (술)자 (목)접미 부정 (술)동 (부)부 (술)동 (지)지 (목)명

以物裹之 置於暖處 有一男兒 破殼而出
이 물 과 지 치 어 난 처 유 일 남 아 파 각 이 출
(부)부 (주)명 (술)접미 (술)동 (조)전 (목)관 (술)형 (보)수 (목)관 (술)동 (목)명 (조)접 (술)동

骨表英奇 年甫七歲 嶷然異常 自作弓矢
골 표 영 기 년 보 칠 세 억 연 이 상 자 작 궁 시
(주)명 (술)명 (주)관 (보)접미 (술)형 (부)부 (술)동 (목)명

射之 百發百中 扶餘俗語 善射爲朱蒙
사 지 백 발 백 중 부 여 속 어 선 사 위 주 몽
(술)접미 (주)수 (술)동 (주)수 (술)동 (주)관 (보)동 (술)동 (목)고명

故以名云
고 이 명 운
(부)부 (주)명 (술)동

" 금와는 이상하게 생각하여 집안에 가두었다.
유화가 몸을 이끌어 피하는 데가 해가 비치는 곳이 되었다.
해가 유화(柳花)에게 비치고 또한 따라다니며 비치니 이로 인하여 잉태하여
크기가 다섯 되들이만한 한 개의 알을 낳았다. 왕이 개와 돼지에게 던져주니
모두 먹지 아니하였다. 또다시 길에 버리니 소와 말이 피하였다.
뒤에 들판에 버리니 새가 와서 날개로 덮어 품었다. 왕이 깨트리고자 하였으나
깨어지지 아니하였다. 그래서 그 어미에게 돌려주니 보자기에 싸서 따뜻한 곳에
놓아두었더니 한 사내아기가 껍질을 깨고 나왔다. 뼈대와 생김새가 꽃다이 예쁘고
기특하였다. 겨우 나이 7세에 그 숙성함이 보통 사람과 달랐다.
스스로 활과 살을 만들어 쏘니 백번 쏘면 백번 모두 명중하였다. 부여 속담에 활을
잘 쏘면 주몽이라고 하는데 그런 까닭에 이로서 이름을 주몽이라고 불렀다. "

◎ 본문해설 ◎

- 異之(이지) 접미사 – 이상하게 생각하다
- 避之(피지) 접미사 – 피하다
- 逐(축) 동사 – 좇아다니다, 물리치다
- 棄之(기지) 접미사 – 버리다
- 剖之(부지) 접미사, 쪼개다, 깨다
- 暖(난) 형용사 – 따뜻함
- 殼(각) 명사 – 껍질
- 嶷(억) 형용사 – 어린 아이에게 지각있음, 숙성함
- 善(선) 동사 – 잘하다
- 所炤(소소) 접두사 – 빛이 비치는 곳
- 影(영) 명사 – 그림자, 형태
- 孕(잉) 동사 – 잉태하다
- 豕(시) 명사 – 돼지
- 裹之(과지) 접미사 – 쌓다
- 暖處(난처) 관형사 – 따뜻한 곳
- 嶷然(억연) 접미사 – 지각있는 모양, 숙성한 모양
- 俗語(속어) 관형사 – 속담

金蛙有七子 常與朱蒙遊戲 其伎能皆

金蛙	有	七子	常與	朱蒙	遊戲	其	伎能	皆
금 와	유	칠 자	상 여	주 몽	유 희	기	기 능	개
(주)고명	(술)형	(목)관	(부)부	(주)고명	(술)동	(지)지	(주)명	(부)부

不及朱蒙 其長子帶素 言於王曰

不	及	朱蒙	其	長子	帶素	言	於	王	曰
불	급	주 몽	기	장 자	대 소	언	어	왕	왈
부정	(술)동	(목)고명	(지)지	(보)명	(주)고명	(술)동	(조)전	(목)명	(술)동

朱蒙非人所生 其爲人也勇 若不早圖

주 몽 비 인 소 생 기 위 인 야 용 약 불 조 도

(주)고명 부정 (주)명 (술)접두 (지)지 (술)동 (목)명 (조)접 (술)동 (가)가 부정 (부)부 (술)동

恐有後思 請除之 王不聽 使之養馬

공 유 후 사 청 제 지 왕 부 청 사 지 양 마

(보)동 (술)형 (목)관 (술)동 (목)접미 (주)명 부정 (술)동 (사)접미 (술)동 (목)명

朱蒙知其駿者 而減食令瘦 駑者善養

주 몽 지 기 준 자 이 감 식 령 수 노 자 선 양

(주)고명 (술)동 (지)지 (목)관 (조)접 (술)동 (목)명 (사)사동 (보)형 (주)관 (부)부 (술)동

令肥 王以肥者自乘 瘦者給朱蒙後獵

령 비 왕 이 비 자 자 승 수 자 급 주 몽 후 렵

(사)사동 (보)형 (주)명 (부)부 (주)관 (부)부 (술)동 (주)관 (술)동 (목)고명 (부)부 (술)동

于野 以朱蒙善射 與其矢小 而朱蒙殪

우 야 이 주 몽 선 사 여 기 시 소 이 주 몽 에

(조)전 (목)명 (부)부 (주)고명 (부)부 (술)동 (부)부 (지)지 (보)관 (조)접 (주)고명 (술)동

獸甚多 王子及諸臣 又謀殺之 朱蒙母

수 심 다 왕 자 급 제 신 우 모 살 지 주 몽 모

(목)명 (부)부 (보)형 (주)명 (조)접 (주)관 (부)부 (술)동 (목)접미 (주)관

陰知之 故曰

음 지 지 고 왈

(부)부 (술)접미 (술)동

" 금와에게 일곱 아들이 있었는데 항상 주몽과 더불어 놀았다. 그 재주가 모두 주몽을 따라오지 못하였다. 그 장자 대소가 왕에게 말하기를 주몽은 사람이 낳은 것이 아니라서 그 사람됨이 용감합니다. 만약 일찍 도모하지 아니하면 후환이 있을까 두렵사오니 청하옵건대 제거하여 버리십시오. 왕은 듣지 아니하고 말을 기르도록 하였다. 주몽은 어떤 말이 준마인 줄 알고 먹이를 조금씩 주어 마르도록 하였다. 노둔한 말은 잘 길러서 살찌게 하였더니 살찐 말은 왕이 스스로 타고 수척한 말은

주몽에게 주었다. 훗날 들판으로 사냥을 갔는데 주몽은 작은 화살인데도 잘 쏘아 심히 많은 짐승을 죽였다. 왕자와 여러 신하가 모의하여 또 주몽을 죽이려 하였다. 주몽의 어머니는 이를 은밀히 알아내어 주몽에게 말하기를 ”

○ 본문해설 ○

- **戲**(희) 동사 – 장난치다, 놀이하다
- **所生**(소생) 접두사 – 낳은 것, 태어난 것
- **圖**(도) 동사 – 도모하다
- **使之**(사지) 접미사 – ~하도록 하다, 사역동사 **使**에 **之**가 붙어 진행태를 나타낸다.
- **養**(양) 동사 – 기르다
- **瘦**(수) 형용사 – 파리하다, 수척하다, 마르다
- **給**(급) 동사 – 주다, 공급하다
- **獸**(수) 명사 – 짐승
- **知之**(지지) 접미사 – 알아내다
- **伎能**(기능) 명사 – 재주
- **早**(조) 부사 – 일찍, 일찍이
- **後思**(후사) 관형사 – 뒷 일, 후환(**後患**)
- **駿者**(준자) 관형사 – 준마
- **令**(령) 사역동사 – ~하게 하다
- **獵**(렵) 동사 – 사냥하다
- **殪**(에) 동사 – 죽이다
- **駑者**(노자) 관형사 – 노둔한 말

國人將害汝 以汝才略 何往而不可

국 인 장 해 여 이 여 재 략 하 왕 이 불 가

(주)관 (자)자 (술)동 (목)인대 (부)부 (주)인대 (보)명 (의)의 (술)동 (조)접 부정

與其遲留而受辱 不若遠適以有爲

여 기 지 유 이 수 욕 부 약 원 적 이 유 위

(비)비 (부)부 (술)동 (조)접 (술)동 (목)명 부정 (비)형 (부)부 (술)동 (부)부 (술)형 (목)명

朱蒙乃與鳥(鳥 下文及遺事並作烏)伊

주 몽 내 여 조 조 하 문 급 유 사 병 작 오 이

(주)고명 (부)부 (주) (주)고명

摩離 陜父等三人爲友 行至淹漲水

마 리 협 부 등 삼 인 위 우 행 지 엄 사 수

(주)고명 (술)동 (목)명 (술)동 (목)고명

(一名蓋斯水在今 鴨綠江 東北)
일 명 개 사 수 재 금 압 록 강 동 북

欲渡無梁 恐爲追兵所迫 告水曰
욕 도 무 량 공 위 추 병 소 박 고 수 왈
(술)자 (목)동 (술)부정 (목)명 (보)동 (술)동 (목)관 (보)접두 (술)동 (목)명 (술)동

我是天帝子 河伯外孫 今日逃走
아 시 천 제 자 하 백 외 손 금 일 도 주
(주)인대 (지)지 (술)관 (보)관 (술)동

追者垂及 如何 於時 魚鼈浮出成橋
추 자 수 급 여 하 어 시 어 별 부 출 성 교
(주)관 (부)부 (술)동 (의)의 (부)부 (주)명 (술)동 (목)명

"나라 사람들이 장차 너를 해치려고 하니 너의 재주와 능력으로서 어디엔들 가지 못하겠느냐? 네가 여기에서 머뭇거리다가 욕을 당하느니 보다 차라리 멀리 떠나 쓸모있는 일을 하는 것이 더 좋지 아니하겠느냐? 라고 하였다.
주몽은 곧 조이(鳥(조)는 아래 글과 삼국유사에 이울러 烏(오)라고 쓰였다)마리, 협부 등 세 사람이 벗을 삼아 가서 엄사수(일명 개사수, 지금 압록강 동북에 있다)에 이르러 건너고자 하였으나 다리가 없었다. 쫓아오는 군사들이 박두할까 두려워 물에 고하기를 나는 본시 하느님의 아들이며 용왕의 외손으로 오늘 도망하는데 쫓아오는 자들이 거의 미쳤으니 어찌하면 되겠는가? 이때에 고기와 자라가 떠서 나와 다리를 만들었다."

○ 본문해설 ○

- 將(장) 자동사 – ~을 하고자 하다
- 與其～寧,若(여기~영, 약) 비교어 – ~하는 것보다 차라리 ~하는 것이 낫다.
- 遲(지) 부사 – 더디게, 늦게
- 遠(원) 부사 – 멀리
- 與(여) 부사 – 더불어
- 渡(도) 동사 – 건너다
- 辱(욕) 명사 – 치욕
- 適(적) 동사 – 가다
- 欲(욕) 자동사 – 하고자 하다
- 梁(량) 명사 – 다리

- 恐(공) 동사 – 두려워하다
- 逃(도) 도사 – 도망하다
- 鼈(별) 명사 – 자라
- 橋(교) 명사 – 다리, 교량
- 所迫(소박) 접두사 – 박두하다
- 垂(수) 부사 – 거의 이르다
- 浮(부) 동사 – 뜨다

朱蒙得渡 魚鼈乃解 追騎不得渡 朱蒙

주 몽 득 도 어 별 내 해 추 기 부 득 도 주 몽

(주)고명 (긍)긍 (술)동 (주)명 (부)부 (술)동 (주)관 부정 (술)동 (주)고명

行至 毛屯谷(魏書云至音(音當作普)述水)

행 지 모 둔 곡 위 서 운 지 음 음 당 작 보 술 수

(보)동 (술)동 (목)고명

遇三人 其一人着麻衣 一人着衲衣

우 삼 인 기 일 인 착 마 의 일 인 착 납 의

(술)동 (목)관 (지)지 (보)수 (주)명 (술)동 (목)관 (보)수 (주)명 (술)동 (목)관

一人着水藻衣 朱蒙問曰 予等何許人也

일 인 착 수 조 의 주 몽 문 왈 여 등 하 허 인 야

(보)수 (주)명 (술)동사 (목)관 (주)고명 (술)동 (주)인대 (의)의 (술)관 (조)종

何姓何名乎? 麻衣衣者曰 名再思 衲衣者

하 성 하 명 호 마 의 의 자 왈 명 재 사 납 의 자

(술)의 (목)명 . (술)의 (목)명 (조)의종 (주)관 (술)동 (주)명 (술)고명 (주)관

曰 名武骨 水藻者曰 名默居 而不言姓

왈 명 무 골 수 조 자 왈 명 묵 거 이 불 언 성

(술)동 (주)명 (술)고명 (주)관 (술)동 (주)명 (술)고명 (조)접 부정 (술)동 (목)명

"주몽이 강을 건너가자 물고기와 자라가 곧 흩어졌다. 좇아오던 말탄 병사들은 건널 수가 없었다. 주몽은 가서 모둔곡(魏書에 이르기는 音述水(음술수)에 이르렀다 하였는데 〈音은 普(보)로 씀이 마땅하다.〉)에 이르러 세 사람을 만났다.

그 중 한 사람은 삼베옷을 입고 또 한 사람은 장삼을 입고,
다른 한 사람은 마름옷을 입고 있었다.
주몽이 물어 말하기를 너희들은 어떤 사람이며 성은 무엇이고
이름은 무엇이냐? 삼베옷을 입은 사람의 이름은 재사(再思)라 하고 장삼을 입은 사람의 이름은 무골(武骨)이라하며, 마름옷을 입은 사람의 이름은 묵거(默居)라 하였으나 성(姓)은 말하지 아니하였다.”

○ 본문해설 ○

- 得(득) 긍정사 – ~할 수 있다, ~하다
- 鼈(별) 명사 – 자라
- 遇(우) 동사 – 만나다
- 麻(마) 명사 – 삼
- 藻(조) 명사 – 마름
- 等(등) 인칭대명사 – 아래에서 복수를 나타냄
- 渡(도) 동사 – 건너다
- 騎(기) 동사 – 말타다
- 着(착) 동사 – 입다
- 衲(납) 명사 – 장삼 / 동사 – 깁다
- 予(여) 인칭대명사 – 너, 당신

朱蒙賜 再思姓克氏 武骨仲室氏 默居
주 몽 사 재 사 성 극 씨 무 골 중 실 씨 묵 거
(주)고명 (술)동 (주)고명 (보)명 (술)관 (주)고명 (술)관 (주)고명

少室氏 乃告於衆 我方承景命 欲啓元基
소 실 씨 내 고 어 중 아 방 승 경 명 욕 계 원 기
(술)관 (부)부 (술)동 (조)전 (목)명 (주)인대 (보)부 (술)동 (목)관 (술)자 (목)동 (보)관

而適遇此三賢 豈非天賜乎? 遂揆其能
이 적 우 차 삼 현 기 비 천 사 호 수 규 기 능
(조)접 (부)부 (술)동 (지)지 (목)관 (의)의 부정 (주)명 (술)동 (조)의종 (보)동 (술)동 (지)지 (목)명

各任以事 與之俱至卒本川(魏書云至
각 임 이 사 여 지 구 지 졸 본 천 위 서 운 지
(부)부 (술)동 (부)부 (목)명 (부)부 (지)지 (부)부 (술)동 (목)고명

紇升骨城) 觀其土壤肥美 山河險固

흘 승 골 성 관 기 토 양 비 미 산 하 험 고

(술)동 (지)지 (목)명 (술)명 (주)명 (술)형

遂欲都焉 而未遑作宮室 但結廬於

수 욕 도 언 이 미 황 작 궁 실 단 결 려 어

(부)부 (술)자 (목)명 (조)종 (조)접 부정 (보)명 (술)동 (목)명 (부)부 (술)동 (목)명 (조)전

沸流水上居之 國號高句麗 因以高爲氏

비 류 수 상 거 지 국 호 고 구 려 인 이 고 위 씨

(주)관 (술)접미 (주)관 (술)고명 (부)부 (주)고명 (술)동 (목)명

(一云 朱蒙至卒本扶餘 王無子 見朱蒙

일 운 주 몽 지 졸 본 부 여 왕 무 자 견 주 몽

知非常人 以其女妻之 王薨 朱蒙嗣位)

지 비 상 인 이 기 녀 처 지 왕 훙 주 몽 사 위

時朱蒙年二十二歲

시 주 몽 년 이 십 이 세

(부)부 (주)고명 (보)명 (술)관

" 주몽은 재사(再思)에게는 극(克)씨 성(姓)을, 무골(武骨)에게는 중실(仲室)씨 성을, 묵거(默居)에게는 소실(少室)씨 성을 내려주었다.
곧 여럿에게 고하기를 내가 지금 하늘의 밝은 명(命)을 이어받아 나라의 기틀을 열고자 하는데 때마침 여기서 어진 세 사람을 만나게 되었으니 어찌 하늘의 내려주심이 아니겠소? 하며 그 사람들의 능력을 헤아려 그 능력에 따라서 각기 알맞은 일을 맡기고 더불어 함께 졸본천에 이르렀다. (위서에서 이르기는 흘승골성에 이르렀다고 함) 그 토양을 보니 기름지고 고우며 산과 냇물은 험하고 단단하므로 마침내 도읍지로 삼고자 하였다. 그러나 궁궐과 집을 지을 겨를이 없었으므로 단지 풀을 엮어서 비류수위에 살면서 나라 이름을 고구려라 하고 나라이름을 따라서 성(姓)을 고씨(高氏)로 삼았다. (한편에 이르기는 주몽이 졸본부여에 도착하였는데

아들이 없는 왕이 주몽을 보자 보통사람과 다름이 있음을 알고
그 딸을 시집보내 사위로 삼았다 그 왕이 죽자 주몽이 그 자리를 이었다고 하였다.)
이 때에 주몽의 나이는 스물두살이었다."

○ 본문해설 ○

- 賜(사) 동사 – 주다, 내려주다
- 承(승) 동사 – 잇다, 이어받다. 丞과 通用
- 啓(계) 동사 – 열다
- 適(적) 부사 – 마침, 때맞게
- 遂(수) 동사 – 따르다
- 俱(구) 부사 – 함께
- 紇(흘) 명사 – 실끝
- 遑(황) 명사 – 겨를, 여가
- 居之(거지) 접미사 – 살다
- 方(방) 부사 – 방금, 지금
- 景命(경명) 관형사 – 밝은 명령
- 元基(원기) 관형사 – 으뜸이 되는 터전, 기틀
- 三賢(삼현) 관형사 – 어진 세 사람
- 揆(규) 동사 – 헤아리다
- 觀(관) 동사 – 보다, 살피다
- 險(험) 형용사 – 험하다
- 廬(려) 명사 – 풀, 풀집
- 妻之(처지) 접미사 – 시집보내다

是漢孝元帝建昭二年 新羅始祖赫居世
시 한 효 원 제 건 소 이 년 신 라 시 조 혁 거 세
(지)지 (주)고명 (술)관 (주)고명

二十一年甲申歲也 四方聞之 來附者衆
이 십 일 년 갑 신 세 야 사 방 문 지 내 부 자 중
(술)관 (조)종 (주)관 (술)접미 (주)관 (술)형

其地連靺鞨部落 恐侵盜爲害 遂攘斥之
기 지 연 말 갈 부 락 공 침 도 위 해 수 양 척 지
(지)지 (주)명 (술)동 (목)관 (보)동 (술)동 (목)명 (술)동 (목)명 (부)부 (술)동 (목)접미

靺鞨畏服 不敢犯焉 王見沸流水中菜葉
말 갈 외 복 불 감 범 언 왕 견 비 류 수 중 채 엽
(주)고명 (술)동 부정 (술)동 (조)종 (주)명 (술)동 (목)관

逐流下 知有人在上流者 因以獵往尋

축 류 하 지 유 인 재 상 류 자 인 이 렵 왕 심

(부)부 (술)동 (술)동 (목)명 (술)형 (목)관 (부)부 (주)명 (술)동 (목)동

至沸流國其國王松讓出見曰 寡人僻在

지 비 류 국 기 국 왕 송 양 출 견 왈 과 인 벽 재

(술)동 (목)고명 (지)지 (주)관 (술)동 (목)동 (술)동 (주)명 (보)명 (술)형

海隅 未嘗得見君子今日 邂逅相遇

해 우 미 상 득 견 군 자 금 일 해 후 상 우

(목)관 부정 (부)부 (긍)긍 (술)동 (목)명 (주)관 (술)동 (부)부 (술)형

不亦幸乎 然不識吾子自何而來 答曰

불 역 행 호 연 불 식 오 자 자 하 이 래 답 왈

부정 (부)부 (술)형 (조)의종 (조)접 부정 (술)동 (목)인대(주)인대 (부)부 (의)의 (조)접 (술)동 (술)동

我是天帝子 來都於某所 松讓曰

아 시 천 제 자 내 도 어 모 소 송 양 왈

(주)인대 (지)지 (술)관 (보)동 (술)동 (조)전 (목)관 (주)고명 (술)동

我累世爲王 地小不足容兩主

아 누 세 위 왕 지 소 부 족 용 양 주

(주)인대 (보)관 (술)동 (목)명 (주)명 (술)형 부정 (부)부 (술)동 (목)관

“ 이때는 한나라 효원제 건소2년이요, 신라시조 혁거세 21년 갑신년이다. 사방 사람들이 듣고서 와서 붙어살고자 하는 사람이 많았다. 그 땅은 말갈마을과 연해있어서 도적이 침범하여 피해를 입을까 두려워하여 이에 쳐서 빼앗으니 말갈이 두려워서 복종하고 감히 범하지 못하였다.

왕은 비류수 물에 채소잎새가 밀리어 떠내려오는 것을 보고 상류에 사람이 살고있음을 알고 이로 연유하여 수렵을 하면서 찾아가서 비류국에 당도하자 그 나라 왕 송양이 나와보고 말하기를 과인은 바다 모퉁이 외딴 곳에 있어서 일찍이 군자를 뵈옵지 못하였는데 오늘 우연히 서로 얼굴을 대하고 만나니 또한 다행한 일이 아니겠습니까? 그러나 나는 당신이 어떻게 스스로 오시었는지 알 수 없습니다. 대답해 말하기를 나는 본시 하느님의 아들로 모처(某所)에 와서

도읍지를 정하였습니다. 송양이 말하기를 나는 여러해 동안 왕노릇하고 있는데 땅이 작아서 두 임금을 용납하기는 넉넉하지 아니하다고 생각합니다.”

○ 본문해설 ○

- 附者(부자) 관형사 – 붙어 살고자 하는 사람
- 斥之(척지) 접미사 – 치다
- 流下(유하) 동사 – 떠내려오다
- 攘(양) 동사 – 빼앗다
- 菜(채) 명사 – 소채, 채소
- 尋(심) 동사 – 찾다
- 寡人(과인) 인칭대명사 – 나, 임금이 자기를 스스로 낮추어 부르는 말
- 僻(벽) 명사 – 벽지, 외딴 곳
- 邂(해) 동사 – 만나다
- 逅(후) 동사 – 만나다
- 不亦～乎(불역~호) 또한 ~하지 아니한가?
- 隅(우) 명사 – 모퉁이
- 遇(우) 형용사 – 우연하게
- 然(연) 접속사 – 그러나
- 子(자) 인칭대명사 – 선생님, 자네, 당신

君立都日淺 爲我附庸可乎? 王忿其言

군 립 도 일 천 위 아 부 용 가 호 왕 분 기 언

(주)명 (술)동 (목)명 (보)관 (술)동 (목)인대 (술)동 (목)명 (긍)긍 (조)의종 (주)명 (술)동 (지)지 (목)명

因與之鬪辯 亦相射以校藝 松讓不能抗

인 여 지 투 판 역 상 사 이 교 예 송 양 불 능 항

(부)부 (부)접미 (술)동 (부)부 (부)부 (술)동 (조)접 (술)동 (목)명 (주)고명 부정 (술)동

二年夏六月 松讓以國來降 以其地爲

이 년 하 유 월 송 양 이 국 래 항 이 기 지 위

(보)명 (주)고명 (조)후 (보)명 (술)동 (목)명 (부)부 (지)지 (주)명 (술)동

多勿都 封松讓爲主 麗語謂復奮舊土

다 물 도 봉 송 양 위 주 여 어 위 복 분 구 토

(목)고명 (술)동 (목)고명 (술)동 (목)명 (주)관 (술)동 (술)동 (목)관

爲多勿故以名焉

위 다 물 고 이 명 언

(술)동 (목)고명 (부)부 (술)명 (조)종

"그대는 도읍한지 얼마되지 아니하였으니 나를 위하여 더부살이를 할 수 있겠는가?
왕(주몽)은 그 말에 분노하여 그와 더불어 결투로 승패를 가리기로 하고
활쏘기와 무예를 겨루었다. 송양은 대항할 수 없었다.
주몽이 도읍한지 2년 여름 6월 송양은 나나를 들어 항복하였다.
그래서 그 땅을 다물도라 부르고 송양을 그 주(主)에 봉하였다.
고구려말에 옛 땅을 회복하는 것을 일러서 다물(多勿)이라 한다.
이런 까닭에 다물도(多勿都)라 이름지어 부른 것이다."

◎ 본문해설 ◎

- **君**(군) 인칭대명사 – 그대, 자네 / 명사 – 임금, 남편(夫)
- **日淺**(일천) 관형사 – 날짜가 얼마되지 아니함
- **庸**(용) 동사 – 쓰이다, 고용하다
- **忿**(분) 동사 – 성내다, 분해하다
- **辯**(판) 동사 – 판별하다, 가리다
- **藝**(예) 명사 – 기예
- **奮**(분) 동사 – 분발하다
- **附**(부) 동사 – 의탁하다, 의존하다, 의지하다
- **可**(가) 긍정사 – ~할 수 있다. 부정사의 반대 개념
- **與之**(여지) 접미사 – 더불어
- **校**(교) 동사 – 비교하다
- **抗**(항) 동사 – 항거하다, 대항하다
- **舊**(구) 명사 – 지난 것, 옛날 것

2. 三國遺事 (삼국유사)

卷 第二 萬波息笛(권 제이 만파식적)

第三十一 神文大王 諱政明金氏

제 삼 십 일 신 문 대 왕 휘 정 명 김 씨

(주)고명 (보)명 (술)고명

開耀元年辛巳七月七日卽位

개 요 원 년 신 사 칠 월 칠 일 즉 위

(주)복명

爲聖考文武大王 創感恩寺於東海邊

위 성 고 문 무 대 왕 창 감 은 사 어 동 해 변

(술)동 (목)고명 (술)동 (목)고명 (조)전 (보)관

(寺中記 云文武王欲鎭倭兵故始創此寺

사 중 기 운 문 무 왕 욕 진 왜 병 고 시 창 차 사

(주)관 (술)동 (주)고명 (술)자 (목)동 (보)관 (부)부 (술)동 (지)지 (목)명

木畢而崩爲海龍 其子神文立 開耀二年畢

목 필 이 붕 위 해 용 기 자 신 문 립 개 요 이 년 필

부정 (술)동 (조)접 (술)동 (술)동 (목)관 (주)고명 (술)동 (주)복명 (술)동

排金堂石切下 東向開一穴 乃龍之入寺

배 금 당 석 절 하 동 향 개 일 혈 내 용 지 입 사

(술)동 (목)명 (술)동 (목)동명 (술)동 (목)관 (부)부 (주)명 (조)후 (술)동 (목)명

旋繞之備 蓋遺詔之葬骨處名大王岩

선 요 지 비 개 유 조 지 장 골 처 명 대 왕 암

(주)동명 (조)후 (술)동 (추)추 (주)명 (술)접미 (술)동 (목)관

寺名感恩寺 後見龍現形處名利見臺)

사 명 감 은 사 후 견 용 현 형 처 명 이 견 대

(주)관 (술)고명 (부)부 (술)동 (목)관 (술)동 (목)고명

" 신라(新羅) 제31대 신문대왕(神文大王)의 휘(諱)는 정명(政明)이며, 김씨(金氏)이다. 개요원년 (A.D 681) 신사 7월 7일에 즉위하였다. 돌아가신 아버지 성고(聖考) 문무대왕(文武大王)을 위하여 동해변에 감은사(感恩寺)를 창건하였다. (감은사에서 전하는 기록에 이르기를 문무왕(文武王)은 왜병(倭兵)을 진압하고자 하여 이 절을 창건하였다. 다 짓지 못하고 죽어서 바다 용이 되었다. 그 아들 신문왕이 즉위하여 개요 2년에 준공하였다. 금당석(金堂의 주춧돌)을 배열하면서 동쪽을 향하여 깍아서 구멍 한개를 열어 놓았다. 이는 용이 절에 들어와 감아돌아 다닐 수 있도록 대비한 것이다. 아마도 유서를 조서(詔書)로 내려 뼈를 장사지낼 곳 이름은 대왕암(大王岩)이며, 절 이름은 감은사(感恩寺)라고 하였을 것이다. 훗날 용이 나타난 형상이 있는 곳을 보고 이견대라고 이름지었다."

◎ 본문해설 ◎

- **卽位**(즉위) 동사 – 임금의 자리에 오르다
- **聖考**(성고) 관형사 – 죽은 아버지 왕을 높이어 부른 말
- **創**(창) 동사 – 창건하다
- **木畢**(목필) **未畢**의 **誤**
- **排**(배) 동사 – 벌려놓다, 배열하다
- **金堂**(금당) 관형사 – 본존불(**本尊佛**)을 모신 집
- **繞**(요) 동사 – 얽어매다, 두르다
- **蓋**(개) 추정사 – 아마, 아마도
- **詔之**(조지) 접미사 – 조서를 내리다
- **鎭**(진) 동사 – 진압하다
- **崩**(붕) 동사 – 무너지다, 죽다
- **切下**(절하) 동사 – 잘라놓다, 깎다
- **旋**(선) 동사 – 돌다
- **備**(비) 동사 – 갖추다, 대비하다
- **遺**(유) 동사 – 남기다
- **葬**(장) 동사 – 장사지내다, 장례(**葬禮**)지내다

明年壬午五月朔(一本云天授元年 誤矣)
명 년 임 오 오 월 삭 일 본 운 천 수 원 년 오 의
(보)복명

海官波珍喰 朴夙淸奏曰 東海中有小山
해 관 파 진 식 박 숙 청 주 왈 동 해 중 유 소 산
(주)고명 (주)고명 (술)동 (주)관 (술)형 (목)관

浮來向感恩寺 隨波往來 王異之 命日官
부 래 향 감 은 사 수 파 왕 래 왕 이 지 명 일 관
(술)동 (목)고명 (술)동 (목)명 (술)동 (주)명 (술)접미 (술)동 (목)관

金春質(一作春日) 占之曰 聖考今爲海龍
김 춘 질 일 작 춘 일 점 지 왈 성 고 금 위 해 용
(목)관 (술)접미 (술)동 (주)관 (부)부 (술)동 (목)관

鎭護三韓 抑又金公庾信乃三十三天之
진 호 삼 한 억 우 김 공 유 신 내 삼 십 삼 천 지
(술)동 (목)명 (발)발 (부)부 (주)고명 (부)부 (보)관

一子 今降爲大臣 二聖同德 欲出

일 자 금 강 위 대 신 이 성 동 덕 욕 출

(보)관 (부)부 (술)동 (술)동 (목)관 (보)관 (술)자 (목)동

守成之寶 若陛下 行幸海邊 必得

수 성 지 보 약 폐 하 행 행 해 변 필 득

(목)관 (가)가 (주)명 (술)동 (목)관 (부)부 (술)동

無價大寶 王喜 以其月七日 駕幸

무 가 대 보 왕 희 이 기 월 칠 일 가 행

(목)관 (주)명 (술)동 (부)부 (지)지 (보)복명 (주)명 (술)동

利見臺 望其山 遺使審之 山勢如龜頭

이 견 대 망 기 산 유 사 심 지 산 세 여 구 두

(목)고명 (술)동 (지)지 (목)명 (술)동 (목)명 (술)접미 (주)관 (술)형 (목)관

上有一竿竹 晝爲二夜合一(一云山亦晝夜

상 유 일 간 죽 주 위 이 야 합 일 일 운 산 역 주 야

(보)명 (술)형 (목)관 (주)명 (술)동 (목)수 (주)명 (술)동 (목)수

開合如竹) 使來奏之 王御感恩寺宿

개 합 여 죽 사 래 주 지 왕 어 감 은 사 숙

(주)명 (술)동 (보)접미 (주)명 (술)동 (주)고명 (술)동

" 이듬해 임오년 오월 초하룻날(다른 책에서는 천수원년이라 하나 틀린 것이다) 바다 담당관 파진식와 박숙청이 동해바다 가운데 작은 산이 있어 감은사를 향하여 떠오는데 파도를 따라 왔다갔다 합니다 라고 아뢰어 말하였다. 왕이 이상히 여겨 일관(日官) 김춘질(한곳에서는 춘일(春日)이라고도 한다)에게 명하여 점치게 하였더니 일관이 말하기를 성고(聖考 : 文武大王)께서 지금 바다용이 되어 삼한을 편안히 보호하고 또한 김유신공이 이에 삼십삼천의 한 아들로 큰 신하가 되어 지금 내려와 두 성인이 같은 덕망으로 나라를 지키는 보물을 내보내고자 하니 만약 폐하께서 행차하여 바닷가에 당도하시면 값을 부를 수 없는 큰 보물을 반드시 얻을 것입니다. 왕이 기뻐하시며 그달 7일 어가를 행차하여 이견대에 도착하였다.

그 산을 바라보며 사자를 보내 살펴보도록 하였다. 사자가 돌아와서 보고하기를 산의 생김새는 거북이 머리같고 그 위에는 대나무 한 그루가 있는데 낮에는 둘이 되고 밤에는 하나로 합쳐진다.(한 곳에서 이르기는 산(山)도 주야로 개합(開合)하는 것이 대(竹)와 같다고 하였다)다고 하였다. 왕을 모시고 감은사에 투숙하였다. ”

○ 본문해설 ○

- 朔(삭) 명사 – 초하루
- 隨(수) 동사 – 따르다
- 鎭(진) 동사 – 진압하다, 진정시키다
- 若(약) 가정사 – 만약
- 望(망) 동사 – 바라보다
- 審之(심지) 접미사 – 살펴보다
- 竿(간) 명사 – 대줄기
- 浮(부) 동사 – 뜨다
- 占之(점지) 접미사 – 점치다
- 抑(억) 발어사 – 발어사로 쓰여 해석상 의미는 없다.
- 幸(행) 동사 – 거동하다, 거동하여 도착하다
- 遣(유) 동사 – 보내다, 遣(견)과 通用
- 龜(구) 명사 – 거북
- 奏之(주지) 접미사 – 아뢰다, 보고하다

明日午時 竹合爲一 天地震動 風雨日每

명 일 오 시 죽 합 위 일 천 지 진 동 풍 우 일 매

(보)복명 (주)명 (술)동 (목)수 (주)명 (술)동 (술)동 (목)명

暗七日 至其月十六日 風霽波平 王泛

암 칠 일 지 기 월 십 육 일 풍 제 파 평 왕 범

(술)동 (목)관 (술)동 (목)복명 (주)명 (술)형 (주)명 (술)형 (주)명 (술)동

海入 其山有龍奉黑玉帶來獻 迎接共坐

해 입 기 산 유 룡 봉 흑 옥 대 래 헌 영 접 공 좌

(목)명 (술)동 (지)지 (목)명 (술)형 (목)명 (술)동 (목)관 (주)동명 (술)동 (술)동 (부)부 (목)동

問曰 此山與竹 或判或答如何 龍曰

문 왈 차 산 여 죽 혹 판 혹 답 여 하 용 왈

(술)동 (지)지 (주)명 (조)접 (주)명 (부)부 (술)동 (부)부 (술)동 (의)의 (주)명 (술)동

比如一手拍之無聲 二手拍則有聲

비 여 일 수 박 지 무 성 이 수 박 즉 유 성

(비)비 (주)관 (술)접미 (술)부정 (목)명 (주)관 (술)동 (조)접 (술)형 (목)명

此竹之爲物 合之然後有聲 聖王以聲理

차 죽 지 위 물 합 지 연 후 유 성 성 왕 이 성 리

(지)지 (주)명 (조)후 (술)동 (목)명 (술)접미 (부)부 (술)형 (목)명 (주)관 (조)후 (주)명 (술)동

天下之瑞也 王取此竹 作笛吹之 天下

천 하 지 서 야 왕 취 차 죽 작 적 취 지 천 하

(목)명 (지)지 (술)명 (조)종 (주)명 (술)동 (지)지 (목)명 (술)동 (목)명 (술)접미 (주)명

和平 今王考爲海中大龍 庾信復爲天神

화 평 금 왕 고 위 해 중 대 용 유 신 복 위 천 신

(술)명 (부)부 (주)관 (술)동 (목)관 (주)고명 (부)부 (술)동 (목)관

二聖同心 出此無價大寶 令我獻之

이 성 동 심 출 차 무 가 대 보 영 아 헌 지

(주)관 (술)명 (술)동 (지)지 (목)관 (사)사동 (주)인대 (술)접미

王驚喜 以五色錦彩金玉酉州賽之

왕 경 희 이 오 색 금 채 금 옥 유 주 새 지

(주)명 (술)동 (부)부 (주)관 (술)접미

勅使石斤竹出海時 山與龍忽隱不現

칙 사 석 근 죽 출 해 시 산 여 용 홀 은 불 현

(주)명 (술)동 (목)명 (술)동 (목)명 (보)명 (주)명 (조)접 (주)명 (부)부 (술)동 부정 (술)동

王宿感恩寺

왕 숙 감 은 사

(주)명 (술)동 (목)고명

" 다음날 정오에 대(竹)가 하나로 합쳐지자 천지(天地)가 진동(震動)하고 비바람이 날마다 불어서 7일동안이나 어두웠다. 그달 16일이 되어서 바람은 멈추고 파도는 잔잔해졌다. 왕은 바다를 건너서 그 산에 들어갔다. 용이 있어 검정 옥대를 받들고 와서 바치었다. 왕은 용을 맞이하여 함께 앉아 용에게 묻기를 산과 대나무가 어느 때는 갈라지고 어느 때는 합쳐지는데 무슨 까닭입니까? 용이 대답하기를 비교하여 말하자면

한 손으로 박수를 치면 소리가 나지 아니하고 두 손으로 박수를 치면 소리가 나는 것과 같습니다. 저 대나무도 물건됨이 합쳐진 뒤에야 소리가 납니다. 성왕은 소리로서 천하를 다스려야 상서로운 것입니다. 왕께서 저 대(竹)를 취하여 피리를 만들어 불면 천하가 화평하여질 것입니다. 지금 선왕(文武대와)께서는 바다 가운데 큰 용이 되고 김유신은 다시 천신(天神)이 되어 두 성인이 한 마음이 되어 값을 매길 수 없는 큰 보물을 내보내어 나를 시켜서 바치도록 한 것입니다. 왕은 한편으로 놀래고 한편으로는 기뻐하면서 오색비단 문채와 유주금옥(金玉)으로 치성을 올렸다. 칙사(勅使)가 돌도끼로 대를 베어 바다에서 나오자 산(山)과 용(龍)이 갑자기 사라져 나타나지 아니하였다. 왕은 감은사에서 유숙하였다."

◎ 본문해설 ◎

- 震(진) 동사 – 우뢰치다
- 泛(범) 동사– 뜨다, 건너다
- 獻(헌) 동사 – 바치다
- 荅(답) 동사 – 합쳐지다(合)
- 如(여) 형용사 – ~과 같다
- 理(리) 동사 – 다스리다
- 笛(적) 명사 – 피리
- 驚(경) 동사 – 놀라다
- 斤(근) 명사 – 도끼 / 동사 – 베다, 자르다
- 霽(제) 형용사 – 개다, 비가 그치다
- 奉(봉) 동사 – 받들다
- 判(판) 동사 – 판단하다, 가르다
- 比(비) 비교사 – 비교하다
- 拍(박) 동사 – 치다, 손뼉치다
- 瑞(서) 동사 – 상서롭게하다
- 吹之(취지) 접미사 – 불다
- 賽(새) 동사 – 치성드리다

十七日	到	祇林寺西溪邊	留	駕	晝	饍
십칠일	도	지림사서계변	유	가	주	선
(주)명	(술)동	(목)고명	(술)동	(목)명	(주)명	(술)동

太子理恭	(卽孝昭大王)	守	闕	聞	此	事
태자리공	즉효소대왕	수	궐	문	차	사
(주)고명		(술)동	(목)명	(술)동	(지)지	(목)명

走馬來賀 徐察奏曰 此玉帶諸窠皆眞
주 마 래 하 서 찰 주 왈 차 옥 대 제 과 개 진
(술)동 (목)명 (술)동 (목)명 (부)부 (술)동 (술)동 (지)지 (주)관 (부)부

龍也 王曰 汝何知之 太子曰 摘一窠
용 야 왕 왈 여 하 지 지 태 자 왈 적 일 과
(술)명 (조)종 (주)명 (술)동 (주)인대 (의)의 (술)접미 (주)명 (술)동 (술)동 (목)명

沈水示之 乃摘左邊弟二窠 沈溪 卽成
침 수 시 지 내 적 좌 변 제 이 과 침 계 즉 성
(술)동 (목)명 (술)접미 (부)부 (술)동 (목)관 (술)동 (목)명 (부)부 (보)동

龍上天 其地成淵 因號龍淵 駕還 以其
용 상 천 기 지 성 연 인 호 용 연 가 환 이 기
(목)명 (술)동 (목)명 (지)지 (주)명 (술)동 (목)명 (부)부 (술)동 (목)관 (주)명 (술)동 (부)부 (지)지

竹作笛 藏於月城天尊庫 吹此笛 則兵退
죽 작 적 장 오 월 성 천 존 고 취 차 적 즉 병 퇴
(주)명 (술)동 (목)명 (술)동 (조)전 (목)고명 (술)동 (지)지 (목)명 (조)접 (주)명 (술)동

病愈 旱雨雨晴 風定波平 號萬波息笛
병 유 한 우 우 청 풍 정 파 평 호 만 파 식 적
(주)명 (술)동 (주)명 (술)동 (주)명 (술)동 (주)명 (술)형 (주)명 (술)형 (술)동 (목)명

稱爲國寶 至孝昭大王代天授四年癸巳
칭 위 국 보 지 효 소 대 왕 대 천 수 사 년 계 사
(술)동 (목)명 (술)동 (목)복명

因失(夫)禮朗生還之異 更封號曰
인 실 부 예 랑 생 환 지 이 갱 봉 호 왈
(부)부 (술)동 (목)관 (부)부 (술)동 (목)명 (술)동

萬萬波波息笛 詳見彼傳
만 만 파 파 식 적 상 견 피 전
(목)명 (부)부 (술)동 (목)관

" 17일 지림사(祇林寺) 서쪽 개울가에 임금이 탄 수레를 멈추고 점심밥을 먹었다.
태자 이공(理恭)(즉 효소대왕)이 궁궐을 지키다가 이 일을 듣고 말을 타고 달려와서
축하하였다. 옥대를 서서히 살피보더니 아뢰어 말하기를 이 옥대의 모든 구멍 속에 든
구슬은 진짜 용(龍)입니다. 왕이 말하기를 네가 어떻게 아느냐? 태자가 한 구멍에서
한 알을 따서 물속에 담구어 보였다. 곧 왼쪽 둘째 구멍의 것을 따서 시냇물에
담구었더니 바로 용이 되어 하늘로 올라가고 그 곳은 연못이 되었다.
그래서 용연(龍淵)이라고 불렀다.
왕의 수레가 궁궐로 돌아와 그 대(竹)로 피리를 만들어 월성 천존고에 보관하였다.
이 피리를 불면 적병이 물러가고 전염병이 나으며 가물 때는 비가 오고 장마는 개이며,
바람이 자고 물결은 평평하여져서 만파식적(萬波息笛)이라 이름지어 부르고
국보(國寶)로 삼았다.천수 4년 계사년(A.D 691) 신라 32대 효소대왕 대에 이르러
예랑이 생환하는 이변이 있을 때 잃어버렸다, 다시 지어 봉하기를 이름을
만만파파식적(滿滿波波息笛)이라고 하였다. 다른 전서(傳書)에도 상세하게 보인다."

◎ 본문해설 ◎

- 駕(가) 명사 – 임금이 타는 수레, 수레
- 饍(선) 동사 – 밥을 먹다 / 명사 – 반찬, 밥
- 闕(궐) 명사 – 궁궐
- 賀(하) 명사 – 축하, 경하
- 徐(서) 부사 – 천천히
- 察(찰) 동사 – 살피다
- 窠(과) 명사 – 구멍, 구멍(穴), 새집(巢)형용사 – 비다(空)
- 摘(적) 동사 – 따다
- 溪(계) 명사 – 시냇물
- 淵(연) 명사 – 연못
- 藏(장) 동사 – 저장하다
- 愈(유) 동사 – 낫다, 좋아지다

3. 史記 (사기)

項羽本紀中垓下之困(항우본기중해하지곤)

項王軍壁垓下 兵少食盡 漢軍及諸侯兵
항 왕 군 벽 해 하 병 소 식 진 한 군 급 제 후 병
(주)관 (술)동 (목)고명 (주)명 (술)형 (주)명 (술)형 (주)관 (조)접 (주)관

圍之數重夜聞 漢軍四面皆楚歌 項王
위 지 수 중 야 문 한 군 사 면 개 초 가 항 왕
(술)접미 (보)관 (주)명 (술)동 (주)관 (부)부 (주)명 (술)동 (주)고명

乃大驚曰 漢皆已得楚乎? 是何楚人之
내 대 경 왈 한 개 이 득 초 호 시 하 초 인 지
(부)부 (술)동 (주)고명 (부)부 (술)동 (목)고명 (조)의종 (지)지 (의)의 (주)관 (조)후

多也 項王則夜起 飮帳中 有美人名虞
다 야 공 왕 즉 야 기 음 장 중 유 미 인 명 우
(술)형 (조)종 (주)고명 (조)접 (주)명 (술)동 (술)동 (목)관 (술)형 (목)관

常幸從 駿馬名騅 常騎之 於是項王乃
상 행 종 준 마 명 추 상 기 지 어 시 항 왕 내
(부)부 (술)동 (목)동 (주)관 (보)명 (부)부 (술)접미 (조)전 (지)지 (주)고명 (부)부

悲歌忼慨 自爲詩曰
비 가 강 개 자 위 시 왈
(부)부 (술)동 (술)동 (부)부 (술)동 (목)명 (술)동

"항왕(項王)의 군사는 해하(垓下)에 진을 쳤다. 군사도 얼마남지 아니하고
식량도 바닥이 났다. 한(漢)나라 군사와 제후(諸侯)의 군사가 여러 겹으로 포위하였다.
사방의 한나라 군사가 모두 초나라 노래를 부르는 소리가 밤이면 들려왔다.
항왕(項王)이 이에 크게 놀라 하는 말이 한나라가 이미 초나라 군사를 모두
빼앗아 가벼렸다는 말인가? 이 어찌 초나라 사람이 그리 많은 것인가!
항왕은 곧 밤에 일어나 군막 안에서 술을 마시었다. 우미인(虞美人)이 있어 항상
따라다녔고 준마(駿馬) 오추마(烏騅馬)를 항상 타고 다녔다.
이 때에 항왕은 이내 슬피 노래를 부르며 한탄하면서
스스로 시(詩)를 지어 이르기를..."

○ 본문해설 ○

- 壁(벽) 명사로는 절벽, 바람벽이며 동사로 쓰여 진을 치다.
- 垓下(해하) 지명으로 지금의 安徽省에 있다.
- 盡(진) 형용사 – 다하다, 없어지다
- 及(급) 접속사 – ~과
- 驚(경) 동사 – 놀라다
- 帳中(장중) 관형사 – 장막 가운데, 군막(軍幕)
- 幸(행) 동사 – 거동하다, 거마(車馬)가 장차 다다르다
- 駿馬(준마) 관형사 – 날쌘 말, 천리마(千里馬)
- 騅(추) 고유명사 – 項羽가 타고다닌 얼룩배기 흑백(黑白) 오추마
- 騎之(기지) 접미사 – 말을 타고 다님
- 圍之(위지) 접미사 – 포위하다
- 已(이) 부사 – 이미
- 虞(우) 고유명사 – 虞美人, 虞姬
- 忼慨(강개) 동사 – 슬피 한탄하다

力拔山兮 氣蓋世 時不利兮騅不逝

역 발 산 혜 기 개 세 시 불 이 혜 추 불 서

(주)명 (술)동 (목)명 (조)감종 (주)명 (술)동 (목)명 (주)명 부정 (술)형 (조)감종(주)고명 부정 (술)동

騅不逝兮可奈何 虞兮虞兮奈若何

추 불 서 혜 가 내 하 우 혜 우 혜 내 약 하

(주)고명 부정 (술)동 (조)감종 (긍)긍 (의)의 (주)고명(조)감종(주)고명(조)감종 (의)의 (보)인대 (의)의

歌數闋美人和之 項王泣數行下 左右

가 수 결 미 인 화 지 항 왕 읍 수 행 하 좌 우

(주)명 (보)수 (술)동 (주)관 (술)접미 (주)고명 (보)복명 (술)동 (주)관

皆泣莫能仰視 於是項王乃上馬騎

개 읍 막 능 앙 시 어 시 항 왕 내 상 마 기

(부)부 (술)동 부정 (부)부 (술)동 (목)동 (조)전 (지)지 (주)고명 (부)부 (술)동 (목)동명

麾下壯士騎從者八百餘人 直夜潰圍南出

휘 하 장 사 기 종 자 팔 백 여 인 치 야 궤 위 남 출

(주)동명 (술)복명 (주)관 (술)동 (목)명 (주)명 (술)동

馳走平明 漢軍乃覺之 令騎將灌嬰

치 주 평 명 한 군 내 각 지 영 기 장 관 영

(술)동 (목)명 (주)관 (부)부 (술)접미 (사)사동 (주)고명

以五千騎追之 項王渡淮 騎能屬者

이 오 천 기 추 지 항 왕 도 회 기 능 속 자

(부)부 (보)복명 (술)접미 (주)고명 (술)동 (목)고명 (주)동명

百餘人耳

백 여 인 이

(술)복명 (조)한종

" 산도 뽑을 힘이며 기재(氣槪)는 세상을 덮을 만한데 때가 불리하여 오추마(烏騅馬)도 나아가지 아니하는구나. 오추마도 나아가지 아니하니 어찌하면 좋단 말이냐? 우미인이여 虞美人이여 너를 어찌 할 것이냐? 몇차례 노래부르자 우미인도 화답하였다. 항왕의 눈에서 몇줄기 눈물이 떨어졌다. 좌우에 있는 사람 모두 눈물을 흘리면서 쳐다보지 못하였다. 이 때 항왕이 말에 올라타니 말을 타고 뒤따르니 휴하 장졸이 팔백여 명이었다. 그날 밤 포위망을 무너뜨리고 남쪽으로 나와 새벽녘에 달려나갔다. 한군은 곧 알아차리고 기병장 관영(灌嬰)으로 하여금 기병(騎兵) 5천을 거느리고 쫓아가게 하였다. 항왕이 회수(淮水)를 건넜을 적에 따라온 기병(騎兵)은 백여명 뿐이었다."

○ 본문해설 ○

- **拔**(발) 동사 – 뽑다
- **逝**(서) 동사 – 나아가다
- **可**(가) 긍정사 – ~하다
- **兮**(혜) 감탄종결사 – 구말에서 감탄을 나타냄
- **奈**(내) 의문사 – 어찌
- **若**(약) 인칭대명사 – 너, 자네, 당신
- **闋**(결) 동사 – 끝내다, 마치다. 명사로는 노래의 한 구절을 말한다.
- **和之**(화지) 접미사, 응대하다
- **泣**(읍) 명사 – 눈물
- **泣數行**(읍수행) 복합명사 – 몇줄기 눈물
- **仰**(앙) 동사 – 우러러, 위를 향하여
- **麾**(휘) 명사 – 군사를 지휘하는 깃발
- **直夜**(치야) 관형사 – 그날 밤, **直**는 **値**와 **通用**되어 **當**의 뜻이다.

- **馳**(치) 동사 – 치닫다, 달리다
- **潰**(궤) 동사 – 무너지다
- **平明**(평명) 명사 – 새벽, 아침 / 형용사 – 사방이 밝음
- **覺之**(각지) 접미사 – 깨닫다, 알다
- **嬰灌**(관영) 고유명사 – 유방 휘하에서 많은 공을 세우고 훗날 재상(**宰相**)이 됨
- **追之**(추지) 접미사 – 쫓아가다
- **渡**(도) 동사 – 물을 건너다
- **屬**(속) 무리(**類**), 붙이다(**附**), 소속하다(촉), 부탁하다(**托**), 모이다(**會**)
- **上下**(상하)가 동사로 쓰이면 **上**은 올라가다, **下**는 내려가다, 떨어지다로 해석한다.

項王至陰陵 迷失道 問一田父 田父

항 왕 지 음 능 미 실 도 문 일 전 부 전 부

(주)고명 (술)동 (목)고명 (술)동 (목)명 (술)동 (목)복명 (주)명

紿曰 (左)左乃陷大澤中 以故漢追及之

태 왈 좌 좌 내 함 대 택 중 이 고 한 추 급 지

(술)동 (술)동 (술)동 (부)부 (술)동 (목)관 (부)부 (주)복명 (술)접미

項王乃復引兵而東 至東城 乃有

항 왕 내 복 인 병 이 동 지 동 성 내 유

(주)고명 (부)부 (부)부 (술)동 (목)명 (조)접 (술)동 (술)동 (목)고명 (부)부 (술)형

二十八騎 漢騎追者 數千人 項王自度

이 십 팔 기 한 기 추 자 수 천 인 항 왕 자 탁

(목)복명 (주)관 (술)복명 (주)고명 (부)부 (술)동

不得脫 謂其騎曰 吾起兵至今八歲矣

부 득 탈 위 기 기 왈 오 기 병 지 금 팔 세 의

부정 (술)동 (술)동 (지)지 (목)명 (술)동 (주)인대 (술)동 (목)명 (부)부 (보)명 (조)종

身七十餘戰 所當者破 所擊者服

신 칠 십 여 전 소 당 자 파 소 격 자 복

(주)명 (술)복명 (주)접두 (술)동 (주)접두 (술)동

未嘗敗北 遂霸有天下 然今卒困於此

미 상 패 배 수 패 유 천 하 연 금 졸 곤 어 차

(술)부정 (목)명 (부)부 (주)명 (술)형 (목)명 (조)접 (부)부 (부)부 (술)동 (조)전 (지)지

此天之亡我 非戰之罪也 今日固決死

차 천 지 망 아 비 전 지 죄 야 금 일 고 결 사

(지)지 (주)명 (조)후 (술)동 (목)인대 (술)부정 (목)명 (조)후 (술)명 (조)종 (주)명 (부)부 (술)동 (목)명

" 항왕(項王)은 음능(陰陵)에 이르러 길을 잃어버려 한 늙은 농부에게 길을 물으니 늙은 농부가 속여서 말하기를 (왼쪽으로 가시오) 왼쪽으로 갔더니 곧 큰 늪 속에 빠졌다. 이런 까닭에 쫓아오는 한나라 군사가 따라 잡게 되었다.
항왕은 다시 군사를 이끌고 동쪽으로 갔다. 동성(東城)에 도착하였을 때에는 겨우 28명의 기병(騎兵)만 남았다. 쫓아오는 한나라 기병은 수천 명이나 되었다. 항왕이 스스로 헤아려보니 도망할 수 없음을 알았다. 자기 기병들에게 말하기를 내가 군사를 일으킨 지 이제까지 8년동안 몸소 70여번을 싸워서 대항하는 자는 깨트리고 내가 치는 자는 항복하게 만들어 한 번도 패한적이 없었다. 따라서 천하에 패권을 차지하였다. 그러나 지금 갑자기 이와같은 곤경(困境)에 빠진 것은 하늘이 나를 망하게 한 것이지 싸움을 잘못한 죄가 아니다. 오늘 나는 죽기로 굳게 결심하였으니 "

○ 본문해설 ○

- 陰陵(음능) 고유명사 - 지금 중국 동부 양자강과 황하 사이에서 東流하는 淮河유역에 있는 안휘성(陰安徽省) 정원현(定遠縣)부근
- 田父(전부) 명사 - 늙은 농부
- 左(좌) 동사로 쓰여 왼쪽으로 가라
- 澤(택) 명사 - 연못, 늪
- 東城(동성) 고유명사 - 음능(陰陵)부근
- 脫(탈) 동사 - 벗어나다
- 所當者(소당자) 접두사 - 대항해 오는 사람
- 破(파) 동사 - 깨트리다, 승리하다
- 未嘗(미상) 부정사 - 일찍이 ~한 적이 없다
- 卒(졸) 부사 - 갑자기
- 紿(태) 동사 - 속이다
- 陷(함) 동사 - 빠지다
- 及之(급지) 접미사 - 따라오다
- 度(탁) 동사 - 헤아리다
- 身(신) 명사 - 자신의 몸, 몸소
- 所擊者(소격자) 접두사 - 내가 쳐부수는 사람
- 服(복) 동사 - 복종하다, 항복하다
- 霸(패) 명사 - 패권
- 困(곤) 동사 - 곤경에 빠지다

願爲諸君 快戰 必三勝之 爲諸君
원 위 제 군 쾌 전 필 삼 승 지 위 제 군
(자)자 (술)동 (목)명 (술)형 (목)동 (부)부 (보)수 (술)접미 (술)동 (목)명

潰圍 斬將刈旗 令諸君知天亡我 非戰之
궤 위 참 장 예 기 영 제 군 지 천 망 아 비 전 지
(술)동 (목)명 (술)동 (목)명 (술)동 (목)명 (사)사동 (주)명 (술)동 (주)명 (술)동 (목)인대 (술)부정 (목)명 (조)후

罪也 乃分其騎以爲四隊四嚮 漢軍圍之
죄 야 내 분 기 기 이 위 사 대 사 향 한 군 위 지
(술)명 (조)종 (부)부 (술)동 (지)지 (목)명 (부)부 (술)동 (목)관 (보)동 (주)명 (술)접미

數重 項王 謂其騎曰 吾爲公取彼一將
수 중 항 왕 위 기 기 왈 오 위 공 취 피 일 장
(목)관 (주)고명 (술)동 (지)지 (목)명 (술)동 (주)인대 (술)동 (부)부 (술)동 (목)관

令四面騎馳下 期山東爲三處 於是項王
영 사 면 기 치 하 기 산 동 위 삼 처 어 시 항 왕
(사)사동 (주)관 (술)동 (술)동 (목)관 (술)동 (목)관 (조)전 (지)지 (주)고명

大呼馳下 漢軍皆披靡遂斬漢一將 是時
대 호 치 하 한 군 개 피 미 수 참 한 일 장 시 시
(보)형 (술)접미 (주)명 (부)부 (술)명 (부)부 (술)동 (목)관 (지)지 (보)명

赤泉侯 爲騎將追 項王 項王瞋目而叱之
적 천 후 위 기 장 추 항 왕 항 왕 진 목 이 질 지
(주)고명 (술)동 (목)관 (술)동 (목)고명 (주)고명 (술)동 (목)명 (조)접 (술)접미

赤泉侯人馬俱驚 辟易 數里
적 천 후 인 마 구 경 벽 역 수 리
(주)복명 (부)부 (술)동 (술)동 (목)관

"원하건대 제군들을 위하여 멋들어지게 싸워서 반드시 세 번은 이기겠다. 제군들을 위하여 포위망을 무너뜨리고 적장을 죽이고 깃발을 꺾어서 제군들로 하여금 하늘이 나를 망하게 한 것이지 싸움을 잘못한 죄가 아님을 알게 하겠다.

곧 그의 기병을 네 패로 나누어 사방으로 향하여 진격하도록 하였다.
한나라 군사는 여러 겹으로 포위하고 있었다. 항왕은 그의 기병들에게 말하기를
나는 적군의 장수 하나를 처지할 터이니 4면으로 치달아서 내려가서 산 동쪽 세 곳에서
만나도록 하자고 이르고 나서 항왕은 큰소리로 외치면서 말을 달려 나가자
한나라 군사들은 모두 흩어지고 곧이어 한나라 장수 하나를 참살하였다.
이때에 한나라 적천후(赤泉侯)는 기병장수가 되어 항왕을 좇아왔다. 항왕이 눈 부릅뜨고
소리쳐 나무라자 적선후의 군사와 말이 더불어 놀라서 수십 리를 피하여 도망하였다.

◎ 본문해설 ◎

- **快戰**(쾌전) 동사 – 통쾌하게 싸우다, 멋지게 싸우다
- **勝之**(승지) 접미사 – 이기다
- **刈**(예) 동사 – 베다, 찢다
- **彼**(피) 인칭대명사 – 그, 그 사람
- **期**(기) 동사 – 기대하다, 약속하다
- **披靡**(피미) 명사 – 무성한 나무나 풀이 바람에 쏠리어 넘어짐, 권세에 눌리어 여러 사람이 굴복함
- **赤泉侯**(적천후) 고유명사 – 한나라 장수 양희(楊喜)
- **瞋**(진) 동사 – 눈을 부릅뜨다
- **俱**(구) 부사 – 더불어
- **嚮**(향) 동사 – 향하다(向)
- **公取**(공취) 동사 – 공공연히 취하여 처치하다
- **叱之**(질지) 접미사 – 나무라다, 꾸짖다
- **辟易**(번역) 동사 – 피하여 도망하다

與其騎會爲三處 漢軍不知項王所在

여 기 기 회 위 삼 처 한 군 부 지 항 왕 소 재

(부)부 (지)지 (주)명 (술)동 (목)관 (주)명 부정 (술)동 (목)복명

乃分軍爲三 復圍之 項王乃馳 復斬

내 분 군 위 삼 복 위 지 항 왕 내 치 복 참

(부)부 (술)동 (목)명 (술)동 (목)수 (부)부 (술)접미 (주)고명 (부)부 (술)동 (부)부 (술)동

漢一都尉 殺數十百人 復聚其騎 亡其

한 일 도 위 살 수 십 백 인 복 취 기 기 무 기

(목)관 (술)동 (목)복명 (부)부 (술)동 (지)지 (목)명 부정 (지)지

兩騎耳 乃謂其騎曰 何如 騎皆伏曰

양 기 이 내 위 기 기 왈 하 여 기 개 복 왈

(술)관 (조)한종 (부)부 (술)동 (지)지 (목)명 (술)동 (의)의 (주)명 (부)부 (보)동 (술)동

如大王言 於是 項王乃欲東渡烏江

여 대 왕 언 어 시 항 왕 내 욕 동 도 오 강

(술)형 (목)관 (조)전 (지)지 (주)고명 (부)부 (술)자 (목)명 (술)동 (목)고명

烏江亭長 檥船待 謂項王曰 江東雖小

오 강 정 장 의 선 대 위 항 왕 왈 강 동 수 소

(목)고명 (술)동 (목)명 (보)동 (술)동 (주)고명 (술)동 (주)명 (부)부 (술)형

地方千里 衆數十萬人 亦足王也

지 방 천 리 중 수 십 만 인 역 족 왕 야

(주)명 (보)명 (술)명 (주)명 (술)복명 (부)부 (긍)긍 (술)동 (조)종

" 그 기병들과 약속한 세 곳에서 서로 만났다.
한나라 군사들은 항왕이 있는 곳을 알지 못했다. 이내 한나라 군사는 셋으로
나누어 있는 초나라 군사를 다시 포위하였다.
항왕은 곧 말을 몰아 달려나가 다시 한나라 도위 한 명을 쳐서 죽이고
한군(漢軍) 수백 명을 죽였다. 항왕이 다시 그 기병들을 모았더니 단지 두 사람의
기병이 있을 뿐이었다. 곧 그 기병에 이르기를 어떠한가? 기병들은 모두 엎드려
대왕의 말씀대로 입니다. 이때 항왕은 오강을 건너 동쪽으로 가고자 하였다.
오강(烏江) 정장(亭長)은 배를 대고 기다리며 항왕에게 말하기를 강동이 비록 작다하나
땅은 4방천리요, 백성의 수는 10만이니 역시 왕노릇을 할만 합니다. "

○ 본문해설 ○

- 烏江(오강) 고유명사 – 안휘성에 있는 양자강 지류
- 亭長(정장) 직명 – 10리마다 정장을 두어 도둑 등을 감시케 함
- 檥(의) 동사 – 배를 대다, 표대(表物)를 세우다, 艤와 同
- 足(족) 긍정사 – ~하기 족하다

願大王急渡 今獨臣有船 漢軍至無以渡

원 대 왕 급 도 금 독 신 유 선 한 군 지 무 이 도

(자)자 (주)명 (부)부 (술)동 (부)부 (부)부 (주)명 (술)형 (목)명 (주)명 (술)동 부정 (술)동

項王笑曰 天之亡我 我何渡爲 且籍與

항 왕 소 왈 천 지 망 아 아 하 도 위 차 적 여

(주)고명 (술)동 (주)명 (조)후 (술)동 (목)인대 (주)인대 (의)의 (술)동 (조)접 (주)고명 (조)접

江東子弟八千人 渡江而西 今無一人還

강 동 자 제 팔 천 인 도 강 이 서 금 무 일 인 환

(주)복명 (술)동 (목)명 (조)접 (술)동 (보)명 부정 (주)명 (술)동

縱江東父兄憐而王我 我何面目見之

종 강 동 부 형 련 이 왕 아 아 하 면 목 견 지

(가)가 (주)복명 (술)동 (조)접 (술)동 (목)인대 (주)인대 (의)의 (보)명 (술)접미

縱彼不言 籍獨不愧於心乎 乃謂亭長曰

종 피 불 언 적 독 불 괴 어 심 호 내 위 정 장 왈

(가)가 (주)인대(술)부정 (목)명 (주)고명 (부)부 부정 (술)동 (조)전 (목)명 (조)의종 (부)부 (술)동 (목)명 (술)동

吾知公長者 吾騎此馬五歲 所當無敵

오 지 공 장 자 오 기 차 마 오 세 소 당 무 적

(주)인대 (술)동 (목)관 (주)인대 (술)동 (지)지 (목)명 (보)관 (보)접두 (술)부정(목)명

嘗一日行千里 不忍殺之 以賜公

상 일 일 행 천 리 불 인 살 지 이 사 공

(부)부 (주)명 (술)동 (목)명 부정 (술)접미 (부)부 (술)동 (목)인대

" 원컨대 대왕께서는 급히 강을 건너십시오. 지금 신(臣)만 배를 가지고 있으므로 한나라 군사가 오더라도 건너지 못할 것입니다.

항왕은 웃으면서 말하기를 하늘이 나를 망하게 한 것인데 내가 어찌 건너갈 수 있겠는가? 또한 나(籍은 項羽의 이름)와 함께 강동 젊은이 8천명이 강을 건너 서쪽으로 진격하여 갔는데 지금 돌아온 사람은 한 사람도 없으니 설령 강동부형들이 나를 가련히 여겨 나더러 왕노릇하라고 한들 내가 무슨 면목으로 그들을 볼 수 있으며 설사 그들이

아무런 말을 하지 아니한다고 내 유독히 마음속에 부끄러움이 없겠는가?
이어서 정장에게 말하기를 나는 공(公, 亭長)이 훌륭한 사람이라는 것을 알고 있다.
나는 이말을 5년동안 타고 다녔는데 당해낼 적이 없으며 일찍이 하룻날에 천리를
달렸는데 차마 죽일 수 없어서 이 말을 공에게 주겠다."

◎ 본문해설 ◎

- **急**(급) 부사 – 급히
- **無以**(무이) 부정사 – ~하지 못한다
- **縱**(종) 가정사 – 설령~하더라도, **假定詞**로 **如**, **若**, **微**처럼 **假定語**를 만든다
- **憐**(련) 형용사 – 가련하다 / 동사 – 가련히 여기다
- **長者**(정저) 관형사 – 어른다운 사람, 너그러운 사람, 훌륭한 사람
- **所當**(소당) 접두사 – 적대할 사람, 상대되는 사람
- **嘗**(상) 부사 – 일찍이
- **賜**(사) 동사 – 내려주다, 주다

乃令騎皆下馬步行 持短兵接戰 獨籍
내 영 기 개 하 마 보 행 지 단 병 접 전 독 적
(부)부 (사)사동 (주)명 (부)부 (술)동 (목)명 (술)동 (술)동 (목)명 (술)동 (목)명 (부)부 (주)고명

所殺 漢軍數百人 項王身亦被十創 顧見
소 살 한 군 수 백 인 항 왕 신 역 피 십 창 고 견
(술)접두 (목)복명 (주)관 (부)부 (술)피동 (목)관 (술)동 (목)동

漢騎司馬呂馬童 若非吾故人乎?
한 기 사 마 여 마 동 약 비 오 고 인 호
(보)복명 (주)인대 (술)부정(목)인대 (술)명 (조)의종

馬童面之 指王翳曰 此項王也 項王乃曰
마 동 면 지 지 왕 예 왈 차 항 왕 야 항 왕 내 왈
(주)고명 (술)접미 (술)동 (목)고명 (술)동 (지)지 (술)고명 (조)종 (술)고명 (부)부 (술)동

吾聞漢購我頭千金邑萬戶 吾爲若德

오 문 한 구 아 두 천 금 읍 만 호 오 위 약 덕

(주)인대 (술)동 (주)고명 (술)동 (목)관 (보)복명 (주)인대 (술)동 (목)인대 (술)동

乃自刎而死 王翳取其頭 餘騎相蹂踐

내 자 문 이 사 왕 예 취 기 두 여 기 상 유 천

(부)부 (술)동 (조)접 (술)동 (주)고명 (술)동 (지)지 (목)명 (보)명 (주)명 (부)부 (술)동

爭項王 相殺者數十人 最其後

쟁 항 왕 상 살 자 수 십 인 최 기 후

(술)동 (목)고명 (부)부 (술)관 (목)복명 (보)관

郎中騎楊喜 騎司馬呂馬童 郎中呂勝

낭 중 기 양 희 기 사 마 여 마 동 낭 중 여 승

(주)복명 (주)복명 (주)복명

楊武各得其一體 五人共會其體 皆是

양 무 각 득 기 일 체 오 인 공 회 기 체 개 시

(주)고명 (부)부 (술)동 (지)지 (목)관 (주)관 (부)부 (술)동 (지)지 (목)명 (부)부 (긍)긍

故分其地爲五 封呂馬童爲中水侯

고 분 기 지 위 오 봉 여 마 동 위 중 수 후

(부)부 (술)동 (지)지 (목)명 (술)동 (목)수 (술)동 (목)고명 (술)동 (목)고명

封王翳爲杜衍侯 封楊喜爲赤泉侯

봉 왕 예 위 두 연 후 봉 양 희 위 적 천 후

(술)동 (목)고명 (술)동 (목)고명 (술)동 (목)고명 (술)동 (목)고명

"이내 기병들을 모두 말에서 내려오게 하여 걸어서 칼과 창 만을 가지고 싸우게 하였다. 항우(籍) 한 사람에게 한나라 군사 수백 명이 죽임을 당했다. 항우 자신도 역시 십여군대 창상(創傷)을 입었다. 한나라 기사마(騎司馬) 여마동을 돌아보고 자네는 나의 옛 친구가 아닌가? 마동은 얼굴을 대면하고 손가락으로 가리키며 왕예에게 말하기를 이 사람은 항왕이다 라고 하였다. 항왕은 곧 말하기를 내가 듣기로는 한나라에서 내 머리를 만호읍과 천금으로 사들인다고 하니

내가 너에게 덕을 베풀겠다 하고서 이내 스스로 목을 찔러 죽었다.
왕예가 그 머리를 취하고 나머지 기병들이 서로 짓밟으며 항왕의 시체를 차지하려 다투면서 수십명을 서로 죽였다. 제일 마지막으로 낭중기 양희, 기사마 여마동, 낭중 여승, 양무가 각각 사지중 하나씩을 차지하였다. 다섯 사람이 함께 그 몸통을 맞추어 보니 모두 다 들어맞았다. 그런 까닭에 그 땅을 다섯으로 나누어 여마동을 봉하여 중수후(中水侯)로 삼고, 왕예를 봉하여 두건후(杜衍侯)로 삼았으며, 양희를 봉하여 적천후(赤泉侯)로 삼고 ”

◎ 본문해설 ◎

- **短兵**(단병) 명사 – 간단한 병기, 칼이나 창
- **所殺**(소살) 접두사 – 죽임을 당함
- **被**(피) 피동사 – 입다, 당하다
- **創**(창) 동사 – 상하다, 상처가 나다
- **顧**(고) 동사 – 돌아보다
- **故人**(고인) 명사 – 옛 친구
- **指**(지) 동사 – 손가락으로 가르키다
- **面之**(면지) 접미사 – 얼굴을 대하다, 바라보다, 외면(**外面**)하다로 해석하기도 한다.
- **購**(구) 동사 – 사들이다
- **刎**(문) 동사 – 찌르다
- **邑萬戶**(읍만호) 복합명사 – 백성 만호가 사는 읍
- **蹂踐**(유천) 동사 – 짓밟다. **蹂**(밟을 유), **踐**(밟을 천)
- **最其後**(최기후) 관형사 – 제일 마지막
- **郎中**(낭중) 고유명사 – 직책 이름
- **共**(공) 부사 – 함께
- **會**(회) 동사 – 모이다, 맞추다
- **皆是**(개시) **皆**는 부사로 모두라는 뜻이며, **是**는 긍정사로 옳다, 맞다는 뜻으로 모두 들어 맞다.
- **是非**(시비) 옳고 그른 것

封楊武爲吳防侯 封呂勝爲涅陽侯

봉	양 무	위	오 방 후	봉	여 승	위	날 양 후
(술)동	(목)고명	(술)동	(목)고명	(술)동	(목)고명	(술)동	(목)고명

項王已死 楚地皆降漢 獨魯不下

항 왕	이	사	초 지	개	항	한	독	노	불	하
(주)고명	(부)부	(술)동	(주)관	(부)부	(술)동	(목)고명	(부)부	(주)고명	부정	(술)동

漢乃引天下兵欲屠之 爲其守禮義 爲主

한 내 인 천 하 병 욕 도 지 위 기 수 예 의 위 주

(주)명 (조)접 (목)관 (자)자 (술)접미 (술)동 (지)지 (술)동 (목)명 (술)동 (목)명

死節 乃持項王頭視魯 魯父兄乃降

사 절 내 지 항 왕 두 시 노 노 부 형 내 항

(주)명 (술)동 (부)부 (술)동 (목)관 (술)동 (목)고명 (주)복명 (부)부 (술)동

始楚懷王封 項籍爲魯公 及其死

시 초 회 왕 봉 항 적 위 노 공 급 기 사

(부)부 (주)고명 (술)동 (목)고명 (술)동 (목)고명 (술)동 (지)지 (목)명

魯最後下 故以魯公禮 葬項王穀城

노 최 후 하 고 이 노 공 예 장 항 왕 곡 성

(주)고명 (부)부 (술)동 (부)부 (주)고명 (보)명 (술)동 (목)고명 (보)고명

漢王爲發哀 泣之而去

한 왕 위 발 애 읍 지 이 거

(주)고명 (술)동 (목)명 (보)형 (보)접미 (조)접 (술)동

“ 양무를 봉하여 오방후(吳防侯)를 삼았으며, 여승을 봉하여 날양후(涅陽侯)를 삼았다.
항왕은 이미 죽고 초 땅은 모두 한나라에 항복하였다.
단지 노나라만이 함락되지 아니하였다.
한나라는 천하의 모든 군사를 이끌어 노나라를 도륙(屠戮)하려 하였다.
그(항우)를 위하여 예의와 의리를 지키고 노나라 군주를 위하여 죽엄으로
절개를 지키려하자 곧 항왕의 머리를 가져가 노나라 사람들에게 보이자
노나라 부형들이 이내 항복하였다.
당초에 초(楚)나라 회왕(懷王)이 항우(項羽)를 봉하여 노공(魯公)으로 삼았다.
항우가 죽자 노나라가 제일 뒤에 함락되었다.
이로서 노공의 예(禮)로 항왕을 곡성(穀城)에 장사지냈다.
한나라 왕은 애도(哀悼)하며 발상을 하고 소리없이 눈물을 흘리면서 돌아갔다. ”

○ 본문해설 ○

- 不下(불하) 동사 – 떨어지지 아니하다, 함락되지 아니하다
- 欲(욕) 자동사 – ~을 하고자 하다
- 節(절) 동사 – 절개를 지키다
- 葬(장) 동사 – 장사지내다
- 屠之(도지) 접미사 – 쳐죽이다, 도륙(屠戮)하다
- 始(시) 부사 – 처음으로, 당초에
- 爲發(위발) 동사 – 발상(發喪)을 하다
- 穀城(곡성) 고유명사 – 山東省에 있는 山이름. 이때 항우의 나이는 31세 였다.
- 泣之(읍지) 접미사 – 소리없이 눈물을 흘리다

第四課

文學散策

01 文章(문장)

1. 漁父辭 屈原 (어부사 굴원)

屈原(굴원) : 고유명사 (B.C 343~277?)

字는 **平**이며, **周**나라 말엽 초(**楚**)나라 회왕(**懷王**)때 좌도(**左徒**)벼슬을 하면서 신망이 높았다.

진(**秦**)나라는 합종책을 주창한 장의(**張儀**)를 시키어 초나라 회왕을 거짓 초청하였는데 굴원의 만류를 무릅쓰고 진나라에간 회왕은 객사하여 죽었다. 이어 경양왕(**境襄王**)이 서자 재상이된 자란(**子蘭**)이 상관대부(**上官大夫**)를 시켜 굴원을 참소하여 유배시켰다. 굴원은 강호(**江湖**)를 유람하다 멱라(**汨羅**)수에 몸을 던져 죽었다.

회왕을 그리워하면서 지었다는 이소경(**離騷經**)은 유명하다.

屈原旣放 游於江潭 行吟澤畔

굴 원 기 방 유 어 강 담 행 음 택 반

(주)고명 (부)부 (술)동 (술)동 (조)전 (목)명 (술)동 (목)동 (보)관

顏色憔悴 形容枯槁 漁父見而問之曰

안 색 초 췌 형 용 고 고 어 부 견 이 문 지 왈

(주)관 (술)형 (주)관 (술)형 (주)명 (술)동 (조)접 (술)접미 (술)동

子 非 三閭大夫與? 何故至於斯?

자 비 삼 려 대 부 여 하 고 지 어 사

(주)인대 (술)부정 (목)고명 (조)의종 (의)의 (부)부 (술)동 (조)전(목)지대

" 굴원이 쫓겨나 강과 호수에서 노닐면서 못가에서 시를 읊조리고 다니는데
얼굴빛은 파리하고 형색은 수척하였다. 어부가 그를 보고 물어 말했다.
그대는 삼려대부가 아니십니까? 어쩌다가 이 지경에 이르게 되었습니까? "

○ 본문해설 ○

- 放(방) 동사 – 쫓겨나다
- 潭(담) 명사 – 연못, 호수
- 澤(택) 명사 – 연못
- 顔色(안색) 관형사 – 얼굴 빛
- 枯槁(고고) 형용사 – 메마르다, 수척하다
- 游(유) 동사 – 놀다
- 吟(음) 동사 – 읊다
- 畔(반) 명사 – 밭두렁, 가, 가양
- 憔悴(초췌) 형용사 – 파리하다
- 子(자) 인칭대명사 – 선생, 자네, 그대
- 三閭大夫(삼려대부) 고유명사 – 楚나라 벼슬이름. 삼려(三閭)는 楚나라 王族인 소(昭), 굴(屈), 경(景)의 三姓이며, 굴원은 이 삼성을 관장하는 大夫였음.
- 與(여) 의문종결사 – ~인가?
- 斯(사) 지시대명사 – 이 꼴, 이 지경

屈原	曰	擧世	皆	濁	我	獨	淸	衆人	皆	醉		
굴원	왈	거세	개	탁	아	독	청	중인	개	취		
(주)고명	(술)동	(주)관	(부)부	(술)형	(주)인대	(부)부	(술)형	(주)관	(부)부	(술)형		
我	獨	醒	是	以	見	放						
아	독	성	시	이	견	방						
(주)인대	(부)부	(술)형	(지)지대	(부)부	(피)피동	(술)동						

" 굴원이 대답하여 말하기를 온 세상이 모두 흐린데 나 홀로 깨끗하고 모든 사람이 다 취해 있는데 나 홀로 깨어있으니 이리하여 쫓겨나게 된 것이오. "

○ 본문해설 ○

- 擧世(거세) 관형사 – 온 세상
- 濁(탁) 형용사 – 혼탁하다, 흐리다
- 淸(청) 형용사 – 맑다, 깨끗하다
- 醉(취) 형용사 – 취하다
- 是(시) 지시대명사 – 이 것
- 皆(개) 부사 – 모두
- 我(아) 인칭대명사 – 나
- 衆人(중인) 관형사 – 모든 사람
- 醒(성) 형용사 – 깨어있다
- 見(견) 피동사 – ~을 당하다

漁父曰 聖人 不凝滯於物 而能與世

어 부 왈 성 인 불 응 체 어 물 이 능 여 세

(주)명 (술)동 (주)명 (술)부정 (목)동 (술)동 (조)전 (목)명 (조)접 (부)부 (술)동 (목)명

推移 世人皆濁 何不 淈其泥而揚其波?

추 이 세 인 개 탁 하 불 굴 기 니 이 양 기 파

(술)동 (목)동 (주)관 (부)부 (술)형 (의)의 부정 (술)동 (지)지대 (목)명 (조)접 (술)동 (지)지대 (목)명

衆人皆醉 何不餔其糟 而歠其釃?

중 인 개 취 하 불 포 기 조 이 철 기 리

(주)관 (부)부 (술)형 (의)의 부정 (술)동 (지)지대 (목)명 (조)접 (술)동 (지)지대 (목)명

何故 深思高擧 自令放爲?

하 고 심 사 고 거 자 령 방 위

(의)의 (부)부 (술)부 (목)명 (주)명 (술)동 (부)부 (사)사동 (술)동

" 어부가 말하였다. 성인은 한 가지 사물에 얽매여 머물러 있지 아니하고 능히 세상과 더불어 변하여 나갈 수 있어야 합니다. 세상 사람이 모두 흐리면 어찌하여 그 진흙을 휘저어 그 진흙 물결을 일으키지 아니하였습니까? 모든 사람이 다 취해 있는데 어찌하여 그 술지게미를 다 먹어 버리지 아니하고 그 묽은 술마저 다 마셔버리지 아니하였습니까? 무엇때문에 깊이 생각하고 고상하게 행동하여 스스로 쫓겨나게 되었습니까? "

○ 본문해설 ○

- 凝(응) 동사 – 엉키다, 덩어리지다
- 物(물) 명사 – 사물
- 推(추) 동사 – 밀다
- 淈(굴) 동사 – 휘젓다, 터서 흘러가게 하다
- 揚(양) 동사 – 들어올리다, 일어나게하다
- 餔(포) 동사 – 먹다, 많이 먹다
- 歠(철) 동사 – 마시다(飮)
- 高(고) 명사 – 고상함
- 滯(체) 동사 – 체하다, 머물다
- 與(여) 동사 – 더불어
- 移(이) 동사 – 옮기다, 나가다
- 泥(니) 명사 – 진흙
- 波(파) 명사 – 물결
- 糟(조) 명사 – 지게미, 술지게미
- 釃(리) 명사 – 묽은 술
- 擧(거) 동사 – 행동하다

• **深**(심) 부사 – 깊이

• **令**(령) 사역동사 – ~하게 하다

屈原曰 吾聞之 新沐者 必彈冠

굴 원 왈 　 오 문 지 　 신 목 자 　 필 탄 관

(주)고명 (술)동 (주)인대 (술)접미 (부)부 (주)관 (부)부 (술)동 (목)명

新浴者 必振衣 安能以身之 察察

신 욕 자 　 필 진 의 　 안 능 이 신 지 　 찰 찰

(부)부 (주)관 (부)부 (술)동 (목)명 (의)의 (부)부 (조)후 (주)명 (조)후 (보)형

受物之汶汶者乎?

수 물 지 문 문 자 호

(술)동 (목)관 (조)의종

寧赴湘流 葬於江魚之腹中 安能以

영 부 상 류 　 장 어 강 어 지 복 중 　 안 능 이

(비)비 (술)동 (목)고명 (술)동 (조)전 (목)관 (의)의 (부)부 (조)후

皓皓之白 而蒙世俗之塵埃乎?

호 호 지 백 　 이 몽 세 속 지 진 애 호

(주)관 (조)접 (술)피동 (목)관 (조)의종

" 굴원이 말하기를 내가 듣기로는 새로 머리를 감은 사람은 반드시 갓을 털어서 쓰고 새로 몸을 씻은 사람은 반드시 옷을 털어서 입는다고 하였는데 어찌 능히 깨끗한 몸으로 사물의 더럽고 더러운 것을 받아들일 수 있겠습니까? 차라리 상강에 가서 물고기 뱃속에 장사지낼망정 어찌 능히 희고 흰 결백한 몸으로 세속의 먼지를 덮어 쓰겠습니까? "

○ 본문해설 ○

• **聞之**(문지) 접미사 – 들으니, 듣건데

• **沐者**(목자) 관형사 – 머리를 감은 사람

• **彈**(탄) 동사 – 털다

• **浴者**(욕자) 관형사 – 몸을 씻은 사람

• **新**(신) 부사 – 새롭게, 새로

• **必**(필) 부사 – 반드시

• **冠**(관) 머리에 쓰는 모자, 갓

• **振**(진) 동사 – 흔들다, 털다

- 安(안) 의문사 – 어찌
- 察察(찰찰) 형용사 – 결백한, 깨끗한
- 受(수) 동사 – 받아들이다
- 物之汶汶者(물지문문자) 관형사 – 사물의 더럽고 더러운 것
- 寧(영) 비교사 – ~하는 것 보다 ~하는 것이 차라리 낫다
- 赴(부) 동사 – 가다
- 湘流(상류) 고유명사 – 상강(湘江) 동정호로 흘러들어간다
- 葬(장) 동사 – 장사지내다
- 江魚之腹中(강어지복중) 관형사 – 물고기 뱃 속
- 皓皓之白(호호지백) 관형사 – 희고 흰 결백
- 蒙(몽) 피동사 – 덮어쓰다
- 世俗之塵埃(세속지진애) 관형사 – 세속의 먼지

漁父 莞爾而笑 鼓枻而去 乃歌曰

어 부 완 이 이 소 고 예 이 거 내 가 왈

(주)명 (보)형 (조)접 (술)동 (술)동 (목)명 (조)접 (술)동 (부)부 (술)동

滄浪之水 清兮 可以濯吾纓

창 랑 지 수 청 혜 가 이 탁 오 영

(주)관 (술)형 (조)감종 (긍)긍 (술)동 (목)관

滄浪之水 濁兮 可以濯吾足

창 랑 지 수 탁 혜 가 이 탁 오 족

(주)관 (술)형 (조)감종 (긍)긍 (술)동 (목)관

遂去不復與言

수 거 불 부 여 언

(부)부 (술)동 부정 (부)부 (술)부 (목)명

" 어부는 빙그레 웃으면서 상아대를 두들기며 떠나갔다.
곧이어 노래부르기를 창랑의 물이 맑으면 내 갓끈을 씻고 창랑의 물이 흐르면
내 발을 씻으면 되는 것을 하고서 떠난 뒤에 다시는 함께 말하지 아니하였다. "

○ 본문해설 ○

- 莞(완) 명사 – 돗자리 짜는 왕골 / 형용사 – 빙그레

- 莞爾(완이) 형용사 – 빙그레
- 枻(예) 명사 – 노, 상아대
- 滄浪之水(창랑지수) 관형사 – 한수(漢水)로 흐르는 물
- 可以(가이) 긍정사 – ~할 수 있다
- 纓(영) 명사 – 갓끈
- 鼓(고) 동사 – 두드리다
- 乃(내) 부사 – 곧
- 濯(탁) 동사 – 씻다

2. 出師表 諸葛亮 (출사표 제갈량)

諸葛亮(제갈량) : 고유명사 (181~234)

字는 孔明(공명)이며, 삼국시대 蜀漢의 승상으로 산동성 낭야(瑯琊)사람이다. 촉주 유비와 후주 유선을 섬겼으나 끝내 전장에서 병사하였다. 그의 글로는 출사표가 유명하며 제갈무후집(諸葛武侯集) 1권이 있다.

先帝創業未半而 中道崩殂 今天下三分

선 제 창 업 미 반 이 중 도 붕 조 금 천 하 삼 분

(주)명 (술)동 (목)명 부정 (보)수 (조)접 (주)명 (술)동 (보)명 (주)명 (보)수 (술)동

益州疲弊 此 誠 危急存亡之秋也 然

익 주 피 폐 차 성 위 급 존 망 지 추 야 연

(주)고명 (술)동 (지)지대 (부)부 (술)관 (조)종 (조)접

侍衛之臣 不懈於內 忠志之士 忘身於

시 위 지 신 불 해 어 내 충 지 지 사 망 신 어

(주)관 부정 (술)동 (조)전 (목)명 (주)관 (술)동 (목)명 (조)전

外者 蓋追先帝之殊遇 欲報之於陛下也

외 자 개 추 선 제 지 수 우 욕 보 지 어 폐 하 야

(보)관 (부)부 (술)동 (목)관 (자)자 (술)접미 (조)전 (목)명 (조)종

" 선제 유비께서 나라를 세우는 일이 반도 되기전에 중도에 돌아가시고 지금 천하는 셋으로 나누어졌습니다. 익주(益州)의 기운이 지치고 쇠약해지니

이는 참으로 죽느냐 사느냐하는 위급한 때입니다. 그러나 궁중에서 폐하를 모시는 신하들이 안에서 게으르지 아니하고 밖에서는 충성스런 뜻을 지닌 장수들이 자기 몸을 돌보지 아니한 것은 모두 돌아가신 선제로부터 받은 특별한 대우를 추모하여 폐하에게 보답하려고 하는 것입니다. ”

○ 본문해설 ○

- **先帝**(선제) 명사 – 촉한의 **先主** 유비(**劉備**)를 말함
- **崩殂**(붕조) 동사 – 사망을 높히어 부르는 말
- **天下三分**(천하삼분) 당시 중국이 조조의 아들 조비(**曹丕**)의 위(**魏**), 손권(**孫權**)의 오(**吳**), 유비(**劉備**)의 아들 유선(**劉禪**)의 촉(**蜀**)으로 삼분된것을 말함
- **益州**(익주) 고유명사 – 사천성(**四川省**) 성도부(**成道府**)
- **疲弊**(피폐) 동사 – 기운이 쇠약해지다
- **危急存亡之秋**(위급존망지추) 관형사 – 죽느냐 사느냐하는 위급한 때
- **侍衛之臣**(시위지신) 관형사 – 임금 모시는 신하
- **追**(추) 동사 – 추모하다
- **誠**(성) 부사 – 참으로
- **懈**(해) 동사 – 게으르다
- **殊遇**(수우) 명사 – 특별한 대우

誠	宜	開	張	聖	聽	以	光	先	帝	遺	德
성	의	개	장	성	청	이	광	선	제	유	덕
(부)부		(술)동		(목)관		(부)부	(술)동	(목)관			

恢	弘	志	士	之	氣	不	宜	妄	自	菲	薄	引	喩	失	義
회	홍	지	사	지	기	불	의	망	자	비	박	인	유	실	의
(술)동		(목)관				(술)부정	(목)형	(술)동	(목)명	(술)명		(술)동	(목)명	(술)동	(목)명

以	塞	忠	諫	之	路	也
이	색	충	간	지	로	야
(부)부	(술)동	(목)관				(조)종

“ 진실로 마땅히 폐하께서는 천자(天子)의 견문(見聞)을 넓히시어 선제가 남기신 덕망을 빛나게 하시고 뜻있는 선비와 장수의 기상(氣像)과 기개(氣概)를 크게 넓히셔야 합니다. 마땅치 못하게 폐하 스스로를 망녕되고

가볍게 여기시어 의리를 잃어버린(맞지않는)일을 끌여들여 설득함으로서 충성스럽게 간(諫)하여 올리는 길을 막아버려서는 아니됩니다. ”

○ 본문해설 ○

- 開張(개장) 동사 – 넓히다
- 聖聽(성청) 관형사 – 天子의 견문, 天子가 듣고 보는 것
- 光(광) 동사 – 빛내다
- 遺德(유덕) 관형사 – 남긴 덕망
- 恢弘(회홍) 동사 – 크게 넓히다
- 妄(망) 형용사 – 망녕되게
- 菲薄(비박) 명사 – 엷고 가벼운 것
- 引喩(인유) 술목구조 – 끌어당겨 설득하다
- 失義(실의) 술목구조 – 의리를 잃어버림, 의리에 맞지 않음
- 以(이) 부사 – ~으로서
- 塞(색) 동사 – 막다, 차단하다

宮中府中 俱爲一體 陟罰臧否 不宜
궁중부중 구위일체 척벌장비 불의
(주)명 (부)부 (술)동 (목)명 (술)동 (목)명 (술)부정 (목)형

異同 若 有作奸 犯科 及 爲忠善者
이동 약 유작간 범과 급 위충선자
(술)형 (가)가 (가)형 (술)동 (목)명 (술)동 (목)명 (조)접 (술)동명

宜付有司 論其刑賞 以昭陛下平明之理
의부유사 논기형상 이소폐하평명지리
(부)부 (술)동 (목)명 (술)동 (지)지대 (목)명 (부)부 (술)동 (목)관

不宜 偏私 使 內外異法也
불의 편사 사 내외이법야
(술)부정 (목)형 (술)동 (목)명 (술)사동 (목)복명 (조)종

“ 궁중과 부중이 함께 한 몸이 되어 착한 일을 한 사람에게는 직위를 높여주고 그른 일을 한 사람에게는 벌을 주는 데 있어서 차별이 있는 것은 마땅치 못합니다. 만약 간사한 일을 하거나 법을 어긴 사람과 충성스럽게 착한 일을 한 사람은

마땅히 담당관에게 부쳐서 그 사람을 상을 줄 것인가? 벌을 줄 것인가?를 논하여 폐하의 공평하고 분명한 바른 도리를 소명하여야 합니다.
사사로움에 치우쳐 안과 밖이 다른 법을 적용하는 것은 마땅치 못합니다. ”

○ 본문해설 ○

- 俱(구) 부사 – 더불어, 함께
- 臧(장) 명사 – 착함
- 宜(의) 형용사 – 마땅하다
- 奸(간) 명사 – 간사한 것
- 科(과) 명사 – 조목, 법조목
- 陟(척) 동사 – 오르다, 높여주다
- 否(비) 명사 – 막힌 것, 그른 것
- 若(약) 가정사 – 만약
- 作(작) 동사 – 꾸미다
- 付(부) 동사 – 부치다, 통보하다
- 爲忠善者(위충선자) 동명사 – 충성스럽게 착한 일을 한 사람
- 有司(유사) 명사 – 일을 맡은 사람, 담당관
- 昭(소) 동사 – 밝히다, 소명하다
- 平明之理(평명지리) 관형사 – 공평하고 분명한 바른 도리
- 偏(편) 동사 – 한쪽으로 치우치다
- 使(사) 사역동사 – ~을 하게 하다
- 異(이) 부사 – 달리, 다른

侍中侍郞郭攸之 費禕 董允等 此皆良實
시 중 시 랑 곽 유 지 비 의 동 윤 등 차 개 양 실
(주)복명 (지)지대 (부)부 (술)형

志慮忠純 是以 先帝 簡拔 以遺陛下
지 려 충 순 시 이 선 제 간 발 이 유 폐 하
(주)명 (술)형 (지)지대 (부)부 (주)명 (술)동 (부)부 (술)동 (목)명

愚以爲 宮中之事 事無大小 悉以 咨之
우 이 위 궁 중 지 사 사 무 대 소 실 이 자 지
(주)명 (부)부 (술)동 (주)관 (보)명, 부정, 형 (부)부 (술)접미

然後施行 必能裨補闕漏 有所廣益
연 후 시 행 필 능 비 보 궐 루 유 소 광 익
(부)부 (술)동 (부)부 (술)동 (목)명 (술)형 (목)접두

" 시중 곽유지와 비의, 시랑 동윤 등은 모두 어질고 충실하며 마음이 순박하고 충성스러웠으므로 선제께서 발탁하여 폐하에게 남겨주신 것입니다. 제 생각으로는 궁중에 크고 작은 일 할 것 없이 모두 그들에게 물어본 뒤에 시행하시면 모자라고 빠진 것은 반드시 보충받아 널리 유익한 바가 있을 것입니다."

○ 본문해설 ○

- **侍中**(시중) 명사 – 천자(天子) 측근에서 명령을 출납하고 고문(顧問)에 응대하는 직책
- **侍郞**(시랑) 명사 – 궁중을 경비하고 거마(車馬)를 호위하는 직책
- **志慮**(지려) 명사 – 생각
- **簡拔**(간발) 동사 – 발탁하다, 여러 사람 중에 골라 뽑음
- **愚**(우) 명사 – 어리석다는 뜻으로 제갈량이 자신을 낮추어 지칭한 말
- **悉**(실) 부사 – 모두, 빠짐없이
- **裨補**(비보) 동사 – 보충하다
- **所廣益**(소광익) 접두사 – 널리 유익한 것
- **咨之**(자지) 접미사 – 물어보다
- **闕漏**(궐루) 명사 – 비고 빠진 것

將軍向寵 性行淑均 曉暢軍事 試用於
장군상총 성행 숙균 효창 군사 시 용 어
(주)복명 (주)명 (술)형 (술)형 (목)명 (부)부 (술)동 (조)전

昔日 先帝稱之 曰能 是以 衆議擧寵
석일 선제 칭지 왈 능 시 이 중 의 거 총
(목)관 (주)명 (술)접미 (술)동 (목)명 (지)지대 (부)부 (주)명 (술)동 (술)동 (목)고명

爲督 愚以爲 營中之事 事無大小
위 독 은 이 위 영중지사 사무대소
(술)동 (목)명 (주)명 (부)부 (술)동 (주)관 (보)명, 부정, 형

悉以咨之 必能使行陣和睦 優劣得所也
실이 자지 필능 사 행진 화목 우열 득 소 야
(부)부 (술)접미 (부)부 (사)사동 (술)동 (목)명 (보)형 (주)명 (술)동 (목)명 (조)종

" 장군 상총은 성품과 행동이 고르고 착하며 군사에 관한 일에 밝아서
옛날에 시험삼아 등용하였는데 선제께서 능력이 있다고 칭찬하셨습니다.
이리하여 여러 사람이 의논하여 상총을 천거하여 사령관으로 삼았던 것입니다.
제 생각으로는 진중(陳中)에 관한 일에 대해서는 크고 작은 일을 가리지 말고
모두 그에게 물어보면 반드시 진중이 화목하게 나아가게 할 것이며
우수한 사람과 열등한 사람이 합당한 자리를 얻을 수 있을 것입니다."

◎ 본문해설 ◎

- **性行**(성행) 명사 – 성품과 행동
- **曉暢**(효창) 형용사 – 화창하고 밝다
- **稱之**(칭지) 접미사 – 칭찬하다
- **督**(독) 명사 – 사령관
- **淑**(숙) 형용사 – 맑다, 착하다
- **試**(시) 부사 – 시험삼아
- **擧**(거) 동사 – 추천하다, 천거하다
- **使**(사) 사역동사 – ~하게 하다
- **營中之事**(영중지사) 관형사 – 진중(**陣中**)에 관한 일
- **得所**(득소) 동사로 쓰인 **得**은 술어로 쓰였고 명사로 쓰인 **所**는 목적어로 쓰인 **述目構造**로 자리를 얻다란 뜻이며 바꾸어 말하면 적재적소에 배치하다가 된다.

親賢臣遠小人 此先漢所以興隆也

친 현 신 원 소 인 차 선 한 소 이 흥 륭 야

(술)동 (목)관 (술)동 (목)관 (지)지대 (주)고명 (보)명 (술)동 (조)종

親小人遠賢臣 此後漢所以傾頹也

친 소 인 원 현 신 차 후 한 소 이 경 퇴 야

(술)동 (목)관 (술)동 (목)관 (지)지대 (주)고명 (보)명 (술)동 (조)종

先帝在時 每與臣論此事 未嘗不

선 제 재 시 매 여 신 론 차 사 미 상 불

(주)명 (술)형 (목)명 (부)부 (주)명 (술)동 (목)지대 명 (부정)중부

歎息痛恨於桓靈也

탄 식 통 한 어 환 령 야

(술)동 (조)전 (목)고명 (조)종

" 어진 신하를 가까이 하고 소인배를 멀리한 것이 이는 곧 전한이 흥성한 이유이며,
소인배를 가까이 하고 어진 신하를 멀리한 것이 후한이 망한 이유입니다.
선제가 살아계실때 제와 함께 이 일에 대하여 의논할 때마다 환제(桓帝)와
영제(靈帝)때의 일로 한스러워 가슴 아파 탄식하지 아니한 적이 없었습니다. "

◎ 본문해설 ◎

- **親**(친) 동사 – 친히하다, 가까이하다
- **遠**(원) 동사 – 멀리하다
- **所以**(소이) 명사 – 이유, 까닭
- **興隆**(흥륭) 동사 – 흥성하다
- **傾頹**(경퇴) 동사 – 망하다, 기울어지다
- **每**(매) 부사 – 매양, 그리워할 때마다
- **未嘗不**(미상불) 이중부정사 – ~하지 아니한 적이 없다
- **痛恨**(통한) 동사 – 한스러워 가슴 아파하다
- **桓靈**(환령) 고유명사 – 후한(**後漢**)의 효환제(**孝桓帝**)와 효령제(**孝靈帝**)를 말한다. 환관이 득세하여 나라의 기강이 문란하여 졌다. 진번(**陳蕃**), 이응(**孝膺**) 등의 학자가 반발하고 나서자 학자들을 종신금고(**終身禁固**)에 처한 사건(**黨錮**)이 일어나 많은 학자들을 잃게 된다.

侍中尚書長史參軍 此悉貞亮死節之臣

侍中尚書長史參軍	此	悉	貞亮死節之臣
시 중 상 서 장 사 참 군	차	실	정 량 사 절 지 신
(주)명	(지)지대	(부)부	(술)관

願陛下親之信之 則漢室之隆 可計日

願	陛下	親之	信之	則	漢室之隆	可	計	日
원	폐 하	친 지	신 지	즉	한 실 지 륭	가	계	일
(자)자	(주)명	(술)접미	(술)접미	(조)접	(주)관	(긍)긍	(술)동	(목)명

而待也

而	待	也
이	대	야
(조)접	(술)동	(조)종

" 시중과 상서, 진진(陳震) 장사, 장예(張裔) 참군, 장완(蔣琬)은 이들 모두가 마음이 곧고 신의가 있는 죽엄으로 절개를 지키는 신하입니다. 바라옵건대 폐하께서는 이들을 믿으시고 가까이하면 한나라 왕실의 융성은 날짜를 세면서 기다리면 될 것입니다. "

◎ 본문해설 ◎

- **尙書**(상서) 명사 – 천자와 신하 간의 문서수수를 맡은 직책
- **長史**(장사) 명사 – 서기장(書記長)
- **參軍**(참군) 명사 – 군사참모(軍事參謀)
- **貞亮死節之臣**(정량사절지신) 관형사 – 마음이 곧고 신의가 있는 죽음으로 절개를 지키는 신하
- **親之**(친지) 접미사 – 가까이 하다
- **信之**(신지) 접미사 – 신임하다
- **漢室之隆**(한실지륭) 관형사 – 한나라 왕실의 융성
- **可**(가) 긍정사 – ~할 수 있다
- **計日**(계일) 날짜를 세다

臣本 布衣 躬耕 南陽 苟全性命於亂世

신 본 포 의 궁 경 남 양 구 전 성 명 어 란 세

(주)명 (보)명 (술)명 (부)부 (술)동 (목)고명 (부)부 (술)동 (목)명 (조)전 (보)관

不求聞達於諸侯 先帝不以臣 卑鄙

불 구 문 달 어 제 후 선 제 불 이 신 비 비

부정 (술)동 (목)관 (조)전 (보)명 (주)명 부정 (보)명 (술)명

猥自 枉屈 三顧臣於草廬之中

외 자 왕 굴 삼 고 신 어 초 려 지 중

(부)부 (술)동 (보)수 (술)동 (목)명 (조)전 (보)관

咨臣以當世之事 由是感激 遂許先帝以

자 신 이 당 세 지 사 유 시 감 격 수 허 선 제 이

(술)동 (보)명 (부)부 (목)관 (부)부 (지)지대 (술)동 (부)부 (술)동 (목)명 (부)부

驅馳 後値傾覆 受任於 敗軍之際

구 치 후 치 경 복 수 임 어 패 군 지 제

(술)동 (부)부 (술)동 (목)형 (술)동 (목)명 (조)전 (보)관

奉命 於危難之間 爾來二十有一年矣

봉 명 이 위 난 지 간 이 래 이 십 유 일 년 의

(술)동 (목)명 (조)전 (보)관 (부)부 (술)명 (조)종

" 저(臣)는 본래 평민으로 남양에서 몸소 농사를 지으며 어지러운 세상에 구차하게 목숨을 보전하면서 제후에게 이름을 드높이는 벼슬을 구하려 하지 아니하였습니다. 선제께서는 저를 보잘것없이 여기지 아니하시고 송구스럽게도 스스로 몸을 굽히시고 저의 초막으로 세번이나 찾아오셔서 당시 세상의 일을 자문하셨습니다. 이러한 일로 감격하여 선제에게 바삐 달려 일하기로 약속하였습니다. 그 후 나라가 기울어지는 때를 당하여 패전할 즈음에 임무를 맡고 위급하게 어려운 때에 명령을 받든지 21년이 가까이 되었습니다. "

◎ 본문해설 ◎

- **布衣**(표의) 명사 – 평민이 입는 베옷이란 말로 평민을 말한다.
- **躬**(궁) 부사 – 몸소
- **耕**(경) 동사 – 논, 밭을 갈다
- **南陽**(남양) 고유명사 – 하남성, 남양현을 지칭하는 지명
- **苟**(구) 부사 – 진실로, 구차하게
- **全**(전) 동사 – 보전하다, 간직하다
- **性命**(성명) 명사 – 생명, 목숨
- **聞達**(문달) 관형사 – 명성을 드높이는 것
- **卑鄙**(비비) 명사 – 비천한 것, 보잘것 없는 것
- **猥**(외) 부사 – 망녕되게, 송구스럽게
- **枉屈**(왕굴) 동사 – 굽히다
- **顧**(고) 동사 – 돌아보다, 찾아오다
- **廬**(려) 명사 – 초가집
- **咨**(자) 동사 – 묻다, 자문하다
- **許**(호) 동사 – 허락하다, 약속하다
- **驅馳**(구치) 동사 – 말을 몰아 달려나가다, 바삐 달려가다
- **値**(치) 동사 – 만나다, 이르다
- **傾覆**(경복) 형용사 – 기울어 넘어지다
- **敗軍之際**(패군지제) 관형사 – 패전할 즈음 서기 208년 유비가 당양의 장판(**長阪**)에서 조조에게 크게 패한 것을 말한다.
- **奉命**(봉명) 명령을 받들다. 유비가 대패하여 조조에게 추격을 당하자 제갈량에게 오나라 손권(**孫權**)에게 구원병을 요청하라고 명한 것을 말함. 이리하여 적벽대전에서 조조를 대파함.
- **爾來**(이래) 명사 – 가까운, 근래, ~한 뒤에

先帝知臣謹愼 故 臨崩寄臣以大事也

선 제 지 신 근 신 고 임 붕 기 신 이 대 사 야

(주)명 (술)동 (목)명 (보)명 (보)명 (술)동 (목)명 (술)동 (목)명 (조)후 (보)관 (조)종

受命 以來夙夜憂嘆 恐託付不效

수 명 이 래 숙 야 우 탄 공 탁 부 불 효

(술)동 (목)명 (부)부 (주)명 (술)동 (보)동 (주)명 부정 (술)동

以傷先帝之明 故 五月渡瀘 深入不毛

이 상 선 제 지 명 고 오 월 도 로 심 입 불 모

(부)부 (술)동 (목)관 (보)명 (주)명 (술)동 (목)고명 (부)부 (술)동 (목)명

今南方已定 兵甲已足 當獎率三軍

금 남 방 이 정 병 갑 이 족 당 장 솔 삼 군

(부)부 (주)명 (부)부 (술)동 (주)명 (부)부 (술)형 (부)부 (술)동 (목)명

北定中原

북 정 중 원

(주)명 (술)동 (목)명

" 선제께서 저의 근엄하고 신중함을 아시고 임종하실 적에 저에게 큰 일을 맡기시었습니다. 명을 받은 다음주터 밤낮으로 근심하고 탄식하며 부탁받은 일을 해내지 못하여 선제의 밝은 덕망을 손상할까 두려워 5월에 노수(瀘水)를 건너 불모의 땅에 깊이 들어가 이제 남방은 이미 평정되어 병정과 무기가 이미 풍족하오니 마땅히 삼군을 통솔하여 북쪽 중원을 평정하여야 합니다. "

○ 본문해설 ○

- **謹愼**(근신) 형용사 – 근엄하고 신중함
- **奇**(기) 동사 – 맡기다
- **憂**(우) 동사 – 근심하다
- **恐**(공) 동사 – 두려워하다
- **臨**(임) 동사 – 맞이하다, 임하다
- **夙**(숙) 명사 – 이른 아침, 낮
- **嘆**(탄) 동사 – 한숨쉬다, 탄식하다
- **效**(효) 동사 – **効**의 **本字**로 증험하다, 행동으로 나타내다
- **傷**(상) 동사 – 상처를 내다, 손상하다
- **瀘**(로) 고유명사 – 로수
- **甲**(갑) 명사 – 무기
- **渡**(도) 동사 – 물을 건너다
- **兵**(병) 명사 – 군졸, 병정
- **獎率**(장솔) 동사 – 인솔하다, 통솔하다

庶竭駑鈍 攘除姦兇 興復漢室

서 갈 노 둔 양 제 간 흉 흥 복 한 실

(자)자 (술)동 (목)명 (술)동 (목)명 (술)동 (보)명 (목)명

還于舊都 此 臣所以報先帝而忠

환 우 구 도 차 신 소 이 보 선 제 이 충

(술)동 (조)전 (목)관 (지)지대 (주)명 (보)부 (술)동 (목)명 (조)접 (술)동

陛下之職分也 至於斟酌損益

폐 하 지 직 분 야 지 어 짐 작 손 익

(목)명 (조)후 (술)명 (조)종 (보)동 (조)전 (술)동 (목)명

進盡忠言 則攸之禕允之任也

진 진 충 언 즉 유 지 의 윤 지 임 야

(술)동 (부)부 (보)명 (조)접 (주)고명 (조)후 (술)명 (조)종

" 제가 바라는 바는 저의 노둔한 힘을 다하여 간사하고 흉악한 무리를 밀쳐내버리고
한나라 왕실을 다시 일으켜 세워 옛도읍지로 돌아가는 것입니다.
이는 제가 선제에게 보답하고 폐하에게 충성하는 것이 나의 직분이기 때문입니다.
손익을 미루어 생각하여 충성된 말을 다하여 올리는데 이르른 일은
곽유지, 비의, 동윤 등의 맡은 바 입니다. "

○ 본문해설 ○

- 庶(서) 자동사 – 원하다, 기대하다, 바라다
- 駑鈍(노둔) 명사 – 둔하고 무딘 것
- 至(지) 동사 – 이르다
- 竭(갈) 동사 – 다하다
- 攘除(양제) 동사 – 밀어내 없애다
- 斟酌(짐작) 동사 – 미루어 생각하다

願陛下託臣以討賊興復之效

원 폐 하 탁 신 이 토 적 흥 복 지 효

(자)자 (주)명 (사)사동 (주)명 (부)부 (술)동 (목)명 (보)관

不效則治臣之罪 以告 先帝之靈

불 효 즉 치 신 지 죄 이 고 선 제 지 령

부정 (주)명 (조)접 (술)동 (목)관 (부)부 (술)동 (목)관

若無興德之言 則責攸之禕允等之咎

약 무 흥 덕 지 언 즉 책 유 지 의 윤 등 지 구

(가)가 부정 (보)관 (조)접 (술)동 (목)관

以彰其慢 陛下亦宜謀以 諮諏善道

이 창 기 만 폐 하 역 의 모 이 자 추 선 도

(부)부 (술)동 (지)지대(목)명 (주)명 (부)부 (부)부 (술)동 (부)부 (술)동 (목)동명

察納雅言 深追先帝遺詔 臣不勝受恩

찰 납 아 언 심 추 선 제 유 조 신 불 승 수 은

(보)동 (술)동 (목)관 (부)부 (술)동 (목)관 (주)명 (술)부정 (목)동 (술)동 (목)명

感激 今當遠離 臨表涕泣 不知所云

감 격 금 당 원 리 임 표 체 읍 부 지 소 운

(술)동 (부)부 (부)부 (부)부 (술)동 (술)동 (목)명 (주)명 (술)동 부정 (술)동 (목)접두

" 바라옵건대 폐하께서 적을 토벌하여 한나라 왕실을 다시 일으켜 세우는 공적을 저에게 맡겨 주시옵고 공적을 이루지 못하면 저의 죄를 다스려 선제의 영전에 고하여 주십시오. 만약 곽유지, 비의, 동윤 등이 폐하의 덕망을 일으키게 하는 말을 하지 아니할 때에는 곽유지, 비의, 동윤 등의 허물을 책망하시고 그들의 게으름을 들어내야 합니다. 폐하께서도 또한 적절하게 도모하시어 선도할 길을 물어보시고 잘 살피시어 좋은 말은 받아들이고 선제께서 남기신 말씀을 깊이 새겨 따르셔야 합니다. 저는 선제에게 받은 은혜를 감당하지 못하고 감격하여 지금 멀리 떠나가면서 표를 대하니 눈물이 흘러 말할 바를 모르겠습니다. "

○ 본문해설 ○

- 託(탁) 사역동사 – 부탁하다, 맡기다
- 興復之效(흥복지효) 관형사 – 다시 일으켜 세우는 공적
- 則(즉) 접속사 – 가정의 뜻을 지닌 접속사로 ~한다면

- **若**(약) 가정사 – 만약 ~한다면
- **興德之言**(흥덕지언) 관형사 – 덕망을 일으키게 하는 말
- **咎**(구) 명사 – 허물
- **慢**(만) 명사 – 게으름
- **察**(찰) 동사 – 살피다
- **雅言**(아언) 관형사 – 옳은 말, 좋은 말
- **遺詔**(유조) 관형사 – 남긴 조서, 남긴 말
- **彰**(창) 동사 – 나타내다
- **諮諏**(자추) 동사 – 자문하다, 묻다
- **納**(납) 동사 – 받아들이다
- **追**(추) 동사 – 추종하다, 따르다
- **涕泣**(체읍) 주술구조 – 눈물이 흐르다

3. 赤壁賦 蘇軾 (적벽부 소식)

蘇軾(소식) : (1036~1101)

字는 자첨(**子瞻**), 호(**號**)는 동파(**東坡**). **北宋 四川省 眉山**사람으로 아버지 소순(**蘇洵**), 아우 소철(**蘇轍**)과 더불어 **三蘇**라 불리우는 문호이다.

한림학사(**翰林學士**)를 역임하고 왕안석(**王安石**)의 신법(**新法**)을 반대하여 유배를 당하기도 하였다.

시호는 **文忠**이며 저서로는 **東坡全集** 115권과 **東坡詞** 1권이 있다.

壬戌之秋七月旣望 蘇子與客 泛舟游於

임 술 지 추 칠 월 기 망 소 자 여 객 범 주 유 어

(보)복명 (주)고명 (조)접 (주)명 (술)동 (목)명 (술)동 (조)전

赤壁之下 淸風徐來 水波不興

적 벽 지 하 청 풍 서 래 수 파 불 흥

(목)관 (주)관 (부)부 (술)동 (주)명 부정 (술)동

擧酒屬客 誦明月之詩 歌窈窕之章

거 주 촉 객 송 명 월 지 시 가 요 조 지 장

(술)동 (목)명 (술)동 (목)명 (술)동 (목)명 (술)동 (목)명

" 송(宋)나라 신종(神宗) 5년(서기 1082년) 7월 16일 나(蘇東坡)와 손님은

적벽아래 배를 띄우고 놀았다. 맑은 바람이 서서히 불어오니 물결도 일어나지 아니하였다.
술잔을 들어 손님에게 권하면서 시경(詩經) 진풍(陳風) 월출(月出)편을 읊조리며
시경(詩經) 주남(周南) 관저(關雎)편을 노래하는데 ..”

○ 본문해설 ○

- **旣望**(기망) 명사- 음력 16일
- **游**(유) 동사 – 놀다
- **興**(흥) 동사 – 일어나다
- **誦**(송) 동사 외우다, 읊조리다
- **泛**(범) 동사 – 배를 띄우다
- **徐**(서) 부사 – 천천히, 서서히
- **屬**(촉) 동사 – 권하다
- **明月之詩**(명월지시) 시편명 – 시경(詩經) 진풍(陳風) 월출편(月出篇)을 말한다.
  그 첫 장은 다음과 같다.

月出皎兮(월출교혜)	달이 떠올라 밝고 밝으니
佼人僚兮(교인요혜)	사랑하는 님의 자태 더욱 더 예쁘구나!
舒窈糾兮(서요규혜)	그윽히 맺힌 정 어찌 다 펼치리오
勞心悄兮(노심초혜)	두른거리는 마음이 근심될 뿐이로다!

- **窈窕之章**(요조지장) 시편명 – 시경(詩經) 주남(周南) 관저편(關雎篇)을 말한다.
  그 첫 장은 다음과 같다.

關關雎鳩(관관저구)	금슬좋은 물새 한 쌍
在河之州(재하지주)	노래톱에 노니는구나!
窈窕淑女(요조숙녀)	얌전하고 정숙한 저 처자
君子好逑(군자호구)	군자의 좋은 짝이로다!

少焉	月	出	於	東山之上	徘徊	於	斗牛之間
소 언	월	출	어	동 산 지 상	배 회	어	두 우 지 간
(부)부	(주)명	(술)동	(조)전	(목)관	(술)동	(조)전	(목)관

白露橫江 水光接天 縱一葦之所如

백로횡강 수광접천 종일위지소여

(주)관 (술)동 (목)명 (주)관 (술)동 (목)명 (주)관

凌萬頃之茫然 浩浩乎如憑虛御風而

능만경지망연 호호호여빙허어풍이

(술)동 (목)관 (보)형 (조)후 (보)형 (술)동 (목)명 (술)동 (목)명 (조)접

不知其所止

부지기소지

부정 (술)동 (지)지대 (목)접두

" 얼마 뒤에 달은 동산 위에 솟아올라 북두성과 견우성 사이을 돌아 나가고 있었다.
흰 이슬은 강을 가로질러 내리고 물빛은 하늘에 닿았다.
한 잎사귀 갈대를 세로로 놓은 것 같은 배 망망하게 넓은 물결을 건너간다.
허공에 의지하여 바람에 몰리어 가는 것처럼 넓고 넓어서 어디로 가는지 알 수 없었다."

○ 본문해설 ○

- 少焉(소언) 부사 – 얼마 뒤에
- 徘徊(배회) 동사 – 돌아다니다
- 斗牛之間(두우지간) 관형사 – 북두칠성과 견우성 사이
- 白露(백로) 관형사 – 흰 이슬
- 橫(횡) 동사 – 가로지르다
- 縱一葦之所如(종일위지소여) 관형사 – 한 잎사귀 갈대를 세로로 놓은 것 같은 것(같은 배)
- 凌(능) 동사 – 물을 건너간다
- 萬頃之茫然 (만경지망연) 관형사 – 망망하게 넓은
- 浩浩乎(호호호) 형용사 – 넓고 넓은
- 如(여) 형용사 – ~과 같은
- 憑(빙) 동사 – 의지하다
- 虛(허) 명사 – 허공
- 御(어) 동사 – 거느리다, 부리다. 제어하다, 몰다
- 所止(소지) 접두사 – 머무를 곳, 가는 곳

飄飄乎如遺世獨立 羽化而登仙

표 표 호 여 유 세 독 립 우 화 이 등 선

(보)형 (조)후 (보)형 (술)동 (목)명 (부)부 (술)동 (주)명 (술)동 (조)접 (술)동 (목)명

於時飮酒樂甚 扣舷而歌之 歌曰

어 시 음 주 락 심 구 현 이 가 지 가 왈

(부)부 (술)동 (목)명 (주)명 (술)형 (술)동 (목)명 (조)접 (술)접미 (주)명 (술)동

桂棹兮蘭槳 擊空明兮泝流光

계 도 혜 란 장 격 공 명 혜 소 류 광

(주)명 (감)감 (주)명 (술)동 (목)관 (감)감 (술)동 (목)관

渺渺兮余懷 望美人兮天一方

묘 묘 혜 여 회 망 미 인 혜 천 일 방

(술)형 (감)감 (목)관 (술)동 (목)명 (감)감 (보)관

" 날개가 생겨나 신선이 되어 하늘에 올라 세상을 버리고 홀로 서서 가볍게
날으는 것 같았다. 이 때에 술 마시고 매우 즐거워 뱃전을 두드리며
노래하기를 계수나무 노와 목란의 상앗대로 공중에 뜬 밝은 달을 치면서
달빛이 흐르는 강물을 거슬러 오르도다.
묘연한 나의 회포여! 저 멀리 하늘 끝에 있는 님을 그리도다. "

○ 본문해설 ○

- **飄飄乎**(표표호) 형용사 – 가볍게 날아오르다
- **獨**(독) 부사 – 홀로
- **扣**(구) 동사 – 두드리다
- **桂棹**(계도) 관형사 – 계수나무로 만든 노
- **空明**(공명) 관형사 – 공중에 밝은 달
- **渺渺**(묘묘) 형용사 – 아득하다, 묘연(渺然)하다
- **望**(망) 동사 – 바라보다, 그리워하다
- **天一方**(천일방) 관형사 – 하늘 한 쪽, 하늘 끝
- **遺**(유) 동사 – 남기다, 버리다
- **羽化**(우화) 주술구조 – 날개가 생겨나다
- **舷**(현) 명사 – 뱃전
- **蘭槳**(난장) 관형사 – 목란으로 만든 상앗대
- **泝**(소) 동사 – 물을 거슬러 오르다
- **余懷**(여회) 관형사 – 나의 마음, 나의 회포
- **美人**(미인) 명사 – 그리운 사람, 님

客有吹洞簫者 倚歌而和之 其聲鳴鳴然

개 유 취 통 소 자 의 가 이 화 지 기 성 명 명 연

(주)명 (술)형 (술)동 (목)명 (술)동 (목)명 (조)전 (술)접미 (지)지대 (주)명 (술)접미

如怨如慕 如泣如訴 餘音嫋嫋

여 원 여 모 여 읍 여 소 여 음 요 요

(술)형 (목)동 (술)형 (목)동 (술)형 (목)동 (술)형 (목)동 (주)관 (술)형

不絶如縷 舞幽壑之潛蛟 泣孤舟之嫠婦

부 절 여 루 무 유 학 지 잠 교 읍 고 주 지 이 부

부정 (술)동 (술)형 (목)명 (술)동 (목)관 (술)동 (목)관

蘇子 愀然正襟 危坐而問客曰

소 자 초 연 정 금 위 좌 이 문 객 왈

(주)고명 (보)접미 (술)동 (목)명 (술)형 (목)동 (조)접 (술)동 (목)명 (술)동

何爲其然也?

하 위 기 연 야

(의)의 (술)동 (지)지대 (목)긍 (조)종

“ 손님 중에 퉁소 부는 사람이 있어 노래에 맞추어 반주를 하니 그 소리가 처량하고 구슬퍼서 원망하는 듯 사모하는 듯 우는 듯 하소연하는 듯하고 이어지는 소리가 간드러지게 가냘퍼서 실가닥처럼 끊어지지 아니하니 깊숙한 골짜기에 잠겨있는 교룡이 춤추고 외로운 배위에 앉아 있는 과부를 울게한다. 나는 얼굴 빛을 고치고 옷깃을 바로잡으며 위엄스럽게 앉아서 손님에게 물었다. 어찌 그리 퉁소를 애달프게 부는 것이오? ”

◎ 본문해설 ◎

- 吹(취) 동사 – 불다
- 倚(의) 동사 – 기대다, 맞추다
- 鳴鳴然(명명연) 접미사 – 울듯이 처량하고 구슬프다
- 慕(모) 동사 – 사모하다
- 嫋嫋(요요) 형용사 – 간드러지게 연약하다
- 洞簫者(통소자) 명사 – 퉁소
- 和之(화지) 접미사 – 어울리다, 반주하다
- 怨(원) 동사 – 원망하다
- 訴(소) 동사 – 호소하다, 하소연하다
- 縷(루) 명사 – 실가닥

- 舞(무) 동사 – 춤을 추다
- 幽壑之潛蛟(유학지잠교) 관형사 – 깊숙한 골짜기에 잠겨있는 교룡
- 嫠婦(이부) 명사 – 과부
- 愀然(초연) 접미사 – 얼굴 빛을 고치고 태연히
- 襟(금) 명사 – 옷소매, 옷깃
- 其然(기연) 는 其지시대명사로 퉁소 소리를 지칭하며 然은 접미사로 ~처럼, ~같이 란 뜻이며 애절한 퉁소소리를 형상(形象)한다.

客曰 月明星稀 烏鵲南飛 此非

객 왈 월 명 성 희 오 작 남 비 차 비

(주)명 (술)동 (주)명 (술)동 (주)명 (술)형 (주)명 (보)명 (술)동 (지)지대 부정

曹孟德之詩乎? 西望夏口 東望武昌

조 맹 덕 지 시 호 사 망 하 구 동 망 무 창

(술)관 (조)의종 (보)명 (술)동 (목)고명 (보)명 (술)동 (목)고명

山川相繆 鬱乎蒼蒼 此非孟德之困

산 천 상 무 울 호 창 창 차 비 맹 덕 지 곤

(주)명 (부)부 (술)동 (목)형 (지)지대 부정 (주)고명 (조)후 (술)동

於周郎者乎? 方其破荊州下江陵

어 주 랑 자 호 방 기 파 형 주 하 강 능

(조)전 (목)고명 (조)의종 (부)부 (지)지대 (술)동 (목)고명 (술)동 (목)고명

順流而東也 舳艫千里 旌旗蔽空

순 류 이 동 야 축 로 천 리 정 기 폐 공

(술)동 (조)접 (목)명 (조)종 (주)명 (술)명 (주)명 (술)동 (목)명

" 손님이 말하기를 달이 밝으니 별은 드문드문 보이고,
까마귀와 까치는 남쪽으로 날아가도다. 이 시는 조조가 읊은 시가 아니오?
서쪽으로 하구를 바라보고 동쪽으로 무창을 바라보니 산천(山川)이 울창(鬱蒼)하게
서로 엉키었는데 이 곳은 조조가 오(吳)나라 장수 주유(周瑜)에게 곤욕을 당하였던 곳이

아니오? 그가 바로 형주(荊州)를 격파하고 강능(江陵)으로 내려와 물결따라 동쪽으로 흘러가니 뱃머리는 꼬리를 물고 천리나 늘어서고 군사들의 깃발은 하늘을 덮었다."

○ 본문해설 ○

- **稀**(희) 형용사 – 성기다, 드물다
- **烏**(오) 명사 – 까마귀
- **鵲**(작) 명사 – 까치
- **曹孟德**(조맹덕) 고유명사 – 조조(**曹操**)의 자(**字**)가 맹덕이다.
- **夏口**(하구) 고유명사 – 지금의 호북성(**湖北省**) 한구(**漢口**)
- **武昌**(무창) 고유명사 – 땅 이름
- **繆**(무) 동사 – 뒤엉키다
- **困**(곤) 동사 – 곤욕을 당하다
- **鬱乎蒼蒼**(울호창창) 형용사 – 푸르고 푸르게 빽빽하다. 울창하다
- **周郎者**(주랑자) 고유명사 – 오(**吳**)나라 장수 주유(**周瑜**). 장판(**長阪**)에서 패한 유비(**劉備**)를 쫓아오던 조조(**曹操**)의 백만대군이 주유의 삼만대군에게 적벽에서 참패당해 천하가 삼분(**三分**)되게 되는 고사
- **舳**(축) 명사 – 배꼬리
- **艫**(로) 명사 – 배머리
- **蔽**(폐) 동사 – 가리다, 덮다

釃酒臨江 橫槊賦詩 固一世之雄也
시 주 임 강 횡 삭 부 시 고 일 세 지 웅 야
(술)동 (목)명 (술)동 (목)명 (술)동 (목)명 (술)동 (목)명 (부)부 (술)관 (조)종

而今安在哉? 況吾與子漁樵於江渚之上
이 금 안 재 재 황 오 여 자 어 초 어 강 저 지 상
(조)접 (부)부 (의)의 (술)형 (조)의종 (부)부 (주)인대 (조)접 (주)인대 (술)동 (조)전 (목)관

侶魚鰕而友麋鹿 駕一葉之扁舟
여 어 하 이 우 미 록 가 일 엽 지 편 주
(술)동 (목)명 (조)접 (술)동 (목)명 (술)동 (목)관

擧匏樽以相屬 寄蜉蝣於天地
거 포 준 이 상 촉 기 부 유 어 천 지
(술)동 (목)관 (조)접 (부)부 (술)동 (술)형 (보)명 (조)전 (목)명

渺滄海之一粟

묘 창 해 지 일 속

(부)부 (술)관

" 강 위에서 술을 따라 마시며 팔척장창을 빗겨세우고 시를 지으니 참으로 한세대의 영웅이었는데 지금은 어디에 있는가? 하물며 나와 자네는 강가에서 고기잡고 땔나무하며 물고기와 새우로 짝지어 사슴과 고라니와 벗이 되어 한조각 배를 타고 쪽박 술잔을 들어 서로 권하며 하루살이처럼 천지간에 붙어 살아가니 망망한 바다 위에 한톨 좁쌀에 불과하지 아니한가. "

◎ 본문해설 ◎

- 釃(시) 동사 – 원래는 술을 거른다는 뜻이나 여기서는 마시다로 보는 것이 옳다.
- 槊(삭) 길이가 8척이 되는 창
- 賦詩(부시) 술어목적어 구조로 시를 쓰다
- 固(고) 부사 – 참으로
- 安(안) 의문사 – 어디
- 子(자) 인칭대명사 – 당신, 선생, 자네
- 樵(초) 동사 – 땔나무를 하다
- 渚(저) 명사 – 강가
- 侶(려) 동사– 짝을 짓다
- 鰕(하) 명사 – 새우
- 麋(미) 명사 – 고라니
- 駕(가) 동사 – 타다
- 一葉之扁舟(일엽지편주) 관형사 – 한조각 작은 배
- 匏樽(포준) 관형사 – 匏는 표주박이요, 樽은 독, 술독이나 잔으로 풀어 쪽박술잔으로 해석하였다.
- 屬(촉) 동사 – 권하다
- 寄(기) 형용사 – 붙어있다.
- 蜉蝣(부유) 명사 – 하루살이
- 渺(묘) 부사 – 아득한, 망망한
- 滄海之一粟(창해지일속) 관형사 – 넓은 바다위에 한톨 좁쌀

哀吾生之須臾 羨長江之無窮

애 오 생 지 수 유 선 장 강 지 무 궁

(술)동 (목)관 (술)동 (목)관

挾飛仙以遨遊 抱明月而長終

협 비 선 이 오 유 포 명 월 이 장 종

(술)동 (목)관 (조)접 (술)동 (술)동 (목)관 (조)접 (부)부 (술)동

知不可乎驟得 託遺響於悲風

지 불 가 호 취 득 탁 유 향 어 비 풍

(술)동 부정 (조)전 (목)관 (사)동 (술)동 (목)명 (조)전 (보)관

蘇子曰 客亦知夫水與月乎?

소 자 왈 객 역 지 부 수 여 월 호

(주)고명 (술)동 (주)명 (부)부 (술)동 (발)발 (발)목 (조)접 (목)명 (조)의종

" 나의 한평생 삶이 눈 깜짝할 사이에 다해버리는 짧은 인생을 슬퍼하고 양자강(揚子江)이 그침없이 흘러가는 것을 부러워하면서 하늘을 날아다니는 신선과 더불어 놀면서 밝은 달을 품에 안고 오래 오래 살고 싶으나 이런 일이 별안간 이루어지지 아니함을 알고 서글픈 바람 속에 메아리쳐 남겨지도록 할 뿐이다. 내가 손님에게 말하기를 손님께서도 물과 달에 대하여 알고 계시지요? "

○ 본문해설 ○

- 哀(애) 동사 – 슬퍼하다
- 羨(선) 동사 – 부러워하다
- 終(종) 동사 – 끝내다, 죽다
- 長終(장종) 오래가다, 오래살다
- 響(향) 동사 – 메아리치다
- 吾生之須臾(오생지수유) 관형사 – 나의 삶의 짧음
- 挾(협) 동사 – 끼다, 더불어
- 長(장) 부사 – 길게, 오래
- 驟得(취득) 관형사 – 별안간 이루어짐

逝者如斯 而未嘗往也 盈虛者如彼

서 자 여 사 이 미 상 왕 야 영 허 자 여 피

(주)동명 (술)형 (목)지대 (조)접 부정 (술)동 (조)종 (주)동명 (술)형 (목)인대

而卒莫消長也 蓋將自其變者而觀之

이 졸 막 소 장 야 개 장 자 기 변 자 이 관 지

(조)접 (부)부 부정 (술)동 (조)종 (추)추 (자)자 (주)동명 (조)접 (술)접미

則天地曾不能以一瞬 自其不變者而

즉 천 지 증 불 능 이 일 순 자 기 불 변 자 이

(가)가 (주)명 (조)접 부정 (부)부 (보)명 (주)동명 (조)접

觀之 則物與我皆無盡也 而又何羨乎?

관 지 즉 물 여 아 개 무 진 야 이 우 하 선 호

(술)접미 (가)가 (주)명 (조)접 (주)인대 (부)부 (술)부정 (목)동 (조)종 (조)접 (부)부 (의)의 (술)동 (의)의종

" 가는 것은 저 물과 같으니 한결같이 가지않음이 없고 차고 기우는 것은 달과 같으니 갑자기 자라나고 사라지지 아니한다. 아마 그들이 스스로 변하여 간다고 보려한다면 천지는 곧 한순간도 변하지 아니한것은 없을 것이다. 그들이 스스로 변하지 아니한다고 보면 나와 세상 만물은 모두 다함이 없는데 또 무엇을 부러워하겠는가? "

◎ 본문해설 ◎

- 逝者(서자) 동명사 – 흐르는 것, 가는 것
- 如(여) 형용사 – ~과 같다
- 斯(사) 지시대명사 – 물(水)을 지칭한다. 논어(論語) 자한(子罕)篇에 (子在川上 曰逝者如斯夫 不舍晝夜) 孔子 냇물위에서 말씀하시기를 가는 것은 이와 같은가? 밤낮으로 쉬지 않는구나!
- 未嘗(미상) 부정사 – 일찍이~하지 않음이 없다
- 盈虛者(영허자) 동명사 – 차고 기울어지는 것
- 彼(피) 인칭대명사 – 달(月)을 지칭한다.
- 卒(졸) 부사 – 갑자기
- 蓋(개) 추정사 – 아마, 모두
- 莫(막) 부정사 – ~하지 아니한다
- 將(장) 자동사 – ~하려고 하다
- 自其變者(자기변자) 동명사 – 그가 스스로 변하여 가는 것
- 觀之(관지) 접미사 – 보다
- 曾(증) 접속사 – 이에, 곧 / 부사 – 일찍이
- 無盡(무진) 명사 – 끝이 없다, 다함이 없다, 무궁하다

且夫天地之間 物各有主 苟非吾之所有

차 부 천 지 지 문 물 각 유 주 구 비 오 지 소 유

(조)접 (발)발 (보)관 (주)명 (부)부 (술)형 (목)명 (부)부 부정 (주)인대 (조)후 (술)접두

雖一毫而莫取 惟江上之淸風

수 일 호 이 막 취 유 강 상 지 청 풍

(부)부 (주)관 (조)접 (금)금 (술)동 (부)부 (주)관

與山間之明月 耳得之而爲聲

여 산 문 지 명 월 이 득 지 이 위 성

(조)접 (주)관 (주)명 (술)접미 (조)접 (술)동 (목)명

目寓之而成色 取之無禁 用之不竭

목 우 지 이 성 색 취 지 무 금 용 지 불 갈

(주)명 (술)접미 (조)접 (술)동 (목)명 (술)접미 부정 (보)동 (술)접미 부정 (보)동

" 또한 하늘과 땅 사이의 모든 물건은 각기 주인이 있어서 진실로 나의 물건이 아니면 비록 털끝 하나라도 가질 수가 없지만 오직 강 위로 불어오는 맑은 바람과 산 사이로 떠오르는 밝은 달은 귀가 들으면 소리가 되고 눈에 머물면 형상을 이루나니 가져도 금하지 아니하고 마음대로 써도 닳아서 없어지지 아니합니다. "

○ 본문해설 ○

- **苟**(구) 부사 – 구차하게, 진실로
- **寓之**(우지) 접미사 – 붙다, 머물다
- **竭**(갈) 동사 – 마르다, 없어지다
- **得之**(득지) 접미사 – 얻다, 들어오다
- **色**(색) 명사 – 모양, 형상

是造物者之無盡藏也 而吾與子之所共樂

시 조 물 자 지 무 진 장 야 이 오 여 자 지 소 공 락

(지)지대 (주)명 (조)후 (술)명 (조)종 (조)접 (주)인대 (조)접 (주)인대 (조)후 (술)접두

客	喜	而	笑	洗	盞	更	酌	肴	核	旣	盡	盃	盤	狼	籍
객	희	이	소	세	잔	갱	작	효	핵	기	진	배	반	낭	적
(주)명	(술)동	(조)접	(술)동	(술)동	(목)명	(부)부	(술)동	(주)명		(부)부	(술)동	(주)명		(술)형	

相	與	枕	藉	乎	舟	中	不	知	東	方	旣	白
상	여	침	자	호	주	중	부	지	동	방	기	백
(부)부		(술)동		(조)전	(목)관		(술)부정	(목)동	(주)명		(부)부	(술)형

"이것이 조물주의 다 쓸 수 없는 보물로서 나와 당신이 함께 즐기고 있는 것이오.
손님은 즐거이 웃으면서 잔을 씻어 다시 술을 따랐다.
안주는 이미 다 없어지고 술잔과 소반은 어지럽게 어수선한데
배 안에서 서로 베고 들어누워 이미 날이 밝은 것도 몰랐다."

○ 본문해설 ○

- **藏**(장) 명사 – 창고, 곳집, 저장된 물건, 보물
- **所共樂**(소공락) 접두사 – 함께 즐기는 것
- **肴**(효) 명사 – 고기 안주
- **核**(핵) 명사 – 핵은 씨를 뜻하여 과일
- **狼籍**(낭적) 형용사 – 어지럽고 어수선함. **籍**(자)는 **酌**(작)의 압운(**押韻**)관계로 여기서는 "적"으로 읽을 뿐 아니라 어수선하다는 훈(**訓**)의 음(**音**)은 "적"이다.

4. 弔義帝文 金宗直 (조의제문 김종직)

弔義帝文(조의제문) : **楚**나라 **懷**왕(회왕) 즉 **義帝**가 **項羽**(항우)에게 **被殺**된 것을 **弔喪**(조상)하는 글이다.
이 글을 김일손(**金馹孫** : 1464~1498, 字는 **季雲**(계운)이며, 호는 **濯纓**(탁영)이요, **諡號**(시호)는 **文愍**(문민)으로 **南溪金孟**(남계김맹) 선생의 셋째 아들로 경북 **清道伊西面 水也里**(서원동)에서 태어났다.
1486년 이조 성종 17년 8월 **丙午式年**(3년마다 보이는 과거시험 **文科甲科**에 장원급제하고 그해 10월 **謁聖大科**(알성대과)에 장원 급제하니 그때 나이는 22세였다. 성종 19년 **湖堂**에 들어가 수학하고 **吏曹正郎**을 거쳐 성종 21년 **質正官**으로 22년에는 **書狀官**으로 **明**나라에 두차례 다녀온 후 **春秋館左史官**이됨)이 **成宗實錄史草**에 그의 스승이 쓴 조의제문(**弔義帝文**)을 실었다.

史局堂上官 李克墩이 全羅監司로 있을 때 非行이 史草에 直筆되어 있음을 본 이극돈이 김일손에게 빼주기를 간청하였으나 거절하였다. 이에 앞서 柳子光이 妻家가 있는 咸陽學士樓에 놀러갔다가 詩를 지어 걸어두었는데 佔畢齋 金宗直(점필재 김종직)이 함양 郡守가 되어 이것을 보고 글 답지 아니한 글로 학사루를 욕되게 한다고 떼어 내어 불살라 버리게 하였다.

이와 같은 私怨(사원)을 품은 李克墩과 柳子光이 훈구파 중신인 尹弼商(윤필상) 盧思愼(노사신) 等을 설득하여 성품이 폭악하여 선비를 싫어하는 燕山君(연산군)을 歪曲(왜곡)되게 使嗾(사주)하고 弔義帝文은 世祖가 端宗을 弑害(시해)한 것을 憑藉(빙자)한 것이라 하여, 연산군 4년 (1498년) 우리나라 최초의 士禍인 戊午史禍가 일어났으니 조의제문을 지은 것은 선생이 급제하기 2년 전이요, 김일손이 태어나기 7년 전인데 이 글 가운데 玆何祥也라는 구절은 41년 뒤에 일어날 慘劇(참극)을 예상이나 할 수 있었겠는가?

金宗直은 이미 죽은 뒤라 剖棺斬屍(부관참시)를 당하고 제자인 金馹孫은 陵遲處斬(능지처참) 되던 날 폭풍우가 일어나고 향리의 雲溪川(伊西川) 물이 3일 동안 핏빛으로 흘렀다고 한다. 權五福(권오복), 權景裕(권경유), 李穆(이목), 許磐(허반) 等이 처형되었으며 金宏弼(김굉필), 鄭汝昌(정여창), 朴漢柱(박한주), 李胄(이주) 等이 流配되었다.

金宗直(1431~1492) : 조선 9대 成宗時文臣이며 성리학자로 字는 季昷(계온) 호는 佔畢齋(점필재)이며 諡號는 文忠이다. 密陽 출신으로 1459년 文科에 급제 刑曹判書, 知中樞府事에 이르렀고 冶隱(야은) 吉再(길재)의 학통을 이어받아 文章과 經術에 能하여 門下에서 金馹孫, 鄭汝昌, 金宏弼 等의 名儒를 輩出하였으며 저서로는 佔畢齋集, 青丘風雅, 東文粹(동문수)가 있다.

- **式年**(식년) 子, 卯, 午, 酉(자, 묘, 오, 유)의 地支가 들어간 해 즉 甲子, 丁卯, 庚午, 癸酉, 丙子, 己卯, 壬午, 乙酉, 戊子......等 3년 마다 돌아오는 해에 과거 시험을 보였음.
- **謁聖大科**(알성대과) 임금이 成均館文廟(성균관문묘) 孔子님 塑像(소상 : 흙으로 만든 사람의 형상)에 참배하고 성균관에서 보이던 과거 湖當(호당) 南湖讀書堂을 이르는 말로 장래가 촉망되는 젊은 관원에게 휴가를 주어 독서에 전념케 하는 제도로 세조때 폐지되었다가 1491년 성종 22년 南湖讀書堂이라는 편액을 걸고 복원되었다.
- **吏曹正郎**(이조정랑) 이조에 딸린 正五品 벼슬로 관리들의 근무 성적 고과와 인사문제를 담당함.
- **質正官**(질정관) 임시 관직으로 글의 音韻이나 기타 제도 등에 관한 의문점을 中國에 質問하여 알아오는 관직으로 使臣과 同行하였음.
- **書狀官**(서장관) 외국에 가는 사신을 수행하여 문서기록을 담당한 임시직.

丁丑十月日 余自密城 道京山

정 축 십 월 일 여 자 밀 성 도 경 산

(보)복명 (주)인대 (부)부 (보)고명 (술)동 (목)고명

宿踏溪驛 夢有神披 七章之服 頎然而來

숙 답 계 역 몽 유 신 피 칠 장 지 복 기 연 이 래

(술)동 (목)고명 (주)명 (술)형 (주)명 (술)동 (목)관 (보)접미 (조)접 (술)동

自言楚懷王孫心爲 西楚霸王所弑

자 언 초 회 왕 손 심 위 서 초 패 왕 소 시

(부)부 (술)동 (주)고명 (술)동 (주)고명 (피)피동 (술)동

沈之郴江 因忽不見 余覺之 愕然曰

침 지 침 강 인 홀 불 견 여 각 지 악 연 왈

(술)접미 (목)고명 (보)부 (부)부 부정 (술)동 (주)인대 (술)접미 (보)접미 (술)동

懷王南楚之人也 余則東夷之人也

회 왕 남 초 지 인 야 여 즉 동 이 지 인 야

(주)명 (술)관 (조)종 (주)인대 (조)접 (술)관 (조)종

地之相距 不啻萬有餘里 而世之先後

지 지 상 거 불 시 만 유 여 리 이 세 지 선 후

(주)명 (조)후 (부)부 (술)명 (술)부정 (목)명 (보)명 (조)접 (주)관

亦千有餘載 來感于夢寐 玆何祥也?

역 천 유 여 재 래 감 우 몽 매 자 하 상 야

(부)부 (술)명 (보)동 (술)동 (조)전 (목)동명 (지)지대 (의)의 (술)형 (조)종

且考之史 無沈江之語 豈羽使人密擊

차 고 지 사 무 침 강 지 어 기 우 사 인 밀 격

(부)부 (술)접미 (목)명 (술)부정 (목)관 (의)의 (주)고명(사)사동 (보)명 (부)부 (술)동

而投其屍于水歟? 是未可知也

이 투 기 시 우 수 여 시 미 가 지 야

(조)접 (술)동 (지)지대 (목)명 (조)전 (보)명 (조)의종 (지)지대 부정 (술)동 (조)종

遂爲文以弔之 惟天賦物則以予人兮

수 위 문 이 조 지 유 천 부 물 칙 이 여 인 혜

(부)부 (술)동 (목)명 (부)부 (술)접미 (부)부 (주)명 (술)동 (보)관 (조)접 (술)동 (목)명 (조)감종

孰不知 尊四大與五常?

숙 부 지 존 사 대 여 오 상

(의)의대 (술)부정 (목)동 (술)동 (목)관 (조)접 (목)관

丁丑年(서기1457년)10월 어느날 나는 密城(경상남도 밀양(密陽)에서 京山(서울 근처 산에 있는 절(寺)으로 가는 도중 踏溪驛(경상북도 성주(星州) 읍성(邑城) 북쪽 10리지점에 위치한 역(驛)이름)에서 자게 되었는데, 꿈에 일곱가지 색으로 수 놓은 어의(御衣)을 풀어헤친 귀신이 훤칠한 모습으로 찾아와서 스스로 말하기를 나는 초나라 회왕 손심(孫心)이라고 하였다. 서초패왕(항우)에게 죽음을 당하여 침강(郴江) 물 속에 던지어져 잠겨졌다 하고는 갑자기 보이지 아니하였다. 나는 깜짝 놀래어 깨어나 이르기를 회왕은 남쪽 초나라 사람이요 나는 동이(東夷)사람으로 지리(地理)적으로 서로 떨어진 거리는 만리(萬里)가 넘을 뿐 아니라 세대(世代)의 차이도 또한 천년(千年)이 넘는데 꿈속에 나타나서 마음을 움직이게 하니 이는 무슨 상서로움이 생겨나려 하는 것이겠는가? 또한 역사를 고증(考證)하여 보아도 강물에 빠트렸다는 말은 없는데 어쩌면 항우가 사람을 시키어 아무도 모르게 때려 죽여서 그 시신을 물 속에 던져 버린 것이 아닐까? 이것을 알 수 없는 일이다.

이리하여 글을 지어 조문을 한다. 오로지 하늘이 사물(事物)에게 법칙(法則)을 부여하여 사람에게 주었는데 누구인들 대자연(自然)의 위대(偉大)한 자태(姿態)와 인륜(人倫)을 경건(敬虔)히 높일 줄 모르겠는가?

◎ 본문해설 ◎

- 道(도) 동사 – 밟고가다, 지나가다
- 披(피) 동사 – 헤치다, 풀다, 풀어제치다
- 所(소) 피동사 – ~을 당하다, ~을 입다
- 沈之(침지) 접미사 – 가라앉히다, 잠기게 하다
- 自(자) 부사 – ~부터, ~에서
- 頎然(기연) 접미사 – 훤칠하게
- 弑(시) 동사 – 죽이다
- 因(인) 부사 – 그러하듯이, 그리고 나서

• **忽**(홀) 부사 – 갑자기

• **愕然**(악연) 접미사 – 깜짝 놀래다

• **東夷之人**(동이지인) 관형사 – 동쪽 오랑캐 나라사람, 중국에서 우리나라를 동이(**東夷**)라고 불렀음

• **相**(상) 부사 – 서로

• **距**(거) 명사 – 거리,사이

• **啻**(시) 의존명사 – 나, 접미조사로 쓰며 ~일뿐

• **感**(감) 동사 – 감응하다, 마음이 움직이다

• **玆**(자) 지시대명사 – 이것, 이는

• **祥**(상) 형용사 – 상서로움, 좋은 일이 있을 조짐

• **考之**(고지) 접미사 – 고찰하다, 고증하여 보다

• **密**(밀) 부사 – 비밀로, 모르게

• **擊**(격) 동사 – 치다, 때리다

• **投**(투) 동사 – 던지다

• **屍**(시) 명사 – 시체

• **歟**(여) 의문종결사 – ~하였을까?

• **賦**(부) 동사 – 내려주다, 부여하다

• **物則**(물칙) 관형사 – 삼라만상의 법칙

• **予**(여) 인칭대명사 – 나, 동사로 쓰일때는 주다이다.

予齒去角(여치거각) 어금니를 주면 뿔은 가져가고 **傳翼兩足**(전익양족) 날개를 주면 두 다리 만 준다.

• **尊**(존) 동사 – 높이다, 받들다

• **四大**(사대) 관형사 – 자연현상, **地**, **風**, **水**, **火**

• **五常**(오상) 관형사 – **仁**, **義**, **禮**, **智**, **信**, **五倫**

匪華豐而夷嗇 曷古有而今亡 故吾夷人

비 화 풍 이 이 색 갈 고 유 이 금 망 고 오 이 인

부정 (주)고명 (술)동 (조)접 (주)명 (술)동 (의)의 (주)명 (술)형 (조)접 (주)명 (술)동 (부)부 (주)인대 (술)관

又後千載兮 恭弔楚之懷王 昔祖龍之

우 후 천 재 혜 공 조 초 지 회 왕 석 조 룡 지

(부)부 (술)동 (목)관 (조)감종 (부)부 (술)동 (목)관 (보)명 (주)고명 (조)후

弄牙角兮 四海之波 殷爲瀇

롱 아 각 혜 사 해 지 파 안 위 황

(술)동 (목)명 (조)감종 (주)관 (보)형 (술)동 (목)명

雖鱣鮪鰍鯢 曷自保兮 思網漏而營營

수 전 유 추 예 갈 자 보 혜 사 망 루 이 영 영

(부)부 (주)명 (의)의 (부)부 (술)동 (조)감종 (보)동 (주)명 (술)동 (조)접 (술)형

時六國之遺祚兮 沈淪播越 僅媲夫編氓

시 육 국 지 유 조 혜 침 륜 파 월 근 비 부 편 맹

(보)명 (주)관 (조)감종 (술)동 (부)부 (술)동 (목)관

梁也南國之將種兮 踵魚狐而起事

양 야 남 국 지 장 종 혜 종 어 호 이 기 사

(주)고명 (조)후 (보)관 (술)명 (조)감종 (술)동 (목)명 (조)접 (술)동 (목)명

求得王而 從民望兮 存熊繹於不祀

구 득 왕 이 종 민 망 혜 존 웅 역 어 불 사

(술)동 (목)명 (조)접 (술)동 (목)명 (보)동 (조)감종 (술)형 (목)고명 (조)전 부정 (보)명

握乾符而 面陽兮 天下固無大於芊氏

약 건 부 이 면 양 혜 천 하 고 무 대 어 간 씨

(술)동 (목)관 (조)접 (술)동 (목)명 (조)감종 (주)명 (부)부 부정 (술)형 (비)비 (목)명

遣長者而入關兮 亦有足覩其仁義

견 장 자 이 입 관 혜 역 유 족 도 기 인 의

(술)동 (목)관 (조)접 (술)동 (목)명 (조)감종 (부)부 (술)형 (목)형 (술)동 (지)지대 (목)명

事大五常이 중화라서 풍부하고 오랑캐라서 인색할 바 아니며, 어찌 옛날에는 있고
지금에는 없어졌겠는가? 그렇기에 나는 오랑캐요 또한 시대적으로는
천년을 뒤졌으나 공손하게 초나라 회왕을 조문한다.
옛날 진시황(秦始皇)이 분서갱유(焚書坑儒)를 자행하여 사해(四海)의 물결이
검붉어 피가 되었으니 비록 땅속을 뚫고 다니는 두렁허리와 미꾸라지나 힘이 센
상어나 고래라 한들 어찌 스스로 보전할 수 있었겠는가?
단지 그물에서 빠져 나갈 생각에만 급급하였으니 당시 육국(六國)의 후손들은
숨고 도망가서 겨우 백성들과 어울리어 짝이 되었다.
항양(項梁)은 남쪽나라 장군의 후손으로 진승(陳勝)을 뒤따라 대사를 일으키어
백성들의 바라는 바에 따라 왕이 되었네! 대(代)가 끊어진 초(楚)나라
왕통(王統)을 손심(孫心, 懷王)으로 있게 하고 하늘이 내려준 건부를 잡고
임금이 됨이여~ 천하는 참으로 간씨보다 큰 것이 없었다.
장자(유방)를 보내어 관중에 들어가게 함이여! 역시 족히 인의를 보였도다.

○ 본문해설 ○

- 匪(비) 부정사 – ~이 아니다
- 豐(풍) 동사 – 풍부하다
- 夷(이) 명사 – 오랑캐
- 曷(갈) 의문사 – 어찌
- 後(후) 동사 – 뒤지다
- 恭(공) 부사 – 삼가, 공손히
- 華(화) 고유명사 – 중국, 중화
- 而(이) 접속사 – 동사와 동사를 이어주는 접속사
- 嗇(색) 동사 – 인색하다
- 亡(망) 동사 – 없어지다
- 千載(천재) 관형사 – 천년
- 弔(조) 동사 – 조문하다
- 楚之懷王(회지회왕) 관형사 – 항우(項羽)의 계부(季父)인 항양(項梁)이 옹립(擁立)한 초나라 마지막 왕
- 祖龍(조룡) 고유명사 – 진시황(秦始皇)의 별칭(別稱)
- 牙角(아각) 명사 – 이빨과 뿔, 창칼에 빗대는 말
- 衁(황) 명사 – 피
- 鮪(유) 명사 – 상어, 사람에 빗대는 말
- 鯢(예) 명사 – 암고래, 고래
- 漏(루) 동사 – 새다, 빠져나가다
- 殷(안) 형용사 – 검붉어
- 鱣(전) 명사 – 두렁허리(鱓)
- 鰍(추) 명사 – 미꾸라지
- 網(망) 명사 – 그물
- 營營(영영) 형용사 – 급급하다
- 遺祚(유조) 관형사 – 남은 자손
- 六國(육국) 명사 – 전국시대 말기 마지막으로 남은 여섯나라 齊, 楚, 韓, 魏, 燕, 趙
- 沈淪(침륜) 동사 – 물속에 잠기고 빠지다, 숨다
- 播越(파월) 동사 – 도망가다, 播遷(파천) 蒙塵(몽진)
- 僅(근) 부사 – 겨우
- 編氓(편맹) 관형사 – 백성
- 種(종) 명사 – 종자, 후손
- 媲(비) 동사 – 짝을 짓다
- 梁(양) 고유명사 – 항양(項梁)
- 踵(종) 명사 – 발 뒤꿈치, 동사, 발자취를 쫓다
- 魚狐(어호) 어백호구(魚帛狐篝)의 준말로 진나라를 망하게 한 첫 번째 거사자 진승(陳勝)을 이르는 말. 勝은 이름이고 涉은 자이다. 魚帛(어백)은 진승(陳勝)이 거사하기 전에 대중을 유혹하기 위하여 붉은 비단에 진승왕(陳勝王)이라고 적어 남의 그물에 든 고기의 배속에 넣어두고 그 고기를 사다 삶아 먹은 군졸이 매우 괴이하게 여긴 일을 말하며 狐篝(호구)는 총사(叢祠 : 잡신을 모신 사당).
  안에 밤중에 모닥불을 피워놓고 여우의 울음소리로 울면서 외치기를 "대초가 일어나고 진승이 왕이 되리라.(大楚興陳勝王)"고 하여 대중의 여론을 조성하였던데서 나온 말이다.
- 熊繹(웅역) 고유명사 – 주(周)나라 성왕(成王)때 사람으로 초(楚)나라를 봉(封)해 받은 시조(始祖)이다. 항우의 숙부 항양(項梁)이 民家에서 양(羊)을 치고 있던 진나라에서 객사한 초회왕(楚懷王)의 손자 孫心을 찾아내서 초회왕(楚懷王) 곧 의제(義帝)을 삼아 楚나라 왕통을 잇게 하였다.
- 握(악) 동사 – 잡다, 쥐다

- **乾符**(건부) 관형사 – 천부인(**天符印**), 하늘이 내려준 임금의 증표
- **面陽**(면양) 얼굴이 남쪽을 바라보다 **面**은 얼굴이요 **陽**은 남쪽이다 임금은 남쪽을 향하여 앉고 신하는 북쪽을 향하여 앉거나 서서 조회를 한다 **面陽**이나 **南面**은 임금을 뜻한다.
- **芋氏**(간씨) **楚**나라 **姓氏**이다.
- **長者**(장자) 관후장자(**寬厚長者**)의 준말로 한고조 유방(**劉邦**)을 지칭하는 말이며 초회왕으로부터 먼저 관중에 들어간 사람으로 관중왕을 삼는다는 약속을 받고 항우보다 먼저 관중에 들어가 진나라왕 자영(**自嬰**)을 항복받고 조용히 평정하였음.
- **關**(관) 고유명사 – 함곡관(**函谷關**)이나 서쪽에 있는 관중(**關中**). 즉 진(**秦**)나라 **都邑地**인 **咸陽**의 총칭
- **覩**(도) 동사 – 보다

羊狠狼貪 擅夷冠軍兮 胡不收而膏齊斧

양 한 낭 탐 천 이 관 군 혜 호 불 수 이 고 제 부

(주)명 (술)명 (주)명 (술)동 (술)동 (목)명 (조)감종 (의)의 부정 (술)동 (조)접 (보)동 (술)동 (목)명

嗚呼 勢有大不然者兮 吾於王而益懼

오 호 세 유 대 불 연 자 혜 오 어 왕 이 익 구

(감)감 (주)명 (술)형 (목)명 부정 (긍)긍 (조)감종 (주)인대 (조)후 (주)명 (조)접 (부)부 (술)동

爲醢腊 於反噬兮 果天運之蹠盭

위 해 석 어 반 서 혜 과 천 운 지 척 려

(술)동 (목)명 (조)후 (부)부 (술)피동 (조)감종 (부)부 (주)관 (조)후 (술)동

郴之山磝以觸天兮 景晻愛以向晏

침 지 산 오 이 촉 천 혜 경 엄 애 이 향 안

(주)관 (술)동 (조)후 (술)동 (목)명 (조)감종 (주)명 (술)동 (부)부 (부)부 (술)동 (목)명

郴之水流以日夜兮 波淫泆而不返

침 지 수 류 이 일 야 혜 파 음 일 이 불 반

(주)관 (술)동 (조)전 (목)명 (조)감종 (주)명 (술)동 (조)접 부정 (술)동

天長地久 恨其可旣兮 魂至今猶飄蕩

천 장 지 구 한 기 가 기 혜 혼 지 금 유 표 탕

(주)명 (술)형 (주)명 (술)형 (주)명 (지)지대 (긍)긍 (술)동 (조)감종 (주)명 (보)명 (부)부 (술)동

余之心貫于金石兮 王忽臨乎夢想

여 지 심 관 우 금 석 혜 왕 홀 임 호 몽 상

(주)관 (술)동 (조)전 (목)명 (조)감종 (주)명 (부)부 (술)동 (조)전 (목)명

循紫陽之老筆兮 思隱蝡以欽欽

순 자 양 지 노 필 혜 사 진 윤 이 흠 흠

(술)동 (주)관 (조)감종 (주)명 (술)동 (부)부 (술)동

擧雲罍以酹地兮 冀英靈之來歆

거 운 뢰 이 뢰 지 혜 기 영 령 지 래 흠

(술)동 (목)명 (조)후 (술)동 (목)명 (조)감종 (자)자 (주)관 (조)후 (보)동 (술)동

양(羊)의 탈을 쓴 사나운 짐승이 승냥이 같은 탐욕으로 상장군(上將軍)을 제 마음대로
처단하여 멸망시켰구나! 어찌 처단한 도끼를 회수하지 아니하였는가?
아! 세력의 크기가 그렇하지 아니하였음이여! 나에게는 왕이 더욱 두려웠어라.
젓 담기고 포(腊)가 되어 도리어 먹히였으니! 과연 하늘의 운수가 그릇되었구나.
침(郴)의 산이 우뚝이 솟아 하늘에 닿으면 산 그림자 안타깝게
해를 가려 밤을 향하니 침의 물은 밤낮으로 흘러가는구나!
파도만 어지럽게 넘쳐 돌아오지 아니하니 세월이 흐르고 흘러도 그 한이야
다 할수 있으랴! 지금도 오히려 혼 만이 높이 날아 방황할 뿐이다.
내 마음이 금석(金石)을 꿰뚫음이여! 왕이 홀연히 꿈 속에 나타나셨구나!
주사(朱子)의 강목(綱目)을 따라감이여 생각을 건잡을 수 없고, 가슴이 두근거려
경모하고 공경하며 술잔을 들어 강신술을 땅에 부으나니 바라옵나니
꽃다운 신령께서는 부디 오셔서 흠향하소서.

◎ 본문해설 ◎

- 狠(한) 명사 – 사나운 짐승
- 狼(낭) 명사 – 승냥이, 이리
- 貪(탐) 동사 – 탐내다, 탐욕을 부리다
- 擅(천) 동사 – 마음대로 하다
- 夷(이) 동사 – 평정하다, 멸망시키다
- 冠軍(관군) 명사 – 상장군(上將軍)
- 항양(項梁)이 趙나라 서울 장한(章邯)에서 진(秦)나라 軍에 패(敗)하여 죽은 뒤 초나라 군사가 정도(定陶)에서 敗하자 楚나라 懷王(義帝)가 宋義와 모의하여 송의(宋義)를 上將軍을 삼아 경자관군(卿

子冠軍)이라 부르고 항우(項羽)를 노공(魯公)으로 삼아 차장(次將)을 삼고 범증(范增)을 말장(末將)을 삼아 趙나라를 救하려 하는데 안양(安陽)에 이르러 46일을 멈추어 서서 나아가지 아니하며 宋義는 진(秦)과 조(趙)가 싸워서 약해지기를 기다리자고 하고 項羽 는 나아가서 밖에서 진(秦)을 치고 안에서 趙가 응전하면 승산이 있다 다투다가 項羽가 자기 마음대로 冠軍인 宋義를 죽인 다음 宋義가 제(齊)나라와 짜고 모반(謀反)하였기에 참(斬)하였다고 懷王에게 보고하였다. 이는 世祖가 金宗瑞를 죽인 것을 빗대어 쓴 글이다.

- 膏齊斧(고제부) 참형(斬刑)할 때 사용한 도끼를 기름칠 하여 닦아두다.
- 胡(호) 의문사 – 어찌
- 懼(구) 동사 – 두려워하다
- 腊(석) 명사 – 건포
- 蹠(척) 동사 – 밟다
- 郴(빈, 침) 고유명사 – 楚나라 도성
- 觸(촉) 동사 – 스치다, 닿다
- 晻(엄) 동사 – 햇빛을 가리다
- 淫泆(음일) 동사 – 어지럽게 넘치다
- 猶(유) 부사 – 오로지, 오히려
- 蕩(탕) 동사 – 방랑하다
- 忽(홀) 부사 – 갑자기, 홀연히
- 夢想(몽상) 명사 – 꿈 속
- 益(익) 부사 – 더욱
- 醢(해) 명사 – 인체(人體)을 젓담그는 형벌
- 噬(서) 동사 – 씹다, 먹히다
- 盭(려) 동사 – 어긋나다
- 磝(오) 동사 – 우뚝 솟아나다
- 景(경) 명사 – 경치, 그림자
- 愛(애) 부사 – 안타깝게
- 魂(혼) 명사 – 혼
- 飄(표) 동사 – 높이 날다
- 貫(관) 동사 – 꿰뚫다
- 臨(임) 동사 – 다가서다, 나타나다
- 循(순) 동사 – 왕래하다, 뒤쫓다, 뒤따르다
- 紫陽之老筆(자양지노필) 朱子綱目(주자강목)으로 관(冠) 혼(婚) 상(喪) 제(祭)의 四禮에 관한 禮制(예제)로써 유교(儒敎)의 기본 강령을 말함
- 憞惇(진윤) 동사 – 가슴 두근거려 마음 정하지 못하다
- 欽欽(흠흠) 동사 – 공경하고 흠모하다
- 酹(뢰) 동사 – 강신술을 붓다
- 英靈(영령) 관형사 – 꽃다운 신령
- 罍(뢰) 명사 – 술잔
- 冀(기) 자동사 – 바라다, 하고자 하다
- 歆(흠) 동사 – 흠향하다, 흠쾌하게 먹다

02 小說(소설)

1. 兩班傳 朴趾源(양반전 박지원)

朴趾源(박지원) : (1737-1805) 조선조 22대 **正祖**때의 **文學家**이자 **實學者**로 **字**는 **仲美**, 호는 **燕巖**(연암)이며, **著書**는 **熱河日記**, **燕巖集**, **課農小抄** **等**이 있다.

兩班者 士族之尊稱也 旌善之郡

양 반 자 사 족 지 존 칭 야 정 선 지 군

(보)관 (주)명 (조)후 (술)명 (조)종 (주)고명

有一兩班 賢而好讀書 每郡守新至

유 일 양 반 현 이 호 독 서 매 군 수 신 지

(술)형 (보)수 (목)명 (술)동 (조)접 (술)동 (목)동명 (부)부 (주)명 (보)부 (술)동

必親造其處 而禮之然家貧 歲食郡糴

필 친 조 기 처 이 예 지 연 가 빈 세 식 군 조

(부)부 (부)부 (술)동 (지)지 (목)명 (조)접 (술)접미 (부)부 (주)명 (술)동 (보)명 (주)명 (술)피동

積歲至千石 觀察使巡行郡邑 閱糴糴

적 세 지 천 석 관 찰 사 순 행 군 읍 열 조 적

(술)동 (목)조 (술)동 (목)관 (주)명 (술)동 (목)명 (술)동 (목)명

大怒曰 何物兩班 乃乏軍興

대 노 왈 하 물 양 반 내 핍 군 흥

(부)부 (보)동 (술)동 (의)의 (보)명 (부)부 (술)동 (목)관

命囚其兩班 郡守意哀其兩班 貧無以

명 수 기 양 반 군 수 의 애 기 양 반 빈 무 이

(술)동 (지)지 (목)명 (주)명 (술)동 (지)지대 (목)명 (보)형 (부정)부정

爲	償	不忍		囚	之	亦	無	可	奈何	
위	상	불	인	수	지	역	무	가	내	하
(술)동	(목)동	(술)부정		(목)접미		(부)부	부정	(긍)긍	(의)의	

" 양반이란 문벌이 높은 사람을 (士大夫) 높이여 부르는 말이다.
강원도 정선군에 한 양반이 있었는데 성품이 어질고 글 읽기를 좋아하였다.
매양 군수가 새로 부임하여 오면 반드시 그 양반이 살고 있는 집으로 몸소 찾아와서
예로서 대접하였다. 그러나 집안이 가난하여 해마다 먹을 식량을 군(郡)에서
빌려주어 해마다 갚지 못한 곡식이 천 석(千石)이나 되었다.
관찰사가 군과 읍을 순행하다가 곡식의 들고 나는 장부를 검열하고 나서 크게 노하여
양반이 무엇하는 물건이기에 군량미(軍糧米)를 이렇게 축낸단 말이냐? 그러고 나서
그 양반을 감옥에 가두라고 명령하였다. 군수의 마음 속에는 가난하여 갚지못하는 그 양반을
애석하게 생각하여 참아 옥에 가둘 수 없었으나 어떻게 할 수 있는 방법 또한 없었다. "

○ 본문해설 ○

- 士族(사족) 명사 – 문벌이 높은 집안 사람, 士大夫 집안
- 每(매) 부사 – 그때마다, 매양
- 新(신) 부사 – 새로
- 至(지) 동사 – 이르다, 부임하다
- 造(조) 동사 – 이르다(至), 찾아오다
- 處(처) 명사 – 거처(居處), 살고 있는 집
- 禮之(예지) 접미사 – 예를 갖우다, 예로써 대우하다
- 然(연) 부사 – 그러나
- 糶(조) 동사 – 곡식을 내다팔다 / 피동사 – 빌려주다
- 歲(세) 명사 – 해(年), 일년, 여기서는 조사로 쓰여 해마다
- 觀察使(관찰사) 명사 – 강원도 도백(道伯)
- 巡(순) 동사 – 돌아다니다, 순찰하다
- 糴(적) 동사 – 곡식을 사들이다, 밖에서 사오다, 빌려오다
- 乏(핍) 동사 – 없어지게 하다, 덜다, 축내다
- 軍興(군흥) 관형사 – 군사용 곡물 興은 곡식이란 뜻이 있다. 참고로 廣興倉(광흥창)은 벼슬아치의 급여를 관장하는 관청인 동시에 급여로 줄 곡식을 보관하는 창고이다.
- 不忍(불인) 부정사 – 차마~하지 못하다

兩班曰 夜泣計不知所出 其妻罵曰

양 반 왈 야 읍 계 부 지 소 출 기 처 매 왈

(주)명 (술)동 (주)명 (술)동 (목)동 부정 (술)동 (목)접두 (지)지대(주)명 (술)동

生平 子好讀書 無益縣官糴 咄兩班

생 평 자 호 독 서 무 익 현 관 적 돌 양 반

(보)명 (주)인대 (술)동 (목)관 부정 (술)동 (목)관 (술)동 (목)명

不直一錢 其里之富人 私相議曰

불 치 일 전 기 리 지 부 인 사 상 의 왈

부정 (술)관 (지)지대 (주)관 (부)부 (술)동

兩班雖貧 常尊榮 我雖富 常卑賤

양 반 수 빈 상 존 영 아 수 부 상 비 천

(주)명 (부)부 (술)형 (부)부 (술)명 (주)인대 (부)부 (술)명 (부)부 (술)명

不敢騎馬 見兩班 則跼蹜屛營匍匐拜庭

불 감 기 마 견 양 반 즉 국 축 병 영 포 복 배 정

부정 (술)동 (목)명 (술)동 (목)명 (조)접 (술)동 (목)명

曳鼻膝行我嘗 如此其僇辱也 今兩班

예 비 슬 행 아 상 여 차 기 육 욕 야 금 양 반

(술)동 (목)명 (주)명 (술)동 (주)인대 (부)부 (술)형 (목)지대 (지)지대 (술)동 (목)명 (조)종 (부)부 (주)명

貧不能償糴 方大窘其勢誠不能保其

빈 불 능 상 적 방 대 군 기 세 성 불 능 보 기

(술)형 부정 (술)동 (목)명 (부)부 (보)관 (지)지대 (주)명 (부)부 부정 (술)동 지)지

兩班 我且買而有之

양 반 아 차 매 이 유 지

(목)명 (주)인대 (조)접 (술)동 (조)접 (술)접미

양반은 밤새워 눈물을 흘리면서 관가에서 빌려다 먹은 곡식 빚을 갚을 계략을 생각해 보았으나 그 돈이나 곡식이 나올 곳을 알지 못하였다. 그 처가 나무라기를, 당신은 평생 책 읽기만 좋아하여 고을에서 빌려온

곡물을 갚는 데는 조금도 도움이 되지 아니하니 양반이란
일전의 가치도 없는 것이라고 혀를 차며 꾸짖어댔다.
그 마을에 사는 부자가 아무도 모르게 사사로이 의논하기를 양반은 비록 가난하여도
항상 존대를 받고 영화로운데 나는 비록 부자라 할지라도 항상 하대를 받고 천하다.
말은 타고 다닐 수 없을 뿐만 아니라 양반을 만나면 불불 기어 다니며
발에 차여도 모든 것을 덮고 황송해 하며 기어가서 뜰에서 배알하고
코를 땅에 대고 무릎으로 기어 다니니 나는 항상 곤욕(困辱)을 당함이 이와 같습니다.
지금 양반은 가난하여 빌려온 곡물을 갚을 수 없게 바야흐로 크게 궁색하니
그 형세가 양반 자리를 보전할 수 없을 것이므로
내가 양반자리를 사서 갖고 싶다고 하였다.

◎ 본문해설 ◎

- 泣(읍) 동사 – 소리없이 눈물을 흘리다
- 所出(소출) 접두사 – 나올곳, 생산처
- 咄(돌) 동사 – 꾸짖다
- 私(사) 부사 – 사사로이, 비밀리에
- 蹜(축) 동사 – 차다
- 罵(매) 동사 – 나무라다
- 子(자) 인칭대명사 – 자네, 선생, 당신
- 直(치) 명사 – 값, 가치 値와 通用
- 跼(국) 동사 – 굽히다, 기다
- 屏(병) 屛의 俗字로 명사로 쓰이면 병풍이며 동사로 쓰이면 가리다, 덮다 또한 조용히 넘어간다는 뜻을 가지고 있다.
- 屏語(병어) 조용히 하는말
- 曳(예) 동사 – 끌다
- 膝(슬) 명사 – 무릎
- 辱(욕) 명사 – 욕, 능욕
- 方(방) 부사 – 방금, 바야흐로
- 勢(세) 명사 – 세력, 형세
- 買(매) 동사 – 사다, 사드리다
- 有之(유지) 접미사 – 갖다, 가지고 있다
- 營(영) 동사 – 만들다, (造)경영하다, 헤아리다, 황송해하다
- 屏營(병영) 동사 – 모든 것을 덮어두고 황송해하다
- 匍匐(포복) 동사 – 기어가다
- 鼻(비) 명사 – 코
- 僇(육) 동사 – 욕보이다, 죽이다
- 償(상) 동사 – 갚다, 빚을 갚다
- 窘(군) 형용사 – 궁하다, 궁색하다
- 保(보) 동사 – 보전하다

遂踵門 而請償其糴 兩班 大喜許諾

수 종 문 이 청 상 기 적 양 반 대 희 허 락

(부)부 (술)동 (목)명 (조)접 (술)동 (보)동 (지)지대 (목)명 (주)명 (부)부 (보)형 (술)동

於是 富人立輸其糴於官 郡守大驚異之

어 시 부 인 입 수 기 적 어 관 군 수 대 경 이 지

(조)전 (지)지대 (주)관 (술)동 (목)명 (지)지대 (술)동 (조)전 (목)명 (주)관 (술)관 (보)접미

自往勞其兩班 且問償糴狀 兩班

자 왕 노 기 양 반 차 문 상 적 장 양 반

(주)명 (술)동 (술)동 (지)지대 (목)명 (조)접 (술)동 (술)동 (목)명 (보)명 (주)명

氈笠短衣 伏塗謁 稱小人 不敢仰視

전 립 단 의 복 도 알 칭 소 인 불 감 앙 시

(주)명 (술)동 (주)명 (술)동 (술)동 (목)명 (술)동 (술)동 (목)명 부정 (술)동

郡守大驚 下扶曰 足下 何自貶辱若是

군 수 대 경 하 부 왈 족 하 하 자 폄 욕 약 시

(주)명 (술)관 (술)동 (주)명 (의)의 (부)부 (술)동 (목)명 (보)형 (지)지

兩班益恐懼 頓首俯伏曰惶悚小人

양 반 익 공 구 돈 수 부 복 왈 황 송 소 인

(주)명 (부)부 (술)동 (술)동 (목)명 (술)동 (주)명

非敢自辱 已自鬻其兩班 以償糴

비 감 자 욕 이 자 육 기 양 반 이 상 적

부정 (술)관 (부)부 (술)동 (지)지대 (목)명 (부)부 (술)동 (목)명

里之富人 乃兩班也 小人復安敢冒

이 지 부 인 내 양 반 야 소 인 복 안 감 모

(주)관 (부)부 (술)명 (조)종 (주)명 (부)부 (의)의 (부)부 (술)동

其舊號而自尊乎?

기 구 호 이 자 존 호

(지)지대 (목)관 (조)접 (부)부 (술)동 (의)의종

그리하여 양반집 문안으로 들어가서 군청에서 빌려온 곡물을 상환하여
주겠다고 청하였다. 양반은 크게 기뻐하며 허락하였다.
그리하여 부자는 수송 계획을 세워 빌려온 곡물을 관청(군)에 갚았다.
군수는 크게 놀라며 이상히 여겨 몸소 가서 그 양반의 수고를 위로하면서 빌린 곡물을
상환하게 된 정황을 물었다. 양반은 벙거지를 쓰고 잠방이를 입고서 땅에 엎드려
아뢰기를 소인이라 칭하면서 올려다 보지 못하였다.
군수는 크게 놀라며 내려가 부축하며 말하기를 족하(足下)께서는 어찌하여 이처럼
자신을 욕되이 낮추는것이요, 하니 양반은 더욱 두려워하며 머리를 숙이고
엎드려 황송할 따름입니다 라고 말하였다. 소인은 자신을 욕되게 한 것이 아니라
이미 양반을 스스로 팔아서 관가에서 빌여 먹은 곡물을 상환하였습니다.
이제는 마을 부자가 양반입니다. 소인이 다시금 어떻게 감히 옛날에 부르던 이름을
무릅쓰고서 스스로 높혀짐을 받겠습니까?

◎ 본문해설 ◎

- 遂(수) 부사 – 을 쫓아서, 따라서
- 踵(종) 동사 – 다다르다, 이르다, 명사, 발뒷꿈치
- 立(입) 동사 – 세우다, 서다, 계획을 세우다, 준비하다, 갈무리하다
- 輸(수) 동사 – 보내다
- 異之(이지) 접미사 – 달리 여기다, 이상하게 여기다
- 勞(로, 노) 동사 – 위로하다
- 狀(장) 명사 – 형상, 모양, 정황
- 氈笠(전립) 명사 – 천조각을 기워 만든 모자, 벙거지
- 短衣(단의) 명사 – 바지 가랑이가 무릎까지 올라온 짧은 옷, 잠방이
- 塗(도) 명사 – 진흙 길(道) 흙바닥
- 謁(알) 동사 – 찾아뵈옵다, 아뢰다
- 下(하) 동사 – 내려오다
- 扶(부) 동사 – 붙들다, 부축하다
- 足下(족하) 명사 – 같은 또래가 상대방을 높이어 부르는 말
- 貶(폄) 동사 – 낮추다
- 頓(돈) 동사 – 흔들다, 숙이다
- 俯(부) 동사 – 업드리다
- 恐懼(공구) 동사 – 무서워 두려워하다
- 鬻(육) 동사 – 팔다
- 安(안) 의문사 – 어찌, 어떻게
- 冒(모) 동사 – 위험한 일을 해내다, 무릅쓰다

郡守歎曰 君子哉富人也 兩班哉富人也

군 수 탄 왈 군 자 재 부 인 야 양 반 재 부 인 야

(주)명 (술)동 (술)명 (조)감종 (목)명 (조)종 (술)명 (조)감종 (목)명 (조)종

富而不吝義也 急人之難仁也

부 이 불 린 의 야 급 인 지 난 인 야

(주)명 (조)접 (술)부정 (목)명 (술)명 (조)종 (술)동 (목)관 (술)명 (조)종

惡卑而慕尊智也 此眞兩班 雖然私

악 비 이 모 존 지 야 차 진 양 반 수 연 사

(주)명 (술)동 (조)접 (주)명 (술)동 (술)명 (조)접 (지)지대 (부)부 (술)명 (부)부 (긍)긍 (부)부

自交易 而不立券 訟之端也 我與汝約

자 교 역 이 불 입 권 송 지 단 야 아 여 여 약

(주)명 (술)동 (조)접 부정 (술)동 (목)명 (주)명 (조)후 (술)명 (조)종 (주)인대 (조)접 (주)인대 (술)동

郡人而證之 立券而信之 郡守當自署之

군 인 이 증 지 입 권 이 신 지 군 수 당 자 서 지

(주)관 (조)접 (술)접미 (술)동 (목)명 (조)접 (술)접미 (주)명 (부)부 (술)접미

於是 郡守歸府 悉召郡中之士族及

어 시 군 수 귀 부 실 소 군 중 지 사 족 급

(조)전 (지)지대 (주)명 (술)동 (목)명 (부)부 (술)동 (목)관 (조)접

農工商賈 悉至于庭 富人坐鄕所之右

농 공 상 고 실 지 우 정 부 인 좌 향 소 지 우

(목)명 (부)부 (술)동 (조)전 (목)명 (주)명 (술)동 (목)관

兩班立於公兄之下 乃爲立券曰

양 반 입 어 공 형 지 하 내 위 입 권 왈

(주)명 (술)동 (조)전 (목)관 (부)부 (술)동 (목)명 (술)동

乾隆十年九月日 右明文段 屈賣兩班

건 륭 십 년 구 월 일 우 명 문 단 굴 매 양 반

(보)복명 (보)명 (술)동 (목)명 (술)동 (목)명

爲償官穀 其直千斛 維厥兩班 名謂多端

위 상 관 곡 기 치 천 곡 유 궐 양 반 위 위 명 단

(술)동 (목)관 (지)지대 (주)명 (술)명 (발)발 (지)지 (보)명 (주)명 (술)동 (술)형 (목)명

讀書曰士 從政爲大夫 有德爲君子

독 서 왈 사 종 정 위 대 부 유 덕 위 군 자

(술)동 (목)명 (술)동 (목)명 (술)동 (목)명 (술)동 (목)명 (술)형 (목)명 (술)동 (목)명

武階列西 文秩敍東 是爲兩班

무 계 열 서 문 질 서 동 시 위 양 반

(주)관 (술)명 (주)명 (술)명 (술)명 (지)지대 (술)동 (목)명

" 군수가 감탄하여 말하기를 부자는 군자로다! 부자는 양반이로다!
부자이면서 인색하지 아니한 것은 의로운 것이며, 남의 난처함을 어렵게 여기는 것은
어진 것이요, 악한 것을 천하게 여기며 흠모하는 것을 존경하는 것은
지혜로운 것으로서 이와 같이 하는 것이 참된 양반이다.
비록, 그렇하다 할지라도 사사로 몸소 거래하여 증서를 작성하지
아니한 것은 소송의 빌미가 된다.
너와 내가 약정하고 군민이 증인이 되어 증서를 작성하여 모두가 믿을 수
있도록 하기 위하여 군수가 마땅히 몸소 서명하겠다.
그리하여 군수는 관아(官衙)에 돌아와 군내(郡內)에 살고있는 사족(士族)과
농사짓는 전부(田父)와 공장(工匠) 상인(商人)을 모두 모이게 하였다.
모두 관아의 뜰에 모였다.
부자는 군정(郡政)의 자문(諮問)을 맡은 사람들의 오른쪽에 앉히고 양반은 호장(戶長),
이방(吏房), 수형리(首刑吏) 등 관속(官屬)들의 아래에서 있도록 하고
곧 증서를 작성하여 이르기를 건륭 10년 9월 일 아래 글에서 끊고 맺음을 밝힌 바와
같이 욕되이 양반을 팔아서 천 석(千石)의 관곡(官穀)을 갚는다.
그 양반이란 이름을 부르는 데는 단서(端緖)가 많아서 책만 읽는 사람은 선비라 하고,
정사(政事)에 종사하는 사람은 대부(大夫)라 하고 덕이 있는 사람은 군자(君子)라고 한다.
무관(武官)의 반열(班列)을 서반(西班)이라 하고 문관(文官)의 서열(序列)을
동반(東班)이라고 하니 이것이 곧 양반(兩班)인 것이다. "

◎ 본문해설 ◎

- 歎(탄) 동사 – 탄식하다, 감탄하다
- 吝(린) 동사 – 아끼다, 인색하다
- 人(인) 명사 – 남, 타인
- 慕(모) 명사 – 사모, 흠모
- 券(권) 명사 – 표찰, 증서
- 端(단) 명사 – 실마리, 단서, 빌미
- 與(여) 접속사 – ~과, 와
- 署之(서지) 접미사 – 서명하다
- 召(소) 동사 – 부르다
- 哉(재) 감탄종결사 – 감탄을 나타내는 끝냄 조사
- 急(급) 동사 – 궁색하게 여기다
- 難(난) 명사 – 난처한일
- 交易(교역) 동사 – 서로바꾸다, 거래하다
- 訟(송) 명사 – 송사
- 汝(여) 인칭대명사 – 너, 당신
- 證之(증지) 접미사 – 증명하다, 증인을 서다
- 悉(실) 부사 – 모두, 다
- 賈(고) 명사 – 장사, 장사꾼
- 鄕所(향소) 명사 – 지방 관가 일을 자문하는 자문기관
- 公兄(공형) 명사 – 戶長, 吏房, 首刑吏를 총칭
- 乾隆(건륭) 청(淸)나라 고종(高宗)의 연호(年號)
- 文段(문단) 명사 – 문장의 단락, 문장의 시작과 끝냄
- 斛(곡) 명사 – 十斗, 一石, 곡물 계량 단위
- 厥(궐) 지시대명 – 그것, 其
- 秩敘(질서) 명사 – 차례

任爾所從	임 이 소 종	(술)동 (목)관
絶棄鄙事	절 기 비 사	(술)동 (목)관
希古尙志	희 고 상 지	(술)동 (목)명 (술)동 (목)명
五更常起	오 경 상 기	(주)명 (부)부 (술)동
點硫燃脂	점 유 연 지	(술)동 (목)명 (술)동 (목)명
目視鼻端	목 시 비 단	(주)명 (술)동 (목)관
會踵支尻	회 종 지 고	(술)동 (목)명 (보)관
東萊博議	동 래 박 의	(주)관
誦如氷瓢	송 여 빙 표	(주)동명 (술)형 (목)동명사
忍饑耐寒	인 기 내 한	(술)동 (목)명 (술)동 (목)명
口不說貧	구 불 설 빈	(주)명 부정 (술)동 (목)명
叩齒彈腦	고 치 탄 뇌	(술)동 (목)명 (술)동 (목)명

細嗽嚥津	袖刷毳冠	拂塵生波	
세 수 연 진	수 쇄 취 관	불 진 생 파	
(술)형 (목)명 (술)동 (목)명	(주)명	(술)동 (목)명 (술)동 (목)형	
盥毋擦拳	漱口毋過	長聲喚婢	緩步曳履
관 무 찰 권	수 구 무 과	장 성 환 비	완 보 예 리
(주)명 (금)금 (술)동 (보)부	(주)명 (금)금 (술)형	(주)관 (술)동 (목)명	(술)형 (목)동 (술)형 (목)명
古文眞寶	唐詩品彙	鈔寫如荏	一行百字
고 문 진 보	당 시 품 휘	초 사 여 임	일 행 백 자
(주)고명	(주)고명	(술)동 (목)동 (술)형 (목)동명	(보)복명
手毋執錢	不問米價	署毋跣襪	飯毋徙髻
수 무 집 전	불 문 미 가	서 무 선 말	반 무 사 계
(주)명 (금)금 (술)동 (목)명	부정 (술)동 (목)관	(보)명 (금)금 (술)동 (목)명	(보)동 (금)금 (술)동 (목)명

네가 할 일을 맡겨 주겠는데 천한 일은 버려두고 하지 말 것이며,
뜻을 떳떳하게 하여 옛 것을 희구(希求)하고 항상 이른 새벽에 일어나
대나무 조각에 무친 유황(硫黃)을 태워 등잔(燈盞) 기름(脂)에 불을 붙이고
눈은 코 끝을 바라보고 발 뒷꿈치는 꽁무니 끝에 모아 반듯하게 꿇어 앉아
임진(壬辰),동래(東萊), 전사(戰史) 외우기를 바가지 속에 얼음 조각 굴리듯
달달 외울 것이며, 주려도 참고, 추워도 견디어 내면서
이를 악물고 머리를 치면서 가난하다는 말은 입 밖에 내지 아니하여야 한다.
기침은 소리 내어 하지 아니하고 가래침은 뱉어 내지 아니하고 삼키며,
도포와 갓은 윤기가 나도록 먼지를 털어서 입고 쓴다.
세수할 때 주먹손으로 문지르지 말 것이며, 양치질은 지나치게 하지 마라.
노비는 긴 소리로 부를 것이며 걸음걸이는 가죽신을 끌 듯이 천천히 걸어야 한다.
고문진보(古文眞寶)와 당시품휘(唐詩品彙)를 뽑아 베낄 때에는 물들이듯
복사(複寫)이 하고, 한줄(一行)이 백자나 되는 글을 써 주어도
돈은 받지 아니하여야 하며, 쌀값이 얼마인가 물어보지 아니할 것이며,
아무리 더워도 버선을 벗어서는 아니되며,
음식을 먹을 때 상투를 만져서도 아니된다.

◎ 본문해설 ◎

- 任(임) 동사 – 맡기다, 임무를 주다
- 爾(이) 인칭대명사 – 너, 자네
- 所從(소종) 접두사 – 따라야할 것, 종사할 것, 지켜야 할 일
- 鄙事(비사) 관형사 – 자질구레한 일, 천한 일
- 五更(오경) 명사 – 하루밤을 다섯으로 나눈 제일 마지막 시간으로 날새기 2시간 반 전으로 이른 새벽
- 硫(유) 명사 – 유황, 옛날에 유황 녹인 물로 대쪽 끝에 무치어 두었다 화로불에 꽂으면 대가치에 불이 붙어 성냥처럼 사용하였다.
- 燃(연) 동사 – 태우다, 불사르다
- 鼻(비) 명사 – 코
- 尻(고) 명사 – 꽁무니
- 氷瓢(병표) 관형사 – 바가지 속에 얼음 조각
- 嗽(수) 명사 – 기침
- 津(진) 명사 – 진액, 가래, 나루터
- 袖刷(수쇄) 명사 – 도포, 袖는 옷소매이며 刷는 문지르다로 다리미질을 잘한 옷소매
- 毳冠(취관) 명사 – 갓, 아름다운 관
- 波(파) 명사 – 물결 / 형용사 – 윤택하다, 빛나다
- 毋(무) 금지사 – ~하지마라
- 漱(수) 동사 – 양치질하다
- 婢(비) 명사 – 여자종
- 緩(완) 형용사 – 느릿느릿, 천천히
- 曳(예) 동사 – 끌다, 당기다
- 脂(지) 명사 – 기름
- 踵(종) 명사 – 뒷꿈치, 발뒷꿈치
- 誦(송) 동사 – 외우다
- 叩(고) 동사 – 두드리다, 치다
- 嚥(연) 동사 – 삼키다
- 拂(불) 동사 – 털다
- 盥(관) 동사 – 손씻다, 세수하다
- 擦(찰) 동사 – 문지르다
- 喚(환) 동사 – 부르다
- 奴(노) 남자종
- 古文眞寶(고문진보) 고유명사 – 楚(초)나라 때부터 당(唐)나라와 송(宋)나라 때까지 詩文를 수록하여 놓은책
- 唐詩品彙(당시품휘) 고유명사 – 당시를 수록한 책
- 鈔(초) 동사 – 뽑아내다(抄)
- 寫(사) 동사 – 베끼다
- 荏(임) 명사 – 콩(豆)들깨 / 형용사 – 부드럽다 柔, 染之, 물들이다
- 跣(선) 동사 – 돌아다니다, 맨발로 다니다
- 襪(말) 명사 – 버선

食毋先羹 歠毋流聲 下箸毋舂 餌毋生葱

식 무 선 갱 / 철 무 유 성 / 하 저 무 용 / 이 무 생 총

(술)동 (금)금 (부)부 (목)명 / (술)동 (금)금 (목)관 / (술)동 (목)명 (금)금 (술)동 / (술)동 (금)금 (목)관

飮醪毋撮鬚 吸煙毋輔窳 忿毋搏妻

음 료 무 촬 수 / 흡 연 무 보 유 / 분 무 박 처

(술)동 (목)명 (금)금 (술)동 (목)명 / (술)동 (목)목 (금)금 (술)동 (목)형 / (주)동명 (금)금 (술)동 (목)명

怒毋踢器 毋拳毆兒女 毋詈死奴僕

노 무 척 기 / 무 권 구 아 녀 / 무 리 사 노 복

(주)동명 (금)금 (술)동 (목)명 / (금)금 (보)명 (술)동 (목)명 / (금)금 (술)동 (목)관

叱牛馬 毋辱鬻主 病毋招巫 祭不齋僧

즐 우 마 / 무 욕 육 주 / 병 무 초 무 / 제 불 재 승

(술)동 (목)명 / (금)금 (술)동 (목)관 / (주)동명 (금)금 (술)동 (목)명 / (주)동명 부정 (술)동 (목)명

爐不煮手 語不齒唾 毋屠牛 毋賭錢

노 불 자 수 / 어 불 치 타 / 무 도 우 / 무 도 전

(주)명 부정 (술)동 (목)명 / (주)동 (술)부정 (목)명 / (금)금 (술)동 (목)명 / (금)금 (술)동 (목)명

凡此百行 有違兩班 持此文記 卞正于官

범 차 백 행 / 유 위 양 반 / 지 차 문 기 / 변 정 우 관

(부)부 (지)지 (주)관 / (술)형 (목)명 (주)명 / (술)형 (지)지 (목)관 / (주)명 (술)동 (조)전 (목)명

城主旌善郡守押 座首別監證署

성 주 정 선 군 수 압 / 좌 수 별 감 증 서

(주)고명 (술)동 / (주)명 (술)동

밥을 먹을 때 국(羹)을 먼저 먹지말고, 후루룩 소리가 나게 마시지 말 것이며 젓가락(箸)을 내려 꽂아 방아(舂) 찧듯이 하여서는 아니된다.
음식을 먹을 때 지저분하게 하지 말아야하며, 막걸리를 마시면서 수염을 쓰다듬지 말 것이요, 담배를 피우면서 거드름을 피워서도 아니된다.
화가 난다고 아내를 때려서도 아니되고 성질이 난다고 집기(什器)를 발로 차서는 아니된다. 주먹으로 아녀자를 때리지 말고, 죽은 사람을 빗대여

종들을 나무라지 마라. 소나 말을 힐책(詰責)하면서 옛주인(기르다 판 사람)을
욕하지 말 것이며, 병이 들었다고 무당을 불러서는 아니되며, 제사 지내면서
중으로 하여금 치성(致誠)을 드리게 하여서는 아니된다.
화로 불에 손을 쪼이지 말 것이며, 말할 때 이가 보이게 하거나 침이 튀겨서는 아니된다.
소를 도살하지 말고 돈 내기를 하지마라.
무릇 이상 말한 여러 가지 행위를 양반이 어기는 일이 있을 때에는 여기에 기록한
글을 가지고 관가(官家)에서 법(卞, 法)으로서 다스린다.
성주 정선 군수가 수결서명하고 좌수 별감이 증인이 되어 서명함.

◎ 본문해설 ◎

- 毋(무) 금지사 – ~하지마라
- 餌(이) 동사 – 먹다, 섭생하다
- 醪(료) 명사 – 막걸리
- 鬚(수) 명사 – 수염
- 搏(박) 동사 – 치다(擊)
- 毆(구) 동사 – 때리다
- 叱(즐) 동사 – 나무래다, 책망하다
- 巫(무) 명사 – 무당, 무속인
- 爐(로) 명사 – 화로
- 唾(타) 동사 – 침을 뱉다
- 賭(도) 동사 – 내기를 하다, 賭博(도박)
- 歠(철) 동사 – 크게마시다
- 蔥(총) 형용사 – 풀이 무성하다, 지저분하다
- 撮(촬) 동사 – 비치다, 두손으로 움켜쥐다
- 窳(유) 형용사 – 게으르다, 거드름스럽다
- 踢(척) 동사 – 발로차다
- 詈(리) 동사 – 빗대어 나무래다
- 招(초) 동사 – 부르다
- 齋(재) 동사 – 깨끗하게 하다, 치성을 드리다
- 煮(자) 동사 – 삶다, 쪼이다, 古字는 鬻
- 屠(도) 동사 – 짐승을 잡다, 屠殺場(도살장)
- 卞(변) 명사 – 법(法)
- 押(압) 동사 – 수결(手決)하다, 서명하다, 수압(手押)하다
- 座首(좌수) 명사 – 향소(鄕所)의 首長, 자문기관의 수장
- 別監(별감) 명사 – 관청의 하인이 서로 부르는 이름, 좌수에 버금가는 자리

於是通引	榻印錯落	聲中嚴鼓	斗縱參橫
어 시 통 인	탑 인 조 락	성 중 엄 고	두 종 참 횡
(조)전 (지)지 (주)명	(술)동	(보)동	(주)명 (술)동

戶長讀旣畢 富人悵然久之曰 兩班只此

호 장 독 기 필 부 인 창 연 구 지 왈 양 반 지 차

(주)명 (보)동 (부)부 (술)동 (주)명 (보)접미 (부)부 (술)동 (주)명 (부)부 (지)지대

而已耶? 吾聞兩班 如神仙 寔如是

이 이 야 오 문 양 반 여 신 선 식 여 시

(술)한종 (조)의종 (주)인대 (술)동 (주)명 (술)형 (목)명 (부)부 (술)형 (목)지대

大乾沒 願改爲可利 於是乃更作券曰

대 건 몰 원 개 위 가 리 어 시 내 경 작 권 왈

(주)명 (술)동 (자)자 (술)동 (긍)긍 (목)형 (조)전 (지)지대 (부)부 (술)동 (목)명 (술)동

維天生民 其民維四 四民之中 最貴者士

유 천 생 민 기 민 유 사 사 민 지 중 최 귀 자 사

(발)발 (주)명 (술)동 (목)명 (지)지대 (주)명 (술)명 (목)수 (주)관 (부)부 (주)관 (술)명

稱以兩班 利莫大矣 不耕不商 粗涉文史

칭 이 양 반 이 막 대 의 불 경 불 상 조 섭 문 사

(술)동 (조)전 (목)명 (주)명 (술)비 (조)종 (술)부정 (목)동 (술)부정 (목)명 (보)형 (술)동 (목)관

大決文科 小成進士 文科紅牌 不過二尺

대 결 문 과 소 성 진 사 문 과 홍 패 불 과 이 척

(부)부 (술)동 (목)명 (부)부 (술)동 (목)명 (주)명 (술)명 부정 (술)동 (목)관

百物備具 維錢之槖 維士三十 乃筮初仕

백 물 비 구 유 전 지 탁 유 사 삼 십 내 서 초 사

(주)관 (술)동 (발)발 (술)관 (발)발 (주)명 (술)명 (부)부 (술)동 (목)관

猶爲名蔭 善事雄南 耳白傘風 腹皤鈴諾

유 위 명 음 선 사 웅 남 이 백 산 풍 복 파 영 낙

(부)부 (술)동 (목)관 (부)부 (술)동 (목)관 (주)명 (술)형 (주)관 (술)명 (주)명 (술)형 (주)명 (술)형

室珥冶妓 庭穀鳴鶴

실 이 야 기 정 곡 명 학

(주)명 (보)명 (술)동 (목)명 (주)명 (술)명 (술)동 (목)명

이리하여 통인(通引)이 증서를 베끼고(寫) 서명하는 일이 끝나니 엄고(嚴鼓)소리가
나는 가운데 호장(戶長)이 문서(文書)를 종횡으로 살펴서 읽기를 마치니
부자는 슬픈 표정으로 오랫동안 있다가 말하기를
양반이란 것이 단지 이런 것 뿐입니까? 내가 듣기로는 양반은 신선과 같다고
하였는데 참으로 이와 같다면 하늘이 무너진 것과 같사오니 원하건대 증서를
나에게 이롭게 고쳐 주시기 바랍니다. 이리하여 곧, 다시 증서를 작성하기를
하늘이 사람(백성)을 만들고 그 백성을 4가지 벼리(기준)로 나누었으니
4가지 가운데 선비(士)가 제일 귀한 것으로 양반이라 부르고 이(利)로움이
이보다 더 큰 것은 없다. 땅도 갈지 아니하고, 글(文)과 역사(史)를 간략하게 익혀서
크게는 문과(文科)에서 결정 되고 작게는 진사과(進士科)에서 이루어진다.
문과에 합격하면 두 자가 넘지 아니한 홍패(紅牌)를 준다. 백가지 물건을 두루 갖추고
돈주머니도 갖춘다. 선비가 나이 30이 되면 첫 벼슬 할 것을 점쳐서 오히려 대과 없이
벼슬길에 올라 웅남(雄南)을 잘 섬겨서 서서히 관작(官爵)이 높아지면 귀밑머리
희여지고 80노인 풍채가 되어 배는 방울처럼 튀여나온다. 방안에서 노리개로
기생들이나 다스리면 마당에는 노적이 쌓이고 학이 운다.

○ 본문해설 ○

- 通引(통인) 명사 – 관장(官長)밑에서 잔심부름을 하는 관속(官屬)
- 搨(탑) 동사 – 베끼다(寫)
- 印(인) 명사 – 도장, 동사, 서명하다
- 錯(조) 동사 – 두다, 놓다
- 落(낙) 동사 – 떨어지다, 끝내다
- 嚴鼓(엄고) 관형사 – 임금이나 지방관장이 거동할 때 경계로 치는 북
- 斗(두) 명사 – 글씨(文)
- 參(참) 동사 – 참여하다, 살피다
- 悵然(창연) 접미사 – 슬픈 모양, 슬피
- 只(지) 부사 – 단지, 다만
- 耶(야) 의문종결사 – 의문을 나타내는 종결사
- 寔(식) 부사 – 참으로, 실로
- 乾(건) 명사 – 하늘
- 沒(몰) 동사 – 빠지다, 무너지다
- 維(유) 명사 – 그물의 벼리, 규범, 법(法) / 동사 – 꾀하다, 도모하다
- 莫大(막대) 비교사 – 더 큰 것은 없다 막강
- 莫强(막강) 더 강한 것은 없다
- 粗(조) 형용사 – 대강, 간단히
- 涉(섭) 동사 – 건느다, 지나가다, 익히다
- 橐(탁) 명사 – 주머니, 자루, 전대
- 錢之橐(전지탁) 관형사 – 돈주머니
- 筮(서) 명사 – 점치는 대조각
- 仕(사) 명사 – 벼슬
- 名蔭(명음) 명사 – 음관(蔭官)과거를 거치지 아니하고 조상의 덕택으로 얻은 관직(蔭職)
- 雄南(웅남) 명사 – 품위(品位)가 높은 음관(蔭官)

• 猶(유) 부사 – 서서히, 오히려
• 善(선) 부사 – 잘
• 事(사) 동사 – 섬기다
• 傘風(산풍) 관형사 – 80세 풍채 傘은 80을 뜻하고 風은 풍채, 용모
• 皤(파) 형용사 – 배 볼록한 모양
• 鈴(영) 명사 – 방울
• 諾(낙) 동사 – 허락하다, 대답하다 / 형용사 – 과 같다
• 珥(이) 명사 – 귀고리, 노리개
• 冶(야) 동사 – 쇠를 연마하다, 다스리다

窮士居鄕 猶能武斷 先耕隣牛 借耘

궁 사 거 향 유 능 무 단 선 경 인 우 차 운

(주)관 (술)동 (목)명 (부)부 (술)동 (목)명 (부)부 (술)동 (목)관 (술)동 (목)동

里氓 孰敢漫我 灰灌汝鼻 暈髻汰鬢

이 맹 숙 감 만 아 회 관 여 비 운 계 태 빈

(보)관 (의)의대 (부)부 (술)동 (목)인대 (주)명 (술)동 (목)관 (술)동 (목)명 (술)형 (목)명

無敢怨咨 富人中其券 而吐舌曰

무 감 원 자 부 인 중 기 권 이 토 설 왈

부정 (부)부 (술)동 (주)명 (술)동 (지)지 (목)명 (조)접 (술)동 (목)명 (술)동

已之已之 孟浪哉 將使我爲盜耶?

이 지 이 지 맹 랑 재 장 사 아 위 도 야

(술)접미 (술)접미 (술)동 (조)종 (자)자 (사)사동 (주)인대 (술)동 (목)명 (조)의종

掉頭而去 終身不復言兩班之事

도 두 이 거 종 신 불 복 언 양 반 지 사

(술)동 (목)명 (조)접 (술)동 (보)명 부정 (부)부 (술)동 (목)관

" 궁핍한 선비들과 향리(鄕里)에 함께 살면서 서서히 권세를 부려서 인근에 있는 소로 먼저 논 밭을 갈고 동네 사람들의 손을 빌려서 잡초를 맨들 누가 감히 나를 거만하다 하겠으며, 네 코등에 재로 범벅을 하거나, 번쩍 번쩍 빛나는 상투를 올리고 구레나루가 넘쳐난들 감히 원망하지 아니할 것이다.

부자는 그 증서를 합당히 여겨 혀를 내두르면서 그만합시다, 그만합시다. 맹랑합니다, 나더러 도둑이 되라는 말인가요? 라고 말하며 머리를 흔들면서 가고 나서는 죽을 때까지 다시 양반에 관한 일에 대하여 말하지 아니하였다."

○ 본문해설 ○

- 武斷(무단) 부사 – 자유롭게 권세를 부리다
- 氓(맹) 명사 – 백성
- 灰(회) 명사 – 재
- 暈(운) 동사 – 번쩍이다, 빛나다 / 명사 – 해와 달 무리
- 怨(원) 동사 – 원망하다
- 中(중) 동사 – 맞다, 합당하다, 화살이 과녁을 맞추다
- 已之(이지) 접미사 – 그치다
- 掉(도) 동사 – 흔들다
- 耘(운) 동사 – 김을 매다
- 灌(관) 동사 – 물을 대다
- 鬢(빈) 명사 – 구레나루
- 汰(태) 형용사 – 질펀하다, 넘치다
- 咨(자) 동사 – 원망하다, 탄식하다
- 孟浪(맹랑) 동사 – 맹랑하다, 허무하다

03 詩(시)

1. 古詩(고시)

詩란 唐代에 이르러 確立된 율시(律詩)를 금체시(今體詩)라 부르고 그 이전의 詩體를 모방(模倣)하여 지은 詩를 古體詩또는 古詩라 부른다. 古詩는 律詩와 같은 엄격(嚴格)한 規律과 拘束이 없어 평측(平仄) 규정도 없고 言數도 四言, 五言, 七言으로 自由로우며 句數도 三句에서 數百句가 있는데 五言은 十六句以上을 長古라 하고 以下를 短古라 하며, 七言은 二四句以上을 長古라 하며 그 以下를 短古라 한다.

其一, 獨酌 李白

天若不愛酒 천 악 불 애 주 (주)명 (가)가 부정 (술)동 (목)명	하늘이 만약 술을 좋아하지 아니한다면
酒星不在天 주 성 부 재 천 (주)명 부정 (술)형 (목)명	주성(술별)은 하늘에 있지 아니할 것이고
地若不愛酒 지 약 불 애 주 (주)명 (가)가 부정 (술)동 (목)명	땅이 만약 술을 좋아하지 않는다면

地應無酒泉
지 응 무 주 천
(주)명 (술)동 부정 (목)관

땅은 술이 나오는 샘을 만들지 아니하였을 것이다

天地旣愛酒
천 지 기 애 주
(주)명 (부)부 (술)동 (목)명

하늘도 땅도 술을 좋아하니

愛酒不愧天
애 주 불 괴 천
(주)동명 부정 (술)동 (목)명

술을 좋아하는 것은 하늘에 부끄러울 것이 아니네

已聞淸比聖
이 문 청 비 성
(부)부 (보)명 (주)명 (술)동 (목)명

청주를 성인과 나란히 하는 것은 이미 널리 아는 바오

復道濁如賢
복 도 탁 여 현
(부)부 (보)동 (주)명 (술)형 (목)명

다시 말하면 탁주는 어진 사람과 같다네

賢聖旣已飮
현 성 기 이 음
(주)명 (부)부 (술)동

어진 것과 성스러운 것 (탁주와 청주)을 이미 마셔 놓았는데

何必求神仙
하 필 구 신 선
(의)의 (부)부 (술)동 (목)명

무엇 때문에 신선되기를 바라겠는가?

三盃通大道 삼 배 통 대 도 (보)관 (술)동 (목)관	세 잔 술을 마시면 큰 도에 통하고
一斗合自然 일 두 합 자 연 (보)관 (술)동 (목)명	한말 술을 마시면 대자연과 하나가 된다
但得醉中趣 단 득 취 중 취 (부)부 (술)동 (목)관	단지 취하는 취미를 얻는 것이니
勿爲醒者傳 물 위 성 자 전 (금)금 (술)동 (주)관 (술)동	술 못 먹는 사람에겐 전할 것도 없네

◎ 본문해설 ◎

- 獨酌(독작) 홀로 잔을 기울다
- 李白(이백) (701~762) 字는 太白이며 호는 청련거사(青蓮居士)라고 스스로 불렀다. 촉(蜀)나라 사람이라고도 하며 농서(隴西 : 지금의 감숙성)사람이라고도 한다.
  時代는 당나라 중엽으로 두보(杜甫)와 더불어 쌍벽(雙壁)을 이루는 중국의 代表的 詩人이다.
  술을 좋아하고 호방한 성격이 그의 시 속에 나타난다. 李太白 詩 30권이 전하여 진다.
- 若(약) 가정사 – 만약~한다면
- 酒星(주성) 명사 별이름으로 헌원(軒轅) 右南의 세별을 주기(酒旗)라고 하는데 酒官의 旗란 뜻으로 음식과 잔치를 주관하는데 이를 酒星이라고도 한다.
- 應(응) 동사 – 응하다, 승낙하다 라는 타동의 뜻을 자동(自動)으로 해석하여 만들다로 풀었다.
- 酒泉(주천) 관형사 – 술이 솟아나는 샘, 지리풍속기(地理風俗記)에 酒泉의 물맛은 술과 같아서 酒泉郡이라 땅이름을 정한다고 하였다. 酒泉郡은 지금의 감숙성 주천현이다.

- 愧(괴) 동사 – 부끄러워하다
- 聞(문) 명사 – 소문이 널리 퍼져 있는 것
- 淸比聖(청비성) 청주를 성인에 비교하다, 성인과 동격으로 하다.
  魏誌(위지)에서 徐邈(서막)이 위(魏)나라에서 상서랑(尙書郞)벼슬을 하는데 금주령(禁酒令)이 내려졌다. 서막은 술을 마시고 취해 있었다. 그 위법됨을 문책하자 막은 성인에게 알맞은 것이라 하였다. 魏太祖는 화를 냈다.
  鮮于輔(선우보)가 태조에게 말하기를 "취객(醉客)은 술이 맑은 것(淸)을 성인(聖人)이라고 하고 탁(濁)한 것을 현인(賢人)이라 합니다. 막(邈)은 가끔 취하여 그렇게 말할 따름입니다."
  이 고사에 연유하여 뒷날 사람들은 淸酒는 聖, 濁酒는 賢이라 부르게 된 것이다.
- 道(도) 동사 – 말하다
- 醉中趣(취중취) 관형사 – 취하는 취미
- 醒者(성자) 관형사 – 깨여있는 사람, 술 안 먹은 사람
- 傳(전) 동사 – 전하다, 말하다

其二, 茅屋爲秋風所破歌 杜甫

八月秋高風怒號 팔 월 추 고 풍 노 호 (보)복명 (주)관 (술)동	가을이 한창인 팔월에 높은 곳에서 부는 바람이 세차게 불어
卷我屋上三重茅 권 아 옥 상 삼 중 모 (술)동 (목)관	우리 집 지붕의 세겹 이엉을 말아 올려 버렸구나
茅飛渡江洒江郊 모 비 도 강 세 강 교 (주)명 (술)동 (목)명 (술)동 (목)관	이 엉은 강을 건너 날아가 강가 들판에 뿌려지니

高者掛罥長林梢

고 자 괘 견 장 림 소

(주)명 (술)동 (목)관

높이 날아간 놈은 키 큰 나무 끝에 걸리고

下者飄轉沈塘坳

하 자 표 전 침 당 요

(주)동명 (보)형 (술)동 (목)명

낮게 날아간 놈은 돌면서 날아가 웅덩이에 빠졌네

南村群童欺我老無力

남 촌 군 동 기 아 노 무 력

(주)관 (술)동 (목)인대 (보)명 (술)부정 (목)명

남쪽마을 아이놈들 내가 늙어서 힘없음을 업신여기고

忍能對面爲盜賊

인 능 대 면 위 도 적

(보)명 (술)동 (목)명 (술)동 (목)명

얼굴을 바라보면서 아무렇지도 않게 도둑질 하여

公然抱茅入竹去

공 연 포 모 입 죽 거

(보)형 (술)동 (목)명 (술)동 (목)명 (술)동

공공연히 이엉을 안고 대발으로 들어가버리는데

脣焦口燥呼不得

순 초 구 조 호 부 득

(주)명 (술)동 (주)명 (술)동 (주)명 (술)부정

입술이 타고 입이 말라 소리도 치지 못하고

歸來倚杖自嘆息

귀 래 의 장 자 탄 식

(술)동 (술)동 (목)명 (부)부 (술)동

돌아와 지팡이에 기대서서 스스로 탄식하니

俄頃風定雲黑色
아 경 풍 정 운 흑 색
(부)부 (주)명 (술)동 (주)명 (술)명

잠시 뒤에 바람은 자고 구름은 검정색이네

秋天漠漠向昏黑
추 천 막 막 향 혼 흑
(주)관 (부)부 (술)동 (목)명

가을 하늘 막막히 저녁이 되어 가는데

布衾多年冷似鐵
포 금 다 년 냉 사 철
(주)관 (술)명 (술)동 (부)부 (목)명

베 이불 오래되어 쇠처럼 차가웁고

嬌兒惡臥踏裏裂
교 아 오 와 답 리 렬
(주)관 (술)동

버릇없는 아이들 험한 잠버릇 발 길 속에 다 찢어져 버렸는데

床床屋漏無乾處
상 상 옥 루 무 건 처
(보)명 (주)명 (술)동 (술)부정 (목)관

잠자리마다 집이 새서 마른 곳이 없네

雨脚如麻未斷絶
우 각 여 마 미 단 절
(주)관 (술)부정 (목)명

삼대같은 빗줄기 그치지 아니하고

自經喪亂少睡眠
자 경 상 란 소 수 면
(부)부 (술)동 (목)명 (술)동 (목)명

난리를 겪은 뒤로 잠이 적어졌으니

長夜沾濕何由徹 장 야 첨 습 하 유 철 (주)관 (술)동 (목)명 (의)의 (술)동	습기에 젖은 기나긴 밤을 어찌하여 지샐고
安得廣廈千萬間 안 득 광 하 천 만 간 (의)의 (술)동 (목)관	어떻게 하면 천만 칸 넓은 집을 구하여
大庇天下寒士俱歡顔 대 비 천 하 한 사 구 환 안 (술)동 (목)관 (술)동 (목)관	천하에 가난한 선비를 크게 안아 즐거움을 함께 할 수 있다면
風雨不動安如山 풍 우 부 동 안 여 산 (주)명 (술)부정 (목)동 (주)명 (술)형 (목)명	비바람이 거세게 불어도 편안함이 산과 같지 않겠는가?
嗚呼何時眼前突兀見此屋 오 호 하 시 안 전 돌 올 견 차 옥 (감)감 (의)의 (보)명 (보)동명 (술)동 (지)지대 (목)명	아! 어느때 눈 앞에 우뚝선 그 집을 볼 수 있을까?
吾廬獨破受凍死亦足 오 려 독 파 수 동 사 역 족 (주)관 (부)부 (술)동 (술)동 (목)동명 (부)부 (술)동	내 움막집만 유독히 무너져 얼어죽는다 해도 나는 또한 만족하리라.

○ 본문해설 ○

- 茅屋爲秋風所破歌(모옥위추풍소파가) 초가집이 가을 바람에 허무러진 노래
- 杜甫(두보) (712~770) 字는 자미(子美)요, 호는 소능(小陵)으로 이백(李白)과 함께 당나라 현종(玄

宗)의 환대를 받았으나 안록산(安祿山)의 란(亂)이후에는 곤궁하게 지냈다.

이백보다 11살 아래이며 30세를 전후하여 이백과 사귀어 梁, 宋, 齊, 魯를周遊하였다.

두공부집(杜工部集) 25권이 있다. 두보(杜甫)는 759년 성도(成都)로 가서 浣花溪가에 浣花草堂을 짓고 살았는데 모옥위추풍소파가는 그때의 경험을 노래한 것 같다.

- 怒號(노호) 동사 - 세차게 불다
- 卷(권) 동사 - 감다
- 茅(모) 명사 - 띠풀, 띠풀로 엮은 이엉
- 渡(도) 동사 - 강을 건너다
- 洒(세) 동사 - 물을 뿌리다, 뿌리다
- 郊(교) 명사 - 들판
- 掛(괘) 동사 - 걸리다
- 罥(견) 동사 - 걸리다
- 梢(소) 명사 - 나무끝
- 飄(표) 동사 - 가볍게 날다
- 飄轉(표전) 형용사 - 빙글빙글 돌면서 날아
- 沈(침) 동사 - 빠지다
- 塘(당) 명사 - 못
- 坳(요) 명사 - 오목한 곳
- 高者(고자) 관형사 - 높이 날아간 놈
- 欺(기) 동사 - 속이다, 업신여기다
- 忍能(인능) 명사 - 할수 있는 것, 能忍의 도치형으로 不忍(참아~할 수 없는 것)의 反對말이다.

〈참고〉 孟子梁惠王章句上에 吾"不忍"其觳觫若無罪而就死地(오불인기곡속약무죄이취사지) 그렇게 벌벌 떨면서 그 소가 죄없이 죽을곳으로 끌려 가는 것을 나는 "차마 보지 못하겠다."

- 觳(곡) 동사 - 두려워하다
- 觫(속) 동사 - 두려워하다
- 若(약) 인칭대명사 - 너, 그 소(牛)
- 公然(공연) 형용사 - 떳떳하게, 공공연히
- 焦(초) 동사 - 불사르다, 타다
- 燥(조) 동사 - 물기가 없어지다, 마르다
- 倚(의) 동사 - 기대다, 의지하다
- 俄頃(아경) 부사 - 잠시뒤, 조금있다가
- 漠漠(막막) 부사 - 조용히, 아득히
- 布衾(포금) 관형사 - 베로 만든 이불
- 嬌兒(교아) 관형사 - 버릇없는 아이
- 惡臥(오와) 관형사 - 나쁜 잠버릇
- 裏(리) 명사 - 속, 안
- 裂(렬) 동사 - 찢어지다
- 踏(답) 동사 - 밟다, 딛다
- 床床(상상) 명사 - 침대, 잠자리
- 漏(루) 동사 - 새다
- 雨脚如麻(우각여마) 관형사 - 삼대 같은 빗줄기,

삼대는 대마(大麻)를 말하며 줄기를 벗기어 삼베옷을 만든다. 줄기는 가는 것은 연필대 크기이며 길이는 3~5미터나 된다. 이와 같은 빗줄기는 얼마나 세차겠는가?

- 經(경) 동사 - 지나다, 겪다
- 沾(첨) 동사 - 젖다
- 喪亂(상란) 명사 - 난리, 안록산(安祿山)의 난을 말한다
- 濕(습) 명사 - 습기
- 由(유) 부사 - ~으로
- 由徹(유철) 동사 - 지새다
- 徹(철) 동사 - 거두다, 끝내다
- 安(안) 명사 - 편안함
- 廣廈(광하) 관형사 - 넓은 집

- **庇**(비) 동사 – 덮다, 포용하다, 안다
- **歡顔**(환안) 관형사 – 즐거워하는 얼굴
- **眼前突兀**(안전돌올) 동명사 – 눈 앞에 우뚝 솟아 난 것
- **廬**(려) 명사 – 풀집, 초가, 움막집
- **俱**(구) 동사 – 함께 하다

其三, 桃源圖 韓愈

神仙有無何渺茫 신 선 유 무 하 묘 망 (주)명 (술)형 (의)의 (술)형	신선이 있고 없는 것은 어찌하여 믿을 수 없는 것일까!
桃源之說誠荒唐 도 원 지 설 성 황 당 (주)관 (부)부 (술)명	도원의 이야기는 참으로 터무니 없는 것 같다
流水盤廻山百轉 유 수 반 회 산 백 전 (주)동명 (술)동 (목)명 (보)동	흐르는 물이 산을 감돌아 돌고 도니
生綃數幅垂中堂 생 초 수 폭 수 중 당 (주)복명 (술)동 (목)명	여러 폭 비단을 대청 안에 걸어 놓은 것 같았다
武陵太守好事者 무 릉 태 수 호 사 자 (주)고명 (술)동명	무릉 태수는 일 벌리기를 좋아하는 사람이다

題封遠寄南宮下
제 봉 원 기 남 궁 하
(주)명 (술)동 (부)부 (술)동 (목)명 (보)명

그림 제목을 봉하여 멀리
상서성(尙書省)앞으로 부쳐왔다

南宮先生忻得之
남 궁 선 생 흔 득 지
(주)고명 (부)부 (술)접미

상서성, 낭중은 이 그림을
기쁘게 받아서

波濤入筆驅文辭
파 도 입 필 구 문 사
(주)동명 (술)동 (목)명

물 흐르듯이 붓을 들어
시를 지었다

文工畵妙各臻極
문 공 화 묘 각 진 극
(주)명 (술)형 (주)명 (술)형 (부)부 (술)동 (목)명

글은 공교(工巧)하고 그림은
신묘(神妙)하여 모두 극치(極致)에
이르렀다.

異境怳惚移於斯
이 경 황 홀 이 어 사
(주)관 (부)부 (술)동 (조)전 (목)지대

딴세상을 황홀하게 이 그림에
옮겨 놓은 듯

架巖鑿谷開宮室
가 암 착 곡 개 궁 실
(술)동 (보)명 (술)동 (목)명 (술)동 (목)명

바위게 나무 걸치고 골짜기를
파내서 집을 짓고

接屋連墻千萬日
접 옥 연 장 천 만 일
(술)동 (목)명 (술)동 (목)명 (술)명

지붕을 맞대고 담장을 연이어
수만년을 살아왔으니

嬴顚劉蹶了不聞

영 전 류 궐 요 불 문

(주)고명 (술)동 (주)고명 (술)동 (술)부정 (목)동

영(嬴)씨 성(姓)인 진(秦)나라가
망하고 유(劉)씨 성(姓)인
한(漢)나라도 망한 줄도 모르고

地坼天分非所恤

지 탁 천 분 비 소 휼

(주)명 (술)동 (주)명 (술)동 부정 (술)접두

땅이 찢기고 하늘이 나누어지는
천하 쟁탈의 난리가 일어나도
걱정할 바가 아니다.

種桃處處惟開花

종 도 처 처 유 개 화

(술)동 (목)명 (보)명 (부)부 (술)동 (목)명

곳곳에 복숭아를 심어
오직 꽃만 만발하니

川原遠近蒸紅霞

천 원 원 근 종 홍 하

(주)명 (보)명 (술)동 (목)관

냇물과 들판이 멀고 가까이
붉은 노을을 뿜어 낸 듯 하였다.

初來猶自念鄕邑

초 래 유 자 념 향 읍

(부)부 (술)동 (부)부 (술)동 (목)명

이 곳에 처음 왔을 때는 오히려
스스로 고향 생각이 났는데

歲久此地還成家

세 구 차 지 환 성 가

(주)명 (술)동 (지)지대 (주)명 (보)동 (술)동 (목)명

세월이 오래 흐르자 이 땅이
바뀌어 내 집이 되었다.

漁舟之子來何所?

어 옥 연 장 천 만 일

(주)관 (술)동 (의)의 (목)명

고깃배를 타고 온 어부께선
어디에서 오셨소?

物色相猜更問語
물 색 상 시 갱 문 의
(술)동 (목)명 (술)동 (부)부 (술)동 (목)명

외모를 살펴보고 의심하여 다시 말을 물으니

大蛇中斷喪前王
대 사 중 단 상 전 왕
(주)관 (술)동 (술) (목)관

한(漢)나라 고조 유방이 큰 뱀을 두 동강이 내어 진(秦)나라를 망하게 하고

群馬南渡開新主
군 마 남 도 개 신 주
(주)고명 (술)명 (목)동 (술)동 (목)관

사마(司馬)씨의 다섯아들이 양자강(揚子江)을 건너 새로이 동진(東晉)을 세웠다고 하였다.

聽從辭絶共悽然
청 종 사 절 공 처 연
(주)명 (술)동 (주)명 (술)동 (부)부 (술)접미

말을 마치자 다 듣고 난 여러 사람은 처량한 표정을 지으며

自說經今六百年
자 설 경 금 육 백 년
(부)부 (술)동 (술)동 (부)부 (목)명

그들은 이곳에서 지금까지 육백년이 되었다고 스스로 말하였다.

當時萬事皆眼見
당 시 만 사 개 안 견
(보)관 (부)부 (주)명 (술)동

그때(옛날)의 모든 일은 눈으로 보았지만

不知幾許猶流傳
부 지 기 허 유 유 전
부정 (술)동 (목)명 (부)부 (술)동

그런 일들이 오히려 얼마나 전하여 흘렀는지 알 수 없다고 하였다.

爭持牛酒來相饋 쟁 지 우 주 래 상 궤 (보)동 (술)동 (목)명 (보)동 (부)부 (술)동	다투어 쇠고기와 술을 가지고 와서 서로 권하는데
禮數不同樽俎異 예 수 부 동 준 조 이 (주)명 (술)부정 (목)형 (주)명 (술)형	예의와 법도가 당나라 법도와 같지 않고 술동이와 접시도 당나라 것과 다른 진(秦)나라 것이었다.
月明伴宿玉堂空 명 월 반 숙 옥 당 공 (주)관 (술)동 (술)동 (목)관	밝은 달을 벗 삼아 텅빈 옥당에 누우니
骨冷魂淸無夢寐 골 냉 혼 청 무 몽 매 (주)명 (술)형 (주)명 (술)형 부정 (목)명	뼈 속까지 차가웁고 정신은 맑아져 꿈도 잠도 이룰 수가 없었다.
夜半金鷄啁哳鳴 야 반 금 계 조 찰 명 (보)명 (주)명 (부)부 (술)동	밤중에 금계가 꼬끼오 우니
火輪飛出客心驚 화 륜 비 출 객 심 경 (주)관 (술)동 (주)관 (술)동	아 침대가 나는 듯 솟아나 나그네 마음을 놀라게 한다.
人間有累不可住 인 간 유 루 불 가 주 (주)명 (술)형 (목)명 부정 (술)동	세상살이 걸리는 일 많아 이곳에 살 수 없고

依然離別難爲情

의 연 이 별 난 위 정

(부)부 (술)동 부정 (술)동 (목)명

아무렇지 아니하게 이별하려니 애틋한 마음 어찌 할줄 모르겠다

船開棹進一回顧

선 개 도 진 일 회 고

(주)명 (술)동 (주)명 (술)동 (보)수 (술)동

배를 풀고 노를 저으며 한번 돌아보니

萬里蒼茫煙水暮

만 리 창 망 인 수 모

(보)복명 (주)명 (술)형

만리 아득히 안개만 깜깜하였다

世俗寧知僞與眞

세 속 영 지 위 여 진

(주)관 (의)의 (술)동 (목)명 (조)접 (목)명

세상일 참과 거짓을 어찌 알 수 있으랴!

至今傳者武陵人

지 금 전 자 무 릉 인

(부)부 (주)명 (술)관

지금까지 이 이야기를 전한 사람은 무릉의 어부 뿐인 것을

본문해설

- **桃源圖**(도원도) 도연명(**陶淵明**)의 도화원기(**桃花源記**)를 읽고 그린 그림을 노래한 것.
  무릉(**武陵**)에 사는 한 어부가 푸른 계곡물을 따라 들어가다가 길을 잃었는데 갑자기 복숭아 밭을 만나 이상히 여겨 더 나갔다 산에 작은 입구가 있어 배를 버리고 들어가니 별유천지(**別有天地**)이상향이 있어 그 곳 사람들에게 후한 접대를 받고 돌아온 뒤에는 아무도 그 곳을 찾을 수 없었다고 한다.
- **韓愈**(한유) (768~824)자는 퇴지(**退之**)이며, 당나라 하남성 남양(**河南省 南陽**)사람이다.
  宋代에 창려백(**昌黎伯**)에 추봉(**追封**)되여 한창려(**韓昌黎**)라고도 부른다.

시호(諡號)는 문공(文公)이요, 불교를 배척하고 유교를 숭상하였으며 유종원(柳宗元)과 함께 唐代古文의 쌍벽(雙璧)을 이루고 唐宋八大家의 첫째로 손꼽힌다.

조실부모(早失父母)하고 형수 손에 길러졌으나 학구심이 강하여 24세에 급제하여 국자박사(國子博士) 이부시랑(吏部侍郎)을 역임하였으며 창려집(昌黎集) 40권과 外集 10권이 있다.

- 渺茫(묘망) 형용사 – 아득히 망망하다, 알 수가 없다
- 桃源之說(도원지설) 관형사 – 도원에 관한 이야기
- 荒唐(황당) 명사 – 터무니 없는 것
- 盤廻(반회) 동사 – 감돌다
- 百轉(백전) 동사 – 돌고 돌다
- 生綃(생초) 명사 – 비단의 한 종류
- 武陵(무릉) 고유명사 – 호남성 상덕부(湖南省 常德府)에 있는 한 고을 이름
- 好事者(호사자) 동명사 – 일 벌리기를 좋아하는 사람
- 題封(제봉) 그림의 제목을 써서 봉하다
- 遠(원) 부사 – 멀리
- 寄(기) 동사 – 주다, 전하다, 부치다
- 南宮(남궁) 명사 – 상서성(尙書省), 한서(漢書)에 尙書百官의 府를 세우고 南宮이라 불렀다고 하였다.
- 下(하) 명사 – ~앞
- 南宮先生(남궁선생) 고유명사 – 한집점감(韓集點勘)에는 尙書省의 우부랑중(虞部郎中) 노정(蘆汀)을 가리킨다고 하였다.
- 忻(흔) 동사 – 기뻐하다
- 得之(득지) 접미사 – 받다
- 波濤(파도) 형용사 – 물결치듯이, 물이 흐르듯이
- 驅(구) 동사 – 앞서가다, 몰고가다, 글을 짓다
- 臻(진) 동사 – 이르다
- 極(극) 명사 – 끝, 극치
- 異境(이경) 관형사 – 다른 경지, 딴 세상
- 斯(사) 지시대명사 – 桃源圖를 지칭한다
- 架(가) 동사 – 걸치다, 세우다
- 鑿(착) 명사로 쓰일때는 끌(나무를 파는 공구)이며 동사로는 뚫다 이다
- 開(개) 동사 – 열다, 파다
- 宮室(궁실) 명사 – 집
- 接(접) 동사 – 서로 닿다
- 連(연) 동사 – 이어지다
- 屋(옥) 명사 – 집, 지붕
- 墻(장) 명사 – 담장
- 嬴(영) 고유명사 – 진나라 황실의 姓氏
- 顚(전) 동사 – 엎어지다, 망하다
- 蹶(궐) 동사 – 쓰러지다, 망하다
- 坼(탁) 동사 – 쪼개다
- 地坼天分(지탁천분) 땅이 찢기고 하늘이 나누어지는 난리, 한(漢)나라 말엽 위(魏), 진(晉) 三國의 쟁탈전을 이르는 듯 하다
- 恤(휼) 동사 – 불쌍히 여기다, 근심하다
- 所恤(소휼) 접두사 – 불쌍히 여길 것, 걱정할 것

- 種(종) 동사 – 씨 뿌리다, 나무나 풀을 심다
- 蒸(증) 동사 – 삶다, 찌다, 김을 뿜어내다
- 霞(하) 명사 – 노을
- 漁舟之子(어주지자) 관형사 – 고깃배를 타고 온 어부 子는 인칭대명사로 그대, 당신으로, 고기잡이 배의 그대
- 物色(물색) 명사 – 생김새, 외모, 동사, 살펴보다
- 相(상) 동사 – 살펴보다 / 명사 – 상, 생김새, 모양
- 猜(시) 동사 – 의심하다
- 大蛇中斷(대사중단) 史記漢古祖本紀에 고조가 泗上의 亭長으로 있을 때 현의 罪囚들을 역산(酈山)으로 이송하는데 많은 죄수들이 도중에 많이 도망하였다. 고조는 역산에 이르기전에 다 도망할 것이라 생각하고 豊西라는 곳의 물가에 도착하여 쉬면서 술을 마시다가 호송하는 죄수 모두를 풀어주면서 그대들은 모두 떠나라. 나도 내 갈 길을 가겠다고 말했다. 그 중에는 고조를 따라 가겠다는 장사가 10여명이 있어 술에 취한 고조는 한 사람을 앞서가게 했는데 앞에 큰 뱀이 길을 막고 있으니 돌아서 가자고 하였으나 고조는 칼을 빼 뱀을 내려쳐 두동강이 내 버리고 몇 리를 더 가서 술에 취해 누워 있었다. 뒤따르는 자들이 뱀이 죽은 곳에 도착하여 보니 한 노파가 울고 있었다. 우는 내력을 물으니 노파가 말하기를 "내 아들은 백제(白帝)의 아들인데 뱀으로 변신해 길을 막고 있었는데 적제(赤帝)의 아들이 내 아들을 죽었소" 하고 홀연히 사라졌다. 술이 깨어 이 말을 들은 고조는 서조(瑞兆)라 여기고 망탕산(芒碭山) 석굴 속에 은신하였다.
- 喪(상) 동사 – 죽다, 망하다
- 前王(전왕) 관형사 – 진(秦)나라 왕조
- 群馬(군마) 고유명사 – 司馬氏의 여러아들 晉五王, 낭야왕(瑯琊王), 서양왕(西陽王), 여남왕(汝南王), 남둔왕(南頓王), 팽성왕(彭城王)을 말하며 그 중 낭야왕 司馬睿가 天子가 되었음
- 新主(신주) 관형사 – 東晉의 새 왕조
- 悽然(처연) 접미사 → 형용사 – 처량한 모습
- 幾許(기허) 명사 – 얼마
- 猶(유) 부사 – 오히려
- 饋(궤) 동사 – 먹이다, 음식을 권하다
- 禮數(예수) 명사 – 예의 법도
- 樽(준) 명사 – 동이, 술동이
- 俎(조) 명사 – 제기, 접시
- 伴(반) 동사 – 짝짓다, 벗삼다
- 寐(매) 동사 – 잠을자다
- 金鷄(금계) 명사 – 보통 닭보다 몸집이 조금 작은 금빛이 나는 닭
- 啁哳(조찰) 명사 – 새가 조잘대는 소리, 여기서는 부사로 쓰였음
- 火輪(화륜) 명사 – 불바퀴, 해
- 驚(경) 동사 – 놀래다
- 累(루) 명사 – 엉킨 일, 맺어진 일, 걸리는 일
- 棹(도) 명사 – 노
- 煙(인) 명사 – 안개
- 寧(영) 의문사 – 어떻게

2. 律詩 (율시)

율시(律詩)는 晋宋代에 배태(胚胎)하여 唐代에 이르러 嚴格한 規則이 定하여 저 律詩라는 古體詩(古詩)에 相對되는 말로 今體詩 또는 律詩라는 詩形이 나타났다.

律詩에는 五言八句, 七言八句가 있으며 十句以上數百句에 이르는 詩도 있는데 이를 排句 또는 排律이라 한다. 律詩는 言句가 合致하여야 하며 韻의 平仄과 押韻字의 排列이 적절하여야 한다.

漢字에는 그 音에 高抵長短이 있는데 이를 平, 上, 去, 入, 聲으로 區分하여 이를 四聲이라고 한다.

平聲은 높고 낮음이 없는 평평한 소리이고, 上聲은 높은 소리로 매우 강렬한 소리이며, 去聲은 초성이 분명하고 종성이 가볍고 끝이 내려가는 소리이다.

入聲은 종성을 입에 삼키듯이 발음하는 소리로, 우리 소리로 ㄱ, ㄹ, ㅂ 이 종성인 한자는 모두 入聲이다.

詩學上으로 平聲은 平이라 하고 上, 去, 入, 聲은 仄(칙)이라고 하여 平仄의 올바른 排列이 없는 詩는 詩라고 할 수 없다고 한다. 詩는 원래 음악에 맞추어 노래한 것이기(詩經)) 때문에 音의 高抵長短이 없으면 그 眞價를 느낄 수 없다는 것이다.

文字의 音樂的 性質을 韻律的으로 排列한 것이 平仄法이다.

平聲은 上平聲 15韻, 下平聲 15韻, 仄聲은 上聲 29韻, 去聲 30韻, 入聲 17韻으로 合計 106韻이며 韻의 名稱은 다음과 같다.

平聲

• 上平聲

①東 ②冬 ③江 ④支 ⑤微 ⑥魚 ⑦虞 ⑧齊 ⑨佳 ⑩灰 ⑪眞 ⑫文 ⑬元 ⑭寒 ⑮刪

• 下平聲

①先 ②蕭 ③肴 ④豪 ⑤歌 ⑥麻 ⑦陽 ⑧庚 ⑨靑 ⑩蒸 ⑪尤 ⑫侵 ⑬覃 ⑭鹽 ⑮咸

仄聲

• 上聲

①董 ②腫 ③講 ④紙 ⑤尾 ⑥語 ⑦麌 ⑧薺 ⑨蟹 ⑩賄 ⑪軫 ⑫吻 ⑬阮 ⑭旱 ⑮潸 ⑯銑 ⑰篠
⑱巧 ⑲皓 ⑳哿 ㉑馬 ㉒養 ㉓梗 ㉔迥 ㉕有 ㉖寢 ㉗感 ㉘琰 ㉙豏

•去聲

①送 ②宋 ③絳 ④寘 ⑤未 ⑥御 ⑦遇 ⑧霽 ⑨泰 ⑩卦 ⑪隊 ⑫震 ⑬問 ⑭願 ⑮翰 ⑯諫 ⑰霰 ⑱嘯 ⑲效 ⑳號 ㉑箇 ㉒禡 ㉓漾 ㉔敬 ㉕徑 ㉖宥 ㉗沁 ㉘勘 ㉙艶 ㉚陷

•入聲

①屋 ②沃 ③覺 ④質 ⑤物 ⑥月 ⑦曷 ⑧黠 ⑨屑 ⑩藥 ⑪陌 ⑫錫 ⑬職 ⑭緝 ⑮合 ⑯葉 ⑰洽

106 個各韻에 屬하는 글자 數는 最小 11字에서 最多 450字 以上으로 모든 漢字는 106韻 中 하나에 속(屬)하며 東 … 洽까지 106字는 韻의 名稱이다.

平仄의 排列法則으로는 各句의 二言과 四言에는 二言이 平이면 四言에는 仄을 排列하여 二, 四言의 韻을 다르게 한다는 ①二四不同의 法則과 二言이 平이면 六言에도 平을 排列하고 二言이 仄이면 六言에도 仄을 排列하여야 한다는 ②二六對法이 있으며, 五言에서는 三言의 자리를 七言에서는 五言의 자리를 요구(腰句)라 하는데 押韻이 없는 腰句에는 반드시 平聲을 排列하여야 한다는 ③無韻之句腰字平法과 押韻이 있는 腰句에는 仄聲을 排列하여야 한다는 ④有韻之句腰字仄法이 있다. 그러나 例外가 없는 것은 아니어서 二四不同 이나 二六對의 原則에 맞지 않는 것을 요체(拗體)라고 부른다, 또한 仄聲과 仄聲사이에 한 개의 平聲이 끼는 것을 고평(孤平)이라 부르고 平聲과 平聲 사이에 한 개의 仄聲이 끼이는 것을 고칙(孤仄)이라 하는데 ⑤孤平과 孤仄은 금기시(禁忌視)한다.

律詩는 두 句가 한 聯을 일우며 첫째 연(聯)을 首聯, 둘째 聯을 함련(頷聯), 셋째 聯은 경련(頸聯), 넷째 聯을 尾聯이라 하며, 每聯의 上句를 出句 또는 內句라 하고 下句를 對句 또는 外句라 한다.

⑥頷聯과 頸聯은 對句로 하여야 한다, 同一尾韻語를 句尾에 按排하는 것을 ⑦압운(押韻)이라 한다. 押韻은 처음 押韻한 尾韻語가 平聲東韻이면 뒤에 오는 押韻도 모두 平聲東韻으로 하고, 처음 押韻한 尾韻語가 平聲江韻이면 뒤에오는 押韻도 모무 平聲江韻으로 하여야 한다는 法則을 ⑧一韻到底格法이라 한다. 五言絶句에서는 平起式이나 仄起式을 不問하고 ⑨起句에 押韻하지 않는 것이 正則이나 예외도 더러있다. 또한 無韻之句腰字平法의 平을 仄으로 許容하는 것을 ⑩平仄相拯(증=救)라 하는데 結句의 이 자리(腰)에 반드시 平字를 써야한다. 一首中에 同一文字를 거듭 使用하는 것을 禁하는데 西湖(지명), 西子(인명), 衣(옷), 衣(입다) 등과 같이 뜻이 다른 때는 무방하다.

其一, 無題 金時習

終日芒鞋信脚行

종 일 망 혜 신 각 행

平 仄 平 平 仄 仄 平 (庚韻)

(주)명 (술)명 (술)동 (목)동명

하루종일 짚신 신고
발 가는 대로 맡겨 가니

一山行盡一山青

일 산 행 진 일 산 청

仄 平 平 仄 仄 平 平

(주)관 (술)동 (보)동 (주)관 (술)형

한 산을 다 지나가면
또 한 산이 푸르고

心非有想奚形役

심 비 유 상 해 형 역

平 平 仄 仄 平 平 仄

(주)명 부정 (술)형 (목)명 (의)의 (술)동 (목)명

마음 속에 생각함이 없는데
행동에 나타나겠는가?

道本無名豈假成

도 본 무 경 기 가 성

仄 仄 平 平 仄 仄 平 (庚韻)

(주)명 (부)부 (술)부정 (목)명 (의)의 (부)부 (술)동

도(道)는 본래 이름이 없는 것인데
어찌 거짓으로 이루어지랴?

宿露未晞山鳥語

숙 로 미 희 산 조 어

仄 仄 仄 平 平 仄 仄

(주)관 (술)부정 (목)동 (주)관 (술)동

지난 밤에 내린 이슬은 마르지도
아니하였는데 산새는 지저귀고

春風不盡野花明

춘 풍 부 진 야 화 명

平 平 仄 仄 仄 平 平 (庚韻)

(주)관 부정 (술)동 (주)관 (술)동

봄바람이 쉬지 않고 불어오니
들꽃이 활짝 핀다.

短笻歸去千峰靜

단 공 귀 거 천 봉 정

仄 平 平 平 平 平 仄

(보)명 (술)동 (주)관 (술)형

짧은 지팡이 짚고 돌아갈 때
일천 산봉우리 조용하고

翠壁亂煙生晩晴

취 벽 란 인 생 만 청

仄 仄 仄 平 平 仄 仄

(보)관 (부)부 (주)명 (술)동 (주)명 (술)동

푸른 절벽에 어지럽게 안개가
피어나고 저녁 하늘이 맑아진다

○ 본문해설 ○

- **無題**(무제) 제목을 달지 않음
- **金時習**(김시습) 고유명사 – (1435~1493) **字**는 열경(**悅卿**), 호는 **梅月堂**으로 **江陵**사람이다.
  生六臣 中의 한 사람으로 삼각산 중흥사(**重興寺**에서 공부하던 중) 단종(**端宗**)이 손위(**遜位**)하였다는 말을 듣고 통곡하며 머리를 깍고 중이 되어 **山川**을 유람하였다.
  시호는 청간(**淸簡**)이며 정조때에 **吏曹判書**에 추증(**追贈**)되었다. 저서로는 우리나라 최초 소설인 금오신화(**金鰲新話**)와 **十玄談要解**및 **梅月堂集**이 있다.
  이 **詩**는 **七言律詩**로 **平聲庚韻**(**行成明**)으로 **押韻**하였으며, **二四不同**이나 **二六對** 및 **孤平仄** 등 **平仄法則**에도 어긋남이 없다.
- **芒鞋**(망혜) 명사 – 짚신
- **信**(신) 동사 – 맡기다
- **脚行**(각행) 동명사 – 발 가는대로
- **形**(형) 동사 – 나타나다
- **役**(역) 명사 – 부리는 것, 마음속 부림으로 행동하는 것
- **假**(가) 부사 – 거짓으로
- **晞**(희) 동사 – 마르다
- **笻**(공) 명사 – 지팡이
- **翠壁**(취벽) 관형사 – 푸른 절벽

其二, 淮上喜會梁川故人 韋應物

江漢會爲客
강 한 회 위 객
平 仄 仄 仄 仄
(주)고명 (술)동 (술)동 (목)명

나그네가 되어 장강(長江)과
한수(漢水)에서 만나

相逢每醉還
상 봉 매 취 환
平 平 仄 仄 平 (刪韻)
(부)부 (술)동 (부)부 (주)명 (술)동

서로 만날 때마다 취해야만
돌아왔는데

浮雲一別後
부 운 일 별 후
平 平 仄 仄 仄
(주)동명 (술)동 (보)명

뜬 구름처럼 한번
헤어진 뒤로

流水十年間
유 수 십 년 간
仄 仄 仄 平 平 (寒韻)
(주)동명 (술)명

흐르는 물 같이 십년이
지나가 버렸네

歡笑情如舊
환 소 정 여 구
平 仄 平 平 仄
(주)관 (술)명 (목)명

웃고 즐기는 정은
옛날과 같은데

蕭疏髮已班
소 소 발 이 반
平 平 仄 仄 平(刪韻)
(주)관 (부)부 (술)동

쑥대처럼 성긴 머리털이
반백이 되어버렸구나

何因不歸去 하 인 불 귀 거 平 平 仄 平 平 (의)의 (보)명 부정 (술)동	무슨 까닭에 고향에 돌아가지 않는가?
淮上對秋山 회 상 대 추 산 平 仄 仄 平 仄 (보)관 (술)동 (목)관	회수(淮水)가에 가을 산아 대답해다오

본문해설

- 淮上喜會梁川故人(회상희회양천고인) 회수가에서 양천의 옛 친구를 즐겁게 만나다.
- 韋應物(위응물) 고유명사 – (737~?) 中唐時長安사람으로 江州 저주(滁州) 蘇州 등의 자사(刺使)을 지냈기 때문에 韋蘇州 또는 韋江州 라고도 부른다. 中唐의 山川田園시인으로 韋蘇州集이 있다.
  이 詩에는 平聲删韻으로 押韻하였으나 平聲寒韻이 한 곳 섞이였고 二四不同이 두곳 孤仄이 두곳 孤平이 한 곳 있는 變則律詩이다.
- 梁川(양천) 고유명사 – 지금의 河南省, 開封
- 江漢(강한) 고유명사 – 長江과 漢水
- 會(회) 동사 – 만나다
- 相逢(상봉) 동사 – 서로 만나다
- 浮雲(부운) 동명사 – 뜬 구름
- 歡笑情(환소정) 관형사 – 웃고 즐기는 정
- 蕭疏鬢(소소빈) 관형사 – 쑥대처럼 성긴 머리털
- 班(반) 동사 – 아롱지다, 반백이 되어버리다
- 對(대) 동사 – 응대하다, 대답하다

3. 絶句 (절구)

절구(絶句)란 절구(截句)로도 通하여 律詩를 끊어 놓았다는 뜻이다.
律詩가 八句四聯이라면 絶句는 四句二聯으로서 平仄排列과 押韻法則이 律詩와 同一하다.
起句에 押韻하지 않는 것을 正則으로 하나 例外가 許多하다.
詩想의 전개는 일반적으로 起承轉結의 形式을 취한다.

其一, 釣魚 成明壽

把竿終日坐江邊

파 간 종 일 좌 강 변

仄 平 平 仄 仄 平 平(先韻)

(술)동 (목)명 (주)명 (술)동 (목)명

낚시대 잡고 하루 종일
강가에 앉아

垂足滄浪困一眠

수 족 창 랑 곤 일 면

平 仄 平 平 仄 仄 平 (先韻)

(술)동 (목)명 (보)관 (부)부 (술)동

푸른 물결에 발 담그고 한잠
곤히 잠드니

夢與白鷗飛萬里

몽 여 백 구 비 만 리

仄 仄 仄 平 平 仄 仄

(주)명 (술)동 (목)명 (술)동 (목)명

꿈속에 백구와 더불어
만리를 날았다

覺來身在夕陽天

각 래 신 재 석 양 천

仄 平 平 仄 仄 平 平 (先韻)

(술)동 (목)동 (주)명 (술)형 (목)관

깨어나서 돌아오니 몸은
석양볕 아래 있더라

◎ 본문해설 ◎

- **釣魚**(조어) 물고기를 낚다
- **成聃壽**(성담수) 고유명사 – (?~1456) **字**는 미수(**眉叟**), 호는 **文斗**이며 **本**은 창녕(**昌寧**)이다.
  승문원 **校理**로 있으면서 **端宗** 복위사건에 연유되어 김해로 유배된 후 벼슬을 단념하고 **坡州**에 은거하여 일생을 마쳤다.
  시호는 정숙(**靖肅**)이며, **生六臣 中**의 한사람.
  이 **詩**는 **平聲先韻**으로 **押韻**하고 **孤仄**이 한곳 있고 **起句押韻**으로 되었으나 **二四不同**이나 **二六對**의 **原則**에 **符合**된다.
- **把**(파) 동사 – 잡다
- **垂**(수) 동사 – 드리우다,담그다
- **困**(곤) 부사 – 곤히, 곤하게
- **竿**(간) 명사 – 대줄기, 낚시대
- **滄浪**(창랑) 관형사 – 푸른물결
- **覺**(각) 동사 – 깨여나다

其二, 偶成 朱熹

少年易老學難成
소 년 이 노 학 난 성
仄 平 仄 仄 仄 平 平 (庚韻)
(주)명 (술)형 (목)명 (주)명 (술)형 (목)명

젊음은 늙기 쉽고 학문은 이루기 어려우니

一寸光陰不可輕
일 촌 광 음 불 가 경
仄 仄 平 平 仄 仄 平 (庚韻)
(주)관 부정 (술)동

짧은 시간도 가벼이 하지마라

未覺池塘春草夢
미 각 지 당 춘 초 몽
仄 仄 平 平 平 仄 仄
부정 (술)동 (목)관

못 가에 봄풀이 꿈에서 깨어나기도 전에

階前梧葉已秋聲

계 전 오 엽 이 추 성
平 平 平 仄 仄 平 平 (庚韻)
(주)관 (부)부 (술)관

섬돌 앞에 오동잎이 앞서
가을소리를 내나니라

◎ **본문해설** ◎

- **偶成**(우성) **詩題**를 **特別**히 달지 않고 우연히 읊는다는 뜻으로 붙인 제목으로 **偶吟**, **偶成** **等**의 제목이 있다.
- **朱熹**(주희) 고유명사 – (1130~1200) **南宋**의 **大儒**로 **字**는 원회(**元晦**) 중회(**中悔**), 호는 회암(**晦庵**)이며, 주돈이(**朱敦頤**), 정이(**程頤**), 장재(**張載**) **等**의 학풍을 이어 받아 **宋學**의 **道學理學**을 **集大成**한 유학자로 후세에 **朱子**라는 존칭을 받았다.
  저서로는 **詩集傳**, **四書集註**, **資治通鑑綱目**, **近思錄**, **小學** 등이 있다.
  이 **詩**는 **七言絶句**로 **一孤平起句押韻**을 하였으나 **平聲庚韻押韻**과 **二四不同**과 **二六對**의 **法則**이 잘 지켜진 **勸學詩**이다.
- **一寸光陰**(일촌광음) 관형사 – 아주 짧은 시간
- **輕**(경) 동사 – 가벼이 하다
- **覺**(각) 동사 – 깨닫다, 깨어나다
- **池塘春草夢**(지단춘초몽) 관형사 – 못가 봄풀의 꿈
- **已**(이) 부사 – 이미, 앞서서
- **秋聲**(추성) 관형사 – 가을소리, 오동잎 떨어지는 소리

其三, 勸學(文) 素石 金鍾得(著者 券末詩)

人事莫貴於窮文

인 사 막 귀 어 궁 문
平 仄 仄 仄 平 平 平 (文韻)
(주)관 (비)비 (술)형 (조)전 (목)동명

사람이 할 일 가운데 학문을
궁구하는 것보다 더 귀한 것은
없는 것이다

軻慈三遷徙學宮

가 자 삼 천 사 학 궁

平 平 平 平 仄 仄 平

(주)고명 (보)수 (술)동 (술)동 (목)명

그리하여 맹자님의 어머님은 맹자를 데리고 세번이나 집을 옮겨 서당(書堂)옆으로 이사를 하였다

知眞冀我以常彣

지 진 기 아 이 상 문

平 平 仄 仄 仄 平 平 (文韻)

(주)명 (부)부 (자)자 (보)명 (조)후 (부)부 (술)형

지식이라는 것은 참으로 나를 항상 문채나게 하여 주는 것인데

奚不爲鍊又磨哉

해 불 위 연 우 마 재

平 平 仄 仄 平 平 平

(의)의 부정 (술)동 (목)동 (조)접 (목)동 (조)의종

어찌하여 학문을 갈고 닦지 아니할 수 있겠는가!

◎ 본문해설 ◎

- **平聲文韻**으로 **押韻**하고 **二六不對**가 두 곳 **二四不同**이 한 곳 있다.
- **勸**(권) 동사 – 권유하다, 권하다
- **人事**(인사) 관형사 – 사람이 할 일
- **貴**(귀) 명사 – 귀한 것
- **窮文**(궁문) 동명사 – 학문을 깊이 파고들어 연구하는 것
- **遷**(천) 동사 – 옮기다, 이사를 하다
- **徙**(사) 동사 – 이사하다
- **學宮**(학궁) 명사 – 성균관(**成均館**) 서당(**書堂**)
- **知**(지) 명사 – 지혜, 지식
- **眞**(진) 부사 – 참으로
- **冀**(기) 자동사 – 하고자하다, 하여지다
- **彣**(문) 형용사 – 붉고 푸른색이 섞이여 문채가 나다, 빛나다
- **鍊**(연) 동사 – 쇠를 녹이어 달구질하다, 닦다
- **磨**(마) 동사 – 갈다

풀기쉬운 漢文 길라잡이

초판 인쇄 2014년 6월 10일
초판 발행 2014년 6월 17일

역저자 | 김종득
편 집 | 민혜정
발행자 | 김동구
발행처 | 명문당(1923. 10. 1 창립)
주 소 | 서울시 종로구 윤보선길 61(안국동)
우체국 010579-01-000682
전 화 | 02)733-3039, 734-4798(영), 733-4748(편)
팩 스 | 02)734-9209
Homepage | www.myungmundang.net
E-mail | mmdbook1@hanmail.net
등 록 | 1977. 11. 19. 제1~148호

ISBN 979-11-85704-03-6 (93720)
25,000원